MIKE SPENCER BOWN

DER MEISTGEREISTE MANN DER WELT

MIKE SPENCER BOWN

DER MEISTGEREISTE MANN DER WELT

Von den endlosen Steppen der Mongolei
bis ins kriegszerrüttete Somalia –
wie ich jedes Land der Erde bereiste

riva

Bibliografische Information der Deutschen Nationalbibliothek:
Die Deutsche Nationalbibliothek verzeichnet diese Publikation in der Deutschen Nationalbibliografie; detaillierte bibliografische Daten sind im Internet über http://d-nb.de abrufbar.

Für Fragen und Anregungen:
info@rivaverlag.de

1. Auflage 2018

Nymphenburger Straße 86
D-80636 München
Tel.: 089 651285-0
Fax: 089 652096

Die englische Originalausgabe erschien 2018 bei Douglas & McIntyre in Kanada unter dem Titel *The World's Most Travelled Man*.

Übersetzung: Peter Peschke
Redaktion: Manuela Tiller
Umschlaggestaltung: Isabella Dorsch
Umschlagabbildungen: Mike Spencer Bown, Shutterstock.com/Paul Hampton, iStockphoto/visualspace
Abbildungen Bildteil: Costa Rica: Alyssa Crouse/Unsplash; Kenia: Sergey Pesterev/Unsplash; Island: Garett Sears/Unsplash; Iran: Sander Van Dijk/Unsplash; Bangladesch: Ahmed Hasan/Unsplash; Kambodscha: Framewise/Unsplash; Belize: Jennifer Ranicki/Unsplash; Island: Alice Donovan Rouse/Unsplash; USA: Melissa Askew; Peru: Pedro Lastra/Unsplash; Irland: Malte Baumann/Unsplash. Alle weiteren Bilder aus dem Privatarchiv von Mike Spencer Bown.
Druck: GGP Media GmbH, Pößneck
Printed in Germany

ISBN Print 978-3-7423-0534-3
ISBN E-Book (PDF) 978-3-7453-0101-4
ISBN E-Book (EPUB, Mobi) 978-3-7453-0102-1

Weitere Informationen zum Verlag finden Sie unter

www.rivaverlag.de
Beachten Sie auch unsere weiteren Verlage unter www.m-vg.de

Inhalt

Anmerkung des Autors

Was nun folgt, ist ein Bericht aus dreiundzwanzig meiner letzten fünfundzwanzig Lebensjahre; Jahre, die ich damit verbracht habe, die Wildnis zu durchqueren, über Ozeane zu reisen und über Land zu wandern, um die Erde zu erkunden, ganz ohne Heimat und Besitztümer, abgesehen von den Sachen, die in meinen treuen Rucksack passten. Ich hatte kein bestimmtes Ziel im Sinn, ich wollte einfach nur Länder besuchen – nicht deren Flughäfen und Luxushotels, sondern die Länder selbst –, um die dortige Kultur zu erleben, die verschiedenen Lebensweisen. Der Stapel meiner Reisetagebücher aus aller Herren Länder ist zweimal so hoch wie *Moby Dick*, dessen Umfang berüchtigt ist, also war eine besonnene Auswahl vonnöten, um dieses Buch zugänglicher als Melvilles Klassiker zu gestalten. Ich wollte eine Vielzahl von Regionen, Charakteren und Stimmungen abbilden. In die gefährlichsten Länder bin ich eher alleine gereist, die ausgelassensten Reisen habe ich oft mit Freunden erlebt. Dieses Buch soll beide Seiten zeigen, zu gleichen Teilen; ich wollte unterschiedliche Perspektiven einbringen, von Abenteuern auf verschiedenen Kontinenten bis hin zu ganz und gar menschlichen. Mein Leben lang war ich immer unterwegs; ich habe in den Hütten von Stammesangehörigen und in billigen Herbergen übernachtet. Wann immer es möglich war, habe ich mich der Fortbewegungsmittel vor Ort bedient: Die Straßen im Dschungel Gabuns habe ich zusammengepfercht mit dreizehn anderen Seelen und vier riesigen Bananenstauden auf der Ladefläche eines Hilux-Pick-ups bereist; ich bin den Amazonas entlanggeschippert und habe gerösteten Piranha gegessen; ich bin per Anhalter durch den Irak gefahren, während dort die Kämpfe des offiziell nur drei Wochen währenden Zweiten Golfkriegs tobten. Ich bin auf maroden Fähren über wogende Flussmündungen getrieben, bin auf Pferderücken oder in Militärfahrzeugen durch Wüsten und über flaches Land gereist; ich bin Flussläufen gefolgt und habe Ödland durchquert, bin in Bussen und auf Ochsenkarren durch tiefen Urwald gefahren, habe Bergketten überquert und mich an den entlegensten Stränden gerekelt. Ich habe mich den Gepflogenheiten vor Ort angepasst und die lokale Küche gegessen: gegrilltes Ziegenauge als Ehrengast beim Festessen eines mongolischen Stammes, Alligatoren-Nuggets, Kebab mit ungewissem Inhalt und »Buschfleisch«, das in manchen Gegenden Afrikas weit verbreitet ist … den Schlussstrich habe ich gezogen, als man mir Schubkarrenladungen mit geräucherten Affenkadavern präsentierte. Ein Mann muss seine Grenzen kennen.

Prolog

»Nun, dort, wo ich herkomme«, sagte Alice noch immer etwas außer Atem, »kommt man in der Regel woandershin, wenn man so schnell und so lange läuft wie wir gerade.«
»Ein behäbiger Ort!«, sagte die Königin. »Hier bei uns muss man so schnell rennen, wie man kann, wenn man am gleichen Fleck bleiben möchte. Und wenn man woandershin gelangen will, muss man mindestens doppelt so schnell laufen!«
Lewis Carroll, Alice hinter den Spiegeln

In der Abflughalle des internationalen Flughafen Asmara wartete ich während der Regensaison 2013 auf den Flug, der mich aus Asmara, Eritrea, hinausbringen sollte, als eine ältere Frau sich zu mir setzte und mich in ein Gespräch verwickelte. Vermutlich hatte sie mich ausgewählt, weil ich der einzige Nicht-Eritreer in Sichtweite war. Da sie wiederum die erste andere Reisende war, der ich in Eritrea begegnete, war ich neugierig auf ihre Eindrücke von dieser Diktatur, in der es nur unter Anstrengungen möglich ist, die nötigen Genehmigungen zu bekommen, um sich ein bisschen was vom Land ansehen zu können.

»Haben Sie sich den magischen Fruchtbarkeitsbaum angesehen?«, fragte ich.

»Nein.«

»Waren Sie am Roten Meer?«

»Nein.«

»Was ist mit dem letzten Waldgebiet am Horn von Afrika?«

»Nein. Nein, ich habe nichts davon gesehen – ich habe mich nicht weit von meinem Hotel entfernt.«

Wie sich herausstellte, war sie eine dieser Ländersammlerinnen, die es in ihrem Leben bisher auf insgesamt 170 Länder gebracht hatte. Ich hätte es mir bei einem Blick auf ihre Reiselektüre denken können: eine Liste der IATA-Codes für die großen Flughäfen der Welt. Sie war stolz darauf, dass sie die am meisten frequentierten auswendig aufzählen konnte, von ABC (Albacete, Spanien) bis ZRH (Zürich, Schweiz). Nichts gegen einen Kurzurlaub, manchmal ist das die beste Option und manch einer ist eben offener für neue Erfahrungen als andere, aber anders als meine neue Bekanntschaft kann ich mich für den bloßen Transport von hier nach dort nicht sonderlich erwärmen. Flugzeuge können mithin Teil des Abenteuers sein, auch Boote oder Busse, das kommt auf die Umstände an, aber meistens ist der Transport für mich schlicht zweckdienlicher Natur. Der echte Gewinn ist es, die Erde und ihre verblüffende Vielzahl an Menschen und Umgebungen zu erkunden.

Als sie hörte, dass ich in beinahe allen Ländern der Erde gewesen bin und dass es nur eine Frage von wenigen Monaten war, bis ich auch die übrigen bereist hätte, vermutete sie in mir eine verwandte Seele und lächelte. Also sagte ich: »Wenigstens hatten Sie Gelegenheit, die interessante eritreische Küche kennenzulernen.«

»Das musste ich zum Glück nicht«, sagte sie. »Ich bin über Minsk geflogen, um Weißrussland von meiner Liste zu streichen. Dabei habe ich das ganze zusätzliche Essen behalten, das im Flugzeug serviert wurde. Ich habe es in Plastiktüten mitgenommen, um es hier in Eritrea wieder aufzuwärmen.« Ich muss sie daraufhin etwas schief von der Seite angesehen haben, denn sie fügte hinzu: »Die Plastiktüten waren sauber.«

»Probieren Sie denn nie das Essen vor Ort?«, fragte ich.

»Hmm, einmal hat mir in Nordafrika ein Beduine Tee angeboten. Als ich ablehnte, murmelte er einen Fluch: ›Tod denen, die den Tee ablehnen, den man ihnen anbietet.‹ Also trank ich den Tee, auch wenn das Glas ziemlich schmutzig war. Und hier verlangt die Polizei, dass man eine Genehmigung hat, wenn man außerhalb der Stadt reisen will, also lief ich gar nicht erst Gefahr, in solche Situationen zu geraten, konnte aber trotzdem Eritrea von der Liste streichen.«

▪ ▪ ▪

In Jaipur, einer Stadt in Indiens staubigem Bundesstaat Rajasthan, steht ein beeindruckendes Gebäude aus gemeißeltem rosa Sandstein. Es ist ein Bauwerk ohne Tiefe, kaum mehr als eine aufsteigende Fassade abgeschirmter Balkone, die als Ausguck dienten. Der Maharadscha Singh hatte es erbauen lassen, damit die Frauen aus den höheren Kasten sich das Marktgetümmel ansehen konnten, ohne sich in Gefahr zu begeben oder Schmutz und unangenehmen Gerüchen ausgesetzt zu sein – um das Leben der anderen beobachten zu können, ohne daran teilzuhaben oder selbst davon besudelt zu werden.

»Der Palast der Winde«, wie diese großartige Fassade genannt wird, hat seine modernen und riesigen Entsprechungen in Konferenzzentren und Weltklassehotels, in feinen Restaurants und sonstigen touristischen Erschließungen einer »kleinen Welt«, die die Globalisierung propagiert und die von Ländersammlern regelrecht fetischisiert wird. Taxis, Limousinen und Hochgeschwindigkeitszüge bringen VIPs zu den Flughäfen mit ihren Business-Lounges, Sicherheitschecks und Luxus-Shops im Duty-Free-Bereich – sodass sich die oberen Kasten unserer Zeit genauso geborgen fühlen können wie eine Prinzessin aus Jaipur in den Korridoren eines standardisierten Kulturpalastes. Es braucht nur ein paar Flugzeugwechsel und vielleicht noch eine Hotelbuchung via Internet und man kann von überall nach irgendwo reisen, absolut bequem und sicher. Früher noch exotische und wundersam abgelegene Orte gehören heute längst zum Programm von Pauschalreisen. Lhasa, Tibet, einst einer der am schwierigsten zu erreichenden Orte auf diesem Planeten, kann man mittlerweile im Rahmen einer Rundreise besuchen: »Acht heilige Städte in acht Tagen.« Machu Picchu, den letzten Zufluchtsort der Inka hoch oben in den Anden, kann man mit dem Zug und einem klimatisierten Bus erreichen.

Das ist der neuzeitliche, globalisierte Palast der Winde, und hier wird man unweigerlich den Typen wiedertreffen, dem man am Strand der Kaimaninseln begegnet ist – oder diese Regisseurin aus Frankfurt. Für die Geschäftsreisenden mit Platin-Kreditkarte, für die Delegierten, die Pauschaltouristen und Entwicklungshelfer, die Unmengen ihrer Zeit an Flughäfen und in Hotellobbys verbringen, ist es wahrhaftig »eine kleine Welt«.

An diesem globalisierten Kulturpalast gibt es nichts auszusetzen, aber was ist mit den »Fly-over-Staaten« und anderen selten besuchten Orten der Welt – was gibt es dort? Flache Wüsten, so weit das Auge reicht? Urwälder, in denen sich Affen und wilde Männer tummeln? Städte, die aus endlosen Slums und Vororten bestehen? In Wirklichkeit lebt der Großteil der Weltbevölkerung in diesen Gegenden, und es ist gar nicht so übel dort. Wagen Sie sich einfach mal aus dem Palast der Winde hinaus und reisen Sie mit dem Rucksack durch die Staaten, Landschaften und Ökosysteme unseres Planeten. Viele seltsame und wunderbare Sachen werden Ihren Horizont erweitern und Ihre Sinne bezaubern.

* * *

Kulturanthropologen liegen bekanntermaßen ständig im Clinch miteinander, demonstrieren aber Einigkeit, wenn es darum geht, verallgemeinernden Aussagen über die Menschheit zu widersprechen – abgesehen vielleicht von der Behauptung, dass die Kulturen, die sich am meisten dem Ideal des Fortschritts verschrieben haben, häufig W.E.I.R.D. sind: westlich erzogen, industriell, reich, demokratisch. Das gilt sicherlich für mein Geburtsland Kanada, das mich mit einem machtvollen Reisepass ausgestattet hat, der mir die visafreie Einreise in mehr als 140 Länder gewährt; ein Grund mehr, die Rhetorik den Akademikern zu überlassen und sich die Welt auf eigene Faust anzusehen. Genau das habe ich getan. Ich bin jetzt achtundvierzig Jahre alt, fast mein ganzes Erwachsenenleben lang habe ich aus dem Rucksack gelebt. Unser Planet steckt voller Überraschungen, und deshalb ist mein Entdeckerdrang, der mich so weit hat reisen lassen, noch immer derselbe wie damals. Ländergrenzen erstrecken sich kreuz und quer über die Kontinente, und wenn man eine Zeit lang auf der einen Seite unterwegs gewesen ist, scheint einem das Gras auf der anderen Seite des Grenzzauns grüner. Neue Länder werden einem vertraut, eines nach dem anderen.

Vor vier Jahren feierten Reporter aus allen Bereichen, Print und TV, Radio und Video, meinen Verdienst, in jedem Land der Welt gewesen zu sein – eine seltsame Begleiterscheinung meiner vielen Reisen. Eben diese donquichottische Leistung ist das Ziel der heldenhaften Passagiere, die hauptsächlich Stempel in ihrem Pass sammeln wollen. Doch Reisende und Passagiere kann man leicht voneinander unterscheiden: Reisende haben Geschichten zu erzählen. In den vergangenen vier Jahren habe ich meine Reisen in zehn Ländern auf drei Kontinenten fortgesetzt, habe nachgedacht und geschrieben, darum bemüht, folgende Frage zu beantworten: Wenn es nicht um die Stempel im Pass geht und du ganz sicher nicht der Erste oder der Schnellste bist, was ist dann der Sinn des Reisens? Ist es einfach nur eine nette Art, alt zu werden? Denn Reisende haben keine materiellen Werte, die sie als Lohn für die investierte Zeit vorweisen könnten. Da geht es ihnen nicht anders als den Passagieren. Manch einer hat vielleicht schon den nächsten Rekord im Sinn und würde sagen, es geht darum, wer am meisten gereist ist. Dieses Buch soll *meine* Antwort auf die Frage darlegen: Ich reise um der Geschichten willen, die mir unendlich viel bedeuten.

Die meisten Menschen wollen am Ende ihres Lebens nicht bereuen, dass sie nie rausgegangen sind, um sich die Welt anzuschauen. Ich führe zum Glück keine Liste über Dinge, die ich irgendwann mal bereuen könnte, aber diese Sorge, so viel kann ich sagen, fände sich sicherlich nicht darauf. Viele Reporter und andere Reisende betrachten mich als den meistgereisten Mann der Welt, nicht nur im Hinblick auf die Kilometer, die ich zurückgelegt habe. Für sie bin ich der Schutzheilige der Backpacker oder irgendein ähnlicher Würdenträger. Ist das gerechtfertigt? Ich glaube, das hängt sehr davon ab, was Reisen für einen bedeutet.

Im nur wenige Hundert Jahre währenden Zeitalter der Segelschiffe musste, wer sich die Welt ansehen wollte, auf den großen Schiffen anheuern; die echten Seebären hatten eine gelbliche Haut, die man nur vom Teer und der salzigen Gischt, vom Wind und der sengenden Sonne bekommen konnte. Bei diesem Hautton war Fälschung ausgeschlossen. Für diese Männer waren Reisen und Segeln gleichbedeutend und welche Häfen man schon angefahren hatte, war die eigentliche Frage der Ehre, insbesondere da man sich im Landesinneren der fremden Destinationen schnell Krankheiten holen oder sich in den unwegsamen Gebieten wilder Stämme verlieren konnte. Für diese tüchtigen Seelen waren die Überfahrten mit dem Segelschiff Abenteuer genug, um kühn verkünden zu können, dass sie den Orient gesehen hatten. Sie hatten in den Häfen von Peking und Batavia angelegt, das reichte ihnen aus. Sie hatten genug haarsträubende, furchterregende Geschichten zu erzählen, wenn sie einfach nur ihren Job machten. Auch mit dem Zeitalter der Dampfschiffe und als dann schließlich die ersten Züge fuhren, die ersten Flugzeuge flogen, war die Art der Fortbewegung immer noch Abenteuer genug, sodass man es als unnötig erachten konnte, einen Unterschied zwischen dem generellen Konzept des Reisens und diesen heroischen Fortbewegungsarten zu machen.

Diese Tage sind lang vorbei. Wer nach Mikronesien fliegt, der ist deswegen keine Amelia Earhart; man ist Kunde der United Airways und hat sich zweimal vergewissert, dass einem die Vielfliegerpunkte auch wirklich gutgeschrieben wurden. Und wessen Kreuzfahrtschiff Halt in Singapur macht, der hat deshalb nicht wirklich den Orient gesehen – auch wenn man sich an der Bar des Raffles-Hotels so lange Singapore Slings genehmigt, bis der Boden unter den Füßen zu schaukeln scheint, als durchquere man gerade die Straße von Malakka.

Heutzutage können wir guten Gewissens die Warnungen ignorieren, die jenen großes Leid prophezeiten, die ohne gültige Dokumente in Tatarstan strandeten – während des Great Game im 19. Jahrhundert, als Spion gegen Spion antrat, um die jähzornigen Herrscher Zentralasiens zu beeinflussen, durchaus ein kluger Rat. Wenn heute mit unseren Papieren etwas nicht stimmt, ist das eine Unannehmlichkeit, keine Garantie für ein elendes Ende in den feuchten Kerkern von Buchara.

Es geht mir hier nicht um eine Verächtlichmachung von Ländersammlern; viele, denen ich auf meinen Reisen begegnet bin, hatten die heilige Anzahl von einhundert Ländern (Warum? Weil es eine dreistellige Zahl ist?) bereits überschritten. Gespräche mit ihnen sind oft anregend; naheliegend, dass die Themen sich oft beschränken auf Reiselogistik und Visaanträge. Ihr Kerngeschäft, wenn man so will. Wenn diese Ländersammler dann hören, was Reisen für mich noch bedeutet, jenseits der technischen Notwendigkeiten, sagen sie alle mehr oder weniger dasselbe: »Du machst etwas vollkommen anderes als ich.«

Dann ist das eben so.

In letzter Zeit hat man von einer Menge solcher Leute gehört, überwiegend junge Männer, die jedes Land der Welt bereist haben – in nur vier Jahren und ohne dabei ein Flugzeug zu nutzen, als bisher jüngster Amerikaner oder meinetwegen auch als erste Person, die das auf einem Springstock vollbracht hat. Die erzählen mir dann zum Beispiel von ihrer Ankunft in Bhutan, dem Land des Donnerdrachen mit seiner uralten Kultur, dem Tigernest-Kloster Taktshang, das auf einer nebelverhangenen Klippe steht, und den anderen Dzongs, weiß gestrichene Klosterburgen, von deren Dächern riesige Bienenstöcke hängen. Dort endet dann die Reiselust dieser Weltenbummler absurderweise. Sobald sie einen Fuß über die Grenze gesetzt und einen Stempel in ihren Reisepass bekommen haben, machen sie direkt wieder kehrt, um in das nächste Land auf ihrer Liste zu hasten. Da muss ich an die Worte Senecas denken, geschrieben vor mehr als tausend Jahren:

»Denn meinst du, es habe einer eine weite Reise gemacht, wenn ihn schon bei der Ausfahrt aus dem Hafen ein heftiger Sturm erfasste, um ihn nach hier und nach dort zu zerren und im Wechselspiel der kreuz und quer einherbrausenden Winde ständig in der gleichen Kreisbahn zu jagen? Ein solcher hat keine weite Reise getan, er ward nur viel umhergeworfen.«

Hunderte von Leuten haben sich der Idee verschrieben, sich an die Küste jedes Landes dieser Erde werfen zu lassen, und der überwiegende Teil dieser Horden sieht in den einzelnen Stationen solch einer Weltreise nicht viel mehr als ein Gimmick. Natürlich gibt es da dieses minimalistische Ideal: »Hinterlass nichts als Fußabdrücke, nimm nur Erinnerungen mit.« Aber es ist schon eine extreme Art des Minimalismus, nicht mehr als einen einzigen Fußabdruck zu hinterlassen und keinerlei das eigene Leben bereichernde Erinnerung mitzunehmen.

Allein jedes Land in Asien lang genug zu bereisen, um einen echten Eindruck davon zu bekommen, dauert deutlich mehr als vier Jahre – vorausgesetzt, man ist ungeheuer schnell und hervorragend organisiert; acht Jahre sind da schon realistischer. Radiosender und Fernsehstationen, die einen Reisenden nach einer vier oder acht Jahre dauernden Weltreise interviewen wollen, täten besser daran, jemanden zu befragen, der im selben Zeitraum eine überschaubare Anzahl von Ländern besucht hat. Solch eine Person hätte bedeutend interessantere Geschichten zu erzählen als jemand, der seine Energie für eine generalstabsmäßig geplante Weltreise verschwendet hat. Storys statt Stempel – das sollte unser Mantra sein. Diesen »Ich habe jedes Land der Welt gesehen«-Typen ist klar, dass andere Reisende wissen, dass sie das System nur austricksen und sich selbst etwas vormachen, anstatt sich auf den Geist des Reisens einzulassen. Sie wissen, dass andere Leute, wenn sie sagen, dass sie irgendwann gern die Möglichkeit und die Zeit hätten, die Welt zu sehen, nicht davon sprechen, Stempel zu sammeln und mit Grenzübergängen zu punkten. Und was wäre denn, wenn man sein Reisen darauf beschränkt und eines Tages bei einem schrecklichen Autounfall seinen Fuß verliert? Wer wäre denn dann in jedem Land der Welt gewesen? Man selbst oder der Fuß?

...

An einer Strandbar in China habe ich mich bei ein paar Bier mal mit einem Brasilianer unterhalten. Schnell stellten wir fest, dass wir beide Vollzeit-Reisende sind.

»Wo bist du am liebsten«, fragte er, »London, Paris, Berlin, Rio oder Hongkong?«

»London, wegen der Freunde, die ich dort habe«, sagte ich. »Aber diese Metropolen sind nur ein Aspekt des Reisens, nicht das A und O. Man hat mehr davon, in einem Jeep durch Tibet zu fahren oder auf einem Boot zu den Togian-Inseln. Oder den Nil entlang bis zum Horn von Afrika.«

»Aber was ist mit den Klubs, dem Shopping … und den Frauen, nicht zu vergessen?«

Die Erwähnung von Shopping outete ihn als einen Angehörigen dessen, was man früher den Jetset nannte.

»Ich ziehe es vor, mich dem Lebensstil der Menschen vor Ort anzupassen, Lehm- oder Strohhütten, alte Kolonialhotels, egal, ob ich nur zu Fuß oder als Anhalter weiterkomme.«

»Das ist ja schrecklich«, sagte er lachend. »Hast du da nicht das Gefühl, dein Leben zu vergeuden? Es sollte eine niemals endende Party sein, Mann.«

Wie schwierig ist es doch, sich über einen Reisebegriff zu verständigen, wenn man dabei nicht über die Philosophie dahinter spricht – wie und weshalb man überhaupt auf Reisen geht. Die Menschen fragen mich oft – und oft sehr ernsthaft –, ob ich eine spezielle Technik habe, durch die das Reisen billig und einfach wird, als ginge es darum, eine gebrauchsfertige »Bestimmung« freizulegen. Dann erwarten sie eine Antwort, die eine griffige Erklärung liefert – so wie damals in den Neunzigern, als Englisch-als-Fremdsprache-Lehrer das Interesse an Asienreisen haben ansteigen lassen. Halten sie mich für eine Art Ratgeber-Guru für ESL-Lehrer auf Steroiden? Das bin ich nicht, und ich finde, dass jemand, der über klare Zielvorstellungen und üppige Finanzen verfügt – mehr als genug, um die Welt zu bereisen –, bald feststellen wird, dass es sich dabei eher um einen König-Midas-Fluch handelt. Niemand, der über ausreichend Mittel verfügt, um die Welt stilvoll zu bereisen, kann je die Welt sehen, wie sie wirklich ist. Die Verlockung, sich dem Jetset (oder was immer heute seine Entsprechung ist) anzuschließen und das Unerfreuliche, Staubige oder Mühsame zu meiden, ist einfach zu groß. Jede Übernachtung in einer Lehmhütte oder einem Unterstand im Regenwald läuft dann Gefahr, zu einem Aufenthalt in einem Vier-Sterne-Hotel oder einem Regenwald-Spa zu werden.

Oft höre ich auch: Wo gibt es die besten Frauen? Sehr lustig – inwiefern denn die besten? Ich könnte die Fragenden vermutlich in primitive Dörfer in den straßenlosen Gegenden Madagaskars schicken, wo sie Unmengen von Frauen finden würden. Und wenn sie dann am Morgen einer dieser Schönheiten einen Zettel mit ihrer Mailadresse zustecken würden, würde sie den vermutlich essen wollen.

Außerdem scheint es da diese Vorstellung zu geben, dass ich mit einem guten Maß an gesundem Menschenverstand ausgestattet sein sollte, da ich doch so viel von der Welt gesehen habe. Wenn das nur wahr wäre!

2008 versuchte ich, zu Fuß von Herat, Afghanistan, nach Turkmenistan zu kommen und gelangte an eine alte Brücke, hinter der die turkmenische Zollstation lag. Zufälligerweise war die leitende Beamtin an diesem Tag eine umwerfend schöne Turkmenin, der eine Truppe aus acht engagierten Grenzkontrolleuren unterstellt war. Sie hatten all meine weltlichen Besitztümer vor sich auf dem Tisch ausgelegt und prüften mit ihren Daumen jede Naht meines Rucksacks, während sie mich wegen einiger Zettelchen und alten Quittungen verhörten. Davon trage ich nie viele bei mir; ich werfe sie weg, um in Situationen wie dieser Ärger zu vermeiden. Also musste sie sich darauf konzentrieren, mich wegen meines Lebenswandels in die Mangel zu nehmen, wobei ihre Gesichtszüge sich zunehmend verfinsterten, je mehr sie von meinen Antworten hörte.

»Hören Sie mit dem ganzen Reisen auf!«, brüllte sie. »Suchen Sie sich eine Frau, heiraten Sie und setzen Sie Kinder in die Welt!«

»Jawohl, Ma'am!«, sagte ich und salutierte ihr pfiffig. »Ich werde mich gleich ans Werk machen.«

Wumms!, sie stempelte meinen Pass und ließ mich passieren. Ganz im Ernst, was weiß ich schon über gesunden Menschenverstand? Würde jemand mit einem Fünkchen Menschenverstand die Grenze zwischen Afghanistan und Turkmenistan zu Fuß überqueren? Nein. Er hätte irgendwo ein Haus, an einem schönen, sicheren Ort, mit einer Frau, die ihm Freunde auf irgendeiner Party vorgestellt hätten, und er hätte ausreichend Kinder, um eine Grenzbeamtin versöhnlich zu stimmen, sollte es ihn irgendwann einmal ins ferne Turkmenistan verschlagen.

Wenn ich also keinen gesunden Menschenverstand habe, was dann? Ich habe jede Menge gesunden Menschen*un*verstand aufgrund der oft chaotischen und stetigem Wandel unterliegenden Verhältnisse, in denen ich lebe: Ich kenne ungewöhnliche Kulturen, unmögliche Beamten, verdutzte Einheimische, wilde Tiere, wilde Stammesangehörige und noch wildere Polizisten. All das habe ich kennengelernt, während ich über unseren großen Planeten gestreunt bin.

Kapitel 1
Allein in der Wildnis
Canada

Vor mehr als neun Jahren habe ich nahe den Quellwassern des Amazonas, dort, wo der Flusslauf sich beruhigt, nachdem er die Anden hinuntergerauscht ist, einige Zeit bei einem indigenen Stamm verbracht, der an Besucher gewohnt war, die auf Booten kamen, um den in dieser Gegend lebenden rosa Flussdelfin zu besichtigen. Der Stamm lebte auf einer Ebene aus geschlagenem Holz, die über der Flussaue errichtet worden war, deren Morast fast das ganze Jahr über einen perfekten Lebensraum für Moskitos bildete. Eines schwülen Nachmittags schliefen alle Erwachsenen in Hängematten, und das einzige Baby unter ihnen (das einzige, das ihnen noch geblieben war?) war mit Bändern in einem dieser Baby-Laufgestelle auf Plastikrollen angegurtet, die es den Kleinen erlauben, sich zu bewegen, noch bevor sie ihre ersten eigenen Schritte machen, indem sie ihre baumelnden Beinchen über den Boden streifen lassen. Dieses Baby rollte immer näher an die Kante der Holzebene, nur um dann, gerade als ich aufspringen und hinlaufen wollte, abzuschwenken und sich einer anderen Kante zu nähern. Schlimm genug, dass es nach Süden hin zwei Meter in die Tiefe ging, wo Schlamm und Wurzeln warteten, während auf der nördlichen Seite ein ähnlich tiefer Fall in trübe Wässer drohte. Im Fluss gab es aber noch dazu Piranhaschwärme und, schlimmer noch, einen massigen schwarzen Kaiman, der mit seinem boshaft grinsenden Reißverschluss aus scharfen Zähnen im Schlamm lauerte. Können Sie sich vorstellen, was das Jugendamt hierzulande sagen würde, wenn es bei einem Hausbesuch feststellen würde, dass Sie ein offenes Becken mit wilden Reptilien und fleischfressenden Fischen im Kinderzimmer Ihres Nachwuchses haben?

Die modernen Länder der westlichen Welt bilden das andere Extrem. Vor Kurzem, als ich meine Nichten und Neffen in Kanada besuchte, habe ich einen meiner Brüder gefragt, warum die Kinder sich nicht ständig in die Wälder und Hügel aufmachten, die rings um sein Haus in den Rocky Mountains lagen. Warum verschwanden sie nicht ständig, um nur aufzutauchen, wenn es was zu essen gab oder sie zur Schule mussten? Er erklärte mir, dass die Dinge heute anders laufen: Alles läuft nach einem bestimmten Zeitplan und unter der Aufsicht von Erwachsenen ab. Wenn die Kinder eine Tour auf ihren Mountainbikes machen, dann in einem vorher abgesteckten Zeitraum, in einer alters- und begabungsmäßig homogenen Gruppe, die von einem ausgebildeten Erwachsenen begleitet wird, der die ganze Sache mithilfe dieser kleinen Supercomputer koordiniert, die uns heute das Telefon ersetzen.

»Aber können sie nicht einfach zum Spielen mit den Nachbarskindern abdampfen?«, fragte ich.

»Es gibt keine Nachbarskinder. Traurig, aber wahr.«

Ich hatte das Privileg, Ende der Siebziger, Anfang der Achtziger aufzuwachsen, diese nachlässigen Jahre, nachdem man die Kinder von der Arbeit in den Fabriken und auf den Farmen befreit hatte, aber noch bevor die Eltern anfingen, sich zu sorgen, dass sie dadurch über zu viel ungenutzte Zeit verfügen könnten. Eine Sorge, die dazu führte, dass sie den Nachwuchs heute in ein Korsett aus scheinbar strukturierten Aktivitäten zwängen – immer mit dem Hintergedanken, welchen Vorteil das für die Bewerbungen um einen Studienplatz oder ein Praktikum bringen könnte. Die Freiheiten, die meine Generation hatte, gibt es heute nicht mehr, aber sie gaben mir das nötige Selbstbewusstsein, auf Entdeckungsreisen zu gehen.

Zu meinem sechsten Geburtstag schenkte meine Mutter mir ein Beil, eine Säge und ein kleines orangefarbenes Messer, das ich überall mit hinnahm, sogar in die Schule. Einige meiner Onkel waren damals noch Teenager. Aus Teilen vom Schrottplatz, auf dem sie immer Ratten schossen, hatten sie einen Strandbuggy gebaut. Sie ließen auch mich und meine Brüder mitfahren; manchmal spielten sie uns Streiche, indem sie zum Beispiel auf unserer Seite des Wagens Bretter aus dem Boden entfernten, um dann über Kies zu fahren, sodass die Steinchen hochflogen und uns schmerzhaft trafen. Oder sie feuerten unter unserem Gegröle Schusswaffen ab und hielten die Pistolen so, dass die heißen Geschossmäntel in unsere Schöße fielen.

Eines schönes Morgens Anfang Februar, am Murmeltiertag – ich war gerade sieben Jahre alt geworden –, raste ein Hurrikan der Stärke 2 auf Nova Scotia und unser Zuhause im Annapolis Valley zu. Unsere Mutter sagte meinen Brüdern und mir, dass wir den ganzen Tag drinnen verbringen müssten. Wenn wir über solch eine schrecklich lange Zeitspanne im Haus bleiben mussten, trafen wir für gewöhnlich Vorsichtsmaßnahmen und fingen im Teich vor unserem Haus Ochsenfrösche; das letzte Mal war an einem verregneten Tag im Herbst gewesen, als die Langeweile uns in die Küche trieb, wo unsere Mutter in einem Topf auf dem Herd Bohnen rührte. Wir machten uns einen Spaß daraus, die Frösche hüpfen zu lassen; einer wäre fast in die Bohnen gesprungen, er landete mit einem Schmatzen auf dem Rand des Topfes, fiel dann aber in die andere Richtung. Wir flohen vor dem Holzlöffel unserer Mutter hinaus in den strömenden Regen.

Jetzt, im eisigen Februar, war ein Tag Stubenarrest noch schwerer zu ertragen, und wir schafften es, auch ohne die obligatorischen Amphibien eine echte Plage zu sein. Bald schon hörte man den Hurrikan heulen; er riss Äste von den riesigen Ulmen – einer davon stürzte in eines unserer Dachfenster – und entwurzelte sogar einige Ahorne auf dem Grundstück. Dann fiel das Sonnenlicht durch unsere Fenster.

Als sie sah, dass es nun sonnig und verdächtig ruhig war, scheuchte unsere Mutter uns mit dem Holzlöffel aus der Küche: »Raus mit euch! Raus, raus.«

Wir flitzten in den Wald und rannten somit genau in den tosenden Hurrikan. Er war nicht abgeflaut. Vielmehr hatte sich das Auge des Sturms über unser Haus geschoben.

Als wir wieder nach Hause rannten, riss es mich fast von einer kleinen Brücke, die uns über einen Bach führte. Ich hielt mich am Geländer fest und flatterte im Wind wie eine Fahne, direkt über dem Geistersumpf, an dem sich das Moccasin-Hollow-Massaker zugetragen haben soll. Spaßige Zeiten.

Später, nachdem wir im Winter 1977 westwärts nach Alberta gezogen waren, lernte ich die Grundlagen des Kanufahrens, Angelns und Jagens – wesentliche Fertigkeiten, damals bereits und vor allem, als ich dann erwachsen war. Unser Haus stand am Fish Creek Park, der am damaligen Rand der Stadt Calgary lag. Südlich lagen nur die Felder der umliegenden Farmen und dahinter Prärie, westwärts war es nur eine kleine Spritztour bis zu den Gebirgsausläufern der Rocky Mountains. Die Grundlage für meine Überlebensfertigkeiten war mein Talent zum Steinewerfen. Wir haben damals viele Steine geworfen, vier Stunden am Tag vielleicht, zu Zeiten, in denen wir einander oder die Kinder aus den umliegenden Gemeinden mit Stöcken und Wurfkeulen bekämpften. Ein paar von uns wurden so gut im Werfen, dass wir dieses Talent zum Jagen nutzten. Wenn man einen Stein wirft, legt man sein ganzes Körpergewicht in den Wurf und bestimmt mit dem Handgelenk den jeweils gewünschten Spin. Nun, ein Freund von mir und ich konnten einen Stein aufheben, ihn mit nach vorne gestrecktem Arm von uns halten, um ihn dann nur aus dem Handgelenk zu werfen. Der Stein sprang aus unserer Hand und schien der Schwerkraft zu trotzen; in der Luft gab er ein seltsames Summen von sich, das verstummte, wenn wir unsere Hand wieder ausstreckten und ihn aus der Luft schnappten. Als wir uns unsere ersten Flinten leisten konnten, blieb das Steinewerfen auf der Strecke und wir konzentrierten uns ganz auf die Wildnis, von der es im westlichen Kanada reichlich gab.

In den späten Achtzigern – wir waren noch Teenager – gingen ich und Chad, ein großer und geselliger Freund, dessen Familie von den Cree abstammte, raus in die Wildnis, wann immer es uns möglich war. Wir erkundeten die Pazifikküste und Regenwälder, bestiegen Berge ohne Ausrüstung und richtige Vorbereitung. Jeder, der einen Blick auf Chads Buchsammlung wirft, ohne ihn vorher kennengelernt zu haben, würde wohl eher eine verkopfte Person erwarten, einen wandernden Gelehrten vielleicht. Wenn man ihn dann sieht, fällt auf, wie athletisch er ist: Er erklimmt Felsen, fährt Tourenski, surft und macht Radsport; er besitzt kaum mehr, als er für diese Aktivitäten benötigt, seine Freizeit widmet er ganz dem Sport, dem Reisen und wohltätiger Arbeit.

An einem Wintermorgen während unserer späten Teenagerjahre machten wir uns auf den Weg, um über regenwaldbewachsene Hänge zu klettern. Ziel war der Carmanah Giant, ein kurz zuvor entdecktes Exemplar von Kanadas höchster Baumart, die auf Vancouver Island wächst, dort, wo sich heute der Carmanah Walbran Provincial Park befindet. Chads abenteuerlicher 1961er-F-100-Truck brachte uns dorthin, mit seinem Sechszylindermotor, der Dreigangschaltung und manuellem Choke. Dieses Monster war bananengelb mit gelber Innenausstattung aus Stahl, inklusive einem gelben Armaturenbrett (das einem im Falle eines Unfalls problemlos den Schädel hätte spalten können), ohne Gurte und – da im Bremsschlauch Blasen waren – oft auch ohne Bremse. Es dauerte eine Weile, bis wir feststellten, dass keiner von uns an etwas Essbares gedacht hatte. Auch Streichhölzer und Schlafsäcke hatten wir nicht dabei. Allerdings hatten wir ein Zelt, also konnten wir uns nicht wirklich beklagen, da es ja nur eine dreitägige Exkursion werden sollte.

Los ging's, und wir kletterten über enorme Berge toten Fichtenholzes, bedeckt von Schnee und leuchtend grünem Moos. In der ersten Nacht schliefen wir Rücken an Rücken im eisigen Schlamm und wateten dann im Lauf des Carmanah Creek, einem Bach, der sich seinen Weg durch dünne Schichten aus Eis brach, die sich an den Uferseiten gebildet hatten, bis wir die riesige Sitka-Fichte erreichten, 112 Meter hoch. (Mittlerweile hat ein Blitz einen Teil der Krone abgeschlagen.) Die Anstrengungen hatten an unseren Energiereserven gezehrt, vor allem jetzt, am zweiten Tag einer besonders anspruchsvollen Wanderung, die wir ohne Nahrung angetreten waren. Also beschlossen wir, uns durch das Unterholz bis zu einem Kahlschlag zu kämpfen, von dem irgendwo eine Forststraße abgehen musste. Es ist wohl wichtig zu erwähnen, dass wir während der gesamten Tour eine tolle Zeit hatten.

Die kahl geschlagenen Gefälle der Westküste hochzuwandern, ist herausfordernd, da die Baumstümpfe massig sind und Regenfälle große Teile des Bodens unterspült haben. Jeden Moment kann dein komplettes Bein verschluckt werden und du steckst bis zur Hüfte zwischen den ausladenden Wurzelansätzen. Die Nacht brach herein und nach Gefühl kletterten wir weiter, weil es auf solch einem Gelände nirgends einen Platz gab, an dem wir unser Zelt hätten aufstellen können. Es wäre ohnehin zu kalt zum Schlafen gewesen. Endlich erreichten wir eine Forststraße und mussten uns entscheiden: nach links oder nach rechts? Wir entschieden uns für rechts und nach einer Weile sahen wir ihn, unseren treuen, alten, gelben Ford, unseren Erlöser, der uns zu Pizza und Bier in der nächstgelegenen Stadt führen würde.

An anderen Tagen planten wir unsere Trips, indem wir einen Dartpfeil auf eine Karte von Vancouver Island warfen und dorthin fuhren, wo der Pfeil landete, solange der Ort nur abgelegen und wild genug war – was ein leicht zu erfüllendes Ziel war. Einmal hatten wir Wölfe in unserem Zeltlager, Bären sahen wir häufiger oder auch Weißkopfadler, die mit finsterem Blick auf jedem sich anbietenden Stumpf Totholz saßen.

Etwa zu dieser Zeit habe ich mir zum ersten Mal einen neuen Rucksack gekauft, anstatt wie bisher die abgelegten Canvas-Rucksäcke zu nutzen, die an mich weitergegeben wurden. Meinen neuen Rucksack, leuchtend violett, petrol und schwarz, hatte ich bei Mountain Equipment Coop geholt. Bemerkenswerterweise habe ich von da an all meine Besitztümer darin mit mir herumgetragen. Fünfundzwanzig Jahre lang habe ich quasi daraus gelebt, überall auf dieser Erde, ohne dass ich mich irgendwo niedergelassen hätte.

In einem Sommer in den frühen Neunzigern ging ich mit meinem großen Bruder Steve Auto-Campen in den Rocky Mountains. Auf der Ya-Ha-Tinda-Ranch, wo man die Pferde für die Ranger der Parks-Kanada-Behörde trainierte, nutzten wir lose Steine, um ein Biergehege im seichten Wasser des Red Deer Rivers zu bauen. Die meisten von uns ruhten sich einfach aus, nachdem wir unsere Zelte aufgebaut hatten, unter anderem Leon, ein Bauernjunge aus dem Norden von Alberta. Er sah mich im Dreck hockend, wie ich den Vögeln zuhörte, deren Rufe jenseits des glucksenden Flusses im Wald tönten.

»Man merkt, dass du kein besonders erfahrener Camper bist«, stellte er fest.

»Ach ja? Woran?«, fragte ich.

»Erst mal hättest du einen bequemen Sitzplatz, wenn du einfach das Stück Holz da umdrehen würdest. Und noch besser wäre es natürlich, wenn du einen Klappsessel hättest, wie diesen da, mit der Dosenhalterung in der Armlehne.«

»Ich sitze nicht mehr auf solchen Stühlen«, gab ich zu. »Ich finde sie unbequem.«

Genau genommen hatte ich mich mehr und mehr in die Wildnis verabschiedet, und das so sehr, dass ich mir nicht nur das Sitzen auf Sesseln abgewöhnt hatte – ich fühlte mich auch unter Stadtmenschen unwohl. Die Menschen, die mir die liebsten waren, kann man wohl als schillernde Charaktere bezeichnen: alternde amerikanische Wehrdienstverweigerer, Geächtete, Bauern, Anarchisten, Anhänger von Kulten, Rave-Girls, Säger, Goldsucher, Bankräuber, Holzfäller, Hip-Hopper, Hippies, und Hip-Hoppies. Ich kannte einen obdachlosen Junkie, für den Rohrkolben ein Grundnahrungsmittel waren. Er zeigte mir, wie man aus alten Büchsen einen Ofen machte, und empfahl mir, Kalmus zu essen, um meine Ausdauer zu verbessern. Ich verbrachte eine Menge Zeit in den Selkirk Mountains in British Columbia, zwischen dem Kootenay-Pass und Anarchist Mountain.

Ken, ein guter Freund, lebte in diesen Bergen, und ein Jahrzehnt später sollte er mich auf einigen Reisen nach Asien und Russland begleiten. Nicht nur kam er aus einer Familie von Duchoborzen, einer aus Russland stammenden christlich-anarchistischen Religionsgemeinschaft, sie waren auch noch Mitglieder der Sons-of-Freedom-Sekte, deren Mitglieder berüchtigte Protestler (meist traten sie nackt in Erscheinung), Brandstifter und Bombenleger waren. Diese Herkunft war auch für sein Aussehen verantwortlich – er war von mittlerer Statur und hatte eine Mischung aus zentralasiatischen und weißrussischen Gesichtszügen, im Sommer wurde er nussbraun, im Winter war er blassweiß, und er zeigte großes Geschick im Überqueren von Strömungen sowie im Besteigen beforsteter Steilhänge. Er war ein friedfertiger junger Mann; sein Vater indes war zwar charismatisch, hing aber unerbittlich der Überzeugung an, dass die Kommunisten bald die Welt beherrschen würden. Er hatte einige Zeit im Gefängnis verbracht, weil er während einer Anschlagsserie im Jahre 1962 einen einhundert Meter hohen Strommast zerstört hatte, wodurch Tausende im Dunkeln gesessen hatten. Selbst damals waren solche Handlungen als Terrorismus verpönt.

Die Selkirk Mountains schienen Außenseiter und Träumer anzuziehen, oft zum Ärger der vernünftigen Leute. Dennoch war es ein ungewöhnlich toleranter Ort zu dieser Zeit. Und das passte gut zu mir, da ich zu einem Menschen geworden war, der mit Bestimmungen, Formularen und anderen Fallstricken der Zivilisation nichts am Hut haben wollte. Ausgiebige Ausflüge in die Wildnis fühlten sich für mich normaler an als die Zeiten, in denen ich mich in besiedelten Gebieten aufhalten musste; meine subarktischen Baumpflanzungen nördlich von Prinz-Georg-Land waren vergleichsweise angenehme soziale Erfahrungen. Und während ich zahlreiche ganze und halbe Sommer in den Bergen oder in Sümpfen und Wiesenland genoss, waren 86 Tage in der Valhalla Range der Selkirk Mountains meine längste Zeit ohne menschliche Kontakte – Hunderte Kilometer von jeder Zivilisation entfernt, ohne zu sprechen oder zu baden.

Wenn man badet, riecht man anders und zieht Moskitos und Kriebelmücken an. Auch jedes andere Tier wittert dich dann schon von der anderen Seite des nächsten Hügels, während man irgendwie eins mit der Umwelt wird, wenn man auf das Baden verzichtet. Es kam schon dreimal vor, dass Eichhörnchen, die einander verfolgten, in Spiralen meinen Körper hochschossen, weil sie mich für einen Baumstamm hielten. Dann gingen sie auf meinen Schultern in Stellung, eines links, eines rechts, bis sie sahen, wie meine Lippen sich zu einem Lächeln hochzogen. Sofort machten sie sich aufgeregt aus dem Staub und ich hörte eine halbe Stunde lang keinen Pieps mehr von ihnen, was ein ziemlich sicheres Anzeichen für ein geschocktes Eichhörnchen in der Paarungszeit ist.

Ich habe gelernt, Bären aufzumischen, indem ich meine Arme in die Luft warf und auf sie zurannte, um anschließend an ihren Markierungsbaum zu pissen und die Rinde mit einer Axt einzuritzen, an einer Stelle, die über den Rissen ihrer eigenen Tatzen lagen. Es macht tatsächlich irgendwie Spaß, sich mit Bären anzulegen, wenn man sie erst mal besser kennt. Eines Augusts im Little Slocan Valley, ich schlief auf meinem Schlafsack, da es eine heiße, schweißtreibende Nacht war, wurde ich behutsam vom Schnüffeln eines Bären nahe meines Schlaflagers geweckt. Ich setzte mich langsam auf und lauschte dem Flattern der Nüstern an der Plastikplane, die mir als Tür diente. Still in mich hineinkichernd beschloss ich, dem Bären einen Schrecken einzujagen, und stand vorsichtig auf. Dann schwang ich meine Faust gegen die Plane, sodass diese laut knitternd zur Seite flog. Ich grub meine Zehen in den Lehm des Hügels, fuhr auf, splitterfasernackt, mitten in der Dunkelheit, und stieß ein altbewährtes Bärenverjagungsknurren aus. *Wusch!*, schoss der Bär den Hügel hinauf. Und als wäre das nicht genug, schoss, *wusch!*, ein zweiter Bär durch das Buchsbaumbuschwerk und folgte dem anderen den Hügel hinauf. Lachend stellte ich mein Lager wieder her und legte mich erneut schlafen.

Ich habe gerissene E-Saiten von Gitarren aufgehoben, um damit Hasen und Moorhühner zu fangen; ich habe mich an wildem Lachs, Haselnüssen und Beeren gelabt. Eine Zeit lang habe ich eine große und bösartig aussehende Wespe als Haustier gehalten – sie war schwarz und hatte Streifen von leuchtendem Grüngelb, derselbe Farbton wie die zähe Flechte, die von Tannen baumelt. Während ich in einer Hängematte lag und zu meiner eigenen Belustigung einen Roman schrieb (*Living Off the Land* nannte ich ihn, bevor ich ihn dann in einer Kiste verschwinden ließ) oder wilde Erdbeeren pflückte, schwirrte die Wespe um mich herum. Wenn eine Stechfliege sich zu nah an mich heranwagte, packte die Wespe sie, trennte ihr systematisch die Gliedmaßen und den Kopf ab und flog dann mit dem ergatterten Insektentorso irgendwohin, nur um später wieder aufzutauchen und erneut die Jagd zu beginnen, für die sie mich als lebenden Köder ausgewählt hatte. Wenn auch die Wespe nicht wirklich mein Haustier war, so war es doch zumindest eine Win-win-Situation.

Was habe ich von der Natur gelernt? Die Talente und Impulse, die mich zunächst lockten und schließlich förmlich zwangen, mir die Welt anzusehen. Damals, im selben Jahr, als ich mir die Seen des Little Slocan Valleys ansah – miteinander verbunden wie aufgezogene Perlen – und den Eidechsen zuhörte, wie sie unter der orangefarbenen Schuppenborke herumwuselten, habe ich darüber nachgedacht, wie seltsam dieser mir so vertraute Ort auf Menschen aus der eisigen Tundra, dem tropischen Dschungel oder den wandernden Sanddünen wirken würde. Das warf in mir die Frage auf, ob sich tatsächlich schon mal jemand aufgemacht hatte, sich die ganze Welt anzusehen. Man kann also sagen, dass es die Liebe zur Natur war, die meinem Erwachsenendasein seinen Sinn gegeben hat.

Die Wildnis hat mich auch andere nützliche Sachen gelehrt. Eine davon: Die Natur ist geradezu übertrieben gerecht – und deshalb muss ein Mensch seine Grenzen kennen. Eine weitere Erkenntnis ist schwer in Worte zu fassen: Zivilisierte Menschen haben keine Ahnung. Bei Jägern und Sammlern ist das anders, aber die sind heutzutage rar gesät. Ein Teil der Natur des Menschen ist darauf eingestellt, mit der eigenen Horde zusammenzuleben – ein soziales Interagieren mit der eigenen Gruppe, mit Familie, Freunden und Rivalen, das ist etwas, für das wir die entsprechende soziale und konzeptuelle Denkweise entwickelt haben. Aber das ist nur die Hälfte dessen, was es bedeutet, ein Mensch zu sein – es gibt noch eine Kehrseite, eine komplette zweite Hälfte der Natur des Menschen, und zwar diejenige, die geschaffen ist, um sie zu nutzen, wenn wir allein in der Wildnis sind. Nur wenige kommen damit überhaupt je in Berührung. Mich hat sie fasziniert.

Um sie am eigenen Leib zu erfahren, muss man allein in die tiefe Wildnis gehen, ohne andere Menschen um sich, ohne zu sprechen oder menschengemachte Strukturen zu sehen. Menschengemachte Strukturen und von Menschenhand veränderte Landschaften sind manifestierte Gedanken. Man spürt die Konzepte, das menschliche Streben dahinter – wer sie sieht, wird an andere Menschen erinnert. Wenn man allein ist, aber umgeben von Vorrichtungen, die von Hand und Verstand anderer Menschen erschaffen wurden, dann wird man diese zweite Natur des Menschen, den Buschmodus, nicht verstehen; stattdessen lernt man ihren elenden Cousin kennen, den Hüttenkoller. Dasselbe gilt, wenn man mit einem anderen Menschen unterwegs oder auch nur in dessen Nähe ist; vielleicht kann man ein Stückchen Buschmodus retten, wenn man mit diesem Menschen gänzlich auf demselben Level ist und deshalb wortlos miteinander kommunizieren kann.

Wenn man sich aber von allen künstlichen Vorrichtungen und anderen Menschen entfernt, sind die Veränderungen tiefgreifend. Nach zehn Tagen wird man eine schlichte Verwerfung der eigenen nicht hinterfragten Besessenheit mit dem Konzept Zeit bemerken – die Zeit wird sich wie Gummi dehnen, und man wird nicht mehr wissen und sich auch nicht mehr kümmern, ob nun acht oder zwölf Tage vergangen sind, weil der Stand der Sonne oder des Mondes wichtiger ist als das Datum. Das ist nicht gerade ein besonders bewusstseinsverändernder Effekt, aber es ist das erste Anzeichen einer Umkehrung der Polarität von Bewusstem und Unbewusstem. Nach ein paar Wochen wird es dann interessant; man beginnt, eine Angewohnheit abzulegen, von der man gar nicht wusste, dass man sie hat: die Angewohnheit, die eigenen Gedanken zu komprimieren, sodass sie prägnant genug sind, sie in Worte zu fassen, was eine absolut wesentliche Voraussetzung für Sprache ist.

Wenn man nicht mehr spricht, werden diese Teile des Verstandes anderweitig genutzt. Ein guter Monat ohne Sprache oder Kontakt zu anderen Menschen und die Transformation ist abgeschlossen – das Loslassen von Begrifflichkeiten des Geistes und die Schwächung des Selbst, und zwar in einer Weise, dass man nach beidem keine Sehnsucht und für beides keinen Habitus mehr hat. Zwei weitere Monate, und Schlafen und Wachen gleichen sich einander an. Wenn man auf dem Waldboden schläft, so wie ich es getan habe, den Elementen ausgesetzt, mit nichts als ein wenig Schutz vor dem Regen, kann der Verstand die Realität auch im Schlaf wahrnehmen. Und wenn man träumt – so wie ich einst in einer Nacht mit Nieselregen –, dass ein Reh leise über den Berghang läuft und die Tigerlilien frisst, dann wird man am Morgen sehen, so wie es mir passiert ist, dass eine Reihe Lilien fehlt. Was man träumt, ist Wirklichkeit. Und in ähnlicher Weise werden tagsüber die Gedanken Tagträumen weichen. Alles Notwendige wird angegangen, indem man diesen Träumen Folge leistet, und zwar zur rechten Zeit und in der richtigen Reihenfolge, ganz ohne nachzudenken … Man ist vielmehr im Einklang mit der Realität, ganz ohne zu jammern oder in Panik zu verfallen.

Wenn man einen Fehler macht oder in der Wildnis in eine gefährliche Situation gerät, wird man eine Weitsicht erfahren, die einen wieder den richtigen Kurs einschlagen lässt, solange man nur die tiefere Bedeutung darin erkennt.

Anschließend wird man über Überlebens-Skills verfügen, die nicht von dieser Welt sind – oder eben aus den Tiefen dieser Welt kommen. Ein verändertes Bewusstsein, eine andere Weise zu begreifen, was es bedeutet, Mensch zu sein.

Ich konnte intuitiv erkennen, welches Tier sich in den Wäldern um mich herum oder auf den Hängen über mir bewegte und was es vorhatte, indem ich das Verhalten der Eichhörnchen, Streifenhörnchen und Vögel beobachtete. Wölfe, Hirsche und Elche verrieten ihre Spezies durch die »Dichte« des Klangs ihrer Schritte, wenn sie durch das Gesträuch auf der nahe gelegenen Wiese liefen. Wenn während meines bewusstseinsverändernden persönlichen Rekords von 86 Tagen in völliger Einsamkeit ein Schwarzbär versuchte, mich zu beobachten – seitlich von mir, 40 Meter dichtes Dickicht zwischen uns, versteckt hinter einem schwarzen Baumstamm, hinter dem nur ein schwarzes Ohr und ein Auge hervorlugten –, drehte ich meinen Kopf zu ihm, blickte ihm für einen Sekundenbruchteil ins Auge, um ihm zu zeigen, dass auch ich ihn wahrnahm, und ging dann weiter, ohne meinen Schritt zu verlangsamen. Es war, als könne mein Geist in der Struktur der Wildnis alles wahrnehmen, was mir von Übel sein konnte; jede Störung in dieser Struktur trat hervor und fiel mir wie intuitiv auf.

Manchmal spielte ich ein Spiel mit den Rehen, dessen Ziel darin bestand, mich ihnen unbemerkt zu nähern, indem ich mich in den »Lücken« ihres Bewusstseins fortbewegte. Wenn man gänzlich eins mit der Natur ist, stellt man fest, dass Rehe unterschiedliche Stadien des Bewusstseins durchlaufen, und in den Lücken kann man sich ihnen nähern, solange man gegen den Wind läuft. Man muss hier besonders das Stadium des Äsens beachten sowie noch ein weiteres Stadium, in dem sie so tun, als würden sie äsen, da diese beiden Stadien die entscheidenden sind. Im zweiten erwähnten Stadium scheinen sie tatsächlich zu äsen, aber heimlich scannen sie die Umwelt mit all ihren Sinnen. Wenn sich ein Reh in diesem Stadium befindet, darf man keinen einzigen Muskel bewegen, nicht mal die Augäpfel; dann, wenn das Reh sich sicher fühlt, sich ganz dem Äsen widmet und seine Wahrnehmung herunterdimmt, um die Hirnaktivität zu reduzieren, kann man so behutsam wie nur möglich voranschleichen. Wenn es wieder aufmerksam wird – genau genommen einen Sekundenbruchteil, bevor es die Absicht zeigt, in ein anderes Stadium überzugehen, was in unregelmäßigen Abständen geschieht –, muss man erstarren, ohne auch nur den Gedanken zu fassen, erstarren zu wollen. Einfach erstarren.

Das Spiel bestand darin, sich einem Reh auf diese Weise zu nähern, bis es nur noch eine Armlänge von mir entfernt war. Aber anstatt das Tier dann anzufassen, wartete ich, bis es in das Stadium größter Aufmerksamkeit wechselte, wobei es seinen Hals streckte und Augen und Ohren drehte, um seine Umwelt zu erfassen. Dann ließ ich meine Augäpfel zur Seite gleiten, mehr nicht, um für einen winzigen Moment das Weiß in meinen Augen zu zeigen. Panisch sprang das Reh durch das Dickicht davon, vermutlich erstaunt darüber, dass ein solch großes Tier wie ich plötzlich neben ihm aufgetaucht war. Pure Magie!

Ich bin mir sicher, dass solche Erfahrungen typisch menschlich sind, da andere Leute, die lange Zeit in der Wildnis verbracht haben, mir ähnliche Geschichten erzählten. Und dem Menschen, der auf diese Weise mehr als 65 Tage allein verbracht und immer noch ein Ego hat, muss ich erst noch begegnen. Das soll bedeuten, dass wir alle in einen Zustand gelangen, wo unsere Tage und Nächte, unsere Träume und unser Bestreben nicht mehr durch irgendeine Art von Selbst oder »Ich« gefiltert werden. Das ist der Punkt, an dem es eine Wesenseinheit wie das »Ich« nicht mehr gibt. Und wenn man wieder in die Zivilisation geht, ist es ein langer Kampf zurück in die Geisteshaltung, derer es bedarf, um mit den schwatzenden Leuten und ihrer Welt voller Kämpfe und Konzepte, voll Geschubse und List klarzukommen. Meist ist die Umgewöhnung eins zu eins: Wenn man fünf Monate lang fast keinen zwischenmenschlichen Kontakt hatte, sind es fünf Monate mühsamer Anstrengung, um wieder auf »Normal« zu schalten. Es ist, als würde man eine Fremdsprache lernen müssen. Und während dieser Zeit wirkt man auf andere, als litte man an einer Art »Wildnisfieber«.

Manche Effekte dieses Fiebers sind geringfügig und lassen sich leicht in den Griff kriegen. Lautstärke und Mimik werden übertrieben sein; man muss insgesamt ein bisschen runterfahren. In Geschäften wird man aufpassen müssen, keine Regale umzuwerfen, insbesondere, wenn man es sich zur Angewohnheit gemacht hat, von Baum zu Baum zu schlittern, um bewaldete Abhänge auf kontrollierte Art hinunterzugelangen. Aber das ist gar nichts im Vergleich zu dem unbegreiflichen Effekt, der sich einstellt, wenn man wieder unter Menschen ist. Der Teil des Verstandes, der darauf ausgelegt ist, mit anderen Menschen zurechtzukommen – eng verwandt, wenn nicht gar direkt verbunden mit dem deaktivierten Selbst –, erwacht mit einer solchen Heftigkeit, dass man jede Äußerung, jedes gesprochene oder nicht gesprochene Wort mit messerscharfem

Fokus aufnimmt, um herauszufinden, was impliziert wurde; man fragt sich permanent, wer wohl welche zuvor gesprochenen Worte oder Gesichtsausdrücke imitiert haben könnte, und versucht zu ergründen, welche subtilen Hinweise auf die Gruppendynamik darin enthalten sein könnten.

Außerdem kommen einem zivilisierte Menschen polternd und grob vor, auf den Gefühlen und Psychen der anderen herumtrampelnd und sie manipulierend, mit der Subtilität einer Abrisstruppe, die mit Brecheisen und Sprengstoff Armenviertel beseitigt, um eine Autobahn zu bauen. Wenn man kein Mitgefühl aufbringt und nicht versteht, dass die Zivilisation so viel Zeit und Aufmerksamkeit einfordert, dass es zwangsläufig hektisch und schmutzig zugeht, endet man schnell bei einer düsteren Sicht auf die zivilisierte Menschheit. Dies setzt einem ganz besonders zu, da man weiß, dass man wieder in ebendiese Verhaltensmuster fallen wird, wenn das eigene Selbst sich erholt hat und einen wieder zurück in die Großstadtmentalität puscht.

Was das alles mit dem Reisen zu tun hat? Für mich: alles. Dieser Einblick in die zweite Natur des Menschen war mir ein Juwel unseres gesunden Unverstandes, ein wahrer Schatz für jemanden, der ein Verständnis für das Irrlicht erlangen möchte, das die Realität ist – egal, wohin dieses Bestreben auch führen mag. Der starke Drang, in »gescheiterten Staaten« und gefährlichen Reisesituationen zu überleben, kam in den Zeiten meiner Träume zu mir. Denn während es mental zu anstrengend ist, diese extrem weit gefasste »Geistestheorie« in der Wachzeit länger als ein paar Wochen oder Monate einzusetzen, habe ich doch festgestellt, dass ich mir ein wenig davon als kostbaren Schatz erhalten kann, ein Gespür dafür, wem ich trauen kann; eine gesteigerte Intuition, insbesondere gegenüber Leuten in meinem Umfeld, die nicht sind, wer sie zu sein vorgeben, unaufrichtige Personen, die einem vielleicht Böses wollen.

Nicht jeder, der zu viel Zeit allein in der Wildnis verbracht hat, kann daraus etwas von Wert ziehen. Ein typisches Beispiel: Oben in den Hügeln des südlichen British Columbia, nahe der Stadt Fruitvale, lebte in den frühen Neunzigern des letzten Jahrhunderts ein einäugiger Bergmann, der glaubte, er sei ein Zauberer, und gern mit seinem .303-Gewehr Nahschüsse auf andere Leute abfeuerte. Ich habe Verständnis dafür, wie er vermutlich zu dem wurde, was er heute ist, aber ich empfinde auch Mitleid, weil er vergessen hat, was nötig ist, um von der Traumzeit im Buschmodus zurückzufinden in den Modus, der es einem ermöglicht, in menschlicher Gesellschaft zurechtzukommen – und zwar ein sicheres Standbein in der Realität und ein gesundes Maß an Mitgefühl. Wenn man nicht wenigstens mit einem Bein in der Realität steht, macht einen eine lange Zeit allein in der Wildnis zu einem unerträglichen New-Age-Hippie; und wer kein gesundes Maß an Mitgefühl hat, der wird als bösartiger Hinterwäldler enden. Vielleicht mangelt es einem auch an beidem, wie unserem einäugigen Freund – mit einem Ergebnis, das das Schlechteste aus beiden Welten vereint.

Was ich in der Wildnis gelernt habe, wurde mir zum Werkzeug, mit dem ich gute von schlechten Absichten unterscheide in diesem Durcheinander von seltsamen Ländern und Fremden, denen ich täglich begegne. Und jede dieser Begegnungen war eine Lernerfahrung, die geholfen hat, meine Intuition zu schärfen. Wie genau war die Stimmführung dieses Typen, der versuchte, mir einen merkwürdig aussehenden Busfahrtschein zu verkaufen? Was genau machte diese sonderbare Schwingung aus, die ich von dem Mann empfangen habe, der sich als Geheimpolizist herausstellen sollte? Wirkte der Gesichtsausdruck des Straßenhändlers, der versucht hat, mich mit überteuerter Schlangenfrucht übers Ohr zu hauen, in irgendeiner Weise verdächtig? Das alles sind Gelegenheiten, etwas zu lernen über das Zurechtkommen in einer knallharten Realität; und auch im Geschäftsleben sind diese Kenntnisse unerlässlich. Man lernt dieses Zeug an keiner Universität, ganz egal, wie hoch die Gebühren sind.

Die Anstrengungen beim Wechsel vom Buschmodus in den Menschenmodus haben mich dazu ermuntert, meine Intuition zu schulen, die Welt, die mich umgibt, aktiv für mich zu nutzen, so wie ein Berglöwe seine Krallen an den Felsen schärft. Diese in der nord- und südamerikanischen Wildnis beheimateten Raubtiere sind hervorragende Prüfer und Lehrer für die Überlebens-Skills menschlicher Eindringlinge.

Ein einziges Mal nur hat ein Berglöwe versucht, mich zu töten. Ich trainierte gerade meine Nachtkletterkünste ohne Lampe und war weit nach oben geklettert, in der Hoffnung, dass diese dunklen Felskanten mich zum Mount Gimli in den Kootenays bringen würden. Mitten in der Nacht, hoch oben in diesem alpinen Gebiet, das eine Mischung aus Steilhängen und Wiesen mit einigen wenigen verkümmerten Bäumen ist, schreckte ein großes Tier auf, als ich eine Felsschlucht passierte. Meine Ohren hörten es leise einscheren, um mir zu folgen, was ein Verhalten war, das einem Wapiti oder einem Hirschen nicht entsprochen hätte. Ich hielt kurz inne, um meinen Verdacht zu bestätigen: Das Tier machte einen Schritt, dann noch einen, dann hielt es ebenfalls inne. Keine Frage mehr, ob es sich um einen Bären oder einen Berglöwen handelte – nur ein Berglöwe lauert Menschen auf diese Weise auf.

Dasselbe Tier hatte mir schon in der Woche zuvor Sorgen bereitet. Ich hatte meinen durchgeschwitzten kleinen Rucksack abgelegt, um in ein Bachbett zu steigen und etwas Wasser zu trinken. Die Luft war 37 Grad heiß und im Kiefernwald gab es Waldbrände, darunter ein Feuer oben auf diesem Berg und ein weiteres auf der anderen Seite des Tals. Der Berglöwe war herangeschnellt und hatte kurz die Tasche untersucht. Dann war er wieder verschwunden. Der dicke Schultergurt aus Schaumstoff mit der zweifachen Doppelnaht und einer Umhüllung aus einem festen Nylonstoff war aufgetrennt, als hätte man ihn mit einer Rasierklinge zerschnitten. Ich konnte den Gurt auf- und zuklappen wie den Mund einer Puppe. Und das war nur das Werk der Mittelkralle; die anderen hatten ihre Spuren an den Seiten des Gurts hinterlassen.

Jetzt, ohne Waffen in der dunklen Nacht, änderte ich meine Bewegung und täuschte vor, mit sicherem Schritt den Hügel herabzugehen. Sobald das Tier mitbekam, dass ich nichts sah, würde es sich auf meinen Rücken stürzen und mich töten. Als ich eine Pfote ganz leise durch das Tussockgras streifen hörte, drehte ich meinen Hals und schaute in die Dunkelheit hinter mir, vorgebend, dass ich etwas sehen konnte, und dann knurrte ich. Wie ich vermeiden konnte, schnurstracks von einer der vielen Klippen zu stürzen? Sagen wir einfach, ich habe nie so sehr aufgepasst, »wo ich hinlatsche«, wie in jener Stunde, als diese Großkatze mir den Berg hinunter gefolgt ist. Selbst die niedrigen Büschel Wiese da oben waren wie Skiabhänge. Mehrere Kilometer legte ich zurück, während das Tier mich verfolgte, und ich verfehlte mein Lager dabei nur um ein kleines Stück. Es lauerte mir immer noch auf, und es war nicht weit entfernt, vielleicht zehn Meter hinter mir. Aber dann erkannte ich einen auffällig geformten Zweig im Licht des Mondes wieder und steuerte geradewegs dorthin, wo ich mein Lager aufgeschlagen hatte: eine Plastikplane und mein kostbarer Notvorrat an Reis und Dosenware, der mich über etwa zwei Wochen bringen würde.

In diesem Moment, im ersten Licht vorm Morgengrauen, beschloss der Berglöwe, über mich herzufallen – er kam direkt auf mich zu, er knurrte nicht, wie man es von diesen Tieren kennt, sondern er hatte die Ohren zurückgestellt und war geisterhaft still. Ich war derjenige, der knurrte. Ich schnappte mir einen Stock aus Weißdornholz, den ich genutzt hatte, um meine Plastikplane aufzurichten, und schwang ihn, um dem Löwen damit auf den Schädel zu knüppeln, darauf bedacht, mich nicht zu schnell zu verausgaben. Er versuchte, zwischen meinen Knüppelschwüngen anzugreifen, sprang vor und zurück, umkreiste mich dann und versuchte es aus einem anderen Winkel. Es gelang mir, ihn zu verjagen, aber in dieser Nacht habe ich kein Auge zugetan. Am nächsten Morgen schrieb ich als Erstes einen Zettel: »Wenn du mich hier nicht findest, dann verschwinde schleunigst. Ich bin von einem Berglöwen gerissen worden. Vermutlich streift er noch durch diese Gegend.« Mit Nägeln befestigte ich das Stück Papier an die leuchtend orangefarbene Schuppenborke einer riesigen Ponderosa-Kiefer. Die recht beunruhigende Nachricht konnte ich ein paar Tage später wieder abreißen, da der Berglöwe nur noch einmal kurz am Nachmittag des folgenden Tages auftauchte. Dann war er gänzlich verschwunden.

Kapitel 2
Eine Reise mit vielen ersten Malen
Costa Rica | Nicaragua | Guatemala | Honduras | El Salvador | Belize | Mexiko

Der Zettel war für die Frau gedacht, die ein paar Tage später hier hochwandern würde, um zu mir zu stoßen. Brenda war meine erste richtige Freundin, und sie war es auch, die mich später überzeugte, dass Rucksacktouren durch die nordamerikanische Wildnis zwar schön und gut waren, dass man aber auch mit minimalem Budget in fremde Länder konnte, wobei die Tropen – verglichen mit den kanadischen Wintern – besonders reizvoll seien. Ich war ein wenig durch Großbritannien und Westeuropa gereist, war auf Hawaii gewesen und hatte viele Male Nordamerika von Küste zu Küste durchquert, sowohl in den USA als auch in Kanada, aber nun war es Zeit, etwas zu ändern. Kurz bevor ich zum ersten Mal Brendas reizendes Wesen erlebte, lies mich der erlesene Geschmack von Einsamkeit einen Lebensstil annehmen, in dem andere Menschen vorkamen. Es war diese Art von Einsamkeit, die dir in den Rücken fährt und über jeden einzelnen Wirbel nach unten pulsiert, bevor sie sich wieder zurück nach oben krallt, bis in dein Hirn. Auch wenn ich noch viele wertvolle Erfahrungen in der Wildnis sammeln sollte, verschob sich mein Fokus nun von den amerikanischen Urwäldern auf das interkontinentale Reisen.

Brenda hatte naturgelocktes, dunkles Haar, die Körperhaltung einer Tänzerin und eine unbeschwerte Art; sie neigte dazu, Anteil an den Miseren anderer Leute zu nehmen, und konnte in schweren Zeiten immer auch das Gute erkennen. Dieses sonnige Gemüt sollte sich noch als nützlich erweisen, da wir weiter gen Süden reisten, als es je zuvor einer von uns getan hatte: durch die Sonora-Wüste mit ihrem klauenförmigen Umriss, bis dorthin, wo der Isthmus von Panama – als Stachel einer Reihe kleiner Länder, die zusammen den Unterleib eines Skorpions formen – Südamerika sticht. Durch frühere Aufenthalte in Mexiko wusste Brenda, dass ihre Betonung der spanischen Standardsätze, die sie auswendig kannte, perfekt war, und jedes Mal entlockte sie den Latinos, die annahmen, dass sie flüssig Spanisch spräche, sturzflutartige Antworten, wenngleich sie in Wirklichkeit nur wenig von dem Gesagten verstand. Nützlicher waren da schon ihre Erfahrungen mit Gaunern und Touristenfängern, die sie auf ihrer Autoreise durch Jamaika gemacht hatte.

Und welche Fähigkeiten konnte ich einbringen, um einen aufregenden Trip durch Lateinamerika zu gewährleisten, der nicht in einem Desaster endete? In Sachen praktischer Reisekompetenzen konnte man sich damals keinen größeren Dummkopf vorstellen. Ich hatte schlichtweg keine. Meine Annahmen – gesammelt während meiner Reisen durch Europa, die USA und Kanada –, dass andere Leute vorsichtig fahren werden, dass Männer, die an Bushaltestellen herumlungern, aufrichtige Absichten haben, wenn sie einem Informationen geben, und dass ich in öffentlichen Bedürfnisanstalten fließendes warmes Wasser und Toilettenpapier vorfinden werde, waren einen feuchten Dreck wert, sobald man einen Fuß in ein Land der sogenannten Dritten Welt setzte. Ich hatte keinerlei Fremdsprachenkenntnisse, kein Verhandlungstalent gegenüber schmierigen Taxifahrern, schmierigen Busfahrern oder schmierigen Leuten, die uns auf den Straßen ansprachen. Als Gringo in Zentral- und Südamerika wirkt man auf jede unehrenhafte Person von Punta Arenas bis Belize City so anziehend wie ein brummender Elektromagnet.

Und was ist mit meiner so sorgsam geschärften Intuition? Die brachte mich dort nicht weiter. Wenn meine Intuition war, dass dieser Einheimische da versuchte, uns übers Ohr zu hauen, dann versuchten in Wirklichkeit seine zwielichtigen Kumpanen links und rechts von uns dasselbe – und was dann? Das sind Situationen, in denen man auf seine Reisekompetenz setzen können sollte. Wenn man sie denn hat. Ich hatte sie nicht.

Ein weiterer Punkt ist die Frage, wie man in Entwicklungsländern von A nach B gelangt. Gibt es dort Busse? Mietet man sich am besten ein Auto, so wie auf Hawaii? Fährt man mit dem Ochsenkarren? Zieht einen ein Bauer in einer Rikscha, während man ihn mit den leichten Schlägen einer umsichtig eingesetzten Reitgerte antreibt? Ich hatte keine Ahnung, was mich erwartete, wo ich hingehen sollte oder was ein fairer Preis war, und mir wäre nie in den Sinn gekommen, dass es sowas wie ein Reisehandbuch geben könnte. Später hörte ich zufällig die Gespräche anderer Backpacker (mir war nicht mal bewusst gewesen, dass es dort andere Backpacker geben würde), in deren Dialogen außergewöhnliche Sätze wie dieser fielen: »Wenn du von Antigua nach Chichicastenango willst, nimmst du natürlich am besten den Bus, der am Platz vor der Santo-Tomás-Kirche abfährt.« Diese offenbarten geografischen Kenntnisse ließen mich staunend zurück. Vielleicht studieren eingefleischte Backpacker obsessiv Karten und Enzyklopädien, Monate bevor sie sich auf die Reise machen. Wenn man bedenkt, dass nicht wenige von ihnen willens waren, unzählige Monate in entlegenen Dörfern zu verbringen, darum bemüht, die Sprache der Einheimischen zu lernen, dann ist wohl auch nicht auszuschließen, dass sie in Sachen Geografie ebenso beflissen sind. Nie hätte ich vermutet, dass jemand all diese Dinge für sie aufgeschrieben hatte und dass sie mit einer so außergewöhnlichen Sache wie einem Reisehandbuch anreisten, das sie in ihrem Heimatland erworben hatten. Es dauerte ein paar Wochen, bis wir begriffen, dass jeder außer uns so ein Ding hatte. *Lonely Planet* und *Rough Guide* waren damals noch neue Errungenschaften, so wie heute Tesla Motors oder Oculus Rift, aber die Kunde von diesen neumodischen Reisehilfen verbreitete sich mithilfe von Mund-zu-Mund-Propaganda.

Wir hatten eine Pauschalreise von Vancouver, wo Brenda lebte, nach Costa Rica und zurück gebucht, da dies deutlich günstiger war, als nur den Hinflug zu zahlen. Wir ließen den Rückflug einfach verfallen und reisten über Land zurück. Costa Rica war teuer, selbst in den frühen Neunzigern kostete die Nacht im Hotel dort schon 20 Dollar. Vor dieser Reise hatte ich gedacht, dass es die Europäer seien, die unter einem schlechten Lebensstandard in stickigen, alten, verwohnten, schmutzigen Hotelzimmern leiden mussten, für die sie Unsummen zahlten. Europa bestand für mich aus dreckigen Städten mit wundervollen Gemälden und Skulpturen, aber finster dreinblickenden Menschen und Gehwegen voller Hundekot. Aber als wir erst mal aus Costa Rica raus waren, offenbarte sich uns, dass die Armut andernorts noch viel größer ist als in Europa. Gut, wenn das Dritte-Welt-Länder waren, war ich das Leben in der vierten Welt gewohnt: die Wildnis, wo man dankbar ist, wenn man unter einem Baum Schutz vor dem Regen findet und wo eine Mahlzeit aus dem besteht, was man eben findet. Es waren also nicht der Schmutz und der Mangel, die mich staunen ließen, sondern die Tatsache, dass derart viele Menschen so lebten; nicht etwa, weil sie ein naturnahes Leben bevorzugten, sondern weil das der höchste Lebensstandard war, den die Früchte ihrer Zivilisation ihnen ermöglichten.

Ich entdeckte, dass ich als Kompensation für das Fehlen jeglicher Reisekompetenz über eine angeborene Zähigkeit verfügte. Ein Teil davon war physischer Natur und zurückzuführen auf meine Zeit in der Wildnis. Passendes Zeugnis davon legt zum Beispiel eine Begebenheit aus dem Jahr 1993 ab, als ich nach einer zweimonatigen Wandertour durch die Selkirk Mountains während einer Rast beschloss, dass es höchste Zeit war, meine Zehen einer medizinischen Untersuchung zu unterziehen. Ausgestreckt im Dreck vor dem Lagerfeuer wuchtete ich meine Füße aus meinen völlig durchnässten Zamberlan-Boots, die ich wegen der vielen Klauenlöcher, die diese Tiere mir in das Leder gehauen hatten, zärtlich meine »Bärenstiefel« nannte. Meine Zehen waren makellos, jeder Nagel rosig und glänzend, wie neu – was mich stutzen ließ. Es hatte jeden Tag geschneit oder geregnet, daher hatte ich meine Stiefel während der gesamten Zeit kein einziges Mal ausgezogen, nicht mal im Schlafsack. Ich schlug sie an einem Stein aus und aus jedem purzelten fünf komplette abgefallene Zehennägel. Ich hatte sie mir alle während meiner Aufstiege ausgerissen und sie waren nachgewachsen.

Natürlich wurden meine Schultern nicht müde, meinen Rucksack zu schleppen (manchmal auch noch den von Brenda), selbst dann nicht, wenn wir den ganzen Tag lang mit ihnen unterwegs waren. Außerdem scheine ich über einen Magen aus Stahl und ein gutes Immunsystem zu verfügen. Ich musste mich nie mit Ärzten oder Check-ups rumschlagen, außer dann und wann für ein paar Minuten Papierkram. Menschen sind im Allgemeinen viel stärker, als wir es uns zugestehen. Wenn es wirklich sein muss, können die meisten von uns die erstaunlichsten Leistungen vollbringen, wochenlang ohne Nahrung leben, hunderte Kilometer durch Ödland und Schluchten kraxeln. Menschen sind große, zähe Tiere – und so schnell sterben sie nicht.

Die Sache ist die: Wer sich selbst herausfordert und sich den Abenteuern in seinem Leben stellt, der wird auch einiges an Leid erfahren, und manch einer sieht das als einen Freifahrtschein dafür, unausstehlich zu werden. Ich kann nur hoffen, dass ich nicht das Pech habe, mich zwischen solchen Menschen wiederzufinden. Für mich ist der Inbegriff der Zähigkeit nicht nur ein unerschütterlicher Wille; man muss in der Lage sein zu scherzen und über Situationen zu lachen, die einen nicht umbringen werden – und oft auch über solche, die es vielleicht tun könnten.

Diesen Vorteil konnte ich mir also zugutehalten, genau wie eine brennende Neugier neuen Menschen und Ökosystemen gegenüber. Etwas so Banales wie eine ungewohnte Palmenart war aufregend für mich, und ein Dschungel oder ein Vulkan hatten eine regelrecht hypnotisierende Wirkung. Neue Dinge und unbekannte Lebensweisen erfüllten mich mit dem Ehrgeiz, sie kennenlernen zu wollen. Wenn man während seiner Reisen der vielen spanischen Festungen überdrüssig wird und sich die nächste auf der Route nicht mehr anschaut, dann leidet man, wenn man so will, an einer Über-Festung. Dasselbe gilt für Museen, Dschungel oder Ruinen. Wer nicht surft, kann an Über-Strandung leiden. Wie ist es mit dem großen Ganzen: Kann ein Mensch ein Zuviel an neuen, aufregenden Erfahrungen wegstecken? Wem es so geht, der verspürt schlicht ein stechendes Heimweh. Auf mich traf das nie zu; meine Wanderstiefel zog ich niemals aus. Für Brenda mag diese Neigung eher eine Eigentümlichkeit denn ein Vorteil gewesen sein; sie hat sich vermutlich gefragt, was an einem staubigen Busfenster so unwiderstehlich war.

Wenn mich nachts überhaupt etwas wachhielt, dann waren es nicht das Feuerwerk-Festival im Dorf oder die drückende Hitze und die Insekten, sondern der Versuch, meine Aufregung darüber zu zügeln, dass der folgende Tag genauso neu und faszinierend sein würde wie der heutige. Ich fühlte mich wie ein Kind kurz vor der Bescherung, abgesehen davon, dass ich mir als kleines Kind von meinen Eltern zu Weihnachten nur Socken und Unterwäsche wünschte und am Weihnachtsmorgen gern ausschlief. Im Reisen hatte ich dann etwas gefunden, an das ich wirklich glauben konnte.

In Costa Rica machten wir die üblichen Sachen: Wir holten uns einen Sonnenbrand, als wir am ersten Tag in den Pazifischen Ozean sprangen, badeten in den magmabefeuerten heißen Quellen von Tabacón, begafften die Tropenparadiese rings um die goldenen Strandstreifen des Manuel Antonio Nationalparks und starrten in den unfassbar grünen Dschungel, in dem die Nasenbären mit ihren gestreiften Schwänzen durch das Unterholz schlichen. Von all der Schönheit der Natur mal abgesehen, ist es offensichtlich, dass es dort echte Armut und einen Mangel an Entwicklung gibt. Mittlerweile gibt es wirtschaftliche Aktivität in Zentralamerika, aber vor ein paar Jahrzehnten herrschten dort praktisch mittelalterliche Zustände.

Kulturelle Stagnation zu beobachten, ist in einer morbiden Weise faszinierend. Und es dauerte eine Weile, bis ich verstanden hatte, dass sie für Tausende von Jahren überall auf der Welt eher die Regel als die Ausnahme gewesen ist. Die meisten Nationen werden nicht auf Säulen errichtet, die Fortschritt begünstigen, sondern haben ihr Fundament in anderen Werten, oft religiöser oder sozialer Art, die mit Inbrunst hochgehalten werden. In großen Teilen Zentralamerikas haben die Hacendados, die die Plantagen besitzen, das System darauf ausgerichtet, die sozialen Normen zu bewahren und altehrwürdige und bewährte Methoden beizubehalten, anstatt Fortschritt zu erzielen. Wenn es die Einheimischen nicht gäbe – wenn beispielsweise ein Land mit den gleichen Voraussetzungen, aber ohne Bevölkerung aus dem Nichts auftauchen würde –, könnte man jeden halbwegs flachen Hektar Land für jeweils eine Million Dollar verkaufen und Investoren aus dem Westen hätten in Nullkommanichts alles aufgekauft. In den frühen Neunzigern waren viele dieser lateinamerikanischen Länder das nationalstaatliche Äquivalent dessen, was man in der Sprache der westlichen Immobilienwirtschaft als »abrissreif« bezeichnet, und der Wert dieser Länder wurde erheblich reduziert, wenn man die Jahrhunderte gesammelter Errungenschaften ihrer Zivilisation und ihr Humankapital berücksichtigte, das weniger Arbeitskraft als vielmehr eine unterjochte Landbevölkerung war.

Die Eindrücke von dieser Reise sind mir heute noch lebhaft in Erinnerung. Es sollte noch zehn Jahre dauern, bis sich bei mir überhaupt eine echte Reisekompetenz angesammelt hatte, da es diese Zeit braucht, um ein gereifter Beobachter zu werden. Viel von dem, was ich erlebte, hat also unmittelbar nicht viel Sinn für mich ergeben – sondern vielmehr eine Vielzahl von Fragen aufgeworfen, auf die es keine direkte Antwort gab. Costa Rica war wahrhaftig reich: ein Land, das den sozialen Fortschritt über militärische Tüchtigkeit stellte; und ich schätze mal, es wirft ein gutes Licht auf ihre Nachbarn, dass man ihnen das durchgehen ließ. An der Pazifikküste, am sichelförmigen Strand von Jacó, ließ ich mich von den Wellen schlagen und von der Sonne brutzeln. Ich habe dort das erste Mal Jungs mit Sturmgewehren gesehen, die sich hier gegen Bankräuber in Stellung brachten. Eine ältere Frau, ebenfalls eine Touristin, sagte zu mir:

»Es sind nicht die Gewehre, die mich nervös machen; es ist die Tatsache, dass die Jungs, die die Gewehre halten, gar keine Lebenserfahrung haben.«

Nachdem wir in Wasserfällen mit Schwimmbecken, die hinter Blättern verborgen waren, in windigen Seen und kleinen Flüssen geschwelgt hatten, überquerten wir die Grenze nach Nicaragua, die sich gerade einmal vier Jahre nach dem Waffenstillstand im schrecklichen Contra-Krieg nur vereinzelten Backpackern öffnete.

Diese Reise bot viele »erste Male« für mich. Zum erstem Mal erfuhr ich, was Reisesnobismus ist: Nahe der südlichen Grenze, in San Juan del Sur, einem heruntergekommenen Fischerdorf und Anlaufstelle für Dampfschiffe während des Kalifornischen Goldrauschs, trafen wir Leute aus den kanadischen Nordwest-Territorien – unschwer zu erkennen an dem Nummernschild in Form eines Eisbären –, die enttäuscht darüber waren, dass sie von der Arktis bis hierher gereist waren, nur um auf so unerfahrene Reisende wie uns zu treffen. Offenbar verdarben wir die Coolness ihres Reiseziels mit unserer Naivität.

Wir trafen auch eine junge schwedische Frau, Zara, die vor Kurzem eine sehr schwere Verbrennung erlitten hatte: Teile ihres Gesichts und ihrer Schulter waren förmlich weggeschmolzen. Es machte uns solchen Spaß, gemeinsam abzuhängen und zu plaudern, dass wir schließlich ein Stück weit zusammen reisten. Da habe ich das erste Mal erlebt, wie Backpacker-Gruppen zusammenwachsen und sich wieder zerstreuen können, je nachdem, wie es Lust und Laune und die Umstände vorgeben.

An dem Abend, als Brenda und ich Zara trafen, sprachen wir beide diskret darüber, ob wir sie fragen sollten, was passiert war. Wir beschlossen, das Thema ihrer Verbrennungen ganz beiläufig NICHT anzusprechen, da sie diese Reise sicher angetreten war, um sich von solchen Fragen abzulenken und sich über das zu freuen, was sie hatte … Sie erwähnte lediglich, dass die Sonne gegen die Verhärtung ihrer Narben half. Ansonsten sprachen wir während unserer gemeinsamen Reisezeit nicht darüber. Als wir uns schließlich trennten, dankte sie uns dafür und sagte uns, dass ihre Versicherung sie gewarnt hatte, jedem gegenüber extrem vorsichtig zu sein, der sie während ihrer Reisen auf das Thema ansprechen wollte. Offenbar hatte man schon von Versicherungsfirmen gehört, die Privatdetektive anheuerten, um Anspruchsberechtigte im Urlaub verfolgen zu lassen, wenn viel auf dem Spiel stand. Zara verstand es geschickt, die Horden von Bettlern abzuweisen, die unser Kleingeld forderten – sie brauchte nur mit der Hand zu wedeln, und schon wichen sie zurück.

Der Aufenthalt in entsetzlich schäbigen Hotels leistete einen entscheidenden Beitrag bei der Verbesserung unserer Backpacker-Fähigkeiten. Wir mussten die Nacht in einer nicaraguanischen Marktstadt verbringen, deren Namen wir so schnell wie möglich wieder vergessen wollten. Wir fragten die Frau am Empfang nach dem Preis einer Suite mit genügend Betten für uns drei und einem eigenen Badezimmer. Sie nannte uns ihren Preis – zehn Cent. Anstatt sie runterzuhandeln, wie es dort üblich ist, konnten wir nicht anders als zu lachen. Nun war sie argwöhnisch und verlangte, dass wir im Voraus zahlten; wir hatten offensichtlich vor, die Zeche zu prellen, sonst hätten wir doch wohl versucht, einen niedrigeren Preis herauszuschinden? Wir zahlten jeder unseren Anteil und nahmen unsere Suite in Beschlag. Natürlich bekommt man in der Regel immer das, wofür man bezahlt. In diesem Falle bedeutete das: Matratzen, die aus mit Stroh gefüllten Jutesäcken bestanden, und ein stickiges Zimmer voller Moskitos. Zudem neigte unsere schwedische Freundin dazu zu schnarchen, und die Einheimischen feierten eines ihrer Feste, die anscheinend jeden zweiten Tag stattfanden. Das führte zu trunkenem Geschrei und einem Feuerwerk mitten in der Nacht.

Ein Upgrade war vonnöten. Von da an suchten wir uns Hotels in der mittleren Preisklasse von einem bis drei Dollar. Nur wenige Tage später fanden wir ein solches Hotel; obendrein hatte es noch direkten Zugang zu einem der schönsten Strände Nicaraguas, golden und gesäumt von einer fernen Palisade aus Vulkankegeln. Das Hotel war alt, verwittert und aus Holz, mit Salontüren, wie man es aus alten Western kennt, und womöglich war der Strandzugang zu direkt gelegen: Wellen hatten die Stützpfeiler zur Meeresseite hin abgetragen, sodass das Gebäude abgesackt war und der Fußboden sich steil in Richtung der schlagenden Wellen neigte. Der Besitzer führte uns durch den Salon und eine breite Wendeltreppe hinauf, um uns unsere Zimmer zu zeigen. Er erklärte uns ausdrücklich und sorgfältig, dass wir aufpassen sollten, nur unsere eigenen Türen zu öffnen und keine der anderen Türen links, rechts oder am Ende des Flurs. Der Sinn dieser Warnung erschloss sich uns zunächst nicht, da Hotelgäste für gewöhnlich nur ihr eigenes Zimmer betreten, und unser Spanisch war zu schlecht, um das Wort zu verstehen, das alles erklärt hätte.

Wir gingen raus und schauten einer Familie dabei zu, wie sie am Strand nach Geisterkrabben grub; wenn sie etwas gefangen hatten, liefen die Kinder zu ihrer Mutter und gaben ihr die Beute, damit sie diese in einer Rockfalte aufbewahren konnte. Anschließend gönnten wir uns ein paar Bier an der Bar. Erst später, als wir im Bett lagen, hörten wir das Fiepen und nahmen den unverkennbaren Geruch war. Draußen vor dem Fenster erkannten wir ihre flatternden Silhouetten – das spanische Wort, das wir nicht verstanden hatten, war das Wort für Fledermäuse. Brenda und ich kuschelten uns in unser Bett und beglückwünschten uns dazu, nicht angetrunken aus dem Salon zurückgekehrt und in eine der falschen Türen gestolpert zu sein. In flatternden, stinkenden Stößen wären die Fledermäuse aufgeflogen und hätten es vermutlich geschafft, sich in Brendas Locken zu verfangen.

Managua rief uns: die große Millionenstadt an den Ufern des widerlich verschmutzten Managuasees und nördlich des Nicaraguasees, in dessen Süßwasser Bullenhaie beheimatet sind. Die Stadt war ein sich weit erstreckender Slum mit vereinzelten Plattenbauten, die ein Erdbeben 1972 zerstört hatte; abrissreife Gebäude, die man nie wiederhergestellt hatte, da Präsident Somoza und seine Minister mit einem Großteil des Spendengeldes abgehauen waren, was zu einem Aufstand führte, der sich zu einer Revolution und schließlich zu einem verheerenden Bürgerkrieg auswuchs. Die Fenster waren dunkel, und nur die unteren Geschosse waren von Vagabunden bewohnt. Die einzigen Anzeichen von Leben bestanden im gelegentlichen Aufleuchten einiger Schwarz-Weiß-Röhrenfernseher.

Eine Wahl stand an, und vermutlich, um seinen Bürgergeist zu zeigen, hatte das Militär das Stadtbild mit erhabenen schwarzen Figuren verziert, wie große Plakatwände, aber in der Form gigantischer Soldaten, Gewehre im Anschlag, dem Anschein nach gerichtet gegen die Bürgerschaft unter ihnen. Überall, wo man hinsah, sah man den schwarzen Schatten eines Soldaten über sich aufragen. Wir schlemmten Mangos und fanden ein ausgezeichnetes Hotel für fünf Dollar die Nacht. Unser Zimmer hatte Querbalken aus geschlagenem Holz und einen hübschen weißen Kalkanstrich an den Wänden. Der einzige Gegenstand aus Fabrikanfertigung war ein billiger Duschvorhang aus Plastik, wie man ihn auf einem der Märkte fand, auf denen man erst seit Kurzem das ganze Zeug aus China kaufen konnte – zum Erstaunen der Einheimischen, die kaum glauben konnten, dass solch exotische Dinge aus dem fernen Orient nun ihnen gehörten. Die einzige Dekoration war ein gerahmtes Farbfoto an der Wand, und das so präsentierte Bild musste ganz offenbar zur Verpackung des Duschvorhangs gehört haben, denn es zeigte eine Frau hinter eben diesem Plastikvorhang.

Brenda, Zara und ich machten eine Wanderung in der Dunkelheit, um die Gegend zu erkunden. Wir sahen viele bettelarme Kinder herumflitzen und fanden weitere leckere Tropenfrüchte sowie ein Kettenkarussell unten am stinkenden See. Ich weigerte mich, damit zu fahren, aber Brenda und Zara taten es – sehr zu ihrem Bedauern. Ein scheppernder Dieselmotor wirbelte sie herum wie ein Schneebesen, eingehüllt in einer schwarzen Wolke aus Rauch und Gestank, die einen zum Würgen brachte. Brenda sagte hinterher, sie hätte sich übergeben, wenn ihre Speiseröhre gegen die Zentrifugalkraft angekommen wäre.

Zurück in unserem Hotel hörten wir in der Lobby ungewollt eine hitzige Auseinandersetzung zwischen jungen, idealistischen Entwicklungshelfern, von denen sich der Anführer der Truppe als der größte Idealist erwies. Er hielt den anderen eine Standpauke, weil sie bei ihrem Ausflug ins Nachtleben zehn Dollar an der Bar ausgegeben hatten, und erklärte ihnen, wie viele Tageslöhne das für einen Arbeiter waren. Einer der Ehrenamtler ließ das nicht auf sich sitzen und entgegnete, dass er kein nicaraguanischer Arbeiter sei; das Geld habe ihm seine Mutter gegeben, für seinen Einsatz hier sei es nicht von Relevanz. Der unerschrockene Anführer hatte seine liebe Mühe, das Konzept der Solidarität mit den Armen zu verteidigen, denen sie ja schließlich helfen wollten. Wenn man die grundlegenden Regeln der Moral anwandte, hatte er recht. Mit Blick auf das große Ganze war es aber natürlich schwer zu erklären, was die Armen davon gehabt hätten, wenn irgendein Besucher sie unterstützen wollte, indem er während des Aufenthalts in ihrem Land weniger Geld ausgab.

Ich unterhielt mich mit einem aus der Gruppe und er gab zu, dass ihr Hilfsprojekt schiefgegangen sei, aus einem seltsamen Grund, den sie nicht vorhergesehen hatten. Sie hatten sich eine der ärmsten Städte in der Gegend ausgesucht und durch den Bau eines Kanalisationssystems helfen wollen. Aber im Laufe der Jahre seit Projektbeginn hatten immer mehr Einwohner die Stadt verlassen, um in einer wirtschaftlich erfolgreicheren Stadt in der Nähe ihr Glück zu versuchen. Zu spät begriffen die Entwicklungshelfer, dass die Stadt aus gutem Grunde verarmt war: Der Boden war karg und steinig und das Mikroklima begünstigte nicht gerade üppige Ernten. Wenn sich also anderswo ein Job auftat, verließen die Einwohner fluchtartig diesen trostlosen Ort, in dem es gerade so zum Überleben reichte, und ließen die glänzenden neuen Toiletten einfach zurück. Die Ironie des Ganzen: Die Entwicklungshelfer hätten beschließen müssen, das Kanalisationssystem stattdessen in der wohlhabendsten Stadt dieser Gegend zu installieren, da es die armen Leute dort hinzog. Ich war etwas ratlos, als ich das hörte. Offenbar war es gar nicht so leicht, Wohltätigkeit gut auszuführen.

Die nächsten Tage verbrachten wir damit, die Sehenswürdigkeiten dieser interessanten Stadt anzuschauen, die seit 1852 die Hauptstadt von Nicaragua ist. Managuas Stolz war eine Kathedrale, so reich verziert und prunkvoll, wie man sie sonst nur in Europa findet – wenn man mal davon absieht, dass das Dach abgerissen war und eine Horde Kokaindealer, bewaffnet mit Schnellfeuergewehren, das Gebäude heimsuchte. Wir hatten gehört, dass sie einen nicht reinließen, wenn sie einen nicht mochten, aber wir scheinen wie nette Leute gewirkt zu haben, da wir uns ohne Probleme umsehen konnten. Innen war alles mit Graffitis überzogen, vor allem der zertrümmerte Altar aus wundervoll kolorierten, gemeißelten Steinplatten, die nun rissig und abgeplatzt waren. Jemand hatte einen besonders obszönen, antikatholischen Schmähspruch in den Stein des Altars geritzt, den Zara für uns entzifferte. Wir sahen uns bei Weitem nicht alles an, da viele Räume und Apsiden zu fäkalen Minenfeldern geworden waren.

Es war eine große Erleichterung, als wir wieder auf die sonnige Straße traten. Brenda hatte in einem Gespräch mit einer anderen Frau mal erwähnt, dass ihr Vater sehr streng sein konnte, was an seinem Beruf läge. Die Frau sagte: »Lass mich raten: Ist er ein Polizist oder vielleicht ein Priester?«

»Ha!«, antwortete Brenda. »Beides. Ein Polizeikaplan.«

Ihr Vater hatte mit mir am Telefon gesprochen, von Mann zu Mann, bevor ich mit seiner Tochter zu dieser ausgedehnten Rucksacktour durch Zentralamerika aufgebrochen war, eine Gegend, die für Staub, Esel und Diktatoren berühmt ist. Wir hielten fest, dass es meine Pflicht sei, sie vor jedem Übel zu beschützen, komme, was da wolle. In der Gegend rings um die Kathedrale gab es einige Regierungsgebäude in etwas besserem Zustand, aber auch sie waren vom Krieg gezeichnet und auf fast jeder Außenwand sah man politische Graffitis. Für eine Skater-und-Punker-Nation wäre das ein tolles Parlament gewesen.

* * *

Auf den meisten Straßen in Zentralamerika waren ausrangierte Schulbusse der Marke Cardinal oder Bluebird das Fortbewegungsmittel der Wahl. Die meisten dieser Busse taten irgendwann einmal ihren Dienst in den USA, um dann im hohen Alter nach Mexiko überzusiedeln und schließlich zum Sterben nach Zentralamerika zu kommen. Die Zündung war oft durchgebrannt und nach jedem Halt mussten alle aussteigen und den Bus anschieben, um ihn wieder zum Laufen zu bringen. Manche Busfahrer versuchten, die Gringos doppelt zahlen zu lassen, wenn sie in getrennten Gruppen kamen; dann erzählten sie beiden Gruppen, dass die jeweils andere noch nicht gezahlt habe. Dieser Trick flog oft genug auf, aber die Busfahrer waren skrupellos. An jedem Halt kam ein Trupp Verkäufer an die Fenster des Busses, um einem Brot, Nusssäckchen, geschnittene Papaya und Säfte in Plastikbeuteln entgegenzustrecken. Wenn man ihnen ein wenig Geld entgegenwarf, konnte man sich gut beköstigen lassen.

Auf dem Weg nach Antigua, Guatemala, stand ein Dieb genau neben meinem Grüppchen. Ich musste ihn die ganze Fahrt über mit Argusaugen beobachten, denn wann immer ich wegzunicken drohte, schob sich seine Hand in Richtung unserer Taschen. Es war eine strapaziöse Reise und als wir nach Mitternacht endlich ankamen, brach Brenda in Tränen aus. Wir standen in einem offensichtlich gesundheitsschädlichen, dunklen, verdreckten Slum, in dessen Straßen sich die Ratten tummelten.

Wir liefen los, hoffend, dass man uns nicht ausrauben würde, bis wir schließlich am Ende einer dunklen Gasse eine reich verzierte Tür sahen. Da wir nicht länger auf der Straße bleiben wollten, betätigte ich den Türklopfer aus Messing. Die Tür öffnete sich und vor uns stand ein gut gekleideter Junge, der uns in ein hübsches Hotel führte, in dessen Innenhof Orangenbäume wuchsen. Die Betten waren mit sauberen weißen Laken bezogen und die Einrichtung bestand aus antiken Holzmöbeln.

Tagsüber war Antigua wundervoll, und wir gönnten uns einen besonderen Ausflug: Wir erklommen den Vulkankegel des Volcán de Fuego, der über der Stadt ragte. Der erste Teil des Aufstiegs war ein ziemlicher Gewaltmarsch dicht bewachsene Hänge hinauf; unsere Gruppe war guter Dinge und in Begleitung zweier Guides. Als es dann an den eigentlichen Aufstieg ging, über weniger bewachsene Hänge, auf deren schwarzem Stein das Gras wuchs, landete ich ganz vorne bei einem der Guides. Er bat mich, Fotos von allen Touristen in unserer Klettergruppe zu machen, ich solle darauf achten, dass ihre Gesichter zu erkennen seien. Wann immer er sich selbst im Bild wähnte, lächelte er; anschließend bedankte er sich.

»Zu Werbezwecken?«, fragte ich.

»Nein«, sagte er. »Am Fuß des Vulkans treiben Banditen ihr Unwesen, manche von ihnen schwer bewaffnet. Vor Kurzem haben sie eine unserer Gruppen erwischt. Die Fotos sind für die Polizei, falls wir ihnen zeigen müssen, wer alles dabei war, und ich gehe jetzt mit der Kamera wieder nach unten. Der andere Guide bringt euch nach oben. Keine Sorge, sie haben niemanden umgebracht. Sie haben nur alle ausgeraubt und die Männer zusammengeschlagen. Die Frauen haben sie eine nach der anderen vergewaltigt.«

Der Gipfel des Vulkans bot bei Nacht eine fantastische Show mit seinen lodernd orangefarbenen Lavablasen, die aus einem See hervorsprudelten, der uns zu verschlingen und restlos zu verbrennen drohte, ohne dass seine glühende Gischt uns tatsächlich erreicht hätte. Die starke Hitze, die aus dem Boden stieg, hätte uns beinahe die Schuhsohlen versengt, aber bevor das passieren konnte, forderte man uns auf, den Abhang des Vulkankegels hinunterzurennen. Dieser Abhang, geformt aus dem schwarzen Sand erloschener Lava, war in der pechschwarzen Nacht quasi unsichtbar. Wir warfen einen letzten Blick auf das lodernde Spektakel vor schwarzem Himmel, dann sprinteten wir den Abhang hinunter. Nach einer aufregenden Nacht kamen wir mit staubigen Stiefeln wieder am Fuße des Vulkans an.

▪ ▪ ▪

Reiseerfahrene Leser fragen sich vielleicht, wie ich an all die Visa gekommen bin, wenn ich nichts über das Reisen wusste und kein Reisehandbuch hatte, in dem alles stand, was ich wissen musste.

Ganz einfach: Wir haben die Grenzbeamten jedes Mal bestochen. Es ist lachhaft, komplett absurd, wie korrupt es an diesen Grenzen zuging: In einem feuchten, schwitzigen, nach Tabak stinkenden Raum mit einem unheilvoll quietschenden Deckenventilator – zwischen Männern mit klischeehaften Schnauzbärten, die Pistolen und Gewehre trugen – führten wir immer wieder dieselben Unterhaltungen, bevor zwanzig Dollar den Besitzer wechselten. Gott sei Dank gibt es ungezügelte Korruption an diesen Grenzübergängen, sonst wäre unsere Rucksacktour ein logistischer Albtraum gewesen.

Wir haben an den Grenzen auch Geld getauscht. Ein oder zwei Scheine aus meinem dünnen Bündel Hundertdollarnoten wurden gegen massige Bündel eingerissener, dreckiger Fetzen eingetauscht: Geldscheine, die von Schmutz und Tinte dunkel besudelt waren. Manchmal zogen sich die krausen Schnauzbärte nach oben wie die Mundwinkel der Grinsekatze, um anzudeuten, dass auf den Scheinen irgendein Vater der Nation abgebildet war. Die Einheimischen waren der Ansicht, dass der Zustand eines Geldscheins in Bezug zu seiner Begehrtheit stehen sollte, als würde es sich um verderbliche Avocados im Angebot an einem Straßenstand handeln. Menschen mit hohem sozialen Status bekamen vorzugsweise die sauberen Scheine.

In Honduras folgten wir gewundenen Straßen durch trockene Bergketten voller Pinienbäume, erkundeten die Ruinen der Maya und die Hauptstadt Tegucigalpa. Heutzutage ist diese Stadt berüchtigt für eine der höchsten Mordraten weltweit, aber damals war sie kaum mehr als ein weitgehend unentdeckter, brutaler Slum, in dem notdürftig zusammengezimmerte Hütten aus rostigem Wellblech standen. Die Einheimischen warnten uns, dass einige Busse von Piraten betrieben wurden, die sich jeden schnappten, der dumm genug war einzusteigen, damit Diebesbanden ihn nach Belieben ausnehmen konnten, um ihn anschließend hinten wieder rauszuwerfen. Außerdem wurde Brenda von etlichen Leuten gewarnt, keine Ohrringe zu tragen, indem sie ihr mit universell verständlichen Handzeichen zu verstehen gaben, dass man sie ihr ausreißen würde. Honduras war eine Stadt, in der es für bewaffnete Wachen ständig Arbeit gab. Kleine Eckläden hatten vor der Tür einen Mann mit Pistole stehen; vor den besser ausgestatten Geschäften stand ein Mann mit Gewehr. Vor den schicken Restaurants mit gut gekleidetem Personal, Pizza Hut zum Beispiel, standen zwei Soldaten mit Sturmgewehren und kontrollierten die Eintretenden.

Einmal betraten Brenda und ich ein chinesisches Restaurant – vor der Tür ein Mann mit Gewehr –, um drinnen festzustellen, dass der Staub zentimeterdick lag und die Einrichtung aus weißen Plastikstühlen und Tischen bestand, die wackelten, Risse hatten und nur noch von Isolierband zusammengehalten wurden. Über unseren Köpfen ruckelte laut ein Deckenventilator, ebenfalls schmutzig und von mumifizierten toten Fliegen befallen. Wir waren so hungrig, dass wir das Wagnis eingingen; was sollte man schließlich mit einer schlichten Portion Nudeln mit Hühnerfleisch schon falsch machen können? Als unser Essen kam, waren wir aber doch skeptisch: Die Nudeln waren oben angebrannt und unten pampig. Das Huhn wiederum war beängstigend frisch, in Stücke gehauen und in den Wok geworfen in einer Weise, dass man sich vorstellen konnte, wie es sich wieder zu einem Ganzen zusammenfügt – Federn, Schnabel und Läufe intakt. Eine Soße, die nach grauem Schimmel aussah, bedeckte das Elend. Um das Ganze abzurunden, riss der Besitzer zudem noch die Tür weit auf und ließ eine Schar verdreckter Bettelkinder in den Laden; sie begannen zu lamentieren und zerrten mit schmuddeligen Fingern an unserer Kleidung. Das mag wirken wie eine weitere Unannehmlichkeit, die zum Dreck und den Fliegen noch dazukam, aber in Wirklichkeit war es ein Glücksfall: Die Teller wanderten zu den dankbaren Kindern, dem Koch steckten wir einen Dollar zu – Problem gelöst und wir verschwanden, so schnell es ging.

...

Ich hatte Brenda versprochen, dass sie es mir nur sagen müsste, wenn sie sich in einem Land wirklich unsicher fühlte, und wir würden es wieder verlassen. Sie war sehr tapfer und nahm dieses Vorrecht nur einmal in Anspruch, und zwar als wir in El Salvador unterwegs waren. Ich hatte in Kanada während des Sommers, in dem ich im Norden für ein Baumpflanzungsprojekt arbeitete, ein paar Salvadorianer getroffen. Alle hatten sie diese merkwürdige Angewohnheit: Das Gespräch – nachdem wir uns kennengelernt und sie sich vorgestellt hatten – beendeten sie mit dem Satz: »In El Salvador kannst du einen Auftragskiller für 300 Dollar bekommen.«

Auf den erodierten Bergspitzen wimmelten es nur so vor Bauern, die ein paar Maiskolben in die Risse der Felsen steckten, in denen noch ein Rest gesunder Erde war: eine Malthusianische Katastrophe. Wann immer wir durch die Straßen gingen, kamen junge Männer aus dunklen Gassen und Hauseingängen zu kleinen Gruppen zusammen, lauernd und ausgesprochen Misstrauen erregend. Atempausen konnten wir uns nur verschaffen, indem wir in Restaurants abtauchten oder in ein Taxi stiegen, um sie abzuschütteln. Wir waren nicht die einzigen Fremden mit einem Interesse an El Salvador, wie mich kundige Einheimische wissen ließen. Doch es war nur ein schwacher Trost zu hören, dass eine von den Amerikanern ausgebildete und finanzierte Truppe in den Bergen rund um unsere Gegend aktiv war – vor allem da es sich dabei um die Atlatl-Todesbrigade handelte, die eine Vorliebe dafür hatte, aus ermordeten Bauern fleischige Dioramen zu machen, künstlerisch aufgewertet mit abgetrennten Gliedmaßen von Babys und Schalen voller Blut.

Hier stieß Brenda an die Grenzen ihrer Komfortzone und wir kürzten unsere Reise durch El Salvador ab. El Salvador war noch nicht bereit für Backpacker, geschweige denn für sonstigen Tourismus. Ich bezweifle, dass es überhaupt viel geeigneten Lebensraum für Menschen gab. Wenn man dort in den frühen Neunzigern ein Motto gehabt hätte, dann vermutlich: *Ein Ort, an dem man keine Kinder in die Welt setzen möchte.* Während unseres Aufenthalts dort trafen wir zumeist auf freundliche, robuste Leute, die diesem dysfunktionalen Umfeld ausgesetzt waren, ohne selbst eine Schuld daran zu tragen. Später lernte ich, dass dies weltweit ein Merkmal furchtbarer Zustände ist – und ich lernte auch, den allzu simplen Heilmitteln zu misstrauen, die von denen propagiert werden, die die bittere Pille der Wahrheit nicht schlucken wollen, wenn es um Entwicklung geht.

Ein Besuch der Maya-Ruinen in Tikal reizte uns, aber um dort hinzugelangen, mussten wir bis ins nördliche Guatemala noch weitere lange Busfahrten auf uns nehmen. Langsam hatten wir den Dreh raus und wussten, was uns bei diesen Busreisen in der Dritten Welt erwartete. Trotzdem waren wir ein wenig besorgt, als Soldaten in der Nähe des Petén-Itzá-Sees eine Straßensperre errichtet hatten; sie befahlen allen auszusteigen und sich auf der Straße in einer Reihe aufzustellen. Nachdem sie festgestellt hatten, dass wir aus dem Ausland kamen, ließen sie uns abtreten. Sie waren auf der Suche nach indigenen Einheimischen, die in Verdacht standen, der Linken anzugehören. Der Bürgerkrieg mit seinen berühmt-berüchtigten »Verschwundenen« sollte erst 1996 enden. Auch andere unerwünschte Subjekte waren auf diesen Straßen unterwegs, einschließlich der Banditen, die in der umliegenden Wildnis lebten. Wir blieben in der Stadt Flores, die heute, nachdem die Hälfte der Häuser versunken ist, eine Insel ist, die mit dem Festland durch eine Dammstraße verbunden ist, die man mit steigendem Wasser der Seen immer weiter nach oben gezogen hat.

Tikal erlangte besondere Berühmtheit als Drehort für die Festung der Massassi-Krieger im ersten *Star-Wars*-Film. Als Brenda und ich damals dort waren, durften die Leute noch die vielen steilen Tempel hinaufsteigen – auf eigene Gefahr, denn ein Sturz nach unten hätte wahrscheinlich dazu geführt, dass man sich einige Knochen oder gleich das Genick bricht. Tempel IV war der höchste, er ragte 70 Meter über den Ruinen des Großen Platzes. Nachdem ich bis nach oben geklettert war und den Anfang eines Mauervorsprungs bemerkt hatte, schmal wie eine Gerüstbohle, beschloss ich, dem antiken Maurerhandwerk zu vertrauen und mir die Aussicht auf der anderen Seite anzuschauen. Vorsichtig schob ich meine Füße den Vorsprung entlang. Endlich drückten sich meine Schultern flach gegen die rissigen Felsblöcke des Schreins der Himmelsschlange, während zu meinen Zehenspitzen der Abgrund gähnte. Es war, als flöge ich über den grünen Dschungel, der sich bis zum Horizont erstreckte – wuchernde Plantagen voller Brotfruchtbäume. Ich dachte, dass dieses Erlebnis mir selbst vorbehalten sein würde, aber nein: Neben mir standen zwei kichernde Teenagermädchen aus den USA, die die gleiche Idee gehabt hatten.

Nächster Halt war Belize, das bis auf den letzten Quadratzentimeter von seinem Nachbarn beansprucht wird. Das Land war auf unserer in Zentralamerika gekauften Karte nur schwer zu finden und hatte dieselbe Farbe wie Guatemala. Weder war eine Grenze verzeichnet noch der Name Belize. Die Einheimischen zu fragen, half uns auch nicht weiter, da sie antworteten: »Kein Belize, ist alles Guatemala.« Belize City war ein schäbiger Ort, voll von Bettwanzen und Schlimmerem, zumindest stand das in jedem Reiseführer – ergänzt um den Hinweis, dass man am besten gleich einen Bogen um die ganze Stadt machen solle. Zwei verfeindete afrokaribische Gangster namens Chocolate und Stud boten uns genau dabei ihre Hilfe an, indem sie uns per Motorboot zu den Inseln oder Cays nahe dem Riff bringen wollten. Einer von ihnen machte das Rennen, aber da sie sich charakterlich kaum voneinander unterschieden, kann ich mich nicht entsinnen, wen von den beiden wir schließlich anheuerten. Aber er war ein guter Skipper und umschiffte die wogenden Wellen, ohne uns nennenswerten Turbulenzen auszusetzen. Caye Caulker war ein kleines Paradies, in dem Kinder Hummer und Kokosnusskuchen am Stand verkauften.

Auf den Cays geschah ein kleines Wunder: Brenda trug des Öfteren ein besonders elastisches Top, für dass sie keinen BH brauchte. Wie wir feststellten, hatte die UV-Strahlung den durchsichtigen Plastikhaken, der die ganze Chose zusammenhielt, mit der Zeit brüchig werden lassen. Er hätte jederzeit und überall reißen können: in einem vollen Restaurant, auf der Straße, vor einem

Grenzbeamten, im Bus ... Aber als es schließlich passierte – der Haken hüpfte himmelwärts wie ein Gummiband und legte ihre Brüste bloß –, war es während der zwei Minuten, die wir zufällig einen Strand entlangschlenderten, an dem das Nacktbaden gestattet war.

Von hier aus ging es wieder in harmlosere Regionen Richtung Norden, nach Mexiko, wo wir Hühnerfüße aßen, Schokoladensoße als schmackhafte Ergänzung zu Fleisch kosteten, über all die VW Käfer in Mexiko-City staunten, Pyramiden erklommen und feststellten, dass Cancún für unseren Geschmack zu touristisch war – selbst bevor man die Stadt zu dem aufgebaut hatte, was sie heute ist. Die atmosphärische alte Stadt Mérida war da eher unser Ding. Das Ende unserer Reise war San Diego mit seiner seltsamen Kultur aus hochgeschossigen Gefängnissen im Stadtzentrum, unglaublich freundlichen, wohlmeinenden Einwohnern, die uns in panischer Angst ermahnten, bestimmte sichere Gebiete nicht zu verlassen, sonderbaren und strahlenden modernen Glasbauten sowie einer beeindruckenden Flotte im Hafen.

Zurück in Kanada trennten Brenda und ich uns voneinander, im Guten und nicht ohne über die Jahre noch in Kontakt miteinander zu bleiben. Sie wollte so schnell wie möglich sesshaft werden und Kinder haben, während ich mit meinen Gedanken schon beim nächsten Abenteuer war. Es gibt diese Binsenweisheit, dass Reisen ein Paar einander entweder näherbringt oder die Beziehung zerbricht. Unsere gemeinsamen Touren haben beides erreicht – sie haben uns einander nähergebracht, um uns zu zeigen, dass wir nicht füreinander bestimmt waren. Diese ersten Monate waren nur ein Vorgeschmack auf meine Backpacker-Reisen in die Dritte Welt, aber sie haben mir mehr gezeigt, als mein Verstand aufnehmen konnte. Sie räumten mit meiner Vorstellung aus der Schulzeit auf, dass berühmte und beliebte Städte wie Cancún mit seinen 5 000 000 Touristen im Jahr ein denkwürdiges Highlight jeder Reise seien, während man das Bild einer Familie, die in einer unbekannten Küstenstadt im Mondschein nach Geisterkrabben gräbt, schnell wieder vergisst. Auch wenn es eine ganze Weile dauern sollte, bis ich mir einen Reim darauf machen konnte, waren meine Augen jetzt geöffnet für die Geografie des Menschen, so wie sie zuvor für die Wildnis geöffnet worden waren. Jetzt gab es kein Zurück mehr.

Kapitel 3
Die Tropen und das Geschäft des Reisens
Indonesien | Thailand | Burma | Kambodscha | Singapur

Die folgenden fünf Jahre waren eine Zeit chaotischen Reisens, unter anderem nach Afrika und Europa, in den Mittleren Osten, die Karibik und die früheren britischen Kolonien, aber überwiegend in asiatische Länder, meist in Südostasien, von wo aus ich die Logistik für Visa und Flüge abwickelte und Pläne schmiedete, um Geld für meine Reisekasse aufzutreiben. Diese Reisen bildeten die Grundlage für die Backpacker-Regeln und Fähigkeiten, die ich mir aneignete. Sie waren noch nicht intuitiv, aber immerhin waren sie abrufbar, wenn ich sie brauchte.

Erst in den späten Neunzigern gewöhnte ich mich daran, dass ich in jedem Dorf, in dem ich auftauchte, im Zentrum der Aufmerksamkeit stand und entsprechend angestarrt wurde. In Asien überragte ich die meisten der Einheimischen – ein Meer aus Köpfen mit schwarzem Haar –, statt in der Menschenmenge anonym zu bleiben, wie es in den großen, multiethnischen Städten der Anglosphäre der Fall war. Und selbst nach all der Zeit, in der ich aus meinem treuen Rucksack gelebt hatte, plagten mich in der ersten Nacht in einem neuen Land heftige Träume. Diese Visionen, nicht unähnlich den Erfahrungen während meiner Zeit allein in der Wildnis, wurden heraufbeschworen, wenn ich einen wunderbaren Ort das erste Mal sah.

Mein neuer Zeitvertreib bestand darin, mit anderen Backpackern Reisegeschichten auszutauschen, was den Vorteil hatte, dass ich mich an viele Details erinnere, die ich vergessen hätte, wenn ich meine Erfahrungen für mich behalten oder mich nur auf meine Notizen verlassen hätte. Tagebuch zu führen war eine meiner seit Langem gepflegten Marotten: Ich zeichnete meine Erfahrungen und Gedanken sowie interessante Unterhaltungen in einem kleinen Notizbuch auf, und was ich nicht an Ort und Stelle aufschrieb, daran erinnerte ich mich, wenn ich meine Notizen am Abend in eine größere Kladde übertrug. Wenn ich mir heute meine Aufzeichnungen aus den mittleren und späten Neunzigern anschaue, fallen mir drei immer wieder gestellte Fragen anderer Backpacker auf: Hast du kein Heimweh? Woher nimmst du das Geld? Wie kommunizierst du – oder macht es dir nichts aus, auf dich allein gestellt zu sein? Jede dieser Fragen beantwortete ich mit einer Geschichte. Jede Zeitspanne, in der ich nichts erlebte, woraus ich eine interessante Geschichte ziehen konnte, empfand ich mittlerweile als eine solche Zeitverschwendung, dass ich mich umso mehr bemühte, so zu leben, dass ich etwas zu erzählen hatte.

Menschen, die lieber zu Hause bleiben oder nur sporadisch reisen, stellten sich oft vor, dass ich Unmengen von Fotos haben muss, auf denen ich vor Touristenfallen stehe und Grimassen ziehe. Sie waren baff, wenn ich ihnen sagte, dass ich nichts gegen Fotografie habe, aber noch nie eine Kamera besessen hatte. Das war ihr Stichwort, verpasste Gelegenheiten zu beklagen, ohne jeden Anflug von Ironie in der Stimme. Jeder so, wie er mag: Ich bin vielen Fotografen begegnet, mit manchen auch ein Stück weit zusammen gereist, und oft schickten sie mir hinterher Fotos, die ich in einer klobigen Kiste im Haus meiner Mutter aufbewahre, aber ich selbst habe kein gesondertes Bedürfnis, Orte oder Momente auf diese Weise festzuhalten. Genau genommen glaube ich, dass mich das Schwelgen in solchen Fotografien der Erfahrung berauben würde, etwas *tatsächlich* zum ersten Mal zu sehen. Ich gehe meiner Leidenschaft jetzt schon lange nach, und für mich ist eine Geschichte die beste Weise, solche Momente festzuhalten.

Im Laufe dieser fünf Jahre sagten neue Bekanntschaften häufig Dinge wie: »Du willst jahrelang als Backpacker unterwegs sein? Glaubst du nicht, dass das unglaublich langweilig wird?« Und wenn sie es nicht sagten, dann haben sie es vermutlich gedacht. Aber mit dem Rucksack die Welt zu erkunden, ist etwas völlig anderes als ein Strandurlaub oder eine Busrundfahrt. Pauschalreisen empfinde ich schnell als langweilig. Wenn das die einzige Art zu reisen wäre, dann würde man mich vermutlich zu Hause auf der Veranda finden, in Bücher über längst verstorbene Entdecker vertieft. Manchmal liegt es einfach nur daran, dass mein Gegenüber den Unterschied zwischen einer Pauschalreise und einer Backpacker-Tour nicht versteht. Um diesen Zweiflern die Faszination des

Reisens begreiflich zu machen, eignet sich eine Geschichte aus meiner wachsenden Sammlung von Reisegeschichten oft bestens. So zum Beispiel diese Erzählung sonderbarer Ereignisse, die sich Anfang 1996 während einer Woche in Indonesien zutrugen.

Flores ist eine Insel in der indonesischen Provinz Ost-Nusa Tenggara (auch Östliche kleine Sundainseln genannt), einer langen, faszinierenden Inselkette südlich und östlich von Java. Im Vergleich zu häufiger besuchten Inseln wie Lombok ist Flores recht dicht mit Dschungel bewachsen. In den Neunzigern erreichte man die Insel mit dem Boot oder einem Fokker-Flugzeug, und vor Ort bewegte man sich in alten Bussen mit abgefahrenen Reifen auf furchtbaren Straßen fort. Eine zehnstündige Fahrt dehnte sich auf 18 Stunden aus, wenn man noch die vier bis fünf Reifenwechsel und kleinere Reparaturen im Straßengraben mit Gummiflicken, vielen Inspektionen und einem stotternden Motor einrechnete. Hauptanziehungspunkt für Besucher ist der Kelimutu, ein waldbewachsener Vulkanberg, an dessen Spitze sich ein Krater mit drei Seen befindet, von denen jeder eine andere intensive Färbung hat, wie Ölfarben auf einer Palette. Als ich dort war, waren die Seen türkis, smaragdgrün und burgunderrot, aber diese Farben neigen dazu, sich mit den Jahren zu verändern, da die Konzentration der gelösten Mineralien ab- und zunimmt. Nach einem Besuch der farbigen Seen, einer 30 Kilometer langen Nachtwanderung den Berg hinunter und einer aufreibenden Busfahrt landete ich in einer kleinen Stadt namens Bajawa, bekannt für die bunten Bommeln, die an den schweren Macheten der Männer baumeln. Ich teilte mir ein Zweibettzimmer mit einer neuen Freundin, einer jungen Kanadierin aus Guelph namens Johanna.

»Glaubst du, dass es hier Malaria gibt?«, fragte sie, als sie bemerkte, dass ich ein nigelnagelneues Moskitonetz aufhängte.

»Ja«, sagte ich. »Vermutlich Vivax, der Erreger bleibt ein Leben lang im Blut.«

»Ist es okay, wenn ich auch unter deinem Netz schlafe?«

»Das könnte eng werden, aber sicher, von mir aus.«

Sie war eine abenteuerlustige Blondine mit einem messerscharfen Verstand für Geschäfte, die gern durch die Tropen wanderte, Silberschmuck und Edelsteine kaufte und diese dann in Kanada auf Musikfestivals und an Universitäten weiterverkaufte. Von diesen Eigenschaften erfuhr ich während unserer Unterhaltungen in der »jam-karet« (Gummizeit), wenn wir darauf warteten, dass der

Busfahrer gerissene Schläuche flickte, sowie während einiger Nächte im Backpacker-Hotel in der Siedlung Moni nahe des Fußes des Kelimutu, wo sich die jugendlichen Gäste mit ihren Herkunftsländern ansprachen, statt sich die Mühe zu machen, Namen zu lernen – meine erste Begegnung mit dieser Sitte. Aber Johanna und ich würden später noch Zeit haben, mehr übereinander zu erfahren. Was wir jetzt brauchten, war eine Packung Kondome. Wir hatten beide keine dabei, also erbot ich mich, auf eine Mission zu gehen.

»Allein wird mir hier langweilig. Ich komme mit«, sagte sie. Und so wanderten wir durch ein Labyrinth aus Lehmstraßen, vorbei an schäbigen Holzhütten, in denen vereinzelt eine nackte Glühbirne leuchtete.

Die Straßen waren leer, abgesehen von einem Rudel Kinder, dreißig oder mehr, die uns – weil sie nichts Besseres zu tun hatten – folgten und die üblichen Floskeln riefen, »Wie heißt ihr?«, »Wo geht ihr hin?«, und hysterisch lachten. Zueinander sagten sie in malaiischer Sprache: »Mondmenschen, Mondmenschen, wo gehen die Mondmenschen hin?« Mondmenschen nannten sie uns wegen unserer hellen Haut. Eines der etwas älteren Kinder muss sich zusammengereimt haben, dass wir auf der Suche nach billigem Fusel waren, denn die lebhafte Meute schubste uns zu einem Händler, der chinesischen Keller-Whisky mit besonderen Kräutern verkaufte (der Whisky sollte sich später noch als nützlich erweisen, auch wenn ich ziemlich sicher bin, dass die besonderen Kräuter irgendein Narkotikum waren).

Der Händler zeigte uns und unserer Horde brüllender Kinder den Weg zu einer notdürftigen Apotheke. Ich ging hinein, und anstatt draußen zu bleiben und Maulaffen feilzuhalten, tat Johanna es mir gleich.

Die Apothekenbesitzer schliefen, aber sie hatten ihrem pubertierenden Sohn die Verantwortung für den Laden übertragen. Natürlich war er ein Kumpel und Klassenkamerad der Kinder auf der Straße, die nun alle nach innen strömten, um zu sehen, was die Mondmenschen da trieben. Weil mir die nötigen Sprachkenntnisse fehlten, fiel mir die Kommunikation schwer, und ich behalf mir, indem ich meine Bedürfnisse pantomimisch in Richtung meiner verliebten Begleiterin darstellte. Der Apothekersohn wurde röter, als ich es bei einem indonesischen Jungen für möglich gehalten hätte, aber er holte ein Päckchen Kondome mit dem schönen Namen »Long Love« hervor. Die Kindertruppe quietschte vor Vergnügen und zeigte auf die arme Johanna, die rot wie eine Tomate war.

Es gab nicht viel zu sehen in Bajawa – genau genommen waren wir selbst die Hauptattraktion –, also nahmen wir den Rest von unserem Whisky und stiegen in den Bus nach Labuan Bajo, einer Hafenstadt mit Strand. Viele geplatzte Reifen später kamen wir an und besorgten uns eine Unterkunft. Eine tolle Stadt für Backpacker, aber noch verlockender war ein Holzschiff, dessen Bauweise sehr oberlastig war, ähnlich einer Dschunke; der Skipper fragte, ob es Fremde gäbe, die Interesse an einer mehrtägigen Reise bis nach Lombok hätten. Um uns die Sache schmackhaft zu machen, versprach er einen Abstecher nach Rinca, wo die Komodowarane lebten, und in der ersten Nacht würden wir unweit der Insel Komodo im Schutz einer Bucht nahe der Stadt schlafen. Anschließend würde eine lange Reise über das Meer folgen, vorbei an Sumbawa.

Der Anfang der Reise war herrlich: Sanfter Wellengang, schillernde Schwärme fliegender Fische, die dann und wann aus dem Wasser schossen, Zwischenhalte an Riffs, an denen wir schnorcheln konnten. Auf Rinca gingen wir an Land, um nach den Waranen Ausschau zu halten. Es gab acht Passagiere, die Interesse an den Waranen hatten, allesamt Backpacker. Wir taten uns zu einer Gruppe zusammen und ließen uns von einem Einheimischen führen, der uns die Fauna zeigen sollte. Er sprach sogar ein wenig Englisch, genug, um mir zu verstehen zu geben, dass die Warane, wenn sie die Farbe Rot sehen, angreifen und töten. Ich war also gewarnt, immerhin trug ich ein leuchtend rotes Shirt; an diesem heißen Tag in den Tropen wäre es allerdings hilfreich gewesen, wenn er mir das gesagt hätte, als wir an Land gingen, nicht erst nach einer langen Wanderung über niedrige Hügel voller Geröll und Büschel getrockneten Grases. Vor die Wahl gestellt zwischen giftigen Waranen und einem möglichen Sonnenbrand beschloss ich, mein Shirt auszuziehen.

Der erste Waran, den wir sahen, war pummelig und lag einfach nur auf dem Boden. Man hatte uns erzählt, dass sich diese Kreaturen wolfsartig zu Rudeln zusammenschließen und Pferde und Wild zu Tode hetzen können oder diese und sogar noch größere Tiere wie Wasserbüffel aus dem Hinterhalt reißen. Mit Blick auf diese faulenzende Echse war das schwer vorstellbar. Kurz darauf hörten wir ein Blöken aus dem nahe gelegenen Wald, in dem riesige, kakteenartige Euphorbia-Pflanzen wuchsen. Wir eilten hin, um der Sache auf den Grund zu gehen. Es war ein Mähnenhirsch, der von einem großen Waran angegriffen wurde und um sein Überleben kämpfte. Die Hirschkuh hatte bereits verloren, sie wusste es nur noch nicht. Beide Hinterbeine waren abgerissen und die Haut an ihrem Bauch ebenfalls, aber ihre Eingeweide waren noch intakt. Sie stand auf ihren Knochenstummeln und den verbliebenen zwei Beinen, blökte und taumelte auf mich zu, da ich vor dem Rest der Gruppe stand. Der Waran blieb abwartend zurück. Unsere Gruppe besprach die Situation, während wir uns zurückzogen, und wir beschlossen, dass es das Beste sei, wenn wir verschwinden würden, damit der Waran die Hirschkuh töten konnte.

Zurück auf dem Boot legten wir die kurze Strecke bis Komodo zurück, wo wir den Hauptsitz des Nationalparks besuchten. Johanna war vor einigen Jahren schon mal hier gewesen, als die Ranger zur Unterhaltung der Gäste eine Ziege an die Warane verfüttert hatten. Eine Gruppe von Biologen hatte dem ein Ende gesetzt; sie sagten, die Warane würden zu fett und arthritisch werden, wenn sie nur darauf warteten, gefüttert zu werden, anstatt in den Hügeln der Insel auf die Jagd zu gehen. Johanna hatte auch erzählt, dass es damals im Hauptsitz vor Ratten nur so wimmelte. Sie waren überall in der Küche und flitzten in den Hotels über die Decken der Touristen. Wir fanden nicht heraus, ob die Ratten dasselbe Schicksal wie die Ziegen ereilt hatte, da wir in der Bucht schliefen, in der wir vor Anker gegangen waren.

Die Nacht war herrlich und still, und nach etwas Reis mit Tintenfisch hörten wir den Gebetsruf von der Moschee an der Küste erklingen. Wir machten es uns gemütlich, um die Sterne zu beobachten, und später ließen wir uns sanft in den Schlaf wiegen, allesamt ausgestreckt auf den Holzbrettern des Oberdecks. Am nächsten Morgen konnten wir kaum spüren, dass wir auf See waren; das Wasser war komplett still und klar wie Glas, so weit das Auge reichte. Die Crew warf den Motor an und schon bald tuckerten wir über diese surreale Wasseroberfläche, die sich nicht einmal kräuselte – es war fast schon unheimlich. Einige Touristen meinten, dass es Spaß machen würde, auf das Dach zu steigen, was am Tag zuvor nicht möglich gewesen war, da das Boot zu sehr geschwankt hatte.

Am späteren Nachmittag kamen dann Wind und Wellen auf. Der Wellengang wurde immer heftiger, sodass alle Passagiere, die Touristen genau wie die Einheimischen, sich nach unten kauerten. Wir klammerten uns an die Reling und versuchten einfach nur, nicht seekrank zu werden.

Bei Einbruch der Nacht waren die Wellen riesig und schlugen uns aus Richtungen entgegen, die man nur mit der nötigen Expertise voraussagen konnte.

Die Crew steuerte den Bug des Schiffes dem monströsen Wellengang entgegen, wobei ihnen das wunderschöne neonblaue Licht der aufgewirbelten Kieselalgen half, das die Wellenkämme leuchten ließ. Wir waren mitten in einen tobenden Taifun geraten. Ich schaffte es, ruhig genug zu bleiben, um das herrliche und tödliche Spektakel zu bestaunen, und bewunderte die leuchtend blaue Struktur der wütenden Wellenberge. Wir ahnten nicht, dass ein 555 Tonnen schweres Frachtschiff aus Stahl, die *Gurita* aus Java, von diesem Sturm versenkt wurde, der auch andere Schiffe in unserer Nähe zerstörte. Bis zu 340 Menschen verloren ihr Leben, und ein paar Dutzend Überlebende erzählten von Haien, die sich am Fleisch von Lebenden und Toten ohne Unterschied gütlich getan hatten.

Der Taifun und seine Opfer schafften es selbst in Europa in die Nachrichten, aber in diesem Moment wussten wir nur, dass wir ums Überleben kämpften. Dann fing einer der Touristen an zu schreien und winkte einen der indonesischen Seemänner zu sich. Dieser war beim Rest der Crew, die versuchte, den Motor am Laufen zu halten. Die Wellen waren so brachial, dass sie das Heck immer wieder aus dem Wasser rissen; dann lief das Flügelrad ohne Widerstand und wir konnten hören, wie der Motor überdrehte. Wenn er den Geist aufgab, steckten wir in argen Schwierigkeiten. Wir alle sahen die dünne, blau leuchtende Linie in der pechschwarzen Nacht: Dort hinten schlugen die Wellen gegen den Fuß eines Riffs. Nur das Laufen des Motors bewahrte uns davor, an diesen Felsen zerschlagen zu werden, wo wir unser sicheres Ende gefunden hätten – und auf keinen Fall durften wir mit der Breitseite gegen eine Welle geraten.

All dem zum Trotz versuchte das Crewmitglied, sich um den kreischenden Touristen zu kümmern. Er lief los und suchte wieder Halt, wartete den winzigen Moment zwischen zwei gigantischen Wellenschlägen ab, lief dann weiter und suchte wieder Halt; sein Timing war wunderbar anzusehen. Dann neigte er sein Ohr in Richtung des Passagiers. Ich hielt eine Hand hinter mein Ohr, um gegen den stürmischen Wind hören zu können, was er sagte. Ich fragte mich bang, welcher Notfall so wichtig war, dass der Mann ein Crewmitglied von dessen existenziell wichtiger Aufgabe wegholte.

»Drei Mahlzeiten pro Tag hat der Kapitän uns auf dieser Reise versprochen«, sagte er. »Wo bleibt mein Hähnchenfleisch mit Reis?«

Ein Anflug von Perplexität, von Ungläubigkeit huschte über das Gesicht des Crewmitglieds, wandelte sich aber schnell in ein mustergültiges Beispiel indonesischer Gelassenheit. Er deutete in Richtung Kombüse. »Essen«, sagte er, während er insgeheim bereits den Wellengang berechnete, um sich schnell wieder zurück zum Motor zu kämpfen.

Wäre man in die Kombüse gegangen und hätte einen Topf auf den Ofen gestellt, hätte es nur ein paar Sekunden gedauert, bis der Topf, *Wumm!*, gegen die Decke knallte. Und dann, *Wumm!*, auf den Boden … Im Kampf Hahn gegen Messer hätte ich dem Hahn die besseren Chancen attestiert. Mann, Hahn und Messer wären in der Kombüse durcheinandergewirbelt worden wie die nummerierten Plastikbälle in einer dieser großen, sich drehenden Glaskugeln der Fernsehlotterie. Wir kämpften noch die ganze Nacht lang gegen den Sturm, und als es Morgen wurde, schafften wir es dank meisterhafter Seemannskunst in den Zugang einer schmalen Passage in den Klippen von Sumbawa. Wir legten vor einem Ort namens Bima an, wo wir so gut geschützt waren, dass die Winde nicht mehr heftiger als ein Sturm waren.

Die Mitglieder der Crew jubelten wild, als sie es geschafft hatten, den Wellengang abzupassen und das Schiff in die Passage zu steuern, ohne dass es uns zwischen Skylla und Charybdis zerschlagen hätte. Johanna und ich konnten an ihren verblüfften, erleichterten Gesichtern erkennen, wie knapp die Sache gewesen war.

Der Skipper versammelte uns für eine Ansprache, als wir am Dock angelangt waren. »Bleiben wir lieber auf dem Meer?«, fragte er uns rhetorisch. »Oder sind wir an Land alle besser aufgehoben?«

Als zwei Motorrad-Touristen aus Deutschland ansetzten, die Vor- und Nachteile beider Optionen zu erörtern, sagte er, was eigentlich allen hätte klar sein sollen: »Besser, Sie bleiben an Land.«

Als ich mein Gepäck schulterte und auf den Landungssteg stieg, hörte ich ein Glucken aus einem Korb im Vorschiff: der Hahn, der gestern doppeltes Glück gehabt hatte und sowohl dem Taifun als auch den hungrigen Menschen entkommen war. Beide Gefahren hatte er auf wundersame Weise überstanden, und nun konnte er krähend einen neuen Morgen begrüßen.

▪ ▪ ▪

Das Südostasien der Neunzigerjahre war der ideale Ort für das Erlernen von Backpacker-Skills. Vergleichbar mit dem heutigen Afrika war es ein Ort, wo man mit ein wenig Glück jederzeit in eine verrückte, gefährliche und lustige Situation geraten konnte. Ich hatte die Gelegenheit, mit Johanna all das zu erkunden. Sie hatte alles, was für einen guten Backpacker nötig ist. Ihr Magen vertrug selbst das scheußlichste Street Food, ihre sportlichen Beine trugen sie in gleichmäßigem Tempo auch über das unwegsamste Gelände, selbst mit einer Campingausrüstung auf den Schultern, und sie konnte auf den Märkten unnachgiebig, aber freundlich feilschen. Ich fand sie und ihren Laissez-faire-Lebensstil faszinierend und über mehrere Jahre hinweg waren wir unzertrennlich. Wir erkundeten Südostasien, immer mit einem offenen Auge für gute Gelegenheiten zum Schmuckkauf (und später, um einzigartige Objekte für unsere Earthly-Delights-Reihe herzustellen, in der wir Produkte für Haus und Garten anboten). Wir waren selten allein, da wir das Leben als Team angingen.

Wenn man eine Region erkundet, bietet es sich an, Ausgangsbasen zu haben – Orte, die man ziemlich gut kennt –, die man mit dem Flugzeug erreicht und von denen aus man die Weiterreise arrangieren kann. Für Johanna und mich war die Ausgangsbasis für unsere Visa und die meisten internationalen Flüge Bangkok; ging es ums Geschäftliche, war es Kuta auf der Insel Bali; und für gelegentliche Zauberpilz-Trips und ausgelassene Mitternachtsspaziergänge an einsamen Stränden, an denen die Korallenfragmente unter unseren Zehen Musik erklingen ließen, zog es uns auf nahe gelegene verlassene Inseln. Thailand war das schlagende Herz der Backpacker-Szene, wo die heute legendären *Full Moon Partys* auf Ko Pha-ngan, einer Insel westlich des Isthmus von Kra, schon damals Attraktion genug waren, dass sie mit der Vollendung eines Mondzyklus die Backpacker-Ströme durch Südostasien zum Pulsieren brachten. Die meisten versuchten, ihre Route so zu planen, dass sie in der Vollmondnacht an diesem Strand sein konnten.

Johanna war bei einigen der ersten Full Moon Partys dabei gewesen, die damals nicht viel mehr als eine Zusammenkunft von ein paar Hippie-Backpackern waren, die sich trafen, um Hasch zu rauchen – oft mit dem Polizeichef der Stadt , Gitarre zu spielen und auf Pilztrips zu gehen. Die Einheimischen fanden das Ganze witzig, machten aber nicht mit. Als ich Mitte der Neunziger zum ersten Mal an einer solchen Party teilnahm, waren die regionalen Häuser im Thai Stil mit ihren sattelförmigen, zweispitzigen Dächern aus Bambus und Stroh, den geschnitzten Ornamenten und einem orange-blauen Gecko an der Hauswand bereits selten geworden; Betonbauten dominierten das Bild, und die Thais begannen, Interesse an diesen Veranstaltungen zu zeigen. Aus einigen kleinen Strandbars, insbesondere aus dem »Cactus Club«, dröhnte disharmonische Popmusik. Hierhin kamen ausschließlich Backpacker; wem der Sinn nach einer Prostituierten stand, der war auf der falschen Insel gelandet. Dafür fuhr man besser nach Ko Samui, der ersten Insel, die sich ganz auf den Tourismus eingestellt hatte und die heute eine Hochburg für Pauschalurlauber ist – inklusive Säufern, Aggressionen, Prostituierten, Kneipen-Adel und Transvestiten, die der ursprünglichen Mischung aus freundlichen Thais, Gelegenheitsbesuchern und Expats ihre, nun ja, etwas eigene Note hinzufügen.

Doch immer wieder kehrten wir nach Indonesien zurück – geschäftlich und zum Spaß. Die Ankunft in Bali versetzte uns jedes Mal wieder in Verzückung, von den ersten Aromen am Straßenrand verkaufter Räucherwaren – Ylang-Ylang, Frangipani, Tuberose – und der sanften Gamelanmusik bis zu meiner ersten Verkostung von Fischklößchensuppe an einem von Wespen umschwirrten Wagen. Diese Freude vergrößerte sich oft noch durch das Wissen darum, gleichzeitig den Klauen des Winters in der nördlichen Hemisphäre entkommen zu sein. Während der nahe gelegene Nachbar Thailand ein Königreich exzellenten Essens und militärischer Putsche ist, ist Indonesien ein Reich, das von den Niederländern erobert und konsolidiert wurde und dann in einer glücklichen Fügung in die Hände der Javaner überging.

Ähnlich dem Römischen Reich – mit dem Mittelmeer als einer Art römischen See – war Indonesien ein javanisches Reich und die Heimat vieler Kulturen, die durch Seestraßen und die Schifffahrt miteinander verbunden waren. Seit 1999 ist es eine Demokratie, aber damals hatte eine Diktatur die Zügel in der Hand, verbunden mit den üblichen Gaunereien: Las man zum Beispiel von einem neu verabschiedeten Gesetz, das es Motorradfahrern vorschreibt, einen Helm zu tragen, so machte bald darauf das Gerücht die Runde, dass das Monopol für den Verkauf von Motorradhelmen beim Sohn des Diktators Präsident Suharto lag. Oder ein neues Gesetz schrieb vor, dass man versichert sein musste, um ein Auto zu fahren. Wie fortschrittlich, dachte man vielleicht, bis man die Taxifahrer schimpfen hörte, dass die Versicherung immer Gründe fand, nicht zu zahlen, was die Abgabe zu wenig mehr als einer belastenden Steuer machte. Und die einzige Firma, die Versicherungen ausstellen durfte, gehörte Suhartos

Spießgesellen. Trotz dieser Schikanen wuchs Indonesiens Wirtschaftskraft in vehementer Unbeirrbarkeit, und zwar größtenteils dank der Klugheit und der Fähigkeiten der Bevölkerung. Man fragt sich doch, was für Wachstumsraten möglich wären, wenn es irgendwie gelänge, die Korruption auszumerzen. Aber da das nie passieren wird, werden wir es nicht herausfinden.

Johanna und ich arbeiteten viel, klug und bisweilen hart, um unsere Reisen zu finanzieren, und waren sehr bestrebt, einen Erfolg aus unserer Produktreihe Earthly Delights zu machen, die damals richtig durchstartete. Es dauerte nur wenige Tage, das Muster für ein neues Produkt anfertigen zu lassen, und diesen kurzen Zeitraum konnten wir auf den nahe gelegenen Gili-Inseln oder auf Sulawesi verbringen. Wenn es an der Zeit war, ein paar Tausend Produkte herzustellen, um die Bestellungen zu bedienen, dauerte es indes Monate; und weitere Monate vergingen, in denen die Ware in Containerschiffen über den Ozean transportiert wurde. Bisweilen verschifften wir Dinge wie Kaffeetische, hergestellt aus Kaffeeholz (mein Verkaufsslogan: »Es ist mehr als nur ein Kaffeetisch, es ist ein Kaffee-Kaffeetisch«), Nachbildungen einer tausend Jahre alten schottischen Truhe, dekoriert mit stilisierten Heidekraut-Applikationen samt Beeren, oder dreibeinige Pflanzkübel aus Schmiedeeisen. Diese beachtlichen Auflagen von Holz- und Metallprodukten wurden alle gleichzeitig auf großen Heim-und-Garten-Shows verkauft, für gewöhnlich zum Frühlingsanfang. Während ganze Dörfer indonesischer Kunsthandwerker an unseren Bestellungen arbeiteten, weiteten wir unsere Erkundungstouren aus, bis hin zu den äußersten Inseln Indonesiens, nach Malaysia, Indochina und weiter durch ganz Asien.

Einmal, in Nepal, stiegen wir in den zweiten von zwei baugleichen Bussen – eine glückliche Fügung, da der erste Bus von einer Klippe stürzte, im Fall noch eine Fußgängerbrücke zerstörte und es nur wenige Überlebende gab. Nach wochenlangen Wandertouren durch das Annapurna Himal gerieten wir in 5000 Metern Höhe in einen Schneesturm. Anschließend verbrachten wir mehrere Tage zusammengepfercht in der Lehm- und Felshütte eines tibetischen Yakhirten, hockten dort vor dem schwelenden Dungfeuer und waren – abgesehen von Lächeln und Gelächter – unfähig, mit ihm zu kommunizieren, bis eines der Yaks durch den Schnee pflügte und uns dadurch einen Pfad bis zum Dorf Manang schuf. Dort gelang es uns, uns in einen russischen Tandemhubschrauber zu zwängen. Bei anderer Gelegenheit, in Sri Lanka, fanden wir uns zwischen den Fronten zweier gegnerischer Armeen in Hörweite explodierender Granaten wieder, während wir eine verlorene antike Stadt im Dschungel erkundeten.

Als wir uns aus Südostasien hinaus auf einen Abstecher in den südlichen Teil Afrikas wagten, lernte ich, dass die Welt nicht in entwickelte und sich entwickelnde Länder unterteilt ist, wie es einem die Fernsehnachrichten vermitteln. Es gibt noch eine dritte Kategorie, über die nicht viel gesprochen wird: Nicht-Entwicklungsländer, wie zum Beispiel Zimbabwe, wo das Potenzial der Menschen von einer Regierung blockiert wird, die sich nur als eine furchtbare Mischung aus Feudalismus und Sozialismus beschreiben lässt. Die Gesellschaft schien lethargisch und gehemmt, nicht zuletzt, da die Menschen in den Dörfern ihr beachtenswertes Talent und ihre Energie darauf konzentrierten, möglichst viele Kinder großzuziehen – ihre einzige soziale Absicherung. Nur ein Narr würde dort Geschäfte machen, und da wir auf Geschäftschancen vor Ort angewiesen waren, um unsere Abenteuer zu finanzieren, kehrten wir wieder in das lebhafte Asien zurück: in den wilden Westen der Philippinen, nach Palawan mit seinem Untergrundfluss, dem Schlamm, Soldaten, die als »Beifahrer« auf den Dächern der Busse sitzen, und den Banditen. Nach Indien, das, in dem einen Jahr, das wir brauchten, um uns einen groben Eindruck von seiner verblüffenden Vielfalt und den pulsierenden Städten zu verschaffen, mit haufenweise Verrücktheiten aufwartete. Die Leute vergessen, dass Asien mal ein chaotischer Ort war, an dem das Leben nicht viel kostete.

Die asiatischen Kulturen hatten eine solch eigenartige und verwirrende Wirkung auf mich, dass ich begann, ernsthaft über die unterschiedlichen und vielfältigen Lebensweisen nachzudenken. Ein Sanskrit-Gelehrter schmuggelte mich in den heiligsten Bereich des größten Vishnu-Tempels, wo ich Brahmanen in Frauenkleidern sah, die Vishnu liebten, wie eine Frau ihren Mann liebt. Der Buchprüfer eines internationalen Wohltätigkeitsverbands, entsetzt von den arglistig falsch geführten Büchern, stammelte nur »Nie wieder!«, jedes Idealismus beraubt. Barfüßige indische Arbeiter wimmelten wie Ameisen über Schiffswracke, zerlegten Asbest und Stahl mit Schweißbrennern und zogen die einzelnen Teile mit Winschen den Strand hoch. Im Gir-Nationalpark kamen fünf männliche brüllende Löwen heran. Ich lachte, als ich mit einem Blick hinter mich feststellte, dass sich die Inder, die mit mir auf Großwild-Besichtigung gegangen waren, clevererweise in einer Reihe aufgestellt hatten, sodass in der Wahrnehmung der Löwen nur ein Mensch zu sehen war – nämlich ich. Wann immer ich mich bewegte, trippelten sie hinter mir her, um von mir verdeckt zu bleiben, und so hatte ich hinter mir einen Schwanz aus Indern, den ich nach Belieben schwenken konnte.

Wenn wir uns nicht auf ausgedehnten Reisen durch Asien, Afrika oder die Karibik befanden und auch in Bali gerade keinen Geschäften nachgingen, fuhren wir – der Maxime folgend, dass etwas Neues ebenso gut ist wie eine Pause – mit einem alten grünen Truck kreuz und quer durch Nordamerika, immer dorthin, wo ein Musikfestival lockte (wenn denn gerade Festivalsaison war). Ich hatte ein gutes Händchen als Verkäufer, nachdem ich gelernt hatte, mit einer Kasse umzugehen, und ich stellte fest, dass ich als Geschäftsmann gleichzeitig über Talent verfügte und ein hoffnungsloser Fall war. Ich machte große Profite mit nur ein paar Wochen Arbeit, indem ich innovative Produkte importierte, aber dann ließ ich das Importgeschäft wieder fallen, um noch mehr Reiseziele anzusteuern, die sich gerade dem Tourismus öffneten.

Burma (das heutige Myanmar) war solch ein Ort, der sich gerade erst geöffnet hatte, so hieß es zumindest in der Mund-zu-Mund-Propaganda der Backpacker-Szene. Damals war jede Information über unpopuläre Reiseziele nicht viel mehr als ein Gerücht, und herumzutelefonieren brachte für gewöhnlich mehr Aufrieb als Information. »Die Vergangenheit ist ein fremdes Land, dort gelten andere Regeln«, lautet der oft zitierte erste Satz von L. P. Hartleys Roman *Der Zoll des Glücks*. Burma indes warf die Frage auf: Kann ein fremdes Land die Vergangenheit sein? Durch Burma zu reisen war eher eine *Zeit*reise, ein in der Anthropologie nicht eben populäres Konzept, ebenso wie die besondere Existenz eines »Jetzt« genannten Moments kein populäres Konzept der Physik ist. Aber wenn man mit Pferd und Einspänner reist – und das war dort keine Touristenattraktion, sondern die übliche Fortbewegungsmethode –, dann ist man dem Zeitreisen so nahe wie nur möglich. Ich hatte den Zollbeamten von Rangun eine Dollarnote als Bestechung zugesteckt, deshalb kamen wir ins Land, ohne zu viel harte Währung gegen heikle ausländische FECs (Ersatzwährung für sich in der Volksrepublik China aufhaltende Ausländer) einzutauschen.

Östlich der früheren königlichen Hauptstadt Mandalay liegt der Inle-See, den man mit einem neuen, in Korea gebauten Bus erreichen konnte – den Einheimischen zufolge gekauft mit Drogengeld aus dem Goldenen Dreieck (die bergige Region, die für den Anbau von Schlafmohn bekannt ist, der zu Heroin verarbeitet wird). Einige Einheimische und empfindsame Backpacker verzichteten aus moralischen Gründen darauf, mit dem Bus zu fahren, als Protest gegen die Tatsache, dass er mit Heroingeld bezahlt worden war, aber Johanna und ich traten die Reise an. Die Fahrt bis zum See führte eine notdürftige Straße entlang, die eher ein etwas verbreiterter Ziegenpfad war. Rund um die Ufer des Sees wurde Reis angebaut und die Menschen lebten dort draußen in Pfahlbauten, vor denen sich schwimmende Tomatenplantagen befanden. Auch mehrere Inseln fanden sich in den flachen Gewässern, aber die wurden allesamt von den buddhistischen Stupas bedeckt, glockenförmigen Gebäuden, in denen sich Schreine befanden. In diesen Schreinen standen unförmige Goldklumpen, dem Vernehmen nach Buddha-Statuen; es gab jedoch eine hochgehaltene Tradition, goldene Laken zu kaufen und sie über die Statue zu legen.

Ein Markt an einem Ende des Sees erlaubte es den Tomaten und anderes Gemüse anbauenden Seebewohnern Tauschhandel mit den Leuten von den Ufern zu betreiben. An einem Stand saß eine Frau an einem Tisch, auf dem sich Ziegenköpfe stapelten; ihr Gesicht war zu einem finsteren Blick erstarrt, der dem einer entleibten Ziege nicht unähnlich war. Viele Frauen verkauften billige Ware aus China und pafften dabei große grüne Zigarrenstumpen. Die Bewohner der Pfahlbauten fuhren in kleinen Kanus zum Markt – tatsächlich bewegten sie sich auf diese Weise überallhin – und hatten dadurch einen außergewöhnlichen Gleichgewichtssinn entwickelt. Sie saßen nicht, wenn sie ruderten, sondern sie standen – und zwar nicht im Kanu selbst, sondern auf einer schmalen Holzplanke, die aus dem hinteren Teil des Bootes ragte. Sie standen auf einem Bein, weil sie mit dem anderen Bein das Paddel manövrierten, sodass sie beide Hände frei hatten, um ein Netz auszuwerfen oder sich um die Sträucher zu kümmern.

Damals waren Flugtickets noch aus Papier, und manchmal musste man sie ein paar Tage vor dem Flug noch einmal bestätigen, weil sie ansonsten storniert wurden. Das war der Fall bei unserem Flug aus Burma heraus, den wir bei den Bangladesh Airlines gebucht hatten. Wir warfen einen Blick auf die Tickets und stellten fest, dass wir ein Telefon brauchten, um im Büro der Fluggesellschaft in Rangun anzurufen. Kein Problem, wir würden einfach ein Boot nehmen, um in die nächstgelegene Stadt am Ufer zu gelangen.

Als wir an Land ankamen, grübelten die Reisbauern über unsere Frage nach, wo das nächste Telefon zu finden sei. Nachdem sie sich ausführlich untereinander ausgetauscht hatten, zeigten sie auf ein Tuk-Tuk, eine kleine motorbetriebene Rikscha, und wiesen Richtung Norden. Also auf nach Norden, und in jedem Ort, den wir erreichten, führte unsere Anfrage zu regen Diskussionen, Kopfkratzen und Fingern, die uns immer noch weiter gen Norden schickten. Immer wenn wir so weit gefahren waren, wie es der eine Tuk-Tuk-Fahrer für zumutbar hielt, tauschten wir ihn gegen einen anderen aus. Je länger das so ging, desto nervöser fragten wir uns, wie weit in den Norden wir schon vorgedrungen waren, insbesondere nachdem wir mit unserem kleinen Tuk-Tuk zwischen zwei Militärlastern eingeklemmt waren, die ganze Ladungen von 250-Kilo-Bomben an die Front lieferten. Aber wir beschlossen, dass wir jetzt schon so weit gekommen waren, dass wir die Sache ebenso gut durchziehen konnten. Schließlich endeten wir an einem Ort, den die Einheimischen scherzhaft (?) als Niemandsland bezeichneten, zwischen den Frontlinien der burmesischen Armee und der rebellierenden Shan State Army in einer kleinen schmuddeligen Stadt voll mit faulendem Holz und verdreckten Straßen. Was nun? Es war nicht ersichtlich, ob es hier irgendwo ein Telefon geben würde, und es gab nirgends Funkmasten oder sonstige Anzeichen von Technologie.

Nachdem wir eine Zeit lang die Straßen entlanggeirrt waren, bemerkten wir einen chinesischen Mann, der am Rand einer Kreuzung stand. Gelegentlich näherten sich ihm ein paar Einheimische und zeigten ihm etwas, das sie in der Hand hielten; er schaute es sich an und scheuchte sie dann entweder fort oder gab ihnen amerikanische Dollarscheine und steckte ein, was immer es war, das sie in der Hand gehalten hatten. Da wir kein Anzeichen eines Telefons gefunden hatten und es auch sonst nichts Besseres zu tun gab, gingen wir zu ihm, um uns vorzustellen.

Wie sich herausstellte, sprach er ein wenig Englisch. Er erklärte uns, dass er ein Käufer von umstrittenen Rubinen war, sogenannten Blutrubinen, die aus den Minen der Karen stammten, die sie verkauften, um damit ihren Krieg zu finanzieren. Der Name des Rubinkäufers hat es nicht in meine Aufzeichnungen geschafft, aber er hatte viel hellere Haut als die Karen oder die Shan und sein Gesicht war bemerkenswert rund, wie ein Teller aus edlem chinesischen Porzellan, also nenne ich ihn China.

Er zeigte uns zwei Rubine aus seiner Tasche, einer davon 300 Dollar wert, der andere vielleicht gerade mal 15 Dollar. Ob wir sagen könnten, welcher wie viel wert war? Wir schauten uns die Steine an und obwohl wir etwas Erfahrung beim Kauf von Halbedelsteinen hatten, sahen sie einander in unseren Augen erstaunlich ähnlich. Er erklärte uns, dass es jahrelanger Übung bedarf, den Wert eines Rubins einzuschätzen. Ich erzählte ihm von einem Rubinkäufer, mit dem wir uns in unserem Hotel unterhalten hatten, als wir das erste Mal in Rangun waren: Er hatte versucht, sich telegrafisch Geld von seinem Bruder in Singapur überweisen zu lassen, aber jemand in der Bank kassierte die Überweisung ein, weshalb er sich nun mit seinem Bruder besprechen wollte, um herauszufinden, welcher Bankangestellte sich mit dem Geld aus dem Staub gemacht hatte.

China lachte und klagte darüber, dass er, wenn er nur 200 000 Dollar in bar hätte, eine Lizenz bekommen könnte, um Rubine zu kaufen, die direkt aus den Minen der Regierung kamen. Oder er könnte für dasselbe Geld einen Quadratkilometer Land im Goldenen Dreieck pachten. Da könnte er dann ein paar Jahre lang tun, was immer ihm beliebte – ob Heroin- oder Methamphetamin-Labor, ob Marihuana- oder Opium-Anbau oder eine Falschgeldfabrik für Baht –, bis die Junta die Warnung gab, die Geschäfte abzuwickeln, um anschließend bewaffnete Einheiten mit Kameras loszuschicken, die dann dokumentieren konnten, wie ach so unnachgiebig man gegen illegale Unternehmungen dieser Art vorging. Dann könnte er weitere 200 000 Dollar lockermachen und irgendwo in der Nähe einen neuen Quadratkilometer in Beschlag nehmen. Wir wünschten ihm viel Glück bei dem Versuch, das Geld aufzutreiben, und erklärten ihm bei einem gemeinsamen Essen, dass wir hergekommen waren, um ein Telefon zu finden.

»Ah, da kann ich Ihnen helfen«, sagte er.

Er führte uns eine Gasse entlang bis zu einer Luke im Boden, unter der ein Schacht samt Leiter senkrecht in den Boden führte. Wir stiegen hinab ins Dunkel und gelangten an einen feuchten Erdtunnel, der von nackten Glühbirnen in regelmäßigen Abständen erhellt wurde. Eine lange Schlange Einheimischer stand in diesem Tunnel, aber China schien ein Mann von Bedeutung zu sein, da er uns einfach weiterführte. Wir quetschten uns an den anderen vorbei bis zum Ende der Schlange, das sich an einer Holzwand befand. In der Wand befand sich auf Brusthöhe eine quadratische Einlassung, hinter der sich ein antiquiertes, klobiges, schwarzes Wählscheibentelefon befand. Auf der anderen Seite stand eine Frau – die Hüterin des Telefons. Wir begriffen, dass das unsere Chance war, einen Anruf zu tätigen, also zückten wir den Zettel mit der Nummer der Fluggesellschaft in Rangun und versuchten, uns daran zu erinnern, wie man eine Wählscheibe bedient. Unser Anruf kam durch, und trotz des starken bengalischen Akzents der Frau am anderen Ende der Leitung waren wir uns ziemlich sicher, dass es uns gelungen war, unsere Flüge zu bestätigen.

Nachdem wir wieder ans Tageslicht gestiegen waren, mussten wir die Frage stellen: Warum gab es hier keine Telefone außer diesem Museumsstück mitten im Nirgendwo nahe der Frontlinien? China erklärte uns, dass die Briten, als sie im Zweiten Weltkrieg gegen die Japaner kämpften, in der Lage sein mussten, Befehle aus dem Hauptquartier in Rangun entgegenzunehmen. Das Telefon war seit dem Krieg dort, weshalb es sich auch in einem unterirdischen Tunnel befand. Die Menschen hatten es all die Jahrzehnte über am Laufen gehalten und es repariert, wann immer es einen Defekt in der Leitung gab.

Bis zum heutigen Tag war das mein mühseligstes Telefonat.

Kapitel 4
Kolonisiert und balkanisiert: Lumper und Splitter

Australien I Neuseeland I Albanien I Kroatien I Bosnien-Herzegowina I Albanien I Mazedonien

Mich mit Johanna häuslich niederzulassen, wäre eine vernünftige Entscheidung gewesen. Aus konventioneller Sicht sollte ein Leben nur in eine Richtung verlaufen – man findet einen Job, heiratet anschließend und bekommt Kinder. Eine Grenzbeamtin in Turkmenistan und ein Weststaatler wären sich in diesem Punkt einig, auch wenn es für Erstere der Normalfall ist, während Letzterer es »perfekt« nennen würde … mit einem kleinen Anflug von Sarkasmus. Vielleicht existiert irgendwo am Ende der Welt tatsächlich der Sehnsuchtsort Xanadu, wo ein perfektes Leben nicht zwangsläufig in dieser oder jener Weise verlaufen muss.

In Alberta trennten sich unsere Wege. Sie zog nach Bali, wo sie schließlich heiratete, eine Familie gründete und ihren Traum wahr machte, eine Silberschmuck-»Magnatin« zu werden. Nachdem wir unser Geschäft eingestellt hatten, blieb ich einen Monat lang in Vancouver, hatte aber schnell wieder ein Kribbeln in den Füßen. Das war im Dezember 1999, weshalb es möglich war, einen lachhaft günstigen Flug über den Pazifik für den Silvesterabend zu ergattern, da der gefürchtete Millennium-Bug die Kunden vom Fliegen abschreckte, aus Angst, der Bordcomputer könnte Schlag Mitternacht abstürzen und das Flugzeug es ihm gleichtun. Ich war der einzige Passagier in der 747. Ausgestreckt über eine Mittelreihe verschlief ich den Jahrtausendwechsel, wieder Single und unterwegs zu einem Solotrip durch Asien.

Nachdem ich durch Vancouver gehetzt war, um diese frisch gedruckten amerikanischen Hundertdollarnoten aufzutreiben, die ich fürs Reisen brauchte, konnte ich mich nun dem entspannenden Flug hingeben. Zweimal hatte ich mit dem Bus in die Stadt fahren müssen, da beim ersten Mal alle Geschäfte und Banken geschlossen waren – wegen Weihnachten. So etwas passierte mir häufiger: erst dann mitzubekommen, dass irgendein wichtiger Feiertag begangen wurde, wenn ich zur Bank oder ins Museum wollte und während der üblichen Geschäftszeiten vor verschlossenen Türen stand. Auch Wochenenden haben für mich keine besondere Bedeutung, abgesehen von der größeren Mühsal, einen Schlafplatz in einer Herberge aufzutreiben und den geschlossenen Botschaften, die mich zwingen, länger in der Hauptstadt eines Landes zu verweilen, als es mir lieb ist. Während meiner Jahre auf Reisen habe ich gut ein Drittel meiner eigenen Geburtstage vergessen und erst mit ein paar Wochen Verspätung festgestellt, dass ich tatsächlich ein Jahr älter war.

Jedenfalls habe ich es hinbekommen, zwischen Weihnachten und Neujahr meine Bankgeschäfte abzuwickeln, und das Geld befand sich jetzt in der robusten SunDog-Umhängetasche, die ich immer an mir trug, selbst dann, wenn ich in einem abgeschlossenen Hotelzimmer duschte. Gelegentlich stichelten andere Backpacker, weil ich diese »Herrenhandtasche« trug. Sie hatten ja keine Ahnung, dass sich darin Unmengen Bargeld befanden, sortiert in Umschlägen mit jeweils 10 000 US-Dollar. Dieser Umstand machte mich nicht wohlhabend; Wohlstand ist ein Konzept, das mehrere Generationen finanzieller Absicherung beinhaltet. Ich fühlte mich auch nicht reich. Viele, wenn nicht gar die meisten dreißig Jahre alten Weststaatler hatten mehr Kapital, ob sie nun in ein Haus, ein Studium oder eine wertvolle Ausbildung investiert hatten. Mein Bargeld hätte mir jederzeit in seiner Gänze abhandenkommen können, sei es durch Gewalt oder Betrug. Vorne in dieser Tasche trug ich ein scharfes Messer mit mir, und ich war physisch und psychisch darauf eingestellt, für den Inhalt mein Leben und meinen Seelenfrieden aufs Spiel zu setzen. Wenn meine Intuition mir sagte, dass Diebe meine Tasche ins Auge gefasst hatten, dann ließ ich meinen Blick auf ihre Uhr oder Brieftasche gleiten, und wenn meine Hand dann nach dem Heft des Messers griff, hielten sie mich für einen »Kollegen« und widmeten sich leichterer Beute.

Warum ich solch ein furchtbares Risiko einging? Ein Lehramts- oder Medizinstudium-Diplom, das dem Wert meines Geldes entsprochen hätte, hat den

Vorteil, dass es eigensicher ist, und es hätte mir die Möglichkeit gegeben, eine Hälfte des Jahres zu arbeiten, um in der anderen Hälfte zu reisen. Das reichte mir nicht. Und im Nachhinein sollte ich recht behalten: Eine solche Aufteilung hätte bedeutet, dass ich 43 Jahre bräuchte, um die Welt nach meinen Wünschen zu erkunden. Ich brauchte eine Möglichkeit, mit zwei über das Jahr verteilten Wochen Arbeit ausreichend Geld für meine Reisen zu verdienen, um die restlichen 50 Wochen freizuhaben.

Dieser Beutel voll Geld erlaubte es mir, eine spezielle, heute nicht mehr existente ökonomische Nische auszuschöpfen, die die Fortsetzung von Johannas und meinen Geschäften in Asien war. Etwa in den ersten zehn Jahren des neuen Jahrtausends gab es viele Regionen, in denen es kaum oder keine Banken gab, und jemand, der die Augen nach Gelegenheiten für Tauschgeschäfte offen hielt, konnte unter großen persönlichen Risiken in etwa das Gehalt eines Angestellten einer Fastfood-Kette in Kanada einstreichen. Beispielsweise taten sich Gelegenheiten auf, von afghanischen Händlern in Laos Lapislazuli zu kaufen und es nach Mexiko weiterzuverkaufen, oder man kaufte in China Schmiedeeisen und verschiffte es nach Malaysia. Das war mehr als ausreichend, um meine Reisekasse zu finanzieren und in guten Jahren noch ein wenig zurückzulegen. Mal waren es Schmuck und Halbedelsteine, dann erregte wieder etwas anderes meine Aufmerksamkeit.

Von der Verlockung eines billigen Fluges mal abgesehen, wollte ich in Asien neue Länder erkunden oder in diejenigen zurückkehren, in denen es noch mir unbekannte Gebiete gab. Schon damals galt ich als viel gereist; in manch einem weckte das den Konkurrenzgeist, und wenn ich auf einer Veranda oder in einem Aufenthaltsraum meine Reisegeschichten erzählte, wurde ich oft gefragt, wie viele Länder ich schon in der Tasche hatte. An solchen Unterhaltungen hatte ich kein Interesse, da sie meiner Erfahrung nach immer rasch im Schlamm einer moralischen Meinungsverschiedenheit stecken blieben. Ich war zweimal in Seoul gewesen, was bedeutete, dass ich Seoul kannte, nicht Südkorea. Ich habe einen Tag meines Lebens mit Wildwasser Rafting in Sambia verbracht, unter den Victoriafällen. Eine schöne Anekdote, aber kein Grund zu behaupten, ich habe Sambia bereist.

Freunde treffen und Leute kennenlernen stand bei mir ebenfalls auf dem Programm. Wie üblich bedeutete das Hin und Her zwischen unterschiedlichen Ländern, dass ich einige Male in Bangkok Halt machte, um neue Visa zu hamstern, manchmal in Begleitung von Ken, meinem anarchistischen Sons-of-Freedom-Freund aus Kanada. Ganz in der Nähe, in Ko Tao, Thailand, trafen wir zwei Leute aus Großbritannien: Tim, ein kräftiger, hochgewachsener, blonder Kerl, der schnell Freundschaften schloss und Partys auf die Beine stellte, und Molly, eine gepiercte Fotografin mit Dreadlocks, die versuchte, ein Leben zu leben, das ihren tiefen ethischen Überzeugungen entsprach. Tim sieht sich selbst nicht als Vielreisenden, aber er hat nicht weniger Länder und Kontinente gesehen als manch einer, der sich dafür hält. Seine Reiseberichte sind in den Augen der meisten geeignetes Material für Actionfilme. Es gelingt ihm als versteckter, wenn auch weithin gut sichtbarer Beobachter, die Kulturen des äußeren Europas in ihrer unglaublichen Bandbreite zu erleben. Molly verbringt ihre freie Zeit mit Reisen und ist ansonsten eine Dokumentarin der Rave-Kultur, in der Horden von DJs mit ihren Soundsystemen verlassene Gebäude oder andere abgelegene Orte einnehmen, bis die Polizei die Party beendet. Ein ausgesprochen interessantes und hektisches Leben. Die beiden wurden gute Freunde und führten mich später in die Untergrund-Partyszene Europas ein, die damals ihren Höhepunkt erlebte.

Chad, mein Freund aus den Tagen glücklosen Campings auf Vancouver Island, war mit mir nach Borneo gekommen. Er war auch durch Kambodscha gereist, bevor ich es tat, eines der wenigen Länder, das ich in Südostasien nicht besucht hatte. Er erzählte mir von bewaffneten Überfällen, Straßenkämpfen in der Hauptstadt mit reaktiven Panzerbüchsen und davon, wie er dem Tod nur knapp von der Schippe gesprungen war: Alle Männer, Frauen und Kinder im Hotel, in dem er hatte bleiben wollen, waren von Gangstern mit Maschinengewehren niedergemetzelt worden. Glücklicherweise hatte ihn ein widerspenstiger Taxifahrer zu spät am Hotel abgesetzt, sodass er sein Treffen mit dem Sensenmann verpasste. Als ich dann selbst nach Kambodscha aufbrach, machte ich mich also auf eine chaotische und gefährliche Reise gefasst. Stattdessen sah ich klapprige Fähren, Frauen, die mit Körben in den Sümpfen fischten, und Bauern, die den Beton von alten Bunkern abschlugen, um den Bewehrungsstahl zu ergattern – aber weder Explosionen noch Mord. Trotzdem: Ein Typ in meinem Hotel wurde angeschossen (nur eine Fleischwunde), die mit Mangos handelnden Kinder am Strand von Sihanoukville drohten Besuchern, die nichts kaufen wollten, sie abzustechen, und die Roten Khmer forderten zwanzig Dollar von mir für die Erlaubnis, mir den nördlichen Teil der Tempelanlage von Angkor Wat anzuschauen. Alles in allem eine gute Reise, die bewies, dass es nur von Vorteil ist, etwas mit den denkbar schlimmsten Erwartungen anzugehen.

▪ ▪ ▪

Singapur war aufregender, als ich es mir vorgestellt hatte. Ich war mit einer Schweizerin namens Barbara unterwegs, die ich in der Lounge des »Perak Guesthouse« kennengelernt hatte. Wir gingen in eine Disco und schlichen uns dann in ihr Hotel, vorbei an dem älteren Herrn an der Rezeption, der das womöglich nicht gutgeheißen hätte. Das hätte eine einmalige Sache bleiben können – wir sprachen nicht mal dieselbe Sprache –, aber ich hatte ja nicht ahnen können, dass ich sie noch viele Jahre lang in unregelmäßigen Abständen wiedersehen würde. Barbara war zweifellos schön, eine große Frau mit gewelltem schwarzen Haar und der Figur einer Schwimmerin, und meine Intuition sagte mir, dass sie eine Frau mit vielen Talenten und zahlreichen unterschiedlichen Interessen war, aber das Sprachproblem mussten wir lösen. Sie machte mir klar, dass ihr Schweizer Dialekt nicht geeignet war, jemandem die deutsche Sprache beizubringen, also wäre es besser, wir würden Englisch sprechen, was sie mit meiner Hilfe lernen sollte. Sie war Physiotherapeutin und eine Meisterin der Shiatsu-Massage; außerdem praktizierte sie Zen, wie ich später herausfand, als wir uns richtig miteinander unterhalten konnten.

Bei meinen ersten Bemühungen, Barbara Englisch beizubringen, versuchte ich, sie davon zu überzeugen, nach Osten zu reisen, um Osttimor zu sehen – ein neues Land, das auf der Weltkarte aufgetaucht war. Diese frühere Kolonie Portugals auf der indonesischen Insel Timor hatte sich erfolgreich die Unabhängigkeit von der indonesischen Regierung in Java erkämpft, die man als neue Kolonialherren empfunden hatte. In malaiischer Sprache bedeutet Timor »Ost«, sodass der Name des Landes Ostost bedeutet. Es war ein Ort, der berüchtigt war für seine Kriege und Menschenrechtsverletzungen, aber neuerdings unterstand die Region einer Übergangsverwaltung der UN, die einige ausländische Truppen an der Grenze stationiert hatte.

Auf ging's! Der letzte Teil der Anreise beinhaltete eine Fahrt auf einem Katamaran über heftige Wellen bis nach Westtimor, von wo aus wir uns mit immer wieder wechselnden Vans von Ort zu Ort fahren ließen, um uns so der militarisierten neuen Grenze zu nähern. Die eher traditionell eingestellten Ortschaften waren in den Händen einiger verschiedener Clans, deren Kleidung jeweils ein eigenes Webmuster aufwies, so wie bei den historischen Clans der schottischen Highlands.

Andere Backpacker gab es kaum, und wenn, dann hatten sie meist nicht viel vorzuweisen. Sie waren gekleidet wie wir, aber wenn wir mit ihnen ein Gespräch führen wollten, war die Unterhaltung gestelzt (und in zwei Fällen so spannend wie Spülwasser). Die Situation wurde noch unangenehmer, als sie feststellten, dass wir echte Backpacker waren und ich ganz richtig vermutet hatte, dass sie in Wirklichkeit Missionare waren, die versuchten, nicht aufzufallen. Auf anderer Ebene erwiesen mir meine Reise-Skills keine guten Dienste: Wir waren immer die einzigen Gäste in den Pensionen, wenn sie noch nicht gänzlich dicht gemacht hatten und von Unkraut überwuchert waren. Die Hotelrestaurants waren auch immer geschlossen, also bedurfte es einiger Lauferei, um an Essen zu gelangen, das dann oft im sogenannten Padang-Style war, bei dem Reis und Fleisch vorgekocht und dann an der offenen Luft gelagert wurden, hinter einem Netz, das die Fliegen abhielt. Einmal musste ich Barbara fast eine Stunde lang durch eine Stadt zerren, um bei jeder sich bietenden Gelegenheit nach dem Weg zum nächsten Restaurant zu fragen. Verzweifelt versuchte ich es ohne meine Malaiischkenntnisse und machte stattdessen die universell verständliche Geste für Essen, indem ich andeutete, eine Schüssel auszulöffeln und mir dann den Bauch rieb: erfolgreich gegessen. Wie sich herausstellte, waren meine Fragen nach einem Restaurant zu formal gewesen. In dieser Gegend gab es keine Restaurants, sondern nur viele kleine Fressbuden, die man uns bereitwillig zeigte.

In der Bude, die wir uns aussuchten, saß ein Mann mit einem verdächtigen Gesicht. Nicht dass seine Gesichtszüge sonderlich auffällig gewesen wären, aber ich hätte schwören können, dass ich dieses Gesicht immer und immer wieder gesehen hatte, was nicht möglich war, da wir ja von Stadt zu Stadt reisten, um zur Grenze zu gelangen. Ich bestellte ein Bintang-Bier, ließ es an seinen Tisch bringen und prostete ihm zu, indem ich mein eigenes Bier hob. Er nickte, lächelte und hob seine Flasche, dann trank er so schnell, wie ein Kind ein Glas Saft hinunterstürzt. Er hatte ganz offensichtlich Durst, also ließ ich ihm noch ein Bier bringen und er kam und setzte sich zu uns. Er war jetzt schon beschwipst.

»Ich bin ein Geheimagent«, sagte er, »der sich als Christ aus Westtimor ausgibt.« Er zog sein Hemd hoch, um uns den Griff einer 9-Millimeter-Pistole zu zeigen.

»Interessant. Was ist Ihr Auftrag?«

»Ich spioniere.«

»Darauf!«, sagte ich, und wir stießen an. »Wem spionieren Sie denn hinterher?«

»Ihnen.«

»Ich mach Ihnen die Arbeit leicht; was wollen Sie denn wissen?« Ich erklärte ihm, dass wir Backpacker waren, die die Welt bereisten.

Als er sein zweites Bier geleert hatte, rief ich nach einem dritten. Jetzt war er betrunken und gestand uns, dass er noch nie zuvor Alkohol getrunken habe, aber jetzt müsste er ja, damit die Leute ihm glaubten, dass er ein Christ war, da doch jeder wisse, dass Christen Bier trinken. Er erzählte uns, dass er aus einer kleinen Stadt im Osten von Java kam und ein paar Jahre bei der Geheimpolizei von Dili stationiert gewesen war. Und nun war er ein Spion. Spion, schön und gut, dachte ich, aber ein James Bond war nicht gerade an ihm verloren gegangen.

Er beschwerte sich, dass es ihm in Westtimor nicht gefalle und er gern wieder in das Dorf seiner Eltern versetzt werden wolle. Keine der Frauen hier würde mit ihm sprechen, weil sie herausgefunden hatten, dass er Moslem war, und sie waren Christinnen. Wenn man bedachte, wann er in Osttimor stationiert gewesen war und welche Position er bekleidet hatte, konnte man mit ziemlicher Sicherheit darauf schließen, dass er an den entsetzlichen Gräueltaten dort beteiligt gewesen war, aber gleichzeitig war er nur ein junger Mann. Ich wünschte ihm viel Glück dabei, irgendwohin versetzt zu werden, wo er sich mehr zu Hause fühlte als hier.

An der Grenze mussten wir in einer langen Schlange entlang einem Stacheldrahtzaun warten, und da jeder außer uns Hühner oder Ziegen im Gepäck hatte, fühlten wir uns ein wenig deplatziert. Ich hatte versehentlich ein Seidenhemd angezogen, und so schwitzte ich in der feuchten Dschungelluft. Das Zweite Australische Bataillon bewachte den Grenzposten, und wir bekamen einen Stempel, der uns Zutritt gewährte: *UN Transitional Authority in East Timor*. Aber nicht, ohne vorher vom Kommandanten befragt zu werden. Er wollte wissen, ob es stimme, dass die Flüchtlingslager sich leerten. Ich sagte ihm, dass sie fast schon leer seien, und es freute ihn, von einer unabhängigen Stimme zu hören, dass auf der anderen Seite keine Aufrüstung stattfand. Ganz offensichtlich kamen nicht viele Backpacker zu Fuß über diese Grenze.

Das Militär – Australier und Brasilianer – machte einen ausgezeichneten Job bei der Suche nach Waffen und bei der Grenzkontrolle; und das, obwohl sie ihr Lager mitten im Dschungel in widriger Umgebung hatten aufschlagen müssen. Ich wünschte, ich könnte dasselbe von der UN sagen. Diese hat sich damals nicht eben mit Ruhm bekleckert. Man hatte beschlossen, dass keines der Hotels und Restaurants vor Ort gut genug für die hohen Tiere der UN sei, also hatte man zwei große Schiffe rübergebracht, die im Hafen vor Dili lagen. Eines war ein Luxuskreuzer. Wir erkundigten uns nach den Preisen: 350 Dollar die Nacht für eine Kabine und 50 Dollar nur fürs Frühstück. Ich bin mir sicher, dass der Preis kaum eine Rolle spielte, da ja alles von UN-Geldern bezahlt wurde. Auf dem anderen Schiff gab es Läden und eine Disco. Ein Mann am Landungssteg stellte sicher, dass nur UN-Angestellte und die einheimischen Mädchen, die sich bei ihnen eingehakt hatten, an ihm vorbeikamen. Barbara und ich hätten auch vorbeigedurft, wegen unseres Erste-Welt-Status, aber Computerfreaks, die mit den Mädels aus dem Dorf knutschten, waren nicht unsere Sache.

Konvois weißer UN-Laster fuhren für Volleyball und Partys runter an den Strand. Ich bin mir sicher, dass sie einen Riesenspaß hatten, und irgendwie mussten sie ja zum Strand kommen. Ich zweifle auch nicht daran, dass diese Jungs Bescheid wussten, wenn es darum ging, ökonomische und politische Hilfestellung zu geben. Aber es gab bei all dem ein tieferliegendes Problem: Sie sollten die Bürokraten und Politiker der jüngsten Demokratie der Welt dabei unterstützen, ihren Rollen gerecht zu werden. Und dabei zählten nicht nur Worte, sondern auch Taten. Man kann eine ausgezeichnete Rede halten und mit einer PowerPoint-Präsentation eindeutig darlegen, dass der Umgang mit öffentlichen Geldern größter Umsicht bedarf, insbesondere da man ein Diener des Volkes in einem unterentwickelten Land ist … und so weiter, und so fort. Aber wenn die neu berufenen Bürokraten sehen, wie du täglich 500 Tacken zum Fenster rauswirfst, weil du sie von den Spesen absetzen kannst, verliert deine Botschaft an Überzeugungskraft.

Barbara und ich jedenfalls fanden die Hotels vor Ort völlig ausreichend, und an einer Portion Fisch mit Reis nach timorisch-portugiesischem Rezept gab es nichts auszusetzen. Und die Präsenz der UN war auch nicht schlimm. Jemand hatte ein Café eingerichtet, um die UN-Jungs mit einem fantastischen Blaubeer-Käsekuchen anzulocken. Ein Mann, den wir im letzten Van Richtung Dili kennengelernt hatten – ein schleimiger Typ mit Echsenaugen –, reiste enttäuscht wieder ab. Er war hierhergekommen, um zu prüfen, ob dies ein guter Ort für eine weitere Niederlassung seiner Kette von Bordellen war, aber irgendwie schien es einfach nicht zu passen.

▪ ▪ ▪

Zwischen meinen Reisen in neue Länder machte ich kurze Abstecher nach Kanada, wobei mir meine Gabe von Nutzen war, lächerlich günstige Flüge von asiatischen Knotenpunkten wie Bangkok nach Kanada aufzutreiben. Zum ersten Mal kehrte ich im Sommer des Jahres 2000 zurück, um mit einigen Familienmitgliedern den berühmten West Coast Trail entlangzuwandern, der durch den alten Regenwald und vorbei an den Stränden von Vancouver Island führt. Im darauffolgenden Sommer begleitete ich meinen Bruder Steve und seine Frau Nicky auf einer langen Kanu- und Wandertour über die vergletscherten Rocky Mountains, um die verlorene Spur des kühnen Pelzhändlers David Thompson wiederzuentdecken. Das war mein letztes Abenteuer in der nordamerikanischen Wildnis, auch wenn ich das damals noch nicht wusste. In den Sommern danach kam ich nur selten nach Hause, abgesehen von einem letzten längeren Besuch im Jahr darauf, 2002, als meine beiden Brüder Väter wurden.

Meine Brüder fingen nicht nur an, Kinder in die Welt zu setzen, sondern waren auch erwerbstätig – Steve schreibt beliebte Bücher über Geschichte sowie Biografien bekannter Forscher und Dave hat eine Firma für Webdesign. Und dann war da noch ich, der im Januar 2003 für einen kurzen Zwischenstopp in China über den Pazifik düste, bevor es weiterging nach Ko Pha-ngan, um mich bei einer *Full Moon Party* in die richtige Stimmung für weitere seltsame Länder zu bringen. Die Entscheidungen, die meine Brüder getroffen haben, waren richtig für sie – und mir haben sie sicherlich den elterlichen Druck erspart, mich häuslich niederlassen und Kinder zeugen zu müssen. Und das sollte mir nur recht sein, da ich selbst mit Anfang dreißig noch immer diesen Drang verspürte, neue Territorien zu entdecken – wie ein Teenager, der nach dem Schulabschluss das erste Mal etwas von der Welt sehen will.

Nachdem ich einige Tage damit verbracht hatte, in Haad Rin richtig anzukommen und mich auf die Party vorzubereiten, indem ich zwei Tage in Folge getrunken hatte, um mich in Form zu bringen, hatte ich plötzlich Zweifel. Vielleicht wäre es besser, nicht auf die Party zu gehen und lieber früher mit dem Reisen anzufangen. Die Tage vor der Party machen eh am meisten Spaß, während die Party selbst manchmal enttäuschend sein kann. Zu viele Leute können sich einfach nicht zurückhalten: Sie torkeln in eine dritte schlaflose Nacht, während *Ruea Hang Yaos* (lange, schmale Boote, die mit einem gewöhnlichen, schwenkbaren Verbrennungsmotor angetrieben werden) von Ko Samui kommen, um Bootladungen voll feierwütiger Pauschaltouristen abzuladen. Und die Party endet immer auf dieselbe Weise: im Morgengrauen, mit einem plumpen Haufen halb nackter Jungspunde, die bewusstlos am Strand liegen, so feucht von ihrem eigenen giftigen Schweiß, dass der Sand an ihnen klebt wie Puderzucker auf einem Donut.

Wie auch immer, Barbara und ich wollten uns in Indonesien treffen. Das Problem war nur, dass mein Yahoo-Account nicht mehr funktionierte – ein Problem, das sich erst drei Wochen später lösen ließ – und ich ohne Zugang zu diesem Account ihre E-Mail-Adresse nicht wusste. Und die ganze Zeit über fragte sich Barbara, was mir zugestoßen sein könnte. Es folgte eine Überraschungstour allein durch die Seitenstraßen von Australien und Neuseeland. Ich war verkatert aufgewacht und hatte irgendwelche Flugtickets in der Hand, von denen ich noch vage wusste, sie gekauft zu haben – aber nicht, wohin sie mich brachten. Müdigkeit überkam mich auf den Flügen, und so schaffte ich es nicht, auf dem Ticket nachzuschauen, wohin die Reise ging. Diese Länder sind bequem zu bereisen, aber auch sie hinterlassen Eindruck, insbesondere die spektakulären Landschaften und die Fauna.

Neuseeland ist wie ein faszinierendes Versuchslabor für Natur und Gesellschaft. Die Pinguine kommen von hier, und auch die Moas, seit Jahrhunderten ausgestorbene, drei Meter große Laufvögel; und der ungeheuerliche Haastadler, der Jagd auf sie machte, ein Greifvogel vergleichbar mit dem Roch aus *Tausendundeine Nacht*. Polynesier kamen mit ein paar Booten und besiedelten Neuseeland im späten 13. Jahrhundert, und vermutlich aßen sie die Moas. Wenn man sich die Keulen vorstellt, kann man ihnen keinen Vorwurf machen. Die Inseln Neuseelands sind anfällig für apokalyptische Vulkanausbrüche, und einer dieser

Ausbrüche zwang die Bevölkerung dazu, sich von nichts anderem als Farn zu ernähren, aber alles in allem versorgten Land und Meer die Menschen.

Nach dem 17. Jahrhundert steuerte ein weiteres Seefahrervolk die neuseeländischen Küsten an – Europäer. Die Einheimischen waren fast allesamt Maori und leidenschaftliche Krieger, mit Ausnahme der Moriori, friedliebende Sozialreformer, die an den Küsten der Chathaminseln lebten und alle Waffen verboten hatten, um ein ruhiges Leben zu führen. Als die Maori den Briten begegneten, war ein Häuptling erstaunt darüber, dass der britische König George Soldaten hatte, die auf Befehl töteten, egal, ob der Krieg moralisch gerechtfertigt war oder nicht. Nachdem die britischen Seefahrer den Maori-Kriegern von den Moriori erzählt hatten, fuhren diese auf deren Inseln und griffen sie an. Sie knüppelten alle Männer und alle Alten zu Tode, die gebärfähigen Frauen versklavten sie. Es zeigte sich, dass die Maori-Vorstellung von Recht und Unrecht eine andere war als unsere heutige, und auch dass das soziale Experiment der Moriori, alle Kriegskeulen in einem radikalen Erlass zu verbieten, seiner Zeit ein gutes Jahrhundert voraus war. Es überrascht kaum, dass die Seekrieger der Maori und die Seekrieger der Briten genügend kulturelle Gemeinsamkeiten hatten, um hinlänglich miteinander auszukommen, und gemeinsam eine moderne Nation gründeten.

Die Herbergen dort waren ebenfalls ein soziales Experiment. Auf der ganzen Welt genossen sie als Geschäftskonzept wenig Ansehen, und so hielten sie ihre Türen mit Regierungsgeldern von den Steuerzahlern offen. Backpacker mochten die Herbergen nicht besonders; wegen der nächtlichen Ausgangssperren und dem Trinkverbot fühlte es sich eher an, als sei man in einer Besserungsanstalt – was zutraf, da es die Regierung war, die über die Subventionen entschied. Gewissermaßen war die Regierung der wahre Kunde, nicht der Backpacker. Die Herbergen in Neuseeland und Australien waren die ersten, die das änderten. Ein paar von ihnen mussten beschlossen haben, auf Subventionen der Regierung zu verzichten und stattdessen anzubieten, was die Backpacker wirklich wollten: keine Ausgangssperre, gemischte Schlafsäle, ein kleines Reisebüro im Gebäude und eine Bar. Dieses revolutionäre Konzept, das den Gast als Kunden begriff, funktionierte hervorragend und ältere, von der Regierung subventionierte Herbergen konnten da nicht mithalten. Wie sich herausstellte, waren die Herbergen nur deshalb auf Subventionen »angewiesen«, eben weil sie subventioniert waren. Das Endresultat war, dass Reisen »zu einfach« war.

Ich plünderte den Franz-Josef-Gletscher, befuhr den Milford-Sound-Fjord, wanderte durch den Abel-Tasman-Nationalpark mit seinen goldenen halbmondförmigen Stränden und den schattigen Baumfarnen; ich sah mir die Vulkane und Seen, die traditionellen Langhäuser und die gewaltigen Kauri-Bäume der Nordinsel an – und die *America's Cup*-Segelregatta. Dann ging's weiter nach Sydney.

Nach gut der Hälfte der Reise funktionierte mein Yahoo-Account plötzlich wieder, als sei ein digitaler Fluch von mir genommen worden. Eine Reihe immer wütender werdender E-Mails von Barbara füllte meine Inbox, in den letzten schrieb sie von ihrer Entscheidung, einige Wochen lang intensiv Kampfkunst trainieren zu wollen, mit Fäusten und Angriffswaffen. Vorsicht ist besser als Nachsicht, also beschloss ich, nach Sydney noch weiter durch Australien zu reisen und mich später bei Barbara zu entschuldigen – mit einem Flug nach Mitteleuropa, wo das anregende alpine Klima ihr Gemüt hoffentlich gekühlt haben würde.

Den Menschen der Frühen Neuzeit galt Australien als Ende der Welt, bevölkert von einer Menge bizarrer hüpfender Kreaturen, die noch seltsamere Wesen – eierlegenden Säugern – verdrängt hatten. Das Schnabeltier und der Ameisenigel waren die Einzigen, die den Ansturm der Beuteltiere überlebten: Beide Tiere sind Sumpfbewohner, und Beuteltiere stellen in dieser Nische keine Konkurrenz dar, da sie ihren Nachwuchs in einem Beutel tragen. Einigen Wissenschaftlern zufolge – insbesondere solchen, die um ein aufregendes Narrativ für ihre Dokumentationen bemüht sind – kam der Mensch in Form einer epischen Migrationsbewegung vor vielleicht 50- oder 60 000 Jahren nach Australien. Den Aborigines zufolge gab es keine Migration; ihre Ahnen sind immer schon dort gewesen. Wer hat recht? Ohne Zweifel die Aborigines.

Vor ewigen Zeiten (die Aborigines haben den Begriff Traumzeit als Zentrum ihrer Mythologien) wanderten die Ahnen in einer Welt umher, die Fantasy-Fans bekannt vorkommen dürfte: Es gab gewaltige Terror-Vögel, riesige geifernde Bestien, Echsen so groß wie Drachen und eine Menagerie aus Halbmenschen – gedrungene Neandertaler, mysteriöse Denisova-Menschen, Hobbits und fraglos auch noch andere seltsame und erstaunliche Geschlechter. Diese Menschengruppen lebten in einer Welt, in der es wahrscheinlich war, dass man ausbrannte, lang bevor man erlosch, wenn ich auch überzeugt davon bin, dass die Menschen in den durchschnittlich drei oder vier Jahrzehnten, die ihnen gegeben waren, genug Abenteuer für zwei Jahrhunderte erlebten. Was sie selbst betraf, so wurden sie in diese Welt hineingeboren und starben auch in ihr; Australien als Konzept existierte für sie nicht, ebenso wenig, wie sie in Erwägung gezogen hätten, ihren Auszug aus Afrika Richtung Asien zu feiern, oder eine Vorstellung davon hatten, dass sie unterwegs nach Australien waren. Es war alles eine Schöpfung, und ja, sie waren schon immer hier und würden immer hier sein. Was nicht immer schon hier gewesen war, war die Idee einer Unterteilung der Schöpfung. In dem Augenblick, in dem das Konzept Australien erfunden war, waren die Aborigines längst Teil des Kontinents – und waren es schon seit 50 000 Jahren gewesen.

Im Gegensatz dazu waren die Briten in Australien, weil ihre Kolonien in Neuengland kostspielig gescheitert waren und die herrschenden Imperialisten neue Abladeplätze für unerwünschte Subjekte brauchten – so wie einer meiner Verwandten aus Schottland, der verurteilt worden war, hier zu leben, weil er einen Laib Käse gestohlen hatte. Inmitten der sozialen Unruhen des 19. Jahrhunderts, als die Todesstrafe für beinahe jedes Verbrechen verhängt wurde, beschlossen die Magistrate, die revoltierenden unteren Klassen nach Australien abzuschieben, statt sie gegen sich aufzubringen, indem man zu viele Hinrichtungen vollzog. Die Idee dahinter war, dass man sich dieses Vorrats bedienen konnte, wenn man Kanonenfutter brauchte, was der traditionelle Verwendungszweck für diesen menschlichen Überschuss war. England machte von diesen Menschen während des Ersten Weltkriegs großzügigen Gebrauch, und auch eine Generation später bediente man sich wieder.

In Australien reiste ich von Sydney aus die Küste hinauf bis zum Daintree Rainforest im tiefen Norden, dann trat ich den Rückzug an, bis zur kleinen Stadt Cairns, wo ich zwischen den Düneninseln des Great Barrier Reefs schwamm, bevor ich mich – durch die Hitze, vorbei an faszinierenden Felsformationen und manchmal von Fliegenplagen heimgesucht – ins Landesinnere schlug, das für die modernen Australier, die sich in Städten nahe des Ozeans sammeln, das Hinterland ist. Mit dem Flugzeug gelangte ich von der extremen Mitte des Kontinents bis in den äußeren Westen, von Alice Springs nach Perth, und die Küste entlang fuhr ich per Anhalter bis Sydney, wobei ich immer wieder lange Strände entlangwanderte. Kleinere Ausflüge machte ich auf die Känguru-Inseln, nach Tasmanien und in die Blue Mountains – und in jede Stadt, die auf meinem Weg lag.

Auf diese Weise ein paar friedliche Monate lang den Kontinent zu bereisen, war entspannend und bot die ideale Gelegenheit, gutnachbarliche Australier mit ihrer praktischen und philosophisch freundlichen Art des Zusammenlebens kennenzulernen. Auch einige australische Ureinwohner unterhielten sich bereitwillig mit mir über die Vorzüge der Buschwanderungen. Ihre Eindrücke von der Wildnis deckten sich mit meinen.

Während meiner Tour – am Fuße des ikonischen Uluru in der Mitte des Kontinents – erzählte ein wohlmeinender Guide europäischer Abstammung eine Aborigine-Geschichte über die Entstehung der Welt und schloss mit den Worten: »Wir haben unsere eigene Geschichte darüber, wie die Erde und das Leben entstanden sind. Wer kann schon sagen, dass dieser Glaube falsch und jener richtig ist? Wir müssen den Glauben anderer Kulturen respektieren.«

Ich fand diesen Kommentar so dumm, dass ich sagte: »Wie europäisch von Ihnen. Unser eigenes Modell infrage zu stellen: Das ist das zentrale Erbe in der Erzählung unserer europäischen Ursprungsgeschichte der Wissenschaft.«

Seine Worte verrieten sein tief verwurzeltes Zugehörigkeitsgefühl zur westlichen Gedankenwelt. Andere Kulturen sehen keinen Wert darin, ihre eigenen Mythen anzuzweifeln – und sie rühmen sich dessen nicht. Man kann Menschen respektieren, aber nicht einen Glauben, der keine Rechte oder Erwartungen hat. Wir formulieren Konzepte über Walkabouts (die Bezeichnung der Aborigines für das Wandeln auf Traumpfaden in der Traumzeit), aber wir zahlen einen Preis dafür. Wer auch die andere Seite der Natur des Menschen kennt, der muss nicht an Illusionen glauben, um eine Lücke zu füllen, die die Hälfte der Seele und die Hälfte der Welt ausmacht. Man hat eine Traumzeit, und die Traumzeit *ist* einfach nur. Traumzeit ist kein Glaube der Aborigines, verwandt mit Konzepten wie Himmel, Hades oder Walhalla. Traumzeit ist real, so wie Kängurus und roter Sand, und sie ist jederzeit für jeden da, der entdecken will, was es bedeutet, ein Mensch zu sein, ein lebender Teil dieser Naturräume; sie ist für jeden da, der verweilen will in den Mythen, denen wir entspringen.

▪ ▪ ▪

Fast überall da, wo mich meine Reisen hinführten, gehörten Eroberung und kulturelle Dominanz durch Westländer zur Geschichte des Landes. In Australien klebten die Backpacker monatelang vor dem Fernseher und schauten auf CNN die Nachrichten über den Irakkrieg. Warum nur hatte Europa in der Weltgeschichte so unverhältnismäßig große Spuren hinterlassen? Nord- und Zentralamerika, die Anglosphäre und Asien waren mir vertraut. Abgesehen von einigen kurzen Zwischenstopps und einem Familienurlaub, als ich 16 Jahre alt war, kannte ich Europa überhaupt nicht. Es war an der Zeit, die Wiege der westlichen Zivilisation zu besuchen.

Mein Plan war es, ab Juli eine dreimonatige Reise durch die Balkanländer und Mitteleuropa zu machen – eine Gegend der Welt, von der ich rein gar nichts wusste –, nach einem Monat Couchsurfing in Großbritannien, wo ich mit Tim, Molly und einigen französischen Freunden an einer Party zwischen den Megalithen von Stonehenge teilnahm. Bevor ich meine Tour durch die Balkanländer begann, machte ich in Mitteleuropa Halt. Meine Schweizer Herzensdame Barbara betrieb eine Praxis für Physiotherapie und Shiatsu in Winterthur, einer kleinen Stadt nahe Zürich, also schaute ich bei ihr vorbei, um gemeinsam einen Ausflug zu machen. Dieser beinhaltete zahlreiche lange Tunnel (da die Schweizer ebenso gern durch die Berge gehen wie um sie herum) und ein paar Wanderungen durch die Alpen – sowie natürlich Besuche in den Gaststuben der Dörfer. In der Schweiz gibt es einen Wasserfall, den Rheinfall, der mir als beeindruckend beschrieben wurde. Allerdings habe ich in Kanada ähnliche Wasserfälle gesehen, bei denen man sich nicht mal die Mühe gemacht hatte, sie mit einem Namen aufzuwerten. Der Rheinfall ist offenbar der größte Wasserfall Europas.

Die Schweiz ist ein Mosaik aus Sprachen, Ethnien und christlichen Sekten: Die protestantischen Kirchen sind ernst und verkopft, während sich ein paar der katholischen Kirchen in diesen kleinen Dörfern mit dynamisch gemalten Leidensdarstellungen der Heiligen nicht zurückhalten. Im Calancatal, ein für seine Steinbrüche bekanntes, im Süden gelegenes Tal, entdeckte ich etwas, das heute noch zu meinen liebsten Betätigungen zählt: einen Laib Brot, Wurst, Käse und Wein zu kaufen, um in den Alpen zu picknicken. Wenn mir Menschen in Südostasien erzählen, dass sie kein Brot mögen, sage ich ihnen, dass sie es erst mal kosten sollen – denn dieses in Scheiben geschnittene weiße Zeug, an dem sie kauen, ist kein Brot.

Barbara und ich fassten den Plan, uns ein paar Wochen später in Kroatien wiederzusehen. Sie wollte mit dem Flugzeug hin und ich mit dem Zug. Ich hatte ja nicht ahnen können, dass zahlreiche Roma ihre tschechischen Pässe genutzt hatten, um nach Kanada zu fliegen und dort auf unverschämteste Weise professionellen Ladendiebstahl zu begehen. Die kanadischen Behörden reagierten verärgert und ordneten an, dass Tschechen nur noch mit einem Visum einreisen durften. Das führte zu einigen bösen Worten und weiteren Unstimmigkeiten, inklusive einer Visumspflicht für nach Tschechien einreisende Kanadier. Mitten in der Nacht kam die tschechische Polizei in den Zug und man warf mich raus, nachdem man festgestellt hatte, dass ich Kanadier bin. Der Zug fuhr weiter und ließ mich auf einem einsamen Gleisbett in einem dunklen Wald eines mir unbekannten Landes stehen. Mir blieb nichts anderes übrig, als mein Gepäck zu schultern und den Gleisen zurückzufolgen in die Richtung, aus der der Zug gekommen war.

Nach einer langen Wanderung im Mondlicht kam ich an einem kleinen Bahnsteig vorbei, an dem ein Backpacker stand. Eine kurze Unterhaltung machte klar, dass er ein amerikanischer Student aus den Südstaaten war. Er sagte: »Du bist bestimmt auch auf der Suche nach dieser superschwer zu findenden Bergherberge.«

»Klar«, sagte ich.

»Du hast Glück, ich habe alle Informationen dabei.« Wir waren in Österreich und ich machte das Beste aus der Sache.

Nach diesem Vorfall liefen die Dinge dann schon eher wie geplant: Ich wollte außergewöhnliche Länder des Balkangebiets bereisen und insbesondere ein paar Überreste des feudalen Europas sehen. Die UN hatte immer noch das Sagen und sorgte für Ordnung. Alles war lachhaft billig, da die Gegend sich wirtschaftlich noch vom Jugoslawienkrieg während der frühen Neunziger erholte – und von dem Feldzug, mit dem man den Frieden hatte herbeibomben wollen.

In Kroatien traf ich mich wieder mit Barbara für einen gemeinsamen Urlaub. Wir schwammen in azurblauem Wasser, gingen auf Zehenspitzen über heißen Kalkstein und mieden die Diademseeigel. Nachdem wir beim ersten Schwimmengehen auf keinen Seeigel getreten waren, sagte ich, dass es wie ein Minenfeld sei; Barbara hatte sie gar nicht bemerkt und einfach nur Glück gehabt, dass sie sich den Fuß nicht mit schmerzhaften Stacheln durchbohrt hatte. Die Insel Hvar war spektakulär: Es gab kühne Jachten und violette Lavendelfelder, die genug Phytoöstrogene ausdufteten, um einem Eber Titten wachsen zu lassen. Der Diokletianpalast war außergewöhnlich, ein Überbleibsel aus der

Zeit, als die Illyrer das Rückgrat des Römischen Reiches waren. Wir aßen leckeren Oktopus-Salat auf einer gleißend weißen Marmorterrasse über einem himmelblauen Meer, während Geschwader fetter orangefarbener Motten in den Sonnenstrahlen umherflatterten.

In Split gingen wir wieder getrennte Wege. Barbara fuhr zurück in die Schweiz, wo ihre Praxis auf sie wartete, wohingegen ich mit dem Bus nach Bosnien-Herzegowina fahren konnte. Sarajevo hatte viele Narben vom Krieg davongetragen, darunter zerstörte Gebäude und die Rosen von Sarajevo (mit rotem Harz markierte Krater von Granateneinschlägen). Einmal sah ich tätowierte, sonnengegerbte Einwohner mit freiem Oberkörper, die schmutzige Plastiktüten mit kleinen Fischen und Krebsen füllten – vermutlich ihr Abendessen. Ich hatte selbst nicht selten beim *Noodling* mitgemacht: ein edler Sport der Hinterwäldler, bei dem man am Flussufer Fische mit bloßen Händen fängt, häufig Aale und Welse. Meist sind es die großen Bastarde, hinter denen man her ist, und in diesem Sinne ließen mich diese freundlichen Leute hier alt aussehen: Die Tiere, die sie fangen wollten, waren winzig und tummelten sich in alten Reifen in einem Strom, der nicht viel mehr war als ein müllverstopfter Abfluss; um sie zu fangen, musste man durch beintiefes Wasser waten und durch den Schlamm hindurch in die Bäuche der Reifen greifen.

Der Zusammenbruch des früheren Jugoslawien hatte einen furchtbaren Konflikt zur Folge, und die Region zerbrach entlang der Grenzen zwischen ihren Religionen, Ethnien und Traditionen. Wir mögen ob solcher Dummheit den Kopf schütteln, aber wenn wir uns unsere eigenen Gesellschaften ansehen, werden wir vermutlich feststellen, dass wir eben jenen Kräften huldigen, die solche Konflikte befeuern. Ebenso gut könnten wir die Plattentektonik lobpreisen, aber Erdbeben als unnatürlich verdammen. Sollten die Menschen des Balkans sich dafür rühmen, an ihren Überzeugungen festgehalten und dadurch die Balkanisierung herbeigeführt zu haben? Ich würde gern ab und an mal Gedenktafeln sehen, die stolz auf die historischen Verdienste der vielen Menschen unterschiedlicher Überzeugungen hinweisen, die Aspekte ihrer eigenen Kultur aufgegeben haben, um eine neue Wirklichkeit zu erschaffen. Nur wenige Leute bedenken, dass all die tief verwurzelten und in Ehren gehaltenen Aspekte jeder einzelnen Kultur irgendwann einmal radikal und neu gewesen sind und noch ältere Ideen verdrängt haben.

Meine Reise führte mich durch die Republika Srpska nach Zentralserbien. In Belgrad beschloss ich, mich mit neuen Visa einzudecken. Mein Reisehandbuch und andere Quellen bestanden darauf, dass Kanadier ein Visum brauchten, um nach Albanien einzureisen, nicht aber für den Grenzübertritt in den Kosovo. Ich winkte mir ein Taxi heran und bemühte mich, die Adresse der Albanischen Botschaft, die in meinem Reisehandbuch vermerkt war, so gut wie möglich auszusprechen. Nachdem wir an der Chinesischen Botschaft vorbeigefahren waren, die nach einer Bombardierung 1999 durch die USA seit vier Jahren in Trümmern lag, wurde ich am Denkmal für General Tito abgesetzt. Hmm. Das nächste Taxi, das ich nach einem kurzen Fußmarsch aufgetrieben hatte, setzte mich ebenfalls bei diesem Denkmal ab, diesmal auf der anderen Seite, ansonsten wäre mir der Fehler aufgefallen. Ein weiterer Versuch – diesmal schrieb ich die Adresse auf und zeigte sie dem Fahrer – brachte mich an die Ostseite des Denkmals. Anstatt mich um den Verdienst zu bemühen, als Erster alle vier Seiten des General-Tito-Denkmals mit dem Taxi bereist zu haben – wie einen Omphalos, einen Stein, der den Nabel der Welt darstellte und dem man sich in Ritualen aus den Richtungen der vier Heiligen Winde näherte –, setzte ich mich und ging in mich. Dabei aß ich Pflaumen von einem Baum, der auf dem Grab des berühmten Führers stand.

So gestärkt und inspiriert von den Triumphbildern des verstorbenen Balkan-Generals, die in meinem Kopf tanzten, setzte ich meine Mission zu Fuß fort. Ich wanderte umher und inspizierte die großen Häuser in der näheren Umgebung, die am ehesten so aussahen, als könnten sie eine Botschaft beherbergen. Nach einer wegen der Hitze schweißtreibenden Suche fand ich sie schließlich. Ich klopfte. Keine Reaktion, aber die Tür war nicht abgeschlossen. Ich ging ins Haus und rief, um herauszufinden, ob da irgendwo eine Wache oder eine Sekretärin war. Stille. Niemand. Also erkundete ich das Gebäude Stockwerk für Stockwerk, bis ich endlich im zweiten Obergeschoss einen Mann entdeckte, der sich einsam über seinen Schreibtisch beugte. Er war der Botschafter und zu meinem Glück ein freundlicher Mann. Er nahm sich die Zeit, mir zu erklären, dass trotz all der Tinte, die verschwendet worden sei, um Dokumente zu drucken, die das Gegenteil behaupten, kein Visum vonnöten sei, wenn man als Weststaatler nach Albanien einreisen wolle.

Es hatte mich den gesamten Tag gekostet, an diese Information zu gelangen. Immerhin bestärkte es mich aber in dem Glauben, dass ich, wenn schon die

Reisebeschränkungen für Albanien aufgehoben waren, auch für den Kosovo kein Visum brauchen würde, so wie man es mir ja auch gesagt hatte. Schließlich war die Auskunft des albanischen Botschafters so etwas wie ein Omen für entspanntere Reisebeschränkungen. Nachdem ich mir in Montenegro ein paar beeindruckende Canyons und Fjorde angesehen hatte, ging es per Anhalter bis an die kosovarische Grenze. Das Militär prüfte meine Dokumente ausführlich, und schließlich wurde mir die Einreise verwehrt. Ich brauchte ein Visum, was einen zehn Kilometer langen Marsch zurück über strapaziöse serbische Straßen bedeutete, bevor ich jemanden fand, der mich nach Belgrad mitnahm, wo ich die Botschaft finden musste, um mit der ganzen Bürokratie von vorne anzufangen.

Ein paar Tage später mietete ich mir für drei Dollar die Nacht ein Zimmer in einem Hotel in einer kosovarischen Stadt, deren historische Orte im Konflikt zwischen Serben und Muslimen eine zentrale Rolle spielten. Nicht weit vom Hotel traf ich einen Straßenhändler, der Maissaft verkaufte; er zeigte mir die Ruinen eines türkischen Badehauses und die Bauten der serbisch-orthodoxen Kirche. Außerdem machte er mich auf die Klebefolien auf den gepanzerten Wagen der UN aufmerksam: Auf jedem Wagen stand irgendein Akronym, immer gefolgt von den Buchstaben FOR, was für das englische Wort *force* stand. In der Stadt, so sagte er mir, witzelte man, dass da eigentlich stehen müsste: »*What FOR?*«

Man möge freundlichst anerkennen, dass ich die historischen Sehenswürdigkeiten der Stadt »inspiziert« habe, ohne dabei insgesamt viel mehr als Wechselgeld auszugeben. Wie der Zufall es wollte, kamen am nächsten Tag die amerikanischen UN-Gesandten mit dem Auftrag an, eine richtige Inspektion der Sehenswürdigkeiten durchzuführen. Sie kamen ebenfalls zu dem Ergebnis, dass alles bestens in Schuss sei. Sie, das waren ein Mann und eine Frau, gewohnheitsmäßige Bürokraten, in sich zusammengesackt von all der Schreibtischarbeit, beschützt von Leibwächtern mit Mikrofon im Ohr und Schnellfeuerwaffe im Arm. Zur Delegation gehörten auch noch Truppen und gepanzerte Mannschaftswagen. Das dürfte die amerikanischen Steuerzahler ein hübsches Sümmchen gekostet haben.

Aber um die Logik zu verstehen, die hinter dem Unterschied zwischen meinen und ihren Ausgaben steht, muss man sich von konventionellen Produktivitätsmaßstäben verabschieden. Ihre Anwesenheit war nicht nur Ritual, sondern eine rituelle Machtdemonstration. Die Nachrichtensendungen dieser Welt sollen bitte keine Scheu haben, schamlos über königliche Hochzeiten zu berichten. Immerhin ist das meiste dessen, was heute als Nachricht durchgeht, ohnehin nur Zeremonie. Diese ganze Inspektion im Kosovo war Zeremonie. Ich begriff das erst wirklich, als ich Jahre später kurz nach dem Erdbeben in Haiti war. Die Nachrichten berichten zum überwiegenden Teil von Adelshäusern, Zeremonien und Symbolen, mit einer symbolischen Darstellung von Emotionen, die die Identität der Menschen anspricht – eine Verschmelzung ähnlicher Konzepte, die man in der Feudalzeit Heraldik nannte.

Vom Kosovo aus gelang es mir, einen Bus nach Albanien zu finden. Es gab nur einen anderen ausländischen Fahrgast, selbst er war Mitarbeiter der UN.

Albanien war vermutlich das tristeste Land in der Region und erinnerte mich deshalb an einige der Orte, die ich ein Jahrzehnt zuvor in Zentralamerika gesehen hatte. Statt Autobahnen hatte es ein Netz aus sandigen Wagenspuren, aber es war möglich, per Anhalter weiterzukommen, wenn es einen nicht störte, dass man teils stundenlang an Kreuzungen warten musste. Das Land ist überzogen von Betonbunkern, die aussehen wie Pilze, die sich für den Krieg gepanzert haben; buchstäblich Tausende von diesen Dingern sind an den unmöglichsten Orten aus dem Boden geschossen. Im Norden griffen Bauernhorden Autos mit Stöcken und Steinen an. Aber im Süden ging es zivilisierter zu, und die Trucks fuhren gelegentlich an Bretterbuden vorbei, die aussahen wie die Saloons einer Geisterstadt in Arizona. Vor einer dieser Hütten – meiner liebsten – saßen zwei alte Männer in Schaukelstühlen; an die Tür hatten sie einen versifften Wolfspelz genagelt.

Ich hatte Schwierigkeiten, mich verständlich zu machen. Albaner nicken, wenn sie »Nein« meinen, und den Kopf zu schütteln bedeutet »Ja«. Aber der Daumen nach oben ist universell: Das Gulasch des Hauses war erstklassig. Ein halbwegs breites kulinarisches Angebot zu finden, war außerhalb der Hauptstadt Tirana kein leichtes Unterfangen, und selbst dort gab es nicht viel mehr als Pizza. Dafür gab es jede Menge kolossaler Statuen schwertschwingender Krieger und trostlose stalinistische Bauten, und die Einwohner waren in gereizter Stimmung, da viele von ihnen gerade ihre kompletten Ersparnisse verloren hatten, weil sie einem Finanzbetrug nationalen Ausmaßes aufgesessen waren.

Eine Stippvisite in ein »Ehemalige jugoslawische Republik Mazedonien« genanntes Land war unwiderstehlich. Ich wollte mir selbst ein Bild davon machen, wie eine Nation, deren Kultur den slawischen Invasoren des 7. Jahrhunderts entstammt, in die sonderbare Situation geraten war, für sich das Erbe von Alexander dem Großen und seiner makedonischen Kultur zu beanspruchen, die man gemeinhin eher mit Nordgriechenland assoziiert. Und das, obwohl in Mazedonien der Ohridsee liegt – früherer Wohnsitz von Kyrill von Saloniki, dem Namenspatron der berühmten kyrillischen Schrift – und obwohl Griechenland bereits eine Provinz gleichen Namens hatte. Ganz einfach: Die Mazedonier bauten ein Schloss wieder auf und hatten große Pläne für den Tourismus des Landes. Wenn eine christlich-orthodoxe Nation wie Griechenland mit dem Tourismus so viel Geld machen konnte, indem sie die Ruinen einer längst untergegangenen heidnischen Kultur ausbeutete, in der man durchtrainierte Männerkörper, weinselige Symposien, Philosophie und Kunst verehrt hatte, dann bleibt vom Glanz vielleicht noch genug übrig, dass eine weitere christlich-orthodoxe Nation sportabstinenter, philosophieferner Bürger im Licht dieser Historie strahlen kann. Und wenn man dafür ein paar altertümlich anmutende Bauwerke aus dem Boden stampfen muss, dann ist das eben so.

Wieder zurück in Albanien verbrachte ich lange, staubige Tage damit, zu den antiken Ruinenstätten zu fahren. Eine besonders trostlose Stätte war der seit rund zweitausend Jahren berühmte Standort einer Philosophenschule; eine andere gehörte zu einer früheren Kolonie der Griechen, aber viel von dem, was noch stand, war Befestigungsanlage, darunter das Löwentor, dessen Stufen absichtlich ungleichmäßig waren, um damit Angreifer zu zwingen, auf ihre Schritte zu achten statt darauf, mit ihrem Schild Speere abzuwehren, und sie so zu verwirren.

In einer nahe gelegenen Hafenstadt im Süden mietete ich von einem alten Mann einen Schlafplatz in einem nichtssagenden Betonzimmer – eine von zahllosen ähnlichen Unterkünften mit den immer gleichen Betontreppen und Türen. Den Schlüssel sicher verstaut, zog ich durch die Stadt und hinunter zu der Klippe, um bei Sonnenuntergang zwischen den versammelten Stadtbewohnern entlang der Küste zu promenieren. Anschließend trank ich ein Bier am Meer und unterhielt mich mit einem Ethikstudenten, als mit einem Mal alle Lichter ausgingen. Ohne Taschenlampe musste ich den Rückweg antreten, durch ein Labyrinth dunkler Gassen, auf der Suche nach einer Betontreppe, die zu einem Haus gehörte, an dem es keine Nummer oder sonst etwas mit Wiedererkennungswert gab. Ich wusste nicht mal, nach welcher Straße ich suchte. Ich vertraute meinen Instinkten, und tatsächlich führten sie mich zur richtigen Tür.

Am nächsten Morgen hatte ich erneut Glück, denn ein Frachtschiff legte gerade ab, das mich auf der griechischen Insel Korfu absetzen konnte. Der Motor ließ das gesamte Schiff vibrieren, so sehr, dass meine Zähne klapperten, als ich mich auf dem rostroten Deck in der Sonne ausstreckte. In Korfu stellte ich fest, dass es ein Fehler gewesen war, mein restliches albanisches Geld nicht gegen etwas Nützlicheres einzutauschen. Meine Versuche, es in Korfu umzutauschen, scheiterten. Also buchte ich im größten Hotel ein, das ich finden konnte, dem »Pink Palace«, wo es einen riesigen Aufenthaltsraum gab, in dem Hunderte Backpacker bewirtet wurden. Kurz vor dem Abendessen, als sich alle hinsetzten, rief ich laut, dass ich vierzig Dollar in albanischer Währung einzutauschen hätte, falls jemand unterwegs nach Norden war. Ich bot es zu einem hervorragenden Kurs an. Keine Interessenten. Auch in den folgenden Tagen nicht. Nicht einen dieser Hunderten sogenannten Backpacker zog auch nur in Erwägung, nach Albanien zu reisen, obwohl es das nächste logische Reiseziel gewesen wäre.

Die Balkanländer waren meine erste Erfahrung als Alleinreisender in Gebieten, in denen es kaum andere Reisende oder Touristen gab. Ich rundete meine Reise mit einem Abstecher nach London ab, wo zahlreiche Freunde wohnten, die ich unterwegs kennengelernt hatte. London war eine Stadt, die in meinem Ansehen gestiegen war, nachdem ich erst mal seine schrulligen Seiten kennengelernt hatte: die nicht genehmigten Raves unter dem Festival Pier, ein ägyptischer Obelisk, der bei einer Zeppelin-Bombardierung beschädigt wurde, die »Red Star«-Bar – ein Etablissement, das so gesundheitsschädlich ist, dass es Wunder nimmt, dass man die Schanklizenz nicht wieder eingezogen hat, noch bevor die Tinte darauf trocknen konnte. Eine Rückkehr nach Kanada währte kaum einen Monat, gerade lang genug, um mit dem Rest der Familie den 80. Geburtstag meiner Großmutter zu feiern und meine Brüder mit ihren ein Jahr alten Kindern zu besuchen, bevor es wieder zurück nach London ging, um über Karten zu brüten.

Kapitel 5
Iran, Irak – ist doch alles das Gleiche!
England | Katar | Iran | Bahrain | Oman | Jordanien | Irak | Türkei | Ägypten

In den ersten Jahren des neuen Millenniums konnte man Rückflüge nach Kanada schon für 100 Dollar finden. Als mich im Herbst 2003 eine E-Mail von Molly aus London erreichte, war ich gerade auf der anderen Seite des Atlantiks, in Ottawa. Sie wollte als Abschlussprojekt für ihr Studium eine Fotoreportage der Untergrund-Partyszene im Iran machen und fragte, ob ich sie begleiten würde; wenn ich mich als ihr Ehemann ausgäbe, könnte sie sich in diesem islamischen, streng schiitischen Land frei bewegen. Die erste Herausforderung bestand darin, die Heiratsurkunde von einem meiner Brüder zu kopieren und die Namen darauf auszutauschen, nur für den Fall, dass ein Hotelmanager neugierig wurde. Dann schrieb ich einen Essay über mein Interesse an islamischer Architektur, um den komplizierten Visaprozess zu beschleunigen. Beides stellte kein besonderes Risiko dar: Die Heiratsurkunde war nicht für offizielle Stellen gedacht, sondern nur für den Fall, dass es im Hotel Probleme gab, wenn wir uns gelegentlich ein Zweibettzimmer teilen wollten, und Interesse an der Architektur des Islams habe ich tatsächlich. Dennoch blieb ein »Tausend-Dollar-Risiko« bestehen: Es war erforderlich, die Flugtickets zu buchen, noch bevor mein Visum genehmigt wurde – aber letztlich lief auch hier alles glatt.

Im Gepäck hatte ich auch ein Bündel Hundertdollarnoten, da man sich auf Geldautomaten im Mittleren Osten nicht verlassen konnte und auch nicht absehbar war, wie lange wir in Gegenden unterwegs sein würden, in denen es wenige oder keine Banken gab. Es war ohnehin meine Angewohnheit, mit Unmengen Bargeld rumzulaufen. Wir schrieben das Jahr 2003 und es sollte noch Jahre dauern, ehe aus der quasi nutzlosen Bankkarte ein unverzichtbarer Begleiter für jeden Reisenden werden sollte. Außerdem waren die Bargeldvorräte mein Puffer für kleinere internationale Handelsgelegenheiten.

Molly hatte ein sorgfältig studiertes und mit gelbem Textmarker bearbeitetes Reisehandbuch, eine üppige Kameraausrüstung und eine Liste möglicher Kontakte, die ihr helfen könnten, die richtigen Untergrund-Partys zu finden – also war sie startklar. Sie hatte ein Kopftuch im Handgepäck, um jederzeit ihre Dreadlocks bedecken zu können, sowie eine Auswahl dunkler, unförmiger Kleidungsstücke. Nur ihre Piercings machten ihr Sorgen. Anfangs hatte sie die Idee gehabt, diese durch hautfarbene Plastikstäbchen zu ersetzen, aber dann stellte sie fest, dass diese Stäbchen erst recht Aufmerksamkeit erregten. Die Piercings hatten den Vorteil, dass man sie zumindest klar als Schmuck erkennen konnte.

Wir machten Halt in Katar, am Persischen Golf. Molly hatte dort gelebt, nachdem ihre Familie vor der iranischen Revolution geflohen war. Von dort zogen sie schließlich weiter nach Großbritannien – ein Kompromiss zwischen den Neuseeland-Kontakten ihres Vaters (ein schottischer Architekt) und den akademischen Verbindungen in New Yorks jüdischer Gemeinde, über die ihre Mutter verfügte. Molly wollte sich ein paar der Orte anschauen, an die sie sich noch aus ihrer Schulzeit erinnerte; ich wollte eine Bank finden und eine Ausgangsbasis für unsere Reisen in der Region schaffen.

Wir verließen den klimaanlagengekühlten Flughafen und traten in eine Hitze, die Orte wie diesen für Menschen ungeeignet macht. Selbst die dort lebenden Araber sind nachtaktiv und haben eine Wirtschaft errichtet, in der alle schweißtreibende Tagesarbeit von untergeordneten Migranten erledigt wird, die sich der Sonne und der brütenden Hitze für ein paar winzige Tröpfchen vom Ölgeld stellten. Ein Mann mit einem fahrbaren Kiosk hatte sich an einer strategisch günstigen Stelle platziert und verkaufte kleine Flaschen mit gekühltem Wasser. Ich trank einen Schluck und wurde von einem Polizisten zur Rede gestellt.

»Es ist Ramadan; Fastenzeit!«, blaffte er, und das hieß wohl »Ab ins Gefängnis!« für mich.

Ich entschuldigte mich und sagte, dass ich das nicht gewusst habe, weil ich gerade erst aus dem Flugzeug gestiegen sei. In den asiatisch-muslimischen Ländern, mit denen ich besser vertraut sei, erklärte ich außerdem, nähme man es mit dem Fasten nicht so genau und ganz sicher würde dort von Ausländern nicht erwartet, sich ebenfalls an diese Regeln zu halten.

»Unkenntnis der Gesetze ist in keinem Land eine Entschuldigung«, sagte er.

Es schien, als würde meine Verhaftung unmittelbar bevorstehen, aber er ließ mich mit einer Warnung davonkommen. Von da an versteckten wir uns hinter Palmen und Säulen, wenn wir etwas trinken wollten.

Molly genoss das Schwelgen in Erinnerungen und bereitete sich auf den Iran vor, mir aber blieben Erfolge verwehrt: Keine Bank ließ mich ein Konto eröffnen oder auch nur ein Schließfach anmieten, weder hier noch in Bahrain. Der Iran würde mich mit meiner gesamten Reisekasse und meinem Puffer für internationale Geschäfte in bar empfangen müssen.

Einmal gingen wir in ein schickes Hotel an der Doha Corniche, einer Uferpromenade entlang der Küste von Doha. Ich ging auf den Rezeptionisten zu, der hinter seinem Empfangstresen stand.

»Wir sind hier in einem islamischen Land, also gibt es nirgends Alkohol«, sagte ich. »Außerdem ist Ramadan, also gibt es erst recht keinen Alkohol. Aber gibt es vielleicht doch irgendeine Möglichkeit, an einen Drink zu kommen?«

»Auf gar keinen Fall, Sir«, sagte er. »Alkohol ist unter keinen Umständen erlaubt.«

Während er sprach, schob er mir ein Stück Papier über den Tresen; es war wohl das Beste, sich erst zu entfernen, bevor ich einen Blick darauf warf. Auf dem Zettel stand eine Zimmernummer. Hmm. Molly und ich stiegen in den Aufzug und fuhren ins dritte Obergeschoss. Die Tür, die ins Zimmer führte, sah aus wie jede andere Tür auch. Wir klopften und sie öffnete sich, um den Blick auf eine komplett ausgestattete Bar freizugeben, hinter der junge Frauen aus Osteuropa standen und uns auf einen Cocktail hereinwinkten.

* * *

Von Bahrain flogen wir in die Hauptstadt des Irans. Teheran ist eine große, freundliche Megastadt, die zu entsetzlichem Verkehrschaos und zerstörerischen Erdbeben der Stärke 9 auf der Richterskala neigt. Es hatte dort schon eine ganze Weile kein Erdbeben mehr gegeben, deshalb hatten sich schlecht gebaute Hochhäuser wie Schorf über die äußeren Stadtgebiete gelegt. Die Spannungen mit dem Westen waren dieselben wie heute. Amerikaner bekamen einen »Aufpasser« der Regierung an die Seite gestellt; Besucher aus Kanada wurden als nicht ganz so kontrovers erachtet, und Molly war mit ihrem neuseeländischen Pass eingereist, um keinen Unmut über die ehemaligen Imperialisten des Vereinigten Königreichs aufkommen zu lassen. Zuerst erkundeten wir die Stadt. Molly fragte auch nach der einen oder anderen Untergrund-Party und verschaffte sich mit ihrer behutsam-überzeugenden Art sogar Zutritt. Mit ihren spitzen Piercings und den roten Dreads, die unter dem Kopftuch hervorschauten, war sie klar erkennbar nicht von hier. Iranische Männer stießen einige Male tatsächlich gegen Laternenpfähle beim Versuch, an uns vorbeizulaufen; ironischerweise beschwerte sie sich darüber, dass sie sich hier unsichtbar fühle – wenn wir mit jemandem sprachen, ignorierte man sie völlig und richtete alle Fragen an mich.

Die Straßen waren eine hupende, mechanische Serengeti, nur dass sich statt Gnuherden Konvois weißer Paykans bis zum Horizont erstreckten. Paykans sind der Nachbau eines quasi von der Bildfläche verschwundenen britischen Autos, dem Hillman Hunter. Im Rudel hatte man bessere Chancen, die Straßen unbeschadet zu überqueren. Molly und ich schoben uns zwischen Gruppen alter Frauen und gemeinsam stürmten wir von einer Seite auf die andere.

Das iranische Essen zu entdecken war eine Freude: Wir aßen Pistazieneis in Karottensaft, Dillsuppe in nebligen Parks, saure Jogurtdrinks, große heiße Fladenbrote aus dem Ofen und Reis in Butter. Molly versuchte damals, sich vegetarisch zu ernähren, was gar nicht so einfach war. Eine Imbissbude verkaufte Kartoffelecken aus einer großen Schale; links und rechts davon häuften sich in einer Schale Hirn, in der anderen Zunge. Alles wurde mit derselben Zange serviert. Ein andermal hielt ich Ausschau nach geeignetem Fastfood und lugte durch ein schmutziges Fenster: Drinnen saßen zwei Männer an einem weißen Plastiktisch, zwischen ihnen lag ein Kamelkopf wie ein Prunkstück. Wertvolle Edelsteine waren leichter aufzutreiben als vegetarierfreundliches Essen.

Wir gingen durch Museen, in denen ausgestellt war, was die offenbar ehrenvollste Berufung der Perser hervorgebracht hatte: Alltagsgegenstände, die mit so vielen Edelsteinen versehen waren, wie man irgendwie auf der Oberfläche hatte anbringen können, Funktionalität hin oder her. Es hätte mich nicht gewundert, wenn wir juwelenbesetztes Toilettenpapier gesehen hätten. Und wir sprachen mit den Einheimischen, insbesondere mit Studenten an der Universität. Die Perser sind ein gebildetes und stolzes Volk, und sie verstehen sich als eine der bedeutenden alten Zivilisationen, bedeutender als diese neureichen Araber und die Türken.

Die Studenten, mit denen wir uns zwanglos unterhielten, machten uns auf einige unschöne Fakten aufmerksam. Eine bestimmte Sorte Bettlerin war uns häufig aufgefallen: Frauen, die am Straßenrand lagen, komplett verhüllt von einer faltigen Decke, sodass sie aussahen wie schwarze Mohnblüten. Eine knorrige Hand ragte hervor wie ein Stamen, das auf Bienen – oder in diesem Falle auf Kleingeld und iranische Dinare – wartete. Man sagte uns, dass diese Frauen heroinabhängig seien. Sie verhüllten sich völlig, damit man die Anzeichen nicht sehen konnte, insbesondere die Einstiche an ihren Armen. Bald würde es Winter werden, dann starben diese Pflanzen. Neue Mohnblüten würden die armseligen Wiesen dieses gepflasterten Paradieses säumen, wenn ein neuer Frühling kam.

Der Läleh-Park, in dem wir oft spazieren gingen – unweit unseres Hotels im Zentrum von Teheran –, war berüchtigt für seine Prostituierten. Zuerst lachten wir ungläubig, weil alle Frauen verhüllt waren und so sittsam schienen. Das täuschte, erklärten uns die Studenten; sie konnten Zeichen erkennen, die wir nicht bemerkten, die in ihren Augen aber schamlos waren. Ich fragte, wie die Frauen denn ihre Absichten kommunizieren würden. Der Trick bestand darin, dass die Kunden mit einem Taxi vorfuhren, um der wartenden Frau die unverfängliche Frage zu stellen: »Wo müssen Sie hin?« Dann antwortete sie unter Umständen: »Wohin Sie wollen.«

Die Iraner sind im Allgemeinen ein praktisch veranlagtes Volk. Ein Beispiel dafür sind die Geistlichen, die sich nicht bloß darauf beschränken, Beziehungsratschläge zu geben, sondern auch als eine Art einflussreicher offizieller »Kuppler« in Erscheinung treten. Unter bestimmten Umständen können Mann und Frau eine Ehe für einen Monat, eine Woche, eine Stunde oder fürs ganze Leben eingehen, ganz wie sie wollen, und dann zahlen sie eine Gebühr an den schiitischen Geistlichen, der sie traut. Zusammenkünfte von Männern und Frauen, die nicht derselben Familie angehören, sind ansonsten strengstens verboten; weder öffentlich noch privat dürfen Bürger unterschiedlicher Geschlechter zusammenkommen, Geschlechtsverkehr außerhalb der Ehe steht unter Strafe und wird mit Peitschenhieben oder sogar mit dem Tod geahndet. Ausländer sind davon nicht ausgenommen; ein deutscher Geschäftsmann namens Hofer war wegen außerehelichen Geschlechtsverkehrs zum Tode verurteilt worden. Er verbrachte einige Jahre im Gefängnis, bis seine Strafe aus politischen Gründen umgewandelt wurde. An den Gehwegen stehen als eine Art Briefkasten Behälter in der Form betender Hände; oben befindet sich ein Schlitz, in den man Zettel einwerfen kann, wenn man Freunde oder Nachbarn bei der Moral-Polizei anschwärzen will.

Wie konnte es zu dieser ultrakonservativen Revolution kommen? Gebildete ältere Einwohner sagten mir, dass es daran gelegen habe, dass die iranischen Intellektuellen und die Elite zivilisierter und progressiver waren, als gut für sie war. In den Sechzigern und Siebzigern hatte der Schah eine Allianz mit dem Westen geschlossen und war dabei, sein Land in rasantem Tempo zu modernisieren. Das war die Zeit der Vietnam-Proteste in London und Amerika und auch die Zeit der Hippies, eine Bewegung, der es im Grunde ihres Herzens darum ging, zu einer reineren Form der Spiritualität zurückzukehren. Iraner, die im Westen studierten, bekamen diesen Zeitgeist natürlich mit, und da sie bemerkten, dass Korruption und Ungerechtigkeit im Iran viel drängendere Probleme als in Europa oder Amerika waren, hatten sie gute Gründe zu demonstrieren. Als für den Schah der kritische Punkt erreicht war, an dem er Härte zeigen und Blut vergießen hätte müssen, wurde deutlich, dass er dafür zu weich war. Er reagierte mit Folter und Unterdrückung, jedoch nur halbherzig – und das reichte, um seine Regierung zu delegitimieren, aber nicht, um die Demonstrationen zu unterdrücken.

Die Opposition gegen die Herrschaft des Schahs hatten Basarhändler gegründet, die fürchteten, dass entstehende Einkaufszentren sie um ihre Einnahmen bringen würden. (Aus demselben Grund stellen sich manche modernen Weststaatler gegen große Supermarktketten). Ihnen schloss sich eine bestimmte Gruppe Geistlicher an, die Ajatollahs; und genau wie die Hippies sich zu frühchristlicher und hinduistischer Spiritualität hingezogen fühlten, hingen die jungen Iraner dem Traum von einer Rückkehr zu islamischen Werten an. Der Schah wurde gestürzt und hinterließ ein Machtvakuum. Die Ajatollahs waren nicht so zimperlich wie der Schah, und anfangs genossen sie noch das Vertrauen der Bevölkerung. Sie ergriffen die Macht und richteten die Kämpfe gegen Saddam Husseins irakische Armee, die versucht hatte, die Ölfelder an sich zu reißen, kaum dass der Iran Schwäche zeigte. Das führte zunächst zu einem Grabenkrieg und dann zum Entstehen der konservativen Theokratie, die den Iran heute prägt.

Molly hatte uns Einladungen zu unserer ersten Party klargemacht, und als wir ankamen, war sie bereits in vollem Gange. Hauptsächlich wohlhabende Iraner waren anwesend; die Frauen kamen in langärmligen Mänteln *(roo-poosh)* und Kopftüchern, die sie abwarfen, sobald sie durch die Tür kamen. Unter den Mänteln trugen sie schulterfreie Tops und Miniröcke, und sie geizten nicht mit Make-up und Einblicken. Vermutlich eine Kompensation für angestaute Frustrationen. Dealer, meistens Aserbaidschaner, verkauften verschiedene alkoholische Getränke aus Kühllastern. Früher hatte es mehr Iraker gegeben, die Alkohol verkauften, aber durch den Krieg hatten die Aserbaidschaner das Feld erst mal für sich allein. Alkohol war für die meisten das Laster der Wahl, auch wenn eine junge Afghanin selbst angebautes Marihuana mitgebracht hatte und ein paar Typen Koks zogen. Der DJ bevorzugte westliche Musik – mit weiblichen Stimmen, da das für einen zusätzlichen Schauder des Verbotenen sorgte. Natürlich ist es riskant, im Iran auf solche Partys zu gehen, und die Besucher geraten häufig in Polizeirazzien: Laute Musik und Tanzen, angefeuert von illegalem Alkohol – da geht es alles andere als leise zu. Aber diese Partys waren auch eine Art Protest gegen die streng moralischen Gesetze des Regimes; die meisten dieser Freigeister wussten wahrlich, was es bedeutete, für ihr Recht auf Party zu kämpfen – und zu leiden.

Molly hatte ihre Kamera gezückt und achtete darauf, keine Fotos zu machen, auf denen man jemanden klar erkennen konnte. Ich erkundigte mich, ob es noch Bars gab, die heimlich betrieben wurden, so wie die Flüsterkneipen in Amerika zu Zeiten der Prohibition. Ein Mann erzählte mir, dass man systematisch Jagd auf solche Läden gemacht hatte; einen nach dem anderen hatte man sie dicht gemacht, bis keiner mehr übrig war. Die Leute feiern immer noch Raves und große Outdoor-Partys im Sommer in der Nähe vom Kaspischen Meer, aber House-Partys in Teheran, wie wir sie erlebt haben, waren so spät im Jahr das Beste, was man finden konnte. Partygäste müssen vorsichtiger sein, und ein Polizist muss bestochen werden, um in letzter Minute warnen zu können, falls eine Razzia ansteht.

Wir waren neugierig, was mit uns passieren würde, wenn es auf der Party zu einer Razzia kommen sollte. Man sagte uns, dass es für uns – da wir Ausländer waren – nicht so schlimm ausgehen würde wie für sie. Iranische Partygänger werden recht häufig erwischt, und die Jungs werden mit zwanzig Peitschenhieben bestraft oder einfach zusammengeschlagen. (Einer von ihnen sagte zu Molly: »Das macht wirklich Spaß, du solltest es auch mal versuchen.«) Die

Mädchen sollen eigentlich auch geschlagen werden, aber ein kurz zuvor erlassenes Urteil des iranischen Gerichtshofs hatte bestimmt, dass es unislamisch sei, wenn ein männlicher Richter die nackte Haut einer Frau sieht, während diese ausgepeitscht wird – vielleicht wegen der perversen Befriedigung, die es ihm bereiten mag, Zeuge dieser Kasteiung weiblichen Fleisches zu werden. Die Mädchen erzählten lachend, wie sie dadurch in den meisten Fällen einer Bestrafung entgehen konnten, da sie der Polizistin oder Gefängniswärterin, die die böse Tat ausführen sollte, einfach etwas Bargeld zusteckten. Da diese Frauen es ebenso vorziehen, die Strafe nicht auszuführen, nehmen sie das Geld und lassen die Peitsche knallen. Das verurteilte Mädchen schreit dann, als würde sie große Schmerzen erdulden. Wenn sie sich ihren *roo-poosh* wieder angezogen hat, ist der Richter kein Stück weiser.

In letzter Zeit war die Polizei besonders gemein gegen die Gäste solcher Partys vorgegangen und hatte junge Menschen beider Geschlechter über Nacht in Freiluftgefängnissen verwahrt, bevor man sie vor einen Richter führte. Die Temperaturen waren eisig und viele von ihnen hatten nur knappe Partyoutfits an. Einige Mädchen brauchten Hygieneprodukte, und die Polizei machte sich einen Spaß daraus, sie ihnen vorzuenthalten.

Eine stylische junge Frau hatte einen Schoßhund bei sich. Ich war überrascht, das zu sehen, da diese als unrein gelten. Sie bestätigte meine Zweifel, indem sie sagte: »Die offizielle Handhabe ist: Wenn sie jemanden mit einem Hund sehen, ist die Polizei angehalten, den Hund auf der Stelle zu erschießen und dem Besitzer die Kosten für die Patrone in Rechnung zu stellen. Wenn ich meinen Hund ausführe, habe ich immer eine Dose Pfefferspray dabei.« Wenn sie das Haus zur falschen Zeit verließ und auf einen Polizisten stieß, der ihren Hund töten wollte, dann sprühte sie ihm Pfefferspray ins Gesicht, um fliehen zu können. Allerdings war es wichtig, anschließend aufs Polizeirevier zu gehen und den diensthabenden Wachtmeister zu bestechen, damit der Vorfall unter den Teppich gekehrt werden konnte.

In dieser Nacht gab es keine Razzia, und am nächsten Morgen informierten wir uns, wie man in diesem Land am besten von A nach B gelangte. Busse verhießen lange und langweilige Fahrten, da der größte Teil des Landes flache Wüste ist, aber dank einer Subventionierung von Kerosin (dem Treibstoff für Flugzeuge) kostete ein Platz im Flugzeug nur zehn oder zwanzig Dollar, selbst auf sehr langen Inlandsflügen. Ich kaufte einen dicken Stapel Flugtickets und wir planten, alle Ecken des Landes mit dem Flugzeug anzusteuern und vom jeweiligen Zielpunkt aus die weitere Umgebung zu erkunden, um uns einen guten Eindruck vom Land zu verschaffen.

Am Abend besichtigten wir Sufi-Schreine und schiitische Moscheen. Dort herrschte Geschlechtertrennung, und mein Eindruck vom düsteren und kontemplativen Bereich für Männer stand im krassen Gegensatz zu Mollys Bericht über die fieberhafte Aufregung und die Leidenschaft im Frauenbereich, wo die weiblichen Gläubigen weinten und wehklagten und sich an die Gitter klammerten, die die Heiligtümer schützten.

Wir heuerten einen Fahrer samt Auto an, um uns ins Zāgros-Gebirge fahren zu lassen, das Irans westliche Grenze schützt und in den kargen Überbleibseln eines einstmals idyllischen Eichenwalds eingebettet war. Wir machten Halt bei den Schlossruinen der echten Assassinen, einst gefürchtete, aber inzwischen ausgestorbene fanatische Spezialisten in Sachen Erpressung, Gift und Hinterhalt. Der Weg war lang und unheimlich, mit schmalen, schlammigen Serpentinen, Klippen und dichtem Nebel. Bevor wir das erste Schloss erreichten, bestand Molly darauf, dass ich versprach, nirgends hinzugehen, wo es steil war, und dass ich nicht vorauspreschen und sie an irgendeinem Abgrund in den Ruinen zurücklassen würde. »Aber sicher doch«, sagte ich, aber für mich war offensichtlich, dass diese Schlossanlage nicht sonderlich steil war und keine Gefahren barg. Ich machte mich prompt aus dem Staub, um die Ruinen zu erkunden, da Molly trödelte und es jede Menge alter Türme und brüchiger Wände zu begutachten gab. Als wir wieder ins Auto stiegen, hatte ich den Eindruck, dass sie über irgendetwas erbost war, aber ich hatte keine Ahnung, was es war. Wie sich herausstellte, hatte sie das Schloss der Assassinen als furchterregenden Ort empfunden, voller Klippen und rutschiger Abhänge, und auch die Fahrt über schmale Felsvorsprünge hatte ihr nicht gefallen.

»Sechs Stunden im Auto«, sagte sie. »Ein ewiges Hin und Her auf schmalen Serpentinenstraßen in dichtem Nebel. Das war ohne Frage das Schrecklichste, was ich je erlebt habe. Man konnte überhaupt nichts sehen durch die Windschutzscheibe. Der Fahrer ist die Strecke komplett aus dem Gedächtnis gefahren. Was für ein fürchterlicher Tag.«

■ ■ ■

Wir flogen in archaischen russischen Tupolev-Jets mit verschlissener Innenausstattung. Die Rümpfe der Flieger waren schwarz gefleckt vom Kerosinruß der altersschwachen Motoren. Die Flüge waren gesellig, regelrecht ausgelassen, und man hatte das Gefühl, die fliegende Version eines asiatischen *chicken bus* zu besteigen, mit dem erfreulichen Unterschied, dass man nach einer Stunde wieder aussteigen würde und nicht erst nach einem ermüdenden 24-Stunden-Marathon.

Yazd, eine Stadt an einer Oase am Fuße des Shir Kuh, wo zwei Wüsten in der Mitte des Irans aufeinandertreffen, ist der Geburtsort von Mohammad Chātami, ehemaliger Präsident des Irans, und auch von Mosche Katzav, ehemaliger Präsident Israels. Sie ist eine der Städte des Irans mit einer größeren religiösen Vielfalt, in der sich der größte Feuertempel aus präislamischen Zeiten befindet. Im antiken Persien entwickelte sich die ursprüngliche Metaphysik der *Ahl al-kitāb* (»Die Leute des Buchs«, womit Juden, Christen und Muslime gemeint sind): das westlich-mythische Universum und sein Konzept von den Kämpfen zwischen Licht und Dunkel, Gut und Böse … zwischen Dämonen und Engeln mit ihren Heiligenscheinen – ein altertümliches Symbol für die Sonnenscheibe. Christliche Mythologie, die unsere Vorstellungskraft zu wecken vermag, wurzelt meist im Glauben des persischen Altertums und nicht in den späteren Lehren der abrahamitischen Traditionen. Anhänger des Alten Glaubens konnte man an den Blumenmustern auf den Kleidern der Frauen erkennen, und rund um den Ahura Mazda geweihten Feuertempel waren sie besonders häufig anzutreffen.

Die Straßen waren ein Gewirr aus Lehmwänden, und an jeder Tür befanden sich zwei Klopfringe: ein klobiger, kräftig tönender Klopfring für die Männer und ein zierlicher Klopfring für die Frauen. Diese traditionellen Gebäude verschwinden allmählich, da moderne Iraner sie für ein Sicherheitsrisiko bei Erdbeben halten. Auf dem Hinflug erzählte mir der Passagier neben mir, dass er für die UNESCO arbeite und versuche, die Einheimischen davon zu überzeugen, an der Tradition ihrer dickwandigen Lehmbauten festzuhalten, aber viele solcher Häuser waren damals schon zerstört worden, ersetzt durch solche aus verstärktem Beton. Als Molly und ich in Yazd waren, fanden wir eine Unterkunft in einer alten Karawanserei, die aussah, als wäre sie einer Geschichte aus *Tausendundeine Nacht* entsprungen. Wir rauchten Shisha und aßen geschmorte Aubergine in Walnusssauce.

In Persepolis gab es antike Ruinen zu erkunden, unter anderem den Palast von Xerxes, geschmückt mit massigen blauen Statuen stilisierter Bullenköpfe, mit großartigen Säulen und Fresken aus der Zeit der Mager, die geflügelte Engel mit goldenen Heiligenscheinen zeigten. Und wir besuchten antike Städte wie Isfahan, mit wundersamen Gärten, Windtürmen, spiegelnden Wasserbassins und blauen Domen für die Gelehrten und Philosophen.

Als wir nach Kerman weiterreisten, sahen wir den einzigen Ort im Iran, an dem die Menschen Opiumschalen auf ihren Tischen stehen haben – als Zeichen der Gastfreundschaft. Bei unseren Ausflügen besichtigten wir alte, verfallene Dachmas, sogenannte Türme des Schweigens. Molly fiel ein seltenes Beispiel eines Anti-Zoroastrismus-Feueranbeter-Graffitis an einem solchen Turm auf: »Alles ist Eitelkeit außer dem Einen«. Hier rissen früher Raub- und Aasvögel das Fleisch von toten Menschen, um ihnen eine Himmelsbestattung zu gewähren; ein Priester schaute den Geiern dabei zu, wie sie den Leichnamen die Augen aushackten. Das Auge, das zuerst verschlungen wurde, rechts oder links, zeigte an, welcher Weg – Himmel oder Hölle – der Seele bestimmt war. Seit der Islam auf dem Vormarsch ist, herrscht an diesem Ort wirkliches Schweigen, wenn man von der Aufforderung, dem Einen zu huldigen, mal absieht. Während des Abstiegs unterhielten wir uns mit geflüchteten Jungen aus Afghanistan, die auf schmutzigen Fahrrädern unterwegs waren; für uns ging es dann mit dem Auto weiter.

In Bam erkundeten wir die große Arg-é-Bam, eine Lehmzitadelle, und kosteten die berühmten Datteln sowie Süßigkeiten aus Pistazien, Datteln, Jogurt und Honig. Selbst unsere erste Nacht in Bam stand unter dem Zeichen von Süßem: Wir kamen spät an und alle Restaurants und Geschäfte waren bereits geschlossen. Eine verdrießliche Nacht erfuhr eine glückliche Wendung, als ich aus meinem Rucksack die Waschseife fischte, nur um festzustellen, dass das Waschmittel gar keines war, sondern ein Lokum, eine arabische Süßigkeit, die ich vor langer Zeit in Albanien gekauft hatte, ummantelt von einer dicken Schicht Puderzucker. Ich hatte sie nach dem Kauf fälschlicherweise in meine Waschtasche gepackt.

Der freundliche Herr Akbar hatte die besten Gästebetten der Stadt. Dort, im trefflich benannten »Akbar's Guesthouse«, trafen wir einen Japaner, der gerade durch den Irak gereist war. Ich fragte ihn, wie er an das Visum gekommen sei.

Meines Wissens war das nahezu unmöglich. Er erklärte uns, dass er die Grenzbeamten bestochen hatte und dann in drei Tagen und zwei Nächten durch das Land gehetzt war, wobei er nur bei Nacht reiste und tagsüber in Hotels blieb, sodass so wenige Iraker wie möglich seine Anwesenheit bemerkten. Er war überglücklich, es lebend wieder rausgeschafft zu haben. Ein anderer japanischer Backpacker und ich waren ganz Ohr. Und plötzlich keimte in mir der Plan, selbst den Irak zu bereisen. Ich wollte per Anhalter das Land sehen, ausführlich und zu vernünftigen Uhrzeiten, sodass ich den Einwohnern begegnen konnte. Mein erstes Jahrzehnt als Reisender hatte mich gelehrt, dass »*No Go*«-Länder und Kriegsgebiete für Alleinreisende zugänglich waren, wenn man bereit war, auf Komfort zu verzichten und nicht aufzufallen. Voraussetzung war, dass man willens war, die eigenen Skills auf die ultimative Probe zu stellen; dazu gehörte insbesondere die Fähigkeit, die Menschen, denen man begegnete, schnell und treffend einschätzen zu können. Ebenso brauchte man eine Begabung dafür, kalkuliert Risiken einzugehen und Situationen zu erfassen. Ich war bereit für das nächste Level.

Molly musste wieder zurück nach Teheran, um an ihrer Fotodokumentation der Untergrund-Partyszene weiterzuarbeiten, und ich beschloss, nach Schiras zu fliegen. Sie willigte ein, sich umzuhören, ob einer der Iraner, die sie auf der Party traf, vorhatte, nach Bagdad zu fahren. Ich dachte mir, ich könnte meinen Irak-Plan auch gleich jetzt in die Tat umsetzen, da ich schon mal in der Gegend war.

Wie sich herausstellte, gehörten Molly und ich für eine ganze Weile zu den letzten Menschen, die die gewundenen, sonnengesprenkelten Straßen, Mauern und Türme der Arg-é-Bam unbeschwert begehen sollten. Am zweiten Weihnachtsfeiertag 2003 wurde Bam von einem schrecklichen Erdbeben erschüttert, das die Stadt zerstörte. Da die meisten der Häuser Lehmbauten waren – die von der UNESCO so geschätzte traditionelle Bauweise –, fielen sie mitten in der Nacht in sich zusammen und begruben unzählige Bewohner der Stadt unter sich. Die Rede war von bis zu 50 000 Toten.

Die meisten Häuser der Stadt waren danach unbewohnbare Ruinen, sehr zum Leidwesen der Überlebenden, die sich in Zelten in den Randgebieten der Stadt niederließen. (Viele Monate später erfuhr ich, dass »Akbar's Guesthouse« ebenfalls eingestürzt war; die Gäste waren ums Leben gekommen, aber der freundliche Herr Akbar überlebte.) Die Regierung wollte Bam wiederaufbauen und Häuser für die Menschen bereitstellen, aber dafür wollte man nach Möglichkeit nicht viel Geld ausgeben. Geld war schließlich wegen der Sanktionen des Westens und der stagnierenden Wirtschaft knapp. Man hielt es für die beste Idee, die Baufirmen in Teheran zu bitten, kostenlos Arbeiter zur Verfügung zu stellen, da es sich bei der Arbeit ja quasi um einen patriotischen Einsatz handelte. Und hier nehmen die Dinge eine noch düstere Wendung, denn was für Arbeiter stellt eine Firma für patriotische Einsätze wohl zur Verfügung? Natürlich die leistungsschwachen. Und was sind das wohl für leistungsschwache Arbeiter, die man in Teheran für verzichtbar hält? Stichwort: Heroin. Tausende Heroinjunkies aus der Hauptstadt wurden ausgesandt, um in den Zeltstädten der fassungslosen und trauernden Überlebenden des Erdbebens zu wohnen. Da sie ja schon in denselben Zelten untergebracht waren, in denen die Arbeiter sich ihr Heroin drückten, probierten die Überlebenden das Zeug ebenfalls aus, um ihren Schmerz zu betäuben. Tausende von ihnen wurden selbst zu Junkies, und da man sich auch noch die Nadeln teilte, kam zu all dem Elend auch noch eine HIV-Epidemie hinzu.

* * *

Nicht weit von Schiras besuchte ich die Musalla-Gärten, um dort das Grab von Hafis zu besuchen, an dem eine Plakette der Regierung ihn als Volkshelden würdigte. Er galt und gilt auch heute noch als einer der größten persischen Dichter – und die Perser sind bekannt für ihre Dichtkunst. Ich sah mich um, konnte aber nicht viel von seiner Poesie finden. Das Problem sei, so erklärten mir stolze Einwohner, dass Hafis über Feste, Wein und die Schönheit der Jugend geschrieben hatte. Seine Gedichte wurden als subversiv geschmäht, aber da er ein einzigartiges Talent war, konnte die Regierung nicht darauf verzichten, seine Erfolge zu rühmen. Man bat lediglich darum, den Dichter zu preisen, aber seine Gedichte nicht zu lesen. In einem davon heißt es:

»Was nutzt es denn, ein einsamer, heimlicher Trinker zu sein? / Wir sind alle miteinander Säufer – belassen wir's dabei.«

Schließlich kam ich zurück in die Hauptstadt. Molly hatte erfolgreich weitere Partys aufgetan und konnte es nicht erwarten, die ganzen Filme zu entwickeln, darunter einige, von denen sie hoffte, sie würden den Geist iranischer

Partygänger wiedergeben, die in schwierigen Zeiten einfach weitermachten, so wie Hafis. Auf einer Party hatte es eine Polizeirazzia gegeben. Jemand hatte einen Streifenpolizist bezahlt, damit er ihnen eine telefonische Warnung gab, zehn Minuten bevor die anderen Polizisten unterwegs waren, also hatten alle genug Zeit, sich schnell anzuziehen und zu verduften. Diesmal hatten sie Glück gehabt. Ein Pärchen nahm sich Molly an und stellte sicher, dass sie bei der eiligen Flucht nicht zurückblieb.

Iranische Jugendliche, wie Jugendliche überall, sind von verwirrenden Hormonen überschwemmt und finden gerade erst heraus, was es bedeutet, ein Mann oder eine Frau zu sein. Aber außerhalb der Familie ist jede Zusammenkunft mit dem anderen Geschlecht ein schwerwiegendes Verbrechen; und so denken sich die tapfersten dieser jungen Iraner, dass sie den Stier genauso gut bei den Hörnern packen können, indem sie auf illegalen Partys tanzen und trinken. Wenn die Polizei die jungen Leute dann aufgreift und diese prägenden Erinnerungen sich mit Bildern von Handschellen, Brutalität und Peitschenhieben in Polizeikerkern vermischen, könnten dann nicht diese Erfahrungen in den Köpfen der leicht zu beeindruckenden Jugendlichen miteinander verknüpft werden? Die Ajatollahs dürften mit ziemlicher Sicherheit das Gegenteil von dem bewirken, was sie beabsichtigen, und der Iran könnte vielleicht mal einer der größten Sadomasochismus-Märkte werden. Möglicherweise wird es im Iran der Zukunft mehr Shops mit Peitschen, Knebeln und rosa Plüschhandschellen geben als anderswo.

▪ ▪ ▪

Molly hatte einen Typen aus Teheran kennengelernt, der in den Irak fuhr, und sie stellte uns einander vor, damit ich eine Mitfahrgelegenheit hätte. Sein Vater verkaufte begehbare Kühlschränke und schickte seinen Sohn nach Bagdad, damit dieser rausfinden konnte, ob die Wirtschaft dort gut anlief, nun, da Saddam gestürzt worden war. Dann, in letzter Minute, entschied dieser umsichtige Vater, dass er es nicht riskieren konnte, seinen Sohn zu verlieren.

Ich flog mit Molly zurück an den Golf, und von dort reiste sie mit ihren noch nicht entwickelten Filmen weiter nach London. Ich bereiste andere Länder in der Umgebung, darunter Bahrain, den Oman, Katar und Jordanien; ich genoss die arabische Gastfreundschaft und versuchte, einen praktikablen Weg zu finden, in den Irak zu kommen.

Einmal sah es so aus, als könnte ich einfach in einen Flieger nach Bagdad steigen; ich hatte ein Ticket in der Hand und wartete in der Abflughalle zusammen mit einer großen Gruppe Leute, die dem amerikanischen Militär angehörten. Mehrere junge Männer unterhielten sich über die Prozedere, die es bei der Sicherung der geheimen Codes zu beachten galt, mit denen sie betraut waren. Sie bemerkten mich und bezogen mich in das Gespräch ein, bis sie bemerkten, dass ich nicht zum US-Militär gehörte. Nachdem sie konspirative Blicke untereinander ausgetauscht hatten, schnitten sie mit getragenem Ernst ein neues Thema an und sprachen darüber, dass sie in Wirklichkeit selbstverständlich keine Instrumente bedienen durften, für die es irgendwelcher Codes bedurfte, und dass sie, selbst wenn sie es gedurft hätten, natürlich niemals offen über die entsprechenden Codes sprechen würden.

Als es ans Boarding ging, rief ein Mann, dass es beim Einsteigen eine letzte Kontrolle geben würde. »Halten Sie bitte Ihre Navy-ID-Karte bereit, um sie am Gate vorzuzeigen.«

»Da gibt es ein kleines Problem mit meiner Navy-ID-Karte«, sagte ich, als ich ans Gate kam. »Ich bin kein Amerikaner und auch nicht in der Navy.«

Sie ließen mich nicht an Bord, also ging ich zurück zum Ticketschalter und sagte: »Tauschen Sie dieses Ticket gegen eines, das ich auch nutzen kann. Ihr Kollege hat mich nicht ins Flugzeug gelassen.«

Sie steckten mich in den nächsten Flieger in den Oman, der in der Hauptstadt Maskat landete, eine Stadt mit leuchtend grünem Gras und bezaubernden kleinen Moscheen, eingebettet in eine zerklüftete Landschaft aus sprödem schwarzen Stein und turmbestandenen Hügeln. Das Land wurde von Sultan Qabus ibn Said regiert, ein chronischer Junggeselle älteren Semesters, der weithin als aufgeklärter Herrscher galt. Er lebte am Meer, in einem Palast, der wie ein gigantischer Pilz aussah; sein Rasen war mit Haubitzen übersät, deren Geschützrohre abscheulich bunt gestreift waren – eine eigens in Auftrag gegebene Malerarbeit, wie es schien. Offenbar war er immer noch mit den Regierungsgeschäften beschäftigt. Seine Autokolonne, die aus Jeep-Cabrios bestand, in denen mit Maschinengewehren bewaffnete, Gasmasken tragende Soldaten unheilvoll und steif wie Statuen standen, raste die Klippen entlang und brachte ihn zum Flughafen und zurück. Die einzelnen Wagen fuhren so dicht auf, dass das Ganze wie ein ulkiger Tausendfüßler auf Rollschuhen aussah.

Im Oman gibt es viel zu sehen. Dieses uralte Land ist die Heimat der verkümmerten Wüstenbäume, von denen das luftgetrocknete Harz stammt, das gemeinhin als Weihrauch bekannt ist – lange Zeit die liebste Einnahmequelle der Araber, bevor man sie für einen schönen neuen Stricher fallen ließ: Öl. Heutzutage ist Weihrauch kein Geschenk für Könige mehr, und im Oman wird das Öl knapp, also versucht der Sultan, sein Volk an den Gedanken zu gewöhnen, dass man für seinen Unterhalt arbeiten muss. Nach und nach schickt er Gastarbeiter zurück auf den Subkontinent und ordnet an, dass Jobs wie Kellner, Koch und sogar Taxifahrer den Omanern vorbehalten bleiben. Die Infrastruktur des Landes ist auf Pkw-Verkehr ausgerichtet, nicht auf öffentliche Verkehrsmittel, also bewegte ich mich per Anhalter fort oder oft auch zu Fuß, da manchmal nur wenige Autos fuhren. Die roten Dünen der Rimal al Wahiba zu Fuß zu erkunden, war ein besonderes Vergnügen, solange es mir gelang, in der Hitze des Tages Schatten zu finden.

Der englische Ausdruck »going around the bend« (wörtlich »um die Kurve gehen«, sinngemäß jedoch »verrückt werden«) wurde angeblich von der Biegung in der Straße von Hormus inspiriert, eine Meerenge im Norden des Omans, an der das Britische Weltreich bis Mitte der 1870er eine Relaisstation für sein Telegrafenkabel zwischen London und Karatschi hatte. Der jeweils Diensthabende vor Ort neigte dazu, verrückt zu werden, da es nichts gab, womit er seine Zeit hätte verbringen können, außer endloser Punkte und Striche, drückender Hitze und Seevögeln. Heutzutage gibt es überall im Land Klimaanlagen und die Leute ziehen es vor, in ihren Autos zu bleiben und extrem schnell zu fahren. Die Regierung ist bemüht, das Blutbad auf den Straßen gering zu halten, also schreibt das Gesetz eine Vorrichtung in jedem Auto vor, die piept, wenn die maximal zulässige Höchstgeschwindigkeit auf freier Strecke überschritten wird. Wann immer ich Taxi fuhr, reizte das ununterbrochene Piepen meine Ohren, während das Straßenpflaster mit 160 Stundenkilometern an mir vorbeizog.

Nachdem ich den Iran verlassen hatte, reiste ich wie ein Besessener weiter; ich rauschte nur so durch die Länder, da mein Hauptanliegen nicht darin bestand, mir diese anzusehen – dafür würde ich ein andermal wiederkehren –, sondern in den Irak zu gelangen. Mein Instinkt sagte mir, dass mir nur ein schmales Zeitfenster blieb, bevor der Aufstand gegen die US-geführte Invasion in Fahrt kommen würde. Ich flog zurück nach Bahrain, um meine Weiterreise zu planen, hatte aber auch dieses Mal nicht mehr Glück, und es schien keine Möglichkeit zu geben, Saudi-Arabien zu überqueren.

Ich umkreiste den Irak weiter, flog nach Jordanien, um es von dort aus erneut zu versuchen, diesmal auf dem Landweg. Das Land war eine willkommene Ablenkung mit all seinen wunderbaren Wadis (ausgetrocknete Flussläufe) und den Schlössern und antiken Ruinen. Es war eine Freude, auf den erodierten Hängen Hirten zu begegnen und ihre Schafe und Ziegen dabei zu beobachten, wie sie durch die Landschaft zogen – immer ein Tier auf der tieferen und eines auf der höheren Seite des Hangs –, oder mit den Gaunern in der Stadt zu plänkeln, während ich honigsüßes Gebäck mampfte. Petra, die Ruinenstätte der antiken Hauptstadt der geheimnisvollen Nabatäer, war die anstrengende Anreise – eine Wanderung bis zur nahe gelegenen modernen Stadt, dann weiter zu den Ruinen und bei Einbruch der Dunkelheit zurück – absolut wert. Ich war müde, aber mein Geist war durchdrungen von den aus rosa Felsen geschlagenen Grabmälern und Amphitheatern und den schimmernden Rot- und Orangetönen zwischen den Schatten des Siq, einer tiefen, schmalen Felsschlucht, geschaffen von den Sturzfluten der Äonen. Ruinen wie die der berühmten Schatzkammer haben jeden Putz und jede gemalte Verzierung verloren, aber an einer Ausgrabungsstätte in der Nähe – Little Petra genannt – zeigte mir ein Guide ein komplexes, Dionysos gewidmetes Fresko. (Dionysos ist der Gott des Weins und des Theaters, aber auch der Dinge, die den menschlichen Verstand übersteigen, und der Epiphanie, »der fremde Gott«.) Der Guide erzählte mir von der Kultur der Nabatäer, in der die Menschen in ihrer freien Zeit zusammensaßen, plauderten und tratschten, Musikinstrumente spielten und den Wein genossen. Mir wurde klar, dass – obwohl zwei Jahrtausende vergangen waren – diese Beschreibung in allen wichtigen Punkten der Szenerie im Gemeinschaftsraum der Herberge entsprach, in der ich ein Zimmer gemietet hatte. Eine bemerkenswerte Bewahrung menschlicher Kultur über die Millennien hinweg.

In meiner Herberge an der Klippe nahe des alten Zentrums von Amman traf ich endlich jemanden, der jemanden kannte, der in den Irak wollte. Nennen wir ihn Mo. Mo war ein irakischer Geflüchteter, der in Schweden lebte und der Meinung war, dass es genau jetzt, im Dezember 2003, möglich war, in den Irak zu reisen, um dort nach seinen Familienangehörigen zu schauen, die er zurückgelassen hatte. Wir erfuhren, dass es außerhalb der Stadt einen Rastplatz gab, an dem sich irakische Fahrer zwischen Transiten aufhielten; sie machten die Fahrt von Amman nach Bagdad regelmäßig in Konvois, da Rebellen eher einzeln fahrende Fahrzeuge angreifen. Wir einigten uns mit einem zwielichtig aussehenden irakischen Gauner auf einen Preis: 60 US-Dollar, 30 pro Person.

An der Grenze kamen wir mit Bestechung weiter, ein Dinar für jeden von uns. Mo sprach ein wenig Englisch und er meinte, dass ihn das traurig mache: Korruption war seine erste Begegnung mit dem neuen irakischen Regime.

Unser Fahrer wartete, bis wir einen ansehnlichen Konvoi zusammenhatten, und dann rasten wir alle mit 180 Stundenkilometern durch die Wüste. Nur gut, dass wir nicht selbst versucht hatten zu fahren, denn es war wichtig, dass man wusste, wo die Bomben Krater in die Straßen geschlagen hatten, um an diesen Stellen das Tempo zu drosseln und das Geröll zu umfahren. Manchmal fuhren wir an Bildern des Grauens vorbei, zum Beispiel da, wo die Schafherde eines Beduinen von einem vorbeidonnernden Nachtkonvoi erfasst und schrecklich zugerichtet worden war – bei diesen Geschwindigkeiten war es schlicht unmöglich, anzuhalten. In regelmäßigen Abständen disputierten der Fahrer und Mo auf Arabisch und Mo übersetzte das Gesagte für mich, wobei es immer um dasselbe ging: Der Fahrer sagte, dass die Straße in einem schlechteren Zustand sei als sonst, und verlangte von uns 20 Dollar zusätzlich, um für den Verschleiß seiner Reifen aufzukommen. Dann sagte ich, dass wir per Handschlag einen Preis vereinbart und diesen bereits bezahlt hatten. Der Besitzer des Wagens sei für seine Reifen selbst verantwortlich. Aber mein Instinkt sagte mir, dass er uns noch Ärger machen würde. Die ganze Situation versetzte mich in extreme Alarmbereitschaft und ich machte während der gesamten 900 Kilometer langen Strecke kein Auge zu. Doch dann ergriff mich eine Ruhe. Ich konnte auf meine Skills zurückgreifen, um mich jeder Situation anzupassen, die auf mich zukam. Das, oder ich würde zerstört werden. Jeder potenzielle Stress konnte für den Moment beiseitegeschoben werden und würde wie üblich Wochen später als Echo bei mir ankommen, als Freude oder schleichende Angst oder beides.

Wir erreichten die Außenbezirke von Bagdad in dunkelster Nacht, kurz vor Einsetzen der Morgendämmerung. Es hatte nicht eben den Anschein, als sei die Stadt dem leiblichen Wohl zuträglich; über unseren Köpfen kreisten Hubschrauber, Scheinwerfer suchten die Gegenden ab, die mit einer Ausgangssperre belegt waren, und immer wieder hörte man Gewehrschüsse. Ich fühlte mich unwohl. Wir hielten an, um Mo aussteigen zu lassen.

»Kommst du klar?«, fragte er mich.

»Natürlich«, sagte ich. »Ich werde in eines der Hotels gehen, die im Reisehandbuch stehen.« Ich wünschte ihm alles Gute und winkte ihm zu, während er seinen Koffer durch eine dunkle Gasse schleppte.

Jetzt war ich allein mit diesem Fahrer, der mehr Geld wollte, und er sprach auf Arabisch mit mir; sicherlich fragte er, wo er mich absetzen solle. Ich zauberte mein *Lonely Planet*-Reisehandbuch für den Mittleren Osten hervor und gab dem Fahrer zu verstehen, dass er unter einer Straßenlaterne anhalten sollte, sodass ich einen Blick in das Buch werfen konnte. Ich muss schon sagen, dass der *Lonely Planet* mich wirklich hängen gelassen hat: Als ich die Seiten zum Irak aufschlug, gab es statt der üblichen Karte und einer nummerierten Hotelliste nur einen Hinweis darauf, dass die Redakteure Angst davor gehabt hätten zu recherchieren, sodass es kaum Informationen gab, mal abgesehen von einem Text zur Geschichte, der aufführte, dass die alten Mesopotamier die Ersten waren, die Bier brauten und hängende Gärten bauten. Außerdem gab es noch eine grobe Skizze des Landes, auf der ein paar Straßen verzeichnet waren, aber ansonsten quasi nichts, was mir von Nutzen hätte sein können.

Mit Fingerzeigen und Gesten deutete ich dem Fahrer an, dass er mir ein paar Hotels zeigen solle, damit ich mir eines aussuchen konnte. Er teilte mir mit seinen Fingern mit, dass er für diese Dienstleistung 20 Dollar wolle – natürlich. Die ganze Sache war selbstverständlich eine Masche. Spätere Unterhaltungen mit Einwohnern bestätigten mir, dass fünf Dollar für so etwas ein mehr als fairer Preis gewesen wären, so wie ich es mir gedacht hatte, aber meine Situation war heikel. Es war kein anderes Fahrzeug in Sichtweite, nur leere Straßen, durch die gelegentlich ein Schuss hallte. Es wäre also keine gute Idee gewesen, mit dem Rucksack auf dem Rücken zu Fuß zu gehen. Außerdem hatte ich nur einen Zwanzig-Dollar-Schein in der Hosentasche, während die anderen Scheine und das Kleingeld sich am Boden meiner SunDog-Umhängetasche befanden. Wenn ich die vor seinen Augen geöffnet hätte, hätte er sehen können, dass sie vollgestopft war mit mehr als 50 000 Dollar in amerikanischen Hundertdollarscheinen. Es war vernünftiger, ihm den Zwanziger zu zeigen. Und schon sausten wir weiter.

Zuerst brachte er mich zu einem Sheraton-Hotel, in einer Gegend, in der es nicht viel Schießerei gab. Das war ein 4-Sterne-Hotel, das vermutlich 100 Dollar die Nacht oder mehr kostete, also winkte ich ab. Gut so, da ich später las, dass kurz vor meinem Besuch eine reaktive Panzerbüchse eine Granate auf das Sheraton gefeuert hatte. Auch wenn kaum einer weiß, wie solche Hotels ihre Sterne bekommen: Wäre es nicht sinnvoll, für jeden Granatenangriff einen Stern abzuziehen? Oder zwei, wenn Gäste von Granatsplittern zerfetzt worden sind?

Kostengünstige Hotels waren rar gesät; schließlich checkte ich in einem Haus ein, das türkische Geschäftsmänner beherbergte. Erschöpft ließ ich mich auf mein Bett fallen, und am Tag darauf war ich so durcheinander von der Nachtfahrt nach Bagdad, dass die Sehenswürdigkeiten dieser legendären Stadt zu viel für mich gewesen wären. Stattdessen diente mir der Tag als »Training« für diese neue Form des Reisens und meine taktische Planung. Ich machte einen Spaziergang durch die Nachbarschaft und bewunderte die herrlichen Gebäude und die palmenbestandenen Alleen.

Ich legte mir eine Strategie für das Reisen durch den Irak zurecht, zu der es gehörte, mich wie die Männer vor Ort anzuziehen und besonders darauf zu achten, die Gesichtsausdrücke der irakischen Kerle zu spiegeln, denen ich unterwegs begegnete. Das funktionierte ganz wunderbar. Als Kind hatte ich blondes Haar gehabt, aber mit der Zeit war es dunkler geworden, sodass ich versuchen konnte, als Araber durchzugehen. Manchmal wurde ich komisch angeschaut, ganz kurz nur, als würde jemand überlegen, dass ich kein Iraker war. Doch dann muss man sich wohl gedacht haben: »Vielleicht kommt er aus Aserbaidschan oder Syrien.« Im Iran hatten mir die Leute oft gesagt, dass ich wie ein Aserbaidschaner aussähe. Als ich Jahre später in Aserbaidschan war, sagten die Einheimischen: »Nein, nie im Leben«, und sie hatten recht. Aber solange ich so aussah, wie die Leute sich einen Aserbaidschaner vorstellten, reichte das, um zurechtzukommen. Ein Iraker, mit dem ich ins Gespräch kam, sagte mir, dass er die Vorstellung, ich könne ein Weststaatler sein, der unbewaffnet und unbewacht durch die Gegend schlendert, als zu verrückt abgetan hatte. Meine Integrationsstrategie scheiterte nur gelegentlich, manchmal auf Basaren, wo Kinder auf mich zugerannt kamen und sagten: »Amerikani, Amerikani.« Eilig korrigierte ich sie: »Kanadier.«

Wenn es etwas gab, das mich interessierte – zum Beispiel ein Gebäude, in das ein Lenkflugkörper eingeschlagen war –, war es nicht sicher, einfach stehen zu bleiben und zu glotzen; es war klüger, eine Runde um den Block zu gehen und dann noch mal zu schauen. Ich hatte schon in verschiedenen Kriegsgebieten gesehen, wie 250-Kilo-Bomben große Stücke aus Stahlbeton herausschlagen konnten – fast so, als hätte jemand in einen knackigen Apfel gebissen –, und in Bagdad sah man so etwas noch häufiger; aber die Schäden, die die 500-Kilo-Sprengköpfe der Lenkflugkörper hinterließen, waren anders und erregten meine Aufmerksamkeit: Sie waren kraftvoll genug, um den Rahmen des Gebäudes ein wenig zu verzerren, sodass man vielleicht das ganze Gebäude würde abreißen müssen.

▪ ▪ ▪

Dollar gegen Dinare, die irakische Währung, einzutauschen war eine amüsante Angelegenheit. Beide Male, die es nötig war, war der Geldwechsler ein verlottert aussehender Kerl, der mit einem Sturmgewehr und einem Stapel Dinare am Straßenrand stand. Ich ging breit grinsend mit amerikanischem Geld in der Hand auf ihn zu, und als er feststellte, dass ich nur Englisch sprach, krümmte er sich vor Lachen. Ich erklärte mir das damit, dass es nicht viele Weststaatler gab, die durch den Irak spazierten – ungeachtet dessen, was die Kameraeinstellungen der Nachrichten uns vermitteln wollen. Später sollte ich sehen, wie es normalerweise gemacht wurde: In der Grünen Zone (die internationale Zone im Zentrum von Bagdad, die von der US-geführten Koalition geschützt wurde und von mit Stacheldraht besetzten Schutzwällen umgeben war) suchten die Nachrichtenteams nach Kameraeinstellungen, die nahelegten, dass die Einsatzkräfte in der Stadt unterwegs waren, und schwer mit Equipment beladene Soldaten liefen dieselben Straßen entlang wie ich, allerdings im GI-Joe-Style: Einer gab dem anderen von einer Straßenecke aus Rückendeckung und erhielt dann selbst Rückendeckung, wenn er zu seiner Truppe aufrückte. Alle Gewehre waren angelegt und auf Einwohner in der Nähe gerichtet – was vernünftig war, wenn man bedenkt, dass hier uniformierte Amerikaner und damit offensichtliche Zielscheiben unterwegs waren.

Ein Hotel Hausmeister erklärte sich bereit, mich in seiner spritfressenden braunen Limousine durch Bagdad zu fahren, die ein wenig aussah wie ein Lincoln Continental. Der Wagen war wirklich ziemlich hinüber und aus Ersatzteilen zusammengeflickt. Er zeigte mir noch ein paar Sehenswürdigkeiten, darunter eine Vielzahl von Saddams Palästen und das Tor des Assassinen – bevor ein Selbstmordanschlag vor dem Tor zu schärferen Sicherheitsmaßnahmen führte. Das Nationalmuseum war geschlossen, und es stellte sich heraus, dass viele frühere touristische Sehenswürdigkeiten und Kriegsdenkmäler umfunktioniert worden waren, um als Stützpunkt für die Truppen zu dienen. Das ergab Sinn, da es vor Ort bereits öffentliche Toiletten und Parkplätze gab. Sadr City, ein Vorort von Bagdad, machte einen ungesunden Eindruck; die Straßen waren mit Geröll übersät und die Einwohner waren Fremden gegenüber argwöhnisch, weswegen ich darauf verzichtete, die Gegend zu Fuß zu erkunden.

Einer der Manager in meinem Hotel war sehr erfreut darüber, dass er einen kanadischen Touristen zu Gast hatte, und er machte es zu seiner Aufgabe, mich am Leben zu halten. Bei zwei Gelegenheiten kam er angerannt, als ich gerade das Hotel für einen Spaziergang verlassen wollte. Er wollte mich nicht gehen lassen und stemmte sich mit beiden Händen gegen meinen Brustkorb. Unter den gegebenen Umständen setzte ich mich dann in einen weichen roten Samtsessel im Empfangsbereich und wartete ab, um zu sehen, was los war. Und beide Male, keine zehn Minuten später, hörte man draußen auf der Straße Schüsse und einmal auch eine Explosion. Der Manager – und vielleicht auch die ganze Nachbarschaft – muss gewusst haben, dass es gleich losgehen würde. Ich konnte nicht wissen, ob es die 1. Panzerdivision war, die die Straßen im Zuge der Operation *Iron Grip* räumte, oder irgendein Streit zwischen rivalisierenden Rebellengruppen. Die Iraker in der Hotellobby, gewohnt an jahrzehntelangen Krieg mit Unterbrechungen und darum bemüht, das komische Moment in solchen Situationen zu erkennen, lachten und gestikulierten, wenn sie darüber debattierten, wann es sicher sei, ihren kanadischen Touristen wieder vor die Tür zu lassen. Ihre Stimmung war ansteckend und ich musste mich darauf besinnen, wieder das Gesicht eines mürrischen, kriegserprobten Irakers zu machen, wenn ich durch die Straßen ging.

Es gab ein schickes Restaurant in Laufnähe, wo ich für weniger als vier Dollar eine fast schon lachhafte Menge an Essen bekam; man brachte mir ein ganzes Grillhuhn an den Tisch, reichlich Brot, Unmengen von Reis. Für gewöhnlich aß ich im Dachrestaurant des »Bagdad Tower Hotel« zu Abend. Ein fetter, ausgelassener, aus Ägypten eingewanderter Kellner bestand so nachdrücklich darauf, die zu meinem Essen passenden Weine zu empfehlen, dass ich den sicheren Eindruck bekam, er wäre am Umsatz beteiligt. Er klagte über den Schaden, den der Krieg im schönen Bagdad angerichtet hatte, dem Paris des Euphrats, aber er beobachtete auch Hubschrauber, so wie andere Menschen Vögel beobachten, und riss die Fenster auf für eine bessere Sicht, wobei er laut »Apache« oder »Blackhawk« oder »irakischer Polizeihubschrauber« rief. Drei Nächte in Folge waren unter meinem Fenster Unruhen zu hören: Männer schlichen aus Gassen heraus und griffen unser Nachbargebäude an, vor dem sich Soldaten hinter Sandsäcken verteidigten. Ich saß im Dunkeln, trank meinen Wein und sah dem Schusswechsel da unten in der Dunkelheit zu.

...

Ich beschloss, dass eine Tour durch Hilla, eine durch einen Arm des Euphrats geteilte Stadt und die archäologische Stätte des antiken Babylons, südlich von Bagdad gelegen, das Richtige für mich wäre. Ursprünglich wollte ich wieder mit dem Hausmeister dorthin, doch der Hotelmanager intervenierte ein drittes Mal und bot mir stattdessen einen Transport mit einem schnittig uniformierten Fahrer an, der ein Seitengewehr trug. Er hatte mit seinen ersten beiden Interventionen richtiggelegen, also fügte ich mich. Der Fahrer fuhr in einem alten, aber todschicken dunklen Mercedes mit einem kraftvollen Motor vor und wir brausten davon in Richtung Süden.

Hilla war enttäuschend – gewöhnlich, mal abgesehen von den Dattelpalmen, die die Flussufer säumten, und einer entsetzlichen Menge geschlachteter Schafe, die in den Rinnsteinen ausbluteten. Als wir uns Babylon näherten, wurde der Verkehr um uns herum zunehmend militärischer. Wir steckten zwischen Konvois fest: Am Anfang und Ende sowie gelegentlich inmitten der Reihen fuhren Geländewagen, ausgestattet mit vorne und hinten am Fahrgestell montierten Maschinengewehren, ansonsten bestanden die Reihen aus Prozessionen von schwer mit Erdöl beladenen Tanklastern. Oft wurden diese Konvois von einem Kampfhubschrauber bewacht, anderswo im Irak hatte ich auch schon zwei Hubschrauber über den Trucks eines einzelnen Konvois hin und her fliegen sehen. Trotz dieser Bemühungen – vielleicht auch nur wegen rücksichtslosen Fahrens – sah man an den Straßenrändern immer wieder rußschwarze, ausgebrannte Tanker.

Wir erreichten Babylon. Mein Reisehandbuch stellte ein Fitzelchen Information bereit, in dem diese Stätte als leeres Feld mit zwei einsamen Löwenstatuen beschrieben wurde. Die Hauptgefahr waren womöglich Räuber, also hatte ich ein bisschen Bargeld mitgebracht, um im Fall von Ärger schnell etwas herausrücken zu können. Meinen Pass und meinen »Geschäftspuffer« hatte ich im Hotelsafe in Bagdad gelassen.

Die Zustände hatten sich geändert. Babylon war eine sich weit erstreckende Hubschrauberbasis, die brummte wie ein Nest wütender Hornissen. Mein Fahrer brachte mich ans Tor, wo ein US-Soldat namens Neil das Sagen hatte. Ich fragte ihn, ob ich reinkommen dürfte, und beschrieb mich als neugierigen Reisenden. Er schien erst überrascht, dann verwirrt, und er fragte mich, ob ich einer dieser reichen Typen sei, die um die Welt jetten.

»Streichen Sie das ›reich‹«, sagte ich. »Und ich fahre eher per Anhalter, als dass ich jette, aber ja, ansonsten haben Sie den Nagel auf den Kopf getroffen.«

»Was beabsichtigen Sie zu tun, wenn ich Sie reinlasse?«

»Mich mit ein paar von den Jungs hier unterhalten, wenn sie Zeit haben. Mich erkundigen, wie's ihnen geht.«

»Ich schätze mal, ich könnte Sie reinlassen, wenn Sie eine Genehmigung von der Zivilbehörde bekommen«, sagte er und wies einen Dolmetscher an, meinem Fahrer eine Wegbeschreibung zu geben. Dann ging er kopfschüttelnd fort.

Wir fanden unser Ziel an einer nahe gelegenen Straße. Auch hier gab es Stacheldraht und ein Tor; diesmal hatte ein sehr massiger britischer Soldat das Sagen, dessen Verhalten und Gang darauf schließen ließen, dass er einer Spezialeinheit angehörte. Es waren meist heruntergekommen aussehende Einheimische, die warum auch immer versuchten, auf den Stützpunkt zu gelangen, und der Soldat schritt am Tor auf und ab und sorgte für Ordnung. Er verweigerte mir den Zutritt.

»Trotzdem vielen Dank«, sagte ich. »Tschüss.« Und ich ging.

»Kommen Sie zurück«, sagte er und drehte sich auf dem eigenen Absatz. »Ich lasse Sie rein, aber zeigen Sie mir zuerst Ihren Ausweis.«

Tja, kein Ausweis, keine Zutrittserlaubnis. Mein Fahrer war von dieser Entwicklung genervt, während für mich solche missglückten Unternehmungen oft besser sind als geglückte. Ich versuchte, ihm zu erklären, dass alles in Ordnung war; ich glaube, er war der Ansicht, dass mein Anliegen irgendwie wichtig und nun gescheitert war. Zwar wäre es interessant gewesen reinzudürfen, um mit den Jungs am Babylon-Stützpunkt sprechen zu können, da ich bisher im Irak nur auf Iraker getroffen war und noch keine Gelegenheit gehabt hatte, mit Amerikanern zu sprechen, aber die Aussicht von der anderen Seite des Stacheldrahtzauns hatte diesen Tag schon interessant gemacht. Wir fuhren noch ein bisschen herum, aber nicht viel weiter Richtung Süden, dann fuhren wir wieder zurück in die Hauptstadt.

Nach einer Weile hatte ich mit dem Bus oder per Anhalter weitere kleine und große Städte gesehen, darunter Mahmudiyya und Ishaqi, nicht weit von Bagdad. Da ich keine vernünftige Karte hatte, wusste ich nie genau, wo ich mich gerade befand, also ließ ich mich einfach treiben, traf Iraker, die meist freundlich waren, wenn sie erst mal erfreut festgestellt hatten, dass ich ein Tourist war. Vielleicht glaubten sie, dass weitere Touristen folgen würden und dass dies ein Zeichen dafür sei, dass Irak sich auf gutem Wege befand, wieder ein normales, florierendes Land zu werden. Meistens half mir jemand, der ein wenig Englisch sprach, ein Hotel und die besten Restaurants zu finden; manchmal blieb er während des Essens bei mir und übersetzte die Fragen neugieriger Einwohner.

* * *

Eines Morgens erregte etwas in meiner Hosentasche meine Aufmerksamkeit: der elegant aussehende Messingschlüssel vom letzten Hotel, aus dem ich ausgecheckt war, als ich Bagdad verließ. Ich hätte es schade gefunden, wenn sie einen neuen hätten anfertigen müssen. Ich befand mich in der Stadt Samarra, wo ich jedes Mal für eine Sensation in der Nachbarschaft sorgte, wenn ich in eines der Restaurants ging, um Teller voll Hühnchen, Brot und eingelegtem Gemüse zu bestellen, und wo der Verkehr von langen Reihen amerikanischer Militärfahrzeuge zum Erliegen gebracht wurde, die versuchten, sich auf schmalen Straßen, die nie für mechanische Invasionen dieser Art gebaut worden waren, durch fürchterliche, selbst verursachte Staus zu quetschen. Manchen Jungs waren auch zu Fuß im Einsatz, und alle richteten ihre Gewehre auf vorübergehende Menschen auf der Straße, wie es hier üblich war.

In der Stadt fand sich auch ein Postamt. Zeit herauszufinden, ob der Postdienst des Iraks wieder funktionierte. Es gab einen Raum, in dem ich den Schlüssel einpacken und an das Hotel adressieren konnte, dessen Visitenkarte ich glücklicherweise aufgehoben hatte. Mittlerweile musste sich schon rumgesprochen haben, dass ein Weststaatler versuchte, etwas zu verschicken. Plötzlich hatte es den Anschein, als sei ich ein Geheimagent und mein kleines Päckchen eine nationale Sicherheitsangelegenheit. Eine Phalanx aus einem halben Dutzend mit Kalaschnikows bewaffneter irakischer Soldaten kam an; zwei von ihnen kommunizierten über Funksender, während sie mich auf meiner Mission bewachten, mich in der Schlange auf dem Postamt anzustellen. Anschließend schüttelte der befehlshabende Offizier meine Hand und man eskortierte mich sicher nach draußen, wo man mich mit einer zackigen Salutation verabschiedete.

Es war Januar 2004 und Zeit, nach Norden zu gehen. Der Winter begann und es wäre klug, durch das Gebirge im östlichen Anatolien zu reisen, bevor zu viel Schnee fiel. Per Anhalter kam ich bis zu einer Bushaltestelle außerhalb von Samarra, wo ich wartete. Mein Bus kam und sah aus wie all die verbeulten Kisten auf Rädern, die man hier zu Gesicht bekam. Im selben Augenblick teilte mir ein freundlicher Einwohner mit, dass jemand in der Nähe war, der nach Norden fuhr und nichts dagegen hatte, mich mitzunehmen.

Dieser Typ, der nichts gegen einen ausländischen Mitfahrer einzuwenden hatte, sprach auch noch etwas Englisch. Er versuchte, mir zu erklären, dass die Iraker einst ein bedeutendes, kultiviertes Volk gewesen waren und es auch wieder sein würden. Wie sich herausstellte, war er auch ein großer Anhänger Saddam Husseins und zeigte mir fast fertiggestellte Moscheen als Beweis dafür, dass der ehemalige Diktator ein guter Muslim sei. Immer mal wieder ging es an größeren und kleineren Städten vorbei; auf den Straßen waren jede Menge Tanklaster-Konvois unterwegs, unterstützt von Hubschraubern oder Geländewagen und amerikanischen Soldaten. Jede Menge zerstörter irakischer Panzer und andere Kampffahrzeuge säumten den Straßenrand. Ich machte nicht Halt, um sie genauer in Augenschein zu nehmen, da in einigen dieser Fahrzeuge vermutlich Hülsen von Uranmunition steckten. Auch wenn die Abfallprodukte dieser Munition sicher sein sollen, war es nicht klug, ein Risiko einzugehen, nur um einen Blick in das Innere eines kaputten Panzers zu werfen, deren Anblick auf den Schlachtfeldern dieser Welt so gewöhnlich ist, als wären es leere Bierdosen.

Endlich, als wir eine weitere Stadt durchquerten, rief mein Fahrer: »Tikrit, Heimatstadt von Saddam Hussein; wir machen Halt und essen hier.«

Ich dachte mir: Tikrit? Das ist vermutlich der einzige Ort, den man meiden sollte, wenn es nach mir ginge. Saddam war vor ein paar Wochen, am 13. Dezember, von amerikanischen Soldaten im Rahmen der Operation *Red Dawn* gefangen genommen worden, als er sich in einem Erdloch nicht weit von hier versteckte, und sein Volk schäumte sicher vor Wut über die einfallenden Weststaatler.

Wir parkten vor einem großen Chicken-Restaurant unter freiem Himmel und setzten uns zum Essen hin. Mein Fahrer sprach auf Englisch mit mir, wodurch er mich zwang, ebenfalls öffentlich Englisch zu sprechen.

»Sind das alles Stammesgenossen von Saddam?«, fragte ich.

»Ja, schauen Sie auf die Kufiyas.«

Überall waren Angehörige von Saddams Sippe, und viele von ihnen hatten aufgehört zu essen; andere murrten und schauten mich böse an. Mir kam in den Sinn, dass jemand auf mich zurennen und mir den Kopf abschneiden könnte. Die Logik gebot allerdings, dass das schon längst passiert wäre, wenn es hätte passieren sollen, also entspannte ich mich bald und genoss mein Essen, bevor ich unversehrt wieder ging.

Später am Tag wurde ich dann in Mossul abgesetzt, weit im Norden des Iraks. Wieder war mein Fahrer so freundlich, mir bei der Suche nach einem guten Hotel zu helfen. In Mossul gab es ein paar Türme und ein Museum (wegen Plünderung geschlossen, sagte man mir, und niemand öffnete mir die Tür). Auch hier gab es eine amerikanische Truppe, möglicherweise die 10. US-Gebirgsdivision oder die 101. US-Luftlandedivision, da wir uns in den frühen Tagen des Jahres 2004 befanden. Die Soldaten gingen jeden Tag in einem Stockwerk des immer gleichen Gebäudes im Stadtzentrum in Stellung, verschanzt hinter Sandsäcken und die Waffen im Anschlag, um die Straße unter ihnen zu inspizieren. Mir kam in den Sinn, dass sie auch nachts jemanden abstellen sollten, denn ein Rebell hätte eine Zeitbombe da oben platzieren können, und der Effekt wäre verheerend gewesen. Sie befanden sich an einer ziemlich zentralen Stelle, daher hatten sie mich sicher oft vorbeilaufen sehen, wenn ich die Stadt erkundete. Einmal winkte ich ihnen zu, aber niemand winkte zurück.

Da die Kulturstätten und Sehenswürdigkeiten in dieser Stadt geplündert waren, heuerte ich einen kurdischen Mann an, der mich zu ein paar der assyrischen Ruinen in der Nähe fahren sollte. Ich konnte einen Kurden aus einem Kilometer Entfernung erkennen, da sie in der Grenzgegend ein charakteristisches Aussehen hatten: Häufig waren es große Gesichter mit kräftigen Zügen und einem erstaunlichen Schnauzer. Außerdem übertrafen sie jede andere

Gruppe oder Nation in ihrem Überschwang für Präsident Bush und die Amerikaner. Die Kurden hofften auf eine strahlende Zukunft, und vielleicht hatten sie recht. Und ich begegnete meinen ersten Weststaatlern – einem Pärchen aus Nordamerika, das über die Grenze gekommen war, weil es Recherchen für ein Buch über die Kurden machte. Insbesondere die Frau schien angespannt und war dankbar für meine aufmunternden Worte. Ich sagte ihnen, dass es hier im nördlichen Teil des Landes weit ruhiger war, was die Waffengefechte bei Nacht und die Spannungen in der Bevölkerung betraf.

Die Ruinenstätte lag in der heutigen Stadt Nimrud, dem antiken Kalhu, und war von den Peschmerga besetzt, dem militärischen Arm der Kurden. Einer von ihnen zeigte mir alles für einen Dollar. Die Hälfte der Monumente war abtransportiert worden; die andere Hälfte sah aus wie die Sachen, die im British Museum ausgestellt sind. Aber es war interessant, diese gigantischen Felsbilder und die Statuen seltsamer und wunderbarer Bestien *in situ* zu sehen.

König Salmānu-ašarēd der Erste herrschte vor mehr als 3000 Jahren über die Stadt, und ein anderer König, Aššur-nâsir-apli der Zweite, machte diesen Ort zu seiner Hauptstadt. Er ließ sich einen Palast aus wertvollen Hölzern bauen, darunter Tamariske, Pistazie und Zeder; für diesen Palast schufen seine Arbeiter monumentale Friese aus Kalkstein und Alabaster, schwarze Obelisken, ein großes Zikkurat und kolossale Statuen geflügelter Löwen und Bullen, bis zu dreißig Tonnen schwer und Lamassu genannt. Die Briten haben sich Mitte des 19. Jahrhunderts einige dieser Lamassu und auch sonst vieles unter den Nagel gerissen, um es in London auszustellen. Und tatsächlich haben sie damit etwas Gutes getan; auf diese Weise konnte vieles erhalten werden, das sonst Plünderern zum Opfer gefallen wäre, die Stücke aus dem Stein schlagen, um sie an reiche Sammler weiterzuverkaufen. Die Zerstörung seit 2015, als barbarische IS-Armeen die Region unterworfen haben, ist ungeheuer. Ich ziehe keine Freude aus der Erkenntnis, dass ich all die großen antiken Stätten dort und anderswo besucht habe, bevor sie platt gewalzt und weggesprengt wurden – ein Welterbe, das kommenden Generationen versagt bleibt.

Die Inschriften auf Kalksteinplatten konnten von Gelehrten entziffert werden; sie rühmen die Kriegsverbrechen des antiken Königs: »Viele der Gefangenen habe ich genommen und in einem Feuer verbrannt. Viele habe ich lebend genommen. Manchen habe ich die Hand bis aufs Handgelenk abgeschnitten, anderen habe ich die Nase, die Ohren und Finger abgeschnitten; vielen der Soldaten habe ich die Augen ausgestochen. Ich habe ihre jungen Männer, Frauen und Kinder im Feuer getötet.«

Die Nachkommen der Assyrer leben noch immer in dieser Gegend, aber die Vorstellung der Gesellschaft darüber, was akzeptabel ist, hat sich in den Jahrtausenden seit der Herrschaft Aššur-nâsir-aplis weiterentwickelt. Kriegsverbrechen zu begehen und sich ihrer zu rühmen – inklusive dem Verbrennen Gefangener bei lebendigem Leib, Enthauptung, Folter und Versklavung –, ist populär wie eh und je; und heute ist es wohl der IS, der solche Gräuel mit dem größten Enthusiasmus verübt. Aber kein Promi wird Bildhauern Geld dafür geben, dass sie ihm neue Lamassu für seine Villa schaffen. Die Nachbarn würden lachen. Heutzutage ist das Horten von Antiquitäten wie geplünderten Lamassu und Stelen ein Anzeichen für einen edlen Charakter.

▪ ▪ ▪

Zurück in Mossul hatte ich zum ersten Mal seit meiner Ankunft im Irak einen gemächlichen Tag, was irgendwie langweilig war. Ich sagte mir, dass dieses Gefühl unangemessen war; per Anhalter durch den Irak zu reisen – kurz nach der Operation *Iron Grip* im Dezember 2003 – sollte unerbittlich stimulierend sein und mir eine tolle Sammlung von Geschichten bescheren, die ich in Ehren halten konnte. Und tatsächlich war bisher jeder Tag spannend und neu gewesen – und doch … Ein mürrisches Gefühl unerklärbarer Langeweile überkam mich und weckte in mir den Wunsch nach neuer Aufregung.

Noch am selben Abend ging mein Wunsch in Erfüllung. Ich war in einem Gebäude, in dem es ein Restaurant gab, und beendete gerade mein Abendessen, während ich mir im Fernsehen arabische Musikvideos anschaute, als plötzlich die Lichter ausgingen und ich Oliven essend im Dunkeln saß. Bald gab es Aufruhr an der Tür – die US-Armee stürmte das Gebäude. Ein Trupp Soldaten mit Stirnlampen an ihren Helmen begann, die Iraker zu verhören und zu durchsuchen. Es gab einen deutlichen Unterschied im Verhalten der Truppe, wenn der befehlshabende Offizier in der Nähe war: War er im Raum, waren sie höflich; sobald er den Raum verließ, wurden die Jungs ruppiger. Ein Iraker, der ein wenig Englisch sprach, sagte: »Ich bin nur Assistent der Geschäftsführung.« Der junge Soldat, der ihm die Waffe vorhielt, stieß ihm den Lauf des Gewehres in den Bauch und sagte: »Halt die Klappe oder ich erschieße dich!« Die Soldaten waren verärgert, weil sie bereits zwei Kalaschnikows gefunden hatten.

Dann sagte ich ihnen Hallo. Sie kamen angerauscht, wobei sie zunächst ihre Sturmgewehre auf mich richteten und mich von allen Seiten ausfragten. Wegen meines perfekten Englischs haben sie sich vielleicht gefragt, ob sie einen Spion oder Geheimagenten oder dergleichen gefangen hatten. War hier gerade ein kanadischer Tourist in die Klauen der aktuellen *Iron*-irgendwas-Operation geraten? Ich wusste schon, dass es in solchen Fällen am besten ist, seinen Sinn für Humor nicht zu verlieren; wenn dir das nicht gelingt und die Situation ernst wird … wenn diese Typen ernsthaft wütend werden … dann Gnade dir Gott.

»Was machen Sie im Irak?«

»Das Übliche. Urlaub. Was – seid ihr Jungs etwa beruflich hier?«

»Wo ist Ihre Waffe?«

»Ich habe keine Waffe. Ich bin Tourist.«

Sie konnten es zunächst nicht glauben, erst recht nicht, als sie von meiner Unfähigkeit erfuhren, auch nur ein Wort Arabisch zu sprechen, und ich ihnen sagte, dass ich einfach nur unbewaffnet das Land erkundete, mir archäologische Ruinen ansah und auf den Basaren Brot und Datteln kaufte. Man gleiche das mal mit den Erfahrungen dieser Soldaten ab. Aus gutem Grunde verließen die Amerikaner ihre Stützpunkte für gewöhnlich nicht, außer in einem Geländewagen, einem Panzer oder einem gepanzerten Mannschaftswagen – und selbst dann nur mit einem Gewehr und Schutzanzug und Granaten und lasergesteuertem Schmu, mit Schutzbrillen und Helmen, sodass man nicht einmal sehen kann, dass sich unter dieser ganzen Ausrüstung ein Mensch befindet.

Als sie mir einbläuen wollten, dass der Irak ein gefährliches Land und Kriegsgebiet sei, sagte ich: »Ja, ich würde sagen, es bewegt sich auf der Gefahrenskala im mittleren bis oberen Bereich, je nachdem, wo man sich befindet.« Und ich zählte andere gefährliche Länder auf, die mir vertraut waren, Kriegsgebiete oder Orte, an denen sich üble Banden ausbreiteten – das von den Roten Khmer kontrollierte Nordkambodscha, die Dschungelstraßen Palawans, die rostigen Blechhütten-Slums von Tegucigalpa mit ihren mordlüsternen Banden. Natürlich war der Irak tatsächlich gefährlich, aber ich tat gut daran, das runterzuspielen, da es nicht in meinem Interesse war, dass die Soldaten überreagierten und mir untersagten, mich frei zu bewegen.

Ein Soldat fragte mich, ob ich die Person sei, die sie ein paar Mal hatten vorbeilaufen sehen – ich wusste nun also, dass das dieselben Jungs waren, die jeden Tag den Posten bemannten. Das sei ich, bestätigte ich, und ein anderer Soldat bemerkte, er habe sich schon gedacht, dass ich nicht wie ein Iraker aussähe. Dann fragten sie mich, wo im Land ich schon gewesen sei, und ich zählte einige Orte auf, darunter Babylon.

»*Sie sind in Babylon gewesen?*«

»Ja, aber ich bin nur bis an den Zaun gekommen. Da war alles voll mit amerikanischem Militär – eine Art Stützpunkt für Kampfhubschrauber.«

Vielleicht sollte es ein geheimer Stützpunkt für Kampfhubschrauber sein, dachte ich mir.

Jetzt versuchte der Kommandeur, eine richtige Vernehmung durchzuführen, aber seine Jungs plauderten zwischen den Fragen einfach nur mit mir – einer fragte mich, ob ich im Hotel, in dem ich wohnte, Fernsehen schaute und das letzte Footballspiel gesehen hatte. Meine Beschreibung der Party im Iran fanden sie unterhaltsam. Obwohl ich ihnen erzählte, wie hilfsbereit und freundlich die Menschen hier waren, schienen sie es interessant zu finden, dass jemand einfach per Anhalter durch die Gegend fuhr, ohne Waffe oder Arabischkenntnisse.

»Sie haben Eier, Mann«, sagte ein Soldat. »Urlaub im Irak.«

Der Kommandeur wollte meinen Pass sehen. Er schrieb meine Daten auf und fragte mich dann, ob ich mich noch mit anderen Dokumenten ausweisen könne. Ich zeigte ihm meinen kanadischen Führerschein, dessen Daten er sich ebenfalls notierte. »Eine Frage noch«, sagte er. »Welche Bomben oder reaktive Panzerbüchsen haben Sie in diesem Gebäude gesehen?«

Keine, wie ich einräumen musste.

»Wenn Ihnen Ihr Leben lieb ist … verschwinden Sie aus dem Irak, so schnell Sie können.«

»Ich werde morgen versuchen, weiter Richtung Norden zu kommen«, sagte ich.

Sie verließen das Gebäude mit den beiden Kalaschnikows, die sie beschlagnahmt hatten, und das war's. Natürlich würden die Iraker aus dem Restaurant am nächsten Tag Nachschub auf der Straße kaufen müssen, und es schien mir wahrscheinlich, dass sie wütend auf die Amerikaner sein würden, die ihnen die Waffen abgenommen hatten, die sie brauchten, um ihr Zuhause und ihre Familie zu beschützen.

Und tatsächlich zeigten die Iraker ihren Ärger unverhohlen, als die Amerikaner außer Hörweite waren. Ein Paar hatte im Restaurant seine Hochzeit gefeiert und empfand die Veranstaltung nun als zerstört. Ein großer Gentleman schrie mich an: »Pentagon ist schlimmer als *Al-Qaida*.«

Ich hatte Mitleid mit den Irakern, aber ich konnte auch die amerikanischen Truppen verstehen, die einfach nur ihren Anweisungen folgten. Überall herrschten kulturelle Missverständnisse. Ich versuchte, einem Iraker zu erklären, dass man in Amerika von Polizei und Militär erwartet, dass sie in Ausübung ihrer Pflicht mit absoluter Autorität auftreten. Sie richteten ihre Waffen routinemäßig auf Bürger, selbst bei so trivialen Dingen wie einer Verkehrskontrolle, und manchmal erteilten sie Befehle in einer Art, die erstaunlich direkt und unhöflich wirken mochte. Das ist schlicht eine Eigenart der amerikanischen Kultur.

Als ich später im Jahr in Ägypten war, lernte ich, dass ich von Glück reden konnte, ein Kanadier zu sein: Ein Litauer erzählte mir die Geschichte eines anderen Reisenden, der versuchte, über die türkische Grenze in den Irak einzureisen, aber nicht weit kam, weil amerikanische Truppen ihn aufhielten. Sie fragten ihn nach seiner Nationalität. Als er sagte, dass er aus Litauen komme, wussten sie mit dem Namen des Landes nichts anzufangen. Sie glaubten, es sei einer dieser aufrührerischen Orte wie Dagestan oder Inguschetien, und verhafteten ihn. Wenn so eine Inhaftierung erst mal im Gange ist, entwickelt sie ein Eigenleben, und es dauerte Monate, bevor man ihn wieder freiließ.

Am nächsten Morgen packte ich meine Sachen und besorgte mir eine Mitfahrgelegenheit bei einem Iraker; wir fuhren an windgepeitschten Gräsern und steinigen Ebenen vorbei. Er sprach Englisch, aber nur ein klein wenig. Wir sprachen über unsere Heimatstädte, und ich hatte Schwierigkeiten, ihm zu erklären, dass ich früher in einem Dorf gewohnt hatte. Er konnte diese Information nicht verarbeiten; er dachte, dass jeder Weststaatler aus einem Ort stammen musste, der mindestens so groß wie Bagdad war. Alle fünfzehn Minuten etwa fuhren wir an einer Stadt vorbei, und als wir uns einer näherten, die etwa die Größe von Glade hatte – eine Zeit lang meine Heimat in British Columbia mit circa 240 Einwohnern – glaubte ich, meine Chance zu erkennen.

»Meine Stadt ist wie diese Stadt«, sagte ich.

»Diese Stadt Jesidenstadt, Leute beten Satan an«, spie er aus.

▪ ▪ ▪

Im Januar 2004 waren der nördlichste Irak und der Osten der Türkei eine von Schnee und Steinen bedeckte Ebene, eine Sammelstätte für die Tanklasterkonvois, die ich im Irak gesehen hatte. Die Grenze war ein Schlamassel aus Lehm und rotem Sicherheitsband. Mein Ausreisestempel befand sich auf einem Stückchen Papier und nannte nicht den Irak, sondern Kurdistan. Es bedurfte jeder Menge Papierkram, um auf die türkische Seite zu wechseln und ein Visum zu bekommen, das normalerweise ohne großen Aufwand zu haben war. Es war sinnig, einem Schnorrer zehn Dollar zu zahlen, damit er mir dabei half, die Prozedur effizienter abzuwickeln. Als ich auf die andere Seite der Grenze kam, entdeckte ich ein Auto, das an diesem windig-kühlen Wintertag Reisende aufsammelte.

Ich hatte zwei denkwürdige Wochen im Irak verbracht, bevor die Soldaten mir die Abreise nahegelegt hatten. Jeder Tag davon war ein Abenteuer, aber ein Gefühl der Erleichterung ergriff mich, als ich es unbeschadet in das türkische Hinterland schaffte, wo ich Freunde und Familie kontaktieren konnte, um ihnen zu sagen, dass ich gesund war und niemand mir die Kehle durchgeschnitten hatte. Ich hatte etwas über meine Toleranz persönlichen Risiken gegenüber gelernt, aber ich war auch erleichtert, meiner Familie nicht von meinem Plan erzählt zu haben, per Anhalter durch den Irak zu reisen. Andererseits: Wenn deine Eltern sich keine Sorgen machen … bist du dann überhaupt wirklich auf Reisen?

Die Gefahr war real. Später im selben Jahr reist ein jüngerer, unerfahrenerer Backpacker aus Japan – Shosei Koda – über dieselbe Route wie ich nach Bagdad und hatte deutlich weniger Glück. Unmittelbar nach seiner Einreise wurde er von Terroristen gekidnappt und vier Tage später durch eine auf Video festgehaltene Enthauptung ermordet.

Als junger Mann, während des zweiten Monats meiner 86 Tage allein in der Wildnis, fand ich es wichtig, für meinen Roman eine akkurate Beschreibung von Angst zu finden. Wie ein Maler auf der Suche nach einer pittoresken Wiese, auf der man die Staffelei aufstellen kann, stapfte ich mit einem Notizbuch in der Hand los, um die Angst zu suchen. Ich fand genau das Richtige: einen Bären – genauer gesagt einen Schwarzbären, kein Riese, aber überdurchschnittlich groß. Das würde reichen. Der Bär stellte sich auf seine Hinterbeine, um die Lage zu checken; er war nah genug an mir dran, dass wir die Bedrohung erkannten, die der jeweils andere darstellte. Statt die Bestie anzurempeln, schaute ich einige Male nach unten, während ich mir Notizen machte. Die Angst, die ich aufbringen konnte, fand ihren Ausdruck als wankelmütige Emotion, wie ein auf seine Spitze gestellter Tannenzapfen, eingefroren in einer unentschiedenen »Kampf-oder-Flucht-Reaktion«.

Was mich überraschte, war, dass meine Zeit im Irak nicht so war – zumindest nicht wirklich. Was ich dort gespürt hatte, war eher die Angst, die man spürt, wenn man ein Mädchen um ein Date bittet, dieser kurze Moment, bevor sie »Nein« sagen könnte. Die Erleichterung, unversehrt durch Orte wie Tikrit gekommen zu sein, war wie die Verwandlung der Angst in ein Hochgefühl, direkt nachdem man ihre Lippen das Wort »Ja« hat formen sehen.

Aber die ständige Alarmbereitschaft, in der mich befunden hatte, hatte mir zu schaffen gemacht und ließ mich geistig ermattet zurück, auf der Suche nach einem Ort, an dem ich meinen Akku wieder aufladen konnte.

So war das bei mir schon immer gewesen: Die bloße Angst vor einem gewaltsamen Tod durch den Angriff eines Menschen ist eher primitiver Natur, daher beunruhigt sie mich nicht. Ich habe mit dieser Angst im Laufe meiner Jahre in der Wildnis Freundschaft geschlossen. Meine größte Angst als junger Mann entsprang nicht der Gefahr eines Angriffs durch die wenigen Raubtiere in einer mir sonst vertrauten Landschaft, sondern sie wurde zum Beispiel durch die Ankunft in einer großen, mir unbekannten Stadt geweckt, von der ich keine Karte hatte und deren Sprache ich nicht sprach – womöglich noch zu nächtlicher Stunde, wenn die Leute Fremden auf der Straße gegenüber misstrauisch sind und man dennoch irgendwie mit ihnen kommunizieren muss, um herauszufinden, wohin man gehen muss. (Heute, da ich älter bin, finde ich eben diese Herausforderung eher witzig.) Bei dieser milden Form von Angst tat es meinem Nervenkostüm gut, die hohen Dattelpalmen in Bagdad zu bewundern, oder besser noch einen der grünen Büschel, die aus den Ritzen im Mauerwerk wuchsen, in denen ein Vogel Samen abgelegt hatte.

Für mein durch Wochen in ständiger Alarmbereitschaft zerschlissenes Nervenkostüm war es das Beste, zum Ausgangspunkt zurückzukehren. Schnee, Schlamm, abgestorbene Erntereste und eisiger Regen, die mich in Städten wie Diyarbakır empfingen, reichten mir nicht aus. Dasselbe galt für Istanbul, auch wenn es Orte gibt, die mentale Spuren hinterlassen, als könnten Gedankengänge und Stimmungen mit einem Geo-Tag versehen werden. Istanbul ist einer dieser Orte; über die Jahre hinweg bin ich ein Dutzend Mal in diese Stadt zurückgekehrt und habe Gedankenfäden wieder aufgenommen, oftmals genau da, wo ich sie Jahre zuvor hatte fallen lassen.

Ich beantragte ein Visum für Syrien und machte mich auf den Weg nach Damaskus, langsam die türkische Mittelmeerküste entlang. Gänzlich entspannt und wohl in meiner Haut fühlte ich mich erst nach einem Aufenthalt am idyllischen Strand von Olympos, wo ich die Meeresluft atmete und Orangen von den Bäumen vor meiner A-förmigen Hütte aß; ich machte Entdeckungstouren zu den Ruinen, die damals weitgehend noch nicht ausgegraben und von Wald überwachsen waren. Ich stieg über zylindrische Stücke umgestürzter Säulen und entdeckte antike Sarkophage, in die altgriechische Begräbnisinschriften gemeißelt waren, während ich den Wellen zuhörte, die bunte Kiesel an das Ufer spülten.

Noch einige Jahre später überraschte ich andere Backpacker, wenn ich Syrien als das beste Reiseziel im Mittelmeerraum nannte – hervorragende, aber billige Hotels, die Zitadelle von Aleppo und der Krak des Chevaliers, antike Stätten wie Palmyra, die Stadt der Herrscherin Zenobia, Straßencafés mit gutem Essen. Die Stätten sind mittlerweile leider größtenteils ruiniert, genau wie viele der Menschen dort.

Damaskus war ein Ort, an dem man wunderbar Kaffee schlürfen und Leute beobachten konnte – einmal auch in Gesellschaft eines umherziehenden türkischen Professors, der mir seine Vorliebe gestand, seinen Studentinnen die Möglichkeit einzuräumen, sich bessere Noten zu erschlafen. Er fand es belustigend, dass er, ein heimlicher Atheist, all die Moscheen besuchen konnte, die Nicht-Muslimen gewöhnlich versperrt blieben, indem er einfach nur seinen türkischen Pass vorzeigte. Während wir Kaffee tranken und die Mädchen beobachteten, die an uns vorbeiliefen, erklärte er mir ausführlich die Vorzüge türkischen Kaffees, des besten Kaffees der Welt, wie er beteuerte. Ich musste zugeben, dass er ziemlich gut war, wenn man erst mal gelernt hatte, dass man den Satz am Boden der winzigen Tassen nicht aufrühren durfte.

Nicht alle Moscheen waren so restriktiv, und einige der faszinierendsten waren früher Tempel für römische Gottheiten wie Jupiter gewesen. Besonders gefiel mir der Schrein für einen Anführer, der großen Ruhm erlangt hatte, trotz der südlich-fremdländischen Wurzeln des Harems seines Familienoberhauptes und trotz seiner Unterstützung für eine religiöse Sekte, die nicht die des hiesigen Adels war – in etwa wie Mitt Romney, nur dass er in diesem Falle nicht besiegt wurde, sondern zum König aufstieg: König Saladin, ein sunnitischer Kurde aus Tikrit und Sieger über Richard Löwenherz von England. Für Jahrhunderte waren die muslimischen Herrscher hier nicht sonderlich interessiert daran, die Bevölkerung dieser ehemals byzantinischen Gegenden zu konvertieren, weil man sie als Ungläubige stärker besteuern konnte, und Saladin ermunterte sogar die Juden, nach Jerusalem zurückzukehren. Aber das fortwährende Eindringen von Kreuzzüglern – die herrliche Schlösser bauten, so wie den Krak des Chevaliers – ließen sie den Vorteil von Untertanen erkennen, die Glaubensgenossen und deshalb loyaler waren, und so wurden die Menschen in Syrien nach und nach konvertiert.

Die von einer dicken Schneeschicht bedeckte translibanesische Gebirgskette bot den naheliegendsten Übergang zur Küste, und unser Bus hatte Mühe, sie zu erklimmen. Ein junger Engländer hatte sich zu mir und dem türkischen Professor gesellt, und es bereitete ihm Sorgen, dass ich kein Visum hatte, um in den Libanon einzureisen. Er hatte Wochen damit verbracht, sich vorzubereiten, während ich einfach an Ort und Stelle mein Glück versuchen wollte. Wie dem auch sei, mein Grenzbeamter verbrachte ein paar Minuten damit, mit mir über seine Verwandten in Ottawa und die besten Schawarma in der Elgin Street zu plaudern, dann gab er mir auch ohne Visum oder sonstige hilfreiche Dokumente einen Einreisestempel, während der Engländer über eine halbe Stunde aggressiv überprüft wurde, obwohl sein Visum und ein ganzes Bündel weiterer Dokumente in Ordnung waren.

In Beirut kamen wir an einem Starbucks vorbei, und ich erklärte dem neugierigen Professor, dass das Kaffee nach amerikanischer Art war. Nach ein paar Schlucken hatte er seine Überzeugungen über den Haufen geworfen; von da an hieß es nur noch: »Starbucks, der beste Kaffee der Welt!« Die Stadt war überwiegend friedlich und immer noch ziemlich schön, ungeachtet einiger durch Straßenkämpfe zerstörter Gebäude oder Wohnhochhäusern, aus deren Wänden der Artilleriebeschuss aus den umliegenden Berghängen große Brocken geschlagen hatte. Wir machten uns einen Eindruck vom Nachtleben, den berühmten Zedernwäldern und dem Tal mit den zerstörten Tempeln – und wir nutzten auch die seltene Gelegenheit, unsere E-Mails zu checken.

Barbara schrieb mir aus Winterthur, sie wollte Urlaub nehmen und mich in Ägypten treffen. Libanon markierte ohnehin das Ende dieser Reise, da es keine Möglichkeit gab, durch Israel oder zurück nach Syrien zu reisen, also verabschiedete ich mich von meinen Reisegefährten und flog nach Kairo. Meine Idee war es, ein gutes Hotel zu finden und mir einen Eindruck vom Land zu verschaffen, bevor Barbara ankam, da sie Schweizer Standards bevorzugte und meiner diesbezüglichen Gleichgültigkeit – die aus meinen Besuchen in den Slums der Dritten Welt resultierte – nicht viel abgewinnen konnte.

Ich war mir sicher, dass der alte britische Offiziersklub mit seinem retro-abgewetzten Kolonialstil und dem Liftboy in seiner gestärkten Uniform, das perfekte Hotel für uns abgeben würde. Ein Gedanke, den ich beruhigend fand (wenn auch ganz im Gegensatz zu den Jugendlichen der Stadt), war, dass Kairo immer die gleiche Stadt bleibt – eine verschmutzte, von Verkehrslärm erfüllte, immer gestresste arabische Megastadt. Die Zivilisation hier ist tausend Jahre älter als die der Araber, aber die Einheimischen sind weitgehend arabisiert: In den Geschäften findet man keine Bücher oder Magazine über die (technischen) Wissenschaften, sondern überwiegend religiöse Traktate und anzüglichen Nippes.

Ohne Lesestoff blieb mir mehr Zeit, mich mit den Einwohnern der Stadt zu beschäftigen, während ich auf Barbara wartete. Ein Geschäftsmann führte einen Elektrohandel und erzählte mir, dass sein größtes Problem darin bestand, dass die Container mit seinen Lieferungen geplündert wurden, wenn sie auf ihrem Weg nach Ägypten die italienischen Häfen passierten. Die italienischen Hafenarbeiter mussten sich gedacht haben, dass er die ägyptische Korruption verantwortlich machen würde, aber er hatte Tracking-Technologie eingesetzt und festgestellt, dass die Diebstähle in Italien passierten. Ein anderer ägyptischer Geschäftsmann sagte, dass man in Ägypten auf Korruption wetten konnte; einer seiner Verwandten hatte gerade einen Teil seiner Firma dem Sohn von Präsident Mubarak überschreiben müssen. Ich erwähnte, dass die Verhältnisse in Syrien ganz ähnlich zu sein schienen. Dort hatte ich in Homs mit einem Typen aus dem Teppich-Business geredet, der mir erzählte, dass er ein Händchen fürs Management habe. Seine Firma sei vor vier Jahren so gut gewachsen, dass Gangster der Regierung bei ihm angeklopft und 40 000 Dollar von ihm erpresst hatten – unter Androhung der Todesstrafe. Das hätte beinahe seine gesamte Familie ruiniert, und um neue Forderungen zu verhindern – die für ihn Tod oder

Verstümmelung bedeutet hätten –, gab er seine Träume auf und feuerte seine Angestellten, um stattdessen ein Familiengeschäft zu betreiben, das so klein war, dass es unter dem Radar laufen konnte, *Inschallah*.

Als ich eines Abends Tee in einem Suk trank, setzte ich mich an den Tisch eines Amerikaners aus Detroit. Er hatte auch die französische Staatsbürgerschaft und wollte nicht, dass noch mehr Nordafrikaner in Frankreich einwanderten. Sie seien eine Schande für den Islam, sagte er, würden Frauen jagen und Alkohol trinken und ihre muslimische Identität an die französische Kultur verlieren. »Sind Sie ein amerikanischer Christ?«, fragte er.

»Nein«, antwortete ich.

Er fragte, wo meine Heimat sei, und ich erzählte ihm, dass ich aus dem Rucksack lebe, immer unterwegs sei und gerade erst durch die Türkei, Syrien, den Libanon und davor durch den Irak gereist sei.

»Hatten Sie irgendwelche Schwierigkeiten im Irak?«, fragte er.

»Nicht wirklich. In Bagdad bin ich mal fast in eine Explosion geraten, und in Mossul haben mich amerikanische Truppen umstellt, aber ich habe es geschafft, einer Verhaftung zu entgehen.«

»Ich komme auch gerade aus dem Irak, mein Freund. Ich habe geheime Unterschlupfe aufgebaut und sie mit Waffen ausgestattet, um die amerikanischen Invasoren zurückzuschlagen.«

Er hatte fälschlicherweise angenommen, ich sei ebenfalls ein Terrorist. Ich korrigierte ihn nicht, um seine Ausführungen über das Übel des amerikanischen Christentums zu hören. Schnell landeten wir beim Thema Globaler Dschihad, und meist ließ ich ihn reden. Er fragte mich, ob ich hören wolle, wie er den großen Sieg über die Christen in Tschetschenien errungen habe. Ich nickte. Seine Geschichte ging im Wesentlichen so: Russische Soldaten sind berechenbar. Sie lechzten nach Siegen, so wie schon im Zweiten Weltkrieg. Also errichteten die tschetschenischen Kommandeure einen Abwehrring um Grosny herum, gerade so, dass es glaubwürdig war. Dann stapelten sie Wodkakisten in der Stadthalle und versteckten die meisten Kämpfer auf den Dächern der Hochhäuser, ausgestattet mit Panzerbüchsen. Die Russen wollten den Schutzring durchbrechen und mit Panzerkolonnen ins Stadtzentrum fahren, um sich für die Abendnachrichten dabei zu filmen, wie sie dort die russische Flagge hissten. Das geschah auch genau nach Plan, und natürlich schnappten sich die Russen den Wodka, um ihren Sieg zu feiern. Nachdem sie genug hatten und betrunken waren, wurde das Signal gegeben, und die Kämpfer auf den Dächern feuerten ihre Panzergranaten auf die Kolonnen unter ihnen ab. »Die Sache mit den T-72-Panzern ist nämlich«, sagte er, »wenn man eine Granate direkt auf die Einstiegsluke feuert, gibt diese schon nach. Der nächste Schuss geht gerade durch und tötet die Crew. Wir haben einen großen Sieg errungen. Natürlich haben die Russen hinterher die Stadt mit ihrer Artillerie umstellt und Grosny bombardiert, bis es in Trümmern lag …« Seine Stimme wurde schleppend. Aber er war bald wieder guter Stimmung, als wir über den schiitisch-sunnitischen Konflikt sprachen. Als es spät wurde, gab er mir ein Stückchen Papier mit seiner E-Mail-Adresse und wir gingen getrennter Wege.

Am nächsten Morgen traf ich Erlandas, einen Litauer, der gerade am Ende seiner Ägyptenreise war. Ich fragte ihn, ob er zu den Pyramiden rausgefahren sei, da das das Erste war, was ich machen wollte, wenn Barbara am nächsten Tag angekommen war. Er verneinte; stattdessen hatte er seine gesamte Zeit damit verbracht, Frösche am Ufer des Nils zu fotografieren, in der Hoffnung, dass die Bilder zu einem Artikel für eine Zeitschrift führen würden. Wir unterhielten uns während des Frühstücks eine Weile, und als ich von meiner surrealen Unterhaltung am Abend zuvor in dem Suk erzählte, fragte er mich, ob er den Terroristen aus dem Westen kontaktieren könne, um ihn um ein Interview zu bitten. Ich konnte den Zettel nicht finden und sagte Erlandas, dass ich mich vage erinnerte, ihn weggeworfen zu haben – aus naheliegenden Gründen. Ich hatte ohnehin schon ein großes Profiling-Problem an westlichen Grenzen, wo man mich lange festhielt, während Grenzsoldaten jeden Zettel in meinem Rucksack und meinen Taschen inspizierten. Mein seltsamer Lebenswandel hätte zu einer reflexartigen Gefängnis-und-Folter-Reaktion führen können, sowohl für mich als auch für den jungen Amerikaner, wenn ich beschlossen hätte, mich an die ägyptische Polizei zu wenden – selbst wenn er bei der Schilderung seiner Irak-Aktivitäten übertrieben hatte. Mein Eindruck war, dass er keine entscheidende Rolle spielte; wahrscheinlich hatte er sich nur mit irakischen Rebellen getroffen und sich aufgespielt, so wie er es sicher auch vor seinen Kumpels daheim in Detroit machte.

▪ ▪ ▪

Barbara kam aus der Schweiz angeflogen und wir schauten uns die Pyramiden an. Sie war schockiert, dass man all die gigantischen Felsblöcke bewegt hatte, nur um ein Grabmal zu errichten. Ich hatte im Laufe der Jahre schon etliche Pyramiden gesehen, also war mir das nicht neu; was mir neu war – und ich erfuhr es nur, weil es dort in einer Broschüre für Touristen stand –, war die Tatsache, dass als Erster ein alter Pharao die Idee gehabt hatte, Frauenkleidung aus Fischernetzen zu machen, nicht Punks oder Goths.

Der Broschüre zufolge hatte der gelangweilte Pharao Snofru zu Djadjaemanch, seinem Priester und Zauberer, gesagt: »Ich bin durch jeden Raum meines Palastes gegangen auf der Suche nach Vergnügung, aber ich fand sie nicht.« Djadjaemanch sagte zu ihm: »Mögen Eure Majestät auf dem See des Palastes fortfahren. Füllt ein Boot mit allen schönen Mädchen des Palastes. Das Herz Eurer Majestät wird Erquickung finden, wenn ihr sie rudern seht.« Darauf der Pharao: »Fürwahr, das will ich tun! Lasse er mir zwanzig vergoldete Ruder aus Ebenholz bringen, mit Griffen aus Sandelholz und Silbergold. Lasse er mir zwanzig Jungfrauen bringen, mit den wohlgeformtesten Körpern, Brüsten und Zöpfen. Lasse er mir außerdem zwanzig Netze bringen und gebe er diese Netze den Frauen anstatt ihrer Kleider!« Alles wurde ausgeführt, wie Seine Majestät befohlen hatte … und er erklärte, er sei wohl erquicket.

Wir besichtigten den Karnak-Tempel und segelten den Nil auf einer Feluke entlang und landeten schließlich am Katharinenkloster in Sinai. Hier trafen wir eine serbische Ikonen-Forscherin, die uns faszinierende Geschichten von ihren jahrelangen fruchtlosen Bemühungen erzählte, eine Begutachtung der geheimen Ikonen auszuhandeln, die darin lagerten. Die Mönche lockten sie nach Ägypten, indem sie ihr die Besichtigung außerordentlich seltener und nie zuvor gesehener Ikonen versprachen; dann äußerten sie in letzter Sekunde Bedenken und schickten sie wieder nach Hause. Vier Mal hatten sie sie schon geködert und an der Nase herumgeführt, aber dieses Mal war sie sich sicher, dass es klappen würde. Sie wirkte so angespannt, als könne sie jederzeit platzen.

»Ich weiß auch nicht, was mich an Ikonen so fasziniert«, räumte sie ein, und Barbara und ich tauschten Blicke.

Die Wahrheit ist: Sie sah selbst wie eine Ikone aus. Eine schöne, unbestimmt androgyne Frau mit einem nicht ganz symmetrischen Gesicht – ganz so, wie Ikonen dargestellt werden, die eine Hälfte vollkommen und göttlich, die andere sterblich und mit Makeln behaftet.

Wir waren nicht die Einzigen, die Blicke tauschten. »Warum schauen die Leute an diesem Tisch uns an und murmeln Flüche?«, fragte ich sie.

»Die meinen nicht Sie. Die meinen mich. Entschuldigen Sie mich kurz.« Sie ging durch die Cafeteria rüber zu dem anderen Tisch und sprach die feindselige Gruppe auf Serbisch an. Als sie ihre Ansprache beendete, lachten alle und wirkten zufrieden.

Sie setzte sich wieder zu uns und klärte uns auf: »Das sind Serben, so wie ich, aber vorhin habe ich einen von ihnen gegrüßt und ihm muss aufgefallen sein, dass ich einen leichten kroatischen Akzent habe. Ich habe ihnen gerade erklärt, dass ich ganz und gar serbisch bin; meine Familie hat einfach nur eine Weile in Kroatien gelebt. Jetzt ist alles in Ordnung.«

Im Katharinenkloster ist eine Kopie des »Schutzbriefs des Mohammeds« aufbewahrt, ein vermutlich echtes Dokument des Propheten Mohammed, das eine faszinierende Geschichte hat. Das Schreiben enthält eine Zeichnung der Hand des Propheten, vielleicht von ihm selbst angefertigt, aus einem Grunde, den kaum einer erraten würde, nämlich um zu erklären, dass alle Muslime die Pflicht haben, Respekt und Gnade gegenüber ihren Freunden, den Christen, zu zeigen, die in dem Kloster leben.

Der Heilige Prophet wollte, dass dieser Umriss seiner Hand an der Wand des Klosters verbleibt, aber sein Wunsch wurde konterkariert von Leuten, die meinten, es besser zu wissen: Es wurde in den Topkapı-Palast gebracht (der heute ein Museum ist), während man im Kloster eine Kopie lagert. Ansonsten wird dem Geist seines Schutzbriefs seit 14 Jahrhunderten Rechnung getragen.

Ein heftiger Sandsturm behinderte in Sinai mehr als eine Woche lang unsere Sicht und unsere Mobilität. Schließlich hatten wir die Nase voll vom Sand in unserer Kleidung und dem stechenden Wind in unseren Gesichtern, weshalb wir mit dem Bus den Rückzug nach Westen Richtung Kairo antraten. Außerdem musste sich Barbara wieder ihrer Praxis in der Schweiz widmen und ich musste Ende März von Ägypten aus weiter nach London und von dort für einen kurzen Besuch weiter nach Kanada.

Kapitel 6
Nabe-Speiche-Reisen

Deutschland | Mittel-, Ost- und Südeuropa | Skandinavien

Im April wurden meine beiden Brüder zum zweiten Mal Väter, während ich auf Wanderschaft war und mich nicht an Heim und Herd gewöhnte, sondern an die Herausforderungen eines Backpacker-Lebens. Es würde toll sein, die Babys zu besuchen, während sie aufwuchsen – und während ich in meine Rolle als »Onkel Mike« hineinwuchs. Sie stillten nicht nur das Bedürfnis meiner Eltern nach Enkelkindern, während ich nach Herzenslust reisen konnte, sondern hätten auch neugierige Ohren für meine Geschichten, wann immer ich nach Kanada zurückkehrte, um einen neuen Reisepass zu beantragen, weil in den alten keine Stempel mehr passten.

Es ist eine weit verbreitete Ansicht, dass man, wenn man etwas zehn Jahre lang gemacht hat, ein Experte darin ist. Auf mich trifft das offenbar nicht zu: Beim Backpacken erfordert jeder Kontinent eigene Mittel und Wege. Das Reisen durch Europa ist sehr eigenartig verglichen mit dem durch den Mittleren Osten – Menschen mit Gepäck auf Rädern, eklektische Architektur mit eingesprenkelten Schlössern, nicht wenige hübsche Mädchen, die sich offen zeigen, und all das kann man sich am besten anschauen, während man ein Eis lutscht. Es dauerte eine Weile, bis ich rausfand, wie man das Beste aus seinem Europabesuch macht – ein Kontinent, der auf mich, der ich so viele andere Orte gesehen hatte, wie ein riesiges Freiluftmuseum wirkte: interessant, aber exklusiv und wohlgeordnet. Viele junge Leute, die als Backpacker hierherkommen, haben kaum eine erzählenswerte Reisegeschichte parat, die nicht mit den Worten beginnt: »Erst haben wir uns entsetzlich betrunken …« Da ich mittlerweile in meinen frühen Dreißigern war, hatte das viel von seinem Glanz eingebüßt … wenn auch nicht allen.

Von London aus reiste ich in alle Richtungen, ich machte Couchsurfing, kam in Herbergen oder besetzten Häusern unter; die Städte verschwammen zu einem Bild urbanen Verfalls und ikonischer Moderne. Molly und Tim führten mich in die herrlich dreckige non-kommerzielle Partyszene ein, die damals in Europa blühte. Partys in leer stehenden Lagerhallen, die tage- oder wochenlang gingen, bevor die Polizei sie beendete. So viel Zeit für Partys hatte ich nicht, aber es war faszinierend zu sehen, wie sich da eine Subkultur entwickelte, und zwar inmitten des Verfalls und der liminalen Räume dieser umfassend urbanisierten und scheinbar hochentwickelten Nationen.

Deutschland lockte mich. Ich hatte überlegt, zuerst nach Bayern zu reisen, war aber dann auf Berlin umgeschwenkt, die interessanteste Stadt dieses Landes, wie man mir gesagt hatte. Für Touristen ist die Geschichte der Stadt klar erkennbar auch ihr Kapital; einst von den Ost-West-Spannungen in der Mitte zerteilt, aber nun wieder zusammengedrückt. Das heutige Berlin, alt, aber schön, rückt diese Geschichte ins Rampenlicht, wenn man so will, und setzt seinen Charme bewusster ein als jede bayerische Bardame. Reservierungen sind nicht mein Ding, aber mein Glück führte mich ins »Circus Hotel«, wo ich beim Frühstück Progressive Rock genießen konnte und ein geschwätziges jüdisches Mädchen aus Amerika kennenlernte, Bonnie, und einen Dänen, dessen geringe Körpergröße ich hier wohl gar nicht erwähnen würde, würde er aus südlicheren Gefilden stammen. Er war allerdings blond, ein Sohn der Nordsee, und verfügte über die tadellose Haltung eines Feldwebels. Die beiden zeigten mir die Stadt.

Berlins Museen, die öffentlichen Gebäude und die Überbleibsel von Genosse Chruschtschows Mauer – oft getüpfelt von Bombenschäden oder mit bunten Graffitis tätowiert – waren faszinierend. Sowohl experimentelle als auch konkrete Architektur gab es reichlich, und in den grünen Parks und den lebhaften Stadtvierteln mischten sich denn auch die geschäftstüchtigen Leute mit denen, die einem experimentellen Lebenswandel nachgingen. Gepflegte Unterhaltungen und ein paar Biere draußen vor den Bars waren eine gute Beschäftigung an warmen Abenden.

»Wer würde […] Asien, Afrika oder Italien verlassen und Germanien aufsuchen, welches ungestalt in den Ländern, rau im Klima, traurig in der Lebensweise und im Anblick ist, außer wenn es Vaterland ist?«, schrieb der Historiker Tacitus, als das Römische Reich etwa auf dem Höhepunkt seiner Macht war, um dann noch hinzuzufügen, dass ausufernde Besäufnisse in der germanischen Kultur weit verbreitet seien (in den Augen eines Römers ein moralischer Defekt, da man selbst zwar das Trinken gewohnt war, aber im Idealfall damit aufhörte, bevor man rot im Gesicht wurde und zu taumeln begann). Auch das religiöse Treiben der Germanen war ihm fremd: »Wälder und Haine sind ihre Tempel und in die Namen ihrer Götter hüllt sich jene geheimnisvolle Macht, welche einzig in der Andacht des frommen Gedankens sich ihnen offenbart.«

Je mehr die Dinge sich ändern, desto mehr bleibt alles gleich: Die Naturliebe der Deutschen hält bis heute an, und wenn es nicht Überpopulation und Gedränge gäbe, würde sich beinahe jeder Deutsche einen Rückzugsort in der Wildnis vorbehalten, denn wie Tacitus bemerkte: »Es ist allgemein bekannt, dass die Germanenstämme nicht in Städten leben, ja überhaupt nichts von untereinander verbundenen Wohnsitzen (geschlossener Siedlung) wissen wollen: sie siedeln in einzelnen, voneinander weit abliegenden Gehöften, je nachdem wie ihnen ein Quell, ein Feld oder ein Hain gefällt.«

Diese erhalten gebliebenen Charakteristika formen das deutsche Reiseverständnis. Denn die Deutschen sind als eifrige Touristen bekannt, die oft noch tiefere Wildnis aufsuchen als die, die in ihrem Heimatland zu finden ist. Das kanadische und das deutsche Reiseverständnis haben viele Gemeinsamkeiten, und da, wo es Unterschiede gibt, entspringen diese aus den nationalen Gegebenheiten. Kanada ist ein riesiges Land mit geringer Bevölkerungsdichte und einem wenig ausgeprägten Sinn für Volkszugehörigkeit; dafür gibt es eine breite Megafauna – Bären und Pumas zum Beispiel –, die wichtiger Faktor einer echten Wildnis ist. Deutschland dagegen ist angenehm überschaubar, dicht bevölkert und hat kaum noch echte Wildnis, dafür aber ein gefestigtes Volkszugehörigkeitsverständnis.

In meinem Hotel in Berlin machten die Namen einiger berühmter deutscher Bergsteiger und Weltreisender die Runde, darunter einer, dessen Stil ich bewundere: Heinz Stücke, der nicht mehr in seinem Heimatland gewesen ist, seit er 1962 seinen Fabrikjob in Hövelhof gekündigt hat und auf einem Fahrrad davongeradelt ist. Mit über 600 000 zurückgelegten Kilometern schaffte er es zum Weltrekord und bereiste Stück für Stück die ganze Welt. Diesen Beatnik-Lebenswandel finde ich bewundernswert, da es für mich aufrichtig wirkt, sich seinen Lebensunterhalt unterwegs zu verdienen; genauso wollte ich es ursprünglich selbst halten, bis es unnötig wurde, weil ich durch kleine geschäftliche Unternehmungen einfach und schnell an Geld gelangen konnte. Stattdessen gestaltete ich meine Reisen nach der vorherrschenden kanadischen Definition: ein fortwährend hingebungsvoller (wenn auch absurd langer) Backpacker-Trip, bei dem ich meinen eigenen Interessen auf eigene Faust folgte. Kanadier neigen anders als die Deutschen nicht dazu, die Anzahl der außerhalb des Vaterlands verbrachten Jahre als Maßeinheit für ihre Reisen zu nehmen, was an unserem schwach ausgeprägten Verständnis für Volkszugehörigkeit liegt; außerdem ist es nichts Außergewöhnliches und kaum erwähnenswert, wenn jemand Tausende Kilometer von seinem Geburtsort entfernt lebt und arbeitet.

Barbara war meine erste europäische Freundin und ihre Schweizer Identität – mitten in Europa, aber kein Teil davon – interessierte mich. Sie sagte mir, dass sich die Schweizer in einer Unterhaltung mit Deutschen eines so kompromisslosen Dialekts bedienen könnten, dass die Deutschen völlig perplex wären. Ich fragte sie nach ihrer Meinung über die Tieflandbewohner, und sie sagte scherzhaft, dass die Deutschen den Schweizern sehr ähnlich seien, »außer dass ihre Alpen flach sind und ihr Edelweiß jede beliebige Farbe haben kann«.

»Meine Familie sprach auch einen Dialekt«, sagte ich, »ein altes Englisch, das man in einer Küstengemeinde Neufundlands gesprochen hat, die damals nur über den Seeweg zu erreichen war. Als ich den Ort mit einer Freundin besuchte, die Englisch als Fremdsprache unterrichtete, musste ich für sie übersetzen.« Barbara bat mich, etwas in diesem Dialekt zu sagen, und musste über die komischen Worte und die Betonung lachen. In ihren Ohren klang das wie Kauderwelsch. Ich erzählte ihr von unserer Familientradition, nach der die Neufundland-Männer ein Händchen für den Schiffbau entwickelten. Meine Brüder und ich hatten Übungsmodelle aus Holz von unserem Großvater bekommen, der selbst Schoner baute und steuerte. Er wollte einen Grundstein für unsere Ausbildung zu nautischen Zimmermännern legen. »Diese wohl seit Jahrhunderten erfolgreich gepflegte Tradition endete mit meiner Generation: Weder ich noch meine Brüder beherrschten den Dialekt sonderlich gut, weshalb wir unsere Großeltern väterlicherseits meistens nicht verstehen konnten; und die drei Modellschiffe aus Holz lagen im Schrank und verstaubten.«

»Das ist aber schade«, sagte Barbara, und vielleicht hatte sie recht. Aber viele Kanadier scheren sich nicht um ihre Abstammung, da es sie dorthin verschlägt, wo ihre Karriere sie hinführt. Als Junge und junger Mann lebte ich an den verschiedensten Orten, 1000 bis 7000 Kilometer entfernt von der Stadt meines Vaters, Badger's Quay. Ich kannte das Leben inmitten der niedrigen, von Obstplantagen gesäumten Hügel unweit des Atlantiks, kannte Felsenlandschaften aus Granit mit Seen und Schwarzfichten, spröde Prärie, die Rocky Mountains, gefrorenes Tundramoor, trockene Täler mit Tussock und Rotkiefern und den Regenwald der Pazifikküste, aber nie hatte ich der Gruppe Menschen angehört, deren Ethnie ich teilte, so wie Europäer es definiert hätten. 7000 Kilometer von Küste zu Küste – ein Europäer, der diese Strecke zurücklegt, würde als weitgereist gelten; ein Kanadier müsste dafür nicht einmal seinen Pass zücken.

Doch trotz seiner geringen Größe wirkt Deutschland aus kanadischer Sicht wie ein normales Land. Diese normalen Länder lassen sich von Besuchern nicht so sehr mit intensiven Erinnerungen belegen, da man sie auf subtilere Art kennenlernt, zum Beispiel durch die langsam sich verwandelnde Landschaft, die am Fenster des Zuges vorbeizieht. Deutschland, so wie Europa im Allgemeinen, ist kein Ort, der mit dramatischen Landschaftsbildern oder Wasserfällen aufwartet. Die Busse und Züge fahren pünktlich, die Sehenswürdigkeiten sind zu den angekündigten Öffnungszeiten geöffnet, es gibt keine Banditen, die man meiden muss, keine Szenarien, die Messer, Pistolen oder korrupte Polizisten beinhalten. Kurz gesagt: Der Besucher ist ein Tourist, kein Reisender im abenteuerlichen Sinne, und die Deutschen verlassen ihr Land, wenn sie die Abenteuerlust überkommt.

Die Familie meiner Mutter hat Verbindungen nach Berlin und Preußen. Urgroßmutter Bertha Buchholtz war in den 1880ern eine Hutmacherin und trägt auf jedem Familienfoto eine andere raffinierte Kopfbedeckung. Während Bismarcks Regierung setzten sie und ihre Brüder auf den amerikanischen Kontinent über. Orte auszuwählen, die in der Familiengeschichte eine Rolle spielen, ist zweifellos ein berechtigtes Anliegen, wenn man ein Land bereist, wobei in meinem Fall die Hälfte der Städte, in denen ich meinen Wurzeln hätte nachspüren könnte, mittlerweile in Polen liegt. Stätten der deutschen Geschichte gibt es indes reichlich, und ich besichtigte unter anderem den Aachener Königsthron von Karl dem Großen sowie den imposanten Dom von Köln; in den anderen deutschsprachigen Ländern sah ich den Rheinfall (ich erwähnte bereits, dass viele vergleichbare Wasserfälle in Kanada nicht mal als erstaunlich genug erachtet werden, als dass man sie mit einem eigenen Namen würdigt), eine famose Auswahl romantischer Gemälde in Winterthur und die neoklassizistischen Brunnen in Wien mit ihren steinernen Nymphen, Fischen und Halbgöttern.

Als Industrienation, die Wert auf Bildung und Wirtschaftlichkeit legt, ist Deutschland beim Einzug in die Moderne an vorderster Front mit dabei. Furcht vor der Moderne ist hier aber auch weit verbreitet und die Deutschen scheuen nicht davor zurück, ihre Ängste vor einer ungewissen Zukunft Fremden wie mir zu erklären – am liebsten bei ein paar Bieren. Einige Deutsche sorgen sich, dass Neuankömmlinge aus fremden Kulturen zerstören werden, was ihre Heimat im Kern ausmacht; sie sorgen sich vor einer globalisierten Gleichheit, die eher typisch für die Britischen Kolonien ist, und davor, dass nur noch die ländlichen Gegenden als Zuflucht bleiben (wie in Malaysia, wo globalisierte chinesische Interessen die Wirtschaft der Städte kontrollieren und die malaiischen *bumiputera*, die »Söhne der Erde«, in den ländlichen Gegenden bleiben). Sie sorgen sich, dass das neue Mantra – »Diversität ist unsere Stärke« – nur eine Wiederauflage des alten römischen Globalisierungsslogans »Teile und herrsche« ist; so als würden moderne Neokolonialisten Bismarcks antikolonialistische Maxime – »Der Rhein ist unser Kongo« – auf den Kopf stellen und darin nicht Bismarcks eigentliche Aussage erkennen wollen (dass die deutsche Elite nicht über Ausländer herrschen soll), sondern vielmehr dass Ausländer – fügsam genug, für wenig Geld hart zu arbeiten, daran gewöhnt, soziale Ungleichheit zu tolerieren, und dankbar dafür, dass sie in dem Frieden leben dürfen, den die deutsche Rechtsprechung und die deutsche Polizei gewährleisten – ermuntert werden könnten, sich in Deutschland niederzulassen. Ausländer, die dem deutschen Gesetz neu unterstellt werden, würden aber in Wirklichkeit dabei helfen, den Lebensstandard der urbanen Elite abzusichern – zumal in Zeiten natürlich schrumpfender Arbeiterschaften.

Als Nächstes führte mich mein Weg durch Mitteleuropa; ich machte einen Abstecher nach Süden, um Barbara in ihrer Heimatstadt Winterthur in der Schweiz zu besuchen, und dann weiter zu einem rauflustigen »CzechTek«-Rave in Tschechien, der von Polizisten mit Tränengas angegriffen wurde, weil man sich nicht auf die richtige Bestechungssumme hatte einigen können, um die Party weiterlaufen zu lassen. In Bratislava, die Hauptstadt der Slowakei, stapfte ich auf der Suche nach einem Bett für die Nacht drei Stunden lang durch Dunkelheit und Regen. Ich war auch deshalb so spät dran, weil ich einen Blick auf ein Schloss werfen wollte, das nicht weitab von meinem Weg lag. Von dort aus schlug ich mich durch das Unterholz des bewaldeten Abhangs, während der Regen so stark fiel, dass ich meine Stiefel kaum sehen konnte. Als ich mir dann endlich ein günstiges Bett gesichert hatte, wrang ich meine Kleidung aus und faltete die durchweichte Karte auf, damit sie trocknen konnte.

Am nächsten Morgen ging ich zu einer ukrainischen Botschaft, auf die ich während meiner Wanderung in der Nacht zuvor gestoßen war, und legte dort diverse Dokumente vor – die üblichen Fetische, wenn man ein Visum beantragen will. Ich ging zum zuständigen Verwaltungsbeamten und er schaute sich alles genau an, wobei er hier und dort Mängel entdeckte. »Sie werden den Antrag heute nicht mehr stellen können«, sagte er mit einem Lächeln. »Und bis Montag bleibt die Botschaft geschlossen.« Er verschränkte seine Arme.

»Wunderbar, vielen Dank«, sagte ich. Er schien verdutzt, also fügte ich hinzu: »Das war nur mein Probelauf. Mein Plan war immer schon, meinen Antrag in Warschau zu stellen, und jetzt weiß ich, worauf ich mich einlasse. Also genieße ich jetzt erst mal die Slowakei und mache eine Wanderung durch die Berge der Hohen Tatra.«

Die Berge waren schön und das Wandern dort großartig; ich sah auf der Karte ein Sternchen, das den höchsten Gipfel markierte, und schlug die entsprechende Richtung ein. Nach einem kurzen Stopp an einer Tankstelle, um Proviant zu kaufen, machte ich mich an den Aufstieg. Ein Großteil der Strecke war Geröll; manche der Steine waren so groß, dass es sich wie Bouldern anfühlte. Weil ich so spät aufgebrochen war, kam ich erst in Gipfelnähe an anderen Kletterern vorbei, die meisten von ihnen Deutsche. Auf mich wirkte es, als hätten sie sich bis zum Gehtnichtmehr gerüstet, mit Gore-Tex und Handschuhen, Marschgepäck, Gürtelflaschen, Bergschuhen, Skistöcken und manche von ihnen auch mit Schutzbrillen. Ihrerseits erschien ich ihnen vielleicht beklagenswert unvorbereitet, in schwarzer, schnell trocknender Nylonhose und T-Shirt; in einer Hand hielt ich einen Plastikbeutel mit einem Sandwich und Saft. Als wir auf dem Gipfel standen, schossen sie Fotos im von Windböen aufgewirbelten Schneeregen. Als ich an der Reihe war, auf dem höchsten Felsvorsprung zu stehen, bot mir einer der Deutschen an, mit meiner Kamera ein Foto von mir zu schießen. Ich sagte ihnen, dass ich keinen Fotoapparat besitze. Wir unterhielten uns ein paar Minuten lang, aber dann wurde es mir doch etwas kühl, also begann ich den Abstieg. Nach der Hälfte des Weges schlug das Wetter um und präsentierte mir grüne Täler und prachtvolle Wolken, von goldenen Sonnenstrahlen durchbrochen.

In Krakau teilte ich mein Zimmer mit einem Iren, Connor, der sein Geld mit Pferderennen und Profigolf verdiente. Er ging zu Veranstaltungen und gab den Buchmachern telefonische Updates. Das gab ihnen gegenüber den Leuten, die das Event im Fernsehen verfolgten, einen Vorsprung von einigen Sekunden oder Minuten, und das war manchmal Gold wert. Er traf viele reiche Araber bei den Rennen und erzählte mir von einem verlockenden Büfett – geordert für einen Sultan und entsprechend üppig –, das komplett in den Müll wanderte. Ein königlicher Diener hatte einen der Caterer dabei erwischt, wie er auf seinem Weg durch den Speisesaal eine Olive aus einer Schüssel gepickt hatte, also schnauzte er: »Niemand isst vor dem Sultan! Schmeißen Sie das weg und ersetzen Sie alles.«

Am Abend lernte Connor in einem zu einer Bar umfunktionierten Keller eine polnische Frau kennen. Sie hatte einen ganz wunderbaren Akzent, wenn sie Englisch sprach – mit Anklängen aus dem Polnischen und dem Italienischen. Ich lenkte den Hotelangestellten an der Rezeption ab, damit Connor sie auf unser Zimmer schmuggeln konnte. Sie erzählte von einer nahe gelegenen Bar, die wir besser nicht betreten sollten, da es dort zu viele Messerstechereien gäbe; später wurde sie allerdings selbst Opfer eines Messerangriffs – ich vermute, sie hat ihren eigenen Rat nicht beherzigt. Da sie in der Modeindustrie arbeitete, war ihre größte Angst, dass sie eine Narbe zurückbehalten könnte.

Warschau spuckte ein ukrainisches Visum für mich aus, aber mir blieb etwas Zeit, um es zu nutzen, also beschloss ich, noch ein bisschen in der Gegend zu bleiben und den Sommer in Osteuropa zu genießen. Ich reiste durch Slowenien und Ungarn, um dann ab Budapest mit dem Boot die Donau entlangzufahren. Im September erreichte mich eine E-Mail von Erlandas, dem Froschfotografen vom Nilufer; er lud mich ein, nach Litauen zu kommen, also besorgte ich mir eine Mitfahrgelegenheit in einem Sattelschlepper, der Richtung Ostsee fuhr. Als ich ankam, erzählte er mir unter anderem von Litauens Stärke in Sachen Basketball und dem Widerstand des Landes gegen die sowjetische Okkupation in der Zeit des Kalten Krieges. Für ein Volk, das so vollkommen gegen fremde Vorherrschaft ist, ist es allerdings seltsam, dass der *Statehood Day* (der

Nationalfeiertag) an die Zeit erinnert, als ein König sich mit den einfallenden germanischen Rittern verbündete, die Einheimischen massakrierte und den Überlebenden das Christentum aufzwang. (In Weißrussland, einem Land das anscheinend zufrieden damit ist, von einer fremden Regierung in Moskau dominiert zu werden, feiert man indes den *Victory Day*, der an die Massakrierung Deutscher durch die Einwohner und den anschließenden Versuch, das Christentum auszutreiben, erinnert.)

Es war erfrischend, die Kurische Nehrung an der Ostsee entlangzuwandern – mit ihren sandigen Dünen, den Holzskulpturen und den flüsternden Pinien. An regnerischen Tagen las ich Bücher über Geschichte. Eine Sache blieb mir im Gedächtnis hängen: ein Gerichtsprozess, bei dem es um einen geflüchteten Leibeigenen im Großfürstentum Litauen ging. Sein Meister fand ihn in einer Stadt und streckte den unverschamten Sklaven mit einem Schwerthieb nieder. Der Meister war verblüfft, als ihn die Stadtmiliz verhaftete und vor Gericht stellte; sein Leibeigener war eine ganze Weile auf der Flucht gewesen und hatte in dieser Gegend viele Freundschaften geschlossen. Vor Gericht verlangte der Meister, das Verfahren sofort einzustellen. Die Faktenlage war für ihn eindeutig: Der Mann war sein Eigentum gewesen, also konnte er mit ihm verdammt noch mal machen, was immer er wollte. Der Prozess nahm eine überraschende Wendung, als der Meister für den Mord seines eigenen Sklaven gehängt wurde. Das hatte es noch nie gegeben.

Ich blieb nur zwei Wochen in diesen kleinen baltischen Staaten, da ich weiter in die Ukraine musste, solange mein Visum noch gültig war, aber ich genoss diese Zeit. Die öffentlichen Toiletten an den Autobahnraststatten waren die grässlichsten, die ich außerhalb Asiens gesehen habe, aber die entzückenden Städte machten das mehr als wett, insbesondere die düster-teutonische Schlossstadt Tallin in Estland. Ich war nur ein kleines bisschen zu spät gekommen, als dass man mich als Fremden mit offenen Armen empfangen hätte: Ryanair hatte bereits billige Flüge für Touristen von den Britischen Inseln ins Angebot aufgenommen, und alle kamen sie für Junggesellenabschiede voller Suff, Prügeleien und Erbrechen. Dennoch waren die Menschen in den Bars und Hotels freundlich, wenn sie erst mal kapiert hatten, dass ich keiner von denen war.

Ein Flug brachte mich in eine ukrainische Stadt. Ich habe keine Erinnerung daran, welche es war, auch wenn ich noch viele der Straßen, Parks und Geschäfte vor meinem geistigen Auge sehe. Es gab eine Zeit, da existierten eine gute Handvoll solcher Geisterorte in meiner Erinnerung, aber für gewöhnlich kehrten die Namen irgendwann zu mir zurück (einer davon war die Stadt Dahab – nicht der Badeort, sondern die Stadt – mit ihren blauen Schatten, schmalen Gassen, Sand, Treibgut aus Plastikmüll: jahrelang ein Waisenkind meiner Erinnerung, bis ich mich aus dem Nichts wieder an den Namen erinnern konnte). Ein Zug brachte mich nach Kiew mit seinen grünen Parks am Flussufer, Kirchen mit goldenen Zwiebeltürmen, Pärchen, die sich auf Rolltreppen küssten, die so tief unter die Erde führen, dass kein Atomschlag der eilig ratternden U-Bahn etwas anhaben könnte.

Auf der Halbinsel Krim versuchte ich, Sewastopol zu besuchen, scheiterte aber. Stattdessen marschierte ich vorbei an endlosen Reihen militärischer Wohnblöcke und prächtigen russischen Kriegsschiffen, die vor Anker lagen, bis mir die Beine wehtaten. Ein Bett für die Nacht ließ sich nicht finden, daher gab ich mich geschlagen und fuhr mit dem Bus nach Jalta weiter, wo ich im Bristol Hotel eincheckte. In Jalta gibt es eine Promenade am Schwarzen Meer, an der unzählige Leute ihr Geld verdienen, indem sie Fotos von Touristen machen – mit Kuriositäten wie einer Eidechse oder einem Habicht, oder altertümliche Kostümen tragend oder auf einem Motorrad sitzend … ein paar Afrikaner standen auch dort, und gegen einen Aufschlag konnte man sich mit einem »Neger« fotografieren lassen, damit die Freunde daheim in der ukrainischen Provinz was zu staunen hatten. »Neger« war hier einfach nur das Wort für Schwarz, aber wenn man keinen Wert auf Höflichkeit legte und jemanden damit ärgern wollte, dass man seine Haut zu dunkel fand, dann nannte man ihn nicht einen Neger, sondern einen Kaukasier. Die Menschen aus dem Kaukasus sind berüchtigt für ihre dunkle Haut.

Wenn ich denselben Kontinent viele Monate oder Jahre lang erkunde, stelle ich oft fest, dass mein Tempo nach etwa zweieinhalb bis drei Monaten spürbar anzieht; hier hatte ich meinen Rhythmus gefunden und ließ mich ohne Anstrengung weitertreiben. Ich fühlte mich gesund, fit und glücklich und bereiste Hunderte Städte, große und kleine, und sah interessante Orte zwischen dem Schwarzen Meer und der Atlantikküste von Iberien. Die Reise hinterließ Eindrücke von der sich verändernden Landschaft, die nur ausgiebiges Über-Land-Reisen schaffen kann: Im Süden ist dieser kleine Kontinent eine Reihe von bergigen Halbinseln, die aus einem gemäßigten Meer ragen. Diese Halbinseln sind seit Langem zivilisiert, das Land wurde umkämpft und bewirtschaftet von Menschen, die ihre Vorliebe für lange Unterhaltungen am Abend bei Wein und gutem Essen einte.

Vor Weihnachten fand ich mich in Calais in Nordfrankreich wieder, begierig, mit der Fähre nach England überzusetzen. Ich kaufte ein Ticket und trat den langen Weg zu den Docks zu Fuß an. Ich schaffte es auch pünktlich, von einem Problem mal abgesehen: Die ganze Anlage war auf Fahrzeugverkehr ausgelegt, und mir war nicht klar, wie Passagiere, die zu Fuß statt mit dem Bus kamen, das Terminal betreten sollten. Es gab mit Sicherheit kein Gate für Leute, die wie ein Vagabund die Autobahn entlanggewandert kamen, und die Rampen waren so gebaut, dass sie Fußgängern den Zutritt unmöglich machten. Ein riesiger unbezwingbarer Maschendrahtzaun sicherte das Gelände ab. Mir blieben nur noch wenige Minuten, also stemmte ich eine Tür im Zaun auf, die mich zu einem Durchgang mit weiteren nicht abgeschlossenen Türen führte. Ich eilte den Gang entlang und drang so tief in die Anlage ein, dass ich schließlich auf die Schlange von Passagieren traf, deren Ausweise geprüft wurden, ehe sie auf das Schiff durften. Ein erstaunter Beamter entdeckte mich auf der falschen Seite der Sicherheitsabsperrung, mitten in der Belegschaft.

»Oh mein Gott. Bitte sagen Sie jetzt nicht, dass Sie Aufenthalt beantragen wollen«, japste er und seine Augen musterten meine leicht heruntergekommene Erscheinung und den Rucksack, aus dem ich seit mehr als zehn Jahren lebte.

»Verfügen Sie über irgendwelche Dokumente?«, fragte ein anderer nervöser Beamter.

Ich zeigte meinen Pass und mein Ticket vor, und die Erleichterung stand dem ersten Beamten deutlich ins Gesicht geschrieben. »Wie um alles in der Welt sind Sie hier reingekommen?«, fragte er.

»Durch eine Reihe von Türen im Außenzaun«, sagte ich. »Ich hoffe, ich habe mir keinen Ärger eingehandelt.«

»Wir sind diejenigen, die uns hier Ärger hätten einhandeln können. Jemand hätte wegen dieser Sache seinen Job verlieren können … wenn Sie ein Immigrant ohne Papiere gewesen wären, hätten wir Sie erst mal aufnehmen müssen.«

Ich lachte und sagte: »Ich bin nur ein gewöhnlicher Kanadier, der auf die Fähre möchte. Sie machen's Passagieren, die zu Fuß ankommen, nicht gerade einfach.«

»Das tun wir ganz sicher nicht. Das ist der ganze Sinn dieser Anlage. Es gibt offensichtlich einen Fehler in unserem Sicherheitssystem«, stellte er fest und fing an herumzutelefonieren.

Ich reihte mich bei den anderen Passagieren ein, und dann segelten wir los zu den weißen Klippen von Dover.

Von England aus war es einfach, einen billigen Rückflug nach Kanada zu ergattern. Diese Abstecher nach Hause waren keine Pause von meinen Reisen, sondern vielmehr ein besonders hektischer Teil davon. Meine Familie und Freunde sind über den gesamten Kontinent verteilt, von Küste zu Küste, im wahrsten Sinne des Wortes: Mein Vater hat ein Haus an der Nordatlantikküste, meine Mutter hat eines am Nordpazifik, und dazwischen lebt auch noch reichlich Verwandtschaft. Wenn es nötig war, konnte ich in Ottawa meinen Pass erneuern lassen.

Bald schon ruhte ich mich wieder auf einem Flugzeugsitz aus, auf dem Weg zurück nach London. Für mich sind Langstreckenflüge nicht langweilig. Sie geben mir Zeit nachzudenken. Früher hatten die Fluggesellschaften einen oder mehrere Filme für ein ganzes Flugzeug voller Augenpaare, aber 2005 waren individuelle Entertainment-Systeme auf dem Vormarsch. Für mich machte das keinen Unterschied, da ich kaum je eine der beiden Optionen nutzte. Wenn man im Flugzeug einen Film schaut, macht man ihn eher kaputt, als dass man ihn genießt. Ich las Zeitschriften oder Bücher oder studierte manchmal die Weltkarte auf der Rückseite der Bordmagazine. Lustigerweise entsprach meine Art zu reisen in vielerlei Hinsicht der einer Fluggesellschaft. Zwar reiste ich über Land, wenn irgend möglich mit einer nur sehr vagen Vorstellung meiner Route, aber ich wandte dieselbe Nabe-Speiche-Logistik an. Und London war meine neue Nabe.

Im Laufe der letzten Jahre hatte ich so viele europäische Länder besucht, dass mein alter Freund Chad anfing, mich einen »europäischen Reisenden« zu nennen. Für Europa muss man sich aber Zeit nehmen, wenn man ein Gefühl für die Geschichte der Moderne bekommen will, die bis vor Kurzem nach der Pfeife Europas tanzte. Aber jetzt wanderten meine Augen immer wieder rüber nach Asien, der dick gepunkteten Fluglinie folgend, die die interkontinentalen Naben verband. Da gab es Hongkong, Singapur, Denpasar, Bangkok, Delhi. Vor allem Bangkok war eine alte Nabe, ideal gelegen, um Visa zu beantragen und nach Süd- und Südostasien weiterzureisen. Meine letzte Reise über den Pazifik lag schon eine Weile zurück, und darum fragte ich mich, ob mich die Belegschaft in den Reiseorten noch erkennen würde. Oder die Menschen auf der Khaosan Road. Joanna lebte mittlerweile irgendwo dort, nur auf der anderen Seite, in Indonesien; sie hatte einen Balinesen geheiratet, die beiden hatten Kinder und ihnen gehörte eine Reihe von Silberläden. Ich betrachtete die unterschiedlichen Farben der gezeichneten Länder, ein viele Tausend Kilometer breiter Bogen, und ich fühlte eine Flut liebevoller Erinnerungen in mir aufsteigen. Meine Reisen führen mich nicht mehr zurück dorthin, natürlich nicht. Mich zieht es auf frische Weiden.

Das ist die Schönheit des Nabe-Speiche-Reisens – man flitzt in die Nabe rein und wieder raus, und vielleicht wohnt nicht weit entfernt eine Freundin. Da die Nabe der Wahl eine große Stadt in einer Gegend ist, die Anziehungspunkt für Touristen ist, kommen ohnehin alle deine Reisefreunde dorthin und reisen von dort weiter, und so kann man gemeinsam Touren unternehmen. Während man auf sie wartet, entdeckt man seine Umgebung, eine üppige Auswahl noch nicht erkundeten Landes und zahlloser Erfahrungen. Mir gefiel diese Art des Reisens, dieser Lebenswandel. Ich könnte ewig so weitermachen.

Meine neuen, aber mir zunehmend wichtiger werdenden Freunde waren in London. Wir brachten uns gegenseitig auf den neuesten Stand und gönnten uns ein Bier nach den langwierigen Zollabfertigungen und der vertrauten Fahrt mit der U-Bahn in die Stadt hinein. Barbara war nicht weit entfernt, in der Schweiz, daher wollte ich ihr für eine schöne Zeit einen kurzen Besuch abstatten; sie würde sich ein paar Tage für einen Ausflug frei nehmen, und wir hatten den Plan gefasst, dass sie mich nach Norwegen zu den Fjorden begleitet. Chad schrieb mir, dass er bei seinem Arbeitgeber eine Freistellung beantragt hatte, um Asien zu bereisen und vielleicht in Kathmandu oder Lhasa zu mir zu stoßen. Molly hatte ebenfalls Lust auf Tibet und vielleicht auch auf die chinesische Küste oder Nepal. Es wäre Herbst, bis sie startklar wären, also würde ich den Sommer natürlich damit verbringen, das umliegende Ausland zu erkunden. Mein Blick wanderte zurück nach Europa, dieses Füllhorn von Ländern – für mich nicht nur Namen auf einer Karte, sondern so viele Erinnerungen. Und dort war Nordeuropa, *terra incognita* für mich. Insbesondere Schweden ist ein großes Land.

Ein erfahrener Reisender braucht nur einen Blick auf eine Region zu werfen und bekommt einen ziemlich guten Eindruck davon, wie lange es brauchen wird, die Gegend als Backpacker zu erkunden. Skandinavien eignet sich gut für den Sommer. Norwegen mit Barbara würde lustig werden. Anschließend würde ich mit meinen Freunden den Weg ins tibetanische Hochland antreten. Ich brütete über der Europa-Karte und fühlte ein Unbehagen, das ich schnell unterdrückte: Das Flugzeug würde bald landen und ich hatte eine ungefähre Strategie für ein ganzes Jahr. Was konnte ich mehr erwarten oder wollen?

Bei einem kurzen Roadtrip durch Mitteleuropa wärmte ich mich auf, anschließend ging es noch ein bisschen nach Spanien. Es gab massig Zeit: Molly wollte nicht nach Tibet, solange die europäische Festivalsaison noch lief, die sie als Fotografin schon jahrelang dokumentierte. Und das beste Trekking-Wetter in Nepal hatte man ohnehin erst im Oktober oder später, wenn die Luft dort frischer ist und die Kühle die blutsaugenden Egel vertreibt.

Stattdessen machte ich mich auf den Weg nach Dänemark, Schweden, Island und auf die Färöer. Barbara würde in Norwegen dazustoßen. Dann würde ich wieder Schweden durchqueren, um eine Fähre nach Finnland zu nehmen; und anschließend würde ich wieder zurück ins Vereinigte Königreich, um zu sehen, ob meine Freunde schon in der richtigen Stimmung für Tibet waren.

Die öffentlichen Verkehrsmittel in London – Busse und U-Bahn – wurden am 7. Juli 2005 von Terroristen bombardiert, nur Stunden, nachdem ich sie benutzt hatte, um zum Flughafen Heathrow zu kommen. Die Zeitungen berichteten von der Attacke. Zweiundfünfzig Leute waren ermordet worden. Angemessene Reaktionen auf solche Gewalttaten sind gar nicht so einfach, aber ganz sicher müssen sie umfangreichere Überprüfungen verdächtiger Personen an Flughäfen beinhalten. Dazu zählte auch ich. Erhöhte Sicherheitsbestimmungen im Vereinigten Königreich, insbesondere in Heathrow, bedeuteten, dass ausführliche Befragungen für mich die Regel waren, einmal sogar sieben Stunden lang. Die Polizisten dort kannten mich gut genug, sodass sie rumwitzelten, wenn man mich mal wieder zum Verhör brachte. Nicht du schon wieder, dachten sie. Hätten wir uns noch besser kennengelernt, wären wir verpflichtet gewesen, uns gegenseitig Weihnachtskarten zu schicken.

▪ ▪ ▪

Skandinavien, inklusive Island und der Färöer, grün, sonnig und blond, nahm meinen Sommer 2005 in Beschlag. Barbara und ich fuhren mit der Fähre an die norwegische Küste; wir schliefen an Deck (freundlicherweise ließen die Crewmitglieder uns den mit Teppich ausgelegten audiovisuellen Raum nutzen, solange wir um sechs Uhr morgens wieder draußen waren). Wir ruderten abwechselnd durch den Geirangerfjord, angelten Fische und reisten dann über Land zurück nach Süden; wir sahen Rentiere und Elche, die mit schlaksigen Beinen über das Ödland staksten. Barbara kehrte in die Schweiz zurück, und als die Schatten länger wurden, führte mein Weg mich zu den Wäldern und Sümpfen Finnlands. Mein Rückflug ins Vereinigte Königreich startete am Arlanda-Flughafen in Schweden. Ich fand ein Hotel in Stockholm, wo ich früh aufstand, um genug Zeit für den Weg zum Flughafen und den Check-in zu haben. Ich musste aber feststellen, dass man mir die Stiefel geklaut hatte. Sie waren alt und rissig und ausgetreten, aber eben auch eingelaufen. Und wichtiger noch: Es waren meine Stiefel. Wer tut so was? Man stelle sich das mal vor: einem Mann die Stiefel zu klauen, während er schläft. Mit den Füßen eines besonders skrupellosen Backpackers ausgefüllt mühten sich die Stiefel weiter durch Schweden, da bin ich mir sicher. Mir retteten Plastik-Flipflops den Tag. Meine neuen Lederstiefel kaufte ich in Kingston an der Themse, während ich bei Tim wohnte. Das waren die Stiefel, die mich durch Tibet trugen.

Kapitel 7
Das Dach der Welt
China | Tibet | Nepal | Indien

Molly war startklar, wie sie in ihrer E-Mail schrieb, aber anstatt von London aus ein chinesisches Visum zu beantragen, entschieden wir, dass es klüger sei, nach Hongkong zu fliegen, wo man schon am Tag der Antragstellung ein gültiges Visum ausgestellt bekommt. Molly und ich trafen uns an einem Tag Ende September am Flughafen Heathrow und setzten unseren Plan in die Tat um. Der Trip war nicht durchgeplant, aber wie wir später feststellten, zogen wir in einem großen Kreis einmal um das Dach der Welt, gegen den Uhrzeigersinn, durch China, Indien und Indochina. Gestrichelte und durchgehende Linien zogen auf der Karte unsere Flüge und Überlandreisen nach. Jahre später sollte ich das Hochland von Tibet noch einmal umrunden, dieses Mal in einem noch weiteren Kreis und im Uhrzeigersinn, eine durchgehende Linie für Überlandreisen. Beim zweiten Mal entdeckte ich ganz neue Landschaften.

Chinesische Beamte scheinen oft Schwierigkeiten zu haben, das Konzept des unabhängigen Reisens zu begreifen. Sie können haben offenbar den Eindruck, dass es Alleinreisenden darum geht, Geld zu sparen, indem sie ihre Tour selbst planen; man versteht nicht, warum sie nicht offen kommunizieren, wie genau ihre Reiseroute verläuft. Wie dem auch sei, wir bekamen beide unser Visum, das unsere Visa für einen Kurzaufenthalt nach Ankunft ergänzte, und nun galt es eine Entscheidung zu treffen: Sollten wir dem Gerücht Glauben schenken, dass es im »Dragon Guesthouse« in Chengdu, einer Zehn Millionen Einwohner Stadt in der Provinz Sichuan, einen Anbieter für Pauschalreisen gab, der für uns eine (angebliche) Tour durch Tibet arrangieren könnte? Das wäre eine Möglichkeit, an die Papiere für Tibet zu kommen, um es auf eigene Faust ausgiebig zu erkunden. Dass es in Chengdu Große Pandas gab, machte uns die Entscheidung leicht.

Hongkong ist immer gut, um sich ein paar Tage umzuschauen. Es gibt dort spannende Gebäude und Museen und ein seichtes Wasserbecken in einem Park, den ich immer besuche, wenn ich auf der Durchreise bin; dort lassen Leute ihre ferngesteuerten Modellschiffe fahren. Die Wolkenkratzer bieten nachts eine Lichtshow, die in unserem Falle wegen Chinas Nationalfeiertag am 1. Oktober noch vom Feuerwerk im Hafen getoppt wurde. Ich checkte noch einmal meine E-Mails und erfuhr, dass es in Bali in derselben Nacht ebenfalls ein Feuerwerk gab: Joanna schrieb mir, dass sie und ihre Familie wohlauf waren, nachdem die Insel binnen drei Jahren zum zweiten Mal Opfer eines terroristischen Bombenanschlags geworden war. Die Ziele waren Restaurants und 20 Menschen wurden getötet; etwa 100 wurden von Schrapnellen verletzt. Die ersten Anschläge hatte 2002 Orte zerstört, die Joanna und ich regelmäßig besucht hatten: den »Sari-Club«, das »Aromas-Restaurant« und »Yusufs Silberladen«. Wo genau die Anschläge dieser islam-faschistischen Gewalttat diesmal stattgefunden hatten, schrieb sie nicht.

Nach fünf Tagen erreichten Molly und ich Sichuan, eine Gegend mit vielen Bergen und Hügeln, mit Reisfeldern, Flüssen, Seen und Dämmen, in der es häufig Erdbeben gibt. In der Nähe der großen Städte wurde die Landschaft von Menschenhand umgestaltet: Terrassen für die Reisfelder, auf denen das Wasser gestaut und gesteuert wird, um Reis und andere Lebensmittel zu produzieren. Enten watscheln, Hühner scharren und Schweine sehen die Welt an sich vorüberziehen und werden fett, bis sie zum Schlachter müssen. Das ist die traditionelle chinesische Landwirtschaft – wenn auch nicht ganz so alt wie die Hügel, dann doch zumindest so alt wie die Terrassen. Das Hinterland Sichuans, das nicht von den schwieligen Händen der Reisfarmer geformt wurde, kann so neblig, zum Nachdenken anregend und friedlich sein wie eine chinesische Tuschezeichnung. Es gibt unheimliche Canyons, rauschende Ströme, spiegelnde Seen und Bambusrohre, die Musik erklingen lassen, wenn sie im leichten Wind aneinanderschlagen.

Legenden erklären die Erdbeben mit Drachen, die angeblich tief unter der Erde die eigentlich unbeweglichen Felsen erzittern lassen. Das »Dragon Guesthouse« war ein Gebäude, das Schlimmeres als ein Erdbeben überstanden hatte, nämlich die zerstörerische Kulturelle Revolution. Die geschnitzten Holzornamente und der traditionelle Innenhof waren noch intakt. Während sich genügend Gäste für eine »*Fake-Tour*« sammelten, wanderten wir durch rot-goldene

Tempel voller großer Urnen, in denen Räucherstäbchen steckten; wir schauten uns die unfassbar niedlichen Pandas an, darunter ein Muttertier mit ihrem fiepsenden Baby.

Wenig überraschend konnten wir strikte Regeln umgehen, indem wir 100 Dollar zahlten, und so hatten wir bald Papiere, die Molly und mich als Teilnehmer der Tour auswiesen. So ein Verhalten sieht man dort gar nicht gern, aber man drückt ein Auge zu, da es den Beamten in Sichuan wichtiger ist, dass die Touristen einen guten Eindruck bekommen. Unsere Gruppe nahm einen gemeinsamen Flug, ging am Flughafen Gonggar gemeinsam durch den Zoll, nur 60 Kilometer von Lhasa entfernt, und dann verteilten wir uns in alle Himmelsrichtungen.

▪ ▪ ▪

Als in den späten Neunzigern westliche Kunstexperten – finanziert von der *American Himalaya Foundation* – einer Gruppe von Mönchen dabei half, die heiligen Zeichnungen am Thubchen Gompa zu restaurieren, zerbrachen sie sich den Kopf darüber, wie man die verblassten, zarten, gedämpften Farben nachstellen könnte. Die Mönche protestierten, dass sie das nicht wollten; sie wollten leuchtende Farben frisch aus der Tube, neu und besser.

So wie manche tibetischen Mönche nicht verstehen, was Weststaatler an diesen alten Wandbildern finden, so verstehen einige chinesische Beamte nicht, was Touristen an Tibet finden, das doch so kalt, muffig und zurückgeblieben ist.

Das Hochland von Tibet ist ein kompromissloser Ort, aber chinesische Generäle hielten es für unverzichtbar, es zu kolonialisieren, um sich dadurch in künftigen Auseinandersetzungen mit Indien einen Vorteil zu verschaffen. Wenn genügend Siedler in ein kolonialisiertes Land ziehen, dann werden für gewöhnlich irgendwann genug Kinder geboren worden sein, um das Land zu ihrem eigenen zu machen. Für die Khmer hat das mit Kambodscha ohne Frage gut funktioniert; dort ersetzte man bald die eingeborenen *negritos* – oder *rakshas* (Menschenfresser), wie man sie im alten Sanskrit nannte. Bei Tibet gibt es da allerdings ein Problem: So wenig wie Kühe auf dem Dach der Welt gedeihen können, da sie dort nicht kalben können, so haben auch Han-Chinesen und andere Tieflandbewohner Schwierigkeiten, dort schwanger zu werden und ein Kind auszutragen. Das Dach der Welt ist die Wohnstätte von Yaks und Tibetern.

Es fällt schwer, sich in einem Land heimisch zu fühlen, wenn man keine Kinder in die Welt setzen kann. Es hat etwas Fremdes und Abschreckendes, wenn man gezwungen ist, ins Tiefland zurückzukehren, um sich zu vermehren – wie ein Frosch in den Sumpf. Unter den Genen, die es den Tibetern ermöglichen, im Hochland zu gedeihen, gibt es einige, die einen Ehrenplatz einnehmen (so wie die Reliquien des Bön): Eines passt möglicherweise zu einem Gen aus dem Genom des Denisova-Menschen. Die Denisova-Menschen waren eine an die Eiszeit angepasste Altsteinzeit-Population aus der Gattung der Menschenähnlichen.

Ansonsten sind die Tibeter den Han-Chinesen genetisch gesehen sehr ähnlich, nur dass sie eben ein paar biochemische Asse im Ärmel haben. Und als sie stark und die Tiefländer schwach waren, strömten sie aus dem Hochland herunter und überfielen, eroberten, vergewaltigten und brandschatzten Land und Leute auf ihrem Weg zu einem Tibetischen Reich. Das war etwa im Jahr 800. Dieser Umstand ist der Schlüssel zum chinesischen Verständnis davon, wer Chinese ist und wer nicht: Ein langes Jahrtausend lang hatte ein Schurkentrupp von Barbaren den richtigen Zeitpunkt abgewartet, um die Han zu bezwingen. Die Han-Gelehrten sehen den Lauf der Geschichte als großes Ganzes und fügen geduldig eine neue Dynastie auf den Schriftrollen hinzu. Für die Barbaren besteht die Kehrseite ihres Triumphes darin, dass nun ihre Nachkommen und ihre Ethnie Teil der chinesischen Geschichte werden. Die Han absorbieren ihren Feind und werden eins mit ihm. Wenn man also den Feind niederringt, ihn vergewaltigt und mordet, wenn man gewaltsam durchsetzt, dass sich das Volk der Han dem Gesetz unterwirft, das man für das eigene Volk geschrieben hat, dann kann man sie vielleicht bezwingen, aber letztlich wird man selbst und die eigene barbarische Sippe auch zu Chinesen.

An unserem ersten Tag in Lhasa, wo die hohen Steinmauern des weiß- und ockerfarbenen Potala-Palasts über dem Kyi-Chu-Tal thronen, hätte mich jegliche Kraftanstrengung Sternchen sehen lassen. Ich habe mit Höhen für gewöhnlich kein Problem – bei einem Anstieg von 3,3 Kilometern an nur einem Tag stellt sich lediglich ein wenig Appetitlosigkeit ein, was es mir bereits ermöglicht hatte, den Thorong La, den Annapurna Sanctuary in Nepal und die Spitze des Kinabalu auf Borneo zu besteigen. Aber hier waren wir mit dem Flugzeug angekommen, hatten uns von unserer Gruppe abgeseilt und atmeten sofort die dünne Luft. Wir erkundeten Märkte, auf denen man Bonbonschalen aus silberbesetzten Menschenschädeln, Tierfelle und unfassbar detaillierte Mandalas mit Blattgold-Symbolen kaufen konnte; diese Mandalas sollen das Universum zeigen, wie es ist – ohne die Illusion des Verlangens. Wir stiegen in diese gigantischen, sich weit erstreckenden Klosterfestungen, voll mit goldenen Buddhas und wertvollen Edelsteinen, und wir umrundeten den Jokhang, eine Pilgerstätte, zu der Gebete murmelnde Bettelmönche von weither strömen.

Für uns war es auch ein Startpunkt: Wir brauchten noch zwei weitere Reisende, um die Kosten für einen Land Cruiser samt Fahrer zu mieten; Ausländer müssen mit den Fahrern vorliebnehmen, die man ihnen stellt, und die öffentlichen Busse sind für sie tabu. Wir fanden unsere Begleitung in Al und Sarah; er war ein britischer Soldat und beide kamen aus York und waren eine angenehme Gesellschaft.

Als wir die Klöster an den Klippen besuchten, machten die Mönche eine seltene Ausnahme von ihrem Gelübde und ließen die Frauen auf ihren wunderbaren Hörnern blasen; sowohl Molly als auch Sarah beherrschten das Saxofon beziehungsweise die Trompete und überraschten die Mönche damit, dass sie solch einem massigen Instrument einen Ton entlocken konnten. Wir picknickten an strahlenden, heiligen Seen, einige der höchstgelegenen der Welt mit mehr als 4000 Metern über dem Meeresspiegel, und ernährten uns von Fertignudeln, Haferbrei und großen Flaschen Cider. Höllisch scharfes luftgetrocknetes Yakfleisch stellte meinen Kiefer auf die Probe. Die Mädels lernten, keine Süßigkeiten herauszugeben, wenn Horden von Nomadenkindern die windgepeitschten Außenposten belagerten; der Größte von ihnen schlug die anderen blutig und machte sich mit den ganzen Leckereien aus dem Staub.

An kühlen Abenden hörte ich Molly oft über diese oder jene Stelle eines Romans kichern, den sie gerade las, *Shantaram*. Manchmal laß sie auch Absätze laut vor. Der Autor, Gregory David Roberts, war ein Australier, dessen fiktive Geschichte angeblich auf seinem Leben als Gangster in Indien basierte.

»Mike, hier ist endlich mal jemand, der selbst dir die Stirn bieten könnte, wenn es darum geht, im Dienst für das Abenteuer zu leiden«, sagte sie.

»Nach dem, was du beschrieben hast«, antwortete ich, »war das schlimmste Erlebnis seine Zeit in den entsetzlichen Staatsgefängnissen von Maharashtra, also stand er unter der Obhut der Regierung, während ich auf mich allein gestellt war.«

»Du kannst es lesen, wenn ich fertig bin«, sagte sie lächelnd.

▪ ▪ ▪

Der Dalai Lama ist gut geübt darin, seine Bedürfnisse und Begierden zu kontrollieren, aber dennoch sehnt er sich danach, eines Tages aus dem Exil zurückkehren zu können, um sich in der Nähe des Radreng-Klosters niederzulassen und als Einsiedler im Wachholderwald zu leben, umgeben von Dzo (eine Mischung aus Yak und Hausrind). Es war also keine Schande, dass wir weniger erleuchteten Seelen auch das Bedürfnis verspürten, auf holprigen Lehmstraßen den Weg dorthin zurückzulegen, um uns selbst einen Eindruck zu machen. In einer unheimlichen Kammer ließ uns ein goldenes Bildnis der Göttin Grüne Tara in Andacht fallen; hinter der Flügeltür, die halb offen in den verzierten Angeln quietschte, galt die Andacht der Dzo derweil dem leuchtend grünen Wiesengras; ihre Zungen und die feuchten Schnauzen glitzerten, die Hufe stampften im Dreck und wirbelten Staubpartikel auf, die im Sonnenlicht tanzten. Wachholder und das Gras hatten ihr üppiges Wachstum einer Quelle zu verdanken, die der Legende nach das Zuhause der Dämonen Dzin-pa-lag-mang und Klu Dung-skyong war.

Es wurde dunkel. Was für ein perfekter Ort für einen kleinen Rave. Molly hatte ein tragbares Abspielgerät für Musik mit elektronischer Musik dabei. In der Dunkelheit einer Wiese im Wald, auf halber Höhe des Berges, platzierten wir das Gerät auf einem interessant aussehenden Felsen, der von Yakschädeln umringt war. Tagsüber hatten Tibeter das tote Holz von den Hängen gesammelt, sodass es nun kaum noch etwas zu finden gab. Aber ich zeigte den anderen, wie man solche Dinge als Hinterwäldler handhabt, und hatte im Handumdrehen ein Lagerfeuer angezündet. Unser Feuer war nicht sonderlich vornehm; wir verbrannten Yakdung, einen alten Stiefel, Knochen und Horn, als das Gestrüpp nicht ausreichte. Zur Musik tranken wir Bier und Cider. Eine tibetische Familie erschien aus der Dunkelheit – ein alter Mann, zwei Frauen und ein Kind. Wir boten ihnen Cider an, den sie ablehnten, aber sie fingen an, den großen Felsen in unserer Mitte zu umkreisen, wobei sie sangen und Opfer darboten. War das ihr heiliger Felsen? Wir bemerkten ein Symbol, das auf die Seite gemalt war.

Aber sie waren entspannt und freundlich, vollzogen ihre Zeremonie und gingen wieder. Wir blieben allein zurück, über uns die Sterne am pechschwarzen Nachthimmel, um uns herum einsame Yaks, die in der Dunkelheit trotteten.

Wir verließen die mit Kies bedeckte Seitenstraße und gingen wieder auf eine Hauptstraße, ebenfalls mit Kies bedeckt, wo mir eine alte, schlammige Nachricht an der Wand eines Lehmgebäudes auffiel, vor dem Yakdung im Wind trocknete. Die Nachricht lautete: »Pete aus Kamloops war hier.« Kamloops war eine Stadt in British Columbia, Kanada, und ich erinnerte mich daran, den Kerl Mitte der Neunziger mal getroffen zu haben, in einem Bus in Himachal Pradesh in Indien. Er war damals seit vier Jahren unterwegs gewesen und hatte sich eine besondere Angewohnheit angeeignet: Wenn er sich mit einer Gruppe unterhielt, hielt er manchmal mitten in einem Wort inne, um sich einen neuen Drink zu holen, zurückzukommen und dann einfach bei der nächsten Silbe weiterzureden, als wäre er nie fort gewesen. Er hatte damals gesagt, dass wir, sollte es uns jemals nach Tibet verschlagen, nach dieser Lehmwand Ausschau halten sollten, in die sein Finger die Buchstaben gezogen hatte, um sich zu verewigen.

Eine Straße, auf die kaum mehr als ein Auto passte, führte Richtung Süden zu einem berühmten Gipfel. Und hier waren wir, mit einem Land Cruiser, einem Fahrer und reichlich Cider, um unsere vom Wind und der dünnen Luft trockenen Lippen zu benetzen. »Everest«, hörte er uns sagen und hielt Kurs nach Süden. Quiekende Murmeltiere hielten uns während unserer Picknick-Stopps bei Laune, anschließend führte uns die schmale Straße in immer steileres Terrain. Sporadische Flecken gelber Wiese wichen einer schroffen Hügellandschaft, die uns zu steinigem Ödland führte, bis schließlich der leuchtend weiße Berg den ihm gebührenden Platz über dem Horizont einnahm. Während wir uns ihm näherten, wuchs er ins Unermessliche.

Am Mount Everest fanden wir Schutz hinter einer Wand, die komplett aus gestapelten Bierflaschen bestand, was dem Wind etwas von seiner eisigen Schärfe nahm. Das Basislager stand uns zur Erkundung frei, aber höher zu steigen würde uns einiges kosten. Molly machte ein Foto – das seither verloren ist –, auf dem ich die Finger so hielt, dass es wirkte, als hielte ich dazwischen den Mount Everest. Es sorgte für einen Lacher, und so auch ein nahe gelegener buddhistischer Klosterbau, einsam und verlassen, abgesehen von der Katze, die sich in den Ruinen eingerichtet hatte und bereitwillig auf Mollys Spielereien einging, während wir unsere Ohren und Finger aufwärmten. Die Wände des Klosterbaus waren mit Wandbildern bemalt. Kunst ist ein Fenster zur Seele, und die Mönche hatten diese Gelegenheit genutzt, um sich Ausdruck zu verschaffen: Dämonen, die Männer und Frauen aßen und verstümmelten, Dämonen, die es mit anderen Dämonen trieben, Dämonen, die es mit Männern und Frauen trieben, während sie diese verschlangen. Hmmm. Wenn man so drüber nachdenkt: Ob es wohl wirklich so gesund ist, sich Zeit seines Lebens alle menschlichen Gelüste zu versagen?

In diesen Wochen rauschten die unvergesslichen Erfahrungen nur so an uns vorbei, umwerfende Ausblicke, sonnengesprenkelte Farben, schwarze Krähen, schwarze Yaks, goldenes Weideland und gleißender Schnee. Im späten Oktober mussten wir weiterziehen.

Tibet bot uns noch einen letzten Nervenkitzel: die längste Abwärtsstraße ohne Unterbrechung in der Welt, die zur Grenzstadt Zhangmu führt. Sie war so tief, sie hätte auch vom Mars oder einem der Jupitermonde sein können. In unserem Geländewagen fuhren wir an zahlreichen Trucks vorbei, die im Schnee feststeckten, und unser Fahrer gewöhnte sich so sehr daran, mit dem Wagen durch Schneedecken zu rammen, um den Trucks auszuweichen, dass er schließlich abseits der Straße und quer durch die Serpentinen fuhr; bisweilen fühlte es sich an wie eine Skiabfahrt, und die Reifen drehten sich kaum, da wir mehr glitten als rollten. Nach vielen Stunden wurde es dafür zu steil, aber die Straße führte noch weiter, immer weiter runter, runter, runter in den Abgrund, diesen Riss im Dach der Welt. Einmal machten wir Halt in einer Stadt auf einem Felsvorsprung, die in den Serpentinen erbaut worden war. Hier stauten sich die hupenden Trucks und jeder Quadratmeter bot die erstaunlichste Aussicht. Wer dort lebt, der weiß, wie sich ein Adlerküken im Horst fühlt. Endlich ragten die Berge steiler auf, doch jetzt fanden die Bäume Halt und Nebel hing in der Luft.

In Kodari, einer Gemeinde aus einigen Hütten mit Blechdächern entlang des Araniko-Highways, frischten wir unsere Visa auf; dann überquerten wir zu Fuß die Brücke der Freundschaft nach Nepal. Und dann waren wir wieder in den nepalesischen Himalayas: jung, humid, brüchige Felswände; nasse Erde; überall Grün und nach frischem Regenguss durchschossen von plätschernden Strömen und braunen Flüssen.

▪ ▪ ▪

Al und Sarah leisteten uns noch ein paar Tage Gesellschaft. Sie wollten von Katmandu aus zurückreisen, wo wir schon bald Chad treffen würden. Nun aber saßen wir vier an einem wuchtigen Tisch aus geschlagenem Rhododendronholz in einem Restaurant am müllübersäten Straßenrand im Gebirge. Wir unterhielten uns über Busfahrten in Dritte-Welt-Länder: Molly kann sie nicht ertragen, da sie einen kaputten Rücken hat. Ich bin nur knapp über 1,80 m und habe kein Problem mit solchen Fahrten, aber ich erwähnte, dass Chad zu groß dafür war; für ihn war jedes Schlagloch eine Qual.

»Als Chad vor ein paar Jahren in Tibet war, fuhr er mit den Bussen vor Ort. Das darf man nicht, darum musste er sich an jeder Kontrollstelle des Militärs ducken. Die Tibeter halfen ihm dabei, sich zu verstecken. Wenn eine Kontrollstelle zu gefährlich schien, ist er ausgestiegen und drum herum gewandert, dann hat er auf der anderen Seite versucht, wieder einen Bus zu bekommen. Das Schlimmste war, dass die Tibeter manchmal selbst gemachtes Dynamit transportierten, mit dem sie Felsen aus ihren Gerstenfeldern sprengten. Einmal hatte der Tibeter neben ihm eine Kiste davon auf seinem Schoß. Das Dynamit war nicht gut gemacht, denn Chad sah, wie das Nitroglycerin, *plöpp, plöpp, plöpp,* vor seine Füße tropfte, während der Bus über Schlaglöcher und Spurrinnen ruckelte … Explodierende Busse sind ein großes Problem in Tibet.«

»Zum Glück haben wir einen Jeep gemietet«, sagte Molly und fügte hinzu: »Seid ihr von Moskitos gestochen worden?«

»Hier gibt's keine Moskitos«, sagte ich und schaute meine Arme an.

Aber Molly, die deutlich mehr Kleidung trug als ich, hatte Moskitos über jedem Flecken nackter Haut schwirren und war offensichtlich etliche Male gestochen worden.

»Bei dir gibt's scheinbar schon welche«, sagte ich und zeigte auf die Moskitos.

»Ich wusste es doch«, sagte sie. »Die Viecher kommen immer zu mir.« Wir lachten.

»Unser Freund Chad ist Cree«, sagte ich, »und sein Stamm lebt im Tundramoor. Das ist ein Sumpfgebiet, unter dem direkt der Permafrost liegt. Da gibt es massenweise Moskitos. Man kann zehn mit einem Schlag töten.« Ich schlug mir demonstrativ auf den Arm. »Es gibt eine uralte Cree-Methode, um die Viecher auf Abstand zu halten.«

»Na sag schon, was denn?«

»Sie reiben sich mit ranzigem Bärenfett ein.«

»Vielleicht hat doch jemand von euch ein Mückenspray dabei?«, fragte Molly.

▪ ▪ ▪

Al und Sarah waren abgereist. Nepal zu dritt – Molly, Chad und ich – wäre lustig gewesen, aber in Katmandu bekam Molly eine E-Mail: Ihre Mitbewohner wollten ausziehen, was ihr große Sorgen bereitete; niemals könnte sie die Miete für eine so große Wohnung allein aufbringen. Sie musste schleunigst wieder nach England, um eine neue Bleibe zu finden. Sie buchte am nächsten Tag einen Flug. Als sie endlich wieder in Green Lanes war, begrüßten ihre Mitbewohner sie mit den Worten: »Ach ja, wir haben uns anders entschieden: Wir ziehen nicht aus. Warum bist du denn so durch den Wind? Ist doch alles gut.«

In ihrem Zimmer checkte sie ihre E-Mails und fand eine Nachricht von mir, in der ich ihr schrieb, dass am Tag ihrer Abreise eine riesige Straßenparty in Katmandu stattgefunden hatte – DJs wie Mukul, Ankit, Sickfreak, Djital, D-rex und B.man aus London waren gekommen, um den Nepalesen eine gute Zeit zu bescheren. Auf den Straßen drängten sich die Leute und mehrere Bühnen waren aufgebaut worden, eine davon an der Kreuzung vor unserem Hotel neben einem Outdoor-Shop, in dem sie Messer und Schwerter verkauften. Die Luft roch süß nach verbranntem Haschisch und die Leute tanzten völlig sorgenfrei, nicht mal die einrückende Rebellenarmee, die in Richtung Stadt marschierte, kümmerte sie.

Chad und ich besorgten uns schnell Trekking-Genehmigungen für den Langtang-Nationalpark. Wir trekkten dort beide zum ersten Mal. Außerdem war ich gerade erst am Everest gewesen, und Chad hatte gehört, dass es in der Gegend um das Annapurna Himal gerade jede Menge rebellischer Aktivitäten von Maoisten gab – mehr als gewöhnlich. Gerüchte besagten, dass sie den Ausgangspunkt des Annapurna eingenommen hatten und Fremden mehr als die üblichen Zugangsgebühren abknöpften. Und da ich diesen Wanderweg ohnehin schon kannte, entschieden wir uns für Langtang und seine niedrigeren Pässe – 4000 statt 5000 Meter –, was uns auch entgegenkam, da wir spät in die Saison gestartet waren. Es war schon Ende Oktober, und wir würden gute drei Wochen brauchen.

Viele Leute, insbesondere pendelnde Stadtbewohner, begreifen nicht, warum jemand freiwillig trekken gehen würde, um einfach nur den Großteil des Tages einen Fuß vor den anderen zu setzen. Das Problem ist, dass diese Leute nie richtig Laufen gelernt haben. Das ist nicht ohne Ironie, denn der Mensch ist ein spezialisierter Ausdauerjäger auf zwei Beinen. Das ist unser »Feature«, so wie Giraffen lange Hälse haben und Pinguine durch das Wasser fliegen können. Man setzt nämlich nicht einen Fuß vor den anderen: Das macht man vielleicht, wenn man den Menschen als »taumelnde Knollen voll Furcht und Traum« begreift, um den Dichter Russell Edson zu zitieren.

Wenn man richtig trekkt, dann macht man das mit dem Körper ebenso sehr wie mit dem Kopf; man ist keine Knolle und taumelt auch nicht, also gibt es auch nichts zu fürchten. Da man dabei im Moment lebt, fühlt man sich lebendig und am Tage wach – während einem noch genug Zeit zu träumen bleibt, wenn man schläft, und zwar in Dörfern mit ganz atemberaubenden Aussichten und einem Sinn für Gemeinschaft, der einem das Herz wärmt, weil man jetzt weiß, dass solche Orte tatsächlich noch existieren.

Ich war zuvor schon einmal durch Nepal getrekkt, mit Joanna. Mit Chad erhöhte ich das Tempo etwas. Ein Trupp junger Israeli, die frisch aus der Armee kamen, konnte nicht mit uns mithalten – außer einer von ihnen, der motiviert war, Einsatz zu zeigen. »Hätte ich mich mit Israelis unterhalten wollen, wäre ich zu Hause geblieben«, erklärte er uns.

Als Joanna 1995 zum ersten Mal im Annapurna unterwegs war, weiter westlich, hatte sie auch zum ersten Mal überhaupt einen Berg gesehen. Sie fing gleich mit dem höchsten der Welt an und hatte zugestimmt, den Trip mit einer Gruppe begeisterter Bergsteiger zu machen. Ihre größte Sorge war, dass sie die anderen zurückhalten würde. Sie hätte sich nicht sorgen zu brauchen; sie war die Einzige, die die Tour im vorgesehenen Zeitraum schaffte. Die Männer hatten trainiert, indem sie in den Bergen Alaskas kletterten, dabei wäre es das bessere Training gewesen, aus Mülleimern zu essen. Es waren ihre Mägen, die sie im Stich ließen. Joanna war das Essen asiatischer Imbissbuden gewohnt.

Sie war beeindruckt von der Zielsicherheit, mit der ich auf einige der schnellsten, fittesten Trekker zeigte und sagte: »Der da, und der Typ da.« Und tatsächlich zogen wir rund zwei Tage später an ihnen vorbei, als sie sich humpelnd und mit verbundenen Knien von frisch angeheuerten Trägern das Gepäck schleppen ließen. Ich hatte gewusst, dass sie Probleme bekommen würden, weil sie einen Fuß vor den anderen setzten und den Aufprall der Schritte mit ihren federnden Sehnen abfingen, anstatt ihn mit dem Fleisch auf ihren Knochen zu absorbieren, auch wenn die Waden schmerzten. Muskeln erholen sich über Nacht, Sehnen und Bänder aber nicht.

Ein Warner-Brothers-Cartoon stellt es anschaulich dar: Zwei Hinterwäldler werden von Bugs Bunny gefoppt, der sie dazu bringt, die fehlerhafte Anleitung für einen Squaredance zu befolgen. Als ich das sah, dachte ich mir, dass die Zeichner Bergmenschen im Sinn gehabt haben müssen: Sie haben die Knie gebeugt, halten die Hüfte niedrig, fast so, als wollten sie in die Hocke gehen, während die Beine gespreizt sind und ihren eigenen Halt finden. Auf diese Weise spürt der Körper das Terrain, während man den Blick nach vorn richten kann, um die Gegebenheiten der Route zu erfassen. Die Füße folgen Mustern, die aus der Erinnerung gespeist werden, als würde man Noten von einem Blatt ablesen, die der Körper direkt in eine Art Tanz sublimiert. Wenn man auf diese Weise trekkt, muss man sich um den Schlamm, die Felsen und die Angst vor falschen Schritten nicht kümmern und kann sich stattdessen an den Schmetterlingen, der Aussicht und den Gesprächen erfreuen.

Chad und ich überquerten schimmernde Schneefelder, wir kamen an gefrorenen Seen vorbei und an Dörfern, die so pittoresk waren, dass wir neidisch waren auf die alten Weiber, die aus ihren Hütten spähten, weil diese ihr ganzes Leben an solch einem Ort verbracht hatten. Wo es warm genug war, da sahen wir Sträucher und Bäume und geschäftige kleine Tiere, die so wie wir das Sonnenlicht nutzten. Wenn ich nachts einschlief, nach Witzen und Bier an der Feuerstelle eines Gästehauses, genoss ich einen erholsamen Schlaf; ich träumte in leuchtenden Farben und verschlief einmal sogar ein einminütiges Erdbeben, das Chad aufweckte. Bei mir hatte nur die Traumlandschaft gebebt.

Die Ausblicke, die man in Langtang genießen konnte, hätten für mehrere Leben gereicht; man konnte den Wechsel der Jahreszeiten sehen, das Spiel des Lichts und die Launen des Wetters. Die Berge sind so riesig, dass sie einem gar keinen Platz lassen, in eine Rolle zu verfallen; anders als in den Städten, wo die Gesichter Schatten aufeinanderwerfen: sich überbietend, vom Ego getrieben, brüllend … Oh, diese Menschheit. Berge hingegen erstrecken sich nach unten, bis zum Ursprung ihres Kamms, und auch in die Höhe, die Flüsse überragend, die geduldig die Canyons in den Fels schneiden; Berge zeigen die Menschen, ob diese nun wandern oder rasten, in ihrer wahren Größe: winzig und unbedeutend. Lebensgroß. Man sitzt da mit seinem Freund und scherzt und spricht über dies und das, aber innerlich lacht man auch, weil wir auf dieser Erde so klein sind, dass es unmöglich ist, sich selbst ernst zu nehmen. Menschen sind ziemlich lächerlich, und dieses Wissen kann einen auch lächeln lassen.

Wir mussten mit dem Bus nach Katmandu und Chad saß in seinem Sitz zusammengefaltet wie eine Brezel. Meistens betäubte er sich für solche Bustouren mit Alkohol, aber es war keiner zur Hand. Als wir in die urbane Kruste aus übereinandergelegten Betonschichten kamen, wo das Leben jeder einheimischen Familie von roten Ziegelvorhängen begrenzt wird, versuchte eine junge Frau, sich vor den Bus zu werfen. Sie war so rabiat in ihrem Bemühen, sich ins Vergessen zu stürzen, dass sie am Ziel vorbeischoss und die Räder des Busses links und rechts an ihrem liegenden Körper vorbeirauschten. Ihren Blick konnte ich nicht vergessen, und ich dachte mir, dass sie vielleicht keinen weiteren Tag in diesem Slum ertragen konnte. Aber dann wurde mir klar, dass sie nicht so war wie ich: Sie sah hier keinen Slum. Sie war hier hineingeboren worden. Vielleicht hatte diese traurige Angelegenheit etwas mit Liebe und Verlust zu tun

...

In Katmandu, nach unserem traditionellen Zwischenstopp für Wasserbüffel im »Everest Steak House«, erzählte mir Chad, dass er als Nächstes nach Indien wollte, um sich den Bundesstaat Goa anzusehen.

»Das ist ein weiter Weg«, sagte ich.

»Mit dem Flugzeug nicht. Warum kommst du nicht auch? Ich schicke dir eine E-Mail, um dich wissen zu lassen, in welchem Hotel ich abgestiegen bin.«

Erst mal musste ich allerdings einen Einkauf erledigen. Ich musste ein Geburtstagsgeschenk für Tim in London besorgen. (Er öffnete das Paket dann vor einer großen Gruppe in einer Bar. Einziges Problem: Wer hätte denn wissen können, dass gewaltige Khukuri-Messer (mit einer Tropfkerbe für Blut direkt über dem Griff) im Vereinigten Königreich verboten sind?). Wie dem auch sei, ich ließ mir die Sache während des Shoppens durch den Kopf gehen und beschloss, nach Goa zu reisen.

Seit die maoistischen Guerillakämpfer Katmandu umstellt hatten und den Sturz der Regierung forderten, gab es einen ungewöhnlichen Ansturm auf die Botschaften. Unzählige Leute beantragten Visa, um fliehen zu können. Chad hatte sein Visum für Indien in Vancouver geholt, also konnte er einfach durchstarten. Ich wartete immer noch auf meines. Eine spöttische E-Mail erreichte mich; er berichtete von einer bevorstehenden Strandparty in Anjuna und köstlichem Fisch-Curry. Also steckte ich dem Kerl auf dem indischen Hochkommissariat einen zusätzlichen Hunderter zu, verließ das Gebäude mit einem Visum und buchte mir für den nächsten Morgen einen Flug nach Goa.

Ich erwachte im kalten Smog von Nebel und verbrannter Kohle, aber dieser Tag sollte noch eine ganze Reihe weiterer Ärgernisse bereithalten: Mein Bauch tat weh, was ungewöhnlich für mich war, und der Taxifahrer versuchte, mich übers Ohr zu hauen. Als dann das Flugzeug einen Zwischenstopp in Delhi einlegte, behielten mich die Grenzbeamten während der vierstündigen Wartezeit auf den Anschlussflug in einer Wartehalle. Was sollte man vier Stunden lang machen? Es gab zwei Zeitschriftenautomaten, die nebeneinander in der Mitte des Raumes standen. Da waren vermutlich nur Bollywood-Trash-Magazine drin, noch dazu in Hindi geschrieben, aber man konnte ja mal schauen. Meine Augen entdeckten ein englisches Magazin, *Scientific American*, das unerklärlicherweise zum Angebot gehörte. Ich zählte mein Kleingeld und stellte fest, dass es genau reichte, aber ich hatte es nicht in der nötigen Stückelung. Ich fragte die Verkäufer an drei Kiosken, ob sie mir entsprechend wechseln könnten, aber alle wiegelten ab. Hmpf. Ich hockte mich auf den Boden, den Rücken an die Wand gelehnt, und wartete.

Dann kam ein schlanker, etwas gezierter Mann, baute einen kleinen Tisch auf und stellte einen Klappstuhl daneben. Bevor er sich setzte, stellte er ein Schild auf den Tisch: »Wechseln Sie hier Geld für die Automaten«. Ich ging zu ihm und holte mein Geld raus. Er holte seinerseits eine Schale mit Münzen hervor und schickte sich an, den Umtausch zu machen, bis er bemerkte, in welche Richtung mein Blick ging.

»Oh nein, Mister. Ich sehe, dass Sie vorhaben, eine Zeitschrift aus dem rechten Automaten zu kaufen, aber ich bin nur hier, um Geld für die Leute zu wechseln, die etwas aus dem linken Automaten kaufen wollen.«

»Aber die Magazine im linken Automaten sind alle in Hindi.«

Er zeigte sich ungerührt und nichts, was ich sagte, konnte ihn dazu bewegen, seine prinzipientreue Position zu überdenken. Ich hockte mich wieder an meinen Platz und blieb dort für weitere dreieinhalb Stunden, bis das Boarding für meinen Flug begann.

Ein weiterer kurzer Security-Check brachte das Feuerzeug in meiner Hosentasche zum Vorschein. Obwohl ich Nichtraucher war, trug ich dieses Colt-Feuerzeug quasi schon immer mit mir herum, um es herauszuholen, wann immer ein Lagerfeuer gebraucht wurde oder jemand mich um Feuer bat. Normalerweise ist es gar nicht möglich, ein Feuerzeug sonderlich lange zu behalten, da jeder zweite, der es sich leihen will, es hinterher einsteckt und es so irgendwann verschwindet. Ich sagte immer allen, dass sie nicht mit meinem Feuerzeug verschwinden sollten. Ich hätte es schon seit einem Jahr oder zwei Jahren oder drei Jahren … Dem letzten Typen, der mich um ein Feuerzeug bat, hatte ich gesagt: »Dieses Feuerzeug ist seit dreizehn Jahren in meinem Besitz, also lass es nicht wegkommen!«

»Neue Regel«, sagte der Security-Mann, als er mein Feuerzeug in den Müll warf. »An Bord sind keine Feuerzeuge erlaubt.«

▪ ▪ ▪

In Goa konnte ich endlich meine E-Mails checken, um zu sehen, wo Chad abgestiegen war. Hmm, keine Antwort auf meine letzte Mail, in der ich ihn um Name und Adresse seines Hotels gebeten hatte. Er hatte meine Nachricht gelesen, in der ich ihm mitgeteilt hatte, dass mein Flieger heute ankam, also dachte ich mir, dass er sich vermutlich einfach eine schöne Zeit machte und vergessen hatte, mir zu schreiben.

Goa ist kein großer Bundesstaat, aber eine große Gegend ist es doch, und ich hatte nur einmal vor mehr als zehn Jahren eine Woche hier verbracht. Am wahrscheinlichsten schien mir, dass Chad in einem Strandort sein würde, Arambol, und der günstigste Weg, dorthin zu gelangen, war ein proppenvoller regionaler Bus, in dem es nur Stehplätze gab. Ich hatte vor, meine E-Mails nach der Ankunft noch mal zu checken. Wenn sein Hotel an einem Strand irgendwo in der Nähe wäre, hätte ich vielleicht noch Zeit zu wechseln. In Arambol fand ich zwischen den Läden und Märkten ein Internet-Café: wieder keine Antwort.

Es war jetzt dunkel und ich sehnte mich nur noch nach einem Bett. Ich wollte die ganzen Ärgernisse des Tages hinter mir lassen. Ein Junge fragte mich, ob ich ein Zimmer im Hotel »Ganesh« an der Klippe haben wolle; der Preis war gut und die Lage ebenfalls – wie versprochen lag es an einer Klippe, und auf die Wand war ein blauer Ganesha gemalt. Ich fiel ins Bett und schlief ein. Früh am Morgen erwachte ich vom Klang einer Gitarre, die auf dem Balkon des Nebenzimmers gespielt wurde. Ich kannte die Noten; es waren Songs, die Chad immer spielte.

Ich steckte meinen Kopf aus dem Fenster und sagte zu ihm: »Guten Morgen, Herr Nachbar.«

An den Stränden Goas hatte ich mit einer Reihe hinderlicher Krankheiten zu kämpfen – erst eine Erkältung, dann schreckliche Bauchschmerzen, dann noch eine Erkältung, die mich meine Stimme verlieren ließ. Ich versuchte, das Beste daraus zu machen, wie es unter diesen Umständen jeder getan hätte: Ich wanderte durch den Schlamm des Tidegebiets, untersuchte tote Seeschlangen (schwarzgelb gestreift, wie Wespen) und die sonnengetrockneten Fische. Zum Glück war ich zur einzigen Party, die am Strand von Anjuna gegeben wurde, wieder gesund. Ich hatte Spaß, auch wenn ich es langsam angehen ließ, und Chad sprang nackt in den Ozean, während am Strand um ihn herum die Party in vollem Gange war. Auch ansonsten schwamm er jeden Morgen vor der Küste auf und ab. Nach ein paar Tagen reiste er ab, um mit dem Motorrad durch Sri Lanka zu reisen, auf der Suche nach guten Surfspots, und ich blieb zurück mit Bryn und Vicky, einem Pärchen aus Manchester, mit dem wir viel Zeit verbracht hatten. Bald wollten auch sie weiterziehen und sie entschieden sich, mit dem Zug Richtung Norden nach Mumbai zu reisen. Ich begleitete sie. Mir war eingefallen, dass Barbara am 9. Dezember ebenfalls dort ankommen würde. Ich wäre dann einen Tag vor ihr dort. Sie war überrascht, mich zu sehen, und ich erklärte, dass ich gerade in der Gegend gewesen sei, also könnte ich ein paar Tage mit ihr reisen, wenn sie wolle.

An meinem letzten Abend in Mumbai, während ich auf den Zug wartete, der mich wieder zurück in den Süden bringen würde, war ich im »Leopold Café«, einem angesagten Treffpunkt für Auswanderer. Es wurde 1871 eröffnet, aber das Innere ist im Art-déco-Stil gehalten, also muss es irgendwann mal von Grund auf renoviert worden sein. Außerdem ist es laut und voll. Ich sah einen Typen, der für jemanden am Tisch direkt hinter mir ein Buch signierte. Er war blond und grinste breit, sein Haar war lang und Goldketten hingen über dem offenen weißen Hemd auf seinem gebräunten Brustkorb. Er schien ein interessanter Charakter zu sein, darum ging ich hin, um zu sehen, was für ein Buch er da signierte. *Shantaram.* Dann musste das also Gregory sein. Wir unterhielten uns ein bisschen, und ich erwähnte, wie Molly sein Buch genossen hatte, nur um es dann in Tibet zu verlieren, bevor sie die letzten Kapitel hatte lesen können. Er hatte noch einige Exemplare zum Verkauf, also nahm ich eines und er signierte es, nicht ohne Molly noch ein paar freundliche Zeilen zu schreiben. Ich schickte es nach London, bevor ich in den Zug nach Kerala stieg.

Das war nicht mein erster Trip nach Südindien, und zunächst hätte ich nicht gedacht, dass ich noch viel Neues lernen würde. In der jüngeren Geschichte war diese Gegend ein Schauplatz für die Kämpfe zwischen französischen und britischen Imperialisten gewesen. Nun war sie das Zentrum von Indiens Software-Industrie, die Weltrang besitzt. Mitte Dezember fand ich mich schließlich in Mamallapuram im Südosten wieder – eine meiner Lieblingsstädte. Hier bearbeiten sie den harten Stein, der unter anderem für die Statuen der Hindu-Tempel verwendet wird. Ich stellte fest, dass der Schaden durch den Tsunami, der 2004 aus dem Indischen Ozean angefegt war, schlimmer hätte sein können, da die Riesenwelle am frühen Morgen einschlug, als noch niemand am Strand war. So hatte es nur zwei Tote gegeben.

Bald schon war ich mit dem Zug nach Thiruvananthapuram weitergereist, wo ich ein paar Tage entspannte, während ich mich fragte, wo ich Weihnachten verbringen sollte. Ich bemerkte einen Turm an einer der Hauptstraßen im Stadtzentrum – einen runden Turm, wie man ihn auch an einem Schloss sehen würde. Zuerst dachte ich, dass es vielleicht ein Restaurant war, aber dann kam ein ganzer Trupp Nonnen aus der Öffnung unten, die als Eingang diente. Ich ging einfach rein. Das komplette Innere des Turms ist ein glatter Korridor, der sich nach oben und immer im Korridor windet. Am Rand stehen Bänke aus rot-schwarzem Granit, die in den rampenartigen Boden eingelassen sind, jeweils an der Innenseite von der Außenmauer des Turms – eine Mauer, die perforiert ist mit geometrischen Einlassungen, die als Fenster dienen, durch die Licht und Wind eindringen können.

Nirgends ließ sich eine Küche ausmachen, aber schnauzbärtige Kellner mit Turbanen wirbelten diesen einzigen Korridor auf und ab, jeder von ihnen ein Tablett mit Currys und Fruchtsäften balancierend. Das war ein toller Platz zum Sitzen und Nachdenken. Ich konnte Weihnachten nicht hier verbringen, denn – auch auf die Gefahr hin, abscheulich »überreist« zu klingen – Weihnachten in Thiruvananthapuram hatte ich schon einmal gehabt, und zwar 1996. Ich fuhr mit einer Autorikscha zu einem Reisebüro und buchte einen Flug auf die Malediven, mit einem Abstecher nach Colombo, Sri Lanka.

Die Security-Checks in Colombo waren noch immer absolut streng wegen der Drohungen vom Tamil-Tigers-Himmelfahrtskommando, und der Flughafen war ein Schock für mich – er war groß, funkelnagelneu und blitzsauber. Bei meinem letzten Besuch in Sri Lanka war der Flughafen noch eine riesige, schmutzige Lagerhalle gewesen, wie man sie vielleicht für einen illegalen Rave genutzt hätte. Er war von Stacheldrahtzaun und Soldaten umgeben gewesen, die hinter Sandsackwällen Stellung hielten. In der gewellten Eisendecke waren klaffende Löcher, und Vögel flatterten im Innern des Terminals umher. Jetzt war alles verwandelt; früher war dieser Flughafen hier schlimmer als der in Katmandu, heute sah er schicker aus als ein englisches Terminal. Einer der alten Angestellten hatte seinen Job offenbar behalten; er folgte mir und wartete auf ein Zeichen, dass ich die Toiletten nutzen wollte, damit er mich am Waschbecken mit Papierhandtüchern abfangen konnte, um an ein Trinkgeld zu gelangen. Ich verbrachte eine ulkige halbe Stunde damit, ihm aus dem Weg zu gehen, bevor ich kurz vor meinem Flug noch schnell auf die Toilette ging.

Der Zoll auf den Malediven war eine recht lästige Sache. Der Anblick eines allein reisenden männlichen Backpackers war so ungewöhnlich, dass man mich befragte, und als sie mitbekamen, dass ich in der Stadt bleiben wollte und nicht unterwegs zu einem der Badeorte war, durchsuchten sie meinen Rucksack nach Drogen. Sie hatten einen Spürhund, entschieden sich aber, alles per Hand zu durchsuchen.

Die Malediven waren lächerlich ungeeignet für mich. Ich stellte fest, dass das Land zu einer dieser islamischen Republiken geworden war, in denen Alkohol verboten ist – man kann nicht mal was aus dem Duty-Free mitbringen. Das Land besteht aus einer 80 000-Einwohner-Stadt auf der Hauptinsel, in der es keinen Alkohol, keine Bars, kein Nachtleben oder sonst etwas gibt, was nicht im Einklang mit der Religion steht. Die anderen Inseln sind exklusive Ferienanlagen – eine auf jeder Insel –, vermietet von der Regierung. Die sind allesamt unglaublich teuer, pro Nacht 300 Dollar oder mehr. Zwar servieren sie in den Resorts auch alkoholische Getränke, aber mal abgesehen von den abschreckenden Preisen, sind sie alle auf Pärchen zugeschnitten – für Flitterwochen und dergleichen. Hier war ich nun also, in einem Land, dessen Wirtschaft sich ganz darauf konzentrierte, romantische Abgeschiedenheit für Eheleute und Liebespaare anzubieten.

Die Hauptinsel ist flach, sandig und liegt kaum über dem Meeresspiegel. Sie besteht zur Gänze aus der Stadt Malé, deren niedrige Bebauung in Quadraten angelegt ist. Man braucht kaum eine Stunde, um zu merken, dass es hier keine Touristen gibt. Ich entdeckte später, dass sie vom Flughafen direkt auf Schnellboote gehen, die sie schleunigst auf das Atoll bringen, auf dem ihr Fünf-Sterne-Resort steht. Ich brauchte eine Stunde, bis ich ein Hotel fand, und es gab dort nichts zu tun und keine Möglichkeit, um zu essen, also schlief ich einfach. Am nächsten Morgen wurde die ganze Bevölkerung zum Gebet gerufen. In aller Ruhe konnte ich die Stadt erkunden.

Ganze Schiffsladungen von glatt glänzendem, silbernem Thunfischen wurden am Dock ausgeladen. Große, blaugrüne Papageifische tummelten sich vor der Brandungsmauer, wo die Gebäude an das Meer grenzten. Das Wasser der Wellen fungierte als bauchige Linse und vergrößerte sie ins Absurde. In der glühenden Hitze am Strand spielten Mädchen in Burkas Volleyball. Nirgends gab es geöffnete Restaurants, was mich daran erinnerte, dass es Freitag war und ich mich in einer Stadt befand, in die nie Touristen kamen – obwohl es sich um die Hauptstadt (und einzige Stadt) eines Landes handelte, das auf den Tourismus angewiesen war. Nach ein paar Stunden – es war immer noch nicht Mittag – kehrte ich zurück, um mir die Thunfisch-Schiffe anzuschauen. Die Fische wurden auf dem Betonboden eines Gebäudes nach Größe geordnet und für den Verkauf ausgestellt. Während ich sie bewunderte, verwickelte mich ein Einheimischer in ein Gespräch. Als ich bemerkte, dass man hier nirgends etwas zu essen bekam, führte er mich zu dem einzigen Ort, der an Freitagen geöffnet hatte: Im oberen Stockwerk des Marktgebäudes verkauften sie freitags Fischsuppe.

Wir fanden freie Plätze und saßen ein paar Stunden dort und unterhielten uns. Er wollte ein Resort-Hotel eröffnen und sprach sehr offen über das Prozedere. Die erste Phase hatte er abgeschlossen: Sein Konsortium hatte 10 Millionen Dollar zusammenbekommen, sie in einen Koffer gepackt und ihn hergeschickt.

»Ist das Geld für den Bau des Hotels oder für das Atoll, auf dem das Hotel gebaut werden soll?«

»Weder noch. Das Atoll steht ohnehin jedem zur Verfügung, der willens ist, dort in ein Resort zu investieren. Man vereinbart einen Termin mit dem zuständigen Beamten, dann schiebt man ihm das Bargeld rüber und er zählt es. Dann, wenn er weiß, dass alles da ist, sagt er einem, dass man Anwärter auf ein Atoll ist, das man zur freien Nutzung zur Verfügung gestellt bekommt. Dann wartet man, während sie entscheiden, welches Atoll man bekommt. Und genau das mache ich jetzt. Ich warte.«

Ich lachte und sagte: »Ich hatte mich schon gefragt, wie sich der Präsident dieses winzigen Landes eine der teuersten Jachten der Welt leisten kann. Ich vermute mal, die zehn Millionen teilen sich der Präsident und seine Spezis?«

»Ganz genau, aber man kann hier trotzdem jede Menge Geld machen, da man sein Investment nach vier Jahren wieder drin hat, wenn alles gut läuft, und alles, was danach kommt, ist Profit. Die Wirtschaft hier dreht sich fast ausschließlich um diese Resorts. Der Thunfischfang ist wirklich ein kleines Geschäft.«

»Man war hier nicht sehr erfreut, als ich gesagt habe, dass ich nicht in eines der Resorts gehe. Sie haben mein komplettes Gepäck durchsucht.«

»Ist dir der Hund im Käfig aufgefallen?«

»Ja.«

»Das ist der neue Drogenspürhund unseres Landes. Es kostete rund 40 000 Dollar, ihn zu trainieren. Es wurden Drogen ins Land geschmuggelt, und die Polizei ging davon aus, dass es die Touristen waren, die in die Resorts gehen. Aber als sie den Hund am Flughafen auf das Gepäck der Touristen ansetzten, hat er nichts gefunden. Dann landete mal ein Privatjet voller Regierungsminister. Als sie mit ihren Spezialausweisen einmarschierten, die ihnen Durchsuchungen ersparen, schlug der Hund an. Die Minister wurden weder durchsucht noch befragt – sie erklärten den Hund für »verrückt«, und seitdem ist er in diesem kleinen Käfig am Flughafen eingesperrt.«

Ich fragte ihn nach der ganzen islamischen Kleidung, die ich an den Menschen hier gesehen hatte. Was hielten diese Leute denn von Touristinnen in Bikinis?

Er erzählte mir, dass es ein neuer Trend sei, dass alle hier so religiös waren. Als er jung war, sei das noch anders gewesen. Er meinte, es sei möglicherweise der Einfluss der Saudis, aber sicher war er sich nicht. Er fügte hinzu, dass die Leute hier zum Glück nicht alles mitbekamen, was auf den Atollen passierte, auch wenn die Arbeiter dort sicher einiges hatten, über das sie tratschen konnten.

Wie dem auch sei, es gibt keine Garantie, dass man mit einem Resort auch wirklich Geld macht. Ich verüble den Resortleitern auf den Malediven nicht, dass sie versuchen, einen ordentlichen Profit einzustreichen, wenn sich eine Gelegenheit bietet. Es ist ein Geschäft mit vielen Risiken, mehr als ähnliche Investments anderswo. Das Problem ist die Gewerbelizenz, wenn man sie denn so nennen will. Das lässt sich schwer festmachen, aber ein Gurkha, der ein Gasthaus in seinem Heimatdorf in den Himalayas eröffnet, nachdem die British Army ihn in den Ruhestand entlassen hat, hat eine solche Lizenz. Ein paar Ausländer, die gezwungen sind, einem Diktator unter der Hand 10 Millionen zuzuschieben, haben sie nicht.

Hinzu kommt noch das Risiko, das man eingeht, wenn man ein Unternehmen führt, das sich an ein schwerreiches Publikum in einem fremden Land richtet. In Churchill, Manitoba (Kanada), haben sie gepanzerte Buggys mit riesigen Reifen, mit denen man rausfahren kann, um Eisbären zu besichtigen. Man stelle sich vor, man hätte ein Tourismus-Unternehmen im Vereinigten Königreich und würde beschließen, ähnliche Fahrzeuge zu unterhalten, aber für eine Klientel, die sich aus arabischen Scheichs auf einem Rave oder dem Glastonbury-Festival zusammensetzt, denen jemand mit einem Megafon die kulturelle Bedeutung von dieser oder jener »Sehenswürdigkeit« erklärt. Man muss immer aufpassen, was man wie vermarktet. Darum ist der nepalesische Tourismus flexibler als der maledivische. Ganz egal, ob Maoisten die Hauptstadt einnehmen, die Touristen werden weiterhin kommen und alles wird wie gewöhnlich weitergehen. Auf den Malediven könnte man nach einem Regierungswechsel von den Einheimischen kritisch beäugt werden, weil man deren früheren Diktator finanzieren musste; und dann hat man keine überzeugenden Papiere, die belegen, dass man dafür gezahlt hat, eines der Atolle des Landes übernehmen zu dürfen.

Es gab hier nicht viel, was mich hielt, also buchte ich am Abend des 24. Dezembers einen Nachtflug von den Malediven nach Bangkok, wo ich am Weihnachtsmorgen ankam. Ohne Schlaf und ohne mich rasiert zu haben, ging ich raus auf die Khaosan Road, um es krachen zu lassen. Am Morgen des 26. trank ich noch immer und hatte schon die zweite Nacht ohne Schlaf hinter mir. Man warf mich aus einer Bar, weil ich mit einem hübschen englischen Mädel aus Brighton rumgeknutscht hatte. Wir gingen auf mein Zimmer, um rumzumachen, und sie konnte gar nicht fassen, in was für einer schmuddeligen Backpacker-Absteige ich wohnte. Ich erklärte ihr, dass ich hier immer einmietete, es war gar nicht so schlecht.

»Aber es gibt mittlerweile doch auch Hotels mit einem Pool und neuen Möbeln und einem Fernseher«, sagte sie

Der Rezeptionist, ein karenischer Geflüchteter, der auch schon dort gearbeitet hatte, als ich das Hotel in den Neunzigern aufgesucht hatte, erkannte mich wieder, als ich eincheckte. Er sah jetzt viel älter aus und hatte graue Ringe unter den Augen. Asiatische Megastädte mit ihrer schmutzigen Luft, dem ganzen Lärm und dem dauernden Stress haben diese Wirkung auf Menschen.

Meine letzte Reise nach Haad Rin schien schon ewig zurückzuliegen, also feierte ich dort ins neue Jahr 2006, hauptsächlich der guten alten Zeiten wegen. Als die Party begann, versammelten sich alle am Strand in der Dunkelheit. Die Wellen schlugen gegen die gewundenen kleinen Dünen. Eine der Dünen sah komisch aus, irgendwie ein bisschen zu gewunden. Was konnte das sein?

Die meisten Leute sind so unaufmerksam. Wenn ich hier, mitten am Strand, die Mitfeiernden gefragt hätte: »Schätzt mal, wie viele dreieinhalb Meter lange Pythons an dir vorbeigeschlängelt sind, während du hier standst?«, hätten sie geantwortet: »Keine.« Und sie hätten falschgelegen. Ich fasste den Python an; seine Haut war so weich. Ich machte ein paar der Touristen auf ihn aufmerksam, aber nicht die Einheimischen, weil ich Angst hatte, dass sie ihn töten würden.

Am nächsten Morgen checkte ich meine E-Mails und las, das Chad seinen Surftrip auf Sri Lanka beendet hatte und jetzt ebenfalls in Thailand war, um bei der Hochzeit eines Freundes dabei zu sein, einem Mathematik-Professor der University of British Columbia, der eine Thailänderin heiratete, die ebenfalls Professorin war. Er hatte sich für die Hochzeit im traditionellen Thai-Stil gekleidet und war nun auf den Koh-Lanta-Inseln. Ich leistete ihm dort Gesellschaft; kein besonders aufregender Ort, aber für ein bisschen Erholung gerade richtig. Wir fuhren auf einem Schnellboot raus zum Schnorcheln im Meeresgebiet eines Nationalparks. Chad wollte sein Apnoetauchen verbessern, indem er auf den Grund tauchte, um dort nach Schildkröten zu suchen. Thailändisches Essen ist natürlich hervorragend, und ich nutzte die Zeit, um meinen Horizont zu erweitern und mehr als nur die Suppen, Currys und den Grüne-Papaya-Salat zu probieren – auch wenn ich davon ebenfalls reichlich aß. An einer Strandbar trainierten wir unsere Lebern mit dem regionalen Whisky, wenn auch der Service sehr verdrießlich war. Unser Kellner hatte zehn Jahre lang Getränke serviert und sein Leben quasi auf Pause gestellt, um genug Geld für eine eigene Strandbar anzusparen. In der Woche nach seiner feierlichen Eröffnung spülte der 2004er-Tsunami die Bar mit allem Drum und Dran weg und er musste wieder Getränke servieren und auf Trinkgeld hoffen.

Kapitel 8
Auf Russlands Schienen
Russland | Sibirien

Von Thailand aus kehrten Chad und ich Anfang 2006 nach Kanada zurück. Er ging nach Vancouver und mein Ziel war die Kootenay-Region. Im tiefsten Winter ging ich dorthin, um mit meinem Duchoborzen-Freund Ken über einen Russland-Trip zu sprechen, den er plante. Er hatte vor, mit der Transsibirischen Eisenbahn von Moskau nach Wladiwostok zu fahren; starten wollte er seine Tour an der Ostsee, um Sankt Petersburg noch mitzunehmen; zwischendurch wollte er Halt machen, um sich die Sehenswürdigkeiten anzuschauen. Da wollte ich natürlich mitmachen, und nach sechzig Stunden ununterbrochenen Reisens – Startpunkt war ein Strandschirm in Koh Lanta, weiter ging es mit zwei verschiedenen Autorikschas und drei Booten (von ansteigender Größe), dann mit zwei langen Busfahrten, zwischen die ein noch längerer Flug gequetscht war – rief ich ihn von einem gefrorenen Münztelefon im Busbetriebshof in Castlegar an, übernächtigt und erschöpft.

Ken plante auch eine Überraschungsparty anlässlich meines Geburtstags. Für den Gastgeber kann so eine Überraschungsparty eine heikle Angelegenheit sein, da er nicht wissen kann, wie es laufen wird: Entweder ist die Party tatsächlich eine Überraschung oder der Ehrengast findet es vorher raus und man muss improvisieren. Aber der Gastgeber rechnet für gewöhnlich nicht damit, dass die Party eine doppelte Überraschung wird. Lassen Sie mich erklären: Ungefähr zwanzig Leute kamen, obwohl eine Schneewarnung ausgegeben wurde, und ich war gebührend überrascht, als sie alle »Überraschung!« riefen. Später sagte ich: »Das ist toll, meine erste Überraschungsparty, aber was ist eigentlich der Anlass?« Und sie sagten: »Du hast Geburtstag.« Das hatte ich tatsächlich, und so hatte ich meine zweite Überraschung an diesem Abend.

Draußen lag der Schnee gut einen halben Meter hoch; alle Bäume waren weiß und ihre Äste neigten sich unter der Last. Es sah fantastisch aus. Perfektes Wetter für Schneespaziergänge und lange Abende, an denen ich die Dutzenden neuen Bücher verschlang, die Ken seit meinem letzten Besuch gekauft hatte.

Anschließend fuhr ich mit dem Bus durch die Rocky Mountains nach Alberta, wo ich einen Zwischenstopp einlegte, um meine Nichten und Neffen zu besuchen. Es ist mir wichtig, sie so oft zu besuchen, wie es sich einrichten lässt, sonst hätte ich irgendwann zwar die Welt gesehen, aber sie würden fragen: »Wer ist denn dieser Onkel Mike? Kennen wir den?« In Canmore hatte mein drei Jahre alter Neffe Andrew seinen ersten Ski-Unterricht – dort draußen lässt man die Kleinen schon früh anfangen.

Ich bekam eine E-Mail von Molly: In ihrer Wohnung gab es ein freies Zimmer, ob ich es für eine Weile anmieten wolle. Na klar, schrieb ich ihr. In England wurde es jetzt Frühling, während hier in Kanada noch Winter herrschte. Dort drüben würde ich die Wartezeit auf Russland besser verbringen können und Ken konnte seine Vorbereitungen treffen. Er wäre bestimmt bald fertig damit, zumindest glaubte ich das. Ich konnte ja nicht ahnen, dass ich den halben Sommer wartend in Europa verbringen würde. Ich hatte Spaß, aber Europa wurde mir allmählich vertraut, und ich hatte das Gefühl, einfach nur Zeit totzuschlagen – was vermutlich auch stimmte.

Ich konnte mich des Eindrucks nicht erwehren, dass die Zeiten sich geändert hatten. Ich hatte noch nie so lang darauf warten müssen, dass jemand einer Reise zustimmte oder selbst etwas vorschlug. Es war, als würden sich jetzt alle auf ihren Job konzentrieren oder mit der Familienplanung beginnen: Sie sprachen über das Reisen, als wäre es ein schönes Laster. Sogar Molly. Denn auch wenn sie mich bat, ihr die Daten für unsere transsibirische Reise zu geben, da sie uns auf der Hauptstrecke vielleicht Gesellschaft leisten würde: Sie klang dabei so schuldbewusst wie die anderen, so als habe sie wichtigere Sachen zu tun.

■ ■ ■

Es ist eines der tollsten Dinge der Welt, auf den Schienen von Sankt Petersburg an der Ostsee bis nach Wladiwostok am Pazifischen Ozean zu reisen. Ich startete zusammen mit Ken in Sankt Petersburg; er wollte unbedingt sein duchoborzisches Erbe erkunden. Molly traf uns in Moskau, um für die eigentliche Strecke mit der

Transsibirischen Eisenbahn zu uns zu stoßen. Sie war mit 16 Jahren im Rahmen einer Klassenfahrt, die zu finanzieren ihren Eltern nicht leichtgefallen war, in Russland gewesen und hatte das Land in guter Erinnerung. Damals hatte sie heimlich geraucht, wie alle Londoner Mädchen, also ging sie vor das Haus ihrer Gastfamilie, um sich eine anzuzünden. Ein vorbeikommender Soldat packte sie am Arm und wollte sie wegzerren; die Babuschka (Oma) der Gastfamilie kam angerauscht und packte sie am anderen Arm, sodass die beiden ein regelrechtes Tauziehen mit Molly veranstalteten. Im damaligen Russland waren Mädchen, die auf offener Straße rauchten, ausnahmslos Prostituierte. Ihre Eltern hatten gut daran getan, Opfer zu bringen, um ihr diese Reise finanzieren zu können; da sieht man mal wieder den Wert, den solch ein Kulturaustausch für Jugendliche hat: Solche Erfahrungen kann man unmöglich an einer Londoner Schule machen.

Wir reisten in Etappen, stiegen immer wieder aus, um die Landschaft und die Städte zu erkunden. Wir ritten mit den Burjaten vom Baikalsee, dem tiefsten und ältesten See der Welt, der ein Fünftel des weltweiten Süßwasservorkommens fasst; wir frönten dem allgegenwärtigen Wodka-Genuss im Zug und besuchten die Jakuten, ein Volk nomadischer Hirten nahe des Nördlichen Polarkreises. Hier zeigte mir ein Jakute, wie man einen Rentierschlitten fährt, als er mich zum Fischen mitnahm. Für die 9000 Kilometer lange Zugstrecke nimmt man sich am besten viele Monate Zeit – in meinem Fall waren es drei. Einen weiteren Monat verbrachte ich anschließend überwiegend in russischen Kneipen.

Mein nächster Halt war London, wo ich auf der Couch in Mollys neuer Wohnung schlief. Und das war eine gute Sache: Ich fühlte mich so schlecht, dass meine Beine mich kaum von ihrem Sofa wegtragen konnten. Ich war nicht wirklich krank, mir tat nur einfach alles weh … und ich musste eingestehen, dass ich es mit dem Trinken ein wenig übertrieben hatte.

»Ein wenig übertrieben? Meinst du?«, spottete Molly.

Russland war die Ausnahme gewesen, die die Regel bestätigte: Meine »üblichen Verdächtigen« reisten nicht mehr; sie waren gewissermaßen rausgewachsen. Und ich musste mir über ein paar Sachen klar werden, was am besten unterwegs ging. Nachdem mir das Reisen so lange schon zur Gewohnheit geworden war, war das Unterwegssein nun mein Normalzustand. An einem Ort zu verweilen, erforderte kostbare Willenskraft, die ich scheinbar nicht aufbringen konnte.

Ich wusste nur, dass meine Art zu reisen – das Nabe-Speichen-System, das sich um meine Freunde drehte – allmählich an Grenzen stieß. Der Vorteil an diesem System ist, dass die Nabe so etwas wie ein kleines Zuhause wird, ein Ort, an dem man sich ausruhen kann. Wenn die Nabe dann auch noch in Europa oder Südostasien liegt, bin ich umgeben von möglichen Reisezielen, die für meine Freunde interessant sind. Ich muss nur ein paar Tage oder ein Woche vertrödeln und einer oder mehrere von ihnen macht sich auf den Weg; wir treffen uns, wandern und genießen unsere Abenteuer; dann kehre ich üblicherweise in die Naben-Stadt zurück, um mir neue Visa zu besorgen und Bankgeschäfte und Kommunikation zu erledigen. Außerdem hatte ich reisebegeisterte Freundinnen, deren biologische Uhren noch nicht begonnen hatten zu ticken, und die wollten noch etwas erleben, bevor sie sich niederließen und eine Familie gründeten. Das Nabe-Speiche-System funktionierte am besten, wenn es weit gestreckte Gegenden zu entdecken galt, eine nahtlose Erde, die sich vor mir ausbreitete. Es bedurfte nur ausreichend Bargeld und einer Großstadt, in der ich Visa hamstern konnte.

Mehr als ein Jahrzehnt lang hatte das ganz wunderbar für mich funktioniert. Aber es gibt ein typisches Reisealter, wie ich 2006 lernte. Selbst wer hingebungsvoll reist, tut das meist in jungen Jahren. Ihre besten Jahre widmen sie Ehe, Kindern und Karriere, dann reisen sie nicht mehr oder es wird zur Nebenbeschäftigung. Manchmal sah ich dann, wie die Leute wieder damit anfingen, nachdem sie in Rente gegangen oder die Kinder aus dem Haus waren. In Australien war dieses Muster besonders stark ausgeprägt – da waren nur junge Menschen mit Rucksack unterwegs oder Rentner, die mit ihrem Mietwagen auf einen Roadtrip gingen.

Wenn sie erst mal auf die Vierzig zugingen, ordneten meine üblichen Reisegefährten ihre Prioritäten neu: keine sechsmonatigen Trips mehr, die »die beste Zeit des Lebens« waren. Sie konnten sich nur ein paar Wochen freinehmen, und das bedeutete, dass sie sich auf Gegenden konzentrierten, die sie bereits kannten, damit sie sich gleich hineinstürzen konnten. Wenn sie schon nur so wenig Zeit hatten, wollten sie kein Risiko eingehen, indem sie Orte besuchten, die sie nicht kannten und von denen sie möglicherweise enttäuscht sein könnten. Ihre Reisen mussten gleichzeitig auch Urlaub sein, um sich vom anstrengenden Berufsalltag zu erholen.

Auf dieselbe Weise sesshaft zu werden, wie meine Freunde das taten, war mir unmöglich: Mein Mindestmaß an Lebensstandard beinhaltete ein Abenteuer nach dem nächsten, ein Weltkulturerbe oder andere fantastische Orte gleich um die Ecke – und ein Leben ohne Langeweile. Dieser Lebenswandel war ein gelebter Traum. Und er war die kalkulierten Risiken wert, die es mit sich brachte, meinen Beutel voller Bargeld mit mir herumzutragen, Kriegsgebiete zu durchqueren, kleinen Handel mit Halbedelsteinen und geschnitzten Holzfigurinen von Hühnern zu betreiben und mich an die Bedingungen vor Ort anzupassen, wo der Lebensstandard meist niedriger war als im Westen.

Und doch wurde selbst ich gemächlicher, wenn auch nicht meines Alters wegen. Mein Nabe-Speichen-System erfüllte seinen Zweck nicht mehr, insbesondere, da ich nun schon fast die halbe Erde bereist hatte und es zunehmend schwieriger wurde, Gebiete zu finden, die nicht weit von meinen Naben in Europa und Südostasien entfernt waren und in denen es noch mehrere benachbarte, unbekannte und daher aufregend neue Länder zu entdecken gab. Rückblickend betrachtet hatte es zum Beispiel keinen Vorteil gebracht, für die Vorbereitungen meiner Russlandreise mit Ken nach Europa zu fliegen: Wladiwostok war von Vancouver aus ebenso gut zu erreichen wie Sankt Petersburg von London. Was hatte es mir also gebracht, dass ich in London auf ihn gewartet hatte?

Es gab eine Nabe, auf die ich nicht verzichten konnte: Kanada, wo ich mir einen neuen Reisepass besorgen musste. Selbst die Pässe mit 48 Seiten sind für Vielreisende nicht ausreichend; manchmal brauchte ich nur zwei Jahre, bis ich eins davon voll hatte. Das war 2007 der Fall, als ich einen günstigen Flug fand, der mich von Europa aus über den Atlantik brachte. Wieder in Kanada, segelte ich zuerst mit meinem Vater nach Brimstone Head in Neufundland – nach Ansicht der *Flat Earth Society of Canada* war das einer der vier Eckpunkte der Weltscheibe. Dann flog ich westwärts nach Alberta, wo ich Halt machte, um meine Brüder zu sehen und mir die Neuigkeiten aus der Familie berichten zu lassen. Während einer Wanderung und einer guten Unterhaltung mit meinem älteren Bruder traf ich auf einen mächtigen Dickhornschafsbock mit spiralförmigen Hörnern und einem Harem im Schlepptau. Die Tiere kratzten Schnee mit ihren Hufen fort, um an das vertrocknete Gras darunter zu kommen.

Danach hatte ich in meiner Freizeit und in meiner eigentlich nicht freien Zeit mit einem ungewohnten Problem zu kämpfen, das mir als Kanadier neu war: Mein Reisepass war beinahe voll, aber Präsident Bush der Zweite hatte beschlossen, dass Kanadier nun einen Pass benötigten, wenn sie in die USA einreisen wollten. Die Behörden hatten plötzlich 300 000 zusätzliche Anträge abzuarbeiten, da etliche Kanadier sich zum ersten Mal in ihrem Leben einen Reisepass zulegen mussten. Deshalb pendelte ich zwischen Alberta und British Columbia hin und her und überlegte, wie ich schneller an einen neuen Pass gelangen könnte.

Mitte März war es dann Zeit, drastisch zu handeln. Die vielen Diplomaten und Regierungsbeamten in Ottawa mussten doch eine Notlösung für mein Problem haben. Und tatsächlich: Ich konnte meine Unterlagen in die Passstelle nahe des Parlamentsgebäudes bringen; dort wäre mein neuer Pass binnen einiger Tage abholbereit und ich konnte so geschickt den riesigen Ansturm umgehen. Auf meinem neuen Passbild sah ich nicht weniger befremdlich aus als der Kraken aus dem Pazifik, ganz rot und violett und fleckig. Die Maschinen mussten vom Dauerbetrieb heiß gelaufen sein. Wie auch immer, ein neuer Pass bedeutete, dass ich eine Zeit lang reisen konnte, ohne ständig verhört zu werden – zumindest so lange, bis ich wieder ein paar exotische Stempel gesammelt hatte.

Der jungfräuliche Pass musste eingeweiht werden, also flog ich von Montreal nach London, wohin auch Ken nach seiner ausgedehnten Russlandreise zurückgekehrt war. Er hatte sich gerade erst in ein liebreizendes englisches Mädchen namens Sally verliebt, Tims Schwester, um genau zu sein – die beiden geben ein tolles Paar ab, denn sie ist hübsch und klug und Ken und sie ergänzen sich wunderbar. Wir freuten uns für ihn; er hatte die Frau kennengelernt, die er heiraten würde.

Molly indes hatte Schwierigkeiten, bei der Veröffentlichung eines Fotobuchs voranzukommen. *Out of Order* sollte eine Auswahl der Aufnahmen bieten, die sie in der Untergrund-Partyszene gemacht hatte. Diese Partys bedeuteten ihr so viel und es gab Tausende Fotos, die sie durchgehen musste, um diejenigen auszuwählen, aufzubereiten und zu entwickeln, die ins Buch sollten. Auch sonst gab es jede Menge Arbeit zu erledigen, die zu beschreiben den Rahmen sprengen würde. Sie verbrachte einige Tage damit, mir zu erzählen, wie sehr diese Partyszene etwas Neues für die Unangepassten und die künstlerisch veranlagten Menschen gewesen sei. Es klingt kitschig, aber Molly glaubte daran, dass Gesellschaften weniger Polizei bräuchten, wenn alle Menschen wie diese Partygänger wären. Sie musste das Reisen um des Reisens willen hintanstellen, bis das Projekt fertiggestellt war.

Molly und ich halfen einander mit Ratschlägen, so gut wir konnten. Molly hatte sich den Kopf darüber zerbrochen, ob sie das nächste Jahr über nach Bristol ziehen sollte. Sie würde die meisten ihrer Freunde deutlich seltener sehen, aber in Bristol hatte sie einen jüngeren Freundeskreis, der noch viel in der Partyszene unterwegs war. Wenn sie diesen Moment der Gesellschaftsgeschichte dokumentieren wollte, musste sie dabei sein. Ich sagte ihr, dass sie umziehen solle, auch wenn das bedeutete, dass ich sie kaum noch sehen würde, da meine Aufenthalte in London dann nur noch sehr kurz ausfallen würden. Europa hatte mir in Sachen größerer Reisen nichts mehr zu bieten.

Was mich betraf, so war mir nicht klar, wo ich als Nächstes hingehen sollte. Ich hatte binnen 16 Jahren etwas mehr als die Hälfte der Welt bereist und es fiel mir schwer, mir vorzustellen, noch einmal so lange auf diese Weise unterwegs zu sein, ohne völlig den Verstand zu verlieren. Bis dahin würden viele meiner Freunde und meine Brüder ihre Kinder an die Universität geschickt haben, und während sie ihre Häuser abbezahlten und sich auf den Ruhestand vorbereiteten, würde ich mal wieder aus irgendeiner Herberge auschecken, ohne einen Lebenslauf oder auch nur Kenntnisse zu besitzen, die mir auf dem Arbeitsmarkt von Nutzen wären. Außerdem hätte ich mir vermutlich ein Dutzend tropischer Krankheiten eingefangen, von denen manche erst noch entdeckt werden müssten.

Mollys Rat lautete: »Geh auf Reisen und die Antwort wird sich finden.« Dann sagte sie noch: »Du wirst nicht zufrieden sein, wenn du nicht zu Ende bringst, was du angefangen hast.«

* * *

Dies war die Zeit, um Bilanz zu ziehen, welche Fortschritte ich gemacht hatte. Als Facebook noch neu war, dachten sich Software-Entwickler ein paar Apps aus, um einen Vorteil aus der »Wall« zu schlagen, auf der sie aggressiv um Aufmerksamkeit buhlten. Dabei ging es einfach nur darum, einen breiten Markt zu schaffen, während die Idee hinter Facebook auf der Strecke blieb. Facebooks Administratoren erkannten schnell, was da passierte, und schlossen diese Apps aus, aber damals konnte man mit einem dieser Programme auf einer Weltkarte markieren, in welchen Ländern man schon überall gewesen war. Noch rechtzeitig trug ich meine Länder ein und schaute mir die ganze Sache an.

Meine Flächendeckung war beeindruckend: Käme ich in eine kleine Stadt, wäre ich da mit ziemlicher Sicherheit der meistgereiste Mensch – viel gereist, aber nicht so viel, dass es absonderlich gewirkt hätte. Auf meiner Weltkarte war die Ost-West-Achse von Eurasien gut vertreten, ebenso Nord- und Zentralamerika (bis nach Panama) sowie Australien, aber die Antarktis oder Südamerika waren noch gänzlich weiße Flecken für mich. Von Afrika hatte ich so viel gesehen, dass ich wusste, dass es wegen der Größe des Kontinents, der schlechten Infrastruktur und einiger Problemländer noch mindestens drei oder vier Jahre brauchen würde, um überall gewesen zu sein – vier Jahre voller strapaziöser Reisen, tödlicher Krankheiten und Erschöpfung. Südamerika und Afrika liegen auf der Nord-Süd-Achse, also spielt das Klima eine große Rolle, wodurch zusätzliche Kommunikation nötig wäre, für die Facebook ein hilfreiches Werkzeug war.

Die Vorstellung, dass einer meiner üblichen Reisebegleiter mit am Start wäre, war abwegig, und die Idee, dieses Projekt von einer meiner Naben-Städte aus anzugehen – ob nun London, Indien oder eine meiner südostasiatischen Großstädte –, war gleichermaßen absurd. Ich musste mir eine neue Art zu Reisen ausdenken und einen Zahn zulegen, wenn ich es noch irgendwie schaffen wollte, die ganze Welt zu sehen. Bankgeschäfte würden ein Problem sein; für viele der Länder, die mich jetzt lockten, gab es schockierende Zahlen zu bewaffneten Überfällen – gegen Pistolen würde ich mit meinem Messer nicht viel ausrichten können. Und ohne eine Naben-Stadt, in der ich mein Bargeld deponieren konnte, wäre ich auf Kreditkarten angewiesen. Das beunruhigte mich. Ich hatte ein paar Europäer und Amerikaner gesehen, für die das ganz gut funktionierte, aber die waren nur in den üblichen Ländern unterwegs. Es gab keine Möglichkeit zu testen, wie weit ich mit diesen Karten in den Ländern käme, die ich als Nächstes bereisen wollte. Ich hatte mit eigenen Augen gesehen, wie Leute, insbesondere Kanadier, die nur mit Karten und ohne Bargeld unterwegs waren, spektakulär scheiterten, weil ihre Karten aus oft unerfindlichen Gründen einfach nicht funktionierten.

▪ ▪ ▪

Partys mit meinen europäischen Freunden hielten mich beschäftigt, bis das Wetter kühler wurde, und dann, Mitte November 2007, brachte mich ein Flug nach Vancouver. Nur Stunden nach der Ankunft ging ich am Strand von Boundary Bay spazieren, nicht weit entfernt vom Haus meiner Mutter. Dort sah ich etwas, das mich an Stonehenge erinnerte, und ich ging näher ran, um es mir genauer anzuschauen. Anscheinend waren es die ausgebombten, von Efeu überwucherten Ruinen einer Festung. Riesige Eisenstangen ragten aus dem zusammengefallenen Dach, und jede Menge Soldaten und Roboter stampften durch die Gegend. Seltsam: Ich war länger weg gewesen als geplant, aber ich hatte nicht damit gerechnet, dass die Zivilisation während meiner Abwesenheit kollabieren würde. Dann bemerkte ich die ganzen Kameras und reihenweise Sattelschlepper und machte mich aus dem Staub. Sie drehten gerade *Battlestar Galactica*. Die Security hatte alle Zugänge blockiert, aber man hatte nicht erwartet, dass jemand vom Strand aus kommen würde.

Während meines Strandspaziergangs hatte ich reichlich Zeit, darüber nachzudenken, was ich als Nächstes tun wollte. Um die Welt innerhalb eines Lebens so ausführlich zu bereisen, wie ich mir das vorstellte (was viel mehr Zeit erfordern würde, als einfach nur jedes Land zu besuchen), musste ich das mir vertraute System aus Naben-Städten und befreundeten Reisebegleitern durchbrechen. Es war ziemlich klar, dass mir noch sieben weitere Jahre des Reisens bevorstanden. Nonstop und ohne Begleitung. Außerdem musste ich es *freestyle* machen, und zwar nicht nur die einzelnen Länder, sondern die ganze Reihe von Touren.

Dann kam eine großartige Überraschung, die mir die Entscheidung abnahm: Mein Stiefvater Jim und meine Mutter Sharon kauften mir ein Ticket für die Abenteuerreise, die den besten Weg darstellte, durch die Antarktis zu reisen. Sie sagten mir, dass sie dafür das Geld genommen hatten, mit dem sie mich sonst bei der Hochzeit, dem Hauskauf und den Kindern unterstützt hätten – so wie sie es bei meinen Brüdern getan hatten. Jeder sehnsüchtige Gedanke daran, mich in ein normales Leben zu retten, war verworfen. Mein flüssiges Kapital war nun noch flüssiger, das erlaubte mir Ausgaben in viel höherer Rate, als jedes Investment-Einkommen es getan hätte. Meine Ausgaben hatten zuletzt das Geld gefressen, das es mir erlaubt hatte, Geschäfte abzuwickeln, wenn es günstige Gelegenheiten dazu gab, um so wieder Geld reinzuholen. Leere Taschen, aber reich an Erfahrungen, wenn man so will.

Der Besuch von Familie und Freunden in meiner Heimat Kanada war anstrengend, aber bereichernd gewesen, denn ich wusste, dass ich sie in den kommenden Jahren kaum zu Gesicht bekommen würde. Das war eine große Chance für mich. Ich hatte mich in die Idee verliebt, Erlebnisse mit engen Freunden in fremden Ländern zu teilen, da es mir eine Struktur für meinen unsteten Lebenswandel verschaffte. Aber wie ich bereits erwähnt habe, war mir unterbewusst klar, dass diese Art zu reisen – das Nabe-Speichen-Reisen mit Freunden – so nicht mehr lange funktionieren würde, und das eurasische Flickwerk aus Reisezielen verlor an Reiz. Wenn ich überhaupt eine Chance haben wollte, die ganze Welt zu sehen, dann musste ich frei wie ein Pusteblumenschirmchen sein.

Es gibt in der malaiischen Sprache einen Ausspruch, den Joanna immer verwendete: *Io chaboot.* Als sie es einmal in Kuala Lumpur sagte, lachten die klugen Malaien.

»Wo haben Sie das gelernt?«, fragten sie.

»Von meinen Freunden aus dem Dorf«, sagte sie.

»Sie klingen wie ein Hinterwäldler. Es bedeutet ›Lass uns gehen‹, aber wörtlich übersetzt heißt es ›Wurzeln ausreißen‹.«

Ich war bereit für *Io chaboot.* Aber zuerst ging ich in ein Outdoor-Geschäft, um Kleidung für die Antarktis zu kaufen. Dann flog ich nach Calgary, um Bruce zu besuchen, einen alten Freund, den ich seit Jahren nicht gesehen, aber bei Facebook wiedergefunden hatte. Sein Bruder Stewart und ich waren in der Highschool und davor schon unzertrennlich gewesen, und ich war Trauzeuge, als Stewart seine Freundin Jennifer heiratete. Aber damals gab es weder E-Mails noch Facebook. Der Kontakt schlief ein und Stewart war mittlerweile gestorben (seine Beerdigung hatte ich verpasst).

Bruce hatte Erfolg als Geschäftsmann; er hatte ein Unternehmen für Fotografie gegründet, das iStock hieß. Ein Assistent holte mich am Flughafen ab und beförderte mich stilvoll zu einem seiner fünf Häuser, die von hier bis Berlin verteilt waren. Dieses hier war vollgestellt mit irren chinesischen Antiquitäten und coolen Kunstwerken; man hatte von hier einen Panoramaausblick auf die Wolkenkratzer der Stadt, da das Haus auf einem Berg stand – da wo man in Calgary das Schloss gebaut hätte, wenn es eine europäische Stadt gewesen wäre. Bruce sagte, dass er das Haus nur ein paar Mal im Jahr für Partys nutzte. Er sah genauso aus, wie ich ihn in Erinnerung hatte, abgesehen von einem breiten schwarzen Streifen, den er sich auf einen Arm hatte tätowieren lassen – eine Armbinde im Gedenken an seinen Bruder Stewart –, und einer Meerjungfrau, die er sich auf den anderen Arm hatte stechen lassen.

Als er hörte, dass ich mein Nokia in London vergessen hatte, gab er mir ein Telefon für das Wochenende, besetzt mit schwarzen Edelsteinen, die einen Kristallschädel und zwei gekreuzte Knochen darstellten. Dann gingen wir auf die iStock-Weihnachtsfeier, die aufgebaut war wie ein Casino, allerdings mit Büfett. Später, auf dem Parkplatz, piepte das Kristallschädelhandy einmal. Ich dachte, es sei eine Nachricht für ihn, und zeigte ihm das Handy. Er lächelte und erklärte mir, dass er das Handy so eingestellt hatte, dass es ihn benachrichtigte, wenn eine bestimmte Aktie, die er für 70 Dollar gekauft hatte, die Marke von 200 Dollar erreichte. Ich fragte ihn, wie viele Aktien er davon besaß, und er sagte, er habe drei Millionen darin investiert.

»Ich schätze, dann zahlst du heute Abend das Bier«, sagte ich.

Wir tranken jeder zwölf Bier und sprachen über die alten Zeiten. Wir waren auf eine Schule gegangen, die damals am Stadtrand lag. Natürlich hatte damals keiner von uns eine Vorstellung davon, was wir machen wollten, wenn wir erwachsen wären, und ich erinnere mich auch nicht daran, dass jemand von uns gesagt hatte, er wolle reicher werden als der Bösewicht aus einem Comicbuch. Er zeigte mir eine Website, die er gemacht hatte und die als sehr cool galt; er nutzte sie, um neue Bands zu präsentieren. Er hatte einen interessanten Lebenswandel, feierte mit der Top-Prominenz in Los Angeles und verbrachte viel Zeit mit klugen Unternehmern aus dem Technik-Bereich – sein Leben hatte einen völlig anderen Verlauf genommen als meines.

Ich reiste weiter südwärts, um meinen siebenjährigen Nonstop-Trip zu beginnen, der in der Antarktis startete; aber da Bruce ständig auf Geschäftsreisen in den Metropolen der Welt unterwegs war und überall auf der Welt Häuser besaß – und vielleicht, so vermutete ich, irgendwo auch eine geheime Vulkanhöhle –, während ich kreuz und quer über den Planeten reiste, war ich mir sicher, dass wir uns nicht zum letzten Mal begegnet waren.

Kapitel 9
Pinguine und Kondore
Uruguay | Paraguay | Peru | Chile | Bolivien | Argentinien | Antarktis

Diese Reise in den polaren Süden war der erste Teil eines Ausbruchs ununterbrochenen Reisens, den mein jüngeres Ich nicht bewältigt hätte. In meinen frühen Jahren dauerte es nur sechs bis acht Monate, bis mein Verstand und meine Füße eine Pause brauchten. Aber jetzt sagte mir jeder Instinkt: Geh! Ich hatte viel über Karten gebrütet; zwei dieser Karten, Afrika und Südamerika, würde ich oft intensiv studieren, manchmal komplett frustriert, manchmal erfreut über die kleinen Triumphe, wenn ich unmögliche Routen und Grenzen durch Hartnäckigkeit, Glück oder improvisierte Taktik bezwingen konnte. Es tat mir leid um die Karten, als sie schließlich zu verschlissen waren, um sie noch nutzen zu können.

Meine Art, die Dinge anzugehen, war »von hinten durch die Brust ins Auge«. Normalerweise beginnen die Leute das Reisen mit guten Freunden, dann werden diese nach und nach von Partnerinnen abgelöst. Irgendwann hören sie mit dem Reisen auf und werden häuslich, oft mit der Partnerin, mit der sie gereist sind – die Reisen haben ihnen gezeigt, wie gut sie zusammen funktionieren. Aber vielleicht ist »von hinten durch die Brust ins Auge« der richtige Weg, denn endlich – anstatt häuslich zu werden – brach ich auf eine Reise auf, für die ich meine gesamten bisher gemachten Erfahrungen nutzen konnte; ich brauchte all meine Skills und würde sie, wenn das Glück mir hold war, noch vervollständigen.

Leute sprechen von der Reise ihres Lebens, wenn sie sechs Monate unterwegs sind. Tja, ich ging ganz in die Vollen und habe vierzehn »Reisen meines Lebens« am Stück absolviert; ein siebenjähriger Mammuttrip, um die Hälfte der Welt abzugrasen, die ich noch nicht gesehen hatte.

Mein erstes Ziel war Südamerika, dort kannte ich noch nichts, und die Reise in die Antarktis sollte im späten Januar beginnen. Ich fing mit Kuba an; zwei Wochen lang verbrachte ich mit Verwandten in einem Resort, dann bereiste ich die Insel mit einem unbeschwerten Briten namens Antony. Zwei Wochen danach stieß er in Panama wieder zu mir, um noch ein bisschen Spaß zu haben. Anschließend buchte ich einen Flug nach Ushuaia, einer kleinen Stadt in Argentinien an der südlichsten Spitze von Kap Hoorn, von wo die Schiffe Richtung Antarktis aufbrechen, die nur 700 Kilometer weiter südlich liegt. Ushuaia ist auch einer der am südlichsten gelegenen bewohnten Orte der Welt (einige der anderen Anwärter sind Kapstadt nahe dem Kap der Guten Hoffnung in Afrika, Tasmanien und die Südinsel Neuseelands, und jetzt hatte ich sie alle gesehen). In nicht mal einer Woche würde ich an Bord eines Schiffes gehen, um den Südlichen Ozean zu überqueren. Es begann zu schneien, obwohl es laut Kalender Hochsommer war, und der Himmel blieb strahlend hell bis zehn Uhr nachts.

Am 8. Januar hatte ich gerade eine Pechsträhne hinter mich gebracht. Erst hatten ein paar Tage zuvor die anderen drei Leute im Schlafraum meiner Herberge die Heizung hochgedreht, was mich schwitzen und kaum schlafen ließ. Die anderen kamen aus Brasilien und versuchten wohl, die Wetterbedingungen des Regenwalds herzustellen, die sie von daheim gewohnt waren. Ich war froh, als sie wieder abreisten, bis ich feststellte, dass meine neuen Zimmergenossen drei Niederländer waren, die gerade von einer einmonatigen Antarktis-Umsegelung zurückgekehrt waren, auf der sie Stürme und grimmige Kälte ertragen hatten; sie ließen die Heizung aus und die Fenster offen, weshalb ich mir zwei Nächte lang den Arsch abfror. Als Ausgleich sprach ich eine hübsche Backpackerin an, die ich in einem Restaurant kennengelernt hatte, und lud sie an die Bar ein. Anschließend küssten wir uns und sie sagte, sie wolle mich am nächsten Abend um acht Uhr im Dublin (einem irischen Pub) treffen. Ich war dort, sie aber nicht.

Da mein Schiff erst am 14. ablegte, musste ich Zeit in Ushuaia verbringen. Ich fand eine Gruppe Israelis, mit denen ich abhing, wenn ich nicht wanderte, den Monte Darwin besuchte oder eine der anderen tollen Dinge machte, die man im Süden so machen kann. Einer in der Gruppe hatte das Sagen; er hatte für den Mossad gearbeitet, den israelischen Geheimdienst. Er war ebenfalls im Irak gewesen; er hatte es nicht mit Bestechung geschafft, so wie ich, da seine Einheit sich noch weniger mit den Formalitäten an der Grenze plagen musste. Er erzählte eine lustige Geschichte davon, wie seine Einheit Überwachungstechnik an einem Stützpunkt der Iraker installieren wollte. Während sie daran arbeiteten, bemerkten sie, dass der Ort bereits überwacht wurde. Das Equipment, das sie fanden, war neueste amerikanische Technik, die die Amerikaner nicht mit ihnen geteilt hatten. Sie sackten alles ein und brachten es zurück nach Israel, um es dort nachzubauen.

Es gibt nicht gerade eine große Auswahl an Restaurants in Ushuaia, und meist ging ich in einen Laden an der Hauptstraße, in die »Banana Bar«. Das Logo war eine anthropomorphe Banane, die es irgendwie fertigbrachte, degeneriert auszusehen – in einer Hand eine Zigarette, in der anderen einen Whisky, dazu ein fahles Gesicht mit den rot umränderten Augen eines Opium-Junkies, die unter der Krempe eines schwarzen Hutes hervorstierten.

▪ ▪ ▪

Ich begeisterte mich schon lange für das Zeitalter des Segelns, eine Zeit der Entdecker und ihrer Holzschiffe. Ein Zeitalter, das noch gar nicht so lange vorbei ist. Solche Schiffe hatten meine schottischen Vorfahren nach Nova Scotia gebracht, und mein britischer Großvater, seit seinem 17. Lebensjahr Kapitän eines Neufundlandschoners, hatte auf einem Segelschiff seinen Lebensunterhalt verdient. Mein Vater erinnert sich noch daran, wie er half, den 35 Meter langen Schiffsrumpf abzudichten und wie er die Fische zum Trocknen auslegte. Diese Familientradition endete dann leider mit mir: Das detailgetreue Modell eines Dorys, das mein Großvater für mich gebastelt hatte, um mich an den Schiffsbau heranzuführen, steht staubbedeckt auf einem Regal in einer Garage in der Nähe von Boundary Bay, südlich von Vancouver.

Aber es war ein heroisches Zeitalter, als die Schotten zu weit entfernten Küsten aufbrachen, vom Wind getragen wie ein Blatt. Und von all den fantastischen Gebieten, die diese furchtlosen Schotten dank ihres starken Willens eroberten, könnte doch nichts nervenaufreibender sein als die Scotiasee, deren Wellen an die Ufer und Gletscherklippen der Antarktis schlagen. Die Scotiasee ist nicht, wie manch einer vermutet, nach dem berühmten Polarforscher Robert Scott benannt, sondern nach der *Scotia*, einem Schiff, das während der *Scottish National Antarctic Expedition* von 1902 bis 1904 unter der Führung des Entdeckers William Bruce im Einsatz war, der eine Karte der See erstellte, durch die er steuerte. Was für ein Abenteuer muss das damals gewesen sein, über die Scotiasee zu segeln; ein entfernter Verwandter von mir begleitete die schottische Expedition von 1910 bis 1913. Nachdem ich der Scotiasee getrotzt hätte – den schlagenden Wellen, den Stürmen vor Kap Hoorn und den *Roaring Forties* (ein zirkumpolarer Wind, der die Antarktis ewig in Eis hüllt) –, würde ich den Anblick der funkelnd blauen, kalten und grausamen Eisberge genießen … Der Letzte meiner Verwandten (aus der Familie meiner Großmutter), der sich dorthin vorwagte, schaffte es nicht ganz so weit, wie er es sich erhofft hatte: Er verlor Zehen wegen Erfrierungen, und als er begriff, dass er das Vorankommen seiner (dem Untergang geweihten) Schiffskameraden, die den Südpol erreicht hatten, nur um dort eine neue norwegische Flagge vorzufinden, und sich nun wieder auf dem Rückzug befanden, gefährlich verzögerte, zog er von dannen, um allein in einem Schneesturm umzukommen.

Aber ich war niemand, der sich von solcher Negativität einschüchtern ließ. Gemeinsam mit Dutzenden weiterer zahlungskräftiger Touristen würde ich die Scotiasee per Schiff entdecken. Als kleine Referenz an die Moderne würde dieses Schiff ein umgebauter, stahlumhüllter, russischer Eisbrecher sein, ausgestattet mit einem Echolot. Aber man glaube nicht, dass Technologie alle Mühsal und jeden Heroismus verbannte; man warnte uns, dass man uns bei schwerstem Unwetter nicht mit Samthandschuhen anfassen würde.

Wir starteten in Ushuaia, der Stadt am Ende der Welt, zunächst durch den Beagle-Kanal und dann über den rauesten Ozean auf dem Planeten. Erstes Ziel waren die Falklandinseln. Dort ist man britischer als die Briten und die lokalen Zeitungen sind gefüllt mit Bildern von Herzogen in vollem militärischen Ornat, die die Hingabe und den britischen Schneid der Falkländer preisen. Neben dem Kampfgeist ist die Schafzucht hier ein wesentliches Charakteristikum. Die Flagge der Falklandinseln zeigt ein besonders dickliches Schaf mit träumerischem Schlafzimmerblick aus großen Augen. Der Wahlspruch darunter lautet: »Begehret das Richtige«.

Ich war der jüngste der Mitreisenden und hatte die Gelegenheit, mich in formaler Dinner-Konversation mit älteren Touristen aus England, den Niederlanden, Deutschland und Amerika zu üben. Für ihr Alter waren sie bemerkenswert rüstig und lebhaft, was vermutlich naheliegend ist, da sie ja fit genug für eine anstrengende Abenteuerreise sein mussten, aber bereits im Ruhestand, um die Zeit dafür zu haben, und alt genug, um das Geld dafür angespart zu haben. Mein Kojen-Nachbar Keith war über 60 und ein perfekter Brite: Er hatte für eine Versicherung in der Square Mile, dem Wirtschaftsdistrikt von London, gearbeitet; zu Schulzeiten war er ein eifriger Rugby-Spieler gewesen; er engagierte sich für seine Alma Mater als Mitglied des dortigen Vereins für historische Bestandserhaltung; er war ausnahmslos höflich und entschuldigte sich sogar für Dinge, auf die er keinerlei Einfluss hatte.

Wir umschifften einen Shag Rock genannten unterseeischen Berg, der teilweise aus dem Wasser ragte. Für den Skipper einer antarktischen Zeppelin-Linie wäre das kein geeigneter Landeplatz gewesen – drei messerscharfe Felsspitzen, die aus einer tosenden See ragten, dicht besiedelt von nistenden Vögeln.

Hier sahen wir auch unsere ersten Eisberge – einige davon waren zu fantastischen Formen zerschmolzen, aber überragten immer noch unser Schiff, weiß, dunkelblau und grünlich schimmernd. Einige davon waren Tafeleisberge, mit endlos hohen Eisfassaden und einer Grundfläche, die so groß war wie manche Länder Europas. Ein Südkaper, der sich an Krill labte, war ebenfalls da. Diese Wale sind unglaublich selten; ihren englischen Namen (*South right wale*) bekamen sie, weil es die »richtigen« Wale waren, die es zu harpunieren galt, da ihre dicke Fettschicht sie auf dem Wasser treiben ließ, wenn sie tot waren. Der Wal tollte um das Schiff herum, dann drehte er sich auf den Bauch und drückte einen langen Haufen heraus, wie rosafarbene Eiscreme, um uns zu zeigen, was er von uns Menschen dachte.

Wir segelten davon, nächstes Ziel: Südgeorgien. Auf dieser Insel gibt es einen immensen Bestand an Wildtieren; man hat hier den Eindruck, man sei in eine aufwendig produzierte Tierdoku geraten. Tatsächlich hat man hier die Pinguine und Seehunde für eine Folge *Planet Erde* gefilmt. Meist blieben wir auf der Leeseite der Hauptinsel, und trotzdem mussten wir uns noch durch schwere See schlagen. Im Wasser wimmelte es nur so vor Seebären, Seeelefanten, Wanderalbatrossen und einer guten Mischung unterschiedlicher Pinguinarten. Ich könnte gar nicht alles beschreiben, selbst wenn ich wollte, aber hier sind ein paar Eindrücke.

Einmal stand ich allein am Bug, als der Himmel von einer Nebeldecke verdunkelt wurde. Dann öffnete sich genau achteraus ein großes Loch, exakt an der richtigen Stelle, um einige Sonnenstrahlen durchzulassen. Diese flimmerten unter der Nebeldecke und verwandelten das Schiefergrau des Wassers in ein tropisches, lagunenartiges Türkis. Das Meer schäumte regelrecht vor Tausenden Seehunden und Pinguinen. Man stelle sich einen großen Schlepper vor, der gerade sein Netz einholt, in dessen Maschen unzählige Fische zappeln – so sah es überall aus. Die Tiere tummelten sich in alle Richtungen oder sie drehten sich auf die Seite, um mich anzuschauen, oder sie schossen einfach nur in unfassbar riesigen Schwärmen durch das Wasser. Der Wind ergriff die kleinen Wellen, die durch ihre Lebhaftigkeit entstanden, und schlug sie zu Schaumkronen. Dann ließen die Sonnenstrahlen einen tagesleuchtenden runden Regenbogen entstehen, durch den unser Schiff hindurchsegelte.

Die Überreste der alten Walfangstationen Grytviken und Leith Harbour, erbaut 1904 und 1909, waren surreal. Auf Leith Harbour wanderte ich von den Bergen hinab zu Stränden voller Gletscher-Tillite, wo ich diese riesigen industrialisierten Schlachtfabriken für Säugetiere fand, in denen das Walfett in gewaltige Tröge ausgelassen wurde; jetzt war hier alles rostig, verfallen und verrottet. Es gab gigantische, aus Eisenplatten zusammengenietete Wannen, eingedrückt und von Schlachtdreck verschmutzt. Es gab gewaltige Sägen, die die größten Tiere der Welt zerlegt hatten – und die Knochen lagen überall verteilt: Der komplette Boden bestand quasi aus Walknochen. Ich stand auf Schädelfragmenten so groß wie das Führerhaus eines Lkws; es gab Rippen, die zu schwer waren, um sie anzuheben, und überall fanden sich coole Überbleibsel wie Harpunenspitzen, Fettöfen und Wracks von R-2-Walfangbooten – das sind die, die beinahe den Blauwal ausgerottet hätten, dessen Bestandszahlen einst in die Hunderttausende gingen.

In den Ruinen dieser Tötungsfabriken für Meeressäuger tollten nun einige eben jener Meeressäuger herum, die man früher an die Maschinen verfüttert hatte. Seeelefanten in schwabbeligen Haufen mit einem Gesamtgewicht von 30 Tonnen oder mehr, jedes einzelne Tier ein bis drei Tonnen schwer, hingen dort rum, machten unverschämte Geräusche und ließen ihre Hinterteile auf den Boden klatschen. Diese Tiere verbringen fast ihr gesamtes Leben in den tiefsten Gräben des Ozeans; mit ihren großen schwarzen Augen können sie in der Finsternis sehen und Jagd auf biolumineszente Kalmare machen; ihre Fettschicht hält sie dabei warm. Unglaublich niedliche Robbenbabys spielten zwischen den riesigen Schiffsschrauben der Walfangboote und sonstigen maritimen Trümmern, die am Strand vor sich hin rosteten. Es gab dort auch Tausende ausgewachsene 200-Kilo-Robben, die auf einen zugaloppiert kommen mit dem Blick eines Hundes, der gleich zubeißen möchte. Sie scheinen das lustig zu finden, und das ist es auch – aber zubeißen können sie trotzdem. Ich habe ein paar weggeboxt und einer von uns musste zutreten, damit die Robbe ihn in Ruhe ließ. Ich bestaunte Rentierherden (eine eingeführte Art), die an den Füßen der Gletscher durch Wiesen trieben und sich aufteilten, um eine Seeelefantenkolonie zu passieren.

Als Nächstes steuerten wir die Südlichen Orkneyinseln an, dann die Antarktis selbst. Mit dem Schlauchboot fuhren wir an einen Ort, an dem unter dem Eis ein Vulkan ausgebrochen war. Mittlerweile hatte sich dort eine Kehlstreifpinguinkolonie niedergelassen. Und wir gingen auch an die Orte, an denen 1902 die schwedisch-norwegische Antarktis-Expedition überwintert hatte. Es ist seltsam, wie sich nationale Charakteristika, die uns heute sehr präsent sind, schon früh manifestierten. Die Schweden hatten auf dem Schiff ein Fertighaus und vorgefertigte Möbel in Paketen mitgebracht und bauten vor Ort alles zusammen. Die Norweger überwinterten in Provisorien aus mit Pinguinscheiße zusammengehaltenen Steinplatten. Welche der beiden Nationen hat wohl den Gründer von Ikea hervorgebracht? Andererseits gaben die Norweger dem weiter nördlich gelegenen Grönland (»Grünland«) seinen Namen, um Siedler anzulocken. Ich kann nur vermuten, dass es die nüchternen Schweden waren, die während der Expedition 1902 für die Namensgebung des Erebus-und-Terror-Golfs verantwortlich waren, durch den wir vorbei an Danger Island segelten.

Zufälligerweise war einer der Tage, die wir auf dem antarktischen Festland verbrachten – der 29. Januar –, auch mein Geburtstag. Die Crew besorgte einen Kuchen, während die anderen Passagiere mir beim Feiern halfen. Von all meinen Geburtstagen war das derjenige mit dem größten Kuchen und den meisten Mitfeiernden und natürlich auch der abgelegenste, da ich ihn auf einem Kontinent feierte, der menschenleer war – von uns und ein paar Wissenschaftlern mal abgesehen.

Jede Reise muss irgendwann enden, und schließlich war es Zeit, die berüchtigte Drakestraße zu durchqueren, zurück zum Kap Hoorn. Die Winde warfen mich fast aus dem Bett, und als ich es wagte, an Deck zu gehen, lernte ich, dass nicht nur Wangen in orkanartigen Böen schlottern können, sondern sogar Nasenflügel.

Auf hoher See war es, als sei ich der Welt abhandengekommen: Die einzige Form der Kommunikation war eine Art Schiff-zu-Land-Funk. Es hätte mich 250 Tacken gekostet, jemandes Facebook-Profil mit diesem System aufzurufen, und weitere 10 Tacken, um einen kurzen Text zu senden – »Dem Narren rinnt das Geld zwischen den Fingern hindurch«, zum Beispiel. Unter den gegebenen Umständen lebte ich nach dem Motto »Keine Nachrichten sind gute Nachrichten«. Es tat gut, nach dieser dreiwöchigen Schiffsreise wieder mit Familie und Freunden in Kontakt treten zu können, und eine E-Mail meiner Mutter informierte mich darüber, dass die ganze Familie sich in Hawaii treffen würde.

In den ersten paar Nächten zurück an Land hatte ich das Gefühl, dass das Bett sich unter mir drehte und die Erde sich unter meinen Füßen bewegte. Sobald ich mich wieder sicher auf meinen Beinen fühlte, zog ich Richtung Norden nach Patagonien, wo ich ein gänzlich anderes Ökosystem vorfand. Ich hatte vergessen, dass Hochsommer herrschte – ein Wetter für kurze Hosen und T-Shirts, ein Iss-schnell-dein-Eis-bevor-es-schmilzt-Wetter. Ich war umgeben von sanft geschwungenen Hügeln, über und über mit Wüsten-Beifuß bedeckt, und nicht allzu weit entfernt schlängelte sich ein leuchtend blauer Fluss durch die Bergkette. Am nächsten Tag besuchte ich einen der größten und spektakulärsten Gletscher der Welt, den Perito Moreno, aus dem ganze Eisbrocken in den Moränensee darunter stürzen. Dann zog ich auch schon wieder weiter, Richtung Westen in die betriebsame und wunderschöne Stadt Santiago. Durch ihre Lage in dem Landstreifen zwischen den Anden und dem kalten Auftriebsgebiet des Pazifiks herrscht dort ein gemäßigtes Klima, und man kann die Stadt mit ihren vielen Plätzen, Kathedralen und schicken Restaurants gut zu Fuß erkunden. Die chilenische Küste würde indes warten müssen: Von hier aus konnte man zu den Osterinseln mit ihren Steinköpfen fliegen, dann weiter nach Französisch-Polynesien und schließlich nach Hawaii.

Nachdem die lustige Familienzusammenführung vollbracht war, reiste ich gleich wieder zurück nach Buenos Aires, besuchte Uruguay und die Iguazú-Wasserfälle, wo der Fluss Iguazú von einem Hochplateau stürzt und auf einer Ausdehnung von fast drei Kilometern Wasserkaskaden entstehen lässt. In Paraguay wohnte ich anschließend in dem im *Shabby-Chic*-Stil eingerichteten Hotel »Embajador«, wo sich laut meinem Reisehandbuch die *No-Go*-Zone an den Malariasümpfen befand. Nördlich des Kap Hoorns ist Südamerika überzogen von alteingeführten Backpacker-Routen, und es war mir ein Leichtes, die einzelnen Punkte so zu verbinden, dass ich einen Eindruck von allem bekommen konnte, was von kultureller oder geografischer Bedeutung war: die Ruinen der Inka-Städte, Ski-Städte in den Anden, Naturgebiete im Amazonas-Regenwald, sogar Salzwüsten und Surfstrände. Die Hotels waren betriebsame, soziale Orte, und zunehmend traf ich auf Backpacker, die bereits von mir gehört hatten, oder neue Freunde erzählten mir später auf Facebook, dass sie jemanden getroffen hatten, der von jemandem gehört hatte, der mir begegnet war. Bei einem guten Dutzend Gelegenheiten stieg ich in die Unterhaltung einer Gruppe Reisender ein, nur um festzustellen, dass sie sich Geschichten von mir und meinen »Heldentaten« erzählten. Sie waren überrascht, wenn ich ihnen sagte: »Ihr sprecht gerade über mich.«

Für gewöhnlich musste man schon zwei Jahre lang in einem bestimmten Gebiet unterwegs sein, um einen solchen Bekanntheitsgrad in der Backpacker-Szene zu erlangen, aber ich brachte es noch nicht mal auf ein ganzes Jahr in Südamerika. Und merkwürdigerweise handelten manche der Geschichten von meinen Erlebnissen in Asien, Europa und anderswo – und manche davon hatte ich seit Ewigkeiten nicht mehr erzählt. Das war der Beweis dafür, dass ich langsam zu einer kleinen Backpacker-Berühmtheit wurde. Schon bevor Geschichten über mich im Internet viral wurden, gab es eine Art globalen Backpacker-Buschfunk, der nicht von einzelnen Personen am Leben gehalten wurde (die Mitglieder dieser Szene kommen und gehen schließlich und die Welt ist so groß), sondern von dem Bedürfnis aller Backpacker, Informationen auszutauschen, um einander das Reisen zu erleichtern. Dieser Buschfunk bietet offenbar nebenbei auch noch die Möglichkeit für ein wenig Klatsch und Tratsch. Im Nachhinein überrascht es nicht, dass mein Bekanntheitsgrad stieg. Wenn jemand sein ganzes Leben einer ungewöhnlichen Aktivität widmet – das könnte neben dem Reisen auch etwas anderes sein wie Surfen, Fallschirmspringen, Riesenkürbisse züchten oder was auch immer –, dann sollte er wohlbekannt sein, wenn er eine Weile am Ball bleibt. Berühmt sogar, wenn er ein Händchen dafür hat, oder wenigstens ein respektierter Veteran

Mein Weg durch die Anden erlaubte mir den ersten von vielen Trips nach Peru, ein Land, das ideal ist für Backpacker. Cusco, die frühere Residenzstadt der Inka, ist eine der selten zu findenden kleinen Städte, in der man Wochen damit verbringen kann, Tagesausflüge zu machen und durch die Stadt zu streunen, ohne sich zu langweilen. Einige der Herbergen – so auch die, in der ich unterkam – wurden auf den Überresten erstaunlicher Mauerwerke der Inka errichtet, perfekt aufeinander zugeschnittene Felsblöcke, die selbst Erdbeben trotzen und dabei auch noch schön anzuschauen sind.

Ich reiste runter zur chilenischen Küste, fuhr mit dem Jeep durch die Salzwüsten der Atacama, dann mit dem Bus weiter nach Bolivien, wo ich in über 4000 Metern Höhe die Silberminen von Potosí besichtigte (Potosí ist eine der am höchsten gelegenen Städte der Welt, und es gab eine Zeit, da war sie auch die reichste). Ich stieg sogar in die Minen hinab, wo ich unmittelbar mit produktivitätsbedingten Problemen der Dritten Welt konfrontiert wurde. Die fürchterliche Kinderarbeit wird von Genossenschaften verwaltet. Kinder fangen im Alter von zehn Jahren an zu arbeiten und sterben nicht selten, bevor sie das dreißigste Lebensjahr erreicht haben, wie mein Guide mir erzählte, der als Kind selbst in einer Mine gearbeitet hat. Die bolivianische Regierung hat den Betrieb der Minen Mitte der Achtziger eingestellt und es fand sich keine Firma, die übernehmen wollte, also nahmen sich Arbeiterfamilien der letzten Silber-, Zink und Zinnadern an. Die Mitglieder dieser Genossenschaften sind willens, sich Bedingungen auszusetzen, die als unmenschlich erachtet würden, wenn ein Weltkonzern dafür verantwortlich wäre. Das illustriert einen Umstand, der mir durch die Geschäfte, die ich in Indonesien gemacht habe, gut vertraut ist: Das Einzige, das für einen großen Teil dieser verarmten, unterdrückten Massen schlimmer ist als die Ausbeutung durch den globalen Kapitalismus, ist die Nicht-Ausbeutung durch den globalen Kapitalismus.

Genug der trockenen dünnen Luft, genug der klappernden Busse auf von Kakteen gesäumten Serpentinenstraßen; nachdem ich ein paar Wochen am funkelnden Titicacasee – einem enorm tiefen See in den Anden – und auf der Isla del Sol genossen hatte, machte ich mich auf den Weg in den bolivianischen Amazonas-Regenwald für ein erfrischendes Bad mit den rosafarbenen Amazonasdelfinen und eine Paddeltour auf den Wasserstraßen inmitten der Dschungelbäume, wo ich Piranhas angelte. Staunend sah ich ganze Horden Klammeraffen in den hängenden Zweigen und Mohrenkaimane, die sich im Schlamm der Flussufer aalten.

Als ich mich von Paul und Sandra verabschiedete, einem gut gelaunten britisch/irischen/australischen Pärchen, das mich während meiner letzten zwei Wochen in Bolivien begleitet hatte, gab Paul mir ein paar Ibuprofen gegen die

Zahnschmerzen, die sich bei mir bemerkbar machten. Ich nahm eine davon, was es mir zwar ermöglichte, wieder etwas zu essen, aber auch meinem Anspruch ein Ende setzte, noch nie ein Schmerzmittel genommen zu haben. Nun konnte ich mich nur noch der Tatsache rühmen, noch nie für eine Untersuchung beim Arzt gewesen zu sein oder auch nur eine solch ernste gesundheitliche Beschwerde gehabt zu haben, dass ich einen Termin hätte machen müssen. Schmerzfrei sauste ich zurück nach Peru, um meinen Onkel Ross und seine Kinder in Cusco zu treffen, um das Valle Sagrado (das Heilige Tal der Inka) zu besuchen und das erste Mal den Inka-Pfad nach Machu Picchu entlangzuwandern.

Eine Nachricht von Paul und Sandra erreichte mich, bevor ich meine Wanderung begann: Man hatte sie in einer Stadt in den Anden ausgeraubt, kurz nachdem sich unsere Wege getrennt hatten. Ich hatte selbst ein kleines Schreckerlebnis: Nachdem ich per Bus zum Ausgangspunkt für meine einwöchige Wanderung gefahren war, konnte ich zunächst meinen Rucksack nicht finden. Aber man fand ihn und Einheimische erklärten mir entschuldigend, dass er beim Abladen des Gepäcks vom Busdach versehentlich zu den Taschen und Säcken der Quechua-Dorfbewohner gelegt worden war, wo er dem Aussehen nach auch hingehörte, wie ich vermute.

▪ ▪ ▪

Der Inka-Pfad ist fantastisch, ein Highlight unserer Erde, und jeder, der die Zeit und das Geld hat, sollte ihn bewandern, bevor er zu populär wird und man Ewigkeiten auf eine Genehmigung warten muss. Da ich selbst so etwas wie ein Vollzeit-Träger (meines eigenen Hab und Guts) bin, lief ich die meiste Zeit bei den Trägern oder vor ihnen her, um dort Halt zu machen, wo wir schlafen oder essen sollten. Dieses Kunststück wäre mir nicht so leichtgefallen, wenn wir in den Himalayas und die Träger Sherpas gewesen wären. Ein Großteil der indigenen Völker Nord- und Südamerikas entspringt einer kleinen Basis, nur ein paar Familien, und sie hatten nicht die genetische Varianz zur Verfügung, die die Ostasiaten hatten, als sie die Himalayas besiedelten. Ohne die entsprechenden biochemischen Hilfsmittel, die sie gebraucht hätten, um Fuß zu fassen, blieben ihnen nur aufwendige physische Veränderungen – nämlich große Lungen und Herzen und die kräftigen Rippen und Brustkörbe, um diese auch zu tragen –, und selbst damit kamen sie in Höhenlagen nicht viel besser zurecht als ich.

Machu Picchu im Mai war wundervoll, so sehr, dass ich hoffte, ich würde eines Tages zurückkehren können, um den »Pfosten der Sonne« noch einmal zu sehen. Auf magische Weise verzog sich der Regen an diesem Morgen; Sonnenstrahlen durchdrangen die Nebeldecke, warfen einen goldenen Lichtstrahl auf grüne Klippen und komplexes antikes Mauerwerk; ein Ort, der wunderbare Ausblicke bietet; eine wohlproportionierte Balance aus umsichtig platzierten Elementen: Treppen, Mauern, Tempel und Häuser zwischen den Gipfeln des Huayna Picchu, die einen zu wunderbaren Gedanken beflügeln. Diese Schönheit und Klarheit waren erhebend. Hier zu sein bedeutet in gewisser Weise auch, lebendiger zu sein.

Orte wie Machu Picchu sind es wert, dass man so oft zu ihnen zurückkehrt, wie es einem möglich ist. Die goldenen Jahre für Backpacker sind noch nicht vorbei, ein oder vielleicht sogar zwei Jahrzehnte bleiben uns noch. In naher Zukunft werden die Leute darüber staunen, dass es nicht immer nur die Superreichen waren, die Wunder wie dieses besichtigen konnten. In zwanzig bis dreißig Jahren werden die Menschen in den Anden vermutlich erkennen, wie wichtig es für sie selbst ist, ihr Erbe zu erleben. Wenn es dreißig Millionen Quechua Sprechende gibt und jeder von ihnen Machu Picchu nur einmal im Leben besuchen will, dann würde das die Quote für jeden Tag jeden Jahres füllen und ausländische Touristen hätten das Nachsehen. Mehr und mehr solcher erstklassigen Kulturstätten werden wegen der hohen Nachfrage nicht mehr zugänglich sein. Selbst heute muss man schon ein Vermögen ausgeben und mehrere Jahre Wartezeit in Kauf nehmen, wenn man durch den Grand Canyon raften will. Wenn es keine Warteliste mehr gäbe, um die Besucherzahlen niedrig zu halten, dann würden stattdessen die Preise ins Unermessliche steigen. Zusammengenommen werden meine eigenen Reiseerlebnisse bald mehrere Millionen Dollar wert sein – die Inflation mit einberechnet und nicht zu sprechen von den Erfahrungen, die mit Geld ohnehin nicht aufzuwiegen sind. Ich habe all das noch für ein Reisebudget von durchschnittlich 25 Dollar pro Tag erlebt. Backpacker sollten die Zeit nutzen, solange es noch geht, denn die Chance, solche Erfahrungen mitzunehmen, wird nicht von Dauer sein.

Für die Inka war dieses heilige Tal das fruchtbare Zentrum eines mächtigen Reiches. Für jemanden, der hier geboren wurde, muss es den Anschein haben, als sei das Tal von den Göttern gesegnet. Für die Leute, die mit mir reisten, war es betörend, denn sie sahen, wie die Leute dort lebten, wie sie von den goldenen

Zeiten träumten, als die Menschen noch von Traditionen durchdrungen waren und die Lebensweise ihrer Ahnen ehrten. Wer die Welt bereist hat, sieht dort ein anderes Tal und hat andere Assoziationen dazu, weil seine Sichtweise eine globale ist. Das heilige Tal ist fruchtbar, besonders im Vergleich zu anderen Tälern in der Nähe, aber es gibt auf dieser Welt so viele Orte. Die Einwohner hier sind nicht auf einzigartige Weise von den Göttern gesegnet. Das macht das Tal nicht weniger heilig, sondern vielmehr diese Erde heiliger und kostbarer. Und wo Touristen aufrechterhaltene Traditionen sehen, sehe ich üppige Täler mit afrikanischem Gras und australische Eukalyptushaine, indochinesische Hühner, europäische Schweine und mexikanische Avocados. Und so wurzeln auch die regional gezüchteten Kartoffeln heute in jeder kompatiblen Erde auf diesem Planeten.

Westliche Schreibtischtäter sind sehr schwatzhaft und gut vernetzt, und als die Globalisierung auch sie betraf, war das eine große Sache und zog viel Gerede nach sich, während Artikel zu diesem Phänomen geschrieben wurden und die Runde machten. Was nur wenige begreifen, ist, dass die traditionellen Bauern zu den Ersten gehörten, deren Leben von der Globalisierung durcheinandergebracht und umgekrempelt wurden. Lebenswandel, die tief in den althergebrachten Erntezyklen wurzelten, wurden gestört. Wenn man das Handeln dieser Subsistenzfarmer begreifen will, fragt man besser nach dem lokalen Mikroklima und dem Boden als nach historischen Ernten, denn Effizienz ist König. Die Bauern im heiligen Tal erlebten die Globalisierung vor der (und ohne) Industrialisierung, in Ermangelung an Kapital und Kapitalismus.

Während ich über diesen Rückzugsort für den Inka-Adel blickte, dachte ich darüber nach, wie selbstbewusst ich mich jetzt fühlte, verglichen mit den Zweifeln, die mich noch ein Jahr zuvor geplagt hatten. Von neuen Kräften profitierend und mit ein bisschen mehr Aufmerksamkeit für die Landkarten konnte ich nun nach nur ein oder zwei Besuchen oft schon einen ziemlich guten Eindruck von einem Land bekommen. Das reduzierte nicht nur meine Flugkosten, sondern sparte mir auch Zeit bei den Visaprozedere und machte mir ein wenig Hoffnung, dass ich die ganze Welt gesehen haben würde, bevor mein Haar ergraute oder ich verarmte.

Die Änderung meines Reisestils vom Nabe-Speichen-System zu Freestyle war von beeindruckendem Erfolg gekrönt; für mich war es genau das Richtige und ich hatte kaum noch Bedarf an Reisehandbüchern oder Plänen, und freundlichen Menschen begegnet man an jeder Ecke. Jeder, der ohne Vorbehalte reist, wird dauernd Einheimische treffen, die einem exzellente Vorschläge machen und hervorragende Möglichkeiten bieten. Keinen Plan zu haben gab mir eine außerordentliche Flexibilität für maximalen Spaß und die Fähigkeit, Dinge zu sehen, die in Reisehandbüchern und Pauschalreisen nicht vorkommen. Aber es war nach wie vor notwendig, die grundlegenden Informationen über ein Land oder eine Region und die dortige Kultur zu kennen. Für die besten Ergebnisse als Freestyle-Reisender sollte man darauf setzen, planlos, aber nicht ahnungslos an die Sache ranzugehen.

Kapitel 10
Roter Sand, Schwarzes Meer
Kasachstan | Kirgisistan | Usbekistan | Tadschikistan | Afghanistan | Turkmenistan | Aserbaidschan | Armenien | Georgien

Dieses Jahr in Südamerika bereicherte mich um viele wertvolle Erinnerungen und der Kontakt zu anderen Backpackern in den gut besuchten Herbergen lud meine Batterien wieder auf. Südamerika ist ein niedrigschwelliges Übungsgebiet für Reisende, da es nur ein paar Sprachen gibt, in denen man sich versuchen muss; außerdem bummeln hier so viele Backpacker herum, dass man schnell an Rat und aktuelle Informationen gelangt. Es ist möglich, den Kontinent betrunken zu bereisen, und manche Leute tun das auch, wobei sie ihre Geldbörsen und Kameras etwa einmal im Monat an Räuber abgeben, als eine Art Maßlosigkeitszoll. Für mich war es also besonders leicht, da ich mich aufgrund meines Alters recht moderat verhielt; ein weiteres Jahr hier wäre schön gewesen und es gab noch viele neue Gebiete, die ich hätte besuchen können, insbesondere im Norden. Aber mir stand der Sinn nach einem Szenenwechsel. Mein Glück, da war ich mir sicher, hing jetzt an einer Seidenen Straße.

Nach einem kurzen Aufenthalt in Vancouver und einem weiteren in England (wo ich die Stadt York im Norden besuchte und dann wieder nach Süden reiste, um in Londons U-Bahnen zu feiern – Bürgermeister Boris Johnson hatte das Trinken in den Londoner U-Bahnen verbieten lassen, deshalb besetzten die Einwohner sie für ein letztes Besäufnis), war ich im Frühling 2008 bereit für eine Tour durch die »Stans« von Zentralasien – Kasachstan, Kirgisistan, Usbekistan, Tadschikistan, Afghanistan und Turkmenistan – sowie durch Aserbaidschan, Armenien und Georgien, bevor ich weiter Richtung Osten ziehen würde.

Unterwegs von London nach Kasachstan hatte ich Zeit für einen Zwischenstopp in Malta, wo mein alter Freund Bruce ein iStock-Event abhielt. Er hatte ein Zusammenkommen für Stock-Fotografen arrangiert, hatte Models angeheuert, die in Schlössern und an Stränden posierten, und auch ansonsten eine interessante und unterhaltsame Atmosphäre geschaffen, damit die Fotografen über ihre Arbeit sprechen und ihre Kunst üben konnten. Meine Anwesenheit dauerte nicht lange, ich nahm mir nur Zeit für meinen Besuch und eine Besichtigung der Insel.

Ich musste mich ranhalten und mich den notorisch schrecklichen Visaschwierigkeiten für die zentralasiatischen Länder stellen. Die gesamte Region ist mittlerweile ziemlich abgehängt, aber sie war einmal der Schmelztiegel alter Großreiche, daher gibt es auch keinen Mangel an imposanten Monumenten und seltsamen Legenden. Gemessen an seiner Größe gibt es hinsichtlich Kasachstans den wenigsten Ärger bei den Visaprozessen, darum bietet es sich als Startpunkt gut an. Ich landete in Almaty, einer angenehmen (und nach Äpfeln benannten) Stadt mit vielen Parks und herrschaftlichen Gebäuden, viele davon von japanischen Kriegsgefangenen errichtet. Von hier aus kommt man leicht zum Tian Shan (den Himmlischen Bergen). Almaty nistet in den Ausläufern dieses Gebirges, die auch verschiedene wilde Apfelbäume schützen – die Vorfahren des beliebten modernen Obstes.

Kasachstan ist ein riesiges Land, das mich sehr an die kanadische Provinz Alberta erinnert: Es gibt hier die gleiche hohe, trockene Prärie, eine Öl- und Viehwirtschaft-Mentalität und Berge, wobei die Gipfel hier im Osten und nicht im Westen aufragen. Die Bevölkerung ist ein Mix aus ethnischen Russen und einer Kasachen-Mehrheit: eine blasse asiatische Rasse, in deren Traditionen das Reiten und nomadische Herdenhaltung eine große Rolle spielen.

Eine große kasachische Frau namens Karlygash, die mir ihre Wohnung vermietete, wollte, dass ich mich für eine organisierte Tour anmelde.

»Ich bin nicht sicher, ob das etwas für mich ist«, sagte ich. »Können Sie diese Tour beschreiben?«

»Ich fahre mit meinem Van und zehn Gästen, hauptsächlich Kasachen, mit einem Vorrat an Wassermelonen und einigen Kisten Wodka hoch in die Berge«, sagte sie, »Wir picknicken und schauen uns die Berge an, bis es dunkel wird. Bis dahin haben wir ein verlassenes sowjetisches Observatorium erreicht. Es ist optisch, nicht elektrisch, also funktioniert es noch. Anschließend eine Feier, Sterne anschauen und übernachten im alten Schlafsaal der Astronomen. Kosten sind 20 Dollar.«

Wir waren im Geschäft.

Im Van war auch eine kasachische Frau namens Dana. Sie hatte ein schönes Lächeln, dunkle Haare, eine goldene Bräune und war verglichen mit mir zierlich – wir stellten später fest, dass ihre Laufschuhe vollständig in meine Stiefel passten. Der Anblick von Mond, Sternen und Galaxien sorgte für eine magische Atmosphäre; das – und sicher auch ein betrunkenes Pingpongspiel – sorgte dafür, dass eine Romanze in der Luft lag. Sie arbeitete für die Vereinten Nationen, wo sie ein Programm leitete, das Kinderarbeit verhindern soll. Mit der Hilfe von Dana und dem UN-Büro hatte ich die nötigen Visa schneller als erwartet zusammen. Meine Anträge wurden zwar qualvoll langsam bearbeitet, aber nicht so unerträglich langsam wie die Anträge eines Mannes, den ich später in Taschkent traf. Er hatte ein Zimmer mit Blick auf einen hübschen Kakibaum, dessen Früchten er während der sechs Wochen, in denen er Dokumente ausfüllte, beim Wachsen zuschauen konnte.

Während ich mich um meine Visa für Usbekistan und andere Länder kümmerte, verbrachte ich meine freie Zeit mit Dana und einer Reihe amerikanischer Diplomaten, zwei von ihnen sehr hohe Tiere, wichtig genug, dass es in den Nachrichten gelandet wäre, wenn man sie entführt oder ermordet hätte – und vermutlich hätte es auch zu einigen Anhörungen im Kongress geführt. Allerdings verhielt sich einer von ihnen so, dass es unangenehm war, mit ihm gesehen zu werden, denn er war auf der Jagd nach einheimischen Frauen und verwendete immer wieder das Wort »Prostituierte«, obwohl ich ihm erklärte, dass das russische Wort dafür beinahe gleich klang und daher jeder, der an uns vorbeikam, wusste, worüber er da sprach.

Einem anderen distinguierten Gentleman oblag die Verantwortung für die Sicherheit des UN-Gebäudes. Als er mir seine Visitenkarte gab, ließ ich sie laminieren und bewahrte sie zur Sicherheit auf. Das UN-Logo prangte darauf und mein Instinkt sagte mir, dass mir genau das bei Reisen durch gewisse afrikanische Ländern von Nutzen sein könnte. Jahrelang hatte ich schon über die Schwierigkeiten des Reisens in Ländern wie der Demokratischen Republik Kongo nachgedacht. Andere Backpacker hatten mich gewarnt, dass sie, sobald sie im wilden Osten auf

Kämpfer, die Armee oder Polizisten trafen – für gewöhnlich an ihrem ersten Tag in dem Land –, ausgeraubt und beinahe nackt zurückgelassen wurden. So mussten sie dann zurück an die Grenze humpeln und waren als Backpacker grandios gescheitert. Viele afrikanische Länder galten als *No-Go*-Zonen. Ich dachte mir, dass diese weiß-blaue Karte mir da sicher weiterhelfen könnte.

Einer der Diplomaten war Wirtschaftsberater Afghanistans im Auftrag der USA und seine Erfahrungen in Afghanistan resultierten aus 18 Monaten, während derer er in diesem oder jenem metallenen Schiffscontainer gelebt hatte, umgeben von Computern und bewacht von Hunderten amerikanischen Truppen. Er saß an seinem Computer und gelegentlich kam ein Hubschrauber und brachte ihn für eine Unterredung mit Präsident Karzai zum Palast. Während wir uns über Wirtschaft unterhielten, kam das Thema des fairen Handels auf, diesem Contergan der modernen Wirtschaft. Lachend räumte er ein, dass er beteiligt gewesen sei an den Entscheidungen, die dazu führten, dass die Kaffeepreise kollabierten, was zu einer Armut führte, die den ganzen fehlgeleiteten Versuch ins Rollen brachte, mit *Fair Trade* zu »helfen«.

Ich war fasziniert. Ich wusste, dass der »Kaffee-Kollaps« von den massiven Bestrebungen eines Entwicklungshilfeprogramms ausgelöst worden ist, hatte aber nie die Details gehört.

»Jemand hatte sich gedacht, dass mehr Anstrengungen unternommen werden müssten, um die Armut in den Gebirgsregionen von Vietnam zu lindern«, erklärte mir der Diplomat. »Es wurde die Entscheidung getroffen, mit einem millionenschweren Programm die Bemühungen zu verstärken, dort die Kaffeeproduktion einzuführen.«

»Hat denn vor der Umsetzung dieses Plans niemand darauf aufmerksam gemacht, dass agrarwirtschaftliche Produkte relativ unflexibel sind?«, fragte ich. »Wenn die Kaffeebohnen billiger werden, heißt das ja nicht, dass der Kunde, der morgens seinen Kaffee trinkt, nun auch noch eine zweite Tasse trinkt.«

»Der Umstand wurde im Komitee erwähnt«, sagte er. »Es gab ein paar Bauern und Geschäftsleute, die uns sagten, dass selbst ein Überangebot von zehn Prozent bei einem Anbauprodukt wie Kaffee zu einer Schwemme führen kann. Sie sagten uns, dass wir sehr langsam und vorsichtig vorgehen sollten und dass es mindestens genauso wichtig war, einen Absatzmarkt für den neuen Kaffee zu finden, wie ihn anzubauen.«

»Was zur Hölle ist denn dann passiert?«

»Man hat sie aus dem Komitee geworfen, mit der Begründung, dass sie keine Teamplayer seien, und wir haben das Projekt massiv ausgebaut«, sagte er und fügte etwas hinzu, dass auf das Folgende hinauslief: »Langsam und behutsam angegangene Projekte sind für Entwicklungsorganisationen nutzlos: Wir brauchen große, prestigeträchtige Projekte, um unsere umfangreiche Finanzierung zu rechtfertigen. Die Medien schoben die Schuld bereitwillig auf die Kaffeekäufer in den westlichen Staaten und nicht auf uns, also rettete jeder seinen eigenen Arsch und hakte die Sache ab. Ich war nur am Rande beteiligt, als Gutachter, also hätte ich ohnehin nicht mit Konsequenzen rechnen müssen.«

* * *

In Almaty hatte ich einen Lieblingspark, wo Kinder in einem Bereich unweit einer orthodoxen Kirche mit ihren Inlineskates fuhren; hier gab es auch ein Kriegsdenkmal, dass entschlossene kasachische Soldaten aus Bronze zeigte, von denen jeder Einzelne ein unglaublich markantes Kinn hatte. Diese Soldaten wachten nun über Hochzeitszeremonien, bei denen die kasachischen Bräute ihre traditionellen Roben (in denen sie aussehen wie Disney-Prinzessinnen) und konische Hüte mit Bändern trugen. So posierten sie mit ihren Smoking tragenden Bräutigamen an der ewigen Flamme.

»Im letzten Jahr hatten wir ein paar Probleme«, sagte Dana, »weil Unruhestifter Kasachen angriffen, die man in die Kirche hat gehen sehen. Extremisten sagen, dass das eine Verletzung unserer religiösen Traditionen sei.«

»Was sind denn die religiösen Traditionen der Kasachen?«, fragte ich. »Auf mich wirken sie nämlich ausgesprochen tolerant.«

Dana war nominelle Muslimin, aber sie trank Alkohol, versuchte auf Schweinefleisch zu verzichten, wenn es nicht zu viel Aufhebens bedurfte, und war noch nie in einer Moschee gewesen. Heidnische Traditionen wie heilige Seen und Schreine oder Schamanen aufzusuchen waren ihr wichtiger und selbst die nahm sie nicht wirklich ernst.

»Kasachische Tradition ist es, der Religion gegenüber sehr offen und tolerant zu sein«, sagte sie. »Deshalb waren diese Angriffe auch so seltsam. Zentralasiatische Regierungen fanden heraus, dass das Problem in Moscheen anfing, die von den Golfstaaten finanziert wurden, allen voran Saudi-Arabien. Als die

Araber sagten, dass sie Moscheen finanzieren wollten, sagten die Regierungen zunächst alle: sehr schön, vielen Dank. Aber jetzt wollen wir diese Art der Finanzierung nicht mehr, weil sie der wahhabitischen Schule des Islams folgen. Das passt nicht zu uns. In Usbekistan gibt es jetzt eine Regel, die besagt, dass alle Predigten von der Zensur geprüft werden müssen, bevor sie gehalten werden dürfen.«

Nachdem ich erfolgreich ein paar Visa gehamstert hatte, verabschiedete ich mich von Dana. Wir verabredeten ein Wiedersehen in Kirgisistan, östlich von Kasachstan, wenn sie Urlaub hatte. Wie jeden anderen Durchreisenden auch zog es mich schließlich zum tiefen, wundersamen Yssykköl, einem See, dessen Ufer von Bäumen und alten sowjetischen Ferienanlagen gesäumt ist. In Karakol – früher eine Militärbasis des Russischen Kaiserreichs und jetzt eine kleine Stadt am östlichen Seeufer – teilte ich mir das Zimmer mit einem deutschen Physikstudenten namens Simon und einem Dänen namens Jacob, der Geschäfte in Shanghai machte. Wir beschlossen zu dritt einen Guide anzuheuern und durch das Tian-Shan-Gebirge zu wandern, aber als wir uns wie verabredet einen Guide aussuchen wollten, hatte Jacob einen furchtbaren Kater.

»Geht ihr beiden und entscheidet für mich mit«, sagte er benebelt.

»Okay«, sagte ich, »aber sag uns, ob deine Kondition eher stark, schwach oder durchschnittlich ist. Wir müssen auch entscheiden, wie ehrgeizig wir uns unsere Ziele setzen wollen.«

»Ich habe Wasserball in der dänischen Nationalmannschaft gespielt – also sehr stark.«

Gut zu wissen, denn man schickte uns zu einem einsprachigen russischen Guide, der uns eine einfache und eine schwierige Tour anbot. Am nächsten Tag starteten wir nach einer langen Fahrt zum Fuß des Gebirges unseren schwierigen Aufstieg. Das Maß an körperlicher Anstrengung war für Simon und mich in Ordnung, aber Jacob hinkte uns hinterher. Er wollte nicht, dass wir langsamer wurden, damit er aufschließen konnte, aber dann verloren wir ihn. Nachdem wir ihn wiedergefunden hatten, taten wir so, als würden wir unser übliches Tempo beibehalten, aber in Wirklichkeit ließen wir es ihm zuliebe langsamer angehen. Er gestand uns, dass er während seiner Zeit in Shanghai keinen Sport getrieben, aber dafür viel Whisky getrunken habe – und Shanghai ist kein guter Ort für die Lungen.

»Ich gebe auf und gehe wieder runter«, sagte er schließlich.

»Schlechte Idee«, gab ich zu bedenken. »Wir sind seit neun Stunden unterwegs und nur noch eine Stunde entfernt von einem Platz, wo wir campen können. Da sind wir vor Wind und Schnee geschützt und können uns was Warmes zu essen machen.«

»Nein, ich gehe zurück.«

Ich versuchte weiter, ihn umzustimmen, wies ihn darauf hin, dass wir jetzt in stattlicher Höhenlage waren, mitten in einem Schneesturm, in dem man nur ein paar Meter weit blicken konnte. Außerdem blieben uns nur noch zwei Stunden Tageslicht. »Und davon mal abgesehen könntest du dich wieder verlaufen. Und wo willst du schlafen? Wir haben nur das eine Zelt und das kommt mit uns nach oben.«

»Ich schlafe unter einem Baumstamm, wenn ich es zurück bis zur Baumgrenze schaffe«, sagte er.

Ich war mir nicht sicher, ob er überhaupt schon mal versucht hatte, während eines Schneesturms unter einem Baumstamm zu schlafen, aber ich hatte einige Erfahrungen mit solchen Schlafstätten gesammelt und konnte sie nicht empfehlen. Ich wandte mich an Simon, aber der reagierte sehr deutsch.

»Jeder Mensch ist für sein Handeln selbst verantwortlich«, sagte er.

Russische Guides halten sich aus solchen Diskussionen üblicherweise raus, da sie keine europäischen Guides sind; sie sind nicht verantwortlich für dich und man wollte auch gar nicht, dass sie es sind. Der Grundgedanke ist, dass sie einem nur ein Mindestmaß an Hilfe zur Verfügung stellen, sodass man gewissermaßen sein Umfeld erkunden kann, als wären sie gar nicht da. In vielerlei Hinsicht ist das besser und man lernt die Tricks und Kniffe des Bergsteigens schneller, aber in diesem Moment war diese spezielle Eigenschaft wenig hilfreich.

Schließlich konnte ich unseren Dänen von der Notwendigkeit überzeugen, weiterzugehen – und es war sicher die richtige Entscheidung. Der Guide zeigte uns eine Stelle, an der wir campen konnten, ein hoher, windgeschützter Felssattel mit einem See. Es folgten viele herrliche Tage, mit Wiesen, auf denen die Blumen in üppiger Pracht blühten, dem Pfeifen von Murmeltieren, gluckernden Bächen und immergrünen Wäldern um Gipfel herum, die weit über die Pferdeweiden unter ihnen ragten.

Da ich noch ein wenig an diesen endlosen Visaformularen arbeiten musste, kehrten Simon und ich zurück nach Bischkek, der Hauptstadt von Kirgisistan, die nach einer Milchkanne benannt ist. Es dauerte einen Tag, bis ich entdeckte, dass es keinen Sinn hatte, die Anträge hier zu stellen, und dass es schwierig sein würde, ein Visum für Aserbaidschan zu bekommen. Schließlich beauftragte ich eine Visa-Unterstützungsfirma, Santours, um mir mit Turkmenistan zu helfen.

Es gibt ein Trinkspiel, bei dem man sagt: »Ich habe noch nie dies oder jenes getan«, und diejenigen, die »dies oder jenes« schon getan *haben*, müssen einen Schnaps exen. Tja, mein Hotel in Bischkek war nicht das feinste, auch wenn es teuer war – sieben Dollar die Nacht für ein Bett im Schlafsaal –, und dort verlor ich das Recht, nicht trinken zu müssen, wenn jemand bei diesem Spiel sagte: »Ich habe noch nie in ein Loch in der Wand meines Hotels gepisst.« Eine prallvolle Blase erforderte einen Gang zu den Gemeinschaftstoiletten. Die Tür war mit fünfzehn Zentimeter langen Nägeln zugenagelt und an der Tür hing ein Schild, auf dem auf Russisch stand: »Außer Betrieb!« Etwas verstimmt kehrte ich in den Schlafraum zurück, zog mir noch etwas über und versuchte mein Glück bei den anderen beiden Toiletten in den Stockwerken über und unter mir. Sie waren ebenfalls zugenagelt. Zeit für ein klärendes Gespräch mit der diensthabenden Angestellten, aber die Frau war nicht da und konnte mich nicht mit ihrer gewohnten sowjetischen Verdrießlichkeit erfreuen. Die Bewohner der Stadt rieten davon ab, in dieser Gegend nachts allein in irgendwelche Gassen zu gehen, aber das ging jetzt wohl nicht anders. Allerdings waren die einzigen Ausgänge mit Ketten und Vorhängeschlössern verschlossen. Wenn das mal nicht den Brandschutzbestimmungen widerspricht, dachte ich mir. Dann entdeckte ich ein paar Löcher in einer der Innenwände …

Am nächsten Morgen fragte ich Simon, ob er einen gewissen Mangel an Hygiene in unserem Hotel bemerkt habe. Hatte er, und wir beschlossen, dem öffentlichen Badehaus einen Besuch abzustatten. Hier flanierte man mit Hunderten Männern – alle vollkommen nackt – zwischen verschiedenen Wasserbecken, Trockensaunen und Schwitzstuben hin und her. Das Personal besteht größtenteils aus kirgisischen Mädchen, die den Männern dabei zusehen, wie sie baden oder an ihnen vorbeilaufen; gelegentlich flüstern sie einander etwas zu und kichern dann. Und ich kenne die Antwort auf die wichtige Frage: Wenn Mädchen im Teenageralter in einem dunstigen Badehaus voller nackter Männer

Regenwald in Costa Rica

Der treue Rucksack.
Ukraine, 2017

Blick auf den Kilimandscharo, Kenia

Einheimische Kinder in der
Demokratischen Republik Kongo, 2002

An der Küste Islands

Calancatal, Schweiz

Wandern im Alpstein, Schweiz

Hvar, Kroatien

Frühling im Calancatal, Schweiz

Unzählige Mosaike: Golestanpalast, Iran

In den Bergen Nepals,
2007

Hvar, Kroatien

Mit der Fähre durch den Geirangerfjord, Norwegen

Die Dächer von Dhaka, Bangladesch

Traditionshandwerk
in Kambodscha

Toledo, Belize

Reykjavík, Island

Auf dem Fahrrad in Bagan, Myanmar, 1998

Party in den USA

Indonesien, 2002

Ruinen in Aguas Calientes, Peru

Steilküste: Cliffs of Moher, Irland

Mongolei, 2009

In den karstigen Bergen Pakistans

Mongolei, 2009

Calancatal, Schweiz

Eigenhändig gefangener Seelachs
aus dem Geirangerfjord, Norwegen

Aussicht auf den Walensee
bei St. Gallen, Schweiz

arbeiten, sollten sie dann Kopftücher tragen? Die Antwort lautet: Ja, ansonsten könnte ein fremder Mann einen Blick auf ihr Haar erhaschen, wenn er sie für ein Stück Seife oder ein Handtuch herüberwinkt.

Simon und ich fühlten uns erfrischt und spazierten zum Brunnen am Ala-Too-Platz im Stadtzentrum, wo die kirgisische Jugend abhängt und manchmal auf Fremde zugeht, um ihr Englisch oder Deutsch zu üben. Wir gingen in das nahe gelegene Nationalmuseum für bildende Künste, das Gapar Aitiev. Nachdem wir uns ein paar Gemälde angeschaut hatten, kam die Museumsleiterin auf uns zu und sagte uns auf Russisch, dass wir wie starke Männer aussähen; ob wir ihr wohl helfen könnten, eine Statue auf ihren neuen Podest zu heben? Sie zeigte auf eine sperrige, aber zierliche lebensgroße Statue von einem berühmten kirgisischen Künstler. Das Ding war verflucht schwer, aber wir ließen sie zum Glück nicht fallen (was womöglich eine internationale Affäre ausgelöst hätte). Als Belohnung zeigte die Frau uns ein paar zusätzliche Kunstwerke in einem Hinterzimmer. Sie hatte offenbar nicht genügend Geld, um richtige Mitarbeiter einzustellen. Ihr Kollege Mirfayz Usmonov, Kurator des Kunstmuseums in Taschkent, griff zu drastischeren Mitteln, als einfach nur freiwillige Arbeiter einzuspannen: Er holte Geld in die Kassen, indem er die wertvollsten Gemälde der Sammlung verkaufte und statt ihrer Fälschungen aufhängte. 15 Jahre lang kam er damit durch, bis man ihn 2014 überführte.

* * *

Dana hatte ein paar Tage Zeit und kam mich besuchen, darum zog ich übers Wochenende in ein besseres Hotel. Als sie ankam, sagte sie mir, sie habe ein Problem: Im Rahmen ihrer Arbeit erwartete man von ihr, in die afghanische Hauptstadt Kabul zu gehen, aber sie hatte Angst vor den Taliban und plante, Nein zu sagen. Als sie mal in Tadschikistan gewesen war, hatte sie einen Blick über den Wachankorridor geworfen, ein verhältnismäßig sicheres Tal, das zwischen den Gebirgen Pamir und Karakorum liegt, und das hatte sie schon beängstigend genug gefunden.

»Lehne das nicht ab«, schlug ich ihr vor. »Deine Kollegen werden wütend sein. Sag zu und ich werde dich begleiten, dann musst du keine Angst haben.« Ich sang ihr ein kleines Lied. »Come, Mister Taliban, tally me banana; Daylight come and I wanna go home.«

Das entlockte ihr ein Lächeln und sie sagte, dass sie gehen würde, wenn ich mitkäme. Wir vereinbarten, uns in Duschanbe, der Hauptstadt Tadschikistans, zu treffen und gemeinsam über die Grenze zu reisen. Das bedeutete, dass ich mich wirklich ins Zeug legen und ganz auf meine Visaanträge konzentrieren musste, also wechselte ich, nachdem Dana abgereist war, wieder in eine günstige Herberge ohne Wasser und Strom, füllte Formulare aus und suchte in einem Internet-Café online nach Hinweisen.

Afghanistan hatte keine funktionierende Botschaft in Bischkek – zumindest keine, in der ich ein Visum bekommen hätte. Aber in einer meiner Taschen fand ich einen Zettel, den mir ein afghanischer Kaufmann gegeben hatte; darauf stand die Nummer eines afghanischen Bandenchefs in Usbekistan, dessen Schergen vielleicht in der Lage wären, mir zu helfen. Vielleicht war es zu meinem Besten, dass die Nummer deaktiviert war. Aber es gelang mir schließlich, nach einigen Kämpfen mit unfähigen Bürokraten in Taschkent ein afghanisches Visum zu bekommen. Taschkent ist die Hauptstadt Usbekistans, wo ich in der Nähe des größten, rund um die Uhr geöffneten Melonenmarkts einquartiert war, den ich je gesehen habe – ideal, wenn einen nach einer langen Nacht in der Stadt ein Heißhunger auf Melonen überkommt.

Als ich wieder allein war, fuhr ich per Anhalter mit einer Reihe unterschiedlicher Einheimischer, von denen der letzte ein alter Usbeke mit einem langen, weißen Bart war, der sehr stolz auf seine Lesefertigkeiten war. Er war so freundlich, meine Aufmerksamkeit auf jedes Auto zu lenken, an dem wir vorbeifuhren, um mir zu sagen, wie man solch verrückte Namen wie Ford ausspricht (nämlich »Port«). Nach russischen und damit auch den lokalen Regeln hatte er recht.

Der alte Usbeke brachte mich nach Arslanbob, wo Alexander der Große einst einen Walnusswald gefunden hatte. Er hatte ein paar dieser Nüsse mitgenommen, als er nach Griechenland zurückkehrte, von wo aus sie in Europa als »Griechische Nuss« eingeführt wurden. Die Berge hier waren gesprenkelt mit Walnusswäldern und es gab ein Gasthaus, das günstig gelegen war für Tagwanderungen, die hier schnell zu Bergsteige-Sessions ausuferten. Jeden Morgen schickte mein grinsender, schwarzbärtiger Hotelier seine Tochter mit Tee, Obst und Toast mit Quittenkonfitüre und Honig zu mir, während ich auf Kissen gebettet die Aussicht genoss. Jedes Mal, wenn sie den Klecks Honig abgestellt und wieder gegangen war, kam ein Schwarm Honigbienen angeflogen, um den Honig bis auf den letzten Tropfen aufzunehmen. Nur widerwillig verließ ich dieses wunderschöne Tal und wanderte Bergstraßen entlang bis zur alten Stadt Osch, um dann bis nach Usbekistan noch weiter bergigen Straßen zu folgen.

Ich kam schneller voran als gedacht und mein Weg führte mich zu den mehr oder weniger zugänglichen Sehenswürdigkeiten an der Seidenstraße. John, ein Filmemacher aus »*down under*« (Australien), leistete mir Gesellschaft. Er durchsuchte mit seiner Gabel jeden Teller *plov* (ein Gericht aus Reis, Rosinen und weißen oder violetten Karotten, oft mit einem Brocken Schaf- oder Rindfleisch, den John nicht wollte), denn ihm kam nur das Fleisch von Eidechsen und Kängurus in den Mund, ansonsten war er strikter Vegetarier. Außerdem genossen wir noch die Gesellschaft von Lydia, einem jungen amerikanischen Mädel aus North Dakota und Mitarbeiterin des Friedenskorps. Sie war temperamentvoll, jugendlich-schlaksig und hatte noch einen gewissen Idealismus, was ihre Auslandserfahrungen anbelangte. Sie hatte viele Saufgeschichten auf Lager und erzählte von Buzkaschi-Spielen (traditionellen Reiterspielen) während ihrer Zeit beim Friedenscorps.

Usbekistan und die ehemals sowjetischen »Stans« bereist man als Backpacker am besten im Quartett. Ein Auto mit Fahrer bekommt man dort für etwa zehn Dollar am Tag und die Autos fahren los, sobald sich vier Mitfahrer gefunden haben. Wenn einer der vier Plätze unbesetzt bleibt, muss man oft mindestens eine oder zwei Stunden warten, wenn man Pech hat, auch fünf oder sechs. Unsere Dreiergruppe – für die ideale Gruppengröße fehlte uns leider ein Typ – besuchte die Monumente, die mächtige Kriegsherren der Vergangenheit errichten ließen, so wie Tamerlan und andere Anführer von Banden berittener Bogenschützen, die die Zivilisation vor der Erfindung des Gewehrs in Angst und Schrecken versetzten. Wir sahen Samarkand, Xiva – die Oase des Mädchenhandels – und viele andere türkis und grün gekachelte Ruinen, die die Landschaft säumten. Die gesamte Gegend wird häufig von verheerenden Erdbeben heimgesucht, daher entstehen urbane Strukturen hier schnell und werden ebenso schnell wieder umgeworfen, wie die Burg eines Kindes im Sandkasten.

Diese Ruinen, die als Zentren der Geomantie und als Spukstätten der mächtigen Geister antiker Herrscher gelten, sind ein verheißungsvoller Ort für Hochzeiten. Engelsgleiche Musiker mit langen Blechhörnern sorgen für die Fanfaren und Kinder sorgen für das Geschrei und Ringkämpfe im Staub. Und so wie diese Ruinen der Eroberer die jungen, heiratswilligen Paare anlocken, so ziehen die Ruinen der Grabmäler Leichname an: Wenn ein berühmter Derwisch oder ein islamischer Heiliger dort beerdigt ist, legt man die frisch Verstorbenen in seine Nähe, denn sicherlich wird Allah am Jüngsten Tag zuerst die Heiligen zu sich holen. Und wer möchte denn da behaupten, dass ein Haufen umliegender Seelen – auch wenn sie selbst nicht so heilig sind – inmitten des Tumults nicht ebenfalls ins Himmelsreich geholt wird und somit von der jenseitigen Nachbarschaft profitiert? Schamane und Derwische knoten islamische Gebetstücher an Bäume in der Nähe und platzieren dort so viele Reliquien, dass jeder vorbeikommende saudische Purist sich aus lauter Frust die Barthaare ausreißen würde. Der Islam ist Frieden, heißt es, aber die Leute hier wollen einen saftigen, wirbelnden und fruchtbaren Frieden, keine trockene, grässliche Lesung.

Zu dritt reisten wir weiter Richtung Westen in die Kysylkum, eine riesige Wüste aus roten Sanddünen zwischen den Flüssen Amudarja und Syrdarja. Lydia hatte nicht genug Zeit für die am tiefsten gelegene Wüste, die der ausgetrocknete Aralsee heute ist, aber wir tauschten Kontaktinformationen aus; sie plante, zur selben Zeit wie ich in den Kaukasus zu reisen, vielleicht könnten wir uns dort wiedersehen. Außerdem wollte sie wissen, wie es in Afghanistan lief, genau wie einige anderen Backpacker, die in mir eine Art Versuchskaninchen sahen. Mit John wagte ich mich noch viel weiter westwärts, eingequetscht in rasenden, klappernden alten Pkws.

Eine grauenhafte Sängerin wurde immer wieder im Radio gespielt: Ein Einheimischer erklärte uns, dass sie die Tochter des usbekischen Präsidenten sei, die sich selbst für einen Popstar hielt. Sie konnte nicht singen, aber die Sender taten gut daran, ihre Songs zu spielen, ansonsten … Die Geheimpolizei war dafür bekannt, dass sie die Köpfe von Menschen dampfgarten, bis sie so rot wie Hummer waren, um dann die Leichen der Unruhestifter zu entsorgen – wer würde sich da schon an ein wenig mittelmäßigem Geträller im Rundfunk stören? Solche Praktiken sind auch der Grund dafür, weshalb zentralasiatische Diktatoren oft von Jasagern umgeben sind.

Mir fiel auf, dass auf den Hauptstraßen Baumwollkugeln von den Lastwagen fielen und in den Büschen am Straßenrand hängen blieben. Ein Taxifahrer erzählte mir, dass die Bosse der Gegend Kinder losschickten, um sie zu stibitzen. Er meinte allerdings: »Ich glaube, unsere Kinder hätten mehr davon, wenn sie zur Schule gehen würden, anstatt in der Wüste und Hitze Baumwolle zu pflücken, die nur ein paar Cent wert ist.« Wie dem auch sei, für die ärmsten Kinder wird es vielleicht keine Rolle gespielt haben; UN-Dokumente, die ich in Danas Wohnung gelesen hatte, besagten, dass Kinderarbeit auf den Baumwollfeldern üblich sei, und wir sahen tatsächlich Kinder dort arbeiten, insbesondere Mädchen. John hätte gerne ein paar Filmaufnahmen davon gemacht, aber die Polizei vor Ort und Regierungsbeamte betrachteten seine Kamera mit Argwohn, also traute er sich in der Nähe der Felder nicht, sie rauszuholen.

Endlich gelangten wir nach Nukus. Die Gegend ist nicht sehr bekannt, da sie mitten im Nirgendwo liegt, hinter der Kysylkum, in der Nähe von Daşoguz und Mang'it. Bevor Alexander der Große auf seinem Feldzug durch Asien hier entlangkam, war das gesamte Amudarjadelta das Herzstück von Choresmien. Dann errichteten einfallende Mongolen hier im 13. Jahrhundert das Herrschaftsgebiet Tschagatai-Khanat, das florierte, bis Timur – auch bekannt als Tamerlan, ein Kriegsherrscher, der 17 Millionen Menschen ermorden ließ (ein Zwanzigstel der damaligen Weltbevölkerung) – die alte Hauptstadt Gurgandsch im Jahre 1388 überfiel und eine Pyramide aus den Schädeln der Einwohner errichten ließ. Heute ist der Fluss natürlich ein Rinnsal und der Binnensee ist auch verschwunden, ein Opfer der durstigen Baumwollfelder und der Hybris riesiger sowjetischer Hydraulik-Technologien. Wir inspizierten die Wracks verrostender Frachter und Fischerboote, für immer gestrandet in den Dünen unter der Klippe, die einst eine Küste war.

So weit und nicht weiter trugen diese Straßen mich. Dahinter lag das unpassierbare Turkmenistan, wo ein noch machtbessenerer Diktator herrschte. Ich wollte versuchen, über Afghanistan in das Land einzureisen, über die Grenzstadt Herat. Ich würde auf mein Glück vertrauen müssen, dass es mir gelingen würde, von Tadschikistan aus ein Visum für Turkmenistan zu beantragen. Dafür musste ich so schnell wie möglich nach Duschanbe, der Hauptstadt Tadschikistans. Ich verabschiedete mich von John und ergatterte einen Platz im Auto eines dicklichen Händlers aus der alten Seidenstraßen-Stadt Samarkand, der zwei usbekische Prostituierte Richtung Osten karrte; ihre Arme waren mit Henna-Tattoos und zahllosen Armbändern und -reifen geschmückt; sie sangen und waren auch sonst in festlicher Stimmung, da sie bei einem Zwischenstopp an einer Oase voller einsamer Männer guten Umsatz gemacht hatten. Im Oktober 2008 überquerte ich die tadschikische Grenze.

Die Straßendecken wurden erneuert und man bohrte Bergtunnel in diesem uralten und außerordentlich bergigen Land. Die Firma China Road and Bridge Corporation war mit den Arbeiten beauftragt und hatte 10 000 chinesische Arbeiter im Einsatz; anscheinend wollte man keinerlei Verzögerung dulden und alle Straßen gleichzeitig machen. Die Bergtunnel waren spektakulär und die Felsen noch rau von den Sprengungen. Nach Stunden des Wartens in irgendwelchen Klapperkisten, deren Besitzer so freundlich waren, mich mitzunehmen, polterten wir eine halbe Stunde durch die Dunkelheit, bis wir schließlich in hellem Tageslicht wieder auftauchten, nur um hinter der nächsten Biegung noch mehr Tunnelarbeiten zu entdecken. Unsere Reifen suchten auf splittrigen Kiesstraßen nach Halt und wir zwängten uns an Schlammgruben, leckenden Wasserrohren und kleinen Seen vorbei, die im Licht unserer Scheinwerfer schimmerten, da, wo die Straße sein würde, wenn erst mal alles fertig war. In den Tälern hörte man den Nachhall der Explosionen und das Grollen der gelösten Felsbrocken weit oben; chinesische Männer, ausgestattet mit Walkie-Talkies, regelten den Verkehr mit ausgedachten Wörtern, Gesten und Gelächter: Sie sprachen zwar die Landessprache nicht, hatten aber bewundernswerte Kommunikationsskills.

Tadschikistan bietet viele wundervolle Ausblicke und alte Städte, die für gewöhnlich neben noch älteren Ruinen liegen. Alexander der Große, der immer weiterkämpfte, um alles zu erobern, und damit rechnete, jeden Moment den Fluss »Ozean« am Ende der Welt zu erreichen, muss unter seinen Sandalen die Ruinen vergessener Reiche gespürt haben. Er fand keinen Ozean und heiratete stattdessen die schöne Prinzessin Roxane. Heute hallt aus diesen Ruinen das Echo legendärer Großtaten der Vergangenheit wider: Junge Paare kommen gerne hierher, um sich zu küssen, auf der Suche nach ihrem eigenen Ende der Welt, wo die Liebe alles erobern kann.

Kurz bevor ich die Hauptstadt erreichte, fuhr ich mit einem Mann in dessen altem Mercedes. Er spielte die ganze Zeit Kassetten mit den Predigten verschiedener Imame. Weiß Gott, was er aus diesem Sermon für sich gezogen hat – immerhin war er so erpicht darauf, mich übers Ohr zu hauen oder Profit aus der Sache zu schlagen, dass er mich nicht in Duschanbe rauslassen wollte. Es kam mir ganz gelegen, die erste Nacht in seinem Haus in einem Vorstadtslum zu verbringen, also tat ich ihm den Gefallen. Am Morgen bezahlte ich ihn und lief in die Stadt, während er mich verfolgte und verzweifelt versuchte, mir Übernachtungen in den Häusern seiner Verwandten oder Besuche in den Restaurants seiner Freunde aufzuschwatzen. Ich musste im Stadtzentrum Geld wechseln und war belustigt über den offiziellen Namen der Währung: *Somoni*, was klingt wie das englische »some money«. Mit viel Aufwand fand ich eine Bleibe für die Zeit, in der ich auf Dana wartete – ein paar Gassen hinunter und über einem massigen Wasserrohr, das über einem Gully verlief, auf einem Gelände, das dicht bewachsen war mit Dattelbäumen.

Dana kam in Duschanbe an und nachdem wir eine Zeit lang in den Dattelhainen entspannt und in Honig getauchtes Brot gegessen hatten, machten wir uns auf nach Afghanistan; wir waren beide guter Dinge und begeistert, dass wir wieder so viel Zeit miteinander verbringen konnten, wenn auch Dana an den meisten Tagen ein gewisses Maß an Arbeit zu erledigen hatte. Keiner von uns wusste, was uns erwarten würde.

Dana hatte einen großen Rollkoffer und ich ging davon aus, dass er mit Kleidung gefüllt war, die sie für die Arbeit brauchte – absurd schwere Kleidung. Wir mussten den Koffer jedoch nicht durch die Gegend schleifen, da wir ihn in ihrem Zimmer im »Intercontinental« in Kabul lassen konnten. Die Sicherheitsvorkehrungen dort waren streng. Es gab Spiegel an Stangen, damit man die Unterseite der vorfahrenden Autos nach Bomben absuchen konnte, Schutzwälle aus Sandsäcken, einen Metalldetektor an der Tür und davor eine große freie Fläche, die die bewaffneten Wachposten gut überblicken konnten. Da das Hotel Hochzeiten ausrichtete, wurde dieser Platz gelegentlich von fröhlich im Kreis tanzenden Paschtunen übernommen, deren lange, schwarze, glänzende Locken synchron hüpften.

Man reichte uns afghanische SIM-Karten für unsere Handys, damit man uns aus Sicherheitsgründen erreichen konnte. Außerdem gab man uns die Nummer von Afghan Logistics – eigentlich nur eine Taxifirma, aber die Fahrer waren überprüft worden und höchstwahrscheinlich bewaffnet und sie hielten auch nicht ständig für ein Gebet am Straßenrand, wie normale Taxifahrer es taten.

Dana legte ihren Koffer auf das Bett und öffnete ihn. Ein riesiger Vorrat an Wodka und armenischem Cognac kam zum Vorschein.

»Ist Alkohol in Afghanistan nicht verboten?«, fragte ich.

»Gewissermaßen schon, aber Ausländern ist es gestattet, ein wenig für die eigene Verwendung mitzubringen. Außerdem gehöre ich zur UN, darum können sie mein Gepäck nicht durchsuchen.«

»Zum Glück nicht. Das sieht nach mehr aus, als man zur eigenen Verwendung braucht, selbst für eine Kasachin.«

Sie lachte und sagte: »Die Flaschen sind nicht alle für mich. Es wird eine Party in unserem Zimmer geben.«

Und so war es auch. Ein Job bei der UN hat so seine Vorteile. Es waren jede Menge interessanter Leute im Hotel, viele afghanische Minister und Bürgermeister, NGO-Mitarbeiter, amerikanische und zentralasiatische Geschäftsreisende. Die meisten von ihnen gönnten sich gerne einen Drink oder drei.

Das »Intercontinental« war wie eine kleine Insel der Sicherheit, von der aus wir unsere Erkundungstouren starteten, meist mit einem Anruf bei Afghan Logistics oder indem wir in einen der Autokonvois stiegen, die auf dem Weg zu irgendeiner interessanten Unternehmung waren: ein Picknick im Garten rund um das Mausoleum des Herrschers Babur; eine private Führung durch das von Gewehrkugeln pockennarbig geschossene Nationalmuseum mit dem Museumsdirektor, der die antiken goldenen Schätze und viele wertvolle Statuen vor den randalierenden Vandalen der Taliban versteckte; eine Führung durch eine Einrichtung, die Frauen dabei half, geschlechtsspezifischen Verbrechen gegen die Menschlichkeit zu entkommen. Auf dem Markt kauften wir eine blaue Burka für Dana; im Hotel zog sie sie an und wir streiften durch die Flure, wobei Dana kicherte wie ein kleines Halloween-Gespenst. Wir dachten darüber nach, so nach Kabul zu gehen, als eine Art Spaß, aber ein Bürgermeister warnte uns, dass die Leute unseren Sinn für Humor womöglich nicht teilen würden. Afghanische Frauen und Mädchen müssen jeden Tag ein Gespensterkostüm tragen, daher ist es für sie überhaupt kein Spaß.

In seiner Funktion als sichere Insel erinnerte mich das »Intercontinental« auch an den Palast der Winde, dieses enorme rosafarbene Gebäude in Rajasthan: eine hochragende Fassade mit abgeschirmten Fenstern und Balkonen, von denen aus sich die Prinzessinnen ungefährdet die große Welt ansehen können. Das »Intercontinental« war eine solche Fassade in unserer »Neuen Weltordnung«. Es hatte hier noch keinen Terroranschlag gegeben (das sollte drei Jahre später passieren, im Juli 2011), aber es war wenig überraschend, dass es als mögliches Ziel galt. Osama bin Laden war – und Terroristen generell sind – stets darauf bedacht, die Paläste der Winde dieser Welt anzugreifen, um einen maximalen Effekt zu erzielen. Orte, an denen sich die Mächtigen der Welt die Klinke in die Hand geben, wie eben hier, in den Twin Towers oder an Flughäfen.

* * *

»Heute könnte dir vielleicht etwas langweilig werden«, sagte Dana eines Morgens. »Ich muss zu einer Konferenz.«

»Mach dir keine Gedanken«, sagte ich. »Ich werde durch Kabul spazieren.«

»Oder du kannst mich zur Arbeit begleiten«, sagte sie.

Warum nicht? Die Suche nach sauberer Kleidung, die mich so aussehen ließe, als würde ich für meinen Lebensunterhalt arbeiten, brachte nur ein weißes Ravershirt zum Vorschein, auf dem ein schwarzer Totenkopf mit Kopfhörern zu sehen war – darunter die Worte »Renegade Sound System«. Das musste reichen.

Als wir am Konferenzraum ankamen, sagte ein Mann am Eingang zu mir: »Entschuldigen Sie bitte, es scheint so, als hätten wir vergessen, Ihr Namensschild anzufertigen.«

»Ja, das haben Sie wohl.« Sie druckten mir eins aus und ich steckte es mir an mein Shirt, damit ich so seriös wirken konnte, wie es in diesem Outfit möglich war.

Zuerst mischten wir uns unter die Leute und plauderten ein wenig, aber dann signalisierte mir die allgemeine Aufregung, dass das Meeting jetzt begonnen hatte, und wir setzten uns an einen riesigen Tisch in Hufeisenform. Ich war davon ausgegangen, dass Dana neben mir sitzen würde, aber sie hatte sich gerade noch mit einer Kollegin unterhalten, neben die sie sich jetzt setzte.

»Erzählen Sie ein bisschen was über sich selbst und was Sie zu dieser Konferenz beitragen werden«, sagte ein Moderator an alle Anwesenden gerichtet.

Jeder von uns hatte einen Stapel Hefter vor sich und als ich sie durchblätterte hatte ich den Eindruck, dass wir über Elektrizität sprechen würden. Jonibek, Energieberater des Premierministers von Kirgisistan, war der Erste, der sich vorstellte, und während ich ihm und den anderen zuhörte, dämmerte mir, dass das Thema der Veranstaltung die hydroelektrische Entwicklung am Amudarja im afghanisch-tadschikischen Grenzgebiet war. Plötzlich wurde ich nervös und zerbrach mir den Kopf, was ich zum Thema Hydroelektrizität Sinnvolles beizutragen hätte. Herzlich wenig fiel mir ein, bis ich mich daran erinnerte, vor ein paar Jahrzehnten in einem Reiseführer für Zentralasien gelesen zu haben, dass es am Quellgebiet eben jenes Flusses, im Pamir-Hochgebirge, ein schreckliches Erdbeben gegeben hatte. Schlamm und Felsen waren nach unten gesickert und hatten den Fluss verstopft. Hinter dieser Blockade bildete sich ein enormer See. Wenn es ein weiteres Erdbeben gäbe – was wahrscheinlich ist, da es in Zentralasien häufig dazu kommt –, würden Schlamm und Felsen weiter abrutschen und das ganze Wasser des Sees würde ins Tal stürzen und jeden Damm und jedes Dorf bis ins westliche Usbekistan zerstören. Diese kleine Information war mein Beitrag. Zu meiner Überraschung hatte noch niemand davon gehört.

Je mehr ich zuhörte, desto weniger ernst konnte ich dieses Projekt nehmen. Als ich hörte, dass der Abnehmer für die Elektrizität Pakistan sein würde, schaute ich die Geschäftsfrau aus Taschkent an, die neben mir saß, und wir lachten. »Der Scheck ist schon unterwegs«, sagte ich. Jonibek behauptete, dass sie nur irgendwo eine Million Dollar auftreiben müssten, um Hochspannungskabel durch die von den Taliban befallenen Gebiete zu verlegen und den Strom so zu einem inkompetenten und chronisch bankrotten Kunden in Pakistan zu befördern. Und wir sprechen hier von Zentralasien, wo die Leute sich entrüsten, wenn man sie darum bittet, für ihren Strom zu zahlen, und wo es sogar Probleme bereitet, das nötige Geld für Routinearbeiten an den wichtigsten Dämmen aufzutreiben.

Aber die Erfahrung lohnte sich insgesamt. Es gab Gelegenheit, sich mit einigen Leuten auszutauschen, darunter auch mit dem afghanischen Anti-Korruptions-Minister. Er erzählte uns seinen Lieblingswitz: Ein Minister lädt einen Staatssekretär zum Dinner in sein Haus ein. Als der Staatssekretär später in sein Auto steigen will, um wieder zu fahren, sagt er: »Entschuldigen Sie, wenn ich frage, aber wie können Sie sich solch ein großes Haus und eine Garage mit drei Autos von Ihrem Ministergehalt leisten?«

»Sehen Sie die Brücke da drüben?«, fragt der Minister und deutet auf eine Brücke.

»Ja.«

Der Minister reibt Daumen und Finger aneinander und sagt: »Zehn Prozent.«

Ein paar Monate später lädt der Staatssekretär den Minister in sein Haus ein und diesmal staunt dieser nicht schlecht. Als er in sein Auto steigen will, sagt er: »Jetzt bin ich es, der fragen muss: Wie können Sie sich diese riesige Villa und eine Garage mit vier Autos von Ihrem Gehalt leisten, Herr Staatssekretär?«

Der Staatssekretär streckt seinen Finger aus und sagt: »Sehen Sie die Brücke da drüben?«

Der Minister schaut in die Richtung, in die der Staatssekretär zeigt, kann aber nichts sehen.

»100 Prozent«, sagt der Staatssekretär und reibt Daumen und Finger aneinander.

Ich sicherte mir die Visitenkarte des Ministers, da sie mir bei einer Straßensperrung durch die Polizei sicher von Nutzen sein konnte.

Ich traf auch den Typen, dem Kam Air gehört, eine innerafghanische Fluggesellschaft und bemerkenswerterweise die Fluggesellschaft, in der man mich am häufigsten durchsucht hat, bevor man mich ins Flugzeug ließ: Meiner Zählung nach acht Mal (wobei es bisweilen schwierig war zu sagen, wo die eine Durchsuchung endete und die nächste begann). Er lud Dana und mich zu einer Party ein, die am Abend desselben Tages in seinem Haus stattfinden sollte.

Wir warfen uns in Schale (Dana setzte auf einen lockeren Business-Look, schließlich galt das Land als konservativ, und ich ging als »Backpacker, dessen Hemd für Konsulatsbesuche sich gerade in der Wäsche befindet«), dann fuhren wir mit einem Wagen von Afghan Logistics zu seinem Haus, wo man uns ein paar Stufen hinunter in das Untergeschoss führte. Dort hatte der Kerl einen Swimmingpool mit Delfinmosaiken. Und eine Bar, an der ich auch den Anti-Korruptions-Minister sah. Ich sagte zu ihm: »Wen haben wir denn da? Den Anti-Korruptions-Minister an einer illegalen Bar.« Er lachte. Der Schlauch einer Wasserpfeife wurde mir gereicht und ich hörte jemanden sagen: »*Kandahar hashish?*« Jemand drückte mir ein Glas Whisky in die Hand, also nahm ich einen Schluck.

Der Minister unterhielt sich gerade mit einem amerikanischen Geschäftsmann, der meinte: »Ich sag Ihnen, was Sie tun müssen, um denen zu zeigen, wer das Sagen hat: Verhaften Sie den größten, gefährlichsten Bandenführer, den Sie kriegen können, dann werden die anderen allesamt klein beigeben.« Ich verschluckte mich fast an meinem Whisky und schaute den Minister an. Er war bewundernswert diplomatisch und dankte dem Amerikaner für dessen Rat. Der Minister war ein junger Mann, energisch und klug, und womöglich stand er am Beginn einer steilen Karriere – solange er nichts Dummes tat, wie zum Beispiel Bandenchefs zu verhaften. Afghanistan ist ein raues Pflaster, und

Leute, die Bandenchefs verhaften, können davon ausgehen, dass man ihnen eine Kugel in den Kopf jagt, nachdem man ihre Familie entführt, gefoltert und getötet hat.

Es wäre falsch anzunehmen, dass der Minister gewissermaßen selbst korrupt war, weil er auf einer Party war, auf der ein paar Leute Whisky tranken oder Haschisch rauchten. Tatsächlich ging er auf viele Partys, was auch vernünftig ist, wenn man diesen Job hat. Geschäftsmänner müssen das Gesetz beugen, um im Geschäft zu bleiben. Die Frage ist: Wen soll man verhaften? Denn irgendwo muss man ja anfangen. Wenn man's mit den Gesetzen nicht so genau nimmt, dann muss das auch für die Frage gelten, wer den ungeschriebenen Regeln folgt und wer nicht.

Auf der Party war auch ein junger NGO-Mitarbeiter, so jung, dass ich annahm, dass er wohl gerade erst sein Studium beendet hatte. Er wirkte angespannt, völlig nervös und dabei doch so arrogant, dass ich, wären wir uns in einem anderen Land begegnet, vermutet hätte, er hätte sich gerade eben erst auf der Toilette die Nase mit Koks gepudert. Er äußerte seine konfusen Gedanken über Afghanistan. Ich hatte Notizbuch und Stift nicht dabei, darum weiß ich nicht mehr, was genau er sagte. Aber das Wesentliche bekam ich mit und das hatte Rudyard Kipling schon mehr als hundert Jahre vor ihm gesagt, nur dass dessen Version nicht so schlicht formuliert war:

Nimm auf des weißen Mannes Bürde –
Den harten Friedenskrieg.
Bekämpf' die Hungersnöte,
Die Krankheiten besieg';
Um ihretwillen strebend,
Das Ziel schon fast in Sicht,
Schau' wie der Heiden Torheit
Dein Hoffen macht zunicht'.

Irgendwann muss irgendwer diese Zeilen in den NGO-Jargon übersetzt haben, denn ich habe diese Leier schon so oft in den verschiedensten Ländern gehört. In der neuen Fassung geht es um die Verpflichtungen der Industrienationen und die internationalen Anstrengungen zur Stabilisierung von Krisengebieten, und am Ende wird immer über die Frustrationen und Herausforderungen geklagt, die die kulturellen Unterschiede mit sich bringen und die durch verarmte Bildungsinfrastrukturen vor Ort noch verschlimmert werden. Das ist das Lamento dieser NGO-Typen, die denken, sie sind hier, um Entwicklungshilfe zu leisten, und darum auch Entwicklung erwarten. Das Kolonial-Gedicht von Kipling bringt die antiquierte Idee am besten auf den Punkt; diese Typen, die die neue Fassung im NGO-Jargon vortragen, wirken immer so verblüfft von ihrem eigenen Kauderwelsch.

▪ ▪ ▪

Dana und ich machten weiterhin Tagesausflüge in Kabul und Umgebung (die Stadt liegt in einem schüsselförmigen Tal, das auch einen Übergang in den Hindukusch darstellt), viele davon organisiert von afghanischen Mitgliedern der Central Eurasian Leadership Academy. Wir hatten ein paar lustige Picknicks in Rosengärten und kosteten einige der besten regionalen Speisen. Außerdem trafen wir uns weiterhin mit NGOs. Eine dieser Agenturen machte etwas so Praktisches, dass die Mitarbeiter ihren eigenen Müttern ohne rot zu werden sagen konnten, dass sie Entwicklungsarbeit leisteten. Sie hatten ein Gebäude voller Klassenzimmer und brachten ländlichen Afghanen bei, wie man Regierungsbürokrat wird: Anrufe entgegennehmen, ein Büro leiten, Angestellte fair behandeln, Gehälter verwalten und dergleichen.

Einmal bekamen wir eine Führung durch eines der Pajhwok-Büros – eine afghanische Nachrichtenagentur, deren Name »Echo« bedeutet. Der Besitzer, Herr Karokhel, war ein gewiefter afghanischer Unternehmer, der alle Nachrichten sammelte, die geeignet waren, sich international zu verkaufen – zu einer Zeit, als Afghanistan eine wahre Goldgrube in Sachen Nachrichtenwert war. Wir schafften es beinahe selbst in die Nachrichten. Wir hatten das Gebäude glücklicherweise gerade betreten, um uns zeigen zu lassen, wie die Agentur geführt wurde, als es draußen auf der Straße eine Explosion gab und eine Druckwelle durch den Raum walzte.

Beinahe sofort fingen alle Handys an zu bimmeln, weil uns Nachrichten und Anrufe erreichten. Der Besitzer von Pajhwok war beleidigt, weil sein Handy das letzte war, das klingelte, aber das lag wohl daran, dass bei unserer Gruppe einige sehr wichtige Leute dabei waren.

Wir hörten, dass drei Männer Maschinengewehre gezogen und Leute auf der Straße erschossen hatten, bevor sie sich in das Ministerium für Information und Kultur stürzten, wo mindestens einer von ihnen seinen Sprengstoffgürtel zünden konnte. Drei Menschen wurden getötet und zwölf verletzt. Ein paar Leute in unserer Gruppe waren deswegen verängstigt und wollten nicht mehr in das Restaurant, in dem wir geplant hatten zu essen. Meiner Meinung nach war die Wahrscheinlichkeit einer Attacke nicht geringer, wenn wir statt im Restaurant im Hotel aßen, also könnten wir ebenso gut in das Restaurant gehen. Aber diejenigen, die sich für einen Rückzug ins Hotel aussprachen, gewannen die Auseinandersetzung, indem sie mehr Emotionen zeigten, wie das oft so ist. Wir kehrten für den Rest des Tages in unseren Palast der Winde zurück, wo ein paar Leute ihr Nervenkostüm wieder in Ordnung brachten. Das war der 30. Oktober; später hörte ich von einem Anschlag auf das Management des DHL-Büros, das sich zwei Tage vor unserer Ankunft in Kabul ereignet hatte. Zwei Leute wurden erschossen und Leute aus den Weststaaten wurden verletzt. Ansonsten war Kabul während der Zeit, in der wir da waren, relativ friedlich.

Bald bereitete Dana ihre Rückkehr nach Almaty vor, während ich einen Weg suchte, um nach Herat zu kommen, einer Stadt mit einer halben Million Einwohner im Hari-Rud-Tal, mehr als 800 Kilometer westwärts von Kabul. Die Strecke von Kabul nach Herat führte durch die von den Taliban besetzten Gebiete Afghanistans, also waren meine Planungen mühselig. Viele Leute, darunter afghanische Reporter und UN-Angestellte, die wussten, in welchen Zustand die Straßen waren, sagten mir, dass es mich eine Menge Geld kosten würde, irgendwo hinzukommen, wo es interessant war. Als Straßen ausgewiesene Linien auf der Karte waren in Wirklichkeit heruntergekommene Wege, auf denen man nur mit Geländewagen vorankam. Und es fuhren keine Busse in diese Richtung. Ich könnte einen Toyota Land Cruiser mieten und vielleicht ein paar Bodyguards anheuern, aber das würde mich Tausende Dollar kosten.

Ich wollte versuchen, mit ein paar von Danas UN-Kontakten zu sprechen – einen Versuch war es wert. Ich fragte, ob sie noch Fahrzeuge hätten, die durch das Zentralgebirge fuhren, und man sagte mir, dass man das im Moment als zu riskant erachtete. Taliban-Kämpfer trieben auf den Straßen ihr Unwesen: Sie hielten Fahrzeuge an und forderten alle Insassen auf, Paschtunisch zu sprechen. Wenn man es nicht konnte oder auch nur mit einem usbekischen oder tadschikischen Akzent sprach, schnitten sie einem die Kehle durch. Gelegentlich ging vielleicht noch ein Flieger in die Richtung, aber der Zutritt wurde jedem verweigert, der nicht Mitglied der UN oder einer anerkannten NGO war. Ich fragte die Leute in unserem Hotel, ob sie von irgendwem wüssten, der mich mit seinem Wagen mitnehmen könnte, aber einige der anderen Gäste aus den Weststaaten waren sichtbar erschüttert, als sie hörten, dass ich durch das Land reisen wollte, also fragte ich nicht weiter. Meine Einstellung war ruhig und sachlich. Jeden Tag reiste ich an Orte, die mehr oder weniger gefährlich waren. Dieser Weg würde eben in die »mehr«-Kategorie gehören.

Eine letzte Hoffnung hatte ich noch: Der Gründer von Pajhwok News, Herr Karokhel, sagte, er würde mir bald die Nummer von jemandem geben, der mehr über die Vans wusste, die die Bergstraßen entlangfuhren. Er warnte mich auch, dass die Wahrscheinlichkeit, auf der einen Straße zu Tode zu kommen, bei etwa 30 Prozent lag, auf der anderen bei 80 Prozent. Ansonsten unterschieden sich die Strecken nicht wesentlich.

»Dann sagen Sie ihm doch bitte, dass ich hauptsächlich an einer Fahrt auf der Straße interessiert bin, auf der die Todeswahrscheinlichkeit 30 Prozent beträgt«, bat ich ihn.

Dana hatte einen afghanischen Freund namens Irshad, der für eine dänische NGO arbeitete. Er lud uns zum Abendessen in sein Haus in Kabul ein. Das Essen war fantastisch, aber seine Frau huschte die ganze Zeit im Hintergrund herum und hatte Angst, sich zu uns zu setzen. Sie war die Tochter einer bekannten Taliban-Familie und von daher sehr traditionsbewusst. Vor allem Dana versuchte sie davon zu überzeugen, sich zu uns zu setzen und mit uns zu essen. Das Gespräch drehte sich um die NGO-Arbeit, die Irshad machte – gute Arbeit, natürlich, und keine echte Entwicklungsarbeit.

Ich fragte ihn, ob er irgendwelche Geschäfte mache, und er erzählte von der Farm seiner Familie. Er hatte die üblichen Probleme: ein mittelalterliches Produktivitätsniveau und keine Möglichkeiten, es zu steigern. Würde er Traktoren und Düngemittel besorgen, was sollte er dann mit den ganzen Familien aus der Umgebung machen, die er seit jeher jedes Jahr anheuerte, um sein Land zu bestellen? Ich erzählte ihm, wie die Europäer mit eben diesem Problem umgegangen waren: Sie errichteten Zäune und eigneten sich Land an, das vorher der Allgemeinheit gehörte – die Bauern wurden verjagt und waren gezwungen, sich allein durchzuschlagen oder in den Städten zu verhungern. Irshad erklärte uns, dass sein Land in gewisser Weise nicht wirklich ihm gehörte, sondern er es zum Wohl der Gemeinschaft verwaltete. Er war der Ranghöchste und verpflichtet, sich derer anzunehmen, die traditionell von ihm und seiner Familie versorgt worden waren. Das führte allerdings zu der niedrigen Produktivität, weshalb die Nahrungsmittel teuer waren. Manche Leute lebten von kargen Rationen, obwohl er ihnen half, wozu er sich verpflichtet fühlte.

Ich sagte ihm: »Das waren genau die Bedingungen, die in Europa herrschten, bevor sie die Zäune bauten, die schließlich zum modernen Landbau führten: dem Feudalismus.«

»Ich kann das nicht tun«, sagte er.

»Ich würde es auch nicht tun wollen«, gab ich zu, »auch nicht als letzten Ausweg.«

Ich denke, dass irgendwer diesen Prozess in Gang setzen wird – jemand, der motivierter ist als andere Landbesitzer, und wenn es nur die düstere Realität ist, die seine Hand führt. Dann werden die anderen es ihm gleichtun müssen, um mithalten zu können, und sie werden so viel wie nur möglich erwirtschaften müssen, um die Farm am Laufen zu halten, da die Lebensmittelpreise sinken, während alles andere teurer wird. Das Geld wird man für Kapitalanlagen brauchen und es wird nichts da sein, um den Leibeigenen eine Kompensation für den Verlust ihrer gesellschaftlichen Grundlage zu zahlen. Eine wirklich fiese Angelegenheit. Das ist echte Entwicklung. Wenn man Leuten dabei hilft, so etwas zu tun, dann würde man Entwicklungsarbeit leisten und man wüsste um das eigene Handeln, weil die Einheimischen einen umbringen wollten; und wenn man von der Arbeit nach Hause käme und bei seiner Familie säße, würde man sich selbst hassen. Nur die Einheimischen können sich selbst so etwas antun; es besteht keine Chance, dass Fremde so etwas tun könnten, ohne einen Sturm des Hasses auf sich zu ziehen. Weshalb sie es nicht tun.

Wir sprachen über ein paar Freunde von Irshad, die es geschafft hatten, sich Hilfe von Fremden zu holen, um das Land zu verlassen. Mich selbst haben mehr als nur ein paar Afghanen gefragt, ob ich irgendetwas tun könnte, um ihnen dabei zu helfen, nach Kanada zu kommen. Das ist nichts, was Hilfsorganisationen gerne zugeben, aber wenn ein Land ein Desaster erlebt, dann folgt dem bald ein zweites Desaster: der Ansturm von Fremden, die auf der Suche nach

Verpflegung und Unterkunft sind, während sie hier ihre Geschäfte aufziehen. Am wenigsten wird über das dritte Desaster gesprochen: wenn wohlmeinende Fremde jedem zweiten Afghanen, den sie kennenlernen, dabei helfen, das Land zu verlassen und sich mit einem Flüchtlingsstatus in den Westen zu retten. Diese draufgängerischen Afghanen mit hohem Einkommen sind dann nicht mehr gezwungen, in den sauren Apfel zu beißen und die Umstände in ihrer Heimat zu verbessern, was aus Sicht der Zurückgebliebenen, denen es wirtschaftlich schlechter geht, de facto ein Desaster ist. Gleichermaßen befindet sich ein großer Teil des Profits, den afghanische Unternehmer mit amerikanischen Kunden machen, in Sicherheit außerhalb des Landes, auf Bankkonten in Dubai.

Irshads Frau kam schließlich doch noch in den Raum, um sich kurz zu uns zu setzen. Sie war sehr schüchtern und auch noch sehr jung. Meiner Ansicht nach verkörperte sie in keiner Weise den unerbittlichen Ruf, der den Taliban vorauseilte.

Es war an der Zeit, ins »Intercontinental» zurückzukehren, und nicht lange danach hatten Dana und ich unser letztes gemeinsames Frühstück, bevor ein Taxi sie zum Flughafen brachte. Ich küsste sie zum Abschied, checkte aus dem »Intercontinental« aus und im »Mustafa« ein, einer alten Bleibe für Backpacker in der Innenstadt, die es seit den Siebzigern gab, als Kabul noch Teil der Kabul-Kathmandu-Kuta-Route war, die Hippies so liebten. Vom »Mustafa« aus rief ich die Nummer an, die Herr Karokhel mir besorgt hatte. Am anderen Ende der Leitung war ein Bekannter von ihm, der Verwandte in Bamiyan hatte, einer früheren Karawanenstadt auf der Seidenstraße, die westlich im Hindukusch lag. Wegen des afghanischen Akzents war es schwer, ihn zu verstehen, aber ich reimte mir zusammen, dass um ein oder zwei Uhr nachts vielleicht ein Van an der Haltestelle am Ende der Chicken Street abfahren würde.

Mit gepackten Taschen verließ ich meine Unterkunft gegen Mitternacht und wanderte durch Kabuls stockdunkle Gassen. Als ich eine Straße entlangeilte, sprach mich jemand in einer mir nicht vertrauten Sprache an. Ich drehte mich um und sah im Schein einer Lampe zwei mit Maschinengewehren bewaffnete Soldaten in Regierungsuniform an einer Betonbarriere stehen – und stolperte im nächsten Moment in einen Stacheldrahtzaun, der am Tag zuvor noch nicht dort gewesen war. Sie mussten ihn als Reaktion auf die Selbstmordattentate aufgezogen haben, die hier in der Gegend stattgefunden hatten. Blutend und verärgert (Wunden heilen, aber Hosen nicht, und diese hier hatte ich noch ein paar Jahre tragen wollen, wenn sie auch nur 15 Dollar gekostet hatte) ging ich um den Zaun herum und setzte in der Dunkelheit meine Suche nach etwas, das aussah wie eine Bushaltestelle, fort. Dann und wann gingen Gestalten an mir vorbei und Esel, die aus Richtung der Hügel rings um die Stadt kamen, zogen Wagenladungen voller Laub. Jetzt, da alle anderen schliefen, kamen sie schneller voran. Am Ende einer weiteren Straße gesellte ich mich zu einer Gruppe Leute, die im Mondlicht standen, als würden sie auf etwas warten. Und tatsächlich fuhr nach etwa einer Stunde ein Van mit Allradantrieb vor. Jeder von uns zahlte etwas Geld und setzte sich auf einen der niedrigen Holzsitze im Wageninneren.

Ein junger afghanischer Mann, vielleicht noch ein Teenager, konnte ein wenig Englisch sprechen. Er wiederholte die Ansage des Fahrers, dass eine Wahrscheinlichkeit von 30 Prozent bestand, dass ich nicht überleben würde. Er sagte, dass alle sich Sorgen machten, dass die Taliban unseren Wagen aufhalten und uns ausrauben würden – aber mir würden sie den Kopf abschlagen. Dann sagte er noch: »Ich werde versuchen, Sie zu beschützen.«

»Für wen arbeiten Sie denn?«, fragte ich. »Polizei oder Militär?«

»Ich schnitze Holzlöffel«, sagte er.

Und dann fuhren eine Wagenladung Afghanen, manche von ihnen Hazara – Bergbewohner, die womöglich Abkömmlinge eines mongolischen Stammbaumzweiges sind –, und ich davon und sagten Kabul Lebewohl. Als es draußen hell wurde, konnte ich manchmal erkennen, wo wir waren, weil ich die Gegend von den Tagesausflügen wiedererkannte, die Dana und ich mit Regierungsbeamten und NGO-Arbeitern unternommen hatten. Grundgütiger, in diesen Dörfern gibt es wirkliche Armut: Lehm mit Löchern, mit Scheiße besudelt wegen der offenen Abwasserkanäle, und an der Hauptstraße kaufen die Leute Stöcke, um damit ihre lehmbedeckten Flachdächer zu stabilisieren. Stöcke, Lehm und Scheiße … und Menschen in Lumpen.

Als wir uns den schneebedeckten Bergen näherten und unser Van sich den Shibar-Pass nordwestlich von Kabul hinaufkämpfte, sah man Leute, die genauso arm oder sogar noch ärmer waren, aber es wirkte nicht ganz so schlimm, da sie Obstbäume und meist einen Fluss hatten; hier hatten die Ortschaften einen gewissen Charme. Auf den Plantagen waren lächelnde Mädchen mit bunten Tüchern, die auf die Dattelbäume stiegen, um frisches Laub für ihre Ziegen zu holen. Auf massigen Klippen saßen die Ruinen von Lehmfestungen aus der Zeit des mongolischen Reichs und am Straßenrand sahen wir gelbblättrige Pappeln, gesprengte Sowjetpanzer und gepanzerte Mannschaftswagen; mit Farbe bemalte Schilder warnten vor Minenfeldern, die den Boden verschandelten.

Diese Straße war wunderbar unwegsam. Manchmal kauerten wir auf allen vieren am Fahrzeugboden und nur ein Wagen mit Allradantrieb konnte hier überhaupt entlangschlingern; selbst die großen Trucks, die die Straße mit uns teilten, um die Zwiebelernte auszufahren, waren allesamt geländegängige russische Modelle. Es gab nicht viel Verkehr und ich hatte Sorge, dass der Fahrer nach einer Kurve plötzlich »Taliban!« rufen würde. Ich hatte mich wie ein Einheimischer angezogen, aber anders als im Irak würde mir das nicht viel nutzen. Ich hatte den Aufzug auf den Straßen von Kabul und Umgebung getestet und festgestellt, dass Afghanen mir direkt ansahen, dass ich Ausländer war. Ich hätte besser versuchen sollen, als Araber durchzugehen, aber ich hatte mir keinen Bart wachsen lassen. Wie dem auch sei, die Würfel waren geworfen.

Es war eine lange, wunderschöne und anstrengende Reise. Der Holzlöffel-Mann half mir während der ganzen Zeit, er trieb gekochte Speisen für mich auf und übersetzte, wenn die Einheimischen wissen wollten, warum ich hier war. Hinter einer Kurve sah ich durch das Fenster links von mir einen Autoreifen – unseren Autoreifen, genau genommen –, der wütend den nächsten Berg hochschoss. Die unwegsame Straße hatte ihn abgerissen. Die anderen Mitfahrer wunderten sich, warum der Wagen schleifend zum Stehen kam. Das größte Problem würde sein zu entscheiden, wer über die allgegenwärtigen Minenfelder nach oben wandern würde, um den Reifen zurückzuholen. Aber dann geschah ein kleines Wunder: Der Reifen verlor an Geschwindigkeit, und statt auf die Seite zu kippen, rollte er den Hügel wieder hinunter, um schließlich doch noch umzukippen, nur eine Armlänge entfernt von der Stelle, an der wir schlitternd zu einem Halt gekommen waren. Wir stiegen fast alle aus, um unsere Beine zu strecken und unserem Fahrer und einem Helfer dabei zuzuschauen, wie sie die auslaufenden Flüssigkeiten stoppten und den Reifen in notdürftigster Weise wieder an den Wagen pfropften. Dann fuhren wir weiter Richtung Bamiyan, jetzt erst recht auf allen vieren kauernd.

Die Straßen Bamiyans waren dunkel und kalt und nirgends ließ sich ein Hotel ausmachen. Der Holzlöffel-Mann bot mir an, im Haus seines Onkels zu übernachten, und ich willigte ein. Das Haus befand sich am Ende einer wackligen Treppe, kaum mehr als eine Leiter, die an einer überdachten Betonplattform endete, die als eine Art Restaurant oder Imbiss diente. Man führte mich in einen kahlen Raum, groß genug, dass ich mich dort ausstrecken und auf dem Teppich schlafen konnte; wenn ich nachts auf die Toilette müsste, dann sollte ich die Leiter hinunterklettern und meine Notdurft dort verrichten. Man brachte mir auch eine warme Mahlzeit – ein Kamelknie in einer Aluminiumschale. Ich bat stattdessen um Suppe und Brot. Nichts gegen Kamel, aber was soll denn an diesen beiden abgebrochenen, von Knorpeln zusammengehaltenen Knochen dran sein, die von gekochter Haut überzogen sind? Lutscht man die Haut oder das Mark ab? Ich werde es nie erfahren.

Das war durchaus ein geeigneter Ort für einen verlängerten Aufenthalt, denn Bamiyan war wunderschön; die Klippen boten uralte Nischen und man fand hier die Trümmer der weltweit größten Buddha-Statuen – und den von Graffiti überzogenen Panzer, der auf die Statuen geschossen hatte. Er hatte beim Versuch, die Stadt zu verlassen, wegen schlechten Karmas den Geist aufgegeben. Wäre ich in vollem Businessmodus gewesen (so wie ich es bis Ende 2007 immer gewesen bin), hätte ich vielleicht versucht, den Panzer des Altmetalls wegen zu kaufen, ihn mit einem der vorbeikommenden Trucks nach Kabul und weiter bis nach Karachi ziehen zu lassen, um ihn von dort zu verschiffen. Aber dafür hätte es einiger Wochen und Zehntausender Dollar bedurft – und es gab keine Garantie, dass die Sache sich lohnen würde.

Stattdessen konnte man hier das Wandern genießen, versuchen, mit den Einheimischen ins Gespräch zu kommen, oder auf grünen Flächen picknicken, die sich zwischen Felsen, Schmutz und Gräben fanden. Meine Lieblingsbeschäftigung war es, unter den gelbblättrigen Pappeln zu sitzen und den gemächlichen Lebensrhythmus im Tal zu beobachten – ein klares Zeichen meines Unterbewusstseins, dass ich nach der Reise auf der 30-Prozent-Todeswahrscheinlichkeit-Straße nun etwas Entspannung in der Natur brauchte, um meine Nerven zu beruhigen. Der Oktober war schon fast vorbei und es wurde kälter. Auf den Pfützen bildete sich Eis und hielt sich bis zum Nachmittag des nächsten Tages. Es war höchste Zeit für mich, weiterzureisen, da mein Visum für Turkmenistan besagte, dass ich über Herat einreisen musste. Auch der genaue Tag war festgelegt. Ich packte und sah mich auf der Straße um, an der die Vans nach Passagieren suchten. Nachdem ich in einen eingestiegen war, kam der Holzlöffel-Mann plötzlich angerannt.

»Nein, nein, Mister, das Auto wird die 80-Prozent-Todeswahrscheinlichkeit-Straße nehmen.«

Ich schnappte mir mein Gepäck, stieg aus und schaffte es in nächsten Van.

»Nein, Mister, das Auto ist schlimmer. Viel schlimmer.«

»Wieso? Nimmt es die 100-Prozent-Todeswahrscheinlichkeit-Straße?«

»Ich kenne das Auto. Es hat keine Stoßdämpfer.«

Tage später, nachdem ich meine Zeit auf noch unwegsameren Bergstraßen ohne Durchkommen vergeudet hatte, gab ich schließlich auf und brauste in einem kleinen Flugzeug über den Hindukusch. Die Stadt Herat hatte eine ganz eigene Energie; hier gab es mehr Kommerz und die Straßen wirkten freundlicher; es war viel geschäftiger, eher so, wie man es von Indien oder Pakistan erwartet hätte. Es gab ein ziemlich gutes Hähnchen-Restaurant, eine spannende alte Festung und eine Reihe schiefer Minarette aus Ziegeln, die zu hundert Jahre alten Moscheen gehörten. Die Einheimischen schienen sich nicht daran zu stören, dass ich hier durch die Gegend lief. Wie man sich erzählte, war der hiesige Bandenchef so hartgesotten, dass die Taliban sich nur selten in das Stadtgebiet vorwagten. Einmal schnippte ein Mann in aggressiver Weise mit seinen Fingern vor meinem Gesicht, als wir aneinander vorbeiliefen – vielleicht um mir zu verstehen zu geben, dass er wusste, dass ich ein Fremder war. Aber die meisten Menschen waren freundlich und es gefiel mir, hier Tourist zu sein.

Herat war mal das Zentrum eines alten Reichs gewesen und hier hatte einst eine bekannte Dichterin gelebt. Sie schrieb über die Liebe und die Liebe war es, die ihr Leben beendete: Sie durfte den Mann ihrer Träume nicht heiraten und beging Selbstmord. Ein Optimist würde vielleicht sagen, sie sei zu früh geboren, aber das wäre vermessen: Auch wenn seitdem ein Jahrtausend vergangen ist, muss das Leben für Frauen hier erst noch eine Wende zum Besseren erfahren.

Als ich ins Hotel »Marco Polo« wechselte – auch in Herat gelegen, aber mit besseren Betten ausgestattet –, begegnete ich beim Frühstück anderen Weststaatlern: amerikanischen Entwicklungshelfern. Ihre Gespräche waren nicht zu überhören und bestanden aus weiteren Ausführungen über die Bürde des weißen Mannes. Ihrer Vorstellung nach versuchten sie, das Land zu entwickeln, wurden aber von den dunkelhäutigen Einheimischen daran gehindert, die halb

Teufel und halb Kind waren. Ich aß in Ruhe meine Mahlzeit, packte und fuhr dann per Anhalter Richtung Norden. Zwei Wagen und fünf Kilometer Fußweg später erreichte ich die Brücke nach Turkmenistan. Ein russischer Ex-Soldat namens Oleg sollte mich am anderen Ende mit einem Auto abholen, so wie wir es per E-Mail vereinbart hatten. Es dauerte eine ganze Weile, bis ich meinen Stempel im Pass hatte. Als ich in Turkmenistan ankam, schüttelte Oleg grinsend meine Hand.

»Tut mir leid, dass es am Zoll so lange gedauert hat«, sagte er.

»Das braucht dir nicht leidzutun«, entgegnete ich. »Wenn Kanada und Afghanistan eine gemeinsame Grenze hätten, würde es genauso lang oder sogar noch länger dauern, um rüberzukommen. Gehen wir!«

Er hatte ein Kassettendeck in seinem Auto und ich entdeckte eine Boney-M-Kassette. Ich schob sie hinein und hörte *»Ra, Ra, Rasputin, lover of the Russian Queen«* aus den Boxen dröhnen, während wir beschleunigten.

▪ ▪ ▪

Turkmenistan erholte sich gerade erst von dem Schaden, den die Herrschaft des machtgeilen Diktators Saparmyrat Nyýazow angerichtet hatte. Sowjetchef Michail Gorbatschow hatte ihn ins Amt gehievt, weil er wie ein unscheinbarer Apparatschik wirkte, der den Kopf unten hielt und die Anweisungen befolgte. Als die Sowjetzone zusammenbrach, war er mit einem Mal absolut mächtig. Wenn nur außergewöhnliche Menschen mit Macht umzugehen wissen, dann war dieser Typ ausgesprochen gewöhnlich. Er verlieh sich selbst den Titel »Turkmenbaschi« (Führer der Turkmenen) und schrieb ein weitschweifendes Manifest, mit dem er wohl die mythische Geschichte des turkmenischen Volkes darlegen wollte. In Wirklichkeit war es aber in etwa so kohärent wie das Manifest des Mathematikers und Briefbombenbauers Ted Kaczynski.

Oleg erklärte mir, dass die Fragen, die man hier bei der Führerscheinprüfung beantworten musste, wenig mit Verkehrsregeln zu tun hatten; die meisten Fragen befassten sich mit den Inhalten dieses Manifests, *Ruhnama*, »das Buch der Seele«. Diese werden in einem Gebäude gelehrt, das wie ein gigantisches offenes Buch geformt ist. Bücher mit den fieberhaften Kritzeleien des Diktators wurden für viel Geld ins Weltall geschossen. Man kann nur vermuten, dass das All für ihn Kommunikation symbolisierte – wegen der vielen Satelliten, die da mit schwindelerregender Geschwindigkeit umherschießen und Daten austauschen. Sein Magnum Opus wird einfach in einer abnehmenden Umlaufbahn kreisen, bis es ungelesen in der Atmosphäre verbrennt.

Um das volle Ausmaß seines Größenwahns zu verstehen, muss man sich Folgendes vor Augen führen: Er ließ eine gigantische »Moschee« errichten und verfügte, dass jeder Turkmene sie mindestens einmal im Leben besuchen musste. Auf dem Gebäude ist eine Kuppel, aber an den Wänden steht der Text von *Ruhnama* und nicht der des Korans, weshalb ich nicht sicher war, ob man das überhaupt eine Moschee nennen konnte. Ziemlich sicher war aber, dass der Turkmenbaschi sich für einen weiteren Propheten des Islam hielt. Wer auch nur ein wenig über den Islam weiß, dem ist klar, dass solch eine Behauptung unweigerlich Kontroversen nach sich ziehen wird. Glücklicherweise verstarb er Ende 2006, nicht lang, bevor ich das Land besuchte. Und seltsamerweise, wenn auch in Turkmenistan vielleicht zu erwarten, wurde der Zahnarzt des alten Führers der neue Führer des Landes.

Das Land ist förmlich zugemüllt von den Lieblingsprojekten des Turkmenbaschi; tatsächlich schlief ich sogar in einigen davon: große Hotels, so wie man sie in der Nähe von Touristenattraktionen findet, in Regionen, in die Touristen gerne reisen. Für gewöhnlich war ich der einzige Gast, aber einmal hatte sich noch eine andere Person in meinem verfallenen Hotel einquartiert – kein Turkmene, sondern ein Reisender aus den Weststaaten: der Autor Mark Alpert, der Recherchen für die Fortsetzung seines Beststellers *Die Würfel Gottes* anstellte. Wir gingen gemeinsam ins Nationalmuseum, was den Besuch allein schon wegen ihrer Sammlung von Rhyta (Trinkhörner) wert war. Die meisten waren aus geschnitztem Elfenbein, mit wertvollen Metallen beschlagen, und stammten aus der Zeit des Partherreichs.

Ich lernte auch Oleg besser kennen, da wir zwei Wochen miteinander verbrachten und bis weit in den kalten November hinein zelteten. Er hatte Philologie studiert, bevor er in die Armee eintrat, und er brachte mir einige alte russische Sprichwörter bei. Eines davon blieb hängen: Wenn du mit einer Kasachin schläfst, wirst du 200 Jahre alt. Er erzählte mir auch, wie man ihn überlistet hatte, für eine Firma zu arbeiten, die den Diktator betrügen wollte. Ein einheimischer Geschäftsmann schlug dem Turkmenbaschi vor, dass er eine Fabrik zur Verarbeitung von Baumwolle errichten würde. Er verwendete die erste

Zahlung, um eine alte spanische Fertigungsmaschine zu kaufen, die ausrangiert worden war. Die verschiffte er nach Turkmenistan, wo sie als neuester technischer Standard durchgehen würde. Der Geschäftsmann ließ die Maschine langsam wieder zusammensetzen und heuerte dafür ein paar Arbeiter an, darunter auch Oleg. Das war alles nur Schau; er wollte lediglich, dass der Turkmenbaschi den Hauptanteil des Geldes freigab. Sobald er die Verfügungsgewalt über die 10 Millionen Dollar hatte, verschwand er mit seiner Familie nach Südamerika. Der Diktator tobte vor Wut, aber den Geschäftsmann und das Geld hat man nie wiedergesehen. Oleg und ein paar der anderen Arbeiter sorgten sich, dass man ihnen die Schuld geben würde, aber glücklicherweise wurden sie nicht bestraft – abgesehen davon natürlich, dass sie für ihre Arbeit nie bezahlt wurden.

Die in Ruinen liegende Stadt Merw ist zwar zu zerstört, als dass sie einen spektakulären Anblick böte, aber aus historischer Sicht ist sie erstklassig, da sie eine der größten Stätten islamischer Gelehrtheit war und die Reichtümer der asiatischen Seidenstraße verkörperte. Zumindest bis der große Khan – berühmt für seinen Ausspruch: »Was ist das Beste im Leben? Zu kämpfen mit dem Feind, ihn zu verfolgen und ihn zu vernichten und sich zu erfreuen an dem Geschrei der Weiber« – forderte, dass die Leute ihm die Hälfte ihrer Lebensmittel und alle schönen Frauen auslieferten. Als sie sich weigerten, machte er die Stadt dem Erdboden gleich. Wenn man die Stadt nach Regenfällen besucht, findet man manchmal noch Perlen und Schmuck aus der tausendjährigen Geschichte an der Oberfläche. Oleg trug solch eine Jahrtausend-Kette, auf die er Plunder und Perlen gezogen hatte, die er während seiner vielen Wanderungen zwischen den Ruinen gesammelt hatte.

Aus gewisser Sicht war Aşgabat eine seltsam liebenswerte Hauptstadt – und zwar aus Sicht von jemandem, der an der Spitze eines Limousinenkonvois fährt; genauer gesagt: aus Sicht des Regenten des Landes. Breite, frisch betonierte Chausseen eigneten sich bestens für offizielle Inspektionen, zeugten aber von einer eher eigenwilligen Verwendung von Geldern in einer Nation, in der es kaum Privatfahrzeuge oder überhaupt Autos gab. Auf Geheiß des Präsidenten mussten alle Gebäude eine Fassade aus strahlend weißem Carrara-Marmor aus Italien haben, insgesamt eine Fläche von 4,5 Millionen Quadratmetern, damit alles prachtvoll aussah, wenn seine Limousine vorbeifuhr. Ein altes Gebäude hatte eine Marmorfassade, die weder strahlend weiß noch italienisch war, deshalb war man gerade dabei, die Wände abzuziehen und neu zu machen, damit sie den Marotten des toten Führers gerecht wurden. Die Statue des Turkmenbaschi ragte im Stadtzentrum empor: ein goldenes Etwas, das der Verherrlichung eines plump aussehenden Bürokraten in einem goldenen Superman-Umhang diente und sich drehte, damit es immer zur Sonne hin ausgerichtet war. Auch andere geltungssüchtige Monumente verschmutzten die nähere und weitere Umgebung, darunter ein Denkmal zu Ehren seiner Mutter, nach der er auch einen Wochentag umbenannt hatte.

Aşgabat ist einerseits eine alte und andererseits eine neue Stadt. In der Region gibt es nicht selten Erdbeben, die zu den verheerendsten weltweit zählen, deshalb baute eine lange Folge von Möchtegern-Königen bis in den Himmel, um dann alles wieder einstürzen zu sehen, wodurch sie zu der spannenden Archäologie vor Ort eine weitere Schicht beitrugen. Das letzte große Beben gab es hier 1948 und es tötete ein Zehntel der Bevölkerung des Landes.

Seit mehr als 10 000 Jahren leben Menschen in Städten entlang des Nordhangs des Zāgros-Gebirges. Das Flachland, durch das früher Flüsse verliefen, ist übersät mit Hügeln aus angehäuftem Schutt vergangener Städte. Einen davon ließ der russische General Komarow 1886 auf der Suche nach Gold abtragen. Für die Wissenschaft hatte das praktisch keinen Wert, wohl aber für die Besucher, die plötzlich die Scherben von 5 000 Jahre alten Töpferwaren zu ihren Füßen fanden – darunter Fruchtbarkeitssymbole und Tonspindeln. Oleg erzählte mir von einem Kult, der auf einem Joghurtgetränk namens Soma basierte: Es war ein Hanf-Lassi, wie ich es auch aus Indien kannte, aber neben Marihuana enthielt es auch Opium und eine Pflanze, die wiederum so etwas wie Ephedrin enthielt, ein Ecstasy-Vorgänger, wenn man so will. Sie tranken das Soma aus wunderbaren kleinen, geschwungenen Flaschen, auf denen die stilisierte Zeichnung eines naiv dreinblickenden Mädchens abgebildet war. Es gelang mir nicht, außerhalb der Museen eine solche Flasche aufzutreiben, aber ich kann mir vorstellen, dass es ein Getränk ist, das heute in der Rave-Szene beliebt wäre. Soma ist das erste bekannte Beispiel für einen Drogentrunk, der verpönt war – der Prophet Zarathustra predigte vor Tausenden von Jahren, man solle ihn nicht zu sich nehmen.

In einem Tal im südlichen Kopet-Dag-Gebirge lag Nokhur, eine Stadt, deren Einwohner sagen, dass sie Nachfahren von Alexander dem Großen sind, und die sich seit den Zeiten, in denen Streitwagen angesagt waren, nur noch untereinander vermehrt haben. Vielleicht waren sie reinrassig: Zweifellos sahen sie einander ähnlich, wenn auch auf eher beängstigende Weise. Die, die die nötigen Mittel hatten, brachten vier in alle Himmelsrichtungen weisende Hörner von Bergschafen auf den Stützbalken ihres Hauses und auch auf den Grabmalen ihrer Familie an. Es erinnerte an ionische Säulen, nur dass sie aus Holz und Horn bestanden, nicht aus Stein.

Oleg und ich gingen im Yangykala Canyon campen, eine erodierte Landschaft aus rosafarbenem und weißem Sandstein. Dort sammelte ich fossile Haizähne am Boden des heute verschwundenen Tethysmeers und aß Hammelfleisch, das wir über dem Lagerfeuer rösteten. Die Novembertage waren kalt und die Nächte noch kälter; es war so kalt, dass das Fett des Hammelfleischs nach dem Schlucken in meiner Kehle fest wurde. Vielleicht war es ganz gut so, denn für gewöhnlich wimmelt es in diesen Wüsten von aggressiven Echsen. Sie stellen gerne ihre Halskrause auf, fauchen und kommen auf den Hinterbeinen angerannt, um eindringende Menschen zu verjagen; erst wenn man aus ihrem Territorium verschwindet, lassen sie ab. Dann befindet man sich natürlich im Territorium der nächsten Echse, die genauso erpicht darauf ist, zuzubeißen. Aber jetzt befanden sie sich in Kältestarre. Wir sahen auch nicht sonderlich viele Giftschlangen, selbst in der Sonne auf den schwarzen Straßen nicht. Allerdings spazierten durchaus einige Kamele an uns vorbei. Diese Tiere lassen sich gut domestizieren, da sie loyal sind und ihre Besitzer erkennen. Wie weit sie auch wandern mögen, sie kehren immer nach Hause zurück. Oleg erzählte mir, dass er einmal unter freiem Himmel übernachtete. Ein vorbeikommendes Kamel muss ihn in der Dunkelheit gesehen haben. Auf klobigen Hufen kam das Tier still herangetappt. Vielleicht war es sich nicht ganz sicher, ob Oleg sein Besitzer oder nur irgendein Typ war. Also kam es näher und immer näher heran. Vermutlich war es Intuition, dass Oleg in diesem Moment plötzlich aufwachte, und im fahlen Licht von Mond und Sternen sah er dieses große, alberne Kamelgesicht, dessen Lippen sich fast schon über seine Nase stülpten.

Später wohnte ich in Türkmenbaşy, einer Stadt, die man nach dem Führer umbenannt hatte, der auch hier alles mit albernem Prunk und Tand vollstopfte, darunter Hotels, die wohl mit denen in Dubai konkurrieren sollten. Sie waren beeindruckend, wenn man sie von Weitem sah – bis man bemerkte, dass sie leer waren wie Gruften. An der Küste des Kaspischen Meers suchte ich die Strände nach den bunten Schalen von Krustentieren ab, die im weißen Sand verstreut lagen. Es wäre bestimmt toll gewesen, dieses riesige Binnenmeer per Schiff zu überqueren, aber ein Visa für Aserbaidschan konnte ich nur bekommen, wenn ich mit dem Flugzeug ankam, also kehrte ich zurück nach Aşgabat, verabschiedete mich bei einem letzten Dinner von Oleg und lernte auch seine bezaubernde Ehefrau kennen, dann flog ich nach Baku, Aserbaidschan.

▪ ▪ ▪

Aserbaidschan bedeutet »Land des Feuergottes«, was eine Referenz an die persische Religion aus der Zeit vor der arabischen Eroberung darstellt. Man findet hier noch immer einige Überreste von Feuertempeln, darunter einer, der um eine Flamme herum aufgebaut worden war, die auf natürliche Weise aus dem Boden schlägt. Dort deformierten, schmolzen und verwundeten die Priester als Zeichen ihrer Nähe zu den himmlischen Engeln ihre Gliedmaßen und ihr Fleisch mit dem Feuer. Opfer dieser Art werden in Zentralasien noch heute bewundert, wenn die Religion sich auch weiterentwickelt hat: In Afghanistan haben einige Männer bemerkt, dass auf einer Müllhalde in der Nähe eines amerikanischen Stützpunkts etwas brannte, was möglicherweise Teile des Korans waren. Sie retteten ein paar angebrannte Seiten und nahmen dafür Verletzungen in Kauf, die denen der alten Priester sehr ähnlich waren. Und die Männer schlugen aus ihren Verbrennungen auch den gleichen Nutzen, denn sie lernten schnell, sie ihren Mitbürgern zu präsentieren, um sich für diesen Glaubensbeweis lobpreisen zu lassen.

Baku ist eine Ölstadt, also ist Energie aus Flammen noch immer das Fundament, auf dem das Land des Feuergottes steht, wenn auch die Energie kinetisch und nicht mehr spirituell ist – heute dient sie dem Antrieb von Maschinen und nicht mehr der Inspiration von Gläubigen. Vom Öl mal abgesehen hatte die Stadt Ähnlichkeit mit den Städten, die ich im Süden Südamerikas gesehen habe. Es gab jede Menge Edelboutiquen, ähnlich kleine, schwarzhaarige Menschen und die gleiche italienisch inspirierte Architektur. Dieser Zwischenstopp in der Zivilisation bot mir Gelegenheit, mich bei Facebook einzuloggen und Lydia zu kontaktieren, die auf ihrem Rückweg in die Vereinigten Staaten durch die Kaukasus-Region reiste, wo sie andere Freiwillige des Friedenskorps traf.

Gemeinsam reisten wir nach Georgien. Dort – unter Einhaltung der verbesserten Version meiner »150-Kilometer-Diät«, bei der ich die besten Speisen esse, wenn die Zutaten gerade Saison haben und ich mich nicht weiter als 150 Kilometer von der Anbauregion entfernt befinde – machte ich eine wahrlich unerwartete Entdeckung. Obwohl ich annahm, dass ich mittlerweile die besten Küchen der Welt kannte, war ich begeistert von den leckeren georgischen Gerichten mit einer sauer-scharfen Wildpflaumensoße. Mir fehlen die Worte, um ihre einzigartige Kochkunst zu beschreiben. Aber über Essen zu schreiben ist ja auch ein bisschen wie über Architektur zu tanzen; man muss es einfach selbst kosten. Essen schmeckt viel besser, wenn man hungrig vom Erkunden der Landschaften ist, die die Mahlzeit inspiriert haben. Lydia und ich planten unsere Tage um unsere Restaurantbesuche herum und um in der Zeit zwischen den Mahlzeiten wieder ordentlich Appetit zu bekommen, gingen wir in den Wäldern auf den Hügeln wandern und sahen uns Klöster, Schlösser, Kirchen und Weinberge an. (Georgischer Wein wird manchmal immer noch auf die traditionelle Weise hergestellt, in großen, in die Erde eingelassenen Tongefäßen, in die die kompletten Trauben geworfen werden. Früher war es Brauch, dass Eltern bei der Geburt eines Sohnes auf diese Weise ein paar Tausend Liter Wein herstellten, der dann bei dessen Hochzeit getrunken wurde.)

Wo wir schon mal in der Gegend waren, wollten wir auch was von Armenien sehen, also fuhren wir nach einem Ballettbesuch in Tiflis und noch mehr exzellenten Mahlzeiten nach Jerewan, der armenischen Hauptstadt im Schatten des Ararat, auf dem Noah seine berühmte Arche gebaut haben soll. Wir machten in einem der Dörfer Halt, damit Lydia ein paar Bekannte aus dem Friedenskorps treffen konnte. Wie üblich waren sie heftige Säufer und sehr vom hiesigen Fusel angetan. Das gilt für die Mitglieder des Friedenskorps fast überall. Sie sind oft noch jung, wenn sie Mitglied werden – frisch aus der Uni –, also ist es für sie neu und lustig, wenn sie sich mit Alkohol abschießen. Dann werden sie allein in kleine Dörfer versetzt, wo sie schnell feststellen, dass die Einheimischen schwarzgebrannten Schnaps trinken, um der Langeweile zu entkommen. Und im Gegensatz zu Universitäten sind diese Dörfer sehr langweilig.

Aber es war eine lustige Truppe. Einer der Jungs war Mitte 20 und noch stolze Jungfrau, was im heutigen modernen Amerika vermutlich gar nicht so ungewöhnlich ist. Zwei andere Jungs aus dem Korps erzählten, dass sie die Sprache des Landes lang genug gelernt hatten und sie nun einigermaßen fließend sprechen würden. Das sei erst nach und nach und dann ganz plötzlich passiert. Sie erinnerten sich noch an den Tag, an dem sie den Dreh wirklich raushatten. In einem Bus des öffentlichen Nahverkehrs unterhielten sie sich scherzend über einen besonders vulgären Porno, den sie während eines Trinkgelages angeschaut hatten. Einer von ihnen sagte: »Ist es nicht toll, dass wir unsere Geheimsprache haben? Ein Bus voller alter Schachteln und keine von ihnen hat einen Schimmer, worüber wir sprechen, weil sie alle kein Englisch verstehen.« Sie lachten, aber dann bemerkte einer von ihnen die unheilvollen Blicke der Einheimischen. »Mir fällt gerade auf, dass wir uns auf Armenisch unterhalten.«

In dieser Nacht sah ich seltsame Farben und schlief schlecht. Als ich das am nächsten Morgen den Jungs vom Friedenskorps erzählte, sagten sie: »Mach dir keine Sorgen, das kommt vom schwarzgebrannten Schnaps. Wir hätten dich vielleicht warnen sollen.«

Die hier stationierten Mitglieder des Friedenskorps waren einsam und auch ihr Verstand litt. Nicht nur wegen des Fusels. Nach einer Weile fingen sie an, in Akronymen zu sprechen – die Einheimischen werden zum Beispiel zu Drittstaatsangehörigen oder DAS –, sie hatten Abkürzungen oder Akronyme für alles, was aber nur dann eine gute Angewohnheit ist, wenn es einem nichts ausmacht, sich in einen Bürokraten zu verwandeln. Die Jungs erzählten mir auch, dass sie aufpassen mussten, sich nicht zu lang mit einem Mädchen aus dem Dorf zu unterhalten, weil sonst die Eltern und das ganze Dorf annahmen, dass man beabsichtigte, es zu heiraten. Als meine Großeltern jung waren, sah das in den abgelegenen Ortschaften Neufundlands nicht viel anders aus: Wenn ein Junge dort ein Mädchen zum dritten Mal nach der Schule bis an die Haustür begleitete, konnte das als Zeichen für eine Verlobung gelten.

Mit den Jungen im Dorf konnten die Friedenkorps-Jungs sich auch nicht ohne Weiteres unterhalten, wegen der Vorbehalte der Einheimischen: Den Mädchen wird von ihren Familien gesagt, dass sie sich nicht mit den Jungen aus dem Dorf abgeben sollen; sie sollen jemanden aus der Stadt finden, damit die Hochzeit mit einem sozialen Aufstieg einhergeht. Dann sehen die einheimischen Jungs einen Amerikaner, der jedes Mädchen im Dorf haben könnte, aber sie alle verschmäht, und natürlich erblassen sie vor Neid.

Lydia und ich beschlossen, durch ein kleines Möchtegern-Land namens Bergkarabach (»gebirgiger schwarzer Garten«) zu reisen, und unser Besuch endete in einem Fiasko. Es ist eine abtrünnige Region Aserbaidschans, hervorgebracht durch einen boshaften kleinen Krieg zwischen ethnischen Armeniern, die in den Bergen leben, und aserbaidschanischen Wehrpflichtigen, die die Order hatten, Rebellion zu unterdrücken. Wir brauchten spezielle Visa, um einreisen zu dürfen, aber als wir erst mal drin waren, wirkte das Land gar nicht so militarisiert wie erwartet. Während wir uns einen Eindruck von der Gegend verschafften, trafen wir einen Taxifahrer, der uns sagte, er würde uns für einen fairen Preis alles zeigen, was irgendwie interessant war. Wir stiegen in sein Auto und besichtigten Wälder, Klöster und eine eigenartige Stätte: die Ruinen einer Stadt, die er Agdan nannte. Auf Russisch erzählte er uns, dass diese früher mal voll von Aserbaidschanern war, bis die Armenier sie angriffen und vertrieben. Einige erschossen sie hinterrücks, darunter Frauen und Kinder. Er hatte es mit eigenen Augen gesehen. Ich glaubte ihm, da er selbst Armenier war und die Ereignisse als Schande empfand.

Oben in den Bergen kesselte uns ein Konvoi schwarzer Geländewagen ein. Unser Fahrer wirkte sehr nervös und sagte uns, dass wir die Ruinenstadt gar nicht hätten sehen dürfen; jemand musste die Geheimpolizei verständigt haben. Er wollte, dass wir ihm versprachen, abzustreiten, die Ruinen je gesehen zu haben. Lydia löschte verzweifelt alle Bilder, die sie gemacht hatte, und ich war froh, dass ich die Patrone nicht behalten hatte, die ein betrunkener armenischer Soldat mir als Andenken gegeben hatte.

Man trennte Lydia und mich und brachte uns in ein Militärgefängnis, um uns zu verhören. Ein Polizist des Innenministeriums schrie mich auf Russisch an: Ich würde schlimmer leiden, als ich je zuvor gelitten hatte. Ich bezweifelte, dass er seine Drohung in die Tat umsetzen würde, und beschloss so zu tun, als würde ich kein Wort Russisch verstehen, nicht einmal »*Da*« und »*Nyet*«. Ich stand einfach nur grinsend da. Schließlich musste er einen Dolmetscher reinholen, der zufällig der einzige Mensch in der Gegend war, der Englisch sprach. Lustigerweise kannten wir uns bereits; ich hatte ihn an meinem ersten Tag in diesem Territorium um Rat gebeten und bei Tee und Gebäck hatten wir uns bestens verstanden. Die Drohung wurde nun wiederholt und diesmal reckte sich mein Hauptbefrager triumphierend, während er darauf wartete, dass der Dolmetscher mir mitteilte, in was für einer schauderhaften Situation in mich befand. Die Übersetzung lautete schlicht: »Keine Bange, irgendwann wird der Typ genug Dampf abgelassen haben, dann lässt er dich gehen.«

Nun hatte sich das Blatt zu meinen Gunsten gewendet. Ich konnte die Übersetzungskünste des Dolmetschers nutzen, um alle mit Geschichten darüber abzulenken, wie mir in den unterschiedlichsten Ländern Missgeschicke beim Anbaggern von Frauen in Bars passierten. Schließlich lachten sechs von acht mir zugeteilten Beamten.

Lydia, jung wie sie war, würde sicherlich unter dem Druck des Verhörs klein beigeben, aber ich konnte mir dessen nicht völlig sicher sein, also musste ich eine Linie fahren, die uns auf jeden Fall nützlich wäre. Ich sagte, dass Agdan eine dem Erdboden gleichgemachte Ruine sei, und wer könne denn schon wirklich sagen, wo genau die Stadt früher begann und was lediglich die Randgebiete jenseits der Stadtgrenze waren. Da ich nicht an der weit entfernten Ruine gewesen sei, die offensichtlich früher einmal eine Moschee gewesen war, sei ich meiner Ansicht nach auch nicht im Stadtzentrum gewesen, und woher sollte ich denn dann wissen, ob ich Agdan überhaupt betreten hatte?

Nachdem etliche Stunden vergangen waren, brachten sie mich in den Befragungsraum, in dem sie Lydia festhielten. Offensichtlich hatte sie viel geweint, sie wirkte verstört und war in sich zusammengesunken, so als ob sie an der ganzen Sache überhaupt keinen Spaß hatte – was mir ein schlechtes Gewissen machte, weil ich das Spielchen so genossen hatte. Ich war nicht zum ersten Mal in solch eine Situation geraten und in meinem Alter wusste ich, wie man mit solchen Unannehmlichkeiten umgehen muss: indem man die Geheimpolizisten mit Humor entwaffnet. Sie durchsuchten noch unser Gepäck und warfen uns dann raus, aber sechs meiner Befrager kamen mit uns an die Grenze, wo sie mir zum Abschied die Hand schüttelten und sagten, dass ich sie irgendwann mal wieder besuchen solle. Lydia gestand mir, dass es für sie das erste echte Verhör gewesen sei, und auf unserem Rückweg in den offiziellen Teil Armeniens lachten wir schon über die ganze Sache. Das war ein gutes und nicht zu scharfes Beispiel eines Verhörs für sie gewesen. Und jetzt wusste sie, worauf sie sich einzustellen hatte, sollten ihre Wege sich irgendwann noch mal mit denen der Geheimpolizei kreuzen.

Wir beendeten unsere Armenien-Tour mit einigen weiteren Kirchenbesichtigungen; wir verkosteten armenischen Cognac und bewunderten den dort zu findenden rosafarbenen Granit, der in der armenischen Architektur eine Rolle spielt. Im Debed Canyon sahen wir weitere Klosterkirchen und eine griechische Tempelanlage. Armenien war vielleicht die erste Nation, die das Christentum annahm. Folgendes habe ich über Religionen gelernt: Sie vermischen und entwickeln sich und entstehen nie einfach so aus dem Blauen heraus. Als zum Beispiel die armenischen Herrscher beschlossen, ihrem Volk eine neue Religion zu verpassen und sich für eine entscheiden mussten, haben sie sich aus den Entwürfen verfügbarer Theologien nicht irgendwas Ausgefallenes ausgesucht, das sich von der alten Religion so sehr unterschied wie die Religion der Azteken vom Zen-Buddhismus. Vielmehr war ihr Vorgehen politisch sehr durchdacht: Umgeben von Juden im Süden, Engel anbetenden Persern im Osten und den Griechen im Westen, die die Göttin Hera anbeteten, beschloss man, sich in der Mitte zu treffen.

Wir hatten noch Lust auf Georgien und die georgische Küche, also ging es wieder Richtung Norden, durch Gori, wo Stalin geboren wurde. In einem Museum verkauft dort das Personal – darunter schmollende Mädels in Sowjetuniform und hohen schwarzen Stiefeln – kitschige Andenken an den grauenhaften Diktator. Das Ufer des Schwarzen Meers war früher einmal ein sumpfiger Malariaherd gewesen und deshalb nie wirklich besiedelt, aber etwas weiter landeinwärts lag das Königreich Kolchis, wo Jason das Goldene Vlies fand (eines der Vliese, mit denen man das Stromgold aus den Bächen aufgefangen hatte). Im Dezember hatten wir die Hafenstadt Batumi erreicht und wanderten durch Wälder und botanische Gärten, wo wir Mandarinen und Orangen pflückten und den Schmetterlingen dabei zusahen, wie sie in einem Hain im Innern einer antiken römischen Festung umherflatterten. Ich fragte mich, ob es die römischen Legionäre dieses Lagers gewesen waren, die dem berüchtigten Tollhonig zum Opfer gefallen waren. Die Honigbienen hier haben die Fähigkeit entwickelt, sich von den Blüten des Rhododendrons zu ernähren (sonst gehen ausschließlich Hummeln an diese Blumen). Die daraus resultierende Konzentration von Psychedelika im Honig machen diesen zu einer süßen, aber schrecklichen Droge, von der man tunlichst die Finger lassen sollte. Die Truppen des Konsuls Gnaeus Pompeius Magnus ließen sich vom pontischen König Mithridates IV. dazu verleiten, die Honigwaben zu essen, und wurden, während sie einen schrecklichen, schlechten Trip schoben, mit Schwerthieben niedergestreckt.

Weiter ging es in die Türkei, wo wir der Südküste des Schwarzen Meeres folgten, vorbei an Trabzon und seinen Kirschgärten bis nach Istanbul, wo wir an einem islamischen Feiertag ankamen. Das war völlig in Ordnung, da die Stadt genug Interessantes bietet, auch wenn der Basar und einige Gebäude geschlossen sind. Wir verbrachten eine schöne Zeit dort und aßen Fischsandwiches auf einer Fähre, deren Bug mit kunstvoll geschnitzten Holzornamenten versehen war – Drachen und Meerjungfrauen in roter und goldener Farbe. Lydia flog schließlich zurück in die Vereinigten Staaten, während ich noch einen Zwischenstopp in England einlegte, bevor ich für das Weihnachtsfest 2008 nach Kanada flog.

Heathrow war nervenaufreibender als gewöhnlich. Man störte sich an den Stempeln in meinem Reisepass, insbesondere an dem Touristenvisum für Afghanistan. Ich verbrachte neun Stunden in dieser Glaskabine – selbst für mich ein Rekord –, zusammen mit einem Typen, dessen Schuld darin bestand, als Schwarzer geflogen zu sein, und einer Frau, die einfach nicht die richtige Persönlichkeit hatte, um unbehelligt durch den Zoll zu kommen. Sie wirkte etwas konfus und unbekümmert, so als hätte sie keinen festen Plan. Meine Befragung bestand diesmal aus einer Reihe haarsträubender Fragen, zwischen denen jeweils eine halbe Stunde Wartezeit lag. Man stellte ein paar Tic Tacs aus meiner Tasche sicher, damit ich mir oder anderen keinen Schaden zufügen konnte – zumindest sagte man mir das. Schließlich ließen sie mich ziehen. Die Zollabfertigungen und Sicherheitskontrollen der westlichen Staaten haben Hunderte Personalstunden geopfert, um mich zu befragen, und mein Rucksack muss wohl eines der am meisten durchsuchten Gepäckstücke sein, die es gibt.

Zurück in Kanada fuhr ich für die Weihnachtsfeiertage nach Vancouver, wo ich einen Beutel getrocknete Mangos und ein Geschenk aus dem Jenseits bekam: ein Glas selbst gemachter Apfelmarmelade von Tante Heather, die kürzlich verstorben war, während ich mir Bischkek angeschaut hatte. Sie musste es verschickt haben, bevor sie ins Krankenhaus gegangen war. Ich besorgte mir auch einen neuen Pass, obwohl es nicht nötig gewesen wäre; ich wollte aber einen Neustart – ohne die seltsamen Stempel.

Kapitel 11
Das Treffen der Wasser
Brasilien | Kolumbien

In einer Januarnacht 2009 in Vancouver drehte ich den Globus und stellte fest, dass ein weiterer ausführlicher Südamerika-Trip – diesmal mit Fokus auf den nördlichen Kontinent – mich zu neuen Menschen und Gegenden führen würde. Mein geübtes Auge erfasste die Geografie und schätzte günstige Gelegenheiten ab, um Gebirgspässe, Flüsse und Wüsten zu passieren und dabei die Art Hitze oder Regen zu vermeiden, die Straßen in Öfen oder Schlammgruben verwandelt. Peru war der ideale Ort, um meine Reise zu beginnen, da mein Vater dort sein würde, zusammen mit seiner Frau Maureen, die an einem Studienprojekt arbeitete, das sich mit der Entwicklung ländlicher Gebiete durch NGOs befasste. Außerdem konnte man sich in Lima für nur 10 Dollar gegen Gelbfieber impfen lassen, wohingegen man in Kanada 150 Dollar zahlte.

Nachdem ich meinen Vater und Maureen getroffen hatte, fuhren wir mit dem Bus in über 5 000 Meter Höhe, um das Tal der Kondore zu besuchen, wo wir diese beeindruckenden Vögel dabei beobachteten, wie sie im Aufwind glitten, oft nur eine Armlänge von der in die Klippen geschlagenen Straße entfernt. Zusammen mit meinem Vater fuhr ich noch mal nach Machu Picchu, diesmal mit dem Zug und dann weiter mit dem Bus, anstatt den Inka-Pfad entlangzuwandern. Ich hatte diese verlorene Stadt erst im Jahr davor erkundet, aber – es ist Machu Picchu.

Bei meinem ersten Besuch in Peru hatte ich den Norden der Landesmitte nicht besucht, aber mein Vater und ich schafften es mit dem Bus rechtzeitig zu meinem vierzigsten Geburtstag in die Cordillera Blanca. Ich nehme meine Geburtstage nicht immer zur Kenntnis, weil sie mir nicht so wichtig sind. Es ist ja nicht so, dass es noch etwas gäbe, worauf ich mich freuen könnte; nicht so wie bei den Azteken, die ab ihrem 60. legal Alkohol trinken durften. Aber dieser Geburtstag war etwas Besonderes, weil ich nun auf jedem der sieben Kontinente einen Geburtstag verbracht hatte.

Die Cordillera Blanca ist die höchste Gebirgskette außerhalb des Himalayas; hier gibt es tiefe Täler voller Mais- und Kartoffelfelder und rauschende Flüsse. Die hohen Gipfel sind das ganze Jahr über schneebedeckt und bieten einen hübschen Hintergrund für die grünen Wiesen der Pampa, auf denen es reichlich Lamas, Eukalyptushaine und Riesenbromelien gibt – Letztere ist eine seltsame Pflanze, die an die Aloe Vera erinnert und einen Durchmesser von bis zu drei Metern erreichen kann; nach 40-jährigem Wachstum wächst aus der Mitte ein bis zu 10 Meter hoher Blütenstand, der den Umfang eines alten Baumes hat und aus dessen Spitze die Blüte wächst. Erzählungen von den Ruinen eines Tempels der Chimú erregten ebenfalls meine Aufmerksamkeit. Die Chimú schnüffelten halluzinogene Kakteen und ihr Tempel hatte unterirdische Gänge und Kammern, von denen einige vollgestellt waren mit Götzen von Jaguargöttern und Kondorgöttern – und mit Altären für Menschenopfer.

Die kleinen und größeren Städte in Peru waren, wie sich herausstellte, ein wenig enttäuschend. Es gibt dort kaum alte Gebäude; Straßenzug um Straßenzug ist mit brüchigen Betonbauten zugestellt, aus deren Dächern der Bewehrungsstahl ragt. Schuld daran sind die Seen: Hoch in den Bergen stauen sie sich hinter Erdwällen auf; dann, nach einem Erdbeben, ergießen sie sich in die Täler, zerstören die Stadtgebiete in den Talsohlen und töten die meisten Menschen dort. Zwischen zwei Erdbeben liegen oft nur die gut vier Jahrzehnte, die eine Riesenbromelie zum Blühen braucht, was ziemlich frustrierend sein muss für die Menschen, die hier versuchen, eine stabile Zivilisation aufzubauen.

Eines dieser Täler, das nur über einen 4,5 Kilometer hohen Gebirgspass zu erreichen ist, war früher einmal das Haupthabitat für Pumas und den San-Pedro-Kaktus. Die Ruine eines Chimú-Tempels, der älteste in der Neuen Welt, kann hier erkundet werden. 3 000 Jahre lang sind Menschen durch dieses Tal gewandert, in dem die Rufe der Pumas widerhallten, um einen Tempel aufzusuchen, in dem sie sich an halluzinogenen Kakteen berauschten. Hilfsmittel zum Schniefen des fein gemahlenen Kaktuspulvers ist ein Knochenröhrchen, in das symbolische Bilder von männlichen und weiblichen Gottheiten – halb Mensch, halb Tier – eingraviert sind. Die Außenwände des Tempels sind verziert mit einer Reihe von Steinköpfen, die die halluzinatorische Verwandlung von Mensch zu Puma zeigen: Der erste Kopf zeigt einen Menschenkopf, der zweite deutet an, dass dieser Mensch Kaktuspulver geschnupft hat (in Form einer in Stein gemeißelten Blutspur unter seiner Nase). Die Augen der nächsten Köpfe haben erweiterte, ins Leere starrende Pupillen, während die Gesichtszüge zunehmend katzenartige Formen annehmen, bis schließlich der letzte Kopf kommt: der eines fauchenden Pumas. Mir war nie in den Sinn gekommen, dass es irgendwo einen Tempel geben könnte, der dem Schnupfen von halluzinogenem Kaktus gewidmet ist; man kann sich also vorstellen, wie froh ich war, als ich hoch oben in den Anden einen entdeckte.

Lima ist bekannt dafür, die freundlichste brasilianische Botschaft zu haben, wo man darauf setzen kann, sein Visum schon am nächsten Tag zu haben. Ich fuhr also mit dem Bus dorthin, vorbei an Dünen und der kalten Pazifikküste, verabschiedete meine Reiseverwandtschaften und ließ mir eine extrapreiswerte Gelbfieber-Impfung verpassen, während ich auf mein Visum wartete, damit ich den Amazonas entlangtreiben konnte.

* * *

Die Zuflüsse des größten Flusses der Welt vermochten mich zunächst nicht zu beeindrucken, da es nur schmale Rinnen mit sumpfigen Ufern waren, ähnlich denen, die ich im Jahr zuvor am bolivianischen Amazonas gesehen hatte. Das erste große Anzeichen von Zivilisation ist Iquitos, die größte Stadt der Welt ohne Straßenzugang, tief im Dschungel gelegen. Ein am Ufer stehender Einheimischer versuchte mich für eine Perlenkette zu interessieren, an der ein fleischiger, faustgroßer Schlangenkopf hing. Der würde mir Glück für die Reise bringen, sagte der Mann auf Spanisch. Aber ich verschmähte diesen Glücksbringer zugunsten eines weniger obskuren Helfers: eines freundlichen Kerls aus Texas, den ich in der Herberge kennengelernt hatte. Wir beschlossen, gemeinsam weiterzureisen und einander dabei zu helfen, Dieben aus dem Weg zu gehen – wir hatten beide gehört, dass einige der Einheimischen sich an den Rucksäcken der Touristen zu schaffen machten. Er war muskulös, hatte einen rasierten Schädel und mehrere Tätowierungen. Obwohl Tex naheliegender gewesen wäre, nannte ich ihn Mex: Seine Vorfahren hatten Fort Alamo belagert, und so sah er auch aus – mal abgesehen von seinen Augen, die asiatisch wirkten. Er erzählte von einer alten Frau, die ihn auf Kantonesisch gegrüßt hatte; als er ihr sagte, dass er nichts verstehe, schimpfte sie ihn aus, weil er seine Herkunft verleugne.

Wir kauften Hängematten, um sie an Deck des Bootes aufzuhängen, dessen Kapitän bereit wäre, uns mitzunehmen. Wir wollten uns entspannen können und einen Schlafplatz während der Reise haben, aber am Ende stopften wir die Hängematten nur in unsere Rucksäcke, weil das beste Boot, das wir finden konnten, zwar schnell war, aber zu schmal, um sie dort aufzuhängen. Schließlich legten wir an einer kleinen Dschungelstadt an der Grenze Perus an. Viele der Menschen dort leben in den Sümpfen am Fluss, in Holzhäusern auf Pfählen, und sie gelangen über hölzerne Plankenwege, die ebenfalls auf Pfählen stehen, von Haus zu Haus. Wir erkundigten uns, ob wir mit einem anderen Boot von hier weiterkommen konnten; man sagte uns, wir sollten uns auf eine Wartezeit von einigen Tagen einstellen.

Um etwas zu tun zu haben, stiegen Mex und ich in ein Kanu und setzten über an die kolumbianische Seite von Fluss und Regenwald. Wir waren illegale Fremde, denke ich, denn niemand von den kolumbianischen Zollbehörden hatte unsere Pässe gestempelt. Unsere erste Dschungelbegegnung war eine ziemlich junge Gringa, die allein durch den Wald lief; im Nacken hatte sie eine gelbe Rose tätowiert. Flussaufwärts hatte es einen fetten Texaner gegeben, der ein Restaurant mit dem Namen »Die Gelbe Rose von Texas« betrieb. Ich war reingegangen, um Alligatoren-Nuggets mit Senf und Pommes zu probieren. Lecker, besser als Chicken-Nuggets – aber wo kamen denn bitte auf einmal all die Texaner her? Erst hatte ich monatelang keinen einzigen gesehen und jetzt drei Tage in Folge jeweils einen.

»Du bist bestimmt aus Texas«, sagte ich zu dem tätowierten Mädchen. »Warst du in diesem Gelbe-Rose-Laden flussaufwärts in Peru?«

»Ich komme aus Texas, ja, und ein Angestellter in meinem Hotel hat mir von dem Texaner erzählt, dem dieses Restaurant gehört. Die Einheimischen demonstrieren regelmäßig vor dem Laden, weil der Besitzer, wenn er betrunken ist, rumbrüllt, dass alle Frauen in der Stadt Huren seien. Und er piekst alle Kinder, die sich dorthin wagen, mit einer Nadel, damit sie seine Kunden nicht behelligen. Ich schätze mal, er hat den Verstand verloren, weil er zu lange im Dschungel war. Und der Typ ist mit einer Einheimischen verheiratet, das muss man sich mal vorstellen.«

»Und was machst du hier, so weit draußen?«, fragte Mex.

»Wollt ihr mit zum Saloon draußen im Wald kommen?«, fragte sie. »Ich bin gerade auf dem Weg dahin.« Wir schlossen uns ihr an.

Es war ein richtiger Saloon, mit Schwingtüren und tanzenden Amazonas-Mädchen, die Federboas trugen. Wir setzten uns an einen kleinen Tisch in der Nähe der Tanzfläche, bestellten ein paar Bier und tranken. Dann kam ein Typ zu uns, gut gekleidet und selbstbewusst – vielleicht ein Türsteher oder Kellner oder sogar der Inhaber.

»Ihr könnt hier nicht sitzen«, sagte er auf Spanisch. »Der Tisch ist für jemand Wichtigen reserviert. Aber ich kann euch einen anderen Tisch geben, wenn ihr was trinkt, das teurer ist als Bier.«

Mex spricht fließend Spanisch, daher verstand er jedes Wort. »Wir können die ganze Nacht Rum saufen, du Schafficker. Zeig uns deinen Tisch!«

Der Kerl war eine Sekunde lang baff und suchte nach Worten; dann hatte er sich wieder genug gefangen, um zu sagen: »Du musst aus Mexiko kommen.«

Später fanden wir heraus, dass wir in dieser kleinen kolumbianischen Flussstadt im Dreiländereck zwischen Peru, Kolumbien und Brasilien festsaßen, da wir keine Einreisestempel hatten. Wir versuchten nach Brasilien zu kommen, aber dort bemerkte man, dass wir weder einen peruanischen Ausreisestempel noch einen kolumbianischen Einreisestempel hatten; wir mussten uns etwas einfallen lassen, um dieses Problem zu lösen, aber wir hatten es nicht eilig, also ruderten wir mit dem Kanu erst mal zurück an die peruanische Uferseite. Wir warteten einfach auf den nächsten Kahn, auf dem wir den Amazonas runterfahren konnten, aber das würde noch etwas dauern. Umso mehr Zeit für Bier, die drückende Dschungelhitze des Amazonas und überschwängliche Regengüsse, die auf den Metalldächern trommelten.

...

Anders, ein norwegischer Dokumentarfilmer, den ich auf dem letzten Boot getroffen hatte, wollte mich interviewen. Er reiste mit dieser ganzen technischen Filmausrüstung und interviewte für einen Dokumentarfilm die seltsamen Leute, die man so trifft, wenn man in der Wildnis des Dschungels unterwegs ist. Allerdings fand er kaum Reisende, die er befragen konnte, und er sorgte sich, dass er vielleicht in einer zu abgelegenen Gegend gelandet war. »Ich bin eine seltsame

Person«, sagte ich ihm. Er filmte mich und nahm die Geschichten meiner Abenteuer auf. Sein Körper zitterte und auf seiner Haut bildeten sich Schweißperlen, und später schrieb er mir, dass es wie befürchtet das Denguefieber gewesen war.

Wir sind über die sozialen Medien in Kontakt geblieben und heute ist er verheiratet, aber damals war er ein alleinstehender Kerl, der unterwegs war, um Spaß zu haben. Eines Abends setzte er mit einem Kanu von Peru nach Kolumbien über, etwa so wie Mex und ich, nur dass er mit einigen furchteinflößenden Turbulenzen und einer unsichtbaren Sandbank zu kämpfen hatte. Glücklicherweise kenterte er nicht und landete schließlich auf einer Party in einer Dschungelhütte. Dort traf er ein reizendes einheimisches Mädchen, das Gefallen an ihm fand und ihn in ein Hinterzimmer ziehen wollte. Zu diesem Zeitpunkt war er bereits sehr betrunken, aber er war sich noch seines zweifelhaften Status bewusst: »Ich kann die Nacht nicht hier verbringen; ich muss wieder auf die andere Flussseite und wiederkommen, wenn die kolumbianische Einwanderungsbehörde geöffnet ist. Ich bin illegal hier«, sagte er. Sie antwortete: »Ich bin die kolumbianische Einwanderungsbeauftragte«, und sie zückte ihre Dienstmarke. Er dachte schon, nun sei er geliefert, doch sie fuhr fort: »Komm rein hier und wir klären das.« Vielleicht hat sie ihm sogar mehrere »Einreisegenehmigungen« gegeben – der Glückliche. Mex und ich indes waren nach einer weiteren Nacht zur Erholung und ein paar Bestechungen wieder in Peru und reisten nach Brasilien weiter. Wir fanden freie Plätze an Deck eines größeren Bootes, das Richtung Manaus fuhr.

Wir kamen an ein paar Häfen vorbei, an denen andere Reisende ausstiegen, um nach Schamanen zu suchen, die es ihnen ermöglichen würden, Ayahuasca zu nehmen, eine Mischung wirkkräftiger Halluzinogene aus Dschungelpflanzen. Ich war einfach davon ausgegangen, dass Mex und ich das ebenfalls tun würden, da diese Drogen den Verstand weiten und hilfreiche Einblicke in das Wesen des Menschen bringen sollen; deshalb war ich überrascht, dass er nicht das geringste Interesse daran hatte. Unter diesen Umständen beschloss ich, auch darauf zu verzichten. Es besteht ja immer die Möglichkeit, dass ich eines Tages wiederkomme und Ayahuasca probiere, wenn die Umstände stimmen.

Wir fuhren weiter den Amazonas entlang. Unser Boot hielt in Manaus, Brasilien, einer historischen Stadt an der Kreuzung zweier Nebenflüsse. Ihre besten Jahre zu Zeiten des Kautschukbooms waren lang vorbei – zum Glück, denn das bedeutete, dass die arrogante Oberschicht verschwunden war, sodass die zerfallenden, aber immer noch liebreizenden Opernhäuser und Villen von interessanteren Leuten genutzt werden können. Nicht alle Ausländer hatte es zum Halluzinieren in den Dschungel gezogen; wir trafen eine Afroamerikanerin namens Jocelyn, groß und scheinbar ernst; als wir sie besser kennenlernten, stellten wir fest, dass sie für jeden Unfug zu haben war. Wir tranken Bier und plauderten bei einem brasilianischen Barbecue. Sie wollte in unsere Richtung, bis zur Amazonasmündung an der Atlantikküste.

Während eines tropischen Regensturms flitzte ich zum ersten Mal seit drei Wochen in ein Internet-Café. Mein Stiefvater informierte mich darüber, dass das Forschungsschiff, das mich im Jahr zuvor in die Antarktis gebracht hatte, in der Marguerite Bay gesunken war, nicht weit von der argentinischen Station entfernt. Die Expeditionsfirma hatte ein Schwesterschiff losgeschickt, um die gestrandeten Passagiere zu retten. Außerdem hatte ich eine E-Mail von Brenda, die mit mir durch Zentralamerika gereist war, als ich mit dem Backpacken angefangen hatte (was nun schon so lange her war). Ihr Ehemann Marty war gestorben, sodass sie nun allein mit den Kindern war. Ich hatte ihn nur einmal wirklich getroffen und konnte mich daran erinnern, dass er Klavier spielte. Es gab auch diese Geschichte, als er auf einem Krabbenfischer anheuerte; einer der Skipper hatte ihn gefragt: »Wie viele Geschichten hast du auf Lager? Die Zeit vergeht langsam, wenn man auf See ist.« Ich sprach ihr mein Beileid aus.

Schon bald trieben Mex, Jocelyn und ich von Manaus aus wieder flussabwärts, durch den *Encontro des Aguas* (»Das Treffen der Wasser«), wo zwei Nebenflüsse des Amazonas zusammenkommen – einer davon trägt schwarzes Wasser, der andere eher mokkafarbenes. Dieses letzte 4 000 Kilometer lange Stück des Amazonas brachte uns bis nach Belém am Südatlantik. Hinten am Schiff befand sich ein verdreckter Schlot und direkt dahinter hatte der Kapitän die brasilianische Flagge wehen lassen; sie war so besudelt, dass sie eher wie eine Piratenflagge als sonst was aussah.

Ich schlief zwischen einer Menge Amazonas-Bewohner in einer Hängematte an Deck. Eine Gruppe Frauen und Mädchen hatte ihre Hängematten unter und über meiner befestigt. Sie waren lustig und resolut und auch wenn ich ihre Sprache nicht sprach, bot ich ihnen einen Anlass zu jeder Menge Gekicher, als sie feststellten, dass ich keinen Ehering trug. Eine oder mehrere von ihnen hatten einen Hang dazu, mir mitten in der Nacht an den Hintern zu fassen. Nach einem Stück der Reise verabschiedeten wir uns mit Küssen und sie sprangen in ein Kanu, um zu ihren Dschungelhütten im Schlamm des Ufers eines Nebenflusses zu paddeln.

Es waren feierliche Momente, als das Boot an diesen isolierten Dörfern der Ureinwohner vorbeituckerte; ganze Horden von ihnen ruderten raus auf den Fluss, um uns zuzuwinken. Mütter brachten ihre Babys und Kleinkinder mit, damit sie uns anschauen konnten, und in einem der Dörfer winkten die Kinder mit ihren Armen und riefen »Huuuu, huuuu!«, wie Gespenster – vielleicht imitierten sie die Forró-Musik, die ununterbrochen aus den Lautsprechern am Heck schepperte.

Schließlich wurde der Lauf dieser Mutter aller Flüsse so breit, dass niemand mehr die Ufer sehen konnte, selbst vom Oberdeck des Bootes nicht. Man hätte glauben können, wir seien auf hoher See, wenn nicht die Kinder mit ihren Kanus in unserem Kielwasser getrieben wären, bis es ihnen gelang, einen Enterhaken über unsere Reling zu werfen und an Bord zu hüpfen. Typisch für diese Kinder waren zwei tapfere Jungs, vielleicht zehn Jahre alt, die ihr Kanu so positionierten, dass sie auf den Wellen unseres Bugwassers reiten konnten, um dann einen Haken an den Schiffsrumpf zu werfen; sie zogen sich heran und kletterten über das Seil an Bord, während ihr Kanu bockte wie ein wildes Pferd. Sie wollten uns Körbchen mit gekochten Garnelen und geröstete Palmnüsse, die wie Kürbis schmeckten, verkaufen. Sie machten hervorragende Geschäfte; es dauerte nur fünf Minuten, bis sie alles verkauft und den Haken wieder eingeholt hatten. Sie verschwanden durch das Kielwasser und schafften es irgendwie, nicht zu kentern.

Ende Februar erreichen wir Belém und hatten ein kleines Bierbesäufnis, um uns von Jocelyn zu verabschieden, die weiter nach Brasilien wollte, von wo aus sie den Weg Richtung Norden einschlagen würde, um Bahia einen Besuch abzustatten. Mex und mich zog es Richtung Süden, die Küste entlang bis nach Natal, die Stadt der Dünen.

Unsere Herberge dort war einem Schloss nachempfunden, mit Türmen und Zugbrücke; im Speisesaal gab es einen großen Holztisch, so wie die, an denen in Mittelalterfilmen die Ritter sitzen, und an den Wänden hingen jede Menge bemalter Schilde. Die Strände waren nicht schlecht, es gab viele Sanddünen und Strandbuggys, die man mieten konnte, aber erst mal mussten wir unsere Visa verlängern. Die Grenzpolizei kann Visa bei der Einreise beschränken, und als Mex und ich an der Dschungelgrenze die Einreisebehörde aufsuchten, haben dem Typen unsere Gesichter wohl nicht gefallen, und statt der üblichen drei Monate bewilligte er uns nur einen. Die Situation ließ sich schnell beheben und eine Zeit lang hingen wir einfach am Strand ab und machten den üblichen Touristenkram: in die Bars gehen, um Mädels abzuschleppen, auf Strandbuggys über die Dünen fahren, schwimmen. Meine Füße hatten seit meiner Zeit in Zentralasien im vergangenen Jahr fast immer in meinen Stiefeln gesteckt – auch im Amazonas hatte ich sie wegen der Moskitos immer bedeckt gehabt –, und nun waren sie entsprechend bleich. Obwohl ich mich unter einem Strandschirm versteckte, verbrannte ich mir einen von ihnen, nur von der Lichtspiegelung des Ozeans.

* * *

In einer stillen Nacht, in der ich es mir in meiner Schlossherberge gemütlich gemacht hatte, kam mir in den Sinn, den Computer im Gemeinschaftsraum zu nutzen. Ich fand eine E-Mail von Dana mit der Betreffzeile »Machst du ein Kind mit mir?« Interessiert öffnete ich die Mail und las, dass sie es ernst meinte.

Einer kasachischen Tradition entsprechend, trägt eine junge Frau für ihr erstes Baby nicht selbst die volle Verantwortung – man denkt sich dort, dass es der pflichtbewussten Tochter leichter fällt, eine Familie zu gründen, wenn sie die Erziehung des ersten Babys ihrer Mutter überlassen kann. Dana war selbst so ein Baby gewesen; ihre Großmutter hatte sie großgezogen. Kasachen haben einen rustikalen Sinn für Humor, also neckte man sie gerne, dass sie vom Melonenkarren gefallen sei. Jedenfalls fragte nun ihre Mutter, wann Danas erstes Baby käme. Da Dana schon aus dem Alter raus war, in dem die meisten Frauen ihr erstes Kind bekamen, wähnte sie sich in einer »Jetzt oder nie«-Situation.

Ich ging an den Strand, um die Sache zu durchdenken, und kam schließlich zu dem Schluss: Warum nicht? Meine Intuition entscheidet darüber, was in meinem Leben als Nächstes ansteht, und wenn man zu viel darüber nachdenkt, lädt man sich zu viel Gepäck auf und beraubt sich des Spaßes. Auch wenn diese Art Kindererziehung auf Kanadier seltsam wirken mochte: Dana war so aufgewachsen und aus ihr war ein großartiger Mensch geworden.

Wir vereinbarten, dass ich sie in vier Monaten – im Frühling – treffen und das Ganze mit einer weiteren Reise verbinden würde. Günstigerweise war mir der Norden Kasachstans, wo Danas Familie lebte, noch unbekannt, insbesondere der Altai; ebenso die Äußere Mongolei und Teile des Ostens. Dana würde Urlaub beantragen und wir würden gemeinsam Richtung Norden reisen. Aber nun war ich erst mal auf der anderen Seite des Planeten, Peilung Süd.

▪ ▪ ▪

In Südbrasilien befinden sich zwei der Megastädte des Kontinents; Mex und ich machten uns auf, um uns selbst einen Eindruck zu verschaffen. Er wollte mich bis nach Rio de Janeiro begleiten, wo wir Jocelyn wiedersehen würden.

Rio ist ein Ort heftiger Gegensätze zwischen Arm und Reich. Favelas, die brasilianischen Armenviertel, verkrusten die Schluchten zwischen den granitenen Bergen des Zuckerhuts wie farbenprächtige Seepocken oberhalb der Ebbegrenze von Copacabana und den anderen Buchten und Stränden. Im Immobiliengeschäft, heißt es, geht es um Lage, Lage, Lage – aber Rio ist ein gutes Beispiel dafür, dass das nicht das letzte Wort sein kann. Wenn es nach der Schönheit der Natur geht, hat die Stadt eine der besten Lagen, die ich je gesehen habe; selbst der Felsboden ist üppig und wohlgeformt und die Buchten bieten eine süße Vorahnung dieser glatten Landschaft, deren Blöße nur zaghaft von einem Dschungel-Bikini bedeckt wird. Aber die meisten Gebäude sind nichts Besonderes, grau und hässlich, wie die verschwitzten Touristen und die Trunkenbolde, die an der Copacabana Frauenkörpern hinterherschielen. Wenn man sich eine Traumstadt vorstellen möchte, sollte man sich den kolossalen Cristo Redentor vorstellen, wie er auf die Gebäude von Buenos Aires oder besser noch Barcelona hinunterblickt, aber nicht auf das, was heute in Rio zu finden ist.

Rio ist auch eine gewalttätige Stadt, was beunruhigend ist, wenn man nicht dort geboren wurde oder daran gewöhnt ist. Eines der Hotels in unserer Nähe wurde von einer bewaffneten Gang überfallen und ausgeraubt; die Polizei schnappte die Täter, da ein Hotelangestellter einen der Gangster als ehemaligen Kollegen identifiziert hatte. Ich war angemessen vorsichtig; Mex und ich vertrauten uns einem einheimischen Guide an, als wir die Favelas besuchten, und wir hatten keine Wertgegenstände bei uns. Eines Abends unten am Strand, als es gerade dunkel wurde, kehrte ich in meine Herberge zurück … und jeder, der draußen blieb, um sich den Sonnenuntergang anzuschauen, wurde von einem Mann mit einer Machete ausgeraubt. Hier sowie in einigen anderen Megastädten des Südens wurden die reichen Geschäftsmänner und ihre Familien durch Entführungsandrohungen in die Lüfte vertrieben: Sie meiden die Straßen und bleiben in ihren Penthäusern, zwischen denen sie mit ihren Hubschraubern hin und her fliegen.

Mein selbst gewählter Lebenswandel machte mich nicht gerade zu einem vorrangigen Ziel für Diebe, auch wenn mein persönlicher Erfahrungsschatz – unter Berücksichtigung der außergewöhnlichen Inflation von Reisekosten über die letzten Jahrzehnte – jemand anderen Millionen kosten würde, wenn er sich ihn selbst aneignen wollte. All diese Erfahrungen sind eine eigene Form von Reichtum, wenn auch ein ausnehmend persönlicher, der einem nicht gestohlen werden und den man nur bedingt weitergeben kann. Besteuern kann man ihn ebenfalls nicht, wenn er auch reichlich Dividenden abwirft. Und diese Dividenden werden alle von mir gesammelt. In der Art, wie sie einem über die Jahre Freude und Wert geben, sind solche Reisen wie der günstige Kauf von Antiquitäten zu einer Zeit, in der die wenigsten Menschen deren wahren Wert erkennen; dass niemand meine Erlebnisse stehlen oder besteuern kann, entschädigt mich mehr als genug für die Tatsache, dass ich sie nicht weiterverkaufen kann.

Die sogenannte Generation Y, die jedem rät, sein Geld für Erlebnisse und nicht für Dinge auszugeben, macht es richtig – auch wenn sie ihren Steuerberatern Kopfzerbrechen bereiten dürfte. Ein nicht-materialistischer Multimillionär, so wie ich es bin, ist nur irgendein Typ in lotterigen Klamotten, der in der Masse nicht weiter auffällt und sich ungebührlich darüber freut, sein Leben so zu leben, wie es ihm passt. Selbst wenn man mich auftreiben und eine Vermögenssteuer gegen mich verhängen könnte, wäre meine fröhliche Antwort: »Kann nicht zahlen, werde nicht zahlen.«

Mex, Jocelyn und ich machten eine saufselige »Auf Wiedersehen«-Bootstour im Hafen von Rio; sie würden das Trinkprogramm noch ein wenig fortsetzen, während mein Weg mich landeinwärts führte, alleine, in eine andere Großstadt. Die meisten Lebern in Rio hatten schon während des Karnevals einiges einstecken müssen; ich hatte ihn ausfallen lassen und war daher gesund und startklar. São Paulo ist eine Megastadt mit 20 Millionen Einwohnern; hier gibt es viele erfolgreiche Geschäftsmänner, aber es wimmelt auch von Obdachlosen und Bauern ohne Land. Wenn ein Politiker hier gewählt werden möchte, muss er versuchen die Massen anzusprechen, ohne ihre Forderungen zu beachten, weil es die Wirtschaft ruinieren würde, wenn er es täte. Und wenn sie nicht kriegen, was sie wollen (oder selbst, wenn sie es kriegen), werden sie nicht sich selbst, sondern dem Politiker die Schuld geben.

Ein perfektes Beispiel dafür ist eine brasilianische »Zurück aufs Land«-Bewegung, eine Idee verarmter Menschen ohne Land, die gerodete Flächen besetzen, auf denen nun Sojabohnen angebaut werden; dort versuchen sie Lebensmittel zu pflanzen, um davon zu leben. Diese Bewegung erweicht natürlich die Herzen von ausländischen Touristen und gefällt Brasiliens kaum gebildeten Slumbewohnern genau wie den Intellektuellen, deren Karrieren darauf aufbauen, dass sie sich das Recht anmaßen, für sie zu sprechen. Politiker müssen dieser idealisierten Vorstellung mit Lippenbekenntnissen Tribut zollen, aber tief im Herzen wissen sie, dass die Brasilianer den Gedanken an Subsistenzfarmer, die sich in einem abgeschlagenen und niedergebrannten Waldgebiet gerade so über Wasser halten, nicht mögen, wenn sie doch eigentlich in einem machtvollen Land leben sollten, das Flugzeuge, Computer und Roboter herstellt, genau wie eine Erste-Welt-Wirtschaft, nur mit zusätzlichen Waxing-Studios für die Bikinizone. Sie wollen die weitere Ausbreitung einer Bauernwirtschaft, die ein Klotz am Bein der Entwicklung zur Industrie- und Wissenswirtschaft wäre, die sie sich naher Zukunft erarbeiten wollen, weder finanzieren noch fördern. Aber solange sie ihr Bildungssystem nicht in Schuss bringen, werden sie die Bauern und Slums nicht hinter sich lassen können, und die Brasilianer werden weiterhin denselben alten Witz erzählen: Brasilien ist das Land der Zukunft – und wird es immer bleiben.

Megastädte sind faszinierend, aber ich wurde ihrer überdrüssig und es war an der Zeit, wieder die Gesellschaft von Flora, Fauna und anderen Backpackern zu suchen. Ich machte mich auf den Weg nach Campo Grande – wegen ihrer Erde »die dunkle Stadt« genannt, aber der Name könnte ebenso gut die spannende Mischung der Ethnien dort beschreiben –, um das berühmte Feuchtgebiet namens Pantanal zu besuchen und anschließend dem Gringo-Pfad Richtung Norden nach Ecuador zu folgen und mit einem Boot zu den Galapagosinseln überzusetzen. Nach all diesen Vergnügungen folgten weitere dieser Art in Kolumbien, wo eine lebhafte Gruppe junger Backpacker zu einem Trupp verschmolz, dem auch ich angehörte – als Onkel Mike, der absurd weit gereiste Vertreter der älteren Generation. Wir wanderten in die verlorene Stadt Tayrona, die erst 1972 von Schatzjägern entdeckt wurde und tief in den Dschungeln der abgeschiedenen Berge der Sierra Nevada de Santa Marta liegt. Schließlich blieb mir nur noch übrig, die nördlichen Randgebiete des Kontinents abzuklappern, wo ich unter anderem den Salto Ángel besichtigte, den höchsten frei fallenden Wasserfall der Welt, gefolgt von Guyana im tiefen Norden, wo ich inmitten eines tosenden Flusses entscheiden musste, ob ich illegal ein Land betreten oder illegal in ein anderes zurückkehren sollte. Mich rettete das Durcheinander glänzender Visastempel und dazugehöriger Hologramme, die meinen Pass verstopften und den verblüfften Grenzbeamten eine Lehre erteilten: »Es ist nicht alles Gold, was glänzt.«

Die venezolanische Regierung prahlte damit, dass ihre Währung viel mehr wert sei als die festgelegte Schwarzmarktrate. Das tut ihrem Nationalstolz gut, aber sie läuft auch Gefahr, dass vagabundierende Backpacker sie beim Wort nehmen. Für nur ein paar Hundert US-Dollar kaufte ich also die Flugtickets, die mich Ende Mai nach Kanada und anschließend weiter nach Almaty, Kasachstan, zu Dana bringen würden.

Kapitel 12
Die Steppen des Fernen Ostens
Kasachstan | Mongolei | Japan

Im Almaty, am Fuße des Tian Shan, hatte der Frühling Einzug gehalten; die Bäume trugen Laub und die Luft war frisch. Ich war gerade rechtzeitig zum WM-Qualifikationsspiel zwischen England und Kasachstan gelandet, das am 6. Juni 2009 stattfand. Die Inhalte des Reisegepäcks Hunderter England-Fans hatten als Vorwarnung dafür gereicht, dass die Spielverderber von der Polizei verlauten ließen, jeden Mann zu verhaften, der als Hommage an den Film *Borat* einen »Mankini« mitbrachte.

Unterwegs zu Danas Wohnung erlebte ich den »Brieftaschen-Trick«. Ich hatte mir kaum noch Hoffnungen gemacht, diesen Trick, den ich bisher nur vom Hörensagen kannte, jemals mit eigenen Augen zu sehen. Ein Mann lief neben mir her und versuchte mich in ein Gespräch zu verwickeln. Er musste zügig laufen, um Schritt zu halten, aber es gelang ihm glaubhaft so zu tun, als hätten wir die von Laub bedeckte Brieftasche, die er in einem Rinnstein bemerkte, gemeinsam entdeckt. Ich lachte ihn aus und lief einfach weiter, als er seinen Preis emporhielt. Natürlich sollte ich mich interessiert zeigen, damit wir gemeinsam die Brieftasche öffnen konnten, um das Geld darin zu entdecken. Während wir es gerecht aufteilten, würde dann sein Komplize zu uns stoßen, verzweifelt auf der Suche nach seiner »verlorenen« Brieftasche. Er wäre erleichtert, dass wir sie gefunden haben, aber … oh nein! … Da fehlten doch 300 Dollar, die vorher noch drin waren! Nach langem Gezanke und Drohungen, die Polizei zu verständigen, würde der erste Komplize nachgeben und ihm 150 Dollar »erstatten«, um weiteren Ärger zu vermeiden. Die Idee dahinter ist, dass der Ausländer sich dann genötigt fühlt, dasselbe zu tun, was den beiden Trickbetrügern einen Profit von jeweils 75 Dollar beschert. Daran kann man schon erkennen, welche Art Touristen die Stadt besuchen; normalerweise sind nur Mitarbeiter von NGOs oder der UN naiv genug, auf so etwas reinzufallen.

Dana traf mich in ihrer Mittagspause und gab mir einen Schlüssel zu ihrer Wohnung. Seit wir uns in Afghanistan das letzte Mal gesehen hatten, war nur ein Jahr und eine Reise durch Südamerika vergangen, und so fühlte es sich für mich, für uns beide so an, als seien wir nie getrennt gewesen. Bald schon lebten wir wieder unsere fröhliche Almaty-Routine – wir spazierten durch die öffentlichen Rosengärten, schauten den Inline-Skatern zu, wie sie die aus Holz erbaute Christi-Himmelfahrt-Kathedrale aus der Zarenzeit umkreisten, und küssten uns hinter den großen Eichen. Am nächsten Tag trafen wir eine von Danas Schwestern, die uns zum Mittagessen begleitete. Ich beantwortete ihre Fragen nach meinem Beruf, während Dana mich unter dem Tisch anstieß, um sicherzustellen, dass meine Antworten zu dem passten, was sie ihrer Schwester morgens am Telefon über mich erzählt hatte. Ihre Tritte leiteten mich nach einem »Warm-kalt«-Prinzip, während ich versuchte, Details der falschen Beschreibung zu erraten, die Dana von mir gegeben hatte. Ihre Schwester und ich fanden heraus, dass ich ein UN-Beamter war, dem Dana das Land zeigen wollte.

Als Nächstes folgte eine Einladung in ein Restaurant mit einigen Verwandten von Dana, die ebenfalls in Almaty und nicht weit von ihr wohnten. Ich war also dieser UN-Beamte, der Dana nicht wirklich gut kannte, und wir aßen in einer enorm großen Jurte in einem Tal des Tian Shan. Ihre älteren Tanten stellten sicher, dass ich immer genug von dem kräftigen kasachischen Käse hatte, der sehr an Parmesan erinnert, aber viel stärker schmeckt und riecht und so trocken ist, dass er einem im Mund zu Staub zerfällt. Natürlich schaufelten sie auch reichlich Pferdeleber und rohe Zwiebeln auf meinen Teller; wir tranken puren Wodka aus Trinkgläsern und aßen dazu Lauchzwiebeln. Mich konnten sie damit nicht schrecken.

Am selben Tag, in der Wohnung von Danas Schwester, tranken wir noch mit ihr und ihrem Ehemann weiter; Dana trank aus naheliegenden Gründen nicht mit. Die Nachbarn kamen dazu, als sie hörten, dass nebenan gefeiert wurde, und unter diesen Nachbarn befand sich auch ein großes, schönes kasachisches Mädchen, das für eine Bank arbeitete und entzückt war, als sie hörte, dass ich ein alleinstehender Mann war, der für die UN arbeitete. Sie fand ständig neue Gründe, mich zu küssen (zum Beispiel betonte sie, wie sehr sie die französische Kultur bewunderte, und verließ dann den Raum, nur um mich zur Begrüßung wieder küssen zu müssen, als sie zurückkam). Dana musste sich das alles anschauen und konnte nichts tun, da sie ja vorgegeben hatte, dass ich nur ein Arbeitskollege war. Später im Auto lachten wir darüber: so weit, so gut.

Dann hatten wir endlich ein wenig Zeit zu zweit, um zur Sache zu kommen, aber schon bald musste Dana wieder an die Arbeit. Ich begleitete sie auf ihrem Flug nach Astana, Kasachstans moderner Hauptstadt, wo sie eine Reihe von Meetings hatte – im Rahmen einer Konferenz, glaube ich –, während ich die Stadt zum ersten Mal besuchte. Wir nahmen ein Taxi zum Haus ihrer alten Mutter, wo auch Danas Bruder und ihre Nichte im Teenageralter wohnten – in einer klassischen alten Sowjet-Wohnung in einer Gegend, in der man eigentlich nie hätte bauen sollen, da sich direkt nebenan eine Tuberkulose-Klinik befand. Danas Mutter bemerkte, dass nicht viele Touristen diesen Teil von Astana besuchen würden, und ich stimmte ihr eilig zu. Sie sah aus wie eine dieser weisen Nomadenfrauen, die man auf Fotos in Museen sieht, und ganz offensichtlich hatte sie den Verdacht, dass ich nicht wirklich ein UN-Kollege ihrer Tochter sei. Sie machte eine Kanne unfassbar starken Tee.

Am Abend fuhren Dana und ich zurück in die Innenstadt und kauften Zugtickets nach Nordkasachstan für eine spätere Verwendung, dann mieteten wir für die Nacht eine große Wohnung im Regierungsbezirk an. Darin befanden sich ein gigantischer Fernseher und ein Badezimmer aus weißem Marmor, dessen Kacheln mit Hieroglyphen verziert waren, wie man sie in ägyptischen Grabkammern vermuten würde. Danas andere Schwester fuhr uns durch die Stadt, um uns die Sehenswürdigkeiten zu zeigen.

Astana ist eine dieser supermodernen Städte, denen ich sehr skeptisch gegenüberstehe. Hier haben Architekten ihre todschicken Modelle Realität werden lassen, aber man wird das Gefühl nicht los, dass man durch das Modell läuft. Solche Städte sind für die Architektur, was Gitarrensoli für die Rockmusik sind: eine Form der Zurschaustellung. Man läuft in gleißendem Sonnenschein durch einen kolossalen Park und zwischen goldgläsernen Türmen umher und fragt sich, warum es nirgends einen windgeschützten Platz im Schatten gibt, an den man sich mal setzen könnte. Die Antwort: Dieser Bereich der Stadt hat die Form des kasachischen Wappenvogels und ist hochgradig symbolisch – Bänke und Windschutzwände wären hier deplatziert. Wenn man den Platz aus der Luft sehen könnte, dann wüsste man auch, dass er perfekt ist.

Etwa eine halbe Stunde, nachdem wir aufgehört hatten uns zu beschweren, wie steril Astana ist, liefen Dana und ich an zwei gut betuchten Bürodamen vorbei. Sie beschwerten sich ebenfalls, und zwar auf Russisch, sodass wir sie verstehen konnten. Dana spricht fließend Russisch und hatte mir ein bisschen beigebracht. Das Letzte, was wir hörten, war, wie eine Frau zu der anderen sagte: »Weißt du, was ich an Astana am meisten hasse? Die ganzen Leute, die rumlaufen und sich über Astana beschweren.«

Wir sahen uns das einzige Ozeanarium Zentralasiens an und stiegen den Bajterek-Turm hinauf, der aussieht wie ein Baum, in dessen Wipfel ein goldenes Ei liegt. Im Innern des Eis befindet sich eine Plattform, wo man seine Hand in den metallenen Abguss von Präsident Nasarbajews Hand legen kann. Das soll eine Art Segen darstellen.

Ein paar Tage später, zurück in Almaty, sollte Dana mit einigen anderen Beamten eine kurze Rede vor einer TV-Show geben, in der Kinder in einem der vielen exzellenten Parks tanzen, die mit alten Ulmen und Eichen verziert sind und zu einem Spaziergang jenseits der außerordentlich lebenswerten Straßen einladen. Das zuständige Büro zur Verhinderung der schlimmsten Arten von Kinderarbeit, für das Dana arbeitet, hatte ein Tanzprojekt für Kinder aktiv und finanziell unterstützt. Das Geld für das Programm (und Danas Gehalt) kam aus einem von Präsident Nasarbajew eingerichteten Hundert-Millionen-Dollar-Fond. Unglücklicherweise hatte er sich bei krummen Geschäften mit einem amerikanischen Handelsbankier namens James Giffen erwischen lassen; für die kleine Schmiergeldsumme von 78 Millionen Dollar hatte er Exxon, BP und ConocoPhillips vorrangigen Zugriff auf Öl zugesichert. Als Zeichen der Sühne zahlte er 100 Millionen, die er gerade übrig hatte, für gute Zwecke.

Wir nahmen ein Taxi in den Park, wo wir die Bühne und eine Menge von etwa tausend Zuschauern fanden. Dana stellte mich den anderen Regierungsvertretern als kanadischen Beamten vor und ich spielte das Spiel natürlich mit. Nachdem Dana und die anderen ihre Reden gehalten hatten, waren alle der Meinung, dass es toll wäre, wenn ich auch auf die Bühne gehen und ein paar Worte sprechen würde, im Namen von wer auch immer mein Arbeitgeber sein sollte. Dana bot mir an, für mich zu übersetzen.

Ich sah, dass die jüngsten Mädchen mit ihrer Choreografie anfingen: Eine Gruppe Mädchen im Alter von sechs bis zehn Jahren hatte sich als Bauchtänzerinnen aufgetakelt und bewegte sich auf eine Weise, die Frauen vorbehalten sein sollte, die ein gewisses Mindestalter haben. Anschließend tanzte ein weiteres Dutzend Mädchen im Alter von acht bis zwölf in burlesken Kostümen mit Federboas und Federbustiers zu Liedern, die so kinderfreundliche Textzeilen beinhalteten wie »Do you wanna tap my ass?« und »Shake those titties!«. Natürlich verstanden die wenigstens im Publikum Englisch, ansonsten hätte es wohl einige skeptische Blicke und Kommentare gegeben. In der Zwischenzeit gaben mir die Regierungsvertreter ein T-Shirt, das ich anziehen sollte, wenn ich vor die Kameras trat – ein weißes Shirt, auf dem das Bild eines kleinen Mädchens in Schuluniform war, das einen bunten Lutscher hielt. Der Slogan darunter, aufgedruckt auf Russisch und Kasachisch, ließ sich sinngemäß übersetzen mit »Versuch's mal mit kleinen Mädchen« – womit man sagen wollte, dass die UN versuchen möchte, kleinen Mädchen eine faire Chance auf Bildung und eine Karriere zu geben.

An dieser Stelle hatte ich mich entschieden, keine Rede auf dieser Bühne zu halten, danke trotzdem. Was hätte Dana auch für mich übersetzen sollen? Vielleicht: »Wenn irgendwer zuschaut, der mich kennt: Das ist nicht, wonach es aussieht. Ungeachtet meines Shirts und meiner Anwesenheit auf dieser Bühne setze ich mich nicht dafür ein, dass irgendwer hier mit diesen kleinen Mädchen rummacht.« Ich war dankbar, als die älteren Mädchen an der Reihe waren: netter kasachischer Hip-Hop und Breakdance-Gruppen.

▪ ▪ ▪

Als Danas Urlaub anfing, fuhren wir mit dem Zug Richtung Norden, durch die kasachische Steppe ins Altai-Gebirge und dorthin, wo angeblich das legendäre Shambhala (das Land des Reinen Buddhismus) liegt, am Berg Belucha, wo sich heute ein Skiresort befindet. Öskemen, Kasachstans führende Metropole in Sachen Metallurgie, Immunsystemstörungen und früher auch Atomwaffenherstellung, war ein guter erster Halt. Die Sonne schien und die Pappelpollen wehten. »Aber warum sind da lauter Prostituierte auf dem Stadtparkplatz?«, fragte ich Dana, nachdem einige von ihnen an uns vorbeigezogen waren, allesamt in Miniröcken, die nur knapp unter dem Schritt endeten. Eine rief mir zu: »Sexy

Motherfucker!« Dana erklärte mir: »Das sind keine Prostituierten; das sind die Brautjungfern für eine russische Hochzeit.«

Von der Stadt aus zogen wir uns zurück ins Vorgebirge des Altai; wir quartierten uns für unsere Wanderungen durch die Natur in einem alten sowjetischen Jungpioniere-Camp ein, das mittlerweile im Niedergang begriffen war, aber von den Hauswarten als eine Art »Zurück-in-die-Natur«-Herberge weitergeführt wurde, inklusive einer *banya* (Sauna) mit Birkenzweigen. Ein Versuch, tiefer in das Altai-Gebirge vorzudringen, um eine isolierte Siedlung alter Gläubiger zu besuchen – eine verfolgte Sekte, die sich 1666, nach der von ihnen als exzessiv empfundenen und deshalb abgelehnten Modernisierung der Rituale, von der Orthodoxie abwandte – scheiterte: Die Brücke war weggespült worden und die Siedlung nun völlig abgeschnitten. Wir hüpften in eine Einpropellermaschine und düsten rüber nach Ölgii, eine kleine Steppenstadt in der Nähe des militärischen Sperrgebiets im äußeren Westen der Mongolei; Dana hatte einen Kontakt bei der Polizei, von dem sie Sondergenehmigungen bekommen konnte, damit wir innerhalb dieses Gebiets im Altai-Gebirge reisen konnten.

Das mongolische Sperrgebiet ist eine spurlose Wildnis, in der sowohl ausländische als auch einheimische Nomaden und Archäologen beheimatet sind. Hier gab es von Gletschern geschaffene Täler mit Lärchenwäldern und eisigen Seen, auf denen wir Steine springen ließen (»den Schmand lecken«, wie man hier sagte); es gab rauschende Flüsse, in denen es von Äschen wimmelte, die wir mit einer Prise Chili gewürzt über einem Feuer grillten. Wir schliefen in einer Jurte, die uns eine Nomadenfamilie zur Verfügung stellte, unter dicken Decken, die trotz der Kälte für Behaglichkeit sorgten. Im Wald hatte ich einen Vorrat an Lärchenzweigen gesammelt; ich stand eine halbe Stunde vor Dana auf, um ein Feuer anzuzünden, damit sie in einer warmen Jurte aufwachte. Wir hatten eine Auswahl an Pferden, deren Namen wörtlich übersetzt Braun, Brauner und Braunes Pferd bedeuteten. Also gut, da hatte man sich bei der Namensgebung wohl nicht allzu viele Gedanken gemacht. Ich taufte meines auf den Namen Stolpi um, und auch ich hatte mir dabei nicht allzu viele Gedanken gemacht, da das Pferd eben manchmal stolperte, wenn die Pfade hoch oben in den Bergen zu steinig waren oder wenn es versuchte, die mit Geröll übersäten Uferbänke des Flusses hochzukraxeln, durch den es gerade geschwommen war – mit mir auf dem Rücken. Wir ritten tagelang, oft 70 Kilometer oder mehr, durch breite

Gletscherpässe und über schmale Bergpfade, sahen uns Felszeichnungen der Skythen an (die skythischen Frauen waren womöglich Amazonen, wie der griechische Historiker Herodotus schrieb), fanden Wasserfälle und besuchten Nomaden, die allein in einsamen Tälern lebten.

Aus irgendwelchen Gründen kamen Einheimische zu mir, um mich um medizinischen Rat zu bitten; ich versuchte mein Bestes. Einer klagte über Nierensteine im Urin. Ich fragte ihn nach seiner Ernährung, und er sagte, er äße zwei Käsesorten, Quark, zwei Milchsorten, Schmand, Butter und wenig sonst. »Weniger Milchprodukte essen«, lautete mein Rat an ihn. Ein anderer kam mit einigen Begleitern angeritten und zeigte mir sein Bein, das längs aufgerissen war. Das Fleisch auf beiden Seiten sah aus wie zwei rohe Hühnerbrustfilets. Endlich konnte ich das Erste-Hilfe-Köfferchen gebrauchen, das ich all die Jahre mit mir rumgeschleppt hatte. Ich fragte, ob sie die Wunde gereinigt hätten. Dana übersetzte meine Frage und sie sagten, sie hätten eine ganze Flasche Wodka darübergegossen. Mein Köfferchen enthielt eine kleine Flasche mit einem handelsüblicheren Desinfektionsmittel, also stellten wir sicher, dass alles so sauber wie möglich war, dann hielt einer der Männer die Wunde zu, während ich sie bandagierte. Eigentlich hätte man das mit vielen Stichen nähen müssen, aber das überstieg meine Kompetenzen, also mussten wir hoffen, dass der Verband die Wunde zusammenhielt, damit sie heilen konnte. Ich bot ihm ein paar Pillen an. Dana übersetzte die Frage meines Patienten, was das sei, und als ich ihm sagte, dass es Schmerzmittel waren, lehnte er sie ab. »Ich bin Mongole«, war seine Begründung.

Bei unserer Ankunft hatte ich dem Stammesältesten in der benachbarten Jurte ein Schaf geschenkt, das ich auf einem schmutzigen Viehmarkt in der Nähe von Öglii gekauft hatte. Spätabends klopfte es einmal an unserer Tür; es waren die Nachbarn, die uns einluden, mit ihnen zu essen. Wir saßen an einem niedrigen Tisch, in dessen Mitte der gekochte Kopf des Schafes stand. Der alte Mann war da, um zu assistieren und zu insistieren und mit einem langen Messer die Delikatessen abzuschneiden, die ich essen sollte, gefolgt von Jubel und einem Wodka. Zuerst kam ein Augapfel, der genauso schmeckt, wie man sich das vorstellt, sehnig und glitschig, und dazu ein Wodka; dann folgten Stücke von Lippe und Ohr, dazu ein Wodka; ein Stückchen Hirn und noch ein Wodka. Es war noch mehr Hirn im Angebot, aber ich ließ Dana für mich übersetzen (die Einheimischen dort können Kasachisch sprechen), dass sich so viele hungrige Frauen am Tisch die Lippen leckten und ich wirklich nicht gierig sein wolle.

An einem anderen Abend tobte vor unserer Jurte ein Sturm. Wir schliefen schon tief und fest, aber ein lautes Geräusch weckte mich: Unsere Tür war auf- und wieder zugeschlagen. Etwas oder jemand war jetzt in der Jurte, das konnte ich spüren, aber ich schlief wieder ein. Am Morgen, als der Sturm vorüber war, stellte sich heraus, dass ein Kalb in unserer Jurte war. Es hatte die ganze Nacht da gestanden, wohin man es zum Schutz vor dem Sturm geschoben hatte, wie ein Möbelstück, abgesehen davon, dass es den Kopf gesenkt hatte, um sich an unserem Grasteppich zu weiden. Die Tür öffnete sich wieder und zwei Hände kamen hinein, um unseren kleinen Besucher wieder zu entfernen.

Die Einheimischen waren hervorragende Reiter und ich nicht, abgesehen von einem Aspekt: Als wir eines Nachmittags ausritten und schon mindestens 40 Kilometer zurückgelegt hatten, unterhielten sich einige der Männer. Dana übersetzte ihre Worte als eine Frage: Ob es Zeit für eine Pause sei? »Nein, mir geht's gut«, sagte ich. »Aber wenn die anderen eine Pause machen möchten, können wir gerne anhalten.« Sie übersetzte meine Antwort und wir ritten weiter. Nach weiteren fünf Kilometern wurde mir die Frage noch einmal gestellt; meine Antwort war dieselbe. Schließlich, nachdem einer von ihnen von seinem Pferd gefallen war, gaben sie zu, dass ihnen die Hintern wehtaten und sie eine Pause brauchten, aber nicht die Ersten hatten sein wollen, die anhielten. Mein Arsch muss zäh wie Stiefelleder gewesen sein von all den Busfahrten in Dritte-Welt-Ländern, weshalb mir der Sattel nichts anhaben konnte.

Einer der Männer, dem die Pferde gehörten, auf denen wir ritten, erzählte uns, dass er ein großer Fan von Adolf Hitler sei und sich nächstes Jahr, wenn er verheiratet wäre, ein Hakenkreuz-Tattoo stechen lassen wolle. Ich fragte ihn, was er so faszinierend an Hitler fand, der Deutsche und sonst nicht viel geschätzt habe; er sagte mir, dass Hitler großartig sei, weil er erobert und gemordet habe.

»Dann musst du auch ein Fan von Dschinghis Khan sein«, sagte ich.

»Nein, ich hasse Dschinghis. Eine Legende besagt, dass er Leute von meinem Stamm getötet hat.«

Er war nur einen Schritt von der goldenen Regel entfernt; so nah und doch so fern.

»In der Mongolei gibt es keine Juden. Wen überfallt ihr, um eure Unterstützung für Nazis zu demonstrieren?«, fragte ich.

»Wir überfallen die Chinesen«, sagte er. »Wann immer meine Freunde und ich sie in Ölgii finden.«

Ich war mir indes ziemlich sicher, dass Hitler und seine Nazis die Unterscheidung der mongolischen von der chinesischen Rasse für Haarspalterei gehalten hätten.

Als Dschinghis Khan die Chinesen zum ersten Mal eroberte, hätte er beinahe ihre völlige Auslöschung befohlen. Er sah, wie sie lebten, gefangen als Sklaven ihrer Agrarkultur, und wollte sie beseitigen, als Dienst an die Freiheit des Menschen. Zivilisation war eine Lebensweise, die unter der Würde eines freien Reiters war. Unter der Würde jedes Menschen. Es wäre besser, das Land von all diesen Sklaven zu befreien und es wieder zu Weideland für die Pferde zu machen. Er gab schließlich nach; ein namhafter Han-Chinese hatte ihm seine Strategie ausgeredet und das verdammte sein Reich dazu, mit der Zeit nachgiebiger zu werden und sich schließlich zu assimilieren, ganz wie er es vorhergesehen haben muss. Viele der Mongolen, die wir trafen, waren stolz auf die Zeit, als sie über die eurasische Prärie und die umliegenden Küsten der Zivilisation herrschten, fast so, als würden sie glauben, dass das Reich wiederauferstehen könnte, wenn nur ein neuer großer Führer auftauchte. Aber die Zeit der berittenen Bogenschützen war lang vorbei. Sie hatten Vorteil aus der Unfähigkeit der Fußsoldaten geschlagen, mit diesem vorrangigen militärischen Problem umzugehen: Man kann nicht überall stark sein. Heutzutage ist der Vorteil des Bogenschützen durch Schusswaffen nichtig gemacht, so wie der Gewehrschütze schon bald in der Drohne seinen Meister gefunden haben wird. Was die Mongolen erreicht haben, war so außergewöhnlich nicht: Die Geschichte lehrt uns, dass jede nennenswerte Militärtechnologie, kaum dass sie erfunden ist, sofort genutzt wird, um die Welt zu erobern.

Als wir nach einem halbtägigen Ritt die weißen Fähnchen eines Feldlagers erblickten, ritten wir näher heran und fanden dort französische Archäologen, die Ausgrabungen an den antiken skythischen Hügelgräbern von Kriegern aus der Bronzezeit vornahmen. Als sie uns sahen, dachten sie, wir wären die Filmcrew von *National Geographic*, die sie erwarteten; wer sonst würde über das unerschlossene Grünland der Mongolei in einem Sperrgebiet auf Pferden ankommen?

Der leitende Wissenschaftler war ein bekannter Archäologe – Pierre-Henri Giscard, der Mann, der behauptet, er wisse, wo sich das Grab von Dschinghis Khan befindet –, der so alt aussah wie Gandalf. Er befand sich im 17. Jahr seiner Forschungen über skythische Begräbnispraktiken; seine Zähne waren so abgenutzt, dass sie nur noch Stumpen waren, aber noch immer campte er hier draußen und tat, was er liebte. Er war gerade im Begriff, ein Grab zu öffnen, in dem er einen Kämpfer mit Bronzeschwert wähnte, aber er wartete noch auf die Filmcrew. Wir unterhielten uns über abgeschiedene Gegenden: Er war als junger Mann im Pantanal gewesen und hatte gesehenen, wie die Hirten zuerst das schwächste Zebu ins Wasser schickten, um zu testen, wie hungrig die Piranhas im Fluss waren. Er erzählte auch Geschichten über das besondere Muttermal auf den Hintern von echten Mongolen, den sogenannten Mongolenfleck; auch in einer Region Frankreichs würde man diesen heute noch bei Kindern finden, was nahelegte, dass die Hunnen im frühen Mittelalter in dieser Gegend eingefallen sind. Dana hat auch so ein Muttermal, ein Zeichen, wenn man so will, das ihre mongolischen Ahnen verrät. Bei unserem Gespräch mit dem Franzosen erfuhren wir auch etwas, das sich auf nicht gar so ferne Zeiten bezog. Als wir diese Neuigkeit in den kommenden Tagen weitererzählten, erregten wir damit großes Interesse bei den Einheimischen: Die Familien in den umliegenden Jurten waren nicht so sehr von der Welt abgeschnitten, als dass sie nicht gewusst hätten, wer Michael Jackson war, aber die Nachricht von seinem Tod hatte sie hier noch nicht erreicht.

Wir waren so viele Tage am Stück auf Pferden geritten, dass Danas entzückender Mongolenhintern wund war, und als man uns am Morgen fragte, ob wir ausreiten oder vielleicht lieber fischen gehen wollten, sagte sie: »Fischen, auf jeden Fall fischen!« Ein Junge kam und fing an, die Pferde zu satteln. »Wozu?«, fragte Dana, und er antwortete: »Ihr wollt fischen gehen, also reiten wir zum Fluss.« Es folgte ein weiterer langer Ritt über felsiges Terrain.

▪ ▪ ▪

Anfang Juli entschieden wir uns, Richtung Osten in die mongolische Hauptstadt Ulan-Bator zu reisen, also kehrten wir zunächst nach Öglii zurück, um uns am örtlichen Landeplatz nach Flugpreisen zu erkundigen. Sie wollten 660 Dollar pro Person für den Flug. Ich beschwerte mich beim Verkäufer über den hohen Preis.

»Ja, Sie zahlen den doppelten Preis, da Sie Ausländer sind«, sagte er.

»Gibt es noch eine andere Möglichkeit, dort hinzukommen?«, erkundigte ich mich.

»Sie können natürlich den Bus nehmen.«

Mit unseren 20-Dollar-Tickets in der Hand warteten wir eines schönen Morgens auf besagten Bus, zusammen mit 41 Mongolen (wenn meine Zählung stimmte). Unser Bus erwies sich als eher klein. Natürlich saßen wir Schulter an Schulter, als alle eingestiegen waren. Die holprige Fahrt führte uns über felsiges Terrain, bis wir eine Straße erreichten – so dachte ich zumindest. Stattdessen fuhren wir Hügel hinauf und auf der anderen Seite wieder runter, wir platschten durch Flüsse, fuhren über Kieselfelder und durch Abschnitte der Wüste Gobi.

»Habt ihr denn gar keine Straßen?«, fragte ich einen der Mongolen.

»Wir bauen welche«, antwortete er.

Und tatsächlich sahen wir irgendwann Anzeichen von Straßenbauarbeiten mitten in der Steppe. Aber auch wenn das eine progressive Entwicklung darstellte, nutzte sie uns in diesem Moment herzlich wenig, da wir übers freie Feld ruckelten und krachten, vollgespritzt vom Erbrochenen der Mitreisenden. Wir machten nur kurze Pinkelpausen und einmal hielten wir an, um *manti* (mongolische Teigtaschen) zu essen. Nach 18 Stunden Fahrt fragte ich denselben Mongolen, ob wir nun bald in Ulan-Bator seien. Er lachte.

»Wir fahren 50 Stunden«, sagte er. »Es gibt zwei Fahrer, einer schläft, einer fährt, dann wechseln sie sich ab.«

»Fünf-Null? Fünf-zig?«, vergewisserte ich mich und er nickte lächelnd.

Dana und ich sahen uns an. »Tut uns leid«, sagte ich, »aber laut dieser Karte kommen wir an diesem Punkt hier vorbei. Er hat einen Namen, das muss eine Stadt oder wenigstens eine Kleinstadt sein. Wir steigen da aus und suchen uns ein Hotel und dann nehmen wir einen anderen Bus, wenn wir uns erholt haben.«

Am nächsten Morgen erreichten wir den Punkt: Es war eine Ansammlung von Jurten vor einem endlosen Horizont. Der Bus hielt an, damit wir uns alle in eine Jurte (die so tief im Osten *»ghers«* genannt wurden) drängen konnten, wo eine Frau auf einem niedrigen Stuhl saß. Sie ließ sich sagen, wie viele Leute Suppe wollten, dann zog sie das Bein samt Lende eines Tieres hervor und schlug ausreichend viele Fleischbrocken mit einem Beil ab.

»Wir können hier nicht bleiben«, sagte ich zu Dana. »Da ging es uns im Bus besser.« Nach der Suppe pressten wir uns also wieder zusammen, für weitere 25 unbequeme Stunden, die an echtes Leiden grenzten. Meine Hauptsorge war, dass ich in dieser Sache der Schuldige sein würde, da ich die Bustickets gekauft hatte. Dana war verdächtig friedfertig und machte das Beste aus unserer Lage, aber ich hatte so eine Ahnung, dass mich in Ulan-Bator ein Donnerwetter erwarten würde. Nachdem wir mit dem Bus 50 Stunden querfeldein gefahren waren und dabei einige interessante Sehenswürdigkeiten gesehen hatten, waren wir endlich in der Hauptstadt und richteten uns freudig in einem Hotel ein. Dana war bemerkenswert belastbar und gelassen; sie äußerte keinerlei Beschwerden.

Uns erwarteten weitere Ausritte und weitere Sehenswürdigkeiten, darunter die Gelegenheit für ein internationales Dinner in der Hauptstadt. Dort präsentierte ein koreanisches Restaurant uns eine völlig unverständliche Karte: Die koreanischen Gerichte hatten mongolische Namen, die in kyrillischer Schrift verfasst waren. Uns blieb nur, in die Küche zu gehen und auf die Sachen zu zeigen, die wir essen wollten. Dabei kam uns die Idee, auf unserem Weg nach Tokyo durch Seoul zu reisen; wir wollten uns Japan ansehen, bevor Dana wegen ihrer Arbeit wieder nach Kasachstan zurückkehren musste – hoffentlich mit einem Baby an Bord.

Wir verließen die flache, dünn bevölkerte Mongolei für das hoch bebaute, dicht bevölkerte, technologische Tokyo, die vielleicht größte Metropole der Welt, eine Hightech-Wunderwelt mit drei unterschiedlichen, miteinander verflochtenen U-Bahn-Systemen, in denen man sich hervorragend verirren kann. In Tokyo schwingt eine gewisse Aufregung in der Luft, eine Lebendigkeit, die deutlicher zutage tritt, als es in anderen Megastädten der Fall ist. Die Einwohner hier sind fast alle Japaner, was in Zeiten, in denen viele moderne Städte nicht zu unterscheidende Schmelztiegel verschiedenster Ethnien sind, ein sonderbares Alleinstellungsmerkmal ist. Tokyo drängt sich einem nicht auf; vielmehr muss man sich die Stadt erschließen, aber auch deshalb ist sie ein Liebling von Touristen aus aller Welt. Sich hier zu verirren, machte genauso viel Spaß, wie sein Ziel zu finden. Hier konnte man im Yoyogi-Park entspannen, schleimige Tintenfisch-Dumplings essen und Kirin-Bier trinken; man konnte Rockabilly-Tänzer und Harajuku-Mädels beobachten.

Japan ist kompakt und lässt sich leicht mit dem Rucksack bereisen; Ehre, Sushi und Karaoke sind die drei Säulen der japanischen Gesellschaft. Wir fuhren mit dem Hochgeschwindigkeitszug, verkosteten Whisky in engen Hinterhofbars und spazierten in Kyōto zwischen den Kirschbäumen am Philosophenweg entlang, über Bogenbrücken und vorbei an Strömen und Becken, in denen wachsame Karpfen schwammen. Hier gab es eine Reihe von Zen-Tempeln, die vollkommen friedlich, wunderschön und ironisch waren. Denn von Schutz und Wärme mal abgesehen: Von was ist man denn im Innern eines Gebäudes umgeben, wenn nicht von den Zeugnissen menschlichen Denkens? Jeder Holzbalken, jeder Schnörkel ist eine physische Repräsentation des Denkens, dem starrsten aller Konzepte. Und doch soll der Zen-Tempel der richtige Ort sein, um sich davon zu lösen, in Begriffen zu denken. Sie sind Architektur gewordene Kōans, die einen dazu verleiten, die Frage infrage zu stellen.

Es gibt Metaphysik, die grundlegender als der polierte Boden dieser Tempel ist: zu verstehen, wohin man geht, wo man ist und woher man kommt; gleichzeitig diese beiden Gedanken zu erfassen: »Wenn du stirbst, wirst du wiedergeboren« und »Es gibt kein Du«. Das ist ein Gedanke wie ein glänzender Stein, den man am Strand findet, zweiseitig und flach genug, um ihn übers Wasser springen zu lassen. Sicher, andere Konzepte, an denen er sich in der Brandung gerieben hat, haben ihn geglättet, seine Größe und Form sind also nicht natürlich und er ist auch nicht identisch mit dem riesigen Felsen, aus dem er herausgebrochen ist, aber er besteht trotzdem aus der elementaren Substanz, und das Beste daran ist: Er fügt sich schön in die Handfläche deines Verstandes.

* * *

Dana musste wieder nach Almaty zurückkehren, also fuhren wir mit dem Zug nach Tokyo zurück, um unseren Flieger zu erwischen. Während unseres Zwischenstopps am Flughafen in Seoul sah ich eine große Werbetafel für »traditionelle mongolische Riesengarnelen-Suppe«. Wir ärgerten uns, dass wir die Gelegenheit nicht genutzt hatten, einer mongolischen Riesengarnelen-Jagd beizuwohnen, bei der die Mongolen ganze Herden von Garnelen durch die Wüste Gobi treiben, bevor diese in der traditionellen Suppe enden.

In Kasachstan besorgte ich mir ein Visum für Weißrussland und verbrachte meine Zeit ansonsten damit, rumzuhängen, Birkenwasser zu trinken, mit Kohl gefüllte Teigtaschen zu essen und Russisch zu lernen, wenn ich nicht gerade Bergschluchten erkundete. Wir entdeckten, dass Dana trotz unserer Expedition in die heiligen Berge der Skythen nicht schwanger war. Ich hatte mir ausgemalt, dass es liebenswert romantisch wäre, wenn die Empfängnis zwischen den Hügelgräbern ihrer Amazonen-Vorfahren aus der Bronzezeit stattgefunden hätte, dort in unserer entzückenden Jurte, am Rande eines Waldes, zwischen See und Berg, mit einem Eulenflügel über unserem Bett, den ein Schamane dort als Fruchtbarkeitssegen aufgehängt hatte. Nun schien es mir ein Fehler gewesen zu sein, das Szenario so über die Maßen aufwendig geplant zu haben. Aber Dana räumte auch ein, dass sie in Mathe eine Niete sei und wir während der Zeit, in der es drauf ankam, gar nicht zusammen gewesen seien. Zweimal hatte sie mich während meines dreimonatigen Aufenthalts in Japan für einwöchige Konferenzen verlassen, genau zu den Zeitpunkten, zu denen sie nicht hätte gehen sollen.

Wie dem auch sei, im September musste ich ihr Lebwohl sagen und nach Weißrussland fliegen. Und wir beschlossen, dass die Entscheidung, ein Baby zu zeugen, vielleicht doch etwas voreilig gewesen war. Ich grüble nicht lange über Dinge nach und lege stattdessen lieber los. Meine Intuition sagt mir, was ich machen soll, und wenn ich daran zweifle, dann spreche ich mit einem engen Freund darüber, so wie andere auch. Die Aufgabe dieses Freundes ist es dann mir zuzuhören und zu sagen, dass ich meiner Intuition trauen soll, daher kann dieser Schritt oft übersprungen werden. Wenn die 30-Prozent-Todeswahrscheinlichkeit-Straße im Rahmen meiner Abenteuer für mich hinnehmbar ist, dann konnte ich auch mit der fünfprozentigen Wahrscheinlichkeit leben, dass ein Baby oben auf dem Wassermelonenkarren schaukelt, während ich ihn die Straße des Lebens entlangschiebe.

Kapitel 13
Der urzeitliche Wald
Marokko | Ruanda | Kongo | Gabun | Kamerun

Minsk, die Hauptstadt Weißrusslands, ist so ruhig wie seine Altwasserseen. Hier findet man breite Alleen und riesige, beforstete Parks, die den Flüssen folgen, die sich um die Stadt winden. Ideal für ausgedehnte Spaziergänge und sonnige Stunden im Gras. Jede Gegend sieht so aus, als könnte dort eine Botschaft stehen, und tatsächlich kam ich an einigen vorbei – Irland, Israel, Bulgarien –, die sich an unerwarteten Orten befanden. Es gibt kaum Restaurants, und wenn, dann fühlt man sich dort ohne Anzug und Krawatte fehl am Platz. In der Innenstadt gab es einen McDonald's. Er war rappelvoll und größer, als man von außen vermutet hätte, da man ein komplettes historisches Gebäude ausgehöhlt und umfunktioniert hatte. Mein Ziel war es, irgendwo ein Internet-Café zu finden, aber es gelang mir kaum, ein einfaches Café zu finden. Schließlich fragte ich eine hip aussehende junge Frau, die Musikvideos anschaute; sie hatte noch nie von einem Internet-Café gehört. »Ein Café, in dem man ins Internet kann? Was für ein Konzept«, sagte sie und erzählte, dass hier in den Straßen nichts los sei und es nur eine Bar gäbe, die um zehn Uhr schließen würde.

Ich passte mich an die Umstände an, verbrachte viel Zeit im Museum und besorgte mir Mitfahrgelegenheiten durch das Land, um mir historische Stätten anzuschauen; ich entdeckte Schlossruinen in den riesigen Wäldern Weißrusslands, wo Schauspieler angeheuert wurden, um mittelalterliche Bauern und Ritter zu spielen.

Nachdem ich Weißrussland erkundet hatte, kehrte ich zurück in die Hauptstadt, um dort an Flussufern entlangzulaufen und das Monument auf der Insel der Tränen zu betrachten, das denen gewidmet ist, die ihr Leben im Krieg der Sowjetunion gegen Afghanistan gelassen hatten.

Ich ging auch in die Bar, die um zehn Uhr schließt. Die einzigen Leute dort waren die Damen, die in meinem Hotel arbeiteten. Als sie mich an ihren Tisch winkten, flüsterte mir die Kellnerin zu: »Gefährlich.« Wir fingen an, Schnaps aus Trinkgläsern zu trinken, wobei wir auf Kanada und internationale Freundschaften anstießen und das Glas natürlich jedes Mal leerten. Als die Bar um zehn Uhr schloss, schaffte man mich in das Zimmer der Geschäftsführerin. Ich war zu betrunken, um Einspruch zu erheben. Die Regale im Raum waren vollgestopft mit buchstäblich Hunderten Katzenstatuetten aus Glas, Holz, Keramik und anderen Materialien, die alle so aufgestellt waren, dass sie auf den Tisch in der Raummitte blickten. Es wirkte wie ein Tempel der ägyptischen Katzengöttin Bastet. Als mir von dem vielen Alkohol schlecht wurde, hatte eine der Damen eine Tüte genau für solche Situationen griffbereit und anschließend mussten wir weitertrinken. Dann versuchten sich die Damen gegenseitig auszubooten beim Versuch, mich mit ihren Töchtern zu verkuppeln. Sie sagten Sachen wie: »Meine Tochter 27 Jahre alt, sehr schön. Ich jetzt rufe sie an. Hier, reden Sie – reden.« Und dann sagte eine der anderen: »Meine Tochter 26 Jahre und studiert Jura. Hier, hier, an diesem Telefon, Sie müssen sprechen mit ihr.« Ich hatte in dieser Nacht einen Filmriss, aber als ich aufwachte, hatte ich es irgendwie auf mein Zimmer geschafft und lag auf der Tagesdecke meines Bettes.

Als das Wetter abkühlte und die Kastanien auf den Wegen des Victory-Parks lagen, flog ich nach Ottawa, um mal wieder Familie und Freunde zu besuchen und meinen Pass verlängern zu lassen. Ich erhielt eine E-Mail von Dana, die mir mitteilte, dass sie definitiv nicht schwanger sei. Außerdem sei ein Freund von ihr von einem Scharfschützen der Regierung während einer Demonstration in Kirgisistan mit einem Kopfschuss niedergestreckt worden. Sie machte sich insbesondere Sorgen, weil seine Frau, ebenfalls eine gute Freundin von ihr, mit dem zweiten Kind schwanger war. Ich schrieb Dana, dass sie sich auf das Schlimmste gefasst machen solle.

Meine Rückkehr nach Kanada im Oktober 2009 führte mich noch weiter über den Kontinent als gewöhnlich. Ich reiste von Change Islands im Atlantik den ganzen Weg bis an die Pazifikküste, um meine Mutter und meinen Vater sowie ihre Partner, drei Tanten, vier Onkel, zwei Brüder samt Ehefrauen, zwei Nichten, zwei Neffen und eine ganze Menge Freunde zu besuchen. Mein Vater wollte etwas Gesellschaft für einen Roadtrip: 1 600 Kilometer von Ottawa bis an den Atlantischen Ozean, dann ein Tag auf dem Ozean (oder mehr, da wir wegen eines Sturms sieben zusätzliche Stunden auf See verbrachten und darauf warteten, dass die Winde genug abflauten, um vor Port aux Basques anzulegen), dann weitere 600 Kilometer mit dem Auto nach Change Islands, Neufundland. Wir verpassten die Fähre um zehn Minuten, deshalb verbrachten wir die erste Nacht vor Ort und setzten am nächsten Tag nach Change Islands über, um dort Bauarbeiten am kleinen Strickmuseum meines Vaters vorzunehmen, was der Zweck unserer Reise war. Die Frauen des Ortes strickten einfarbige Socken, die sie in Handarbeitsläden verkauften, und mein Vater wollte herausfinden, ob sie auch welche mit Streifen stricken konnten, wie Pippi Langstrumpf und die Mädchen der Neufundländer Outports sie trugen.

Während wir dort waren, gab es einen Sturm auf Change Islands, den ersten des Jahres – stark genug, um das renovierte Fischerhaus meines Vaters in der Nähe von Diamond Point zum Zittern zu bringen. Der Großteil des Schnees, den der Sturm brachte, schmolz am nächsten Tag wieder. Mein Vater und ich gingen auf Change Islands wandern und landeten in richtiger Wildnis; wir gingen die Küste entlang, kletterten über mit gelbem Seetang bedeckte Felsen – die Einwohner nennen sie »Meerjungfrauenschürzen« –, sprangen zwischen rutschigen Gesteinsbrocken umher und erklommen Felswände, die uns in die dichten Lärchen- und Fichtenwälder führten, wo der Wind alle Bäume eigenartig verformt hatte. Ein einsamer Graufuchs zeigte sich kurz. Nach vielen Stunden ging die Sonne unter, darum gingen wir landeinwärts, durch Moorgebiete mit Moosbeerbüschen und Tümpeln voll schwarzem, von Schnee gemasertem Wasser. Wir bemühten uns, in höheren Lagen zu bleiben und nicht in den undurchdringbar dichten Wald zu geraten; wir liefen in Richtung eines Fischadlernests, das mein Vater nicht weit von der Straße entfernt gesehen hatte. Als wir schließlich zurückkehrten, nass und durchgefroren, war es Zeit für ein Fischessen im Haus eines Fischers, wo wir Wein tranken und traditionelle Lieder sangen, nachdem der Fischer Gitarre und Akkordeon hervorgeholt hatte.

Weiter westwärts legte ich einen Zwischenstopp ein, um meine Nichten und Neffen zu sehen und Science-Fiction-Taschenbücher aus den Sechzigern zu lesen, während ich bunte Jelly Bellys naschte. Oder ich ging mit den Hunden in den Wald, um sie Bälle jagen zu lassen. In Vancouver traf ich Chad auf ein paar Bier im Pub. Er war gerade aus Tofino zurückgekehrt, wo er sich die Weltmeisterschaften im Surfen angeschaut hatte. Die besten Surfer der Welt traten dort an, aber einem Kanadier aus der Region gelang es, die ganze Zeit über im Rennen zu bleiben und schließlich als Sieger aus der ganzen Sache hervorzugehen. Der internationale Surf-Verband gab ihm die 20 000 Dollar Preisgeld und bot ihm einen Vertrag als Profisurfer an, inklusive Trips rund um den Globus und die Aussicht auf Sponsorenverträge. Er sagte ihnen, er würde darüber nachdenken, und machte einen Strandspaziergang mit seiner Freundin. Anschließend lehnte er dankend ab; fürs Erste sei er hier glücklich und wolle nicht weg.

Ich bewunderte dieses Gefühl und gewissermaßen ging es mir genauso – nur dass ich dort sein wollte, wo ich nicht war. Ich öffnete eine Afrikakarte und studierte diesen berüchtigten Gordischen Knoten unnötiger Visa und beschwerlicher Transporte, ganz zu schweigen von den sogenannten »unmöglichen Ländern«, die in den Reisehandbüchern eher abgeschrieben denn beschrieben wurden. Es ergab wenig Sinn, ausführliche Pläne unter Zuhilfenahme hoffnungslos veralteter Informationen zu schmieden. Afrika würde ein wilder Ritt werden, so viel war klar.

▪ ▪ ▪

Dana war für eine UN-Konferenz in Frankreich, aber im Dezember 2009 wollten wir gemeinsam meine Afrika-Reise starten, indem wir per Anhalter durch Tunesien reisten. Wir hatten die Idee mit dem Baby aufgegeben, aber wir liebten es noch immer, zusammen zu reisen. Nach einer 25-stündigen Anreise landete ich um Mitternacht an Tunesiens internationalem Flughafen, wo ich mir ein Taxi in die Stadt nahm, um dort ein günstiges, aber nicht zu billiges Hotel zu suchen, denn ich würde mich dort mit Dana treffen. Am nächsten Morgen machte ich mich daran, Tunis zu erkunden, die Stadt, von der sich laut einer Broschüre für Touristen das englische Wort *»punish«* (»strafen«) ableitet. Die Anreise mit mehreren Flügen war fürwahr eine Strafe gewesen, aber es war eine wunderbare Stadt mit einem angenehm sonnigen Klima: T-Shirt-Wetter für mich, Pelzmantelwetter für die Einheimischen.

Ich hielt meine Füße still und wartete Danas Ankunft ab, mit der ich dann gemeinsam die Museen voller antiker Mosaike besuchte und mit dem Bus auf die kleine Insel Djerba fuhr, Land der Lotophagen, wo die Inselbewohner einst den berauschenden Saft einer dattelartigen Frucht tranken. Wir schauten einem Berber dabei zu, wie er seinen großen Tintenfisch wiederholt gegen die Pflastersteine des Kais schlug. Sie fangen diese Tintenfische auf eine ziemlich gemeine Weise: Sie versenken ein entzückendes Töpferhaus im Wasser und lassen es dort so lang, bis eines der Tiere sich dort einquartiert; dann ziehen sie es aus dem Wasser und erschlagen den Bewohner – ein Prozedere, das amerikanischen Arbeitern während der damals stattfindenden Finanzkrise infolge der Immobilienblase schmerzhaft bekannt vorgekommen wäre.

Wir besuchten Tataouine, eine Stadt in Tunesien, nicht zu verwechseln mit Tatooine, dem Heimatplaneten von Luke Skywalker. *Star Wars* ist allerdings nicht weit von hier gefilmt worden und einige der Einheimischen sehen ein bisschen wie Jawas aus – diese kleinen Wesen, die das Dünenmeer nach verwertbaren Robotern durchkämmten –, da sie die gleichen schweren braunen Kutten mit Kapuzen tragen. Per Anhalter kam man hier gut voran und Dana konnte ihre Französischkenntnisse im Umgang mit lächelnden Einheimischen üben. Orangen hatten gerade Saison; sie zu schälen war ein duftender Zeitvertreib, während wir in frischer, nebliger Luft auf Autos warteten, die uns mitnahmen. Oder wir mieteten trottelig aussehende Kamele und ritten um die Oasen oder durch die Salzwüsten in der Nähe des Östlichen Großen Ergs in der tunesischen Sahara. An den grünen Hängen des Atlas fühlten sich die Weihnachtsfeiertage eher wie Saturnalien an; Dana und ich picknickten in einer Höhlenstadt und erkundeten dort Heidentempel und farbenfrohe Mosaike der nackten Venus mit ihren Nymphen, bevor wir per Anhalter wieder zur Kasbah von El Ker fuhren.

Unser zweiwöchiger Urlaub ging viel zu schnell zu Ende. Dana musste wieder ins Büro, um die Rechte der kasachischen Arbeiter zu stärken, und ich musste meine Reisen fortsetzen, da ich an einem Rave in Marokko teilnehmen wollte. Von Tunis aus flog ich nach Casablanca, wo ich die drittgrößte Moschee der Welt und einen Teil der Altstadt erkundete, bevor ich mit dem Bus Richtung Süden nach Essaouira fuhr, eine Küstenfestung, wo einst Purpurschnecken gesammelt wurden, um ihren kostbaren Farbstoff zu gewinnen. Von meinem Zimmer aus blickte ich mitten in die verrückte Schlossanlage am Meer, die von Kanonen bewacht wurde. Hier traf ich zufällig auf Mikko, einen finnischen Freund, den ich nicht mehr gesehen hatte, seit wir uns in einem Hotel auf der Osterinsel vor der Pazifikküste Südamerikas kennengelernt hatten. Nicht weit vom Strand entfernt wurden Holzschiffe gebaut und repariert und die Ladenbesitzer verkauften Gebäck, Handys, Tierkadaver und Damenunterwäsche, alles unter einem Dach: Hier hatte man den Begriff »alles aus einer Hand« zu Ende gedacht.

In der marokkanischen Küche dreht sich alles um die Frage, welche Früchte – zum Beispiel Feigen, Pflaumen oder Aprikosen – sich am besten eignen, um sie mit Rind, Huhn oder Lamm zu schmoren. Außerdem hat man dort die Kunst der Teezubereitung perfektioniert, wobei es darum ging, ihn bestmöglich zu belüften. So wie Thailänder wissen, wie man Ananas in Spiralen schneidet, und Cajuns Austern knacken können, so wissen die Marokkaner, wie man Tee aus möglichst großer Höhe eingießt.

▪ ▪ ▪

In der gängigen kartografischen Tradition der Mercator-Projektion wirkt Afrika auf Weltkarten immer kleiner, als es ist. Touristen, die auf diese Illusion reinfallen, merken schnell, dass sie sich zu viel vorgenommen haben, als sie ihr Reiseprogramm zusammengestellt haben. Der älteste Kontinent der Erde ist kulturell und geografisch sehr heterogen.

Ich plante nach diesem Abstecher nach Nordafrika in der winterlichen Nebensaison einen Rave am Strand von Marokko zu besuchen, wo meine Freundin Molly auflegte; dann würde ich Richtung Süden reisen, um zu sehen, ob die westafrikanische Überlandroute offen war, was der Gerüchteküche der Backpacker zufolge der Fall war. Von dort aus würde ich weiter südwärts reisen, bis nach Dakar, von wo aus ich rechtzeitig nach Ostafrika fliegen würde, um das Ende der großen Tierwanderung zu erleben, dann landeinwärts weiter zu den Seen des Ostafrikanischen Grabens. Ich würde versuchen, lebend durch den Kongo zu kommen, und meine Tour in Westafrika wieder beenden. Im Rahmen meiner Reise würde ich versuchen, Richtung Norden voranzukommen, und mich in zunehmend tropischer Hitze den Kämpfen mit Bürokratie und Grenzbehörden stellen. Wenn die Bedingungen unerträglich würden, würde ich den Rückzug nach England antreten, die Hochzeit meines Freundes Ken besuchen und neue Kräfte für eine andere große Reise sammeln. Auf der Karte sah es machbar aus. Allerdings gibt es viele Dinge, die in Afrika machbar erscheinen.

Die unvermeidbaren Gefahren im Kongo machten mir am meisten Sorgen. Die Demokratische Republik Kongo (DR Kongo) litt unter den kongolesischen

Bürgerkriegen, einem panafrikanischen Konflikt, in den acht ausländische Armeen verwickelt waren und in dessen Verlauf seit 1996 schon über fünf Millionen Menschen getötet worden waren. Selbst die mildere, kleinere Republik Kongo, nördlich der DR Kongo, sollte dem Vernehmen nach korrupt und kein guter Standort für Reisende sein. Die Geschichten, die man sich in unseren Kreisen erzählte, waren düster: Wenn das Glück einem hold ist, wird man, nicht lange nachdem man den Dschungel erreicht hat, von korrupten Polizisten und Milizen bis aufs letzte Hemd ausgeraubt und zur Ausreise gezwungen. Wer kein Glück hatte, konnte auf völkermordende Rebellen oder Banditen treffen. Die Grenzstraßen wurden von beiden Gruppen heimgesucht. Während meines Aufenthalts in Marokko (einer dieser angenehmen Orte, an denen sich für Backpacker ein Equipment-Check empfiehlt) hatte ich Gelegenheit, die Visitenkarte auszukramen, die ich in Kasachstan erhalten hatte – die mit dem UN-Logo, auf der »Sicherheitsinspektor« stand, auf einer Seite in Englisch und auf der anderen in Russisch. »Perfekt«, dachte ich mir. Ich hatte sie laminieren lassen, um sie zu schützen, und auch wenn mein Name ein anderer war als der dieses Inspektors, hoffte ich doch, dass es ausreichen würde, um mich vor den berühmt-berüchtigt korrupten und dankenswerterweise analphabetischen Wegelagerern der DR Kongo zu schützen.

Mein marokkanischer Rave und das Atlas-Gebirge waren toll, aber sehr touristisch; die Überlandroute an der Westküste war durchführbar und erlaubte mir, Richtung Süden zu entkommen. Mauretanien bot ungewöhnliche Abenteuer und Sehenswürdigkeiten: Ich begegnete einem verschwitzten Südafrikaner auf einem Fahrrad mit Körben, der auf diese Weise bis zum Kap der Guten Hoffnung kommen wollte. Die einheimischen Stämme bestanden nun aus Subsahara-Afrikanern, man sah kaum noch Spuren von Berbern oder Arabern. Viele der Menschen hier waren Fischer oder Fischhändler; sie fingen oder verkauften eine Fischart, die so viel Blut in sich hat, dass es ekelerregend ist mit anzusehen, wie eines der Tiere auf dem Marktplatz von einem Autoreifen zerquetscht wird. Während ich auf die einzige mauretanische Eisenbahn wartete, saß ich im Gestank zwischen von Fliegen bedeckten Menschen; ein Kerl, der sich für den Inhalt meines Rucksacks interessierte, versuchte immer wieder, mich in die Wüste hinter einen Findling zu locken, der etwa hundert Meter abseits lag, um mir dort ein Geheimnis zu verraten. Ich lehnte ab, also werde ich sein Geheimnis nie erfahren. Ging es vielleicht um ein Messer in meinem Rücken oder einen Stein an meinem Kopf? Ich werde diesbezüglich dumm sterben. Das sind die Sachen, die man im Leben bereut.

Der Senegal und Gambia waren Orte voller wilder Abenteuer, gestreifte Strände mit weißem und schwarzem Sand, die an Zebras erinnerten – übersät mit violetten Tintenfischen. Eine Landschaft voller ausladender Affenbrotbäume; außerdem voller Horden von gambischen Bumstern und Prostituierten, die jedem weißen Mann (und jeder weißen Frau) hinterherjagen. Selbst die Grenzbeamten und der Polizeichef schienen nur allzu gern bereit, mir Dinge zu besorgen, wobei sie natürlich in erster Linie auf eine Gegenleistung aus waren.

Tansania wirkte im Vergleich recht seriös – kaum Luden oder Nutten, nur gewöhnliche Leute. Ich entspannte am Strand von Sansibar, wo Freddie Mercury in Stone Town als Kind zoroastrischer Feueranbeter geboren wurde. Deswegen ist aus dem Mann auch so ein Bollwerk der Normalität geworden, schätze ich. Ich fand ein freundliches südafrikanisches Pärchen, mit dem ich Zeit verbringen konnte, Tintenfisch-Curry, das ich schlemmen konnte, und eigenartige Früchte, die an den Bäumen wuchsen, die den Strand säumten. Kleine Kinder versuchten sie zu ernten, indem sie Korallenstücke danach warfen, die manchmal zu Querschlägern wurden und das Hotel trafen. Der Hausmeister vertrieb dann die Schlingel. Ich bekam eine der Früchte in die Hände, um sie mir genauer anschauen zu können: hart, grün und geformt wie der Kern einer Mango, mit dünnem, faserigem, violettem Fruchtfleisch. Mir erschloss sich nicht, warum sie das Risiko wert sein sollten.

Ein Nervenkitzel folgte dem nächsten, schneller, als ich es mir in meinen wildesten Träumen ausgemalt hatte: Ich sah die Wanderung der riesigen Tierherden, bestieg den Kilimandscharo, besuchte kenianische Städte und Wildnis – darunter den großartigen Turkana-Salzsee im Rift Valley, nördlich von den Viehdieb-Stämmen – und die nebligen Dschungel Ugandas. Im weltjüngsten Splitterstaat Südsudan, das auf dem alten Land der Kusch liegt, verbrachte ich Zeit mit einem Buschkriegsveteranen namens Bamboo. Wir lernten uns in einer Autowaschanlage samt Bar kennen, die in einer der Hinterstraßen Jubas von ehemaligen Kindersoldaten betrieben wurde. Diese Hauptstadt wurde mitten in der Savanne errichtet, aus deren Ebene die seltsam bewaldeten Berge emporragen. Im Laufe der Äonen hat der Nil eine Ebene zwischen die Gebirge Dongatona und Imatong geschlagen, sodass nur noch ein paar gestrandete, einsame Berge aus den Sandbänken aufsteigen. Juba erinnert an ein absurd überwuchertes Dorf voll runder afrikanischer Hütten, das beide Ufer des Nils umfasst; im Zentrum der Stadt entstehen allmählich Verwaltungsgebäude aus Beton.

Zu den Fortbewegungsarten in diesem Teil Afrikas – den ländlichen Gebieten Ugandas und Südsudans – zählten Mitfahrgelegenheiten auf den Ladeflächen von Kohlelastern; ich aß, was immer die Dorfbewohner aßen, manchmal einen leckeren Spinat-und-Erdnuss-Dip. Im Südsudan waren die Straßen oft von Minenfeldern gesäumt und ausgebrannte Kampfpanzer ragten aus dem Dreck. Die Leute schlugen sich hier durch, so gut sie eben konnten, was vielleicht auch erklärt, warum ich Männern begegnete, die inmitten von Minenfeldern Holz schnitten, und Kindern, die rostiges Metall aufsammelten, um es bei der Frau mit der Waage gegen Münzen einzutauschen.

Ende Februar war ich in Kampala, der ugandischen Hauptstadt. Im Internet-Café der »Red Chilli«-Herberge, nicht weit von der Stelle, an der der Viktoria-Nil dem Victoriasee entspringt, öffnete ich eine E-Mail von Dana: Sie könnte mich in Kigali, der Hauptstadt von Ruanda, treffen, wenn ich es rechtzeitig dorthin schaffen würde. Ich ließ sie wissen, dass die Verabredung stand. Dann nahm ich mir ein Boot, um die Murchison Falls und all die Nilpferde und Krokodile zu besichtigen, die es dort im Norden von Uganda gibt; ich besuchte die östlichen Hänge des Ruwenzori-Gebirges (auch bekannt als die Mondberge) und zog dann weiter südwärts zu der süßen kleinen Kette von Hügeln und Seen an der Grenze zu Ruanda, unweit des undurchdringlichen Waldes. Ich blieb nirgends sonderlich lang und überquerte die Grenze nach Kigali in einem Bus, mit einem Puffer von einem Tag.

Ruanda ist heute ein friedliches grünes Land voller Berge und Täler, die Grenzbeamten des Landes sind heiter und nicht offenkundig korrupt. Die Täler sind bedeckt von einem Flickwerk kleiner Farmen, genau wie die Berge, die oft bis zu ihren Gipfeln als Farmland erschlossen sind. Die Bevölkerung ist eine Mischung aus Hutu und Tutsi, wobei die Tutsi dafür berühmt sind, dass sie sich mit den Holländern den Titel »Größte Einwohner der Welt« teilen. Die Hutu wiederum sind berühmt dafür, einen fürchterlichen Völkermord an den Tutsi begangen zu haben; 800 000 wurden mit Äxten, Macheten, Knüppeln oder bloßen Händen erschlagen, aber das passierte nun schon vor einer ganzen Weile,

1994, als die Farben meines Rucksacks noch leuchteten und die Reißverschlüsse funktionierten.

Dana wartete in Kairo auf einen Flug; sie würde ihr Visum bei der Ankunft in Kigali am nächsten Morgen kriegen, also nahm ich ein Mofa-Taxi in die Stadt und fand ein etwas besseres Hotel. Nachdem wir uns dort eingerichtet und Neuigkeiten ausgetauscht hatten, flitzten wir zu dem Büro, das den Vulkan-Nationalpark in Ruanda verwaltete, wo die Berggorillas leben. Wir waren froh, zwei Genehmigungen zu ergattern.

Ein Netzwerk aus weißen Vans sorgte dafür, dass man in der winzigen Nation gut von A nach B kam, auch wenn es wegen der kurvenreichen Straßen und der vielen Hügel länger dauerte als erwartet. Plastiktüten waren aus Umweltschutzgründen verboten und durch Papiertüten ersetzt worden. Ich hatte ein paar dabei, die ich nutzte, um mein Hab und Gut vor Wasser zu schützen, aber nach und nach verlor ich alle meine kostbaren, eingeschmuggelten Tüten. Ruander neigen dazu, sehr schnell reisekrank zu werden, und oft taten sie mir leid und ich reichte ihnen eine Plastiktüte, wenn sie offensichtlich mehr brauchten als eine Tüte aus Papier.

Mit einem Guide wanderten wir einen Vulkan hinauf und verbrachten eine unvergessliche Zeit mit einer muskulösen Primatenfamilie. Wenn der Silberrücken mit den Fäusten auf seinem Brustkorb trommelte, tönte sein straffes Fleisch wie ein Xylophon. Ein paar süße Affenkinder näherten sich uns, aber wir versuchten sie auf Abstand zu halten, um nicht irgendwelche Erreger zu übertragen. Gorillas sind so nah mit dem Menschen verwandt, dass sie sich leicht eine Erkältung oder die Grippe einfangen können. Anschließend fuhren wir durch einen Park, in dem noch viel mehr Wildtiere hausten – und stechende Tsetsefliegen; dann ging es weiter zum herrlichen Kiwusee, einem der Afrikanischen Großen Seen. Fische gibt es hier nicht viel, von ein paar eingeführten Sardinen mal abgesehen, da der See wie ein Martini-Cocktail ist: Er hat eine sehr hohe Konzentration gelöster Gase, die aufsteigen und alles Leben töten, ob man sie nun schüttelt oder rührt. Nur die Schistosoma-Parasiten gedeihen hier prächtig und warten auf Schwimmer, an denen sie sich festsaugen können. Die ruandische Stadt Gisenyi liegt direkt am Ufer, im Schatten eines Vulkans, der vor nicht allzu langer Zeit ausgebrochen war und die nahe gelegene Stadt Goma in der DR Kongo mit einer Schicht glühender Lava überzog. Aber selbst Giftgas und Lava konnte die

Einheimischen nicht abschrecken und als die Lava ausgehärtet war, zogen sie wieder in ihre Häuser, auch wenn ihre Böden jetzt aus Vulkangestein bestanden.

Tiefer im Gebirge machten wir eine Naturwanderung durch den Nyungwe-Wald, einen der letzten Gebirgswälder. Eine blühende Kletterpflanze, die schmackhafte Nahrung für Elefanten darstellte, wuchs hier wie verrückt und hatte die Hälfte der Bäume überwuchert und erstickt. Die Elefanten waren alle gewildert worden, deshalb gab es keine Herbivoren mehr, die die Pflanze unter Kontrolle halten konnten. Die Bienen freuten sich über die Lage und in den Schluchten gedieh der Baumfarn bestens – zuletzt hatte ich solche prächtigen Haine im neuseeländischen Abel-Tasman-Nationalpark gesehen.

Zurück in Kigali legten wir einen Zwischenstopp für ein Abendessen beim hiesigen Chef der amerikanischen Entwicklungsbehörde USAID und seiner kasachischen Ehefrau ein. Er war ein junger Kerl, der in einer großen Villa lebte, die mit dem üblichen Ethnokitsch dekoriert war, der in diesen Kreisen so populär war. Er hatte sogar eine ironisch gerahmte Abschrift des Gedichtes *The Development Set* zwischen den Fotografien von Würdenträgern und Dorfbewohnern hängen. Und da er mit seinem knabenhaften Gesicht noch zu jung war, als dass man ihn ernst genommen hätte, ließ er sich einen Bart stehen. Das war eine hervorragende Idee. Jemand, der bei USAID oder auch nur in einer NGO etwas erreichen will, das auch nur annähernd mit Entwicklung zu tun hat, ist darauf angewiesen, dass die einheimischen VIPs ihm zuhören, wenn er ihnen Modernisierungen vorschlägt.

Wir unterhielten uns ein wenig über Nachrichten aus Zentralasien und der Politik. Dana erzählte von der Situation in Kasachstan, die angespannter als üblich war, weil im benachbarten Kirgisistan der Präsident Bakijew nicht zurücktreten wollte und seine Unterstützer um sich scharte; das Land war in zwei gegnerische Lager gespalten, der Norden gegen den Süden. Alles schien möglich, also entsandten die Kasachen vorsorglich Soldaten an die Grenze. Danas Freund hatte zwei Kugeln abbekommen, eine in den Kopf und eine in den Arm; bisher hatte er sich zwei Operationen unterziehen müssen und befand sich immer noch in Physiotherapie. Die Ärzte sagten, er könne froh sein, überlebt zu haben, aber es würde lange dauern, bis er sich erholt habe – vorausgesetzt, es würde keine Komplikationen geben.

Als unsere Gastgeber von meinem Plan hörten, die Grenze zur DR Kongo zu überqueren und per Anhalter durch das Ruwenzori-Gebirge zu fahren, klappten ihnen die Kinnladen runter. Nach allem, was sie gehört und gelesen hatten, würde ich es niemals schaffen, dort lebendig wieder rauszukommen. Die einzige Möglichkeit sei es, mit bewaffneten Leibwächtern zu reisen und auf jedem Halt des Weges eine sichere Unterkunft und Kontakte zu haben. Diese Diplomaten und ich hielten uns an denselben Orte auf der Welt auf: ich mit meinem Rucksack, sie mit Soldatenaufgebot und gepanzerten Fahrzeugen. Das soll nicht heißen, dass ihre Art der Fortbewegung zwingend die falsche ist; aber ihre Warnungen und Ratschläge trafen nicht unbedingt auf mich zu. Backpacking wird oft als eher esoterische Kunst angesehen, unreif und ein bisschen lachhaft, wie Kunststückchen mit einem Jo-Jo. Aber so wie jemand, der jahrelang Jo-Jo geübt hat, imstande ist, ein paar seltsame und wunderbare Tricks zu vollführen, so kann das auch jemand, der sein ganzes Erwachsenenleben lang aus dem Rucksack gelebt hat. Ich versicherte ihnen, dass ich alle völkermordenden Rebellen meiden und irgendwie per Anhalter über das Ruwenzori-Gebirge kommen würde, um dann den kongolesischen Regenwald zu durchqueren, bis ich an den Fluss und schließlich an den Atlantik gelangte.

Nachdem Dana in ihren Flieger gestiegen war, der sie von Afrika nach Frankreich bringen würde, besorgte ich mir eine Mitfahrgelegenheit nach Burundi in einem Lastwagen voller geräuchertem Fisch; dort angekommen verbrachte ich einige Zeit an den Seeufern. Auf meinem Weg in die burundische Hauptstadt Bujumbura sagte ein Einheimischer zu mir, dass sich die völkermordenden Hutu-Rebellen im Dschungel unweit der Virunga-Vulkane (am westlichen Ufer des Kiwusees, auf der kongolesischen Seite) versteckten und jeden Weißen töteten, der versuchte, das Gebiet zu durchqueren. Unruhen hatten zudem dafür gesorgt, dass meine Touristeninformationen nutzlos geworden waren: Selbst das beste Hotel, das mein Reisehandbuch auflistete, war mittlerweile eine zerfallene Ruine, in der sich Vagabunden niedergelassen hatten. Das Hotel, das ich schließlich fand, war neu und muss wohl speziell für ausländische NGO-Mitarbeiter gebaut worden sein: Das Bett war bereits mit einem Moskitonetz ausgestattet, wie man es im tropischen Teil Asiens oft sieht. Ich blieb aber nicht lange. Es war schon längst März und ich hatte Angst, dass die warme Jahreszeit die afrikanische Atlantikküste für mich unerträglich machen würde, wenn ich nicht bald aus dem Quark käme und den Kontinent westwärts überquerte.

Ich kehrte nach Ruanda zurück und versuchte mein Glück an der Grenze südlich des Kiwusees, aber die Grenzpatrouille wollte 300 Dollar für ein Visum und es wäre nicht mal ein gutes gewesen. Meine Fahrt mit dem *matatu* (so nennt man die Busse, die als eine Art Sammeltaxi fungieren) war ekelerregend. Ein großer Trog mit saurer Milch platzte in dem alten Toyota-Van und die Ruander lachten darüber, wie die Brühe um die Füße der Fahrgäste suppte. Mein Rucksack, den ich mir schnell schnappte, um ihn auf meinen Schoß zu stellen, hatte bereits etwas abbekommen. Ein paar nette einheimische Jungs halfen mir dabei, ihn abzuwischen, aber ich musste ihn anschließend noch in einer Wanne mit Waschmittel einweichen und bezahlte schließlich eine Frau dafür, ihn in einem Fluss noch einmal zu waschen.

Ich beschloss, an der häufig von Katastrophen heimgesuchten Grenze von Goma in die DR Kongo einzureisen. Die unter Lava begrabenen Betonbauten der Stadt waren hier und da wieder aufgebaut worden, ungeachtet irgendwelcher internationalen Grenzen; die Menschen, die sich dort drängten – angezogen von der fruchtbaren Vulkanerde –, beachteten die unsichtbare Linie kaum. Aber in diesen Gegenden ist helle Haut quasi eine Einladung für Polizeischikanen, darum brauchte ich ein Visum. Eine Grenzbeamtin aus der DR Kongo hatte gute Kontakte und als ich ihr 200 Dollar zusteckte, ließ sie mich ihr Land betreten, wo ich in einem heruntergekommenen Hotel aus der Kolonialzeit warten musste, bis sie mit meinem Pass wiederkam; die Formalitäten umgingen wir auf elegante Weise.

Ein alter Veteran der belgischen Armee war ebenfalls hier einquartiert und wir saßen manchmal zusammen auf einer morschen Bank am von Unkraut überwucherten Brunnen. Er warnte mich davor, in Goma Gegenstände von erkennbarem Wert mit mir zu tragen; außerdem sollte ich immer ein Messer dabeihaben, da Gangs einheimischer Jungs sich gerne von hinten an Leute heranschlichen und sie in den Rücken stachen, insbesondere in der Abenddämmerung. Tatsächlich war ich schon am Abend zuvor durch die Straßen der Stadt gezogen und außer einem Messer hatte ich nichts dabei. Ich erfuhr auch, dass die Straßen rund um Goma Banditen anzogen wie Schmeißfliegen, die meisten von ihnen trugen irgendeine Uniform. Es gab einen beeindruckenden Aufmarsch des UN-Militärs, darunter viele Blauhelm-Soldaten aus Bangladesch, die in gepanzerten Mannschaftswagen und Panzern unter UN-Flagge fuhren.

Sie sollten Genozide und die fortwährenden Massenvergewaltigungen Tausender Frauen verhindern, und sie konnten sich bereits einige Erfolge zugutehalten: In Sichtweite ihrer Stützpunkte passierten jedenfalls keine Verbrechen gegen die Menschlichkeit. Ich bin mir nicht sicher, was man realistischerweise noch von ihnen verlangen könnte: Solange die UN kein Mandat hat, einen Guerillakrieg zu führen, ist ihre Präsenz eher symbolisch als sonst was. Und in diesem Sinne war das UN-Logo hilfreich für mich. Ich kramte meine blau-weiße UN-Sicherheitsinspektor-Karte raus, zog ein grünes Hemd mit Kragen und Reißverschlusstaschen an und rüstete mich mit einem Clipboard aus, an dem verschiedene scheinbar wichtige Dokumente klebten.

Am nächsten Morgen hielt ich mein Visum in den Händen, aber ich stand vor einem neuen Problem: Wohlmeinende, aber lästige Beamte, darunter die Polizei und UN-Personal, hatten von meiner Anwesenheit erfahren und versuchten mich zu retten – vermutlich vor mir selbst. Sie wollten, dass ich mich bei ihnen melde, damit sie sicherstellen konnten, dass man mich zum Flughafen brachte und in einen Flieger nach Kinshasa steckte, womit sie mich de facto von einem Reisenden zu einem Stempelsammler degradiert hätten. Ich ließ ihnen ebenfalls etwas ausrichten: Ich hatte lediglich vor, hier ein wenig Zeit zu verbringen und dann nach Ruanda zurückzukehren, aber ich sei ihnen dankbar für ihre Bemühungen, mir einen Flug zu organisieren; ich würde darauf zurückkommen, wenn ich beschließen sollte, weiterzureisen.

In einem Internet-Café – in drückender Hitze, über mir das Dröhnen der Militärhubschrauber – gelang es mir trotz ständiger Stromausfälle, mich in mein E-Mail-Konto einzuloggen und meiner Familie eine Nachricht zu schicken: »Ich werde versuchen, per Anhalter durch das Ruwenzori-Gebirge (auch bekannt als Mondberge) zu reisen, vorbei an den völkermordenden Hutu-Rebellen, und dann tief in den Dschungel hinein, um zu versuchen, den Fluss Kongo entlangzufahren.« Es dauerte eine Stunde, bis ich die Nachricht erfolgreich abgeschickt hatte, wobei ich jeden Trick nutzte, den ich kannte. Es waren nur ein paar Worte, aber das musste reichen. Später sollte ich feststellen, dass es ein Fehler war, ihnen überhaupt zu schreiben, denn es dauerte Wochen, bis ich wieder ins Internet kam, und da befürchteten alle bereits das Schlimmste.

Ich vermied es, gesehen zu werden, und wanderte querfeldein, wann immer es möglich war. So entkam ich der problematischsten Straßensperre und fing an, den Daumen rauszustrecken. Nach einer Stunde kam ein alter Pritschenwagen angerollt und der freundliche Fahrer nahm mich mit. Er brachte eine Ladung Reifen zu einer Stadt mit Ananasanbau, die auf den Hängen der anderen Seite dieser Bergkette lag. Die Reise würde ein paar Tage dauern, aber er sagte, dass wir gelegentlich an Dörfern vorbeikommen würden, wo wir in Hütten übernachten könnten – oder ich könnte mich einfach auf seine Reifenstapel legen.

Wir fuhren die kurvenreichen Straßen aus Staub und Schlamm hinauf, in zunehmend bergiges Terrain. Manchmal war das Land bewohnt und wir überholten Männer, die zweirädrige Karren schoben, beladen mit Obst und Gemüse, oder die heiße Kartoffeln verkaufen wollten: Sie standen in den Büschen und jonglierten buchstäblich mit den Kartoffeln, die sie dem geneigten Käufer präsentieren wollten, auch wenn sie zu heiß waren, um sie zu halten. Man zahlte nur ein paar Münzen Kleingeld dafür, genau wie für eine Handvoll kleiner Fische, eingewickelt in etwas Sumpfgras, um die Mahlzeit abzurunden, oder für dicke, fingerlange Bananen. Dreimal stürmten Gruppen bewaffneter Männer aus dem Wald und der Fahrer bot ihnen an, auf die Reifenstapel zu klettern – unser Truck war bei diesen Gelegenheiten vollgestopft mit Maschinengewehren und Panzerbüchsen. Das andere Extrem waren halbtägige Fahrten, während derer wir nichts als üppig grüne Berghänge sahen.

Es gab keine Banditen ohne Uniform (und auch keine völkermordenden Rebellen), aber die Banditen der offiziellen Behörden waren absolut furchteinflößend; sie richteten ihre Waffen auf mich und sprachen Drohungen aus. Ich tat so, als würde ich mir auf meinem Clipboard Notizen bezüglich ihres Verhaltens machen, und setzte meine UN-Karte ein. Wenn ich den Eindruck hatte, dass die Möglichkeit bestand, dass sie lesen konnten, zeigte ich ihnen die Seite, die mit kyrillischer Schrift bedruckt war. Jedes Mal schauten sie sie an und reichten sie mir dann wieder … ich wurde nicht einmal gefragt, warum der Name auf der Karte nicht mit dem Namen in meinem Pass übereinstimmte, daher konnte ich nie von den Begründungen Gebrauch machen, die ich mir zurechtgelegt hatte: »Das ist mein Boss; kennen Sie ihn etwa nicht? Er ist schon mal hier langgekommen. Vermutlich hat er sich mit Ihrem Befehlshaber getroffen.« Das Logo wirkte Wunder und ich kam durch alle Kontrollen durch, wobei ich nur wenig oder meist gar kein Bestechungsgeld zahlte. Mein vorgeblicher Auftrag war es, den Zustand der Straßen zu inspizieren, bevor ein großer Konvoi hier entlangkam.

Schließlich dachte ich mir noch einen besseren Spruch aus, der vielleicht auch der Wahrheit entspricht: »Die UN darf keine Bestechungsgelder zahlen und ich brauche für all meine Ausgaben einen Beleg.«

Meine nüchterne Beschreibung kann nicht das tatsächliche Ausmaß der Drohungen, des Hohns und der Einschüchterungen vermitteln, aber wenn Sie jemals auf solchen Straßen unterwegs sein sollten, kann ich Ihnen diesen Rat mitgeben: Diese Männer suchen in Ihren Augen nach Anzeichen von Furcht, und dementsprechend fallen auch ihre Drohungen mehr oder weniger heftig aus. Durch die DR Kongo zu reisen ist wahrlich so aufregend, wie Bären in der kanadischen Wildnis anzurempeln.

Eines Nachts schlief ich auf dem Boden einer runden Lehmhütte, nachdem ich den relativen Luxus einer gemeinschaftlichen Fischsuppe genossen hatte, die man mit einem festen Brei aus Maniok (Fufu genannt) aufnahm. Während der restlichen Zeit zwängte ich mich auf Reifenstapel, zusammen mit irgendwelchen einheimischen Bauern, die mit uns ein Stück Richtung Westen fuhren. Wir waren so etwas wie eine Menschensuppe, in die die malariaverseuchten Mücken ihre Stechrüssel tunken konnten. In der Ananas-Stadt angekommen, fragte ich meinen Fahrer, was ich ihm für all die Tage und Nächte in seinem Truck schuldig sei. Er bat mich um zwanzig Dollar. Als ich in meinen Taschen nach dem Geld kramte, strahlte er plötzlich und klopfte mir auf den Rücken und all seine Freunde lachten und erklärten mir, dass der angemessene Preis für diesen Trip zwei Dollar beträgt.

»Gut verhandelt«, scherzte ich und zahlte ihm, was er verlangt hatte, aber ich bestand darauf, ihm und seinen Freunden noch ein paar Primus-Bier zu kaufen.

Mit einer Reihe von Vans kam ich bis zu den Ebenen des Kongobeckens und auf meinem Weg nach unten genoss ich zum ersten Mal den Anblick dieser erstaunlichen Ausdehnung ursprünglichen Regenwaldes. Diese Aussicht ist jedes Risiko wert: Bis zum Horizont erstreckt sich der üppige Wald über Bergfalten und Ebenen, westwärts und scheinbar endlos, unter Sonnenstrahlen und vorbeiziehenden Gewitterstürmen; ein magischer Grünton, der urzeitliche Gefühle wachruft, überwältigend und inspirierend. Die Einheimischen waren den Anblick längst gewöhnt und ihre Bedenken waren praktischer Natur. Sie boten mir an, mir dabei behilflich zu sein, nur den ortsüblichen Preis für einen Armvoll Ananas zu bezahlen; man erklärte mir, dass jeder 50 Cent einsparen könne, wenn er während der sechsstündigen Fahrt in das Tiefland einen Haufen Ananas auf den Schoß nahm. Ich überraschte sie alle, als ich beschloss mitzufahren, ohne dass piksende Früchte in meinem empfindlichen Schritt herumhüpften. Im Flachland brachten mich weitere altersschwache Vans und Busse durch identische Siedlungen: ein Flechtwerk aus schlammigen roten Straßen, das sich durch Barackenstädte zog. In einer dieser Siedlungen übernachtete ich und am Mittag des nächsten Tages war ich so weit gekommen, wie es mit den Verkehrsmitteln vor Ort möglich gewesen war. Eine einzelne Feldstraße führte weiter in den Regenwald hinein – laut den Einheimischen war es eine einwöchige Fahrt bis nach Kisangani. Sie erzählten mir, dass die Straße von einer Firma instand gehalten wird, die der chinesischen Regierung gehört. Dafür waren große Summen von Schmiergeld an kongolesische Politiker geflossen – auch um sicherzustellen, dass niemand fragte, welche und wie viele Minerale aus den riesigen, von bewaffneten Männern bewachten Minen gefördert und über diese Straße abtransportiert wurden. Es gab einen Bus, der aber nur alle zwei Wochen fuhr, wenn überhaupt.

Straßen wie diese teilen gigantische, undurchdringbare Stücke Regenwald in kleinere Gebiete ein, die das Brennholz einer aufflammenden Zivilisation darstellen; der Prozess hatte bereits begonnen, mit Bauern, die sich niederließen, um sich mit Axt und Feuer Farmland für sich selbst und ihre fortwährend wachsenden Familien zu schaffen.

Ich erprobte meine Französischkenntnisse, indem ich mich mit verschiedenen Besitzern von Motorrädern unterhielt. Meine Idee war es, dass einer von ihnen mich auf dieser Straße so weit fuhr, wie es ihm genehm war, um mich dann bei einem anderen Motorradbesitzer abzusetzen, der bereit wäre, dasselbe zu tun. Einer der Männer hatte ein Motorrad, das ein wenig neuer aussah und noch ein wenig Schaumpolster im Sattel hatte, aber dafür wollte er auch mehr Geld haben. Als ich anmerkte, dass sein Preis höher als üblich war, antwortete er sinngemäß: »Das liegt daran, dass ich nicht beabsichtige, dich in den Wald zu fahren, um dich dort auszurauben oder umzubringen, also muss mein Preis meine Benzinkosten und meine Arbeitszeit decken. Ich werde dich nur bei Leuten mit einem guten Ruf absetzen, egal in welcher Siedlung wir landen.«

»Ein fairer Deal«, sagte ich und wir befestigten meinen Rucksack auf der Rückseite seines Motorrads.

Auf diese Weise zu reisen ist äußerst strapaziös und schmerzhaft ... Man macht sich Sorgen, dass die Nervenschäden dauerhaft bleiben (was nicht der Fall ist), und erwartet schon fast, dass die eigenen Hosen vor Blut triefen, wenn man für eine kurze Verschnaufpause vom Motorrad taumelt (manchmal ist das der Fall). Meine wohlbeleumundeten Motorradfahrer kutschierten mich diese Straße entlang, so unerschütterlich, einzigartig und endlos, dass es sich eher wie eine metaphorische denn eine reale Erfahrung anfühlte, bis mich ein schmerzhaftes Schlagloch oder ein Schwarm exotischer Schmetterlinge wieder in die Realität zurückholten – als wäre ich ein verrückter Entomologe auf der Suche nach einer neuen, namenlosen Spezies und würde mein Gesicht als Fangnetz gebrauchen. Zunehmend fielen mir Bauern von ungewöhnlich kleiner Statur auf, die die Brettwurzeln gigantischer Bäume abschlugen; ich kam zu dem Schluss, dass es nur Pygmäen sein konnten, die da zwischen den Baumreihen hervorschauten.

Mein letzter Motorradfahrer musste umkehren, aber er war sich sicher, dass ich von hier aus allein zurechtkommen würde. So etwas Ähnliches wie ein echtes Hotel, das »Okapi«, konnte ich von der kleinen Stadt Epulu aus zu Fuß erreichen. Kaum dass ich vom Motorrad stolperte und mir den roten Staub aus dem Gesicht wischte, bemerkte ich einen großen, weißen Mann – ein Slowake, wie ich bald feststellen würde.

»Wie können Sie ohne bewaffnete Wachen hier sein?«, fragte er. »Man hat mir gesagt, dass jeder weiße Mann, der sich auf diese Straße wagt, sofort getötet wird.«

»Das hat man mir auch gesagt, als man mich vor den völkermordenden FDLR-Terroristen und den Rebellen der Bewegung 23. März warnte«, sagte ich. »Aber hier bin ich. Sie sind der erste Ausländer, den ich sehe, seit ich die Ufer des Kiwusees auf der anderen Seite der Mondberge verlassen habe.«

Das »Okapi« hatte drei Zimmer, die jeweils ein Drittel einer mit Wellblech überdachten Betonplatte einnahmen. Die Betten bestanden aus acht Zentimeter dicken Schaumstofflagen auf Sperrholzplatten. Eine Armee aus Kakerlaken wimmelte um das stinkende Plumpsklo, das im meist in der prallen Sonne liegenden Hinterhof stand, in dessen Lehm sich Hühner und schreckhafte Eidechsen zwischen Papayabäumen tummelten. Ich stellte mein Gepäck ab und unterhielt mich mit meinem Zimmernachbarn, der etwa zehn Jahre jünger als ich aussah.

Er hieß Peter und reiste mit einer Entourage Einheimischer, jeder Menge Filmdosen, Kameras und einer Fotografenausrüstung. Bei ein paar Bier fragte ich ihn, wie es ihm gelungen war, bewaffneten Überfällen durch Polizei und Militär zu entgehen, und er zeigte mir ein Dokument vom Chef der hiesigen Geheimpolizei, das besagte, dass niemand ihn behelligen durfte, während er sich im Land herumtrieb. Auf dem Dokument war die Privatnummer des Polizeichefs vermerkt, die Peter anrufen sollte, wenn es irgendwelche Probleme gab; es hatte ihn 3 000 Dollar gekostet. Ich zeigte ihm meine umfunktionierte UN-Visitenkarte, die mich ohne größere Probleme hierhin gebracht hatte – aber ich hatte natürlich auch keine wertvollen Kameras dabei … auch keine nicht wertvollen Kameras, um genau zu sein. Als Peter das hörte, fragte er mich, ob ich seiner Expedition beitreten wolle; ich müsste mir die anfallenden Kosten mit ihm teilen, was auf ein paar Hundert Dollar hinauslaufen könnte.

»Klar«, sagte ich, »aber willst du mir vielleicht sagen, worum es geht?«

Aufgrund von Sicherheitsbedenken war seit vielen Jahren niemand mehr im Land gewesen, um die Bambuti-Pygmäen zu fotografieren, erklärte er mir. Die Pygmäen sind die Ureinwohner dieses Regenwaldes und sie machen mit Giftpfeilen Jagd auf Affen oder fangen Antilopen mit Netzen. Wie sich herausstellte, war Peter Arzt und Fotograf, was beste Voraussetzungen waren, um eine eingehende Studie über dieses ikonische Volk anzustellen, dessen Kultur seit den Tagen des alten Roms unverändert war: Herodotus beschrieb bereits im 5. Jahrhundert v. Chr. ihre Jagdtechnik. Peter sagte mir, dass er mir nicht von seinen Plänen hatte erzählen wollen, bevor er sich sicher sein konnte, dass ich kein konkurrierender Fotograf und hinter derselben Sache her war.

Ich versicherte ihm, dass ich nur Geschichten von selbst erlebten Abenteuern sammelte, keine Fotos, und dann unterhielten wir uns stundenlang über die Ethik und die Kunst des Fotografierens. Was für mich ein absoluter Glücksfall war: Er war bereits seit mehreren Wochen in dieser Gegend, hatte Kontakte nachverfolgt und sich um eine Vereinbarung bemüht, die es ihm erlaubte, tief in die Wälder vorzudringen, um dort mit dem Bambuti-Stamm zu leben und dessen Angehörige mit der Kamera zu begleiten, wenn sie mit Speer und Netz Antilopen jagten. Diese wochenlangen Bemühungen hatten es ihm möglich gemacht, seine Entourage zusammenzustellen, zu der auch der stämmige, unbeschwerte Mustafa zählte, ein Experte, wenn es darum ging, Pygmäen zu kontaktieren; zum Team gehörten außerdem Manuel, ein Professor, der in der Lage war, zwischen der englischen und der pygmäischen Sprache zu übersetzen (solche Leute zu finden ist in etwa so schwer, wie man es sich vorstellt), und zwei Stammesangehörige der Bantu – Desire war ein Nande von den Afrikanischen Großen Seen und Jacque ein Budu aus Wamba –, die als Ranger hier in Epulu arbeiteten und mit Kalaschnikows bewaffnet waren, um sich vor mörderischen Banden von Elfenbeinjägern zu schützen. Peter hatte einen Monat damit verbracht, sie von überallher anzuheuern; die ersten beiden kamen aus den Townships unweit des Ruwenzori-Gebirges, aber die Ranger hatte er im nahe gelegenen Okapi-Wildtierreservat gefunden; außerdem hatte er noch ein Dutzend Pygmäen als Träger aufgetrieben. Ihre Rucksäcke waren aus Kletterpflanzen, Wurzeln und Rinde gefertigt und boten Platz für alle Lebensmittel und andere Dinge, die wir für die Expedition benötigten. Peter brauchte nur noch ein paar Tage, um seinen Vorrat an getrockneten Fischen aufzustocken und ein Abschiedsgeschenk für den Stamm aufzutreiben, dann konnten wir starten.

Er hatte bereits ein paar Bilder von Stammesangehörigen, die er »Straßen-Pygmäen« nannte; das waren die Stämme, die in der Nähe der Straße blieben und statt geräuchertem Buschfleisch frisches Fleisch gegen importierten Reis, Dosensardinen, Salz und Kekse tauschten. Einer der mit Giftpfeilen jagenden Stämme hatte ihm gestattet, sie für zwei Tage zu filmen. Als er ihnen das erste Mal begegnet war, aßen sie gerade einen Schimpansen und waren schon beim letzten Arm angelangt. Das Tier sah aus wie ein Mensch, wie es da über dem Feuer röstete. Diese Giftpfeiljäger sind Spezialisten, wenn es um Primaten geht; sie essen überwiegend Affen, während die Netz-und-Speer-Jäger sich meist von Antilopen ernähren.

In den folgenden Tagen besuchten wir die Forststation in Epulu und schauten uns ihr erfolgreiches Zuchtprogramm für das Okapi an, diesem Verwandten der Giraffe mit einem kürzeren Hals, dessen schokoladenfarbener Rumpf auf Beinen steht, die aussehen wie die eines Zebras. Außerdem gingen wir mit den einheimischen Straßen-Pygmäen jagen – eine Premiere für mich. Dazu war es erforderlich, den hiesigen Bantu-Häuptling zu finden und ihn zu schmieren. Pygmäen werden von den Bantu-Stämmen allgemein als eine minderwertige und unterlegene Rasse betrachtet; sie sehen sie gewissermaßen als Besitz an, so wie ein Adliger seine Leibeigenen besitzt. Wenn man mit Pygmäen sprechen oder sie besuchen will, muss man sich die Erlaubnis ihrer normal großen »Besitzer« einholen.

Während wir Vorräte sammelten, hatten wir etwas Zeit, die Stadt kennenzulernen. Epulu war im Jahre 1928 gegründet worden, als ein amerikanischer Anthropologe dort eine Lehmhütte baute, um Pygmäen zu studieren und Okapis für Zoos zu fangen; er blieb 20 Jahre lang, bevor er an Dysenterie starb. Im Laufe der Jahrzehnte kamen Bantu-Farmer, die Waldstücke für den Anbau rodeten und mehr Hütten bauten, und auch einige Pygmäen gaben das »Vollzeit-Waldleben« auf und ließen sich in der Nähe nieder.

Ein gesprächiger Straßen-Pygmäe, der sich den Namen Botanique gegeben hatte, war ständig in der örtlichen Bar anzutreffen – ein rudimentäres Pultdach aus Ästen und Stroh. Wir kauften ihm und einigen seiner Pygmäen-Freunde Primus-Bier, nicht mehr als eins pro Pygmäe. Die Pygmäen hielten die 0,72-Liter-Flaschen mit beiden Händen, da sie in Relation eher die Größe eines Fasses hatte. Einer der Pygmäen war eine wandelnde Zielscheibe für Spott, da er ein schmutziges Britney-Spears-Shirt trug, während er echte Speere hielt. Peter brachte die Pygmäen mit einer Aufnahme des Red-Hot-Chili-Peppers-Songs *Californication* zum Tanzen und ich zeigte ihnen, wie man eine Bierflasche mit einem Feuerzeug öffnet, was sie so sehr begeisterte, dass sie es Magie nannten. Verglichen mit der abgeschieden lebenden Truppe, die wir aufsuchen wollten, sind Straßen-Pygmäen echte Stadtmenschen, aber ich nahm an, dass sie trotzdem deren kulturelle Vorlieben kennen würden. Ich fragte Botanique, was die Pygmäen am meisten mochten, und seine Antwort lautete *»bangi«*, was genau das ist, wonach es klingt: Marihuana. Das Wort hatte es aus dem Hindi von einem anderen Kontinent fast unverändert hierhergeschafft. Unser Abschiedsgeschenk für den Stamm stand fest: Ich kaufte einen großen Beutel von dem starken Zeug, um später selbst noch etwas davon zu haben. Dann versammelten wir unsere pygmäischen Träger und machten uns auf den Weg in den Urwald, um nach Anzeichen eines Bambuti-Jagdlagers zu suchen.

Pygmäen erinnern mehr als nur ein wenig an dieses zähe und fröhliche mythische Völkchen, die Hobbits, und wir mussten die Menge an Essen, mit der unsere Expedition sich beladen hatte, drastisch reduzieren, sehr zum Unmut der Pygmäen und ihrer knurrenden Bäuche. Sie verlangten nach dem Frühstück ein zweites Frühstück; einmal beobachtete Peter einen Pygmäen, der sich an einem großen Kessel Eintopf zu schaffen machte. »Ich könnte nicht mal so viel essen, wenn man mir eine Pistole an den Kopf halten würde«, sagte Peter. Aber sie waren erstaunlich zäh und schnell und flitzten auf nackten Füßen geräuschlos zwischen den Bäumen umher. Wir fanden sie oft an Orten, an denen man gut sein Lager aufschlagen konnte, und das Feuer zum Kochen brannte bereits. Desire und Jacque erledigten ihren Job mit tödlichem Ernst und liefen leise, mit den Gewehren im Anschlag, als würden sie jeden Moment einen Angriff erwarten. Wenn wir Halt machten, suchte sich einer von ihnen einen Platz außer Sichtweite und wartete dort, damit er uns im Falle eines Angriffs beschützen konnte. Das war eine der wenigen Gelegenheiten, bei denen ich von bewaffneten Männern begleitet wurde, die anscheinend nicht der Ansicht waren, dass ihre alleinige Anwesenheit bereits Sicherheit garantierte, und zu sehen, wie sie solche Vorsichtsmaßnahmen trafen, erinnerte mich daran, dass wir uns mitten in der DR Kongo befanden.

Bisher waren wir an einigen verlassenen Lagern mit vertrockneten Überresten dieser charakteristischen halbrunden Laubhütten vorbeigekommen, aber wir wussten nicht genau, wo die Gruppe sich nun befand. Der Wald schien endlos und wäre ich allein dort draußen unterwegs gewesen, dann weiß ich nicht, ob ich den Rückweg gefunden hätte, ohne Brotkrumen zu streuen, insbesondere da wir kleine Flüsse auf Baumstammbrücken überquerten und uns durchs düstere Unterholz schlugen, in dessen fiesen Kletterpflanzen es vor Spinnen nur so wimmelte. Wir schliefen während unserer Tour auf dem Waldboden unter einer Plane. Ich zeigte auf eine besonders abscheuliche dicke Spinne, die über die Blätter am Boden flitzte. »Normalerweise tue ich so etwas nicht«, sagte Peter und zerquetschte sie. Jeder der Bäume, die um unsere Lager herumstanden, musste einer anderen Gattung angehören, auch wenn man sie anhand der Rinde nicht unterscheiden konnte; aber jeder sonderte seinen giftigen Milchsaft in einer anderen Farbe ab, da wo wir eine Axt oder einen Nagel einschlugen, um unsere Plane aufzuspannen.

Es gab hier überhaupt keine Moskitos, die einen in Straßennähe noch reichlich geplagt hatten. Gab es etwas, das ihnen hier in den Wassern auflauerte oder lag es an den starken Tanninen? Es war völlig rätselhaft. Statt Moskitos gab es Schmetterlinge, herrlich bunte Schmetterlinge … hier ist einer auf meiner Hand gelandet – machst du mal ein Foto? Einer ist auf meiner Nase – hihi – jetzt sitzen ganz viele auf meinem Gepäck und auf meinem Arm, ooh. Überall in meinem Gesicht, und sie lecken und lecken, mit ihren langen, gewundenen Saugrüsseln kitzeln sie das Salz aus meinen Poren … glaubst du, dass es so etwas wie ein Schutzmittel gegen Schmetterlinge gibt?

Dann endlich wähnten wir uns nah am Ziel, alle Zeichen deuteten darauf hin, dass in dieser Gegend vor Kurzem gejagt wurde. Wir gelangten auf eine gerodete Lichtung inmitten gigantischer Bäume; die Sonnenstrahlen schimmerten durch die weit über uns liegenden Baumkronen. Hier und dort standen kleine Blätterhütten, vor denen kleine Menschen ausruhten, ihre Speere an die Hütten und Baumstämme gelehnt. Sie hörten auf, ihre Netze zu flicken und das Fleisch zu räuchern, dessen verbranntes Fell stinkende Rauchschwaden absonderte, und eilten herüber, um unsere Gruppe zu begrüßen. Es gab so viele neue Gesichter zu sehen; das waren Menschen, denen es nie zur Gewohnheit geworden war, eines von vielen anonymen Gesichtern in der Stadtbevölkerung zu sein; hier war jeder ein Individuum und jeder kannte jeden – in vielen Fällen schon das ganze Leben lang.

Peter und ich besorgten uns eine Hütte, in der wir schlafen konnten. Pygmäen schlafen aus einem Gitter aus grünen Stöcken, um über den unzähligen Tausendfüßlern und Spinnen zu liegen. Wir hängten unsere elektronische Kameraausrüstung und die Solar-Ladegeräte an die Außenseite der Hütte, sodass sie ausgesehen haben muss wie die Behausung eines Zauberers, aus der nachts auch noch Musik und seltsame Lichter durch die Blattschindeln drangen.

Als der Häuptling, ein alter und berühmter Pygmäe namens Zaire von den Babeela, von der Jagd zurückkehrte, warf er sich sein zeremonielles Fell (das Fell einer Zibetkatze) über die Schulter und hielt eine Willkommensrede, die Manuel uns simultan übersetzte.

Das Leben im Camp verlief in lebhafter Routine; es begann mit einem Frühstück am Morgen, bei dem es Antilope gab, dann ging man zur Jagd. Die Männer schnappten sich ihre Speere und die Netze, die aus gewebten Baumrindenfasern hergestellt waren. Fast alle halfen bei der Jagd und sie folgten einander, indem sie Markierungen in Form abgeknickter Triebe oder Äste hinterließen. Jeder der Männer spannte sein Netz der Länge nach an den vielen biegsamen Trieben auf, die im Schatten der riesigen Urwaldbäume wuchsen; Jäger verknoteten ihre Netze zu einer Falle, die mehr als einen Meter lang war. Nach einem vereinbarten Signal trieben schreiende und singende Frauen das Wild in die Richtung der Männer, wobei sie flüchtenden Tieren den Weg so abschnitten, dass diese auf die Netze zurannten. Hunde waren als Erste bei der Beute und hielten sie am Boden, bis die Männer ankamen und ihr die Kehle durchschnitten. Meist landeten Kronenducker, Blauducker und andere kleine Antilopenarten im Netz, aber auch einige Perlhühner und manchmal auch seltene oder gefährliche Tiere, wie zum Beispiel Leoparden. Sie töteten nicht alle Tiere. Einmal fingen sie einen Schimpansen und ließen ihn wieder frei, weil sie meinten, dass er eine Art Großvater sei. Das ist typisch für die Netz-und-Speer-Pygmäen wie die Bambuti, mit denen wir jagen waren; Pygmäenstämme, die mit Giftpfeilen jagen, hätten keine Skrupel, Affen und Menschenaffen zu essen.

Bei einigen Gelegenheiten ließ mich Peter die Schlachtung eines blökenden Tieres filmen, während er selbst Fotos machte. Er war sich nicht sicher, ob die Aufnahmen von Nutzen sein würden, da Europäer zu weich seien, um sich so etwas anzuschauen. Pygmäen sind eines der fleischhungrigsten Völker, die mir je begegnet sind. Erwachsene ernähren sich fast ausschließlich von Fleisch, ergänzt von rotem Palmöl und gelegentlich Reis und Salz oder was sie sonst so gegen geräuchertes Buschfleisch bei den Bantu eintauschen können, die an der Straße siedeln. Die Kinder fangen schon früh an zu arbeiten, meist tragen sie Körbe mit den geviertelten Teilen größerer Ducker oder einen ganzen Ducker einer kleineren Gattung, dessen Füße so zusammengebunden sind, dass sie sich die Beine des Tieres um den Hals legen konnten, um es dann wie einen Ranzen auf dem Rücken zu tragen. Oft gab es viel zu tragen: An manchen Tagen fingen wir ein Dutzend Antilopen oder mehr. Ein kleiner Junge, vielleicht fünf oder sechs Jahre alt, sah sich mein Gesicht an, während ich bei der Tötung eines Blauduckers zuschaute, der blökte und dann ausblutete. Ich konnte sehen, dass der Junge die Prozedur erschreckend fand; vielleicht fragte er sich, ob dieser weiße Mann aus einer anderen Welt seine Bedenken teilte. Ich lächelte ihn an, um ihm zu verstehen zu geben, dass alles normal war. Immerhin würde er die Tiere bald schon mit eigenen Händen töten müssen, jeden Tag, für den Rest seines Lebens.

Die Kinder, die nicht gebraucht wurden, um frisch zerlegte Antilope zu tragen, blieben im Lager. Ein kleines Mädchen und ein noch kleinerer Junge lieferten sich einen Wettbewerb: wer zuerst zucken würde; beide hatten einen Arm angewinkelt, bereit zuzuhauen. Sie starrten und starrten einander an, aber keiner gab klein bei. Das Mädchen fasste sich an eine Brustwarze, da, wo sie eines Tages einen Busen haben würde, und wackelte damit, um damit den Jungen zu ärgern, der noch nicht abgestillt war. Blüten regneten aus den Baumkronen und andere Kinder versuchten sie mit dem Fuß zu erwischen, bevor sie den Boden erreichten; wenn es ihnen gelang, riefen sie: »Ooh aii!«

Peter glaubte, dass der Stamm im Einklang mit der Natur lebte; ich war mir ziemlich sicher, dass das nicht der Fall war. Obwohl viele Frauen sagten, dass sie nicht mehr als ein oder zwei Kinder wollten, weil es zu anstrengend war, sie zu ernähren, mussten manche von ihnen deutlich mehr haben: Ich sah viel zu viele Kinder in diesem Lager. Diese Kinder sind aber kein Anzeichen für gute Zeiten im Überfluss, da in diesem Falle die guten Zeiten und die Umwelt nicht mehr miteinander im Einklang waren. Die Population kann nicht mehr pendeln, sondern steigt nur noch an. Diese zusätzlichen Kinder sind die Risse im Fundament einer Kultur, die sich über Zehntausende von Jahren hinweg kaum verändert hat. Und wenn dann die Anzahl der Antilopen so weit absinkt, dass man seine Familie mit Netz und Speer nicht mehr versorgen kann, dann werden die Pygmäen zugrunde gehen.

Zu den ergänzenden Nahrungsmitteln zählten auch Opossums (die mit Hunden und Speeren im Unterholz gejagt wurden), ab und an eine Passionsfrucht, wilde Pilze und reichlich Kolanüsse, die ursprünglich für die berühmte Coca-Cola verwendet wurden. Wenn wir an einem Kolabaum vorbeikamen, konnte man sicher sein, dass ein Pygmäe wie ein Eichhörnchen hinaufklettern würde, um ein paar Nüsse zu holen, damit alle etwas zu kauen hatten und sich einen Koffeinschub holen konnten. Als sich in den Achtzigerjahren des 19. Jahrhunderts Henry Morton Stanley, Journalist des *New York Herald* und schießwütiger Kolonialentdecker, durch Afrika kämpfte, kommentierte er das Fehlen von Vorräten in diesen Wäldern. Wenn nicht die Pygmäen Fleisch und Kolanüsse gebracht hätten, wäre sein ganzes Expeditionsteam verhungert. Auch Pilze konnte man finden, wenn man die Augen offen hielt, und die Frauen sammelten sie in ihren Körben und brachten sie ins Lager, um sie in den Eintopf zu geben.

Die Tapferen konnten wilden Honig ergattern und Peter machte ein paar gute Bilder von einem Pygmäen, der in katastrophaler Höhe eine Wabe auskratzte. Ich filmte, wie er auf den Baum kletterte. Der beste Honig kam aus den Nestern einer stachellosen Bienenart; einer der Jäger bemerkte den schwachen

Geruch der Wabe, als wir darunter vorbeiliefen, und er kletterte hinauf, um den Honig zu rauben, der wie ein süßer Balsamicoessig schmeckt. Ich schätzte mich glücklich, ihn einmal im Leben gekostet zu haben. Man stelle sich vor, was man in einem New Yorker Restaurant zahlen würde für ein Salatdressing mit dem wilden Honig einer stachellosen Biene, der von einem Pygmäen im kongolesischen Regenwald geerntet wurde.

Pygmäen wissen, wie man Spaß hat. Selbst die Familien, die auf Jagd sind, lächeln mehr als ein Weststaatler auf Wochenendurlaub, und sie tanzen und singen, erzählen sich Geschichten und Witze. Ziemlich häufig sieht man Pygmäen, die so heftig lachen, dass sie sich den Bauch halten und auf dem Waldboden wälzen.

Pygmäen können binnen zehn Minuten einen bequemen Stuhl fertigen, mittels ausgeklüngelter Schnitte, Knicke und Bindungen von Materialien an der Stelle, an der sie sitzen wollen. Ich mochte es, in einem dieser Stühle am Lagerfeuer zu sitzen und Geschichten auszutauschen. Die Pygmäen hassten ihren Status als eine unterlegene Rasse, also vermutete ich ganz richtig, dass sie es genießen würden, von meinen Reisen zu den kambodschanischen Hmong zu hören, kleine Menschen, die erbitterte Kämpfer waren, mit Gewehren, wie die Ranger sie hatten, aber noch tödlicher, da sie so klein, schnell und lautlos waren. Der Häuptling war ebenfalls weit gereist und hatte viele interessante Geschichten auf Lager; eine davon handelte von seiner komischen ersten Begegnung mit einem Zebubullen, eine andere berichtete von nächtlichen Raubzügen auf den Bananenplantagen der großen Menschen. Pygmäen sind berüchtigte Bananendiebe; die Stauden sind vielleicht zu schwer, als dass ein einzelner Pygmäe sie stemmen könnte, aber drei Pygmäen können sich damit gemeinsam aus dem Staub machen. Da ich wusste, wie glücklich sie waren, wenn sie ihr *bangi* rauchen konnten, versuchte ich ihnen zu erklären, wie sie, wenn sie die Samen einpflanzen würden, ihr eigenes Kraut anbauen könnten, um nicht mehr auf die Gnade der knausrigen Bantu angewiesen zu sein. Sie verstanden das Konzept zwar, aber Pygmäen sind Wandernde, so wie ich, und jede Art des Anbaus zwingt auch den Anbauenden, Wurzeln zu schlagen. Meist erzählte ich ihnen Geschichten vom Jagen und Zelten in Kanada, da sie die am liebsten hörten. Folgerichtig kündigte der Häuptling an, mir einen neuen Namen verleihen zu wollen. Manuel übersetzte für mich: »Er nennt dich einen großen Pygmäen.« Die Pygmäen hörten diese Übersetzung ebenfalls und einer von ihnen merkte an, dass »groß« und »Pygmäe« eigentlich ein Wort sein sollten. Also nannten sie mich »Bigmy« *(big pigmy)*. Das war natürlich irrsinnig komisch, einer dieser Augenblicke, in denen sich die Pygmäen lachend auf dem Boden rollten (was sie so gerne taten). In dieser Nacht zogen Gewitterwolken über unseren Regenwaldbaldachin und warfen Blitze durch den weiten Nachthimmel über unserer Lichtung. Peter sah einen flammenden Meteor.

Wenn ich nun den Eindruck erweckt habe, dass das Leben hier so idyllisch wie in einem Disney-Film war, mit lächelnden, glücklichen Familien, die tanzen und singen, so will ich das nicht negieren, da es größtenteils tatsächlich so wahr. Aber das Leben im Lager bot auch die üblichen Frustrationen und Spannungen, daher konnte die Stimmung sehr schnell kippen, wie in einem Tarantino-Film. Wie sich herausstellte, brauchte es dafür nur einen Spritzer Alkohol.

Große Fremde kamen an den Rand der Lichtung und der Häuptling schnappte sich sein Zibetkatzenfell und hielt eine Rede. Ich hörte Manuels simultaner Übersetzung aufmerksam zu.

»Meine Pygmäen-Gefährten: Große Menschen sind hergekommen, um unsere geräucherte Antilope gegen etwas anderes einzutauschen. Sie haben rotes Palmöl, Salz, Messer, Reis und mehr. Auch einige ihrer Frauen sind gekommen. Ich muss euch, liebe Pygmäen, nicht daran erinnern, dass eine Frau, wenn sie eine Antilope im Angebot sieht, vielleicht sogar zwei Antilopen, vergisst, dass sie in ihrem Dorf einen Freund oder Ehemann hat. Sie wird sich nicht gut benehmen. Denkt daran, eine Antilope, höchstens zwei …«

An diesem Punkt der Übersetzung fragte ich mich, ob seine Sorge der Moral oder der Inflation galt.

Er beendete seine Rede jedoch mit einer unmissverständlichen Ermahnung: »Sie haben auch Alkohol zum Tausch gebracht. Vergesst nicht, meine Pygmäen-Gefährten, was das letzte Mal passiert ist, als die großen Menschen Alkohol gebracht haben.« Aus der Gruppe hörte man zustimmendes Gemurmel. »Ich muss es euch nicht noch mal erzählen, da jeder Pygmäe seine Lektion gelernt haben sollte; diesmal werden wir demütige und bescheidene Pygmäen sein.«

Für Pygmäen, die felsenfest entschlossen waren, sich zu mäßigen, wechselten anschließend besorgniserregend große Krüge mit selbst gebranntem Schnaps den Besitzer. Peter wirkte ungewöhnlich besorgt. Die Bantu-Frauen gingen rege

Tauschgeschäfte ein: Paarweise verschwand man in den Wäldern für geräucherte Wildschenkel; auch rotes Palmöl wurde eingetauscht gegen ganze Antilopen, für die man jeweils zehn oder sogar fünfzehn Liter bekam. Hier war die Größe offenbar wichtig.

Am Anfang waren alle nur sehr vergnügt. Unsere Ranger kamen mit einem Krug wieder und jeder nahm einen Schluck. Es war minderwertiger, mit Methanol versetzter Fusel. Nach dem ersten Schluck blieb ich enthaltsam. Als die Sonne unterging und die Musik der jaulenden Hunde durch das Singen und Kichern der Kinder am Lagerfeuer ersetzt wurde, dachte ich noch, dass alles nach einem lustigen Abend aussah.

Dann tippte mir Peter auf die Schulter und machte mich auf einen muskulösen, torkelnden Pygmäen aufmerksam, dessen angespannte Schultern zitterten. »Siehst du das? Bei ihm setzt der Alkoholentzug ein«, sagte er.

»Aber er trinkt doch noch«, sagte ich mit Blick auf den Becher in seiner Hand, in dem der Fusel schwappte.

»Manche Leute vertragen Alkohol so schlecht, dass sie noch während des Trinkens Entzugserscheinungen zeigen«, entgegnete Peter.

Auch unsere Ranger tranken reichlich, aber sie schienen es besser zu vertragen und waren nur auf rustikale Art betrunken, wenn man so will, anders als die Pygmäen, bei denen allmählich eine sehr proletenhafte Art des Betrunkenseins einsetzte. »Das wird böse enden«, sagte Peter und ich musste ihm recht geben. Wir fragten uns, wann es richtig losgehen würde, und mussten nicht lange darauf warten.

Als sie betrunken waren, wurden die Pygmäen unausstehlich, und der zitternde Pygmäe, der auf den Namen Chi-chi-oo hörte, sowie einige seiner Kumpane waren ganz besonders wild. Chi beleidigte nun wiederholt den Häuptling. Es wurde plötzlich still im Lager, da alle sehen wollten, wie er mit dieser Infragestellung seiner Autorität umgehen würde, aber er blieb sitzen und ermahnte sie mit konzentriertem, aber ansonsten unergründlichem Gesicht, mit dem Trinken aufzuhören.

Dann begannen einige von ihnen, den Ranger Desire zu verspotten. Er war älter als Jacque, hatte aber einen niedrigeren Dienstgrad; er besorgte oft das Kochen und Aufräumen, so wie er es auch ansonsten in der Ranger-Station tat. Die Pygmäen stichelten: »Du bist kein Soldat, du bist eine Frau. Wir sehen jeden Morgen, wie du kochst und sauber machst.«

Der ungeheuer betrunkene Chi war auch hier der Hauptunruhestifter, aber es schien, als würden die meisten Pygmäen gerne Stunk machen, wenn sie trinken, daher brauchte es nicht viel, sie aufzustacheln.

Desire hatte seinen Siedepunkt erreicht. Er stand auf und lief zu den äußeren Hütten, wo die Frauen sich versammelt hatten; als er zurückkehrte, zog er eine Pygmäin hinter sich her in den Wald. Sie schien halbwegs willig, aber mehr auch nicht. Ich bin nicht sicher, was er ihr im Tausch angeboten hat.

»Sie ist meine Frau!«, kreischte Chi.

»Ich nehme sie trotzdem. Heute Nacht gehört sie mir«, verkündete Desire.

Chi ließ seine üppigen, aber pygmäengroßen Muskeln spielen und sagte etwas, das Manuel nicht übersetzen wollte – ich hatte allerdings eine ganz gute Vorstellung davon. Desire holte seine Kalaschnikow raus und schwenkte sie betrunken herum, wobei er brüllte: »Ich werde die Pygmäen töten. Ich werde alle Pygmäen töten!«

Zu diesem Zeitpunkt hatten sich die meisten Frauen und alle Kinder zerstreut oder in den Blätterhütten versteckt. Es war ungewöhnlich ruhig, so ganz ohne Gesang und Tanz, und selbst die Hunde blieben auffällig still. Jeder konnte deswegen das metallische Klicken der Sicherung hören.

Mustafa, unser besonnener Pygmäen-Experte, war ebenfalls betrunken und hatte sich mit einer Frau in den Wald verzogen. Manuel war nervös und sagte mir wiederholt: »Jetzt ist eine Patrone in der Kammer.«

»Alkohol und Schusswaffen sind eine ungute Kombination«, stimmte ich ihm zu und war nun auch in Alarmbereitschaft.

Ich achtete sehr genau darauf, in welche Richtung der Lauf der Waffe zeigte, da Desire so betrunken war, dass er kaum gerade stehen konnte, aber den Finger am Lauf hatte. Als er mit dem Gewehr in meine Richtung wedelte, stellte ich mich hinter einen Baumstamm.

»Sollen wir die Böschung hier runterklettern und uns in den Fluss stellen?«, fragte Peter.

Ich schaute auf den Häuptling, der ruhig am Feuer saß. Sein Gesichtsausdruck machte deutlich, dass hier mehr passierte, als sich auf den ersten Blick erschloss. Während ich versuchte, die Situation richtig einzuordnen, stimmte ich mit einem Kopfnicken Peters nächstem Vorschlag zu: Wir sollten uns an Desires befehlshabenden Offizier wenden, um uns zu beschweren; wir hatten die Ranger aus einer Vielzahl von Gründen angeheuert, und alle Pygmäen zu töten, war sicherlich keiner davon.

Jacque war betrunken und hockte mit dem Rücken an einen Baum gelehnt, aber Peter schaffte es, ihn davon zu überzeugen, dass er intervenieren müsse. Er taumelte auf Desire zu und nahm ihm seine Kalaschnikow, die Patronen und sein Messer ab, bestimmt, aber nicht, ohne beruhigend auf ihn einzuwirken. Dann widmete Jacque sich wieder seinem Suff.

Jetzt fühlte Desire sich gedemütigt, also bedrohte er Chi mit seinen Fäusten. Der Pygmäe setzte sich, um zu demonstrieren, dass er keine Angst hatte – möglicherweise auch deshalb, weil er Schwierigkeiten hatte, sich auf den Beinen zu halten. Als Nächstes zückte Desire die einzige Waffe, die ihm noch geblieben war: seinen Ledergürtel. Er begann, den Pygmäen damit zu verprügeln. Und auch wenn Desire kleiner als Jacque, Peter oder ich war, so war er doch ein gutes Stück größer als der Pygmäe. Chi wagte es nicht, aufzustehen, und Desire schlug ihn mit dem Gürtel, bis Blut sein Gesicht hinunterlief, um dann zu verkünden: »Das wird dir eine Lehre sein.« Chis Frau war geblieben, als die anderen Frauen flohen, und sie hatte die Geschehnisse sehr interessiert verfolgt; jetzt packte Desire ihren Arm und zog sie in die Büsche.

Chi fühlte sich nun offensichtlich erniedrigt und marschierte im Lager umher und rief, dass er seine Frau liebe (zumindest wurde es mir so übersetzt), wobei er gegen mehrere Hütten trat und die Kinder dazu brachte, verängstigt zu schreien. Es folgten mehrere Faustkämpfe, da andere Pygmäen nun die Nase voll hatten. Einer sagte: »Du sagst, du liebst deine Frau, aber als ich auf der Jagd war, hast du mit meiner Frau geschlafen.« Zack, bumm, und sie bekämpften einander mit Fausthieben. Die ganze Sache schien kein Ende zu nehmen; es war längst dunkel und diese Kämpfe wurden in schwarzer Nacht oder vor der letzten Glut der Feuerstellen ausgetragen. Peter und ich hatten mit unseren Stiefeln die dicke Schicht aus Erde, Blättern und faulem Holz aufgewirbelt, wodurch wir biolumineszente Pilze freigelegten, die nun in der Finsternis leuchteten.

»Der muskulöse Pygmäe, der, der hier den meisten Ärger macht, ist das einer der Söhne des Häuptlings?«, fragte ich Manuel.

»Nein, ich glaube, er hat in den Stamm eingeheiratet. Er ist mit einer der Töchter des Häuptlings verheiratet.«

Eine interessante Information.

»Wir werden heute Nacht nicht schlafen können, überhaupt nicht«, sagte Peter. »Ich habe so was schon mal erlebt, als ein Stamm Giftpfeil-Pygmäen Alkohol getauscht hat. Sie haben sich betrunken mit Macheten bekämpft. Einem von ihnen haben sie das Schlüsselbein gespalten und einem anderen hat man eine Machete geradewegs durch die Wange gestoßen. Auf der anderen Seite des Kiefers hat es ihm sämtliche Zähne ausgeschlagen.«

Peter hatte recht, das ganze Lager war in Aufruhr. Ich hatte eine Idee: Wir sollten das *bangi* vorzeitig verteilen. Peter war sich da nicht so sicher. Er war geneigt, es einzubehalten, da er sich über einige Pygmäen geärgert hatte, insbesondere über unsere Träger, die Vorräte stibitzt hatten. Aber schließlich einigten wir uns darauf, jeder Hütte eine Handvoll *bangi* zu geben. Es war faszinierend zu sehen, wie schnell das Kraut seine Wunder wirkte. Kaum waren die Tüten angezündet, ließ der aufstachelnde Einfluss des Alkohols nach und wir konnten uns doch noch zur Ruhe legen.

▪ ▪ ▪

Am nächsten Morgen hielt der Häuptling eine Rede und fing die Stimmung im Camp ein. Er sagte, dass einer der Pygmäen offensichtlich nicht mit Alkohol umgehen konnte, und da dies nicht sein erstes Vergehen gewesen sei, sei dieser Pygmäe nun für immer verbannt. Das Leben im Camp kehrte allmählich zur Normalität zurück. Wer solche Stämme besucht, erlebt viele solcher Tumulte; das ist einer der Gründe, warum ältere Stammesangehörige Fremden mit Vorbehalten begegnen: Sie scheinen Unglück zu bringen. Die Klügeren unter ihnen wissen, dass das nur Aberglaube ist; es ist vielmehr so, dass sich unter Leuten, die so eng beisammenwohnen, Spannungen aufbauen, die aufgelöst und abgebaut werden müssen. Die Ankunft von Fremden stellt einen Ausbruch aus der Routine dar und soll von Machtspielen und kleineren sozialen Schachzügen ablenken; solche Vorkommnisse passieren gerade dann besonders häufig, wenn Fremde anwesend sind, die es mitbekommen können.

Dieser Vorfall mit den Bambuti lehrte mich etwas über das Wesen des Menschen, darüber, wie er gewalttätige soziale Spannungen und Verbannung vereinte. Beide tragen entscheidend zum Verständnis eines Mysteriums bei, das mich lange belastet hat. Ich habe übermäßig viel Zeit allein in der Wildnis verbracht, in einem Buschmodus, der dazu führte, dass ich begriff, dass es eine zweite Seite der Natur des Menschen gibt. Wie ich bereits festgestellt habe, ist diese zweite Seite der Natur des Menschen genauso mächtig und konkret wie die erste Seite. Wenn man dann wieder unter »zivilisierten« Leuten ist, ist man immer irgendwie neben der Spur, ein Fremder in einem fremden Land. Das bedeutet auch, dass man außerordentlich scharfsinnig ist, so sehr, dass jedermanns Gesicht ein offenes Buch ist. Man kann förmlich Gedanken lesen und das tut man auch – mit einer an Paranoia grenzenden Energie. Mein Unterbewusstsein ist das eines Menschen, der sich selbst viele Male aus der Gesellschaft anderer Menschen verbannt hat, und auch wenn ich jetzt meist in einem Zustand des Bewusstseins bin, hält doch mein Unterbewusstsein an seinen alten Verhaltensweisen fest. Es kommuniziert intuitiv mit meinem »Ich«. Darum habe ich, als Peter mich fragte, ob wir uns in den Fluss stellen sollten, auch nicht versucht, die Bewegungsbahnen von Patronen auszurechnen oder mich auf andere Weise rational mit seiner Frage zu befassen; stattdessen habe ich mir das Gesicht des Häuptlings im Feuerschein angesehen. Er wirkte aufmerksam und selbstsicher, er lächelte kaum merklich, was daran liegen konnte, dass er gerade einen Plan fasste.

Wäre ich nach vielen Monaten allein in unzivilisierten Gebieten gerade erst in diesem Lager angekommen, dann wäre ich in diesem ultraaufmerksamen Modus gewesen – eine typisch menschliche Gabe, ähnlich dem Tauchreflex von Säugetieren oder dem Instinkt, der dazu führt, dass die Gliedmaßen eines Menschen sich krümmen, als wollten sie sich einbuddeln, wenn seine Kerntemperatur auf ein potenziell tödliches Level sinkt. Dann hätte ich – anstatt nur Hinweise von meinem Unterbewusstsein zu erhalten – die Intrigen und Spannungen dieses Stammes von Jägern in Echtzeit beobachten können. Ich hätte fast augenblicklich gewusst, was Sache ist; es hätte nicht der nur langsam durchsickernden Erkenntnis bedurft, die mich verstehen ließ, was es mit dem ruhigen Häuptling, seiner verschlagenen Tochter und der geschwenkten Waffe auf sich hatte.

Das Lager war jetzt ruhiger als je zuvor. Die dünnen Hunde winselten wieder im Schlaf und träumten davon, Fleisch von der Räucherablage zu klauen; die Frauen wuschen im Fluss. Ein Mann, der Gesträuch für eine Hütte rodete, fand ein Vogelküken und gab es den kleinen Kindern, damit sie mit ihm spielen konnten – wobei das letzte Spiel darin bestand, dass sie ihn über einem kleinen Feuer grillten und aßen.

Ich entdeckte ein Chamäleon, nicht größer als ein Fingernagel, mit nur zwei Zehen an jedem Fuß. Die Pygmäen waren bestürzt und sagten, dass das Pech für die Jagd bedeute. Ich sagte ihnen mithilfe von Manuel, dass selbst wenn Chamäleons Unglück bringen würden, dieses winzige Exemplar doch nicht viel davon bringen könne. Tatsächlich fingen wir an diesem Tag acht Antilopen und abends im Lager waren alle zufrieden, außer einem kleinen Pygmäenkind, das anfing zu schreien und zu weinen, wann immer Peter sich ihm mit seiner Kamera vor dem Gesicht näherte. Man erzählte uns, dass Pygmäen ihre Kinder davor warnen, Feiglinge zu sein: Wenn sie nämlich nicht tapfer und stark sind, kommt ein großes weißes Monster und frisst sie auf.

Leider kam bald der Tag unserer Abreise. Als wir alles eingepackt hatten, sagte Peter diskret zu mir: »Siehst du den ältesten Sohn vom Häuptling da drüben? Er hat Aids. Vermutlich hat er es sich bei einer der Bantu-Frauen geholt, die von der Straße hierherkamen.«

»Woher weißt du das?«

»Siehst du seine Haut?«

»Sieht aus, als wäre es einfach nur eine Pilzinfektion.«

»Nein. Es ist eine Pilzinfektion, so viel ist richtig. Es ist Ringelflechte. Aber sie wächst nicht an feuchten Stellen. Sie ist auf seinem Brustkorb und auf der Stirn. Afrikaner kriegen solche Infektionen nicht, es sei denn, sie haben ein geschwächtes Immunsystem; und was fällt einem ein, wenn man an Afrikaner mit geschwächtem Immunsystem denkt? Er hat Aids, aber er wird eine robuste Immunreaktion haben. Es könnte Jahre dauern, bis es ihn tötet.«

Ich machte mir Sorgen, insbesondere, da ich wusste, dass Pygmäen ganz und gar nicht monogam leben. »Wirst du es ihm sagen?«

»Nein«, sagte Peter und holte seine Medizintasche hervor. »Ich werde ihm eine Salbe für den Pilz geben, damit seine Lebensqualität noch ein paar Monate anhält. Es gibt Grenzen bei dem, was ich leisten kann, und jemandem zu sagen, dass er Aids hat, bedeutet nur Ärger, wenn er es nicht versteht und nicht verstehen kann. Das wird ihn nur in Angst versetzen für nichts und wieder nichts, da die Krankheit trotzdem schlimmer werden und sich ausbreiten wird. Aids ist nicht behandelbar, wenn es keine medizinische Infrastruktur gibt, die von einem Wirtschaftssystem getragen wird.«

Peter gab dem Mann eine Tube mit Salbe und Anwendungshinweise als Abschiedsgeschenk. Er half auch allen anderen Pygmäen mit ihren medizinischen Problemen, so gut er es konnte. Einer alten Frau namens Tee-ti-moh steckten wir außerdem eine ganze Schachtel Zigaretten zu und sie unterdrückte einen überraschten Aufschrei, als sie die Packung in ihrer Hand spürte. Sie versteckte sie, bevor die anderen sie sehen konnten. Sie war zu alt, als dass sie von dem, was man mit den Menschen von der Straße tauschte, mehr als ein paar Zigaretten pro Jahr abbekommen hätte. Nun hatte sie eine ganze Schachtel, die sie genießen und für Tauschgeschäfte nutzen konnte.

Der ganze Stamm versammelte sich, um uns zu verabschieden, und der Häuptling hielt wieder eine Rede, in der er uns Reisenden aus fernen Ländern dankte und uns versicherte, dass wir willkommen wären, sollten wir je hierhin zurückkehren.

Auf unserer langen Wanderung zur Lehmstraße fand sich irgendwie die matschige Hälfte einer gelb-schwarzen Eidechse unter meinem Stiefel wieder. Es war die vordere ausgehöhlte Hälfte des Reptils. Für gewöhnlich begegnet man einer Eidechse oder man begegnet keiner; es passiert selten, dass die Natur halbe-halbe macht. Eine Zecke krabbelte über meine Haut und ich wischte sie weg; eine seltsame Raupe stach mir mit ihren Haaren oder Borsten in den Hals und eine stachelige Ranke schnitt mir in die Oberlippe. Aber das Einzige, was mir Sorgen bereitete, war die Überquerung von Strömungen auf Baumstämmen in großer Höhe, doch auch dort ließen meine Füße mich nicht im Stich.

■ ■ ■

Sobald wir das gerodete Land in Straßennähe erreicht hatten, tauschte Peter, der eine Ernährung, die zum allergrößten Teil aus Fleisch bestand, leid war, bei einem Farmer einen ganzen Sack voller Passionsfrüchte ein und aß sie an Ort und Stelle, was unsere pygmäischen Träger zum Lachen brachte, für die die Passionsfrucht ein Nahrungsmittel für Kinder ist. Wir besorgten uns noch einen Sack voll auf Vorrat und verstauten ihn später im Hotel.

Ein weißer Mann, eigentlich noch ein Kind, war gekommen, um uns zu treffen. Er hatte vermutlich gehört, dass es in diesem Hotel zwei Weiße gab. Er war ein reines Nervenbündel und wollte wohl nur mal wieder mit jemandem Englisch sprechen und vertraute Gesichter sehen, nachdem er schon so lange hier draußen war, um ein Entwicklungsprojekt zu leiten. Er war ein Amerikaner namens Joel, Joel der Geograf, und er erklärte uns stockend, dass er den Farmern, die an dieser Straße des Nationalparks Land besetzt hatten, beizubringen versuchte, wie man effizienter anbauen konnte.

Ich wollte gerade sagen, dass ich auch versuchte, effizienten Anbau zu unterrichten: Ich wollte den Pygmäen zeigen, wie man Marihuana anbaut.

Aber Peter kam mir zuvor und sagte: »Wie können Sie moralisch rechtfertigen, was Sie tun? Werden Sie nächstes Jahr zurückkommen und Sturmgewehre verteilen, um die Überbevölkerung auszudünnen, die Sie mit Ihrer Arbeit verursachen?«

Nun war ich ausgebremst und konnte mich nicht mehr über ihn lustig machen, darum fragte ich ihn, ob er seinen Hauptsitz in der Gegend habe. Denn selbst wenn er glaubte, Entwicklungsarbeit zu leisten: War das nicht eher die Schuld der Erwachsenen, die den Jungspunden immer wieder solche Ideen in den Kopf setzten? Und wer weiß denn, ob nicht in einer fernen Zukunft – nach der informationstechnologischen Lösung der ökonomischen Frage, wenn die riesigen Wälder des Nationalparks im Kongobecken zu den Trommeln des Kommerzes erklingen, inmitten grüner Felder voller Genmais, dessen Anbau Roboter besorgen – zum Spaß angestellte Einheimische Loblieder über Joel den Geografen singen, anstatt mit dem Fuß zu altmodischen Country-Songs über John Deere zu wippen?

Aber jetzt konnte der Junge nur noch unverständliches Zeug murmeln, wobei er in engen Kreisen lief. »Du hast Joel kaputtgemacht«, sagte ich Peter, der vor Lachen brüllte. Ich hätte ihm gerne gesagt, wie mutig ich es von ihm fand, dass er in seinen jungen Jahren an solch einen Ort reiste, um Gutes zu tun, was für sich schon einen Wert hat. Aber es hatte nicht den Anschein, als könnten wir aus Joel noch etwas herausholen.

Wir ließen unseren unerschrockenen Geografen, wo er war, und widmeten uns einer Sache, die wir vermisst hatten: Bier trinken. Peter erging sich in einer Tirade gegen »Ärzte ohne Grenzen«. Ich habe sie seitdem drei Mal gehört, jedes Mal, wenn ich ihm in London einen Besuch abstattete, wo er sich niedergelassen hat, um als Chirurg zu arbeiten; aber er fängt diese Geschichte nie vor dem sechsten Bier an, also weiß ich wirklich nicht, worüber er da redet. Es hat irgendwas mit institutionalisierter Korruption oder so zu tun.

Peter war auch erpicht auf einen Hinweis, den nur jemand wie ich ihm geben konnte: Welcher Ort war der gefährlichste der Welt? Denn er hatte immer noch Zeit, irgendwohin zu eilen und Fotos von gefährlichen Heldentaten zu machen, in der Hoffnung, dass die Konkurrenz sich gar nicht erst dorthin trauen würde.

»Südsudan«, war meine Antwort. »Ich war gerade erst da und wenn du Ärger suchst, dann wirst du ihn dort finden. Und wenn du keinen Ärger suchst, wird der Ärger dich finden.«

»Dann werde ich als Nächstes dorthin gehen, nachdem ich eine Möglichkeit gefunden habe, die ganzen Kisten voller unentwickelter Filme per Luftpost zu verschicken«, sagte er.

Wir beschlossen gemeinsam zu versuchen, per Anhalter nach Kisangani zu kommen. Er würde die Pygmäen-Expedition abschließen, dann wollte er versuchen, ein paar Aufnahmen von den Bergbauarbeiten sich bereichernder Bandenchefs zu bekommen, und anschließend nach Südsudan reisen. Ich hoffte einen Kahn zu finden, der mich durch den Kongostrom bringen würde; der Kiss-Kiss ist ein Seitenarm, und Henry Morton Stanley hat die Reise von Kisangani aus geschafft (früher hieß die Stadt Stanleyville, so benannt nach ihrem Gründer).

Jacque und Desire, die sich beide gut vom schwarzgebrannten Fusel erholt hatten, zeigten uns einen Transportwagen, der uns Richtung Westen bringen würde, und nach einem letzten Besuch bei den Okapis, die sie versorgten, um sie später in die Freiheit zu entlassen, verabschiedeten wir uns von den beiden. Als wir gerade aufbrechen wollten, fuhr ein Konvoi moderner Jeeps vor der Station vor. Der scheinbar wichtigste Fahrgast war eine blonde Frau, vielleicht eine Französin. Wir hatten keine Zeit, uns mit ihr zu unterhalten, aber es ist immer ein gutes Anzeichen für die Stabilität einer Region, wenn man dort Frauen aus den Weststaaten sieht, also war dieser Ort womöglich eine kleine Insel des Friedens in einer ansonsten fürchterlichen Umgebung. Allerdings wurde sie von vier Kerlen mit Schnellschusswaffen bewacht. Später wurde meine Illusion der Stabilität zerschlagen: Ich las im Internet, dass eine Bande Elefantenwilderer genau diese Ranger-Station angegriffen hatte; Einheimische wurden niedergemetzelt, darunter einige Ranger und all ihre kostbaren Okapis.

Ein Sattelschlepper schaukelte die Straße entlang auf uns zu und wir hielten ihn an … Es war der Primus-Bier-Truck. Nachdem wir unser Gepäck und einen Jutesack voller Passionsfrüchte verstaut hatten, ging es los. Unser Truck hatte nur leere Flaschen geladen, aber nicht lang danach fuhren wir an dem Auslie-fer-Truck vorbei und ließen uns vom Fahrer ein paar volle Flaschen durch das Fenster reichen.

Die Polizei der DR Kongo war habgierig wie gewohnt, aber da wir zu zweit waren und Peters echtes Dokument meinen Schwindel noch glaubwürdiger wirken ließ, kamen wir ohne allzu viel Ärger durch die Kontrollen. Der Truckfahrer schien entlang der Strecke seine bevorzugten Puffs in den Siedlungen zu haben und wenn er mal wieder seine gute Jeans und ein sauberes Shirt anzog, gingen wir in den nächstbesten Laden, der als Kneipe durchging, während er sich Zeit nahm. Zu essen gab es vor allem eine Menge Buschfleisch, also war geräuchertes Antilopenfleisch – ganz sicher von Pygmäen gejagt – weiterhin unser Hauptnahrungsmittel. Oft konnte man auch Schuppentiere kaufen und meist kam ein Typ mit einem Fass voll geräucherten Affenkadavern vorbei … die erinnerten mich an Fotos, die ich in Auschwitz gesehen hatte. Ich lehnte immer ab, aber die Einheimischen an der Bar mampften sie zu ihrem Bier wie ganz normales Kneipenessen.

An einem Morgen versuchte ich wiederholt, Bananen zu kaufen, aber unser Fahrer sagte mir auf Französisch immer wieder: »Nein, warte, nicht hier, weiter vorne ist besser.« Es war schon Nachmittag, als er Halt machte, um ein paar Bündel Bananen zu kaufen, und ich wünschte, ich könnte mich noch an den Namen des Dorfes erinnern. Das waren bis heute mit Abstand die besten Bananen, die ich je gegessen hatte.

Ein paar Tage später kamen wir bei strömendem Regen in Kisangani an. Anstatt nach einem Hotel zu suchen, verbrachten wir unsere erste Stunde in einem Restaurant damit, einen Polizisten auflaufen zu lassen, der sich buchstäblich in freudiger Erwartung eines Zahltags die Hände rieb, als er uns sah. Ich bestellte ihm ein Mineralwasser, während wir darauf warteten, dass er zum Punkt kam. Er enttäuschte uns nicht und präsentierte schon bald eine Liste selbst ausgedachter Gebühren. Er hatte sich tatsächlich die Mühe gemacht, sie extra aufzuschreiben: Genehmigung für den Besitz eines Fotoapparats: 300 Dollar, eine Videokamera: 700 Dollar; zehn Dollar für jede Filmrolle; Genehmigung für Aufnahmen in Stadt und Umgebung: irgendein enormer Betrag. Ich hätte allein schon jemandem 700 Dollar für das Filmen gezahlt, wie wir ihn einluden, sich zu uns zu setzen, während wir uns seine Forderungen anhörten. Sein Grinsen wurde immer kleiner, als Peter ihm offizielle Genehmigungen für all diese Dinge vorlegte, unterzeichnet vom Leiter der Geheimpolizei; es verschwand gänzlich, als ich sagte, dass ich zur UN gehöre und weder eine Kamera besaß, noch irgendetwas filmen wolle. Mürrisch fragte er schließlich, ob wir für sein Wasser zahlen würden, da er schon so viel Benzin verbraucht habe, um von der Polizeistation hierhin zu fahren.

Wegen all der UN-Angestellten und NGO-Mitarbeiter mussten wir in neun Hotels anfragen, bis wir eines fanden, das noch ein Zimmer frei hatte. Der Preis für ein Zimmer, das sonst zehn Dollar gekostet hätte, betrug nun das Zehnfache. Die Einheimischen wissen, dass ihre Kunden keine Ahnung haben, was ein Hotelzimmer in einem Dritte-Welt-Land normalerweise kostet, da sie die Rechnung ohnehin einfach über die UN abwickeln, also setzen die Hotels den Preis einfach so hoch, dass die Gäste ihn gerade noch über ihre Reisekostenabrechnung absetzen können. Unser 100-Dollar-Zimmer war die Kammer einer Lagerhalle und schmutzige Tücher dienten als Raumteiler.

Jetzt wollte Peter mir etwas zeigen. Wir hatten uns darüber unterhalten, warum ich keine Kamera besaß, und ich sagte ihm, es liege teilweise daran, dass es meiner Meinung nach meine Erlebnisse zerstückeln würde, wenn ich mich verpflichtet fühlte, sie auf Bildern festzuhalten, anstatt einfach im Augenblick zu leben. Peter wollte mir vorführen, wie Reisen mit Kamera aussieht. Er hängte sich einen großen Fotoapparat um den Hals und schlug vor, runter zum Fluss zu gehen. Für den Weg, für den wir normalerweise eine Viertelstunde gebraucht hätten, benötigten wir eine Stunde, die wir größtenteils in vier unterschiedlichen Polizeistationen verbrachten, wo argwöhnische Polizisten uns bedrohten und versuchten, Geld von uns zu erpressen. Sie hielten uns für zwei Journalisten – ein bevorzugtes Opfer von Polizisten in korrupten Staaten überall auf der Welt.

Eine der Bars in Flussnähe war die liebste Anlaufstelle für uns und hohe Tiere der UN, von denen einige Söldner als Bodyguards hatten. Einer dieser Jungs verstand nur zu gut, worin sein eigentlicher Job bestand. Er zerfleischte jeden im Raum mit seinen Blicken, seine Hand schwebte über dem Griff seines Maschinengewehrs; der weißhaarige Gentleman, den er »bewachte«, schien sehr zufrieden. Peter und ich konnten darüber nur lachen. Es gibt offensichtlich zwei Arten von Gefahren, auf die diese Bodyguards vorbereitet sein müssen: zufällige Gewalt, wie sie zum Beispiel von einem Betrunkenen oder streitlustigen Einheimischen ausgeht; und organisiertes Verbrechen, zum Beispiel ein Mordkommando, das in der Stadt ist, um einen UN-Funktionär als Vergeltungsmaßnahme zu töten. Dieser Söldner hätte seinen Job dann am besten gemacht, hätte er seine Waffe nicht offen zur Schau gestellt und versucht, nicht weiter aufzufallen, damit er im Notfall mehr Optionen gehabt hätte. Stattdessen nervte er die Einheimischen, indem er versuchte, jeden einzuschüchtern, wodurch er jedem potenziellen Attentäter signalisierte, dass der Mann, den er bewachte, ein lohnendes Ziel darstellte. Aber dieser Söldner schien begriffen zu haben, dass diese Bedenken verglichen mit seinem eigentlichen Job zweitrangig waren: Er sollte dazu beitragen, dass sein Auftraggeber sich mächtig und wichtig fühlte. Seine Rolle war vergleichbar mit der eines sexy Models, das als Begleitung eines Gentlemans für eine schicke Party angeheuert wird, nur dass in diesem Fall die UN den Deckel zahlte.

Die einheimischen Mädels definierten ihre Rolle auf ähnlich kreative Weise: Eine war damit beschäftigt, mit ihren Händen meine Beine unter dem Tischtuch zu reiben, während sie die Unterhaltung mit ihrem Freund fortsetzte. Als ich Peter davon erzählte, lachte er und sagte: »Bei mir hat sie das auch versucht.«

Meine Familie bekam endlich ein Reise-Update von mir, nachdem ich ein Internet-Café mit einer halbwegs stabilen Verbindung und einem archaischen Computer aufgetan hatte. Alle Buchstaben der Tastatur waren zu abgenutzt, um sie noch lesen zu können, und die Tastaturbelegung entsprach nicht der QWERT-Norm. Meine Anstrengungen, mit einem Boot oder Kahn den Kongofluss runterzufahren, scheiterten. Es hatte wohl einige Schwierigkeiten mit einem verrückten Spanier gegeben, Dr. Manresa, der dasselbe versucht hatte; die relevanten Behörden hatten gerade erfahren, dass er von einer Rebellengruppe der Enyele gefangen genommen worden war, die die am Fluss gelegene Stadt Mbandaka angegriffen hatten. Ihr abergläubischer Anführer Mangbama hatte dem Spanier sämtliche Körperbehaarung für ein Amulett abrasieren lassen, dessen »weißer Zauber« ihn gegen Patronen immun machen sollte. Diese Rebellen hatten immer noch Standpunkte an sämtlichen Flussstraßen und würden jeden Weißen, den sie in die Finger bekamen, rasieren, bis er so glatt war wie ein Babypo. Außerdem würde es wegen des außerordentlich niedrigen Wasserstands wohl Monate dauern, den Fluss zu durchqueren – länger, als mein Visum gültig war. Der örtliche Polizeichef bestand darauf, dass ich nur in Begleitung eines Polizisten reisen würde, wenn ich wirklich den Fluss entlangfahren wollte, wofür ich allerdings die Kosten hätte tragen müssen. Statt des improvisierten Abenteuers, das ich mir erhofft hatte, hätte ich also mit einem Polizisten abhängen müssen.

Während ich über die Sache nachdachte, schauten Peter und ich uns die traditionelle Fischerei an den Boyomafällen an, wo die Einheimischen in Stauanlagen fischen, indem sie große Körbe in die Strömung senken, die wie Füllhörner aussehen. Ich nutzte diese Zeit, um eine Entscheidung zu treffen: Unter den gegebenen Umständen war es schlicht nicht möglich, den Kongofluss entlangzufahren, wie ich es mir erträumt hatte, seit ich in der Highschool Stanleys *Durch den dunklen Welttheil* gelesen hatte – zumindest würde es keinen Spaß machen. Der Plan war also gestrichen. Stattdessen gab es ein altes Frachtflugzeug, das Luftfahrtäquivalent zu einem propellerbetriebenen Dinosaurier, dessen Pilot mich zu einem Flughafen in der Nähe von Kinshasa mitnehmen konnte. Ich verabschiedete mich von Peter (der seinen Film nach Europa geschickt hatte und nun weiter nach Südsudan wollte) und stieg dann in den Frachtraum des Flugzeugs. Dort saß ich zwischen gestapelten Kisten und hatte von hoch oben einen guten Ausblick auf das Flussnetz und den Dschungel rund um Kisangani, das erst ein Lager für Sklavenschlepper und dann unter dem Namen Stanleyville ein Lager für Söldner gewesen war, bevor es seinen heutigen Namen bekam und zu einem Hafen für UN-Beamte wurde.

Nach einem Nickerchen an einer Wand des Flughafens N'Djili näherte ich mich am nächsten Tag der Megastadt Kinshasa, erstaunt über den horizontalen Wald aus gigantischen Baumstämmen, die im Fluss schwammen und auf den Straßen Richtung Stadt trieben. Ich kämpfte mich zu den Wolkenkratzern der Innenstadt durch, in der Annahme, dass man dort die Botschaften und den belebten Teil der Stadt finden würde. Außerdem sah es so aus, als würden die Außenbezirke zum Großteil aus dreckigen Slums bestehen. Meine Erfahrungen als Backpacker sagten mir, dass nun ein guter Zeitpunkt wäre, mein Geld für eine gehobene Unterkunft zu verprassen.

In den subsaharischen Ländern Afrikas bekommt man allgemein wenig für sein Geld, also brachten mir 50 Dollar die Nacht ein Zimmer in der siebten Etage eines runtergekommenen Hochhaushotels ohne Fahrstuhl, Klimaanlage oder fließendes Wasser. Wenn ich mich waschen wollte, konnte ich mir beim Hotelpersonal einen Eimer leihen und irgendwo in den Straßen nach einer geplatzten Wasserleitung suchen, um dort den Eimer aufzufüllen und in tropischer Hitze sieben Stockwerke nach oben zu wanken. Im Erdgeschoss gab es ein Restaurant, das mittlerweile nur noch als Bar fungierte und als solche nicht sehr beliebt war. Eine einsame Prostituierte nuckelte an ihrer Fanta und versuchte, als Hotelgast durchzugehen. Schon bald freundete ich mich mit einem Kameruner an, der draußen auf der Straße lebte. Er hatte versucht, nach Südafrika zu kommen, aber sein Pass war ihm hier gestohlen worden; er hatte beschlossen, ein paar Jahre als Straßenhändler Ziegenfleischspieße zu verkaufen und dabei darüber nachzudenken, welche Möglichkeiten er hatte, so wie es wohl jeder in seiner Lage getan hätte.

Kinshasas Banksystem war modern genug, um einen Barkredit zu bekommen, sodass ich an meinen Visaanträgen für Kongo-Brazzaville (das ist die Republik Kongo, nicht die viel größere Demokratische Republik Kongo) und Gabun arbeiten konnte. Während ich die Innenstadt erkundete, entdeckte ich eine Kneipe, die mich erfolgreich mit einer Klimaanlage lockte. Es war herrlich kühl und wie es schien, war ich nicht der einzige Kunde, der vor der Hitze hierhin geflohen war. Zwei Ausländer tranken Bier und luden mich ein, ihnen Gesellschaft zu leisten: Carl, ein Mix-Martial-Arts-Lehrer aus Quebec, und Spencer. »Ich komme auch aus Kanada«, sagte ich ihnen, »und bin ebenfalls ein Spencer, auch wenn es nur mein zweiter Vorname ist.« Der andere Spencer war ein Swasi, der auf seiner Yamaha Ténéré durch die Peripherie des afrikanischen Kontinents fuhr und seine Erlebnisse filmte, um Geld für *Save the Children* zu sammeln und das Filmmaterial als »Africa Bike Adventure« online zu stellen. Später sollte daraus eine Fernsehshow für den *Travel Channel* werden (und während ich das schreibe, arbeitet er an einer weiteren Show in Südamerika). Wenig überraschend waren sie beide interessante Gesprächspartner: Abwegige Orte wie die DR Kongo sind ein guter Schutz vor Langweilern. Hier gab es keine Nichtsnutze: Mit jedem, den ich hier traf, konnte ich ein besseres Gespräch führen als mit dem besten von 100 Urlaubern, die ich in einem Resort oder an einer berühmten touristischen Sehenswürdigkeit getroffen hätte. Ich bin mir sicher, dass selbst Joel der Geograf interessant gewesen wäre, wenn wir ihm eine Chance gegeben hätten, auch wenn sein Abenteuer gerade erst begonnen hatte.

Wir fragten nach etwas zu essen, aber mehr als eine Schale Erdnüsse konnte man uns nicht anbieten. In der Innenstadt gab es noch ein Restaurant, also wagten wir uns wieder in die tropische Hitze hinaus.

Das Restaurant, »La Orangerie«, war ein schicker französischer Laden, der angeblich unter Auswanderern beliebt war, und wir trafen dort einen von ihnen, der das beweisen konnte. Kaum dass wir zur Tür hineingekommen waren, lud er uns ein, mit ihm zu essen. Mit diesem fröhlichen Belgier, dessen Name wie Yves klang, tauschten wir bei einem Bier Geschichten aus, während wir auf unser Essen warteten. Carl erzählte von Kampfsportkämpfen mit Afrikanern. Er hatte einem aggressiven Betrunkenen, der doppelt so viel wog wie er, ein Bein gebrochen; ein anderer wollte ihn erst mit einer Machete angreifen, aber dann verließ ihn der Mut und er machte auf dem Absatz kehrt und schlidderte davon, während die Machete an seinem Hinterteil wackelte. Spencer erzählte, wie ihm Samburu-Banditen auf einer Straße südlich von Äthiopien beinahe das Motorrad unter ihm weggeschossen hätten. Seine Rückbremse wurde zerstört, aber die Yamaha schaffte noch ein oder zwei Kilometer, bevor er anhalten musste und sich in den Büschen versteckte. Die Samburu kamen, um nach ihm zu suchen, ihn auszurauben und womöglich zu töten. Er hatte einen Spezialapparat, den seine Sponsoren ihm gegeben hatten: einen Knopf, den er drücken konnte, um einen Trupp bewaffneter Söldner herbeizurufen, die bei Erhalt des Signals mit einem Hubschrauber ausrücken würden. Als die Samburu nach ihm suchten, war Spencer geneigt, den Knopf zu betätigen, aber er rechnete nicht damit, dass ihm das etwas bringen würde. Die Nacht brach ein, und bevor ein Hubschrauber es hierhin schaffte, würden diese Männer ihn entweder finden oder nicht. Außerdem würde jeder Druck auf diesen Knopf seine Sponsoren 20 000 Dollar kosten. Die Samburu suchten eine Weile nach ihm und gaben dann auf.

Ich erzählte ein paar meiner eigenen Reisegeschichten und auch Yves hatte Geschichten ohne Ende auf Lager. Er war im Auftrag von Reuters News für das gesamte Kongobecken zuständig, also hatte er zahlreiche Rebellen und Minenfelder gesehen.

Als ich wieder in Kisangani war, checkte ich meine E-Mails und sah eine Nachricht von Anders, dem norwegischen Dokumentarfilmer, der in Südamerika ein Interview mit mir gedreht hatte, während wir den Amazonas entlangtrieben. Er wollte wissen, ob ich mich nach dem Status zweier Norweger erkundigen konnte, die in Kinshasa wegen Mordes angeklagt waren und im Gefängnis saßen. Man warf ihnen vor, ihren Fahrer getötet zu haben, und ein Film, den die Polizei gefunden hatte und der sie zeigte, wie sie mit der Leiche als Trophäe posierten, schien ihre Behauptung, unschuldig zu sein, Lügen zu strafen. Yves war für dieses Anliegen der richtige Ansprechpartner, da Journalisten über zwielichtige Kontakte verfügen müssen, um ihren Job machen zu können. Er sagte mir, dass sie ganz klar schuldig waren … in dieser Auswanderer-Gemeinschaft kannte jeder jeden. Diese Typen hatten ihre Jobs in der norwegischen Botschaft aufgegeben, um stattdessen in den Kokainhandel einzusteigen. Ihr Fahrer fand heraus, was sie vorhatten, und versuchte sie zu erpressen, deshalb töteten sie ihn. Sie wären vermutlich sogar damit davongekommen, wenn sie nicht so eitel gewesen wären, sich auch noch mit der Leiche zu filmen.

Carl, Spencer und ich waren überrascht, von dieser Kokain-Geschichte hier im Kongo zu hören. »Aus dem Kongo kommt das beste Kokain der Welt«, erklärte uns Yves. Wir waren nicht überzeugt und jedem von uns fiel ein Land ein, das dem Ruf nach besseres Kokain haben sollte: Kolumbien, Venezuela, überall, aber doch nicht hier. Wer hatte denn je davon gehört, dass der Kongo wegen seines Kokains gerühmt wurde?

»Ihr versteht nicht. Es kommt pur über den Atlantik … hundertprozentig rein, um es über Land nach Europa zu schmuggeln. Hier, ich beweise es euch. Wenn ihr einem Europäer nicht glaubt, dann lasst es euch von einem Einheimischen sagen.« Er wählte eine Nummer, sprach mit jemandem und ein paar Minuten später tauchte ein Kongolese auf einem Motorrad auf und setzte sich zu uns.

Die schrecklichen Narben des Motorradfahrers entgingen meiner Aufmerksamkeit nicht, aber ich hatte den Eindruck, dass es unhöflich wäre, zu neugierig zu sein. Carl hatte solche Bedenken nicht. Bevor wir unsere Fragen zum kongolesischen Kokain loswerden konnten, zeigte er auf die Narben des Mannes und sagte: »Darf ich fragen, woher die kommt? Und die da?«

»Ich hätte euch warnen sollen«, sagte Yves. »Du hast da einen wunden Punkt angesprochen. Es war kein Motorradunfall. Er und seine Freundin wurden von der Polizei an einer Kontrollstation angehalten. Die Polizisten wollten offenbar sein Motorrad klauen und darum schlugen sie ihn mit einer Machete und schnitten vor seinen Augen sein ungeborenes Kind aus dem Bauch seiner Freundin, erwürgten es und töteten dann die Mutter. Ihn ließen sie zum Sterben im Graben liegen. Wie durch ein Wunder hat er überlebt, aber vor der Polizei hat er seitdem jeden Respekt verloren und lebt jetzt als ein Gesetzloser.«

Als ich das hörte, überkam mich das Gefühl, dass der Kongo für den Massentourismus noch nicht bereit war. Es gibt es eine Formulierung für solche Vorkommnisse: »D. I. A.« (Das ist Afrika).

▪ ▪ ▪

Am folgenden Tag hatte ich alle meine Visa. Spencer wollte auch Richtung Norden reisen, aber er musste noch auf einige Ersatzteile für sein Motorrad warten, die per Expresslieferung kommen sollten. Wir beschlossen, über E-Mail in Kontakt zu bleiben und zu versuchen, uns in Kamerun zu treffen. Zuerst wollte ich jedoch nach Gabun, um mir die surfenden Nilpferde im Nationalpark Loango anzuschauen. Ich verabschiedete mich von Carl und Spencer. Wir wünschten uns gegenseitig Glück und eine gute Reise.

Eine öffentliche Fähre brachte mich über den Fluss nach Brazzaville, der Hauptstadt der Republik Kongo, am Nordufer des Flusses. Leute in Rollstühlen rollten ebenfalls an Bord und versuchten schwere Pakete ohne Einsatz ihrer Beine zu bewegen; sie bekamen einen Rabatt auf die Ticketpreise; dem »Gesetz der unbeabsichtigten Konsequenzen« zufolge hatten also körperlich beeinträchtigte Händler einen verhältnismäßigen Vorteil gegenüber den nicht beeinträchtigten Händlern und drängten sie aus dem Wettbewerb.

Brazzaville war entspannter und nicht so verrückt wie Kinshasa und die Gebäude hatten irgendwie mehr Charakter, aber davon abgesehen waren die beiden Hauptstädte vergleichbar: Gemessen am Umland waren es lebendige, aber international wenig bekannte Städte. Ein Zug brachte mich südwärts und anschließend gelangte ich per Anhalter auf den Ladeflächen von Lieferwagen von Stadt zu Stadt. Dieses Land war recht hügelig; die Bäume waren abgeholzt, aber überall sah man üppiges Grün. Auf den Straßen dominierten die Pritschenwagen, die das Hartholz aus dem Regenwald in die Sägewerke brachten. Runtergekommene alte Trucks fuhren Textilien und andere Gebrauchswaren zwischen den Farmstädten hin und her und die Leute quetschten sich zwischen die Lieferungen.

Es stellte sich als kluger Schachzug heraus, mögliche Probleme mit der Polizei vorwegzunehmen, indem ich mich mit dem ersten Polizisten, den ich traf, auf ein Bier hinsetzte. Aber Probleme ließen sich manchmal nicht vermeiden. Einmal schlugen sich rivalisierende Einheiten vor der Polizeistation gegenseitig blutig, um das Recht zu erstreiten, Geld von mir einzukassieren, und auch meine trügerische UN-Visitenkarte kam immer wieder zum Einsatz. Vor derselben Station sagte ein blutender Polizist lächelnd: »Es ist noch ein anderer Weißer in der Stadt, vielleicht kennen Sie ihn ja?« Ich ging rüber und tatsächlich: Ich kannte ihn. Dem Polizeibeamten schien das völlig normal vorzukommen, aber der südafrikanische Fahrradfahrer und ich waren überrascht: Es war der Typ, den ich Monate zuvor in Mauretanien getroffen hatte. Noch immer radelte er Richtung Süden. Man weiß, dass ein Land nicht viele ausländische Besucher hat, wenn man nur einen davon trifft und ihn zufällig auch noch kennt.

Weiter ging's Richtung Norden, auf dem Speiseplan Kekse und gelegentlich eine Dose Sardinen. Ich näherte mich der Grenze von Gabun, einem Land, das nach einer heute aus der Mode gekommenen Mantelart benannt ist. Je näher ich der Grenze kam, desto extremer wurden die Erpressungsversuche durch korrupte Polizisten und mittlerweile wollten die Leute, die mit mir in den Trucks fuhren, alle über dieselbe Grenze nach Gabun einreisen. Ein schlaksiger Afrikaner hatte ebenfalls einen ausländischen Pass und mir fiel auf, dass er mich und mein vermutetes Miasma des Unglücks mied: Er nahm an, ich würde korrupte Polizisten förmlich anziehen. Ich musste mich hier noch mehr ins Zeug werfen und legte jedem Polizeibeamten gegenüber eine heftige Art an den Tag, als erzürnte mich schon der bloße Gedanke an Korruption. Wer hätte es gedacht: Beim zehnten Erpressungsversuch an diesem Tag bemühte sich der schlaksige Kerl darum, direkt nach mir in die Vernehmungsräume gebracht zu werden, und stand schließlich an meiner Seite, wann immer er konnte. Ich musste also irgendetwas richtig gemacht haben.

Polternd lehnte ich ab, die zehn Euro zu zahlen, die ein wütender Grenzbeamter für meinen Stempel forderte, und stieg schließlich in einen Pick-up-Truck, der an die Küste fuhr. Als ich einen herrlichen weißen Strand erreichte, beschloss ich, eine Weile in der kleinen Stadt zu bleiben. Mayumba hatte nur ein paar Tausend Einwohner, aber eine große Grundfläche; es gab ein Hotel und sogar eine Herberge, eine Bar und ein Restaurant. Der Sand unter meinen Füßen fühlte sich wunderbar an und wenn die Sonne zu hoch am Himmel stand, konnte ich mich unter den Ästen von Bäumen verstecken, die genau aussahen wie jene, die ich an der gegenüberliegenden Küste in Sansibar gesehen hatte. Es war dieselbe Art, dachte ich, als ich die seltsamen grünen Früchte bemerkte.

Ein Stein, der in der Nähe lag, sah aus, als hätte ihn jemand als Amboss genutzt; daneben ein kleinerer, handlicher Stein, der wohl der Hammer war. Ich pflückte eine Frucht von einem Zweig und hämmerte darauf herum, bis sie der Länge nach aufplatzte. Im Innern befand sich ein leckerer weißer, mandelartiger Samen. Das Rätsel war gelöst: Man genoss sie als Nüsse, nicht als Früchte.

Ich wäre vielleicht länger in Mayumba geblieben, aber ein Vorfall lag mir auf der Seele und zwang mich weiterzureisen, nach Libreville, der Hauptstadt Gabuns. Es war eines Abends gegen zehn passiert, als ich bereits im Bett lag. Ich hörte ein Klopfen an der Tür meines Zimmers im Hotel »Mayeye Foutou«, zog mich an und nahm meine Taschenlampe. Es waren zwei kleine Mädchen, das eine vielleicht zehn oder elf, das andere mindestens zwei Jahre jünger. Sie fragten mich auf Französisch, ob sie in mein Zimmer kommen könnten. Ich fragte sie, wo ihre Eltern seien, und sagte ihnen, dass sie wieder in ihr Dorf zurückkehren sollten, da ich annahm, dass sie aus dem Fischerdorf kämen, das ich zwei Kilometer südlich von hier entdeckt hatte. Gerade als ich wieder ins Bett stieg, klopfte es noch einmal lauter … Es war das ältere der beiden kleinen Mädchen, und wieder fragte es, ob es reinkommen dürfe. Das jüngere Mädchen (ihre kleine Schwester?) hatte sie draußen in den Büschen gelassen. Wieder sagte ich ihr, dass sie nach Hause gehen solle, und anschließend hatte ich Schwierigkeiten, wieder einzuschlafen. Ich fand es verstörend, dass sie sich diese Nummer ausgedacht hatten: nachts an die Türen von Hotelzimmern zu klopfen, in denen sich fremde Männer befanden. Es war doch gefährlich, dass sie so spät noch so weit weg von ihrem Dorf unterwegs waren. Und woher wussten sie überhaupt, dass ich hier draußen im Dunkeln war? Alle Zimmer außer meinem waren leer und es gab hier nachts keinen Manager und keinen Rezeptionisten. Ich sah die beiden nach diesem Abend nicht wieder.

Auf der Ladefläche eines Pick-up-Trucks gelangte ich weit genug landeinwärts, um unwegsame Moore und Lagunen zu vermeiden; dann reiste ich weiter nach Norden und wieder an die Küste. Mein Ziel war eine Stadt namens Gamba, von wo aus ich ein Boot zum Nationalpark Loango nehmen konnte, zu dem das einzige geschützte Lagunen-Ökosystem an der westafrikanischen Küste gehörte. Die Leute hier sind jetzt neue Immigranten, wie in vielen Gebieten Afrikas: Kurz vor der Zeit der Amerikanischen Revolution kamen sie nach Süden und dezimierten die indigenen Pygmäen, die heute fast vergessen sind.

Alle kamen hier von A nach B, indem sie auf den Ladeflächen der Pick-up-Trucks mitfuhren, eingeklemmt zwischen Bananenstauden. Es kam einem anstrengenden Krafttraining gleich, im Truck zu bleiben; man musste sich an einem Metallstück oder an einem Mitfahrenden festkrallen, während man hin und her geschüttelt, gestoßen und geworfen wurde. Bei drei Gelegenheiten in drei unterschiedlichen Trucks habe ich erlebt, wie Männer aus dem fahrenden Vehikel geschleudert wurden und auf das Straßenpflaster oder in einen Sumpf stürzten. Dann brüllten wir und jemand schlug auf das Fahrerhäuschen, damit der Fahrer anhielt und den verlorenen Passagier wieder einsammelte. Ich verteidigte meinen Platz auf der Ladefläche kraft meiner Arme, während die Zivilisation allmählich verschwand und meine Umgebung mehr und mehr wie das Set aus einem Tarzan-Film aussah. Einmal musste jemand durch einen Fluss schwimmen und mit einem primitiven Floß zurückkommen. Der Truck fuhr auf das Floß und wir zogen ihn ans andere Ufer. Die Straßen wurden zu verwilderten Wegen und schließlich zu schlammigen Pfaden; die Landschaft bestand nur noch aus Urwald und Sumpf. Manchmal konnte man nur mit einem Boot zu den nächsten passierbaren Pfaden gelangen und wer immer diesen Weg einschlug, versuchte im nächsten gottverlassenen Dorf eine neue Transportmöglichkeit aufzutreiben, um weiterzukommen.

Endlich landete ich in der Stadt Gamba, deren Einwohner überwiegend Angehörige der Fang sind. Hier könnte ich einen Besuch im Nationalpark arrangieren, hatte man mir gesagt. Die Stadt war heiß, flach und umgeben von goldenen Gräsern. Es gab hier für die Einheimischen nicht viel zu tun, außer Hühnchen zu essen (das zäh wie Kautschuk war, weil es sich zeitlebens nur von Eidechsen und Käfern ernährt hatte, und immer mit viel Mayonnaise und einer Tasse Instantkaffee mit jeder Menge süßer Kondensmilch gereicht wurde) und an lautstarken baptistischen Wiederauferstehungsmessen teilzunehmen, von denen sie in den frühen Morgenstunden zurückkehrten wie Raver, die Augen leuchtend in Erwartung ewigen Lebens im Himmelsreich.

Ein freundlicher Guide mit einem Motorboot willigte ein, mich tief in den Park hineinzubringen. Wegen all der Büffel, Nilpferde und besonders der Waldelefanten war sein Job sehr gefährlich. Ich sah leider keine Nilpferde, wie sie die weißen Sandbänke überquerten, um zu »surfen« – sie watschelten nur aus der Lagune, um sich in der Brandung zu wälzen, da sie häufig Parasiten haben, die sie im Sand abreiben wollen. Die Wälder selbst – wenn es in ihnen auch zwitschert, summt und rauscht – sind längst allen wertvollen Ebenholzes beraubt und bestehen nur noch aus Baumarten, die sich kommerziell nicht verwerten lassen. Dafür gab es jede Menge Tiere zu sehen, insbesondere, da wir unser Nachtlager quasi in ihrer Mitte aufschlugen. Eine der Baumarten hätte mir von Nutzen sein können, da sie eine Art Wurzelkäfig hatte, wie Stäbe, die den unteren Teil des Stammes einfassten. Wenn ein Büffel oder ein Elefant versucht hätte, mich zu töten, hätte ich mich dort verstecken und mich um den Stamm herum hin und her bewegen können, damit die Stoßzähne mich nicht aufspießen konnten.

Die Route, die mein Guide wählte, führte uns an einem Baumhaus vorbei, in dem ein Dokumentarfilmer der BBC im Jahr zuvor gelebt hatte, um eine Sendung über die seltenen Halsbandmangaben zu drehen. Es war ein fantastisches, dreigeschossiges Baumhaus mit Leitern und einer selbst gemachten Seilbrücke, die zu einem zweiten Haus führte, das hoch oben in einem Baum lag und vom Boden aus nicht zugänglich war. Die Seilbrücke bestand aus einem Seil, auf dem man die Füße balancierte, und zwei weiteren Seilen etwas unter Schulterhöhe, an denen man sich festhalten konnte. Sie schien noch in Ordnung zu sein, also testete ich sie und bewegte mich Stück für Stück auf das ansonsten unzugängliche zweite Baumhaus zu – weit oben über dem Waldboden, auf dem Horden kleiner Krabben wimmelten und an organischen Abfällen knabberten.

Ein weiterer Tagesmarsch führte uns tiefer in den Park hinein, wo mich ein Waldelefant mit langen, spitzen Stoßzähnen und wütenden roten Augen angriff, aber schließlich wieder von mir abließ. Ich hatte mich in die Nähe einer Klippe über einem Strand geflüchtet, und vielleicht hatte er beschlossen, dass die Sache das Risiko eines Sturzes von der Klippe nicht wert war. Wir hatten die Familie dieses Elefanten versehentlich mit unserer Anwesenheit erschreckt; er kam mit einem Weibchen und einem kleinen Elefantenkind aus dem Wald gestapft und wurde aggressiv, als er uns witterte. Nach dieser Begegnung kehrten wir zurück zum Motorboot; eine weitere Tageswanderung mit herrlichen Inseln, Wald, Lagunen und verlassenen Stränden – verlassen, abgesehen von munteren Schlammspringern, einem Büffel und fünf weiteren Waldelefanten. Irgendwie machte das Wandern mehr Spaß, wenn man sich leise an großen grauen Bestien vorbeischleichen muss, die einen beim Anblick töten wollen; das hatte irgendwie etwas Erhabenes, als wäre man in die Steinzeit zurückversetzt worden, wo solche Erfahrungen üblich waren (zumindest stelle ich mir das so vor).

Ich verließ das Parkgebiet und schlug mich weiter durch den Dschungel, bis ich an eine Kreuzung gelangte, wo ich mir mit drei gabunischen Männern ein paar Bier gönnte. Wir unterhielten uns darüber, wie viele Kinder jeder von uns bisher hatte: 18, 14, 20 und ich bisher keines. Ich machte sie darauf aufmerksam, dass es in Gabun bald eng sein würde wie in einer Sardinenbüchse, wenn jedes ihrer Kinder ihrem Beispiel folgen sollte. Es ist gut, dass mit der Modernisierung einer Gesellschaft auch andere Dinge kommen, mit denen man Ansehen gewinnen kann, zum Beispiel Autos, Urlaube, Motorboote und große Häuser, denn es gibt kaum etwas, was der Umwelt nachhaltigeren Schaden zufügt, als einen Haufen Kinder in die Welt zu setzen.

Die katholische Mission in Libreville hatte ein paar Zimmer zu einem guten Preis, um vorbeiziehende Priester zu beherbergen, und es gab eine lustige Reisegruppe, darunter ein Deutscher und ein Neuseeländer, die sich ebenfalls von diesem Schnäppchen hatte locken lassen. Wir arbeiteten alle an neuen Visaanträgen: Ich wollte in den Norden, sie nach Süden auf eine Motorradsafari von London nach Kapstadt. Die Visa-Fee war mir hold: Als Entschädigung dafür, dass mich Äquatorialguinea abwies, bekam ich ein Visum für Kamerun (das einzige Land, das nach einem essbaren Krustentier benannt ist) und auch eines für São Tomé, das es mir erlaubte, einen kurzen Abstecher auf die Insel zu machen, um die Strände zu sehen und etwas zu entspannen – in einer alten Zuckerplantagen-Villa, in der man ein fünfgängiges Dinner bei Kerzenschein servierte, zu einem Preis, für den man in Europa nicht mal irgendeine Absteige finden würde.

Die anderen Jungs hatten weniger Glück. Sie hatten wirklich eine Menge Pech und unsere Bier-und-Fisch-Gelage auf dem Markt wurden zu einer verdrießlichen (offen gesagt: grauenerregenden) Veranstaltung. Zuerst verunglückte ein Deutscher; seine Freunde fürchteten, dass er ein Auge verlieren könnte, und auch sonst hatte er ernsthafte Probleme, weshalb er nach Kapstadt geflogen werden wollte, damit er dort medizinische Hilfe bekommen konnte. Ein weiterer Kerl hatte sich beim selben Unfall Schnittwunden zugezogen. Er hatte blutenden Truckfahrern geholfen und nun berechtigterweise Angst vor einer HIV-Infektion. Als ich von São Tomé zurückkehrte, war der Jüngste der Gruppe verschwunden – ich glaube, er war gerade erst 28 Jahre alt und hieß Mike, genau wie ich. Er hatte mit seinem Motorrad oben in den Hügeln eine Kurve zu schnell genommen und war direkt in eine Metallstange gerast, mit der Holzstämme auf einem Sattelschlepper gesichert waren. Die anderen Jungs fanden ihn mit aufgebrochenem Schutzhelm auf der Straße. Sie wollten ihn noch retten, aber es hatte keinen Sinn mehr. Einer von ihnen sagte, sie hätten versucht, sein Hirn wieder in den Schädel zu schieben. Er war komplett aufgelöst deswegen – verständlich. Sie sagten mir, dass nur ein kleiner Teil seines Hirns ausgetreten war und dass sie es so schnell wie möglich wieder hineingeschoben hätten, aber er sei trotzdem nicht wieder aufgewacht. Ich sagte ihnen, dass man meiner Kenntnis nach augenblicklich und ohne zu leiden starb, wenn Hirn aus dem Schädel trat; es ist ausgesprochen empfindlich verglichen mit anderen Organen wie den Eingeweiden, die eine raue Behandlung aushalten können.

Diese beiden Jungs taten ihr Möglichstes, um den Leichnam ihres Freundes einbalsamieren zu lassen und den ganzen Papierkram abzuwickeln, der nötig war, damit der Sarg zurück zu seiner Familie nach Neuseeland geschickt wurde. Zu meiner Erleichterung erreichte mich später eine Nachricht von den beiden, die von keinen weiteren Katastrophen während des Rests ihrer Reise berichtete. Motorradreisen in Afrika stellen meist die gefährlichste Art der Fortbewegung sowohl für Besucher als auch für Einheimische dar und jeder hat ein paar Geschichten auf Lager, die gerade noch mal gut ausgegangen sind. Oft ist Überleben keine Frage der Skills, sondern einfach nur reine Glückssache.

Schließlich gelangte ich nach Kamerun, wo ich den Strand von Kribi genoss – einer Stadt an der Mündung des Kienkié. Ich unterhielt mich mit einem älteren Herrn, der Perlen an Touristen verkaufte. Das tat er schon seit den Sechzigerjahren, ohne je etwas zu ändern oder sich anzupassen. Jetzt drängten ihn energische Jungspunde vom Markt, die seine Idee geklaut hatten, was ein Problem darstellte, da er eine ganze Horde Kinder zu versorgen hatte. Er wedelte mit seiner Faust in Richtung der Bohrinsel vor der Küste, deren Gas in der Dunkelheit loderte, und sagte, dass er sie zerstören würde, wenn er könnte. An diesem Punkt seines Lebens war er ebenso sehr Bettler wie Perlenverkäufer.

Meine Wanderungen endeten für ein Zwischenspiel im »Ideal Hotel« in Yaoundé, Kameruns Hauptstadt, wo ich weitere Visa hamsterte und zum vierten Mal in meinem Leben erfolglos die Einreise nach Äquatorialguinea beantragte.

Ich traf Spencer, den Swasi aus Kinshasa, während er an seinen eigenen Visaanträgen arbeitete, und wir tourten ein oder zwei Wochen auf seinem Motorrad durch Kamerun, fuhren die 370 Kilometer lange bergige Ringstraße entlang, an denen die Fon leben. Spencer arbeitete viel für die regionalen Medien, daher erkannten ihn die Kinder und Dorfbewohner; sie jubelten und winkten, als wir vorbeifuhren. Einmal konnte ich mit ihm und dem Britischen Hochkommissar ein Gebäude betreten, indem ich mich als sein Kameramann ausgab.

Spencer wollte, dass ich ihn dabei filmte, wie er mit einem Floß über Natronseen paddelte – vulkanische Seen mit tiefen Schichten zischender Kohlendioxide, die ausgasen und jedes Lebewesen im Umkreis von mehreren Kilometern töten, wenn man sie stört – und verrückte Stunts in den sattgrünen Hügeln vor Bamenda machte, während ich mich mit der Videokamera vom Rücksitz seiner Yamaha Ténéré hängen ließ. Wir hatten keinen Unfall und stürzten auch nicht vom Motorrad, aber ein paar Mal war es ziemlich knapp, und es dauerte einen Monat, bis die Nerven in einer meiner Hände sich regeneriert hatten. Sie waren taub geworden, weil ich mich so fest an einer Metallstange hatte festklammern müssen, um nicht vom Motorrad zu fallen, während ich mit der anderen Hand die Kamera hielt.

Bamenda, eine Stadt, in der überwiegend Englisch gesprochen wird, war großartig, insbesondere die Straßen in der Nähe des Marktes, wo wir die Nachmittage damit verbrachten, Bier zu trinken und gegrillte Makrelen mit Chili zu essen. Eines Abends jedoch, als ich gerade mein Moskitonetz anbrachte, hörte ich Schüsse: Peng, Peng, Peng! Ich dachte mir: Jetzt bloß vom Fenster wegbleiben. Dann folgte noch ein lauter Knall. Es war bereits dunkel, also legte ich mich ins Bett, statt meine Tür zu öffnen und der Sache nachzugehen. Spencer war im Zimmer nebenan einquartiert und als ich am nächsten Morgen an seine Tür klopfte, stellte ich fest, dass er bereits rausgegangen war, um herumzufragen, was in der letzten Nacht vor dem Hotel passiert war. Soweit die Einheimischen wussten, hatte jemand einen 22-jährigen Mann mit vier Schüssen in den Rücken ermordet. Im Großen und Ganzen waren die Menschen in Bamenda zauberhaft; der Vorgang war einfach nur Pech und hätte überall geschehen können.

Spencer wollte weiter in den Norden, also wünschte ich ihm eine sichere Reise und buchte mir einen Flug nach England. Die Hitze wurde mir allmählich zu viel: Nachts kitzelten mich Schweißtropfen, die über meine Haut und aufs Laken liefen, und ich duschte in meinem T-Shirt, damit es mich kühlte, während es an meinem Körper trocknete. Nach Süden zu fliegen, um der größten Hitze zu entkommen, machte keinen Sinn, da die Fußballweltmeisterschaft 2010 die Hotelpreise in Südafrika in absurde Höhen getrieben hatte. Außerdem war es nicht sinnvoll, vor der August-Hochzeit von Ken und Sally im Vereinigten Königreich noch ein weiteres Land »reinzuquetschen«.

Kapitel 14
In Afrika
Grönland | Sudan | Somalia | Puntland | Malawi | Madagaskar | Namibia | Angola

Im Juni 2010 war ich ohne meinen Rucksack in England. Er war in Paris falsch verladen worden, aber die gute Nachricht war, dass er es mittlerweile nach Heathrow geschafft hatte, auch wenn man ihn noch nicht ausgeliefert hatte. Meine Mutter und mein Stiefvater waren im Land, nachdem sie gerade einen Urlaub in Schottland und den Cotswolds beendet hatten. Wir hatten zwei gemeinsame Tage in London und besuchten das Docklands-Museum, wo wir etwas über die britische Beteiligung am Sklavenhandel lernten (die 400 000, die nach Nordamerika gebracht wurden, machten nur vier Prozent des gesamten Atlantikhandels aus, was mich überraschte; der Handel mit der Karibik und Südamerika stellte den Großteil des Verbrechens dar). Wir schauten uns auch das Haus an, in dem der fiktionale Charakter Hercule Poirot angeblich gelebt haben soll.

Dann kam mein Freund Bruce aus Calgary in die Stadt geflogen und wollte mich in der Saatchi Gallery treffen. Ich stand ein paar Minuten lang draußen vor dem Gebäude, bevor ich bemerkte, dass innen eine Privatveranstaltung stattfand und die Leute Anzüge und schicke Kleider trugen. Weil ich meinen Rucksack noch nicht zurückhatte, trug ich abgetragene Klamotten und eine geborgte Hose. Ich ging auf die Tür zu und die Türsteher nahmen an, dass ich nur ein Künstler sein könne. Sie ließen mich durch, während direkt neben mir Männern im Anzug der Eintritt verwehrt wurde. Wie sich herausstellte, war Bruce auf der Party, um Charles Saatchi zu treffen, da sie gemeinsam Geschäfte machten. Auf diese Weise bekam ich eine private Führung durch die Galerie und trank den ganzen Abend kostenlosen Champagner, der von jungen Frauen serviert wurde, die mit Tabletts voller Getränke und Snacks durch die Menge liefen.

Anschließend gingen wir im Stadtzentrum von London noch Sushi essen und etwas trinken, wozu Bruce seine Freunde einlud. Soweit ich das beurteilen konnte, hatten mindestens drei von ihnen interessante Jobs: eine Frau war PR-Direktorin für Getty Images; Nick hatte eine Website, auf der man Musikstücke online remixen konnte (er ist ein junger Mann, aber durch schicksalshafte Verwicklungen auch der Earl of Shaftesbury); den dritten kannte ich aus Musikvideos: Es war der Sänger der Fine Young Cannibals. Mein Hauptbeitrag zu diesem Abend bestand darin, Geschichten über Bären zu erzählen. Ich hatte vor Kurzem noch in stickigen Lehmhütten in afrikanischen Dörfern gehockt, weshalb die ganze Woche ziemlich ziellos und absurd auf mich wirkte.

Als Trauzeuge für Kens und Sallys Trauungszeremonie sollte ich eine Rede schreiben und stand vor dem schwierigen Problem, einen Junggesellenabschied organisieren zu müssen. Ken trank keinen Alkohol mehr, also sah ich keinen Sinn darin, so etwas wie ein gewaltiges Saufgelage zu organisieren, bei dem er einen Haufen Betrunkener aushalten musste, die ihn langweilten. Womöglich würde er dann am Abend vor seiner Hochzeit noch rückfällig werden. Ich fragte ihn, worauf er Lust hatte, und er erzählte davon, wie sehr er Sport, frische Luft und außergewöhnliche Landschaften vermisste. Ich beschloss, mit ihm nach Island zu fahren, da ich es bereits kannte und garantieren konnte, dass es all das bot, was er wollte. Es war die perfekte Wahl: Wir konnten gut 15 Kilometer täglich wandern und obendrein gab es noch bemerkenswerte Sehenswürdigkeiten.

Anschließend kehrte Ken für seine Hochzeitsvorbereitungen wieder nach England zurück, während ich vor seinem großen Tag noch ausreichend Zeit hatte, um mir Grönland anzuschauen. Mit einer kleinen Propellermaschine voller Inuit-Kehlsänger flog ich nach Nuuk, das an der Mündung eines langen Fjordsystems an Grönlands Westküste liegt, wo die Eiskappe Eisberge kalbt. Es gab dort auch Wale und Wikingerruinen. Diese ehemaligen arktischen Milchbauern waren ausgehungert und hatten Grönland entweder verlassen oder waren gestorben. Manch einer sagte, es sei ein großes Rätsel, warum sie nicht einfach Fisch aßen, um zu überleben, als sich das Klima abkühlte und Molkereifarmen nicht mehr einträglich waren. Für mich war die Antwort darauf ziemlich offensichtlich: Ich hatte in Reykjavik jemanden sagen hören, dass die Rate an Menschen, die allergisch auf Fisch und Weichtiere reagieren, in Island höher ist als die Rate unter der skandinavischen Gründerpopulation. Wenn man Bevölkerungsdruck und zu wenig Farmland hat und jemand sagt: »Geht mit mir auf eine gefährliche Reise durch eisige Meere und ihr sollt Farmland haben«, dann ist es naheliegend, dass von denen, die diesem Angebot folgen, überproportional viele Leute ganz besonders begierig auf eigenes Land sind – und viele von ihnen werden keine andere Wahl haben, da sie keinen Fisch essen können. Wenn dann das Land in Island knapp wird und ein anderer Kapitän sagt: »Folgt mir und ich verspreche euch kostenloses Land in einer noch gottverlasseneren und kälteren Gegend«, dann werden die Einzigen, die von diesem Angebot Gebrauch machen, diejenigen sein, die allergisch auf Fisch und Weichtiere reagieren. Die anderen werden sagen: »Nein danke, ich esse einfach mehr Fisch und weniger Milch und Getreide.«

In der einzigen Herberge in Nuuk waren auch zwei Journalismusstudenten aus der Schweiz und es gab eine Internetverbindung, die wir nutzen konnten, während wir darauf warteten, dass Kälte, Regen und eisiger Wind nachließen. Als ich versuchte, Grönland auf meiner digitalen Weltkarte als eines der Länder zu markieren, in denen ich gewesen bin, ließ mich der Computer das Update nicht vornehmen und gab an, dass ich versuchen würde, obszönes Material aufzurufen. Ich scherzte mit den Schweizern, dass ich zwar so weit gereist sei, dass manch einer es enervierend finden könnte, aber dass mir nie der Gedanke gekommen sei, ich könnte obszön weit gereist sein.

Kens und Sallys Hochzeit war eine famose, lustige Veranstaltung und ein ausgelassener Start in ihr Eheleben. Sie fand in einem Festzelt auf einem Feld an der Küste in Climping statt, nahe Bognor Regis, und das Motto waren die Zwanziger- und Dreißigerjahre. Alle zelteten auf dem Feld und viele der Frauen hatten sich vorbereitet, indem sie lernten, wie man den Charleston tanzt. Man hatte eine Swingband angeheuert und es gab ein argentinisches Barbecue. Eine Rede zu halten war eine meiner Pflichten als Trauzeuge. Ich trug einen Dreißigerjahreanzug, den ich gebraucht erstanden hatte, und erzählte unter anderem lustige Anekdoten über die kognitiven Dissonanzen, die darin lagen, dass Ken nach England gekommen war, um Technologien und Regularien der Architektur zu studieren, während die Sons of Freedom Sekte, der seine Familie angehörte, Besitzrechte, Baugenehmigungen und Grundsteuer ablehnte und den Hang hatte, Gebäude zu zerstören. Diese Neigung war ein so zentraler Bestandteil der Sektenkultur, dass Ken vor der Beerdigung seines Vaters einen Anruf von seiner Tante erhielt, die ihn bat, mit der Tradition zu brechen und darauf zu verzichten, sein Haus niederzubrennen und dabei im Adamskostüm Lieder zu singen, die eine rituelle Ablehnung des Materialismus waren.

▪ ▪ ▪

Es war bereits Spätsommer und ich musste meine nächste Reise nach Afrika planen und mir die nötigen Visa besorgen. Ich hatte länger schon den Nil hinunterfahren wollen bis zu einer seiner Quellen im äthiopischen Hochland. Mal wieder ergatterte ich einen dieser erstaunlich günstigen Flüge nach Kanada, wo ich in Alberta zum Zahnarzt ging, um sicherzugehen, dass mich im nächsten Jahr kein Zahnschmerz heimsuchen würde. (Die Liste der Dinge, um die ich mir Sorgen mache, ist nicht lang, aber eine zahnärztliche Behandlung im Sudan hätte ihren Platz darauf.) Nach einem Abstecher nach Los Angeles war ich startklar und stieg im Oktober in einen Flieger nach Kairo.

Ägypten bot nicht viel Neues; die sozialen und ökonomischen Systeme waren hier nach wie vor abgeriegelt wie ein Druckkochtopf. Ein Visum für den Sudan zu bekommen, glich einer kafkaesken Erfahrung, die so lustig wie aufschlussreich war, ein mustergültiges Beispiel für das schädliche bürokratische Durcheinander, das dafür sorgt, dass die Dritte Welt nicht vorankommt.

Nach einer Zugfahrt nach Assuan, einer Stadt am ersten Nil-Wasserfall, überquerte ich mit einem Boot den Nassersee, ein vom Assuan-Staudamm geschaffenes Reservoir. Ein junger deutscher Blogger, Johannes Klaus von *The Travel Episodes*, suchte auf Deck unter demselben Rettungsboot wie ich Schutz vor der glühenden Sonne und wir fuhren gemeinsam den Nil hinauf, vorbei an den Pyramiden der antiken Nubier. Auf der sudanesischen Seite des Nassersees angelangt, reisten wir Richtung Süden weiter und fuhren per Anhalter an den grünen Gebieten vorbei, wo das Niltal die Nubische Wüste schneidet. Ein älterer Ire gesellte sich zu uns und wurde durch die Straßen von Khartum gejagt, da die Einheimischen sich ziemlich sicher waren, dass er ein Spion war. Der wütende Mob hatte Beweise: Man hatte gesehen, wie er auf dem Markt eine Teekanne fotografiert hatte. Aber bevor sie ihn vor unserem Hotel lynchen konnten, kam ein Polizeibeamter und schickte sie fort, wobei er ihnen hinterherbrüllte, dass sie eine Bande von Schwachköpfen seien.

Am Blauen Nil – einem der beiden Nil-Flüsse, die in Khartum zum großen Nil zusammenfließen – bogen wir links ab und reisten in das äthiopische

Hochland, vorbei an der Festungsstadt Gondar. Der Ire blieb in Gondar, aber Johannes begleitete mich noch ein Stück, um den Großteil Äthiopiens zu erkunden, bevor unsere Wege sich trennten – ihn verschlug es zu einem blubbernden glutheißen Lavasee in der Danakil-Senke, ich kehrte zurück in die kühle Luft der äthiopischen Hauptstadt.

Eine Reihe von Bussen brachte mich in die weite, faszinierende Stadt Addis Abeba mit ihren Mausoleen, Kirchen und modernen Bürotürmen. Äthiopier haben eine einzigartige urbane Kultur und eine kultivierte alte Zivilisation, mit eigener Kirche, eigener Küche und eigenem Kaffee, den sie in einer besonderen Art von Café servieren. Da das Land niemals kolonialisiert wurde, hätten sie die besten Methoden moderner Ökonomie adaptieren können und sollen, um auf diese Weise reich und mächtig zu werden. Leider haben sie einen allzu üblichen Fehler gemacht: Wenn es um die Frage geht, in welche Richtung die Entwicklung gehen soll, ist ein Land, das solche Ehrfurcht vor König Salomo hat, natürlich geneigt, die »weise« Entscheidung zu treffen, die Wirtschaft zu planen. Wie die meisten afrikanischen Länder hoffte man, den verhassten Kapitalisten mit ihren metaphorischen Zylindern zuvorzukommen, indem die Äthiopier für eine Planwirtschaft schufteten, deren kommunistische Züge so rot wie ein Pavianhintern waren. Erst vor Kurzem hat man dort auf eine kapitalistische Entwicklung im Stil der Chinesen umgestellt, was spektakuläre Auswirkungen auf die Skyline der Stadt hatte.

Es gab ein schier unerreichbares Land, das ich von hier aus besuchen wollte: Somalia. Es hatte sich in mindestens drei Gebiete aufgeteilt: in das backpackerfreundliche Somaliland und in die Hic-sunt-Dracones-Regionen von Puntland und von Somalia. Da Addis Abeba ein geeigneter Ort war, um ein Visum für Somaliland zu beantragen, beschloss ich, dass es auch der beste Ort war, um sich den Formalitäten für die Einreise in die anderen beiden Teile des Landes zu stellen.

Zunächst versuchte ich mein Glück online in einem der gut ausgerüsteten Internetzentren; nach gut 20 Stunden Recherche hatte ich vom Risikoprofil meines Unterfangens eine vage Vorstellung, die sich kaum weiter konkretisieren ließ. Es gab keine aktuellen oder gar offiziellen Informationen. Vieles änderte sich wöchentlich und teilweise sogar stündlich; die meisten Erlebnisberichte waren veraltet und kamen vom Militär oder von NGO-Mitarbeitern, die sich um den Papierkram nicht selbst hatten kümmern müssen. Weitere Nachforschungen brachten nur neue Punkte auf einem Funktionsgraphen, keine konkreten, belastbaren Fakten. Leute, die es wissen sollten und auch tatsächlich wissen, Leute, die aus Erfahrung sprechen, weisen darauf hin, dass ein Besuch in Mogadischu (der Hauptstadt Somalias) oder Puntland den sicheren Tod bedeutet … oder sehr wahrscheinlich dazu führt, dass man gekidnappt wird. Oder es wird darauf hingewiesen, dass man diese Orte zwar besuchen kann, dass sie aber recht gefährlich sind … oder dass die Reise dorthin ein Zuckerschlecken ist und keinerlei Vorbereitung bedarf. Je mehr Untersuchungen man anstellt, desto mehr Punkte hat man auf dem Funktionsgraphen. Sie helfen einem dabei, das Risikoprofil zu visualisieren, wie eine Glockenkurve, allerdings eine ziemlich schiefe, aus der man ziemlich gut ablesen kann, dass der Trip ein Ding der Unmöglichkeit ist. Wenn man es aber wirklich wissen will, muss man einfach ins Land und sein Glück versuchen. Außerdem zeigte sich, dass einer der wichtigsten Faktoren bei der Bestimmung des somalischen Risikoprofils nicht die Nationalität war, sondern die Rasse (und ganz besonders die Ethnie).

Die Angestellten der somalischen Botschaft fanden es urkomisch, dass jemand bei ihnen ein Touristenvisum beantragte, und für 50 Tacken klebte mir der Botschafter bereitwillig eines in meinen Pass. Er wollte gerne herausfinden, ob es für einen Nicht-Somali und Touristen – insbesondere für einen weißen Mann – möglich war, in das Land einzureisen und es lebend wieder zu verlassen. Ich versprach ihm, dass ich auf meinem Rückweg noch einmal bei ihm vorbeischauen würde, um ihn wissen zu lassen, wie es gelaufen war, aber ich fragte ihn auch: »Sollten Sie das eigentlich nicht längst wissen? Immerhin sind Sie der Botschafter, also müssen Sie doch von Zeit zu Zeit selbst nach Mogadischu fliegen.«

»Na klar, ich bin der somalische Botschafter, aber das heißt ja nicht, dass ich so verrückt bin, dorthin zu gehen. Ich bin seit dem Sturz der Zentralregierung vor vielen Jahren nicht mehr in Mogadischu gewesen. Das ist ein Kriegsgebiet; die Regierung kontrolliert praktisch nur noch den Flughafen, den Präsidentenpalast und die Straßen, die zum Palast führen. Alle umliegenden Gebiete werden von al-Shabaab-Terroristen belagert.«

Schließlich verließ ich die Botschaft mit einem Visum und konnte einen Flug für den nächsten Tag buchen. In meinem Hotel war ein französischer Geschäftsmann einquartiert und während wir im Innenhof auf unser Abendessen warteten, fingen wir ein Gespräch an. Er schien fasziniert zu sein von all den gefährlichen Ländern, die ich besucht hatte, verkündete aber: »Ha, es gibt ein Land, in das Sie sich ganz sicher nicht wagen werden: Somalia.« Als ich ihm erzählte, dass ich gerade erst meinen Flug nach Mogadischu gebucht hatte, sagte er: »Sie sind ja gar kein Mensch.«

Die Route nach Mogadischu führt für gewöhnlich durch Dschibuti, also stattete ich auch diesem Land noch einen Besuch ab, bevor ich nach Somalia weiterreiste. Dschibuti ist wenig bekannt, ein Land, das von harschen Wüsten, Walhai-Buchten und tiefen, blauen Ozeanen umgeben ist. In der Hauptstadt, die ebenfalls Dschibuti heißt, gibt es eine starke Präsenz französischen und amerikanischen Militärs, das dieses strategische Nadelöhr am Bab al-Mandab auf dem Schiffsweg des Roten Meeres bewacht. Diese Militärpräsenz begünstigt die Ausbreitung einheimischer Betrüger, die versuchen, die Naivität der ausländischen Soldaten auszunutzen. Einer der Seen, der Assalsee im Afar-Dreieck, ist nach dem Toten Meer der tiefstgelegene See der Welt. Er ist jedoch viel salzhaltiger, sodass man an der Oberfläche dümpelt wie ein Luftballon, mit Händen und Füßen schlagend, damit einem die Haut nicht von den scharfen Salzkristallen durchstochen wird, aus denen die reinweißen Säulen und salzigen Scheinfüßchen am schartigen, glitzernden Ufer bestehen – in etwa wie die Kristalle und Stalagmiten, die man normalerweise nur in tiefen Höhlen entdeckt.

Ich fuhr mit zwei einheimischen Typen in einem Jeep durch die Gegend. Die beiden brachten mir bei, wie man richtig Kath kaute – von einem Strauch, dessen Blätter eine ähnliche Wirkung haben wie die Raver-Droge Mephedron. Wir schlugen unser Lager an einem von Fliegenschwärmen beherrschten Moorgebiet auf und besuchten Attraktionen für inländische Touristen, wie zum Beispiel einen Ort, an dem man Dinge mit einer Kalaschnikow abschießen konnte, was dort als Familienunterhaltung gilt.

In der Wüste und an der Straße sahen wir Stammesangehörige der Omo. Sie waren auf dem Pfad der Träume, wie man mir sagte. Die Omo in Südäthiopien versuchen von Milch und Blut aus der Viehhaltung zu leben (ähnlich wie die altertümlichen Iren). Ihre Familien versorgen schon so viele Rinder, wie es das Land hergibt, vielleicht sogar mehr, also ist eine Herdenvergrößerung keine Option, wenn ihre Söhne eine Möglichkeit brauchen, ihren Lebensunterhalt zu bestreiten.

Wenn eine Familie sieben Söhne hat, dann behält sie einen und sagt den restlichen sechs, dass sie sich auf den Weg auf die arabische Halbinsel machen sollen, um dort als illegale Einwanderer zu arbeiten. Das Essen und das Überleben, das diese Arbeit möglicherweise sichert, sind der Traum am Ende des Pfades. Die Polizei ignoriert sie meist, da sie sich in die Wüste zurückziehen, wenn ein Einsatzwagen sich ihnen nähert. Sie sind ohnehin nur auf der Durchreise und kein Polizist möchte in dieser fürchterlichen Hitze unterwegs sein, um sie zu suchen.

Zurück in der Hauptstadt machte ich mich auf den Weg zum Flughafen, der überfüllt war von Somaliern, die aus Mekka zurückkehrten – zumindest konnte man das annehmen, da sie reichlich Zamzam-Wasser schleppten. Als sie hörten, dass ich ein Tourist auf dem Weg nach Mogadischu war, setzte ein Schweigen ein, dem ein Flüstern folgte – dann versammelten sich viele von ihnen um mich herum, insbesondere alte Männer mit orangefarbenen Bärten, die sich freuten, mir gratulieren und die Hand schütteln zu können. Die meisten von ihnen waren alt genug, um sich noch an die Zeit erinnern zu können, als Somalia wunderschön und verhältnismäßig reich gewesen war. Vielleicht dachten sie, dass die Rückkehr eines ersten Touristen Gutes verhieß, so wie Donnerhall am Ende einer Trockenperiode.

Der Flug verlief unspektakulär, wenn man mal davon absieht, dass sich das Flugzeug der Landebahn auf eine Weise näherte, die die Wahrscheinlichkeit von Bodenangriffen minimierte. Am Flughafen erwartete man von mir, dass ich erneut ein Visum erwerben würde, und zwar für dieselbe Gebühr von 50 Dollar, die ich bereits bezahlt hatte. Der Zoll akzeptierte keine Visa, die anderswo ausgestellt worden waren, auch wenn ich mein Dokument aus Äthiopien trotzdem gebraucht hatte, da man mich nie in den Flieger hätte steigen lassen, hätte das Visum in meinem Pass nicht deutlich gezeigt, dass ich dort willkommen war.

Der ugandische Kommandeur der Truppen der Afrikanischen Union (AU), die für den Flughafen zuständig waren, sah mich mit all den Somalis am Einreiseschalter stehen. Als er hörte, dass ich ein Tourist war, sagte er: »Haben Sie nicht begriffen, dass das hier ein Kriegsgebiet ist?« Er wollte mich wieder in den Flieger stecken, ohne meinen Rucksack, der zwar schon ausgeladen war, den ich aber noch nicht aus dem Gepäckraum hinter der Zollabfertigung abgeholt hatte. Ich konnte ihn davon überzeugen, dass ich wirklich die Art von Person war, die ich zu sein vorgab: ein echter Tourist. Aber ich gab ihm auch zu verstehen, dass ich seine Regeln befolgen würde. Ich bewegte mich auf einem schmalen Grat. Wäre nicht ein Mann namens Bashiir vor Ort gewesen – der Besitzer des ehrgeizig benannten »Peace Hotel« –, hätte ich am Flughafen schlafen müssen, da der Kommandeur nicht willens war, mich ohne Begleitung gehen zu lassen. Mein Touristenerlebnis wurde von dem Lachen der AU-Soldaten und der Ungläubigkeit der Beamten entschieden gesteigert.

Der Flughafen war der am meisten aufgerüstete Flughafen, an dem ich je gewesen war, mit Geschützstellungen und Panzern und Tausenden AU-Truppen, viele davon aus Uganda. Es gab nicht mal ein ordentliches Gate. Wenn genügend Leute die Befestigungsanlage durchqueren wollten, wurde ein Soldat mit einem Gabelstapler aktiv und entfernte massige Betonplatten. So konnten sich Leute rein- oder nach draußen quetschen und danach wurden die Platten wieder an ihren Platz gesetzt. Schon jetzt hörte ich das Feuer der Gewehre und die gelegentlichen Explosionen von Panzerschüssen. Bashiir erklärte mir, dass ich mit einem Soldatenkonvoi reisen müsse, in einem Auto mit getönten Scheiben, damit niemand meine weiße Haut sehen konnte.

»Was ist denn mit dem Journalisten, der vor zwei Jahren hier war?«, fragte ich. »Er hat ein paar Bodyguards angeheuert und ist mit denen durch die Stadt gelaufen. Ich hatte gehofft, dass ich das auch so machen kann.«

»Das geht nicht mehr«, sagte er. »Das war ein einmaliges Zeitfenster von ein paar Monaten, in denen es relativ ruhig zuging. Da sah es so aus, als könne die Union islamischer Gerichte eine stabile Regierung aufstellen, bevor sie anfingen, alle Nachbarländer anzugreifen. Jetzt ist es viel schlimmer. Fast die ganze Stadt ist von al-Shabaab-Rebellen erobert worden und die Frontlinie mit ihren Grabenkämpfen ist nie weit weg.«

Es gab noch ein Hotel, das Ausländer aufnahm, aber es war vor Kurzem geplündert und zwei Angestellte des französischen Geheimdienstes waren gekidnappt worden, um Lösegeld zu erpressen. Das »Peace Hotel« wurde von 35 Soldaten bewacht, die unter anderem mit Maschinengewehren samt Gurtzuführung ausgerüstet waren. Es gab ein paar andere Gäste, mit denen man sich unterhalten konnte, alles freundliche Typen: zwei weiße Amerikaner, die Befestigungsanlagenexperten waren, und ein Schwarzer aus Simbabwe, der am selben Projekt arbeitete. Ich sagte zu dem Simbabwer: »Du bist ein Schwarzer; bedeutet das, dass du auf den Markt und in die Geschäfte gehen kannst?«

»Nein«, erklärte er mir. »Zunächst würden die Leute nicht erkennen, wer ich bin, aber sobald sie merken, dass ich kein Somalier bin, würde jemand seine Machete rausholen und mir den Kopf abschlagen.«

Anscheinend grassierte die Xenophobie in Mogadischu. Er sagte, dass ich aufpassen sollte, selbst wenn ich nur im Innenhof saß, da jemand, den er kannte, aus dem Hinterhalt erschossen worden war. Bashiir sagte mir ebenfalls, ich solle mich bedeckt halten und nicht aufs Dach gehen, außer es sei so dunkel, dass man nicht mehr sehen konnte, dass ich ein Weißer war. Ansonsten würden die al-Shabaab womöglich eine Kugel verschwenden, selbst wenn es eine lange Schusslinie war.

Ein netter Somalier namens Mustafa war ebenfalls im »Peace Hotel« einquartiert. Er war ein Journalist der französischen Nachrichtenagentur AFP und begutachtete mit anderen somalischen Journalisten einige der Kriegsfotografien, die er gemacht hatte. Ich riskierte einen Blick: Die meisten Bilder waren viel zu grauenvoll für eine Veröffentlichung und es brauchte ein geübtes Auge, um die Aufnahmen auszuwählen, die den Leuten ein Bild von der düsteren Wahrheit vermittelten, ohne ihnen zu viel zuzumuten. Mustafa war begeistert, als er hörte, dass ich ein Tourist war; er schien zu denken, dass ich eine exzellente internationale Story abgeben würde. Mir schien es so, als wäre das eher eine Meldung für den Lokalteil, aber er war der Experte in Sachen globaler Nachrichtenmarkt, also machte ich mit, als er mich um ein Interview und Fotos bat.

Wir gingen auf das Dach, wo ein offener Schuppen voller Waffen stand, darunter reaktive Panzerbüchsen. Der jüngste »Gast« in unserem Hotel, ein Somali, hatte keine Schwierigkeiten, eine davon auszupacken und zu laden, und Mustafa ließ mich damit sowie mit auf Stativen montierten Maschinengewehren posieren. Es dämmerte bereits, also war die Wahrscheinlichkeit, auf dem Dach abgeschossen zu werden, gering, wie er sagte, und ich konnte den Sonnenuntergang mit dieser Schatzkammer an Waffen genießen. Ich vermutete, dass sie dafür da waren, dass wir Gäste sie nutzen konnten, um das Hotel bei einem Angriff zu verteidigen. Ich hätte keine Probleme mit einem Sturmgewehr gehabt, da ich selbst schon mal eins besessen habe, aber mit Panzerbüchsen kannte ich mich nicht wirklich aus und ich hatte auch noch nie eine abgefeuert. Ich wusste nur, dass man mit geöffnetem Mund abfeuern sollte, damit die Druckwelle einem nicht die Zähne zerschlug.

Glücklicherweise kam es nicht so weit und ich hatte eine gute Zeit mit den anderen Gästen, somalische Besucher, Journalisten und die Amerikaner, die wahrscheinlich zum Militär gehörten. Ich hielt es für unhöflich, sie direkt zu fragen, insbesondere da sie vielleicht nicht darüber sprechen durften, was bei vielen Militärberatern der Fall war, die ich im Laufe der Jahre in abgelegenen Gegenden getroffen habe.

Mustafa hatte klar ersichtlich eine lustige »Verrückter Tourist«-Geschichte im Sinn, denn er ließ mich für weitere Maschinengewehr-Bilder mit AU-Soldaten posieren und machte sich ein paar Notizen, während er mich zu extremen Reiseerlebnissen befragte. Er versuchte auch ein Treffen zwischen dem Minister für Tourismus und mir zu arrangieren. Ein bewaffneter Konvoi brachte mich auf das Gelände des Präsidentenpalastes, aber dort erfuhren wir, dass der Minister für Tourismus kürzlich vom Präsidenten entlassen worden war, weil es in Somalia keine Touristen gab. Wäre ich nur ein bisschen früher angekommen, hätte ich den armen Kerl vielleicht vor dem Rausschmiss bewahren können.

Ich hörte zu und lernte, da sich mir quasi ein Intensivkurs in Sachen somalischer Politik bot. Beispielsweise hatte ich ursprünglich gedacht, dass die USA die Sache vor die Wand gefahren haben, weil sie der Union islamischer Gerichte den Versuch untersagt hatten, eine stabile Regierung zu bilden, aber die somalischen Journalisten erklärten mir, dass die Geduld der internationalen Gemeinschaft mustergültig gewesen sei. Das Problem bestand darin, dass sich die Union islamischer Gerichte nicht wie eine normale Regierung verhielt; stattdessen hatten sie sich sofort um Expansion bemüht, als würden sie ein Groß-Somalia anstreben – zum Entsetzen der Nachbarländer. In diesem blutigen Durcheinander gab es keine einfachen Antworten.

Später lernte ich einige Somalier kennen, die immer wieder über die Frontlinien gingen, um Freunde und Familie auf der von den al-Shabaab kontrollierten Seite der Schützengräben zu besuchen. Einer der Kerle erzählte mir, dass dies absolut nervenaufreibend sei, da er einen amerikanischen Pass hatte. Er hatte festgestellt, dass der US-Dollar im von den al-Shabaab kontrollierten Teil Somalias als Währung anerkannter war als irgendwo sonst – inklusive den USA. Man konnte getötet werden, wenn man in Somalia diese Scheine nicht zum Nennwert akzeptierte. Das lag daran, dass die Terroristen jede Menge Bargeld aus Piraterie und anderen internationalen Geschäften hatten, die zum

Kohlehandel noch hinzukamen. Und sie reagierten verärgert, wenn sie Schwierigkeiten hatten, ältere Scheine loszuwerden – eine Begleiterscheinung des anhaltenden Scheiterns der Dritten Welt, wenn es darum geht, Geldscheine als ein gesetzliches Dokument anzuerkennen und darin nicht ein Marktgemüse zu sehen, das mit abnehmender Form und Frische an Wert verliert.

Als ich Mogadischu verließ, hatte ich den Eindruck gewonnen, dass die Somali ein intelligentes und interessantes Volk mit einer natürlichen Begabung fürs Unternehmertum waren. Der Feind hatte 90 Prozent der Stadt besetzt, weshalb ich nicht viel davon gesehen habe, auch wenn ich mit dem Konvoi noch eine weitere Exkursion machte, um mir die heruntergekommenen und munitionsvernarbten Ruinen von Gebäuden im italienischen Kolonialstil anzuschauen. Ich schlief gut, trotz der Schussgeräusche, die ich immer irgendwie beruhigend finde, so als würde man beim Zelten Donner hören.

Die AU-Truppen hätten mich vor meinem Rückflug eigentlich gründlich durchsuchen sollen und hatten auch schon die Tische dafür aufgestellt, aber sie kamen alle angerauscht, um mich um ein Autogramm zu bitten, Witzchen zu machen und sich mit ihrem ersten Touristen fotografieren zu lassen, weshalb meine Tasche gar nicht erst geöffnet wurde, obwohl ich aus einem Hotel kam, das mit Waffen vollgestopft war und in dem die Gäste Zugang zu Granaten hatten. Als mein Flieger landete, sagten sie: »Schnell, schnell, da ist Ihr Flugzeug. Rennen Sie.«

»Ich soll auf die Landebahn rennen?«, fragte ich.

Sie antworteten: »Ja, rennen Sie.« Also schnappte ich mir meinen Rucksack und rannte nach draußen, wo die 737 eine Treppe heruntergelassen hatte. Ich winkte zum Abschied und verschwand im Flieger. Ich blickte einen Gang voller kenianischer Geschäftsmänner in Anzügen entlang, suchte mir meinen Platz und stopfte meine Tasche in die Gepäckablage. Ich hatte ein Messer im Rucksack, aber das war das Einzige – ich bin niemand, der Handtücher aus Hotels mitgehen lässt, also hatte ich auch kein besonderes Bedürfnis verspürt, eine Panzerbüchse als Souvenir einzustecken.

Ich wusste aus einer früheren E-Mail, dass Johannes Klaus bald im relativ sicheren, backpackerfreundlichen Hargeysa in Somaliland landen würde, wo er für 15 Dollar die Nacht in einem Oriental-Hotel im Retrochic-Stil bleiben wollte. Ich hatte bereits das nötige Visum, also fuhr ich ebenfalls hin. Er tauchte mit einem schwedischen Freund namens Hans auf, der ihm bei seinem Unterfangen half, in Ländern, die nicht offiziell existieren, die Ukulele zu spielen. Sie hatten bereits Kurdistan und Bergkarabach hinter sich und nun komponierten und probten sie einen Song, den sie hier auf dem Dach dieses Hotels in Somaliland spielen wollten. Es war toll, Johannes wiederzusehen, und er empfahl mir, mir einen Computer zu suchen, da ich es in die Nachrichten geschafft hatte.

Als ich dann Internetzugang hatte, stellte ich fest, dass etwas mit meinem Facebook-Account nicht stimmte. Ich nutze ihn, um mit Familie und Freunden zu kommunizieren, daher war das ärgerlich. Er schien kaputt zu sein: Oben auf der Website blinkten Felder und zeigten mir Tausende Freundschaftsanfragen, Nachrichten und Benachrichtigungen an. Aus irgendwelchen Gründen waren diese Boxen nun rot und die Felder schienen die Flut eingehender Daten kaum verarbeiten zu können.

Wie sich herausstellte, war Mustafas alberner Porträtartikel über mich viral gegangen; Tausende Zeitungen und Magazine hatten die Story übernommen. Ich war jetzt »der erste Tourist in Mogadischu« – ein Titel, der offenbar dem aktuellen Zeitgeist oder einem tief wurzelnden Verlangen nach unbeschwerten Neuigkeiten aus diesem düsteren Teil der Welt entsprach.

Das war das erste Mal, das etwas über mich viral gegangen war. Für gewöhnlich suche ich keine Öffentlichkeit, daher war ich auf so etwas nicht vorbereitet und musste das Reisen für zwei Wochen einstellen, um die Sache in den Griff zu kriegen. So lange dauerte es, bis ich auf einem verhältnismäßig langsamen Dritte-Welt-Computer tausende Freundschaftsanfragen und Nachrichten durchgegangen war. Ich hatte Medienanfragen und Nachrichten von Familie und Freunden aussieben wollen, aber es kamen immer wieder neue hinzu, sodass meine Facebook-Seite lahmgelegt war wie durch eine Denial-of-Service-Attacke. Jemand erzählte mir, dass ein spezieller Warnhinweis auf dem Bildschirm von jedem erschien, der mich als Freund hinzufügen wollte: Man solle den Vorgang nur fortsetzen, wenn man mich persönlich kenne. Ich beschloss die Anfragen der Leute anzunehmen, die sich die Mühe gemacht hatten, mir zu erklären, warum sie mit mir befreundet sein wollten, aber die meisten Anfragen löschte ich – etwa so, als würde man die Unordnung unter den Teppich kehren. Was sonst hätte ich mit Tausenden Freundschaftsanfragen von Leuten anfangen sollen, die ich nicht kannte und die nicht angaben, warum sie mich kennen wollten? Falls das Profilbild von einem verrottenden Schädel namens »Zerstörer« wirklich zu einem Zeitungsredakteur gehörte, der mit mir in Kontakt treten wollte, dann würde ich mich eben bei Gelegenheit entschuldigen müssen.

Unter den Nachrichten befanden sich auch ein paar Interviewanfragen (mein Bruder Steve erzählte mir, dass das Telefon bei ihm zu Hause nicht stillgestanden hatte, weil etliche Journalisten ihn über mich ausfragten) und ich stimmte denjenigen zu, die ich wahrnehmen konnte. Ich ließ mich von *Radio France* über das Telefon in meinem Hotelzimmer interviewen (glücklicherweise störte kein plärrender Aufruf zum Gebet die Aufnahme). Mit der BBC sprach ich über eine etwas bessere Telefonverbindung, in einer staubigen Hütte, während draußen in der Hitze Esel herumtrotteten. Die Reporter waren ziemlich ratlos, welche Fragen sie mir stellen sollten. Vieles von dem, was sie mich fragten, hätte ich eher erwartet, wäre ich ein Diplomat oder Sicherheitsexperte gewesen. Da ging es um die Entwicklung des Krieges und die Machenschaften der Regionalpolitik. Hätte ich nicht mit genau solchen Leuten meine Zeit verbracht, hätte ich nicht gewusst, wie ich diese Fragen schlüssig beantworten sollte.

Bei meinem Reisepensum hätten die meisten Leute längst einen Blog, kommerzielle Sponsoren und eine eigene Homepage gehabt. Solche Typen begegneten mir mehr und mehr: Sie hatten rausgefunden, dass man Geld verdienen und seine Reisen leicht finanzieren kann, wenn man stellvertretend für die Leute, die einer 40-Stunden-Woche nachgehen, ein paar Reiseerlebnisse sammelt und davon berichtet. Ich vermutete, dass so etwas schleichenden Einfluss auf meine Art zu reisen und meine Weltsicht haben würde. Wer so etwas macht, muss sich verkaufen und seine Erfahrungen so verpacken, dass man sie online besser konsumieren kann; das wäre mit meinen Ansprüchen und meinem Reisestil nicht vereinbar gewesen. Es ging mir einfach nur darum, die Welt zu sehen – und nicht mir dabei zuzusehen, wie ich mir die Welt ansehe. Mein Rucksack ist ohnehin schon prall gefüllt, für ein »Ich« ist da kein Platz mehr.

Was als Nächstes geschah, stellte meine Philosophie noch einmal ausdrücklicher auf die Probe. Ein paar Tage vor Weihnachten klopfte der Besitzer des Hotels an meine Zimmertür und sagte: »Ich kann es kaum glauben: Herr Ferrah hat in meinem Hotel angerufen und möchte einen meiner Gäste sprechen. Er bittet Sie, diesen Anruf aus Saudi-Arabien anzunehmen.«

Dieser Herr Ferrah hatte in der internationalen Presse von meinen Heldentaten gelesen – vielleicht in einem der Zeitungsinterviews, die ich gegeben hatte und die wesentlich aufschlussreicher waren als der lustige kleine Bericht der Presseagentur – und nun hatten seine Assistenten mich im »Oriental Hotel« in Somaliland aufgespürt. Er war ausgesprochen freundlich und bat mich darum, ihm eine Western-Union-Nummer mitzuteilen, damit er mir so viel Geld senden konnte, wie ich wollte.

Mir passieren ständig die seltsamsten Dinge. Würde ich eine Liste führen, könnte ich jetzt ein Häkchen setzen hinter »Anruf von reichem Scheich aus Saudi-Arabien erhalten, der anbietet, mich mit Geld zu überschütten«. In meinem Kopf war das Bild eines Aladdin-Stereotyps: Männer, die auf Kissen in einem parfümierten Pavillon sitzen, umgeben von Turban tragenden Wächtern in Pluderhosen, die mit Krummsäbeln bewaffnet waren (auch wenn es natürlich wahrscheinlicher ist, dass es sich um einen berühmten somalischen Industriellen oder einen Ölbaron mit einem guten Herzen handelt). Ich dankte ihm für seine unglaubliche Großzügigkeit, aber ich lehnte es ab, Geld von ihm zu bekommen, auch wenn ich es gut hätte gebrauchen können, da ich viel für wohltätige Zwecke spendete und meine Reisekasse sich allmählich leerte. (In Sachen Wohltätigkeit bin ich so etwas wie ein »Gegenteil-Mann«. Manche Menschen sagen viel Gutes darüber, spenden aber nur selten, während ich dem Thema einigermaßen kritisch gegenüberstehe, aber um des Gebens willen gebe.) Immerhin hatte ich genug, um mir Essen und die 15 Dollar pro Nacht für das Hotelzimmer leisten zu können, was mehr ist, als die meisten Leute auf der Welt haben.

Ein paar meiner Backpacker-Freunde hörten, dass ich höflich abgelehnt hatte, Geld zu erhalten, und waren bestürzt. »Du hättest das Geld annehmen und es mir geben können«, sagten sie. Aber das hätte ich nicht tun können. Dann wäre ich unehrlich einem ehrlichen Mann gegenüber gewesen, der Respekt verdiente. Hätte ich sein Geld angenommen, wäre ich verpflichtet gewesen, es für meine Reisen auszugeben, da er es mir dafür hatte geben wollen. Es ist schwer zu erklären, aber leicht zu verstehen, wieso ich nicht wirklich zu den Scharen moderner und professioneller Reisender passe. Meine Überzeugungen dürften selbst unter Leuten meines Alters als altmodisch gelten und auch jemand aus der Generation der Hippies hätte vermutlich einfach gesagt »Groovy, Mann!« und das Geld angenommen. Wenn überhaupt, dann bin ich jedoch eher ein Beatnik. Ich habe nie mehr Geld, als ich brauche, um über die Runden zu kommen. Ich bin nach wie vor nicht davon überzeugt, dass jemand mit einem Haufen Geld überhaupt reisen kann; für mich wirkt es so, als würde man dann am Ende nur Orte und Länder besuchen.

Wenn Herr Ferrah das eine Ende des Spektrums darstellte, dann standen am anderen Ende die Internettrolle, mit denen ich meine ersten Erfahrungen sammelte. Ich wusste zu der Zeit kaum etwas über dieses damals noch junge Phänomen, und, Jesses!, sie werden wirklich wild, wenn man sie Trolle nennt. Manche Leute haben einfach keinen Humor und nehmen die Nachrichten so ernst. Es war auch wenig hilfreich, dass Mustafa meine Antwort auf eine seiner Fragen zusammengekürzt hatte, sodass ich mit folgenden Worten zitiert wurde: »Mogadischu habe ich nun abgehakt.« Es klang, als würde ich mir einen Spaß daraus machen, als Backpacker in gefährliche Länder zu reisen. Meine überaus ausführliche, sehr höflich-kanadische Erklärung, ich würde mein Bestes tun, um nicht sofort ausgewiesen zu werden, übersetzte er in kürzere, mit Action aufgeladene Sätze, die eher nach einem Somalier als einem Kanadier klangen: Es las sich so, als hätte ich AU-Soldaten angeschrien. Natürlich habe ich keinen der 8 000 AU-Soldaten in ihrer Flughafenfestung angeschrien – ich habe überhaupt niemanden angeschrien. Stattdessen drückte ich mich auf höfliche Weise aus, wie es die Regeln des Anstands gebieten, und posierte mit den Soldaten für ihre Erinnerungsfotos. Niemand war wütend auf mich und bevor ich abreiste, versuchte ich sicherzustellen, dass jemand dem Kommandeur meinen Dank dafür ausrichtete, dass er mich ertragen hatte. Tja! Denjenigen, die gerne im Internet streiten, sei gesagt: Berichte von Presseagenturen sind durch Übersetzungen und Verknappungen verzerrt; sie müssen knackig sein und sind nicht unbedingt die Art von Literatur, die sich für eine Textanalyse eignet. Der Artikel über mich war amüsant gewesen. Was mehr konnte man von einem Artikel erwarten, der als reine Unterhaltung gedacht war?

Die schlimmsten Trolle ereiferten sich über meine Einträge in Reiseforen, die mit der Sache nichts zu tun hatten und in denen ich Tipps für die Visaanträge in schwierigen Ländern gab. Manche stritten ab, dass ich überhaupt existierte. Die Freude, die man an Kommentaren wie »Es ist völlig unmöglich, dass jemand das Leben gelebt hat, das du beschreibst, also existierst du nicht« haben kann, ist begrenzt. Es machte mich ein wenig traurig zu sehen, was für einen begrenzten Horizont manche Menschen haben. Ich gehe raus in die Welt und reise und erlebe Abenteuer, na klar – aber das trifft auch auf die meisten meiner Freunde zu, die auf ihre Weise dasselbe tun. Ich konnte mir das nur so erklären, dass diese Leute winzige Fische in einem sehr kleinen Teich waren. Ich versuchte nicht mal, mich in all die Diskussionen und Tweets einzuklinken, was manchen als Beweis dafür reichte, dass hier eine große Verschwörung im Gange war, dass nichts war, was es zu sein schien. Es amüsierte mich zu lesen, dass ich zur CIA gehörte oder Teil eines Plans der NATO war, in Somalia einzufallen. Solche absurden Anschuldigungen halt. Der Umstand, dass ich tatsächlich ein Backpacker sein könnte, dessen einzige Verbindungen zur Welt Facebook und E-Mail waren, die wegen zu hohem Datenverkehr nicht richtig funktionierten, schien ihnen nicht zu behagen. Ebenso wenig konnten sie sich vorstellen, dass ich mit meiner Zeit Besseres anfangen konnte, als darüber zu streiten, ob ich tatsächlich existierte, da es Reisen gab, auf die ich mich freuen konnte.

Eine Entwicklung, auf die ich indes ziemlich stolz bin: Leute kontaktierten mich online, um mich zu fragen, wie man Mogadischu ungefährdet besuchen kann, und ich konnte ihnen Namen, Telefonnummern und Kontakte geben, die ihnen Einreise und Aufenthalt erleichterten. Auf diese Weise konnte ich einen kleinen Beitrag dazu leisten, dass Reisen nach Somalia wieder eine Option waren. Außerdem beglückwünschte mich Robert Young Pelton, Autor von *The World's Most Dangerous Places*.

Als Nächstes würde ich nach Puntland reisen, aber während ich Nachforschungen anstellte, hatte ich genug Zeit, mir einen Eindruck von Somaliland zu verschaffen. Damals musste man einen Soldaten als Begleitung anheuern, wenn man mit dem Taxi die Hauptstraße zur Küste entlangfahren wollte. Die Strände waren toll, genau wie das Zusammensitzen mit Kamelhändlern, mit denen ich Kathblätter kaute. Schiffe, einige davon aus Holz, luden geschäftig leckere, kleine schwarze Kamele ein und verfrachteten sie über den Golf von Aden oder über das Rote Meer nach Arabien. In der Wüste, die mit dem Jeep erreichbar war, gab es einige Höhlenmalereien, 7 000 Jahre alt, die sich Reisende ansehen konnten, solange sie mit ihrem bewaffneten Bodyguard unterwegs waren. Einige von diesen Malereien galten als obszön, aber da in der Steinzeit Kleidung kein Muss war, bin ich mir sicher, dass das nicht so beabsichtigt war.

Nach somalischem Standard war Hargeysa eine entspannte Stadt, die allerdings ein paar Schrullen hatte. Der somalische Schilling hatte offenbar eine Hyperinflation hinter sich, da man einen ziegelsteingroßen Batzen von Scheinen brauchte, um etwas von Wert zu kaufen. Das Geld wog oft mehr als das Produkt, das man erstand; die Geldwechsler tauschten die Schillinge schubkarrenweise um. Es gab einen interessanten Freiluftmarkt für Kamele. Und verglichen mit Mogadischu waren die Nächte hier relativ ruhig; manchmal hörte man aus den Vororten das Feuer von Flugabwehrkanonen oder Sturmgewehre in der Nähe des Hotels (einmal gefolgt vom Schrei einer Frau).

So sehr ich mich auch bemühte: Eine Einreise nach Puntland von Somaliland aus war nicht möglich, also kehrte ich zurück nach Äthiopien, um mich des Problems anzunehmen. Meine Hartnäckigkeit brachte mir schließlich ein Treffen mit dem puntländischen Verbindungsbeamten ein, und über ihn bekam ich einen *Puntair*-Flug in die Hauptstadt Garoowe. Die Visitenkarte des Verbindungsbeamten sollte sich in den folgenden Tagen noch als sehr nützlich erweisen. Nach einem kurzen Zwischenstopp für einen Plausch mit dem somalischen Botschafter – ich gab ihm aktuelle Reiseinformationen, für den Fall, dass weitere Leute nach Mogadischu wollten – nahm ich mir ein Taxi zum Flughafen, wo ich an einem abgelegenen Gate in ein kleines Propellerflugzeug mit russischer Crew stieg. Sowohl Flugzeug als auch Crew hatten schon bessere Zeiten gesehen. Alle anderen Passagiere waren Somalier.

Der Kerl neben mir war ein gewisser Herr Dude. Er fing gerade an, als Geschäftsmann zu arbeiten: Er kaufte Fisch und flog ihn nach Addis Abeba, um ihn dort an die Restaurantküchen von Luxushotels zu verkaufen. Er erzählte mir, wie er als kleiner Junge nach dem Kollaps der Regierung, der Somalia zu einem gescheiterten Staat machte, seine erste Schnellschusswaffe aus der Waffenkammer geklaut hatte. Er tauschte sie gegen ein Kamel ein, aber nun hatte er das Tier schon so lange bei seinem Onkel abgestellt, dass es komisch gewesen wäre, wenn er es zurückgefordert hätte.

Unser Flugzeug schlug sich wacker und unter uns sah man die Wüste in allen denkbaren Orangetönen. Die seltsamen Formen der fossilen Flussbetten erinnerten an die Marsoberfläche. Ich erzählte Herrn Dude, dass Puntland Gegenstand des ersten überlieferten Nationalwitzes war: Im Tempel der Königin Hatschepsut am Nil war eine Bildfolge in den Stein geritzt, die eine Handelsexpedition in das Land der Punter im Jahr 1480 v. Chr. darstellte. Eines der Bilder zeigte ein Treffen zwischen dem ägyptischen Kapitän und dem König von Punt. Die ausgesprochen fette Frau des Königs wird auf einem Esel sitzend dargestellt. In Hieroglyphen steht darunter zu lesen: »Der Esel tut mir leid.«

Ich erzählte Herrn Dude auch von den Omos auf dem Pfad der Träume, die ich gesehen hatte, was ihn an ein schreckliches Geschäftstreffen erinnerte, das auf seiner letzten Reise nach Boosaaso stattgefunden hatte. Ein Bekannter hatte ihn überredet, einen Mann zu besuchen, der ihm ein Geschäft vorschlagen wollte. Sie kauten ein wenig Kath, bevor sie über die Details sprachen. Dieser Kerl hatte eine Klinik an der Meeresküste und empfing dort Stammesangehörige der Omos. Sie wollten einen Platz auf den Holzschiffen, um nach Arabien überzusetzen, aber sie hatten die 100 Dollar für die Fahrt nicht; genau genommen hatten sie überhaupt kein Geld. Dieser Typ sagte ihnen: »Ich kaufe dir dein Ticket, aber nur wenn du mir dafür eine Niere gibst.« (Der menschliche Organismus kann mit nur einer der üblichen zwei Nieren noch etwa 24 Jahre relativ normal arbeiten.) Die Klinik verkaufte die Nieren nach China, aber um das Geschäft zu expandieren, brauchte sie Investoren. Herr Dude warf Geld auf den Tisch, um für das Kath des Mannes zu zahlen, das er gekaut hatte, und stürmte aus dem Zimmer. »Sie lassen sich ein lohnendes Geschäft entgehen«, versuchte sein Gegenüber ihn noch zu umgarnen.

▪ ▪ ▪

Der Flughafen von Puntlands Hauptstadt sah aus wie ein von einer Dampfwalze geplätteter Wüstenstreifen. Wir stiegen aus dem Flieger und gingen zum Einreiseschalter, der aus zwei leeren Ölfässern und einem Holzbrett obenauf bestand, die als eine Art rudimentärer Schreibtisch dienten. Männer mit Sturmgewehren und Uzis waren dort, um uns zu begrüßen. Als ich an der Reihe war, gab es jede Menge Aufregung; Waffen wurden geschwenkt und man redete in Somali auf mich ein. Herr Dude übersetzte für mich und half mir zu erklären, dass ich vorhatte, Garoowe zu besuchen. Nach einiger Verwirrung beschloss man, mich in Gewahrsam zu nehmen, bewacht von zwei Kerlen mit Schnellschussgewehren.

Der beste Ort, um mich festzuhalten, war ein ummauertes Gelände mit reichlich Wachen, auf dem sich das Hotel »Maka Mukarama« eines Herrn Maxmud befand. Das Hotelgelände war mit Stahlbetonplatten errichtet. Der Zutritt erfolgte durch ein Metalltor und farbenfrohe Piktogramme zeigten verschiedene moderne und stammesübliche Waffen, darunter eine Keule, die allesamt durchgestrichen waren, um anzuzeigen, dass man sie nicht auf das Grundstück bringen durfte – trotzdem war hier jeder bewaffnet. Der Hotelbesitzer kam, um mich zu begrüßen: ein energischer Mann mit einem schwarzen Bart, der genau die gleiche Form hatte wie das Kurvenmagazin seiner Kalaschnikow. Herr Dude hatte mich auf der Fahrt hierhin begleitet, um sicherzustellen, dass ich gut untergebracht war, bevor er sich wieder seinen Geschäften widmen musste.

Meine Haftbedingungen schienen milde: Ich durfte diese Hotelfestung nicht verlassen. Ich warf meinen Rucksack in eine Ecke und ging in das einzige andere verfügbare Zimmer, eine Art Foyer mit ein paar Sitzen und einem Fernseher, auf dem ein Fußballspiel gezeigt wurde. Ein junger Amerikaner saß dort; als er mich sah, erklärte er mir, dass er ebenfalls in Gewahrsam sei, und das schon seit einigen Wochen. Er empfahl mir, meinen Häschern zu zeigen, dass ich mich nicht herumschubsen ließ, da das die einzige Art sei, wie man mit diesen Leuten umgehen könne.

»Wirst du zum ersten Mal so festgehalten?«, fragte ich.

»Ja, aber ich weiß, wie man sich verhalten muss, weil ich mich auch schon mit Indern herumschlagen musste.«

»Ich finde es besser, in solchen Situationen so freundlich zu sein, wie ich es auch sonst bin«, sagte ich. Diese missliche Lage war schließlich etwas anderes als ein Rikschafahrer, der einen um das Wechselgeld prellen möchte.

Zunächst war der Amerikaner froh darüber, nun etwas Gesellschaft zu haben – wie sich herausstellte, studierte er die arabische Sprache –, aber während wir uns unterhielten, erkannte er, wer ich war.

»Oh nein, du bist dieser Backpacker, der in gefährliche Länder reist. Du bist berüchtigt. Weil ich etwas über dich gelesen habe, bin ich überhaupt erst auf die verrückte Idee gekommen, hierhin zu fliegen.«

Es amüsierte mich, das zu hören. Ich erklärte ihm, dass ich alle Länder bereiste, nicht nur die gefährlichen, auch wenn ich zugeben musste, dass ich in ein paar Ländern gewesen bin, die der durchschnittliche Backpacker mit einer posttraumatischen Belastungsstörung verlassen hätte, wenn er versehentlich dort gelandet wäre.

»Sprich mich bitte nicht mehr an. Ich darf nicht mit dir in Verbindung gebracht werden«, sagte er. »Ich warte hier seit Wochen, während mein Vater versucht, Hilfe über die US-Botschaft zu bekommen. Er glaubt, dass er sie davon überzeugen kann, mich auszuweisen. Wenn ich mich mit dir sehen lasse, komme ich hier vielleicht nie wieder raus.«

Dann eben jeder für sich allein. Ich ging wieder in mein Zimmer, um den Typen nicht noch weiter aufzuregen. Das war ganz sicher nicht das erste Mal, dass man mich in Gewahrsam, weil man vermutete, ich sei ein Terrorist; so was passiert mir verstörend oft und ich hatte nicht vor, mehr Zeit als nötig in diesem Raum zu verbringen. Der Amerikaner war die Sache völlig falsch angegangen, indem er sich nicht kooperativ verhalten und die US-Botschaft eingeschaltet hatte. Diese feindliche Herangehensweise des Beharrens auf seinen Rechten hätte ihn vielleicht in seiner amerikanischen Heimat weitergebracht, aber hier nicht.

Ich schaute aus dem Fenster und sah meine Wachen in der Nähe des Tors stehen, wo sie sich mit den Männern unterhielten, die die Mauer bewachten; später am Abend saß eine Gruppe Somalier, darunter ältere Gentlemen in bestickten Westen, draußen im Hof auf Plastikstühlen beisammen. Man servierte mir einen Teller mit Ziegenleber und Zwiebeln – somalische Standardkost. Bald darauf kam ein Autokonvoi und das Metalltor wurde geöffnet, um einen VIP und viele Bodyguards einzulassen. Jemand klopfte an meiner Tür und als ich sie öffnete, war der ganze Korridor voller Somalier, die meisten von ihnen bewaffnet. Sie waren mit einem Mann gekommen, der ein paar Fragen an mich hatte: der Innenminister.

Er trat ziemlich lautstark auf, deshalb fragte ich, ob etwas mit meinen Papieren und meinem Visum nicht stimme. Er antwortete: »Die Papiere sind in Ordnung. Was unsere Regierung besorgt, ist, dass niemand, der noch klar bei Verstand ist, nach Puntland kommen würde. Die wenigen, die es tun, sind Eindringlinge, die mit den Terroristen gemeinsame Sache machen wollen, und diese Leute sperren wir weg.« Er brüllte immer noch. »Ich hoffe für Sie, dass Sie ein Journalist sind, sonst wird diese Sache böse für Sie enden.«

Ich zeigte ihm zusätzliche Dokumente, darunter auch die Karte mit einer Notiz und der Telefonnummer des Verbindungsbeamten für Puntland; ich erklärte ihm, dass ich zwar eigentlich kein Journalist sei, dass aber Journalisten manchmal über mich schrieben. Glücklicherweise hatte ich noch etwas in meinem Rucksack: eine somalische Zeitung mit einem langen Artikel über mich, samt Interview. In Erwartung eben solcher Situationen hatte ich sie aufgehoben. Ich erinnerte mich nur noch vage an die Fragen, die der Reporter mir gestellt hatte, und natürlich konnte ich nicht lesen, was er über mich und meinen Aufenthalt in Mogadischu geschrieben hatte nur Gutes, wie ich hoffte. Immerhin waren dort alle so nett gewesen.

Der Innenminister wiederholte noch mal, dass er hoffe, dass ich ein Journalist sei, da die Sache sonst böse enden würde für mich, daher sagte ich: »Wenn das so ist, bin ich Journalist.« Sonderbarerweise habe ich seitdem tatsächlich ein paar Artikel geschrieben, unter anderem für den *Esquire*, und ich schätze, dass ich eine belustigend präzise Antwort parat habe, wenn mich mal jemand fragen sollte, wann ich das erste Mal darüber nachgedacht habe, ein Journalist zu werden.

Der Minister fuhr in seinem Konvoi davon. Ich überlegte nun, wie ich aus diesem Hotel rauskommen konnte oder wie ich, sollte das nicht klappen, das Beste aus meiner Lage machen konnte. Ich hatte Fragen an meine Wächter, und jemand, der Englisch sprach, war so freundlich, sie für mich zu übersetzen. »Ich habe auf der anderen Straßenseite einen Mangobaum gesehen; kann ich rübergehen und eine Frucht pflücken?« Die Antwort lautete Nein. »Kann ich in die Stadt gehen und nach einem Internet-Café suchen?« Nein, nein, nein. »Kann ich mich dann draußen unter den Nachthimmel setzen? Dort im Innenhof, wo auch die anderen Männer sind, die sich in der Nähe vom Tor versammelt haben?« Sie berieten sich kurz und sagten: »Ja, das wäre in Ordnung.«

Ich ging raus, um mich den Herren vorzustellen, und jemand brachte einen zusätzlichen weißen Plastikstuhl. Diese Männer tranken Kamelmilch, maßen einander den Blutdruck und debattierten, ob die Zahlen Gutes oder Schlechtes für ihre Gesundheit verhießen. Viele von ihnen sprachen Englisch und mein Eindruck bestätigte sich: Es waren interessante Leute und vornehmere Herren, als der erste Eindruck vermuten ließ, was nur naheliegend war, denn wer sonst hätte sich vor einem so schicken Hotel versammeln sollen, in dem die Übernachtung 20 Dollar kostete?

Wir saßen zusammen, erzählten uns Geschichten und lachten. Ein Mann, Herr Kasim, der gerade dabei war, eine regionale Bank zu gründen, erzählte ein paar spektakuläre Geschichten – unter anderem, wie das Fangen eines riesigen Hais zur Geburt seines ersten Sohnes geführt hatte. Er hatte in den Neunzigerjahren nach Möglichkeiten gesucht, Geld zu verdienen, und ein Australier hatte zu ihm gesagt: »Fange Fische und verkaufe sie mir.« Also kaufte Herr Kasim ein Holzboot und heuerte einen Kapitän samt Crew an, da er weder Seemann noch Fischer war und noch nie aufs Meer gefahren war. Sie hatten Glück und fingen ein paar mächtige Fische, da der Krieg viele der internationalen Trawler vertrieben hatte. Als Nächstes hatten sie einen riesigen Hai am Haken und schafften es, ihn nah an den Schiffsrumpf zu hieven. Da sie Somalier waren, holten sie eine breite Auswahl an Waffen hervor und durchsiebten ihn mit Kugeln. Was aber nun? Also legten sie vor einer Insel an, die aus den Wellen ragte, und fingen an, den Hai aufzuschneiden.

Während sie herumalberten, näherte sich ihnen ein alter Mann und sagte: »Ihr habt keine Ahnung, was ihr da tut, stimmt's?«

»Schön«, sagte Kasim, »wir haben tatsächlich keine Ahnung.«

»Schaut hier«, sagte der alte Mann. »Das ist die Leber. Die könnt ihr für das Öl nehmen. Und das sind die Flossen. Die lassen sich nach China verkaufen.«

Sie bedankten sich bei ihm und Kasim wurde eingeladen, in der Strandhütte des alten Mannes einen Tee mit ihm zu trinken.

Ihm fiel auf, wie reizend die junge Frau war, die den Tee brachte; sie gefiel ihm so gut, dass er verkündete: »Dieses Mädchen werde ich heiraten.«

Der alte Mann sagte: »Das ist meine Tochter. Sie ist 17 Jahre alt und wird nicht heiraten, wenn ich es nicht erlaube.«

Also schlich Kasim zu dem Mädchen, das gerade neues Wasser holte, und sagte: »Ich werde dich heiraten.«

Sie antwortete: »Nicht ohne die Erlaubnis meines Vaters.«

Als er an die Küste zurückkehrte, um seinen Fang zu verkaufen, musste er betrübt erfahren, dass die al-Shabaab-Rebellen, während er auf See gewesen war, den Australier enthauptet hatten. Es war also gar nicht so einfach, seine Ladung Fische zu verhökern. Aber er konnte sich nicht beschweren. Er verbrachte zwei Wochen damit, den alten Mann und seine Familie besser kennenzulernen, und schließlich durfte er die Tochter heiraten und die beiden hatten viele Kinder, und all das wäre nicht passiert, wäre da nicht dieser riesige Hai gewesen.

Alle möglichen Geschichten wurden an diesem Abend erzählt: von der Jagd nach blauen Straußen, die es nur am Horn von Afrika gab; von den Taktiken der al-Shabaab bei ihren Versuchen, die Regierung zu blamieren; von den wahren Gründen für den Anstieg der Piraterie an dieser Küste. Bereitwillig erzählte ich meine eigenen Reisegeschichten, als sie mich fragten. Nach dem zweiten Abend machte der Gentleman neben mir schließlich einen Anruf. Kasim sagte zu mir: »Herr Abdullahi Ali hat gerade Seine Exzellenz den Präsidenten gefragt: ›Warum ist mein kanadischer Freund in Gewahrsam? Er sollte stattdessen ein Gast der Regierung sein.‹«

Wie sich herausstellte, waren all diese Männer, mit denen ich im Hof gesessen hatte, hohe Tiere: ehemalige somalische Minister, wichtige Geschäftsmänner und einer von ihnen war der frühere Bürgermeister der Stadt Eyl, die gemeinhin als Versteck der Piraten galt.

Von da an genoss ich die Gastfreundschaft der puntländischen Regierung, statt in Gewahrsam zu sitzen. Ich wurde in Pick-up-Trucks herumgefahren, in deren Kofferräumen Maschinengewehre mit Gurtzuführung lagen, zusammen mit dem Bildungsminister und dem Minister für Gute Regierung. Ich hatte eine denkwürdige Zeit mit einigen anderen Regierungsvertretern, darunter der Minister zum Schutz vor Piraterie; ihm unterstanden auch andere Ministerien und er mochte es nicht, nur als Minister zum Schutz vor Piraterie bezeichnet zu werden. Teilweise war diese Ablehnung darauf zurückzuführen, was seinem Amtsvorgänger zugestoßen war: Piraten hatten ihn gekidnappt und sie genossen mehr die Ironie ihrer Aktion, als dass sie es auf ein Lösegeld abgesehen hatten.

Der Minister ließ eine spezielle Einheit des Militärs ausbilden, die in den versteckten Buchten Jagd auf die Piraten machen sollte. Er erzählte mir, dass israelische Sicherheitsbeamte angeheuert wurden, um gegen die Piraten zu kämpfen, da sie den Vorteil hatten, dass sie sich nicht ergeben konnten und jeden Piratenangriff unter Inkaufnahme ihres eigenen Todes abwehren mussten. Er erklärte mir, dass die Piratenschiffe ursprünglich Fischerboote aus anderen Ländern waren, die illegal in somalischen Gewässern fischten – Fischpiraten also –, und als eines der Schiffe auf eine Sandbank auflief, waren die Einheimischen überrascht davon, wie viel Geld die ausländischen Besitzer ihnen boten, damit sie ihnen halfen, das Boot wieder ins Wasser zu kriegen. Das brachte sie auf eine Idee: Warum sollte man diese Fischpiratenboote nicht einfangen und ein Lösegeld dafür verlangen? Dieses Vorgehen erwies sich als so lukrativ, dass die Dinge außer Kontrolle gerieten: Die Somalier waren selbst zu Piraten geworden und machten auch Jagd auf Schiffe, die weit von der Küste entfernt in internationalen Gewässern unterwegs waren. Der Minister war verärgert darüber, dass Südkorea mehrere Millionen Dollar aus einem Hubschrauber abgeworfen hatte, um das Lösegeld für ein Schiff und die Crew zu zahlen. Wie könne er gegen Piratenhorden kämpfen, fragte er mich, wenn sich andere Nationen zwar beklagten, aber auch Millionenbeträge aus den Wolken fallen ließen? Davon konnten die Piraten sich die neuesten Waffen kaufen und sich weiter ausbreiten. Es gab Gerüchte, dass der Westen seine Hilfe konkretisieren würde, wenn Lloyd's of London endlich genug von den sprunghaft angestiegenen Versicherungsraten profitiert hatte, aber ihm schien, als sei diese Kritik vielleicht übertrieben zynisch.

Der Bildungsminister war so freundlich mir zu zeigen, was er mit den Schulen machte, und der Philanthrop Dr. Abdi Artan prahlte mit dem neuen öffentlichen Krankenhaus, das gerade errichtet wurde. Es würde eine moderne medizinische Ausrüstung haben, unter anderem einen CT-Scanner – der erste in Somalia. Lustigerweise las ich einige Zeit später einen Artikel im Magazin *New Scientist*, in dem eine Forscherin ihren neuen Ansatz zur Ortung von abgelegenen Piratenbuchten vorstellte. Ein Satellit hatte Somalia gescannt und sie hatte an einem Ort in der Wüste auffällige Aktivitäten erkannt, genauer gesagt in Garoowe, der Hauptstadt Puntlands. Ahoi!, dort mussten dann wohl die Piraten ihre Beute verstecken. Ich musste schmunzeln, als ich das las, da es die Schwierigkeiten aufzeigt, die geopolitische Forschungen aus dem Blickwinkel des Weltalls mit sich bringen. Den Daten ihrer Untersuchung zufolge war der Satellit über unseren Köpfen gekreist, als ich dort war. Sie hatte Aufzeichnungen von denselben Gebäuden, die man mir präsentiert hatte, nur dass sie darin einen Beweis von Piratenbeute erkannte, während meine Augen Schulen und Krankenhäuser sahen – und nichts anderes waren diese Gebäude.

Auf der Terrasse eines beliebten Restaurants wurde ich einem großen, 96 Jahre alten Mann vorgestellt, der einen Händedruck wie ein Holzfäller hatte und mal wieder frisch verheiratet war. Er hatte in den Dreißigerjahren in Mussolinis Armee gekämpft und in den Fünfzigerjahren auf den Erdölfeldern in Texas gearbeitet und nun war er wieder zurück in Puntland, wo er so eine Art Nationalheiligtum war.

Er setzte sich zu uns und während wir auf unser Essen warteten, erwähnte ich, dass der Rest der Welt dachte, Puntland sei von Piraten überlaufen. Ich beschrieb, wie ich die ersten drei Male, die ich versucht hatte, nach Puntland zu fliegen, von Angestellten der Airlines aufgehalten wurde, die sagten: »Nein, zu gefährlich wegen der Piraten.« Und als ich versuchte, vom größten somalisch geführten Tourenveranstalter in Somaliland Hilfe zu bekommen, sagte man mir auch dort, dass Puntland voller Piraten sei. Ich entgegnete, dass ich den puntländischen Tourismusminister nach Rat fragen wollte, welche Gegenden in Ordnung gingen, aber der Tourenveranstalter sagte: »Der Tourismusminister muss der Chef der Piraten sein. Sobald Sie aus dem Flugzeug steigen, wird er sie gegen eine Lösegeldforderung festsetzen.« Der puntländische Minister konnte darüber nur lachen. Dr. Artan und Kasim fragten mich, ob ich willens wäre, ein kleines Risiko einzugehen, um zu demonstrieren, dass in Wirklichkeit die puntländische Regierung die Oberhand hatte und nicht die Piraten. Ich könnte unter dem Schutz eines bewaffneten Konvois zur Piratenbucht vor Eyl gehen und den Nachrichten ein Interview geben, um zu zeigen, dass es dort sicher war.

»Sicher, das würde ich machen«, sagte ich. »Wisst ihr, was die Piraten wirklich aufregen würde? Bringt mich durch die Wüste zur Piratenbucht und ich gehe für ein erfrischendes Bad ins Wasser, vielleicht mit Piratenhut und Augenklappe, und ich könnte mit einem Krummsäbel winken. Wir könnten das Ganze ›Tourist geht in sogenannter Piratenbucht schwimmen‹ nennen und ein Fotograf kann ein paar Fotos für die Presse machen.«

Die Minister stimmten zu und organisierten zwei Wagenladungen Soldaten, um mich über eine sehr unebene Wüstenstraße nach Eyl zu fahren, wo ich in der Piratenbucht schwimmen sollte. Später am Abend stellten wir allerdings fest, dass ich noch einen weiteren Tag in Puntland gebraucht hätte, um dort hin und wieder zurück zu kommen, da ich sonst das Puntland-Festival verpassen würde, zu dem man mich eingeladen hatte. Dort sollte ich somalische Dichter ihre Werke vortragen hören und Seine Exzellenz den Präsidenten treffen. Mein Flug ging am Montag und der nächste erst eine Woche später. Wir kamen zu dem Schluss, dass unser Plan leider nicht durchführbar war.

Zum Puntland-Festival kamen jede Menge Kampfwagen in die Stadt und hinterließen helle Staubwolken in der Luft. Ein paar von ihnen kamen, um mich abzuholen. Mein Platz war neben dem Minister für Gute Regierungsführung, Herr Muxamad, der sich bereit erklärt hatte, für mich zu übersetzen, da wir Reden, viele schöne Gedichte und Balladensänger hören würden. Ich hatte mein Notizbuch gezückt, wie es sich für einen guten Journalisten gehörte. Herr Muxamad war der Erste, dem auffiel, dass es ein hellblaues Kinderheft war, auf dessen Umschlag ein kleiner Junge zu sehen war, der mit einem Ball spielte.

»Sie sollten sich ein Heft zulegen, das etwas seriöser aussieht«, sagte er.

»Ja, natürlich. Mein altes war aus schwarzem Leder mit Goldprägung, aber es wurde mir in Äthiopien geklaut«, erklärte ich.

»Diese Äthiopier«, sagte er süffisant. Er übersetzte, während ich dreißig Seiten ausführlicher Notizen aufschrieb. Einige davon habe ich zuhilfe genommen, als ich dieses Kapitel geschrieben habe, was mich wohl tatsächlich zu einer Art Journalisten macht – und ich bin dankbar, darauf zurückgreifen zu können.

Zwischen den Ansprachen erzählte ich ihm Geschichten von seinem »Kollegen«, dem afghanischen Anti-Korruptions-Minister, die ihm sehr gefielen. Herr Muxamad war überrascht und amüsiert darüber, dass der afghanische Minister im Gegensatz zu ihm Partys besuchte, aber er konnte meiner Argumentation folgen, als ich erklärte, warum es klug war, vorzugsweise die unbeliebten korrupten Menschen zu verhaften, insbesondere dann, wenn man von Bandenchefs umgeben ist – eine andere Situation als in Puntland, wo die Piraten sich auf Partys nicht sehen lassen.

Poeten und Politiker sprachen und Kameramänner filmten das Festival und während der gesamten Zeit saßen bewaffnete Männer mit Sonnenbrillen um die Bühne herum, mit Blick auf das Publikum, und achteten aufmerksam auf jede abrupte Bewegung. Gegen Ende wurde ich seiner Exzellenz dem Präsidenten vorgestellt.

Es fiel mir schwer, weiterzuziehen, aber ich wollte noch einmal nach Zentralafrika, und der Sicherheitsbeauftragte war in ständiger Alarmbereitschaft, weil er einen Ausländer betreuen musste; er hatte Angst, mir könne etwas zustoßen. Dieses Verhalten ist schon seit mindestens ein paar Jahrhunderten ein Bestandteil der somalischen Kultur, da immer jemand die Verantwortung für das Wohlergehen eines Besuchers übernimmt und sicherstellt, dass er in guten Händen ist, wenn er in das Territorium des nächsten Clans reist. Mir würde mein Besuch in diesem Land in Erinnerung bleiben, weil ich hier die größte Veränderung meiner Situation innerhalb kürzester Zeit erlebt habe: vom Terrorismusverdächtigen, der in Gewahrsam genommen wurde, zu einem Staatsgast, der auf ein Festival eingeladen wurde, bei dem er neben Ministern saß und dem Präsidenten die Hand schütteln durfte. Später erfuhr ich, dass ich auch Hilfe von Somaliern erhalten hatte, die nach Kanada ausgewandert waren: Viele von ihnen hatten bei der Regierung angerufen, um zu erzählen, wie freundlich Kanada sie nach dem Krieg empfangen hatte – da sei es nicht richtig, einen Kanadier, der Puntland besuchte, in Gewahrsam zu nehmen. Gewissermaßen habe ich also auch von der wohlwollenden kanadischen Immigrationspolitik gegenüber Geflüchteten profitiert.

Vor meiner Abreise wollte Herr Abdullahi Ali, einer der Regierungsbeamten, die ich in der Hotelanlage getroffen hatte, von mir wissen, ob der Amerikaner, den sie noch immer inhaftiert hatten, meiner Ansicht nach ein Terrorist sei. Ich war zwar schon oft wegen Terrorismusverdacht festgehalten worden und ein Terrorist hatte mich schon mal für einen Terroristenkollegen gehalten, aber diese Situation war auch für mich neu: Zum ersten Mal wurde ich von einer Regierung um meine Einschätzung gebeten, ob ein anderer Kerl ein Terrorist sei. Ich hatte Mitleid mit dem Amerikaner. Während er in seinem Zimmer vor sich hin dümpelte oder die Zeit mit Fernsehübertragungen von Fußballspielen totschlug, hatte er mitansehen müssen, wie ich jeden Morgen von einem Konvoi abgeholt wurde, freudig verschiedene Einheimische und Minister grüßte und dann für mehrere Ausflüge sicher zwischen Soldaten eingekeilt saß. Ich hatte dem Amerikaner versprechen müssen, dass ich ihn in Frieden lassen und seinen Namen nicht erwähnen würde, aber ich vermutete, dass er unter den gegebenen Umständen eine Ausnahme machen würde. Bevor er wusste, wer ich bin, hatte er mir erzählt, dass er ins Land gekommen war, um sich das erste intersomalische Fußballturnier anzuschauen. Er hatte nicht gewusst, dass auch Teams der al-Shabaab antreten würden. Ich sagte Herrn Abdullahi Ali, dass meiner Meinung nach der Amerikaner kein Terrorist war, sondern nur ein junger Kerl, der von seiner Situation hoffnungslos überfordert war, und dass ich mir vorstellen könne, dass sein Vater sehr erleichtert wäre, wenn man den Sohn einfach ausweisen würde.

Mit einigen Soldaten stieg ich in einen wartenden Kampfwagen und wir düsten zum Flughafen, wo die einmal wöchentlich startende, kleine alte Propellermaschine von Puntair abhob. Das war es nun also mit strahlend blauem Himmel voll waberndem weißem Staub; keine Ziegenleber mit Zwiebeln mehr und keine Hirten, die meine Affinität zu Handys und Waffen teilten. Ich würde Somalia vermissen. Der Sicherheitsbeauftragte sprach kein Englisch, aber er machte sich einen Spaß daraus, mich mit meinem Pass zu ärgern. Er wusste, dass ich ihn wiederhaben wollte, behielt ihn aber noch immer ein. Kurz bevor ich ins Flugzeug stieg, gab er ihn mir endlich wieder und ich winkte Puntland und Somalia zum Abschied. Es hatte geheißen, es sei unmöglich, hierhin zu reisen, aber wie sich herausgestellt hatte, war es ein interessantes Land mit freundlichen Menschen – bis heute war das eine meiner besten Reisen. Die puntländischen Minister waren außerordentlich liebenswürdig und großzügig gewesen und hatten mir sogar (scherzhaft?) die Staatsbürgerschaft ihres aufregenden Staates angeboten. Man lud mich ein, jederzeit wiederzukommen, und vielleicht mache ich von diesem Angebot irgendwann Gebrauch. Es gibt dort noch so viel zu sehen und so viele freundliche Somalier, mit denen man sich unterhalten kann.

Ein schlimmer Fall der Afrikanischen Flugkrankheit hatte zur Folge, dass ich mit einer Propellermaschine zurück nach Addis Abeba fliegen musste, obwohl ich als Nächstes nach Harar hatte reisen wollen, und die Route führte über Hargeysa in Somaliland, was von Harar nicht weit entfernt ist. Als Afrikanische Flugkrankheit bezeichne ich die frustrierende Neigung afrikanischer Nationen, einen in Flugzeuge zu zwingen, die zwischen nationalen Hauptstädten hin und her flitzen. Wenn man sich nicht um eine Lösung bemüht, wird eine Afrikareise schnell zu bloßem Jetsetting. Wenn man zum Beispiel von Äthiopien nach Somaliland flog, dann konnte man nicht über Land zurückkehren; man musste mit dem Flugzeug nach Äthiopien. Dafür brauchte ich bei der Ankunft ein Visum, also musste ich extra dafür in die Hauptstadt. Darum sollte man so viel wie möglich über Land reisen: Wenn man nämlich erst mal in der Luft war, ist es gar nicht so leicht, wieder Boden unter den Füßen zu kriegen.

■ ■ ■

Nach einem Flug nach Harar und einer Rückkehr über Land, um die Orte zu sehen, über die ich hinwegfliegen musste, genehmigte mir ein hilfsbereiter Konsulatsbeamter in Addis Abeba ein Visum für mehrere Einreisen nach Kamerun. Dann flog ich westwärts, auf die andere Seite Afrikas, um Kamerun als eine perfekte und ausgesprochen charmante Ausgangsbasis für weitere Visaanträge und Überlandbesuche der umliegenden Länder zu nutzen. Zwischen diesen Exkursionen gab es keinen besseren Ort für mich als mein Zimmer im »Hotel Ideal« in Yaoundé, Kamerun, das für meine Zwecke ideal war: nahe an den Botschaften gelegen und für afrikanische Standards nicht zu sehr Puff. Ich besuchte die Republik Tschad und die angeblich nicht bereisbare Zentralafrikanische Republik, indem ich überallhin mit einer italienischen Ärztin und Nonne fuhr, Dr. Ione. Sie warnte mich davor, eine der Lehmstraßen zu nehmen, auf denen die Terroristen der *Lord's Resistance Army* ihr Unwesen trieben, denen die Einheimischen schwarze Magie und Kannibalismus vorwarfen und die gerade gestern erst die Nichte eines ihrer Kollegen getötet hatten. Ebenfalls per Anhalter kam ich nach Tschad, wo es den faszinierenden Tschadsee gibt, an dem ich der einzige Tourist war. Auf meinem Rückweg durch Kousséri, der mich über den Fluss Schari im Norden führte, stieg ein Bienenschwarm aus dem Himmel herab und stach mich Hunderte Male. Immerhin lieferte mir das den Beweis, dass ich auf Bienenstiche nicht allergisch reagiere.

Zurück in Yaoundé hatte ich keine andere Wahl, als eine grauenhafte, drei Wochen dauernde Visaprozedur auf mich zu nehmen, um die Einreiseerlaubnis für die schwer zu fassende und abscheuliche Diktatur zu erhalten, die unter dem Namen Äquatorialguinea bekannt ist. Nachdem ich einen Malariaausbruch im »Hotel Ideal« überstanden und wochenlang an gefälschten Dokumenten gearbeitet hatte, fand ich endlich einen Trick, der mir das Visum sicherte. Die Frau im Wachhaus der Botschaft gratulierte mir: Sie hatte noch nie erlebt, dass jemand durchgehalten und tatsächlich mit einem Visum in der Hand das Gelände verlassen hatte. Das Land selbst war hauptsächlich berühmt für seine Korruption und stinkende Fledermausschwärme.

Nigeria war da schon zugänglicher, und in einem Fiberglasboot, das säckeweise essbare Blätter geladen hatte, fuhr ich in das Flussdelta von Cross River. Die nigerianische Polizei fand das schließlich heraus und sagte mir, dass dieses Delta genauso gefährlich wie das des Nigers war. Besorgt darüber, dass man mich entführen könnte, bestanden sie darauf, dass ich auf der Polizeistation übernachtete, auf einer Insel im Delta. Ein ausgelassener Polizist überließ mir seinen Platz auf dem Betonboden, damit ich mich ausstrecken konnte, und wir teilten uns zum Essen meine letzte Büchse Sardinen. Am Morgen besorgte er etwas Brot und ein paar Mangos von einem Baum in der Nähe. Ich reiste zwei Wochen lang durch Nigeria und konnte mir einen guten Eindruck von den außergewöhnlich lebhaften und freundlichen Leuten verschaffen. Die nigerianische Gastfreundschaft ist so groß, dass ich nach einem Abend mit guten Gesprächen und Geschichten in einem Lokal oft bezahlen wollte und dann von der Kellnerin erfuhr, dass bereits jemand für mein Essen gezahlt hatte. Wer Afrika verstehen möchte, muss sich einen guten Eindruck von Nigeria verschaffen – es ist eine Art Mikrokosmos der Risiken und Versprechen des subsaharischen Afrikas.

Aber jetzt stieg die Hitze an und mein 48-Seiten-Pass war berstend voll. Ich musste nach Kanada zurückkehren, um mir einen neuen zu besorgen. Der Rest von Westafrika würde warten müssen, aber nicht lange. Ende März 2011 flog ich von Lagos aus zurück nach Kanada, wo ich in Ottawa Halt machte, um einen neuen Pass zu beantragen und dann in Canmore in den Rocky Mountains einen furchtbaren Schneesturm zu überstehen, der 10 Zentimeter Schnee abwarf und eine Kälte brachte, die für umgepflanzte Afrikaner wie mich brutal war. Nach dem Schneesturm machte ich mit meinen Familienbesuchen weiter: fünf Städte in drei Wochen, bevor ich zu meiner fünften großen Afrikareise aufbrach.

▪ ▪ ▪

Während ich noch in Alberta war und bevor ich irgendwelche Flüge nach Afrika gebucht hatte, bekam ich eine E-Mail von Dana, die vorschlug, dass ich sie in Frankreich besuchte, wo sie den Sommer in den Alpen verbrachte, um ihr Französisch zu verbessern. Gerade ein Jahr war vergangen, seit wir zuletzt zusammen waren, und in einem Lebenswandel, der aus jedem »Hi!« und »Goodbye« ein »Lange nicht gesehen« und nur allzu oft ein »Sayonara« machte, war Dana meine dauerhafteste Beziehung. Wir wanderten durch die Täler von Savoy, besuchten alte Klöster und Bergseen, picknickten mit Brot, Käse und Wein. Nach einem Monat saß ich in einem Flieger nach Südafrika, ein exzellenter Ort, um jeden Afrika-Trip zu starten, weil man sich dort nicht mit Visa und Grenzkontrollen herumschlagen muss. Ich kam am 9. Juni 2011 an und vor mir lagen sechs beschwerliche abenteuerreiche Monate.

Die Draksenberge, an der Großen Randstufe des südlichen Afrikas gelegen, und die bergige Nation Lesotho waren reizend. Ich sah afrikanische Reiter, die sich zum Schutz vor Schnee und kalter Bergluft in farbenprächtige Decken gehüllt hatten, und die Felszeichnungen der San, die in diesen bergigen Weiten zu Hause waren. Ich war ohne Einreisestempel über den Monantsa-Pass ins Land gekommen, aber nach einer Rundreise durch Lesotho gelang es mir, die Beamten am Grenzübergang Van Rooyen's Gate dazu zu überreden, mich wieder rauszulassen.

Ich durchquerte das grüne Swasiland und reiste weiter nach Mosambik, wo ich die langen Strände, die Berge und all die Mäuse-Kebabs genoss. Ich besuchte alte portugiesische Festungen und verschlafene Städtchen an Flussdeltas, die von Straßen in katastrophalem Zustand miteinander verbunden waren, auf denen baufällige Vans fuhren. Die Einheimischen kannten die Vor- und Nachteile von jedem Sitz und drängten sich schon beim Einsteigen wie Pinguine, bis dann irgendein Ausländer in den Wagen stieg und mit einem Platz vorliebnehmen musste, der kaum mehr war als eine Eisenstange mit scharfen Kanten. Auf diesem Platz musste er dann zwölf Stunden ausharren, während der Van über Felsen krachte und durch wirbelnden Sand pflügte. Ich kam gut voran, am Limpopo vorbei, der vom weit entfernten Rand der Kalahari her fließt, und auch am Sambesi, der seine Quelle im Dschungel von Nordsambia hat, über Brücken, die verrostet oder zusammengebrochen waren oder überhaupt nie existiert hatten – wenn es sein musste, kamen die Vans auf Flößen ans andere Ufer.

Die Ilha de Moçambique, wo vor 500 Jahren Admiral Vasco da Gama landete und eine Festung errichtete, ist über eine dreieinhalb Kilometer lange Dammstraße mit dem Festland verbunden. Ich entspannte im alten Sklavenmarkt – einem früheren Verließ, das heute ein Restaurant ist – und schaute hinaus auf die Strände und die vorüberziehenden Daus mit ihren Lateinersegeln, während ich Suppe aus der Affenbrotbaumfrucht schlürfte und in einem Buch mit Zen-Kōans las. Die Insel ist ein UNESCO-Welterbe, daher gab es hier mehr Touristen als im restlichen Mosambik. Es gab dort auch eine Internetverbindung. Ich loggte mich zum ersten Mal seit zwei Wochen in mein E-Mail-Konto ein und sah sofort eine Reihe von Mails von meinem Stiefvater Jim. Es ist der schlimmste Albtraum eines Reisenden, eine Nachricht von zu Hause mit der Betreffzeile »Krebs-Update« zu entdecken, darunter zwei weitere ungelesene Nachrichten: »Erste Chemo« und »Zweite Chemo«. Man hatte bei meiner Mutter Krebs im vierten Stadium diagnostiziert.

Meine Mutter hatte mir ebenfalls geschrieben, um mir zu versichern, dass es keinen Grund gab, meine Reisen abzubrechen; wenn der Krebs sie töten würde, dann nicht während der Chemotherapie, sondern nach meiner Rückkehr nach Vancouver. Aber ich wollte in der Nähe einer Internetverbindung und eines Flughafens bleiben, falls sich ihr Gesundheitszustand verschlechtern sollte. Der beste Plan war es, mich auf dem Indischen Ozean zwischen den Komoren, Mayotte, den Seychellen und Madagaskar zu bewegen, während ich darauf wartete, die Ergebnisse der letzten Chemos zu erfahren. Die Inseln hatten eine bessere internationale Fluganbindung, sodass ich schnell zurück nach British Columbia gelangen konnte, sollte es nötig sein. Allerdings waren Flüge auf die Komoren von der Swahili-Küste Mosambiks nicht mehr verfügbar und es gab keine Möglichkeit, das straßen- und brückenlose nördliche Ödland des Landes zu durchqueren. Ich reiste also westwärts nach Malawi, das bei meiner Ankunft in rauflustiger Stimmung war. Ich schlief zum Geräusch von Gewehrschüssen und Aufständen vor meinem Hotel ein und während des Tages war es mühsam, durch die Stadt zu kommen, da ich ständig auf Gruppen betrunkener Männer traf, die Ziegelsteine bei sich trugen. Der Malawisee allerdings mit seinen mächtigen Affenbrotbäumen am Ufer und den roten Sonnenuntergängen war reizend. Ich machte einen kleinen Abstecher nach Sambia, um mir die dortige Tierwelt anzusehen, und dann ging es weiter auf die Inseln des Indischen Ozeans.

Auf Madagaskar gibt es Lemuren, fantastische Affenbrotbaumarten, die seltsamen Tsingy-Felsformationen (bis zu 130 Meter hohe »Kalksteinnadeln«), und wenn man wusste, wo man suchen musste, fand man Eierschalen des Elefantenvogels, des größten flugunfähigen Vogels, der bis zu einer halben Tonne wiegen konnte (der Letzte von ihnen ist erst vor ein paar Hundert Jahren verspeist worden). Die erholsamen rosa Strände der Seychellen verstärkten meinen Willen, meine Reise trotz der furchtbaren Nachrichten aus Kanada fortzusetzen.

Zurück in Südafrika war wieder einmal das Fahren per Anhalter die beste Fortbewegungsmethode. Auf diese Weise kam ich fast überallhin und konnte mich mit freundlichen Einheimischen unterhalten. In der Stadt Kimberley sah ich die Mine, aus der man fast drei Tonnen Diamanten geholt hatte, die von Cecil Rhodes verkauft wurden, einem lachenden Hochstapler, der viel mit nigerianischen Internetbetrügern gemein hatte. Nachdem ich mir die Karoo angeschaut hatte – eine Halbwüstenlandschaft voller unglaublicher Farben –, lockte mich Namibia mit seinen Roten Dünen, Austern und Säbelantilopen, und per Anhalter fuhr ich in einem Sattelschlepper von Kapstadt nach Windhoek. Der Fahrer ließ mich am Rande der Hauptstraße aussteigen, etwa 70 Kilometer Luftlinie vom Fischfluss-Canyon entfernt und er schenkte mir noch eine Flasche Cola. Er hatte Angst, dass ich beim Versuch, 80 Kilometer durch die Wüste zu laufen, austrocknen würde. Dort verbrachte ich in der eisigen Wüste auf dem Rücken liegend eine meiner schlimmsten Nächte (ein großer schwarzer Skorpion mit einem breiten, haarigen Rumpf machte mir seine Aufwartung). Die nächste Nacht war dafür eine der besten: Ich verbrachte sie kostenlos in einer luxuriösen Hotelhütte inmitten eines Feldes voller gewaltiger Findlinge.

Nachdem ich mich versichert hatte, dass es meiner Mutter den Umständen entsprechend gut ging – und da es nichts gab, was ich hätte tun können, um ihr zu helfen –, begann ich den unbequemeren Teil meiner Reise: Richtung Norden an die Atlantikküste. In Namibias Hauptstadt Windhoek verriet mir eine freundliche Frau namens Georine das Geheimnis, wie ich an ein Visum für Angola gelangen könnte – etwas, was mir bisher nicht gelungen war. Sie beschrieb mir eine kleine Stadt in Nordnamibia, mit einem »Kentucky Fried Chicken«, einer Jugendherberge, einem angolanischen Konsulat und nicht viel mehr. Wenn ich mich in der Jugendherberge einquartierte, bei »Kentucky Fried Chicken« aß und ein paar Tage abwartete, würde ich das unerreichbare angolanische Visum ratzfatz in den Händen halten.

Es klappte und ich fuhr mit einem Portugiesen von den Kanaren nach Angola, über von Artillerie vernarbte Straßen, vorbei an zerstörten Kampfpanzern und primitiven Lehmhüttendörfern, in denen die Leute nackt und mit Speeren in der Hand umherliefen. Als Auswanderer wusste mein Fahrer viel über die sehr realen Gefahren zu berichten, die für weiße Autofahrer in Afrika von der Polizei ausgingen. Er erzählte außerdem, wie man am besten seinen Lebenswandel gestaltete, der Prostituierte beinhaltete (faszinierende Information, aber für mich nicht relevant), und von den Possen der angolanischen Ölbarone (bei denen Rosé-Champagner eine wichtige Rolle spielte).

Unsere Wege trennten sich, nachdem wir Lubango in den trockenen Hügeln passiert hatten. Er fuhr weiter Richtung Norden, während mich mein Pfad den Canyon hinunter nach Namibe führte, wo es auch recht angenehm war. Ich grübelte über die Identität seltsamer, an den Strand angespülter Tiefseefische nach und entdeckte eine Küstenfestung, die mit Flugabwehrkanonen bestückt war. Eine Beschwerde habe ich jedoch: Ich wurde von einer der zahlreichen Verbrecherbanden in Namibe angegriffen, die mir an einem vernebelten Strand voller Schiffswracke ins Gesicht schlugen. Das war ungewöhnlich für mich, aber solche Sachen passieren eben. Diese Küste war zu gefährlich, um sie allein zu erkunden, und schon in der Nacht zuvor hatte eine andere Gang mit mir gekämpft, aber – und das ist einer der Vorteile davon, ohne viel Bargeld unterwegs zu sein – als sie meine Strandtasche aufrissen und sich mit der Hälfte des Geldes, das in den Sand fiel, davonmachten, war das kein nennenswerter Verlust. Hätte ich mehr dabeigehabt, als ich für ein paar Reisetage benötigte, wäre ich niemals allein die Skelettküste in diesem Ort entlanggewandert, den die Buschmänner »Das Land, das Gott in Zorn geschaffen hat« nannten.

Ich verbrachte einige Zeit in Luanada, der Stadt, die damals die teuerste der Welt war. Für 55 Dollar die Nacht schlief ich in einem heruntergekommenen

Zimmer. Von Angola flog ich weiter nach Kap Verde, in der Hoffnung, dass ich dort eine geeignete Visaanlaufstelle für Guinea-Bissau und die 640 Kilometer breite Bucht von Benin finden würde (»Gib Acht und meide die Bucht von Benin, einer kommt heil raus, doch vierzig bleiben drin« heißt es in einem Seefahrerlied, das vor den Grauen der dortigen Malaria warnte). An einem Grenzübergang im Dschungel klaute ein bedrohlicher und korrupter guineischer Polizist meinen Beutel mit abgelaufenen Medikamenten. Erst viel weiter im Süden, in Liberia, traf ich auf einen anderen Weststaatler, einen Amerikaner, ausgezehrt und gezeichnet von wütender Malaria, der, wie sich herausstellte, mit Diamanten handelte – oder mit Blutdiamanten, wie man heutzutage sagt. Ich holte mir selbst wieder Malaria, während ich mir anschaute, wie Soldaten die Krokodile im Festungsgraben des Präsidentenpalastes von Yamoussoukro, Elfenbeinküste, mit lebenden Hühnern fütterten. Ich behandelte mich mit Coartem-Tabletten, bevor ich südwärts die Küste entlang weiterzog. Langsam hatte ich den Dreh raus, was diese Kette kleiner ehemaliger Sklavenhändler-Königreiche anbelangte, die in der Bucht von Benin liegen.

Landeinwärts fuhr ich mit dem Bus durch Benin und Burkina Faso und war bald wieder in der staubigen Sahelzone (wo die Sahara auf Savanne trifft); zweimal überquerte ich den Niger, der sich durch Mali windet. Ich kam gerade rechtzeitig für einigen Ärger mit den Tuareg, ein saharisches Berbervolk, die bekannt sind für ihre Kamelzucht und eine Vorliebe für die Farbe Indigo. Terroristen der AQIM (al-Qaida im Maghreb) oder der Ansar Dine, einer Terroristengruppe der Tuareg, hatten in Timbuktu einen deutschen Touristen erschossen und einige andere gekidnappt, also wimmelte es überall von Polizisten und man sah noch weniger Reisende als erwartet.

Das hinderte mich nicht daran, die Felsen von Bandiagara im Land der Dogon zu besichtigen – ein heidnischer Stamm, der seine Gräber in die Felsen der hohen Klippen schlägt. Dort traf ich auf den Ogon der Dogon, den Schamanen des Stammes, und bemühte mich um eine medizinische Intervention, indem ich diskret versuchte, einen Typen dazu zu bewegen, in einer nahe gelegenen NGO-Klinik Hilfe zu suchen; er war zäher, als es gut für ihn war, und hatte daher nicht geklagt, als ein von einer unerkannten HIV-Infektion herrührender Pilz seine Lippen weggefressen hatte. Im Laufe einer Woche schaffte ich es bis nach Gao – im 16. Jahrhundert Hauptstadt des Songhai-Reiches und größtenteils aus Lehmbauten bestehend –, bevor mich die nigrische Polizei aufhielt. Sie versuchten mich auf ein eingezäuntes Gelände in Gao zu zwingen, wo sie mich vor Angriffen der AQIM beschützten konnten, aber ich überzeugte sie, mich an einem »Euro Camping« genannten Ort bleiben zu lassen, einer ehemaligen Kneipe des Friedenskorps, der im Jahr zuvor aus dem Land geflohen war. Sie war immer noch offen und jetzt Anlaufstelle für nigerianische (und nicht etwa nigrische) Prostituierte aus dem christlichen Süden (glücklicherweise nahmen sie an, dass ich ein Araber war und ausschließlich Arabisch sprach, daher behelligten sie mich nicht). Am Weihnachtsmorgen 2011 versammelten sie sich im Flur und ich erwachte zu ihrem enthusiastischen Gesang: »Hätte ich Jesus' Liebe nicht, so wäre ich ein Sünder.«

In der Stadt gab es ein algerisches Konsulat, aber kaum dass ich ihn nach einem Visum gefragt hatte, erschoss al-Qaida den Konsul. Ich setzte eine islamische Takke auf und konnte so tiefer in die Republik Niger vordringen, bis zum Fuße des dunklen Felsmassivs Aïr und weiter in die Stadt Agadez – bis die Polizei bemerkte, dass ich Ausländer war, und meinen Pass konfiszierte. Eine Woche früher hätte ich dort in Agadez noch ein algerisches Visum bekommen, aber nun waren sämtliche Visa vom Tisch. Meine besten Bemühungen, einen unkonventionellen Weg aus meiner Lage zu finden, führten mich immer zu Menschenhändlern, die an den Grenzen Libyens und Algeriens arbeiteten und versprachen, dass ich noch vor Ablauf des Monats in Spanien Gurken pflücken könnte, wenn ich ihnen ein paar Hundert Dollar zahlte. Das entsprach nicht wirklich meinen Plänen, aber mein Französisch reichte nicht aus, um meine Absichten ausführlich zu erklären.

Ein Rebellenkommandeur der Tuareg, der während einer früheren Rebellion aktiv gewesen war, die 1995 endete, unterhielt sich gerne bei ein paar Bieren mit mir und durch ihn lernte ich eine italienische NGO-Gruppe kennen. Wir heuerten ein paar Soldaten der Regierung an, ethnische Hausa, die Maschinengewehre mit Gurtzuführung hatten, und wagten uns in das Aïr-Gebirge – bewaffneter Tourismus in seiner schönsten Form. Banditen raubten die Busse aus und töteten Menschen, daher waren diese Vorsichtsmaßnahmen notwendig. Die einzigen Banditen, die wir sahen, duckten sich schnell weg. In den Bergen gab es Oasen mit Orangenbäumen und üppigen Gärten und Ausbisse von blauen Marmoradern in schwarzen Felsen. Wir trafen auch auf einen Nomaden, der auf einem Kamel ritt und Verletzungen von einem Schwertkampf hatte, den er wegen einer Frau geführt hatte. Jemanden wie ihn zu treffen war eines dieser Erlebnisse, für die man normalerweise eine Zeitmaschine gebraucht hätte; schon deshalb war diese Exkursion den Aufwand wert gewesen.

Simulierte Zeitreisen sind zwar faszinierend, aber auch von hier aus führte der Weg für mich nicht weiter. Mein Pfad nach Norden führte durch von Arabern besetztes Land und die arabische Bürokratie ist die kniffligste von allen; die Kanäle der informellen Einflussnahme sind nicht so offensichtlich wie anderswo, funktionieren aber auf Grundlage enger Beziehungen. Es gab nur noch eine Option: einen Rückzieher in den Süden machen, alleine, in Nigers heiße, staubige Hauptstadt Niamey, wo das Hauptvergnügen darin bestand, Hyänen und Krokodilen dabei zuzusehen, wie sie im Zoo totgeborene Kamelföten verschlangen, und wo das einzige Hotel ein schmuddeliger Puff mit einem fiesen Rausschmeißer war. Ich kaufte Suppe in Plastikbeuteln bei Straßenhändlern. Da es weder Tisch, Teller noch Besteck gab, womit ich die Suppe hätte essen können, musste ich ein kakerlakenfreies Stück Boden finden, auf dem ich den Beutel abstellen konnte, um mit der Hand die Suppe zu löffeln. Das einzige Essen, das es sonst noch gab, waren zähe Ziegenfleischstücke, die in das Papier von Zementsäcken eingeschlagen waren.

Nach einer Woche des Wartens erfuhr ich, dass man mir nach drei weiteren Wochen des Wartens vielleicht sagen würde, ob ich nach Algerien durfte oder nicht. Ich war erschöpft und Niamey war kein Ort, an dem ich entspannen konnte. Ich flog nach Tunesien, wo es bekanntermaßen schwierig ist, an Visa zu kommen; und tatsächlich war alles, was ich hörte: »Nein.« Mit Libyen hatte ich kaum mehr Glück. Die Botschaft war unter der Kontrolle von Anti-Gaddafi-Rebellen und um dort vorstellig werden zu können, musste man in einer großen Menschenmasse auf der Straße stehen, umgeben von Stacheldraht, Soldaten und gepanzerten Wagen, und zu einem winzigen Fenster in der Granitwand der Botschaft hinaufschreien. Nachdem ich das vier Tage lang durchgezogen hatte, warf ein Kerl ein Zettelchen mit der Telefonnummer eines korrupten Beamten runter, der mir gegen ein Schmiergeld in Höhe von 750 Dollar in drei Wochen ein Visum besorgen könnte. Ich fror an der regnerischen punischen Küste und war ausgelaugt von meiner längsten Reise durch Afrika. Es war nun endlich an der Zeit, nach Vancouver zu fliegen, um zu sehen, wie meine Mutter mit ihrer Krebsbehandlung vorankam.

Kapitel 15
Endlose Inseln
Karibik | Bangladesch | Bhutan | Korea | Südpazifik

Meine Mutter hatte ihre Haare verloren und sprach auf die Chemotherapie an, so gut man das eben erwarten konnte, wenn man bedachte, dass sie Krebs im vierten Stadium hatte, dessen Tumore ihre Knochen zerstört hatten. Sie machte sich mehr Sorgen um meine Brüder und mich als um sich selbst und versuchte uns behutsam auf die Möglichkeit vorzubereiten, dass sie vielleicht nicht mehr sehr lange unter uns weilen würde.

Einmal, in Kanata, Ontario, als ich fünf Jahre alt war, spielten meine Brüder und ich mit einem unserer Cousins. Er war noch ein kleines Kind, genau wie wir, aber sein Kopf war kahl und er hatte Narben auf dem Schädel, weil man ihn wegen eines Hirntumors operiert hatte. Nachdem wir ein paar Stunden mit einem großen Pappkarton gespielt hatten, in dem sich mal ein Kanu befunden hatte, fragten wir unsere Mutter, ob wir in den Wald durften. Sie sagte uns, dass wir noch ein wenig mit unserem Cousin spielen sollten, weil dies vielleicht das letzte Mal sein würde, dass wir ihn sahen. Mein Bruder Steve, der zwei Jahre älter ist als ich, sagte so etwas wie: »Aber er hat uns gesagt, dass die Ärzte ihn wieder ganz gemacht haben. Er wird nicht mehr krank sein.«

»Das haben sie ihm nur gesagt, damit er keine Angst haben muss«, erklärte unsere Mutter und fügte hinzu, dass wir ihn weiter in dem Glauben lassen sollten, dass die Ärzte ihn wieder gesund gemacht hatten. Dann sagte sie uns noch mal, dass wir jetzt mit ihm spielen sollten, weil wir ihn wahrscheinlich niemals wiedersehen würden.

Also spielten wir mit ihm und hatten Spaß dabei – ein Erlebnis, das uns allen entgangen wäre, hätte unsere Mutter nicht ehrlich über das Leben und den Tod mit uns gesprochen.

Ich könnte mir keine bessere Mutter vorstellen und mein Stiefvater Jim war uns eine große Stütze. Meine Familie ist liebevoll und umsichtig, aber jede Neigung zum Drama geht ihr ab. Wir unterhielten uns über meine Reisepläne und über Genealogie, das Hobby meiner Mutter. Wir umarmten uns alle noch einmal, bevor ich nach Alberta aufbrach, um meine Brüder und ihre Kinder zu besuchen.

Im Februar 2012 war ich wieder nach Ottawa zurückgekehrt und hatte alle Familienbesuche abgehakt. Ein Monat war vergangen, seit ich Afrika verlassen hatte, und der Februar in Ottawa mit seiner bitteren Kälte und dem tiefen Schnee treibt sogar die Einheimischen davon, um irgendwo anders nach Sonne und Meer zu suchen. Ich konnte die Kälte auch nicht mehr so gut aushalten, wie man es von einem Nordamerikaner hätte erwarten können. Seit Ewigkeiten hatte ich einfach einen anderen Ort auf dem Planeten aufgesucht, wenn es mir irgendwo zu kalt geworden war – Norden, Süden oder eine andere Höhenlage, was auch immer half. Aber nun hatte ich kaum noch Geld. Das Reisen mit Kredit- und Bankkarten statt mit einem großen Bargeldpolster machte es zunehmend unmöglich, Gelegenheiten ohne zu zögern am Schopf zu packen und während meiner Reisen von Zeit zu Zeit Geschäfte zu machen. Die Karibik war nicht weit von Kanada entfernt, überschaubar und ich war nur einmal kurz in der Gegend gewesen, also gab es dort eine Gruppe winziger Nationen, die ich noch nie besucht hatte. Außerdem hätte ich die gesamte westliche Hemisphäre besucht, wenn ich dort gewesen wäre – diese Aussicht konnte mich angesichts meiner schwindenden Finanzen ein wenig anstacheln.

Inselhopping in der Karibik ist nicht so einfach wie auf vergleichbaren Archipelen in weniger entwickelten Ländern, wie zum Beispiel Indonesiens Kleinen Sundainseln. Die Transporte sind viel schlimmer. Damit meine ich, dass es statt praktischen und günstigen Holzfähren, die die Inseln untereinander verbinden, nur teure, moderne Fähren oder Flugzeuge gibt, die Besucher herbringen oder sie wieder in die weit entfernte Heimat schaffen sollen. Jede Insel ist ein Reich für sich, Idyllen für Pauschaltouristen. Ich beschloss, das als Herausforderung zu sehen, also versuchte ich geduldig zu bleiben und auf Postboote zu warten oder gut geplante Kurzstreckenflüge zu nehmen, darum bemüht, die Transporte auf ein Minimum zu reduzieren. Trotzdem musste ich ein paar Mal nach Miami und wieder zurück, um auf die nächste Insel zu gelangen.

Bei meiner Ankunft auf den Bahamas sagte mir das Personal der Fluggesellschaft, dass man meinen Rucksack verloren habe, und bot mir zweihundert Dollar Entschädigung an. Ich hatte während meines gesamten Erwachsenenlebens aus diesem Rucksack gelebt, auch wenn er keinen sentimentalen Wert für mich hatte. Der Rucksack war wie mein nun verloren gegangenes Colt-Feuerzeug: Es hatte mir Spaß gemacht zu sehen, wie lange ich ihn behalten konnte, aber wenn er jemals abhandenkommen sollte, würde ich ihn und seinen Inhalt ersetzen, ohne viel Aufhebens darum zu machen – auch wenn es meine sämtlichen Besitztümer waren. Nun ja, es war nicht alles weg, dachte ich und zog Bilanz. Eine Metalltasse, ein weißes T-Shirt aus einem Piratenmuseum (mit einem Schädel und gekreuzten Säbeln darunter) und eine Flasche Rum waren mir noch geblieben. Versuchte das Universum, mir etwas mitzuteilen? Sollte ich das Shirt anziehen, mir etwas Rum in die Tasse gießen und »Arrr« sagen? Verlockend, aber stattdessen verbrachte ich mehrere Stunden damit, meinem Rucksack nachzuspüren, der ohne seinen Besitzer nach Nordamerika aufgebrochen war, und erhielt ihn am Ende wieder.

Haiti unterschied sich von den anderen Karibikinseln; noch immer versuchte es sich zu erholen und die Trümmer des Erdbebens wegzuschaffen, das rund 250 000 Menschen getötet hatte. Der Präsidentenpalast war eine eingestürzte Ruine. Die Kuppeln waren abgesackt wie eine missglückte weiße Hochzeitstorte. In meinem ersten Hotel in Port-au-Prince regnete es, allerdings nicht so stark, wie es draußen regnete, also hatte man einen gewissen Komfort. Von dem kaputten Dach mal abgesehen war es ein Hotel, das die Zimmer stundenweise vermietete, und die ganze Nacht über klopften junge Frauen an meine Tür, was mich schließlich so sehr nervte, dass ich mir ein Zimmer in einem schicken Hotel in der Nähe des Marktes nahm. Dieses Hotel hatte einen Wachmann, der auf und ab lief und mit einer abgesägten Flinte herumwirbelte. Oft hielt er sie fest, indem er seinen Zeigefinger in den Lauf steckte. Kann man sich eine schlechtere Angewohnheit vorstellen?

Die Grenadinen mit ihren farbenfrohen luftigen Hütten, auf deren Verandas man Rumpunsch trinken konnte, wirkten sehr entspannt, aber der Großteil der Karibik ist nichts für mich, besonders nicht für eine zwei Monate lange Reise, wie ich sie gemacht habe. Massentourismus hat weniger mit Reisen als mit dem Outsourcen von Lärm und Saufgelagen zu tun. Die Orte sind irgendwie nicht wirklich miteinander verbunden, es fehlt das Gefühl, etwas zu lernen und irgendwohin zu gelangen, auch wenn es einige pittoreske Gegenden gibt. Für mich ist Reisen dann am besten, wenn man Natur erleben und sich einen Eindruck vom Land verschaffen kann, davon, wie sich die Mischung aus alten Kulturen und ökologischem Wandel in einer menschlichen Geschwindigkeit entfaltet.

Es gab noch eine Reise mit beachtlichem Flow, die ich mir als besonderes Schmankerl aufgespart hatte. Ich konnte alles vor meinem geistigen Auge sehen: Ich wollte in Bangladesch ankommen, auf einem Raddampfer den Irrawaddy hinunterfahren und dann weiter in die Mangrovenwälder der Sundarbans, wo ich mir die Tiger ansehen wollte. Dann würde ich weiter landeinwärts reisen und schauen, ob es möglich wäre, nach Sikkim hinaufzusteigen, in die weit oben gelegene Stadt Gangtok und zu den grünen Terrassen von Darjeeling. Als Nächstes würde ich die Festungen und Klöster an den Klippen im Königreich Bhutan, dem Land des Donnerdrachen, abwandern, über das Flachland des indischen Ganges am Himalaya vorbei, mit dem Bus hinauf ins Kaschmirtal und zu den Hausbooten von Srinagar, und wieder zurück, um den Goldenen Tempel von Amritsar zu umrunden. Die drückend heiße Flussaue des Indus in Pakistan würde ich zur besten Mangozeit erreichen, und dann würde ich Richtung Norden steuern, um durch die Aprikosenplantagen, die vergletscherten Täler des Karakorum-Gebirges und weiter über das Pamir-Hochgebirge zu wandern, von wo aus ich der Seidenstraße folgen würde, durch das Tarimbecken und vorbei an den uigurischen Oasen und buddhistischen Höhlen, und schließlich ostwärts bis zur ersten Hauptstadt des Kaiserreichs China: Xi'an. Das würde meine dritte Reise nach China sein, aber die erste in den äußeren Westen des Landes. Ich würde mir auch die Zeit nehmen, die Megastädte zu besuchen, die die Ostküste säumen, und mit den Hochgeschwindigkeitszügen fahren; kleine Abstecher in das totalitäre Nordkorea und zu den Inselstaaten Japan und Taiwan sowie in die chinesische Provinz Hainan (ebenfalls eine Insel) gehörten auch zum Plan. Zum Abschluss würde ich mir einen Eindruck von Südkorea verschaffen, wo der Unterschied zwischen dem feudalen Norden und dem kapitalistischen Süden am krassesten war.

Genauso gestaltete sich im Verlauf des Sommers 2012 die Reise – ich konnte alles, was ich mir vorgenommen hatte, und noch ein bisschen mehr machen; ich hatte Spaß und es war alles in allem eine entspannte Erfahrung ohne nennenswerten Stress oder Gefahren. In Lahore, Pakistan, traf ich einen jungen amerikanischen Blogger, Steve McDonald von *Backpackology*, und reiste gemeinsam mit ihm nach China weiter. Was mich am meisten beeindruckte, war die Herzenswärme und Freundlichkeit der Pakistaner, die den ethnischen Stereotypen widersprachen, die die Medien schüren.

Nordkorea musste Teil dieser Tour sein. Für Reisende gibt es in Nordkorea jede Menge zu entdecken, aber da es alles im Rahmen einer effizient geplanten Tour stattfinden muss, dauert der Aufenthalt nicht lange. Was mich in manchen Ländern dazu bewegt, noch etwas zu verweilen – mit den Einheimischen Zeit verbringen, ziellos umherwandern –, ist dort verboten. Stattdessen bekommt man eine Führung zu sämtlichen Sehenswürdigkeiten, die einem geordneten Wirbelsturm gleicht. Meine kleine Gruppe war der charmanten, aber argusäugigen Frau Yu unterstellt, deren Bruder für das Militär im nationalen Nuklearprojekt als Physiker arbeitete. Wir waren häufig mit dem Bus unterwegs und irgendwann fing einer der anderen Touristen mit einem Spiel an: Jeder von uns sollte sich eine Sache aussuchen, die man retten würde, wenn unser Haus in Flammen stünde. Einige Leute aus der Gruppe mussten da lange überlegen, ganz im Gegensatz zu mir und Frau Yu. Ich würde mir meinen Rucksack schnappen und daher nichts verlieren. Frau Yu würde das gerahmte Porträtfoto des Geliebten Führers retten, damit es nicht den unwürdigen Flammen zum Opfer fallen würde.

Wir hakten jeden Punkt auf der Liste ab: die Propagandaläden, das erstaunlich tief liegende U-Bahn-System, das gleichzeitig als Atombunker dient, die gigantischen Statuen in Pjöngjang. Allmählich gefiel mir die Ästhetik von Diktatorenstatuen. Sie greifen viele Techniken auf, die die alten Griechen erfunden hatten, um Gottheiten und Helden darzustellen. In einer Marmorkammer gab es eine Statue des obersten Führers, auf einem bequemen Stuhl sitzend, der aber so gearbeitet war, als ob er aus dem Felsen herausragen würde, so, wie man sich auch die Throne der Götter des Olymps vorgestellt hatte. Dahinter war der heilige Berg seiner Geburt, wenn man der Propaganda Glauben schenken konnte, die auch darauf beharrte, dass fliegende Pferde und Regenbogen in der Luft tanzten.

Wir standen auf dem Balkon, von dem der Geliebte Führer seine Reden hält. Auf dem Platz unter uns übten Menschen das Buchstabieren von Worten »en masse«, indem sie verschiedenfarbige Plakate hochhielten und sich anhand von am Boden angebrachten Hinweisen immer wieder neu aufstellten. Am Nationalfeiertag würden sie ganze Slogans auf diese Weise buchstabieren, nachts, im Licht der Fackeln in ihren ausgestreckten Fäusten.

Nicht alles war Pomp und Glorie in diesem altmodischsten aller Länder. Niemand durfte Fotos in den Dörfern machen. Die Maisernte war kläglich; wieder einmal hatte sintflutartiger Regen oder vielleicht ein Taifun sie beschädigt. Seit El Salvador in den frühen Neunzigern hatte ich nicht mehr solch eine Not gesehen: Die Bauern waren so verzweifelt, dass sie Felsen aufschlugen, um ein paar Dutzend Getreidekerne in die Risse zu pflanzen, in denen noch ein wenig Erde war.

Manchmal eröffnet einem ein Land einen Blick zurück auf vergangene Kulturen. Im Falle von Nordkorea täten Historiker, die an der Kultur der Inka vor der Eroberung interessiert sind, gut daran, die vorherrschende Ideologie und Mentalität in Pjöngjang zu studieren. Nordkorea besitzt eine als gottgleich verehrte Herrscherfamilie, eine feudale Ökonomie und eine militärische Ansicht wie die der Inka in den Anden, und die Gemeinsamkeiten gehen sogar so weit, dass sie Mumien ihrer Herrscher aufbewahren, die niemals ihren Titel verlieren. Der Gründer der Dynastie bleibt für immer der Führer und seine Mumie wird in deren eigenem Grabpalast aufbewahrt, wo sie als ewiger Präsident verehrt wird. Das Volk, insbesondere herrschende Bürokraten, ist ebenfalls süchtig nach stimulierenden Drogen – in diesem Falle nicht nach Kokain, sondern nach dem Crystal Meth, das sie herstellen, um es im Ausland zu verkaufen. Und es nimmt kaum wunder, dass der geliebte Führer und seine Familie die klassischen Disney-Märchenfilme lieben, da sie so unbekümmert für ein fröhliches und unhinterfragt göttliches Führungsrecht eintreten, das auf dem eigenen Stammbaum basiert: Großvater, Vater und Sohn sind das Ebenbild der alten Inkakönige mit ihren Mumienpalästen, den heiligen Bergen und einem erschwindelten göttlichen Geschlecht.

Das Highlight in Nordkorea war die Überquerung einer Brücke, die Gefahr lief, bald weggespült zu werden. Kompanien von Soldaten waren in den Fluss gewatet, nur in Hosen, um Sandsäcke von Mann zu Mann zu reichen und das Fundament zu stützen. Einige blieben am Flussufer, um Akkordeon zu spielen, und alle arbeiteten fröhlich und sangen Revolutionslieder. Fotografieren war natürlich auch hier verboten.

Nachdem ich den Taifunen entlang der ostasiatischen Küste ausgewichen war, während der Sommer sich seinem Ende entgegenneigte, wusste ich, dass es an der Zeit war, für zwei Wochen nach Kanada zurückzukehren, um die unzusammenhängendste Reise zu planen, die man sich vorstellen kann: ein Insel-Hopping im weitläufigen Südpazifik, der Wasserwelt der größten Navigatoren der Geschichte. Es war September 2012 und das Ende meiner Reisen war in Sicht.

▪ ▪ ▪

Unsere Erde wird der Blaue Planet genannt und das blaueste Blau ist das des Pazifischen Ozeans. Auch wenn dort fast alles Wasser ist, gibt es doch Flecken von Land, Millionen von ihnen, aber nur ein paar Tausend von nennenswerter Größe. Ich musste mich entscheiden, welche davon ich besuchen wollte, und es ergab Sinn, all diejenigen anzusteuern, die für sich beanspruchen, eine echte Nation zu sein, und dann noch die, die etwas geologisch, historisch oder kulturell Faszinierendes aufzuweisen hatten. Das waren immer noch eine ganze Menge Inseln und ich hatte Sorgen, dass mein Geld vielleicht nicht reichen würde, um eine richtige Untersuchung anzustellen und meine letzte Reise zu absolvieren, um die Welt »im Sack zu haben«. Das Glück ist mit den Tapferen, also machte ich mich auf den Weg, alleine, wie ich es gewohnt war, und hoffte das Beste.

Ich war zuvor erst zwei Mal über polynesische Inseln gereist, also war die Gegend quasi *terra incognita*. Ich musste zweifelsohne noch viel lernen. Die Einheimischen waren in der Regel freundlich und Inseln wie Tuvalu, Niue, Vanuatu und Tonga waren viel weniger touristisch, als ich es mir vorgestellt hatte. Manche von ihnen bekommen kaum je Besucher zu Gesicht und wenn doch mal jemand kommt, dann meistens aus geschäftlichen oder regierungstechnischen Gründen. Strategisch war der Pazifik nie wichtiger als während des Zweiten Weltkriegs und viele der Atolle sind übersät mit riesigen rostenden Kanonen, Schiffswracken und anderen Zeugnissen der blutrünstigen menschlichen Natur. Es ist einfach, sich diese Straßenrandrelikte anzuschauen, da viele Pazifiknationen aus bananenförmigen Stränden bestehen, die nicht viel breiter als die transnationale Straße selbst sind. Der einzige Kampf, der heute noch tobt, ist der Kampf Mann gegen Bettwanze, und da sieht es nicht gut aus. Insbesondere Fidschi hat den schlimmsten Befall weltweit und ein Waffenstillstand ist nicht in Sicht. Junge Backpacker tragen das Problem hinaus in die Welt, da die meisten von ihnen eine Bettwanze auch dann nicht erkennen würden, wenn sie ihnen in den Hintern beißt.

Insgesamt brachten Boote und Flugzeuge mich auf 100 Pazifikinseln, viele davon kaum bekannt, aber faszinierend. Nur eine kleine Auswahl: Tarawa ist das Hauptatoll des Inselstaates Kiribati, ein Land, das nach dem britischen Entdecker Thomas Gilbert benannt wurde. Kiribati ist in der Sprache der Einheimischen, die auch Gilbertesisch genannt wird, die Betonung für »Gilbert«. Im etymologischen Sinne konnte seine Mutter also stolz auf den immerwährenden Ruhm ihres Sohnes sein. Wie auf vielen bewohnten Korallenatollen führt hier eine Straße um eine sichelförmige Insel und aus den geräumigen, rauchspeienden Autos und Vans dröhnen koreanischer Pop und Songs von Rihanna. Die Strände auf beiden Seiten der Straße sind Heimat von Schweinen und Ferkeln, die riesige Muschelschalen als Fessströge nutzen. Meine Miethütte war mit blauer Farbe gestrichen und stand auf Stelzen, die Eingangstür war über eine Leiter zu erreichen. Jeden Morgen konnte ich mich entscheiden, ob ich mit einem Van nach links oder rechts fahren wollte, um die Insel zu erkunden.

An meinem ersten Tag fuhr ich auf die Betio-Seite, wo sich der Hafen von Betio und der Eingang zur Lagune befinden. Acht riesige Mutterschiffe für den Thunfischfang lagen dort gerade vor Anker. Hier hatten die Amerikaner im Zweiten Weltkrieg einen blutigen Sieg errungen, als sie am Roten Strand einfielen. Die Trümmer japanischer Bunker und Flugabwehrkanonen lagen noch immer neben der Dammstraße. Eine dieser enormen Kanonen war von amerikanischen Bomben oder Granaten getroffen worden. Der vordere Teil des Laufs wurde abgeschoren und der restliche Meter Stahl ist verbogen und gerissen. Schrapnelle haben die Crew-Kabine perforiert, die von Hunderten von Splittern getroffen wurde, die wie heiße Messer in ein Stück Butter mehr als zwei Zentimeter in den Stahl eingedrungen sind.

Sollte unsere Spezies jemals den Klauen der Schwerkraft entkommen müssen, um einen anderen Planeten zu besiedeln, dann müsste die Suche nach Astronauten, die das Zeug dazu haben, nicht weiter als bis zu diesen kleinen Pazifikstaaten führen. Die Menschen hier sind auf Gebieten aufgewachsen, die teilweise nicht breiter als ein Schiffsdeck sind und die man innerhalb eines Tages von einem bis zum anderen Ende ablaufen kann. Die soziale Ordnung mit strikten Tabus und einem Mindestmaß an Benehmen in engen Quartieren aufrechtzuerhalten, ist eine der Stärken ihrer Kultur.

Nauru, dessen nächster Nachbar die kleine Insel Banaba 300 Kilometer weiter östlich ist, hat eine sonderbare Hintergrundgeschichte: Es ist die Insel eines Düngemittels, das sich wie von selbst verkaufte und schiffladungsweise ausgeliefert wurde. Von dort aus reiste ich zu den Salomonen und überquerte Ironbottom Sound bis nach Savo Island. Ich beobachtete den heißen Sand, in dem Großfußhühner ihre schmackhaften Eier legen; nicht weit vom Strand spielen Hunderte Delfine ständig im himmelblauen Wasser. Ich wanderte zu den nahe gelegenen vulkanischen Fumarolen, durch Vegetationen, die aussahen wie die Kulissen aus einem King-Kong-Film. Selbst die einheimischen Frauen sahen entsprechend aus – sie hatten langes, wunderbar blondes Haar und häufig helle Augenfarben, ansonsten aber typisch melanesische Gesichtszüge. Einige von ihnen hatten herrliche Muster, die man ihnen mit dem gespitzten Flügelknochen eines Flughundes in die Wangen geritzt hatte, als sie Babys waren; diese Muster zeigten sich nun als feine silbrige Narbenlinien auf ihrer dunklen Haut. Andere Frauen, allesamt Asiatinnen, konnte man in käfigartigen Verkaufsbuden finden, die in regelmäßigen Abständen überall auf Tonga aufgestellt waren; hier waren sie geschützt, während sie Erdnussbutter und Dosenfisch verkauften. Auf vielen dieser Inseln kamen auf tausend Einheimische fünftausend weitere, die im Ausland arbeiteten, was nur gut war: Hier hätte es keinen Platz für sie gegeben. Diese Inseln waren gewissermaßen Nester, nur für Menschen statt für Vögel.

Bevor ich Papua-Neuguinea erreichte, schlief ich ein paar Nächte lang auf einer Bank im Flughafen von Brisbane, wo mich eine E-Mail von Molly erreichte, in der stand, dass sie wieder mit mir reisen wolle. Ich schrieb ihr, dass Papua kein guter Ort für Frauen sei, die sparen mussten, aber sie bestand darauf, dass ihr das egal sei. Ich flog einen Tag früher als geplant nach Port Moresby, die frisch gekrönte teuerste Stadt der Welt und auch eine mit der größten Rate an Gewaltverbrechen. Das günstigste aller Hotels kostete 170 Dollar pro Nacht. Aus dem Badezimmer rann Schmutzwasser und hinterließ Flecken auf dem Teppich und in der Dunkelheit vor meinem Fenster hörte ich das charakteristische »tepp tepp tepp« der M16-Gewehre. Molly kam am folgenden Tag an und zum Glück gab es in dieser Nacht nur Pistolenschüsse, die uns in den Schlaf »wiegten«.

Das Personal war freundlich, aber die Sicherheitsauflagen streng. Wenn man zur Hotelbar gelangen wollte, brauchte man sein Glück an der Metalltür des Restaurants gar nicht erst zu versuchen. Die war verschlossen, um die Leute zu zwingen, raus auf den Parkplatz zu gehen und einen Kerl, der vor einem massiven Tor stand, zu bitten, dass er einen in einen vergitterten Korridor ließ, der um die Außenwand des Gebäudes verlief. Dieser endete in einer Art Zookäfig oder Voliere für Menschen, über dessen Decke ein Maschendrahtzaun gespannt war, der vor Angriffen mit Wurfgeschossen wie zum Beispiel Steinen schützte. Hier konnte man, wenn es einem nach einem Getränk dürstete, einer Frau durch ein vergittertes Fenster in der Wand etwas Bargeld zustecken. Der Abstand zwischen den Eisenstangen war gerade breit genug, dass sie einem eine Bierflasche hindurchreichen konnte.

Da es in Port Moresby nicht viel zu tun gibt, flogen wir mit einer kleinen Propellermaschine nach Mount Hagen, von wo aus wir das Hochland erreichen konnten. Wenn es möglich war, übernachteten wir in Gästehäusern von Siebenten-Tags-Adventisten und sparten Geld, indem wir mit öffentlichen Bussen (PMVs) fuhren. So viele Leute, Babys, Erzeugnisse und lebende Tiere wie nur irgend hineinpassten wurden reingequetscht; für die Unterhaltung sorgte ein laut tönender christlicher Radiosender. Die Einheimischen waren überrascht, hier Weiße zu sehen, die mit ihnen und nicht in gepanzerten Wagen mit Allradantrieb fuhren.

Gewalt gegen Frauen grassiert in Papua, aber wie es mit antisozialem Verhalten fast immer der Fall ist, gingen die allermeisten Verbrechen von einer Minderheit aus, und wir genossen die Freundlichkeit und Fürsorge vieler Einheimischer. Oft fuhr uns unser PMV direkt dorthin, wo wir bleiben wollten, statt uns an einer Haltestelle abzusetzen, und Männer stiegen aus und begleiteten uns, um sicherzustellen, dass wir unbeschadet durch die Tür des Hotels oder der Herberge gelangen würden, wo man uns erwartete. Ihre Sorge war herzerwärmend.

Am Tag nachdem wir durch Mount Hagen gereist waren, überwältigte ein Mob eine junge Frau namens Kepari Leniata; man zog sie aus und fesselte sie, bevor man sie wegen Hexerei auf einem Scheiterhaufen verbrannte und ihren grauenvollen Tod mit Handykameras filmte. Bei einem anderen Vorfall floh eine Frau mit einem Baby im Arm aus unserem Bus, verfolgt von einer Horde Männern. Sie rissen ihr das Baby aus den Armen und schlugen sie fast zu Tode.

Die umstehenden Einwohner kamen herbeigeeilt, um sich das Szenario anzuschauen, und sie intervenierten … nicht, um sie zu retten, sondern um ebenfalls auf ihren niedergestreckten und bald schon bewusstlosen Körper einzuschlagen. Das alles passierte, während der voll besetzte PMV, in dessen Innern wir eingekeilt waren, sein Tempo beschleunigte.

Gelegentlich – wenn ich Leuten, die nach Papua-Neuguinea reisen wollen, Ratschläge gebe und diese Geschichte erwähne, um zu verdeutlichen, welche zusätzlichen Vorsichtsmaßnahmen Frauen treffen sollten – werde ich gefragt, warum ich dem Opfer nicht geholfen habe. Meine Antwort verdeutlicht die Art von Reise-Skills, die man in Gegenden wie Papua benötigt. Schauen wir uns die Sache genauer an: Was wäre gewesen, wenn ich eingeschritten wäre? Dazu hätte ich aus dem Bus springen müssen, in dem ich mit einer weißen Frau saß, die wertvolle Kameras bei sich trug, wodurch ich sie gezwungen hätte, auf unser gesamtes Gepäck aufzupassen, während ich mich in eine Masse wütender und oft bewaffneter Stammesangehöriger gestürzt hätte, die ihre Fäuste schwangen. Was hatte diese Gewalt verursacht? War es die Rache für einen Mord, den sie begangen hatte? Hielt man sie für eine Hexe? Woher sollte ich das wissen? Ich sprach nicht ein Wort ihrer Sprache. Wie würden sie reagieren, wenn ihr Blut kochte und ein Fremder auf sie einredete und sie aufforderte, sich zu zügeln? Reisende und Weststaatler im Allgemeinen sollten hier am besten einen kühlen Kopf bewahren.

Das Einzige, was in einer solchen Situation für mich Sinn machte, war zu versuchen, von gesprächigen Einheimischen Informationen zu erhalten. Wie wir nach und nach erfuhren, nachdem der Bus das Dorf verlassen hatte, waren die Schläge Teil häuslicher Gewalt und der Ehemann der Frau war der Haupttäter. Er war der Vater des Kindes und die Züchtigung war durch das öffentliche Insistieren der Frau ausgelöst worden, dass ihr Mann seiner Familie genug Geld zum Essen zurücklassen müsse, wenn er ohne sie weiterwolle. Er explodierte und wurde gewalttätig, weil er in aller Öffentlichkeit verächtlich gemacht worden war.

Mal angenommen, ich wäre einfältig genug gewesen, zu intervenieren, und es wäre mir vielleicht sogar gelungen, die Züchtigung zu stoppen, ohne selbst ein Opfer zu werden. Was dann? Die papuanische Frau wäre immer noch dort gewesen und man hätte sie geschlagen, sobald ich fort gewesen wäre – vermutlich wäre es sogar schlimmer ausgegangen, da die Einmischung eines Fremden für den Ehemann einen vollständigen Gesichtsverlust bedeutet hätte, der noch schlimmer gewesen wäre als die Verächtlichmachung, die er darin gesehen hatte, dass seine Frau ihm in der Öffentlichkeit Widerworte gegeben hatte. Realistisch gesehen – und das ist eine der grundlegendsten und schmerzlichsten Wahrheiten des Reisens – war ich ein Backpacker, der für ein paar Wochen zu Besuch war und keine überschüssigen Ressourcen hatte (meine Bankkarte funktionierte in Papua-Neuguinea kaum und wir konnten jeden Tag gerade genug Geld abheben, um für unsere Busfahrten und unsere kargen Mahlzeiten zu zahlen). Wir konnten dieser armen Frau genauso wenig helfen, wie ich zwei Jahre zuvor diesen kleinen Mädchen in Gabun hatte helfen können.

Da ich kein Regierungsbeamter mit Beziehungen zur regionalen Führung war, der sich schon seit Langem um den Frieden in diesem Bezirk bemühte, hätte jede Einmischung nur meinem eigenen Ego gedient. Ich hätte mir einreden können, eine gute Tat vollbracht zu haben, hätte aber in Wirklichkeit für diese misshandelte Frau nur das Tor zur Hölle aufgestoßen. Gravierende soziale Missstände, über 50 000 Jahre herangereift, lassen sich nicht von einfachen Touristen lösen, ganz egal, wie gut ihre Absichten sind. Besser, man stellt die eigenen Befindlichkeiten hintan und versucht, die Sache nicht noch schlimmer zu machen. Manchmal gerät ein Reisender in Situationen, in denen er Leuten helfen kann; ich habe nicht wenige Leute aus schrecklichen Situationen und manchen sogar das Leben gerettet, aber die Umstände müssen die richtigen sein. Dies war bedauerlicherweise keine dieser Situationen und die kulturelle Kluft zwischen uns war zu groß, um sie zu überbrücken.

▪ ▪ ▪

Einmal mehr erlebte ich ein seltenes und von mir sehr geschätztes Gefühl. Das Hochland von Papua-Neuguinea bot mir Kulturen und Landschaften, wie ich sie nie zuvor gesehen hatte: nackte Stammesfrauen, die ihre Körper mit Asche einrieben; Süßkartoffelgärten an Berghängen; die Perücken tragenden Männer der Huli, die ihren Kopfschmuck mit Eberstoßzähnen und Paradiesvogelfedern verzieren und in speziellen Zeremonienhäusern vor der Feuchtigkeit schützen. Trotz der Fülle an schillernden Federn begehrten sie einige von Mollys blonden Dreads, um sie in ihre Perücken zu flechten, und tatsächlich schnitt sie sich ein paar davon ab und gab sie den Huli. Die Männer spielten auch eine besonders aggressive Dart-Variante, bei der die Zielscheiben weit entfernt und hoch oben angebracht waren. Ansonsten schmiedeten sie Pläne für Stammeskriege, während ihre Frauen bei Wind und Wetter schufteten. Eine dieser Frauen zeigte Molly, wie man die Nüsse des Schraubenbaums mit den Zähnen öffnete.

Hochlandgauner, die uns vorüberziehen sahen, machten drei Versuche, uns auszurauben, allesamt erfolglos. Einmal hielt der PMV, in dem wir fuhren, schlingernd an und die Passagiere betätigten sich selbst als Kleinganoven. Drei Jungs, die Schraubenbaumnüsse bei sich trugen, versuchten die Straße vor uns zu überqueren. Die Männer in unserem Bus stiegen eilig aus, klauten den Kindern freudig die Nüsse und jubelten, als wir davonfuhren. Der Fahrer hatte Farne an den Führersitz drapiert, wie die Fühler eines am Boden krabbelnden Käfers. Und so krabbelten wir also über tiefe Schlaglöcher und klapprige Brücken hinweg. Obwohl das Land so teuer war, war die Infrastruktur primitiv: Nicht die Zivilisation, sondern Gesteinsuntersuchungen hatten den Tauschwert des Geldes hier so in die Höhe getrieben, und auf den Straßen wirbelten die vorbeifahrenden Lastwagen den weißen Staub auf. Im Hochland nahe Tari kostete die Übernachtung in einer Grashütte eines ehemaligen Ökocamps 80 Dollar; jedes bisschen Thunfisch, das man sich über dem Lagerfeuer braten wollte, war kaum besser als Katzenfutter, kostete aber extra.

Besonders interessant für mich waren neue Freunde, die mit einem Bein in der modernen Zeit und mit dem anderen in der Vergangenheit standen. Zum Beispiel die junge Frau, die im Sekretariat einer Anwaltskanzlei arbeiten wollte, aber einen guten Teil der Zeit, in der sie dafür hätte lernen müssen, nutzte, die um die Zuchtschweine und Kasuare zu versorgen, die den Stammesstatus ihrer Familie verbessern würden. In Papua wird die Viehhaltung oft von den Frauen übernommen, während die Männer sich herausputzen und in Trachten kleiden. Manche Aspekte der traditionellen Kultur – besonders *wantok*, eine intensiv empfundene gegenseitige Verpflichtung zwischen Leuten, die denselben Dialekt sprechen – bieten wunderbare Einblicke, lassen sich aber nicht auf das moderne Leben anwenden. Der Entwicklungsprozess geht notwendigerweise mit einer Schwächung der Traditionen einher.

Wir trafen zwei junge Piloten von einer Fluggesellschaft der Siebenten-Tags-Adventisten (einer davon betrieb Schwarzhandel mit Betelnüssen), die viel

Übung darin hatten, auf absurd steilen, grasigen Landebahnen aufzusetzen, die in waldbewachsene Berghänge gezogen waren. Einer der beiden Piloten nahm uns mit auf einen Ausflug zu den Asaro Mudmen, die schwere, mit Schweinezähnen bewehrte Tonmasken tragen. Wir schauten uns eines ihrer Zuchtschweine an; die größten von ihnen können bis zu 3 000 Dollar einbringen, wobei nicht das Fleisch, sondern das Statussymbol den Preis rechtfertigt. Dort genossen wir einen Nachmittag lang den Rausch, der durch das Kauen von Betelnüssen entsteht, deren purpurfarbener Saft uns aus den Mundwinkeln rann.

Bald darauf düste Molly wieder davon, um Freunde in Indonesien zu besuchen, und ich reiste über Cairns nach Guam. Wir waren durch ein Land gereist, das wegen seiner Kriminalitätsrate als eines der gefährlichsten Länder weltweit gilt, hatten aber überwiegend die charmanten und großzügigen Menschen getroffen, die die Mehrheit der Papua ausmachen.

▪ ▪ ▪

Nach vier Monaten im Pazifik verbrachte ich auf meiner Rückreise nach Nordamerika noch einige Zeit auf US-assoziierten Inseln wie Mikronesien, den Marshallinseln und Palau, wo ich den Jahreswechsel erlebte. Wie gewöhnlich ließ ich Silvester ziemlich ruhig angehen. Den Großteil des Tages verbrachte ich in einem Flugzeug, dann lief ich eine Hauptstraße entlang Richtung Stadt. Ein betrunkener Kerl, der für die Einwanderungsbehörde arbeitete, nahm mich mit, kurz bevor ein Regenschwall mich und mein Gepäck durchweichen konnte, und so schaffte ich es, vor Mitternacht noch ein Hotelzimmer zu finden. Ich war ein gutes Stück von der Innenstadt und allen Bars und Partys entfernt, also legte ich mich einfach schlafen.

Palau eignete sich perfekt zum sorgenfreien Schwimmen und Schnorcheln. Ich unternahm Ausflüge mit dem Boot, um eine der Chelbacheb-Inseln zu umschnorcheln und um den oberen Teil einer Unterwassermauer zu erkunden; ich sah einen Hai, eine Schildkröte und Tausende Fische. Später kam ich an der Höhle vorbei, in der die Japaner früher Kerosinfässer für ihre Wasserflugzeuge versteckten. Und ich sah Clam City, wo Touristen um riesige blaue Muscheln herumschnorchelten. Am faszinierendsten ist Jellyfish Lake – ein Salzsee im Zentrum einer der Inseln, wo Millionen von pulsierenden, ungiftigen, goldenen Quallen mit dem Lauf der Sonne auf und ab wandern.

Pohnpei war eine weitere Perle Mikronesiens, insbesondere die Erkundung der antiken Ruinenstadt Nan Madol, die einst auf 92 künstlich angelegten Inseln auf einem Korallenriff errichtet wurde. Sechskantsäulen aus schwarzem Basalt waren wie Baumstämme gestapelt worden, um Palisaden und Tempelanlagen zu errichten. Wenn man sich vorstellt, die altertümlichen Iren hätten die Felsblöcke des Giant's Causeway genutzt, um einen Tempel im Meer zu errichten, hat man eine ganz gute Idee davon, wie Nan Madol aussieht – man muss sich dann nur noch Kanäle im venezianischen Stil zwischen den Tempeln und gänzlich unvenezianische geflutete Gruben für die Haltung von Aalen und Schildkröten dazudenken. Der Rest von Pohnpei bot Gelegenheiten für spannende Wanderungen; an den Klippen auf der anderen Inselseite waren viele zurückgelassene japanische Kanonen; manche von ihnen schienen ein Kaliber von 12 Zentimetern oder mehr zu haben – so massiv, dass sie Motoren benötigten, um sie in ihren Bunkern zu drehen.

Als ich wieder Richtung Osten weiterzog, wurde ich aufgrund von Treibstoffproblemen am Majuro-Atoll auf der Ronald-Reagan-Raketenteststation auf dem Kwajalein-Atoll abgesetzt, die auch als Bodenstation der NASA dient. Der Zutritt dort ist strengstens verboten, daher dürfen diejenigen, die keine Genehmigung haben, nicht in der Station selbst bleiben – eine Fähre der US Army brachte mich auf eine kleine Insel voller Hütten, wo die Einheimischen, die für die Teststation arbeiten, mit ihren Familien leben. Die Station ist ein von Hochfrequenz-Radoms umgebenes Atoll und dient der Fernmessung von Raketen und Raumfahrzeugen – eine Art gigantischer Fanghandschuh für Raketengeschosse. Anwohner ohne eine entsprechende Genehmigung dürfen an manchen Orten nicht auf eine Höhe von mehr als fünf Metern steigen, da der Körper anfangen könnte zu kochen, als hätte man ihn in eine Mikrowelle gesteckt.

Es gab dort keine Bankautomaten und kein Geschäft akzeptierte meine Kreditkarte, daher hatte ich, als ich wieder abreiste, nur noch 1,70 Dollar in meinem Besitz. Aber ich hatte einen Flug nach Vancouver und meine Mutter und mein Stiefvater würden mich am Flughafen abholen.

Kapitel 16
Ein Arabischer Frühling
Eritrea | Jemen | Kuwait | Spanien | Italien | Zypern

Ende Januar 2013 war ich wieder in Kanada und meine Mutter hatte den Krebs vorerst besiegt. Der letzte Test hatte einen vollständigen Rückgang der Krankheit gezeigt, sodass sie nur noch einmal pro Jahr zur Kontrolle musste. Strandspaziergänge zu dieser Jahreszeit sind eine frostige Angelegenheit, aber für mich fühlten sie sich warm an, voller Hoffnung auf den Frühling. Meine Mutter plante bereits, welche neuen Blumen sie in welchem Teil ihres Gartens pflanzen wollte.

Ich besuchte sie und meinen Stiefvater kurz und reiste dann weiter nach Ottawa, um bei meinem Vater zu bleiben. Jetzt, da andere Sorgen ausgeräumt waren, konnte ich meine letzte Tour planen, die mich durch die Länder führen sollte, die der Arabische Frühling der Jahre 2010 bis 2012 erschüttert hatte – aber nur, wenn ich die schwer zu bekommenden Visa schnell genug erhalten würde. Ansonsten würde die steigende Wüstenhitze das Gebiet rund um das Rote Meer in einen Ofen verwandeln und ich würde meine Tour verschieben müssen. Sechs Wochen lang arbeitete ich jeden Tag an meinen Visaanträgen; ich bemühte jeden Kontakt, den ich hatte, und versuchte jeden Trick, den ich während eines Lebens auf Reisen gelernt hatte. Am Ende hatte ich genügend Fortschritte gemacht, um die Tour zu beginnen: Ich hatte zwei Visa in der Hand und zwei weitere in Aussicht. Die Visa, die noch fehlten, würden mich während dieser letzten Reise heimsuchen: eine Tour durch die antiken Länder des Mittelmeerraums und des Roten Meeres.

Kaum zu glauben, aber es gab für mich nicht mehr viel vom Planeten zu entdecken. Was noch übrig war, konzentrierte sich auf einen Bereich, der Tausende Jahre zuvor Ptolemäus oder Severus vertraut gewesen sein dürfte. Das war nicht zufällig so. Meine Reisen hatten während der vergangenen Jahre immer mehr Methode bekommen und ich hatte sichergestellt, mir eine Reise durch ein klar definiertes Gebiet aufzusparen, anstatt ziellos durch die Welt zu bummeln. Auf meiner Abschlussliste standen Eritrea, Jemen, Kuwait, Libyen, Algerien und ein paar der Mittelmeerinseln. Ich musste auch Saudi-Arabien sehen, das Land, in dem die Einreise am schwierigsten ist, und dann noch Israel. Für den Schluss hatte ich mir eines der unkompliziertesten Länder aufgespart – und das, in dem man am besten bei einem guten Bier feiern kann: Irland.

Ein Jumbojet brachte mich über den Atlantik und nach einem Zwischenstopp in London weiter in ein Land, das vielen als das Nordkorea Afrikas gilt. Eritrea ist eine frühere Provinz Äthiopiens, dessen Präsident ein Schulfreund des äthiopischen Präsidenten gewesen ist. Aber Eritrea brach wegen eines Bürgerkriegs weg, in offensichtlicher Verletzung der Worte des Propheten Mohammed, den man einst sagen hörte: »Lausche und gehorche deinem Anführer, selbst wenn er ein Äthiopier mit Rosinenkopf ist.«

Eritrea ist, was wenig bekannt ist, das einzige Land, das nach einer giftigen Alge benannt wurde. Eine Karte des Landes zierte die Palastwand in Sacha Baron Cohens Film *Der Diktator*. In der Hauptstadt Asmara bewunderte ich die faschistische Art-déco-Architektur aus Mussolinis Reich, so zum Beispiel das »Cinema Impero« von 1937 und die Fiat-Tagliero-Tankstelle, die aussieht, als wolle man das Benzin an fliegende Untertassen verkaufen. Ich besuchte den Fruchtbarkeitsbaum in der Nähe von Keren, sah den Wald auf den Felsklippen und die Küstenstadt Massawa; ich versuchte mein Glück beim Geldumtausch auf dem Schwarzmarkt (ohne den alles das Dreifache kostet); ich trank Asmara-Bier mit den überschwänglichen und langmütigen Einheimischen. Ende April war ich mit Eritrea durch. Obwohl ich einen cleveren Reiseveranstalter an der Hand hatte, der mich dabei unterstützen wollte, die Behörden zu überzeugen, mich so viel wie möglich sehen zu lassen, willigten diese nur bei vier Orten ein. Diese vier Orte hatte ich mir angeschaut und da es sonst nichts weiter gab, was ich tun konnte, flog ich in den Jemen, um dort in Sanaa zu bleiben, der wunderbaren alten Stadt der Lehmziegelhochhäuser.

Jemen war ein mittelalterliches Überbleibsel: jeder Mann ein Schwertkämpfer, jede Frau gezwungen, sich in etwas zu kleiden, was man umgangssprachlich als »Ninja-Stil« bezeichnet. Sanaa scheute sich auch nicht, moderne Waffen zur

Schau zu stellen; Panzer standen an strategisch wichtigen Kreuzungen und an den Überresten der Straßenbarrikaden herum – Überreste der Revolution und ihrer Proteste, die 2011 während Jemens Arabischem Frühling aufgeflammt waren.

Den ersten Tag verbrachte ich mit einer guten Wanderung durch die Alte Stadt und am folgenden Tag sah ich mir die Straßenmärkte von Souk Al-Milh an und setzte mich anschließend für ein Gespräch mit einem Jungen zusammen, der am Straßenrand Messer verkaufte. Jemeniten lieben ihre Krummdolche, die sie unter ihren Gürtel klemmen. Der Teenager handelte auch mit wiederaufgefüllten AK-47-Patronen, die er vorsichtig prüfte, bevor er sie kaufte, da er keine haben wollte, die Macken hatten oder Blindgänger waren. Seine Freunde kauten Kath, er selbst jedoch nicht. Er fragte mich, ob ich es schon mal probiert hätte, und ich sagte ihm, dass ich in Dschibuti einmal Kath gekaut hatte und es sehr stark gewesen war.

Er sagte: »Jemenitisches Kath ist das stärkste von allen.« Er machte mich auf den kümmerlichen Zustand der Zähne eines Freundes aufmerksam und fügte dann veranschaulichend hinzu: »Wenn er das kaut, träumt sogar dieser Kerl davon, dass er eines Tages eine Frau finden wird.«

»Ja, eine wundersame Droge«, stimmte ich zu.

65 Prozent von Jemens kostbarem Wüstenwasser und 40 Prozent des urbaren Landes werden genutzt, um Kath anzubauen, das dem entaktogenen Wirkstoff Methylon ähnelt und an dem sich sogar die Kinder berauschen, arglos kauend, bis ihre Zähne so gelb und abgenutzt wie die ihres Viehs sind. Aber hätten sich die Jemeniten stattdessen entschieden, mehr Getreide anzubauen, hätte es womöglich doppelt so viele Einwohner mit all dem daraus resultierenden Stress gegeben (und das alles ohne ein berauschendes Kraut, das man zur Entspannung kauen konnte).

Ein zwielichtiger Antiquitätenhändler suchte die Hotelgärten heim. Antiquitätenhändler sind typischerweise lakonisch und argwöhnisch, aber ich finde, es lohnt sich, den anstrengenden Umgang mit ihnen in Kauf zu nehmen und dabei möglichst locker zu bleiben. Der Mann erzählte mir ein paar Geschichten: Er hatte einem stinkreichen Scheich einen osmanischen Offiziersstab mit islamischer Inschrift verkauft und damit einen Profit gemacht, bei dem einen die Augen aus dem Kopf fallen konnten. Das Gleiche galt für ein geschickt geschmuggeltes Kästchen mit gelben Seidentaschentüchern.

Eine zielstrebige junge asiatische Frau war entweder auf dem Hotelgelände oder ansonsten bei der Touristenpolizei zu finden – einer Einheit, die der Kontrolle von Besuchern aus dem Ausland dient –, wo sie darum bettelte, dass man ihr die Genehmigung erteilte, die Stadt Tarim in der Hadramaut-Region zu besuchen, wo die Familie von Osama bin Laden zu Hause war. Ihrer Wahrnehmung nach strahlte jeder, den sie traf, eine Aura in einer bestimmten Farbe aus, die das Temperament der Person bestimmte. Sie reagierte aufgebracht, wenn jemand sich nicht so verhielt, wie sie es seiner Aura entsprechend erwartet hatte. Ihre manische Hartnäckigkeit machte sich nach ein paar Wochen bezahlt und sie erhielt ihre Genehmigung, nachdem sie zugestimmt hatte, sich mit einer Abaya, einem arabischen Überkleid samt Kopftuch, zu verhüllen, damit niemand sehen würde, dass sie eine Ausländerin war. Außerdem musste sie die lange Fahrt mit unterschiedlichen Bussen in Begleitung einer bewaffneten Polizistin zurücklegen, die sich ebenfalls verhüllte. Die Sicherheitslage in der Stadt schien in Ordnung zu sein; während ich nachts mit meinem Rucksack durch Sanaa lief, quatschten mich keine Straßenräuber an. Aber eine schlanke und elegante junge Frau, schwarz verschleiert und eine schwarze Abaya tragend, habe ich gesehen; unter einem Arm trug sie eine zierliche schwarze Paillettenhandtasche, unter dem anderen eine schwarze MAC-10-Maschinenpistole mit einem Hochleistungsmagazin – bereit für alles, was der Morgen ihr bringen mochte, ob Shoppingtour oder Anschlag.

In meinem Reisegepäck befand sich eine ausgedruckte Genehmigung der libyschen Botschaft in London, die es mir gestattete, mein libysches Visum hier im Jemen abzuholen, aber das würde ich erst kurz vor meiner Abreise machen: Sobald es ausgestellt war, lief die Gültigkeit ab, die auf einen Monat festgesetzt war. Fürs Erste bekam ich stattdessen eine Genehmigung der Touristenpolizei, um die Bergregion Jabal Haraz zu besuchen, wo ich mir die Festungen der jemenitischen Stammesangehörigen ansah, denen man besser aus dem Weg ging. Anschließend würde ich einen Flug nach Sokotra buchen, einer kleinen Insel vor der Küste Somalias, die für ihre Gurken- und Drachenblutbäume berühmt ist. Dort würde ich eine Woche verbringen und dann weiter nach Aden und über Land zurück nach Sanaa reisen. Viel mehr war nicht machbar. Es gab einen Japaner, der alle möglichen Genehmigungen beantragte, die allesamt abgelehnt wurden, da im Norden Huthi-Rebellen zügelloses Kidnapping betrieben; im

Osten sah die Situation nicht anders aus, nur dass dort die al-Qaida ihr Unwesen trieb, in den Ruinen von Ma'rib, der antiken Stadt der Königin von Saba. Wir erhielten schließlich Genehmigungen für dieselben Orte. Es gab nicht viele Touristen im Jemen: nur mich, den Japaner, eine junge russische Reisegruppe mit Guide und eine weitere Person. Den Einheimischen zufolge waren es mehr als im Jahr zuvor.

Mein erstes Ziel war Wadi Dhar, ein wunderschönes Schloss, das am Rand der kühleren und nebligen Jabal-Haraz-Region auf einem riesigen Felsen sitzt. Ein paar Einheimische waren hier unterwegs und stolzierten mit ihren Dolchgürteln umher. Einer der Jungs hatte sein weißes Gewand hochgekrempelt, sodass seine Beine nackt darunter hervorragten; er hatte den Stoff über den Knauf seines Dolches geklemmt, der in einem 45-Grad-Winkel von seinem Gürtel abstand wie die Bugspriete eines Schiffes. Zweifellos konnte er sich auf diese Weise etwas Abkühlung verschaffen, aber – man möge es sich vorstellen – ein guter Look war es nicht gerade.

Während ich den Anblick der umwerfenden Gebirgsszenerie und der reizenden Städtchen aus traditionellen Steinhochhäusern genoss, wurde mir schlagartig bewusst, wie einfach es wäre, ein traditionelles jemenitisches Dorf in ein Schloss zu verwandeln. Sie sind ohnehin alle auf den höchsten, am schwierigsten einzunehmenden Felsen errichtet, und jemenitische Häuser sind häufig sechs bis acht Stockwerke hohe Hochbauten aus Bruchstein, mit kleinen Fenstern hoch oben in den Wänden, wie Schießscharten oder Stützpforten. Diese an die Bergfriede europäischer Schlösser erinnernden Türme stehen dicht an dicht beieinander; man muss nicht mehr tun, als zwischen den äußersten Gebäuden ein paar Mauern hochzuziehen, und schon hat man ein richtiges Schloss.

Kawkaban war eine Zitadelle auf einem Tafelberg mit einer geschickt konstruierten Zisterne voller frischem, schleimigem Wasser. Ich lief den Berg auf einem Weg hinunter, der einer Schlucht folgte, die weit unten vor der Stadt Schibam mündete, die wie eine riesige Festung aussieht. Ein einheimischer Junge begleitete mich und erklärte mir von Zeit zu Zeit mit seinen spärlichen Englischkenntnissen ein paar Dinge. Als Erstes erzählte er mir, dass sein Vater sich in den Kopf geschossen und ihn damit zum Halbwaisen gemacht habe. Nach einer längeren Pause erklärte er außerdem, dass er weder einen Fernseher noch einen Fußball habe. Dann kam er etwas vom Thema ab und sagte: »Jemen sicher, nie

Schießereien hier«, und tat so, als würde er ein Gewehr abfeuern. Seine Behauptung wurde ein paar Sekunden später vom inopportunen Lärm von Schnellschusswaffen unterminiert, der aus Richtung Schibam kam – vermutlich feierten die Einwohner. Als wir den Abstieg zur Hälfte hinter uns hatten, fügte er hinzu, dass seine Mutter sowohl verrückt als auch völlig blind sei. Das war der Moment, in dem ich ihm einen kleinen Obolus für seine »Führung« zahlte, um uns beiden die Peinlichkeit weiterer ausgedachter Leidensgeschichten zu ersparen.

Hababah war eine weitere Festung mit einer großen Zisterne, die der Stolz der Bürger war und in der sich jede Menge grüner Schleim und Kaulquappen befanden. Ein freundlicher alter Mann »salaamte« mich. Er hatte sich ein Bouquet unterschiedlicher Blütensamen in den Turban geworfen, was einen gefälligen Effekt zeitigte.

Ein anderer Mann begleitete mich durch die Stadt, um sein Englisch zu üben. Er sprach hauptsächlich von Frauen. Er hatte einmal eine Holländerin getroffen. Sie war alt, aber sehr schön gewesen: große Brüste, erklärte er, und deutete sie mit seinen hohlen Handflächen an. Seine Frau hatte auch »große Brüste, sehr hübsch«, und seine Hände zeigten geschickt ihren Umfang an. Um das Thema zu wechseln, fragte ich ihn, womit er sein Geld verdiente. Er behauptete, dass er Handwerkskunst mache, und zeigte mir eine Auswahl ägyptischer, indonesischer und indischer Kisten, Ketten und Glücksbringer. »Das hier ist Rubin«, sagte er und präsentierte mir eine Kette mit Marmorperlen, die er unbeholfen mit grüner Farbe betupft hatte. Es fiel ihm schwer, mich von seinen Waren zu überzeugen, daher bot er stattdessen an, eine Ehefrau für mich zu finden. Er schlug eine Hochzeit mit einer 18-jährigen Jemenitin an, die er mir zur Verfügung stellen würde.

Sollte er ruhig über mein tiefes Desinteresse seinen Verkaufskünsten gegenüber nachgrübeln – ich setzte mich ab und fand einen hohen weißen Hotelturm in Schibam, wo ich ein Zimmer im obersten Stockwerk anmietete. Tageslicht fiel durch die Erkerfenster aus Buntglas auf den rosa-blauen Putz: ein perfekter Ort für mich, um über meine eigene Tiefgründigkeit nachzudenken, da das einzige Lesematerial, das mir noch geblieben war, ein verzwickter Artikel über Quantengravitation in einem zerknitterten Wissenschaftsmagazin war.

Von allen großartigen Gebirgsszenerien bot der Ar-Riady die allererstaunlichste: Man stelle sich ein versteinertes Meerespanorama vor. Die Täler wirkten wie Dünungen, die in der perfekten Klippe gipfelten, auf der ich stand – um mich herum ein Dutzend weiterer Gipfel, wie die Schaumkronen schlagender Wellen. Wo weißer Schaum die Welle gekrönt hätte, stand auf einem Berggipfel ein einsames altes Schloss, und statt konzentrischer Meereskräuselung sah ich konzentrische grüne Terrassen voller Kath und Getreide. Überall sah man kompakte Waldhaine, wie Treibgut auf einem großen Meer. Und all das war durchschossen von steilwandigen Schluchten, wie die Senken zwischen Wellenbergen, während die Dünung aus äußerster, schwindelerregender Höhe bis in die fernen Nebelschleier der weiten Gebirgsausläufer an der Küstenebene des Roten Meeres abfiel.

In einer Festung inmitten dieser Landschaft traf ich auf Omar, der mir sagte, er zähle sich zu den Gesegneten. Mit Gesten gab er mir zu verstehen, was er meinte: diesen Steinturm, in dem er verweilen konnte, den Balkon zu unseren Füßen, auf dem er Kath kaute, und die herrliche Aussicht auf die Stadt und das riesige Kathfeld, das seiner Familie gehörte. Er kaute Kath, bis er einen Rausch hatte, und genoss die traumhafte Aussicht, in deren Mitte das Feld lag, das ihm sein Vermögen eingebracht hatte. Zweimal fragte er mich, was Kanadier vom Jemen hielten, und ich sagte ihm die Wahrheit: Nur wenige Kanadier hatten überhaupt je vom Jemen auf der anderen Seite des Planeten gehört.

Nicht alles in Haraz war erhabene Gebirgslandschaft. Ein Straßenabschnitt führte tief in üppige Wadis (episodisch wasserführende Flussschluchten), wo die Luft heiß und feucht war. In der klammen Erde am Boden der Schluchten waren Mangobäume und Bananenpalmen gepflanzt. Die jemenitischen Turmbauten waren hier in den Schatten gigantischer Findlinge gestellt, die von den Klippen herabgerollt und in den engen Wadis stecken geblieben waren. Für den Verlauf einiger Kilometer war die Straße selbst ein Wadi und folgte dem Lauf eines rauschenden Stroms. Während eines heftigen Regenfalls wäre sie nicht passierbar gewesen.

In Manakhah, einer Marktstadt, die wiederum hoch oben in den Gipfel lag, hatte ich das Vergnügen, einer jemenitischen Hochzeit beizuwohnen. Das Einzige, was mit einer westlichen Hochzeit vergleichbar war, war womöglich der Hochzeitssänger; alles, was ich sonst zu sehen bekam, ließ sich von einem Schlachtfeld nicht unterscheiden. Wildes Gekreische und Gebrülle, mächtige Böller, die wie ohrenbetäubende Donnerschläge explodierten, die Hunde der Stadt zum Verstummen brachten und die Alarmanlagen sämtlicher Autos der Stadt auslösten. In diesem Tumult wurden dann noch Schnellschusswaffen abgefeuert: Man stelle sich eine Horde Männer vor, die mit AK-47ern, M16ern und Uzis bewaffnet sind – unter ihnen vereinzelt ein armer Tropf mit einem schlichten Gewehr –, und jeder von ihnen leert sein Magazin wild um sich schießend. (Jemen ist das Land mit dem zweitgrößten Waffenbesitz pro Kopf – nach den USA, versteht sich.) Ein Magazin leer zu schießen stellt hier eine Art Statussymbol dar, da man für 13 Patronen 7 000 Rial zahlt (wenn ich richtig gehört habe), was für dortige Verhältnisse viel Geld ist. Inmitten all dessen bildeten die Gäste einen Kreis und tanzten den traditionellen jemenitischen Tanz; die Männer schwenkten ihre Dolche und täuschten Stöße und Stiche an, der Bräutigam saß auf den Schultern seiner Freunde, von denen einer einen großen Krummsäbel und das passende Futteral hinter seinem Rücken kreuzte.

Ich konnte nicht anders, als immer wieder zu denken: Bitte keinen Drohnenanschlag, Präsident Obama. Falls Sie gerade im Weißen Haus sitzen und die Infrarotansichten Ihrer kreisenden Drohnen studieren, dann denken Sie daran: Sollten Sie in einem furchterregenden Maße Bomben explodieren, Maschinengewehre feuern und Messer und Krummsäbel sich kreuzen sehen, dann ist das nur eine Hochzeitsfeier. Oder möglicherweise ein al-Qaida-Anschlag. So genau kann das bei Ihnen vermutlich keiner sagen, denn auf Infrarotaufnahmen dürfte man das eine vom andern wohl kaum unterscheiden können.

Und wenn ich jemals einen Mann sehen sollte, der so ruhig ist, dass er einen Faden durch ein Nadelöhr führen könnte, während um ihn herum Patronen einschlagen und Explosionen den Boden erschüttern, dann weiß ich jetzt: Es ist weder James Bond noch ein Navy Seal, sondern ein jemenitischer Hochzeitssänger. Für diese tapferen Seelen sieht so ein normaler Arbeitstag aus.

▪ ▪ ▪

Meinen letzten Tag in der herrlichen Jabal-Haraz-Region verbrachte ich in der Gesellschaft eines Trekking-Guides, der in meiner Heimat als Hinterwäldler gegolten hätte. Er führte mich über Berg und Tal, hatte aber nichts als Frauen im Kopf.

»Meine Ehefrau ist gute Frau«, setzte er an, »aber ich nicht mag, sie ist Tochter von meinem Onkel.«

»Eine Cousine ersten Grades«, sagte ich. »Aber wenn du sie nicht magst, warum hast du sie dann geheiratet? Warum hast du dir nicht eine Frau aus dem Nachbarort gesucht?«

»Bist du verrückt? Woher soll ich wissen, sie nicht hässlich ist?« (Wohl wahr. In meiner Zeit in Jemen hatte ich keine Frauen gesehen, da sie alle hinter ihren schwarzen Abayas versteckt waren.) Er fuhr fort: »Ihre Eltern werden lügen und sagen, ist hübsche Frau. Aber nach Hochzeit guckt man Gesicht und ist hässlich.«

»In vielen Kulturen heiratet man seine Cousine«, erzählte ich ihm. »In Europa war das früher gang und gäbe.«

Er sagte: »Okay, ist sie Cousine. Problem ist, wenn wir Beziehung machen, sie liegt still wie Esel. Sogar Esel machen mehr Handlung.«

Ich fragte mich, woher er das wissen wollte. Und vermutlich dachte sie sich: Ich schlafe mit meinem Cousin … Pfui!

Mein unbedarfter Freund hatte einen Lauf: »Was ich will wissen ist das: Was heißt, wenn nach Afrika man geht und da Person mitnimmt zu Verkauf?«

»Das wäre Sklavenhandel«, schlug ich hilfsbereit vor.

»Sklaven, ja; ich Sklavenmädchen will, kleines Alter. Jungfrau.«

»Hmm«, setzte ich an. »Ich weiß sicher, dass es im Nordosten von Niger heute noch Sklaverei gibt. Aber die meisten Afrikaner stehen dem guten alten Sklavenhandel skeptisch gegenüber. Sie haben diese Vorstellung, dass die Sklavenbeutezüge in ihren Ländern alles in allem keine allzu gute Sache waren.« Ich versuchte mir den Papierkram vorzustellen, der möglicherweise aufkommen würde, wenn man versuchte, den verfluchten Handel wieder aufleben zu lassen. Zunächst stellte sich die Frage, was man auf dem Flug nach Afrika in seiner Landekarte unter der Rubrik »Was ist der Anlass Ihrer Reise?« eintragen würde: Konferenz, Familienbesuch, Urlaub? Vermutlich würde man sein Kreuzchen bei »Andere Gründe« setzen und darauf hoffen, dass der Grenzbeamte nicht nach Details fragte.

Bedauerlicherweise waren Unterhaltungen dieser Art zu alltäglich, als dass man sie einfach als Witz hätte abtun können, wie sie in altmodisch eingestellten Städten gemacht werden. In dieser Gegend reichte die Geschichte der Sklaverei Jahrtausende zurück und war mit dem jemenitischen Gesetz von 1962, das den Besitz von Sklaven verboten hatte, nicht einfach ad acta gelegt. In den ländlichen Gebieten wurden existierende Sklaven und deren Kinder immer noch als

Eigentum weitergereicht. Einer Zählung aus dem Jahre 2010 zufolge wurden in der Stadt Hajjah, durch die ich reiste, noch 300 Afrikaner als Sklaven gehalten.

Ich musste mich von diesem Mann mit seinen zutiefst konservativen Ambitionen verabschieden und nach Sanaa zurückkehren; ich machte nur Halt, um einen ganzen Beutel Mangos zu kaufen und mich einen Tag lang einem Probelauf für meinen libyschen Visumsantrag zu widmen, damit ich vorbereitet sein würde, wenn ich aus Sokotra zurückkehrte.

Zwei Kurzstrecken in baufälligen Fliegern brachten mich über den Golf von Aden auf die sagenumwobene Insel Sokotra vor der Küste von Somalia. Ich kam ohne Plan und Reservierungen an und beabsichtigte, diesen Teil der Tour zu improvisieren, wie ich es am liebsten machte. Aber in jedem Falle würde ich einen Truck mit Allradantrieb und eine Campingausrüstung brauchen, also tat ich mich, um Kosten zu sparen, mit Tammy zusammen, der einzigen anderen Touristin, die ich am Flughafen antraf.

Campen auf Sokotra ist eine schmutzige, hitzige Angelegenheit und die Brise ist salzig. Ironischerweise hat man dort nur dann nicht die Haut einer Sardine, wenn man schwimmt. Zum Glück gibt es im Hochland natürliche Wasserbecken, von denen man auf ferne Meere blicken kann, und fantastische Strände, vor denen sich Ostpazifische Delfine tummeln; es gibt Höhlen, die aussehen, als würden Drachen in ihnen hausen, und man kann Meeresfrüchte und Fische ohne Ende essen. Hier und dort sieht man gelbköpfige Geier, die verwegen nach Nahrung suchen – sie fauchen und funkeln einen aus schwarzen Augen an.

Die sonderbare Ansammlung von Bäumen kann man nicht wirklich als Wald bezeichnen. Sie wachsen nur etwa bis auf Augenhöhe, als wären es Bäume für winzige Feen, was gar nicht so unpassend wäre, da sie wie silber- oder bronzefarbene Vasen geformt sind. Statt Blätter tragen sie Zweige mit pinken Blüten. Weniger anziehend für Feen waren die Reihen verrostender T-34-Panzer – Überbleibsel aus dem letzten Bürgerkrieg. Weiter landeinwärts trotzten kaum noch zu findende Drachenblutbäume dem Aussterben; sie sahen aus wie außerirdische Pilze, die statt Lamellen ein silbernes Astgeflecht hatten, auf dem eine eng gestrickte Haube aus spitzen Blättern wie ein grünes Ufo sitzt. Anscheinend trinken sie den Morgentau.

Tagsüber schwammen wir oder machten Entdeckungstouren mit unserem Toyota, und bevor die Nacht einbrach und wir uns den Sternenhimmel anschauten, hatte unser Guide das Zelt aufgebaut und einen riesigen Barsch oder Hummer zubereitet, die er den Fischern in vorbeifahrenden Segelbooten abkaufte.

Alles normal, was so viel wie fabelhaft bedeutet, dachte ich, als ich den Geiern ein paar Fischgräten zuwarf. Ich werde nie genug davon bekommen, unseren wunderbaren Planeten zu erkunden.

Von Sokotra aus kehrte ich nach Aden zurück und hatte eine Woche lang Spaß auf meinen Wanderungen durch das ländliche Jemen, wo ich mir die überraschend atmosphärische antike Bergstadt Taizz ansah. Nicht lang nach meiner Rückkehr in die Hauptstadt war mir das Glück fünf Mal an einem Tag hold. Zunächst traf ich den libyschen Botschafter in seinem Büro an und nach nur zwei Tagen Überzeugungsarbeit gab er mir mein Visum. Man hatte behauptet, dass mein Visum in der Botschaft auf mich warte, aber ich entspannte mich erst wieder, als ich es in der Hand hielt, da ich besorgt war, dass die Einreisebedingungen sich wegen des terroristischen Bombenanschlags in Tripolis ändern könnten – insbesondere wegen des Autobombenanschlags auf die französische Botschaft am Tag vor meiner Ankunft in Jemen. Mit dem Visum in der Hand würde ich nach Libyen einreisen können, egal, was sich an der Sicherheitslage noch ändern würde. Der Botschafter händigte mir außerdem den Untersuchungsbericht aus, der bestätigte, dass ich keine Krankheiten hatte, sollte ich ihn für meinen letzten Visumsantrag brauchen: den für Saudi-Arabien.

Die nächste Aufgabe bestand darin, meinen Flug umzubuchen, damit ich früher nach Kuwait kommen und nach Libyen umsteuern konnte. Als die Frau am Schalter feststellte, dass der Flug am 22. Mai ausgebucht war, verbrachte sie eine Stunde damit, mir doch noch einen Platz zu besorgen, ohne die dafür üblichen 192 Dollar einzukassieren. Meine anschließende Suche nach Flügen von Kuwait nach Libyen brachte mir einen Anschlussflug nach Tripolis ein. Ich hatte alle Weichen gestellt, um Afrika im nächsten Monat abschließen zu können. Mehr noch: Der Taxifahrer, der mich nach meinem Logistiktag zurück zum Hauptplatz brachte, gab mir Kath, das ich kauen konnte, während wir im Verkehr feststeckten.

Kuwait könnte auch die Kulisse für einen Science-Fiction-Film sein. Das Land ist ganz auf Autos ausgerichtet, und die einzigen Menschen, die man auf Straßenhöhe sieht, sind die der untergebenen Klasse der Arbeiter aus Süd- und Südostasien, die für die Logistikleistungen und die Straßenreinigung zuständig sind, wie in *Planet der Affen* vor dem Aufstand der Affen. Die herrschende Kaste der Araber lebt weit oben in den wohlklimatisierten, mit Spitzentechnologie ausgestatteten Glasmonumenten. Das ist spannend, insbesondere für die Architekten, die diese Wolkenkratzer entwerfen dürfen, aber ich bin nicht überzeugt, dass es im sozialen Sinne nachhaltig ist. Irgendwann werden die Kuwaiter entweder all diesen Leuten die Staatsbürgerschaft verleihen oder sie nach Hause schicken müssen – und so oder so könnte es unangenehm werden.

Ich fand ein indisch geführtes Hotel für 20 Dinare pro Nacht (der Aufzug wackelte und ächzte wie ein U-Boot, das in die Tiefe geht, um Wasserbomben auszuweichen) und genoss es, in der 40-Grad-Hitze durch die Stadt zu laufen; ich verkostete pakistanisches Curry, weiche Datteln und eiskalten Fruchtsaft. Die Museen waren kostenlos und bei solchen Temperaturen könnte sich Kuwait gut mit dem Slogan »Jeder Tag ist ein Museumstag – wegen der drückenden Hitze« bewerben. An den kühlen Abenden füllten die Märkte sich mit Leben und die Moscheen erstrahlten in einem unheimlichen grünen Licht.

Nach Kuwait flog ich in das kriegsversehrte Libyen. Mein erster Gang durch Tripolis zeigte mir Bombenschäden in der Nähe des Flughafens und auf der Straße in die Stadt; eine der Militäranlagen war völlig zerstört, aber die Stadt hatte sich noch etwas Charme bewahren können. Die Libyer waren freundlich, aber viele Läden und sämtliche touristische Attraktionen – Schlösser, Museen und dergleichen – waren wegen des Krieges geschlossen. Sie wollten die Touristenattraktionen nicht wiedereröffnen, bevor die Touristen zurückkehren würden, aber die Touristen kommen wahrscheinlich erst zurück, wenn die Touristenattraktionen wiedereröffnen. Das setzt natürlich voraus, dass die Kämpfe aufhören. Ich überzeugte jemanden, mich in das Hauptmuseum in Tripolis zu lassen, da ich nichts Besseres zu tun hatte. Es befand sich in einer spanischen Festung (die Spanier haben überall Festungen hinterlassen, als wären es Zigarettenstummel). Es gab dort nicht viel zu sehen und es würde mich nicht überraschen zu erfahren, dass es geplündert worden war.

Genau wie in Tunesien scheint die Wirtschaft auf den Schultern von Straßenhändlern zu liegen, die einander Sonnenbrillen und Kleider, Kaffee, Saft und Schawarma verkaufen. Die alte Stadt erwies sich als guter Ort, um ein paar Tage dort zu verbringen. Nachdem ich mir eines schönen Tages die Haare hatte schneiden lassen, überreichte der Frisör mir einen Zettel, auf den er geschrieben hatte, wie viel ich ihm seiner Ansicht nach schuldete: 70 Dollar. Vielleicht dachte er sich, dass jeder, der kein Arabisch spricht, blöd sein muss. Ich legte ihm so viel Geld hin, wie mir angebracht schien, und ging hinaus. Dank seiner Behandlung sah ich aus wie der Scherge des Schurken in einem Actionfilm – das Haar mit jeder Menge Gel nach hinten gekämmt.

Soweit ich das beurteilen konnte, war ich einer von nur einer Handvoll Menschen, die sich in den verlassenen lybischen Grabungsstätten mit ihren antiken Säulen und heiligen Brunnen umsahen. Der Krieg, der erst 2011, ein paar Jahre vor meinem Besuch, begonnen hatte, schreckte Touristen ab. Mehrere Kämpfer sagten mir, dass Libyen nicht sicher sei, aber ich fand es ziemlich friedlich dort. Alle warnten mich davor, nach Darna oder in einige der Wüstenstädte zu gehen, aber das hatte ich auch gar nicht vor. Ich hatte mir all die alten Ruinenstädte angesehen – die meisten davon konnte man betreten, wenn man durch eines der Löcher in den Zäunen schlüpfte – und das Forum, das mich am meisten beeindruckte, war das in Leptis Magna, das Septimius Severus hatte bauen lassen. Aber insgesamt war Kyrene die beste aller antiken Städte; im Tempel des Apollon gab es einen Springbrunnen mit Quellzufluss und die Stadt war einst die Heimat des ausgestorbenen Wundergewürzes Silphium (es heißt, dass Nero den letzten Zweig gegessen habe). Die Lage ist spektakulär: Die Stadt liegt auf einem Hügel mit uralten Bäumen und überblickt das ferne Mittelmeer. Ein Gelehrter wurde in das Gebäude geführt, in dem die Statuen von einer wichtigen Tempelfassade stehen, und so konnte auch ich einen Blick erhaschen.

Die Essenssituation war furchtbar. Unter Gaddafi hatte es in Libyen nur Pauschaltourismus gegeben, weshalb die Hotels in den Leichtindustriegebieten errichtet wurden, in den Außenbezirken der Stadt, wo das Land günstig war. Die Idee dahinter war es, alle Leistungen für die gefangenen Hotelgäste aus einer Hand anzubieten, sodass es egal war, dass sie weit entfernt von allen Restaurants untergebracht waren. Aber jetzt boten die Hotels kein Essen mehr an und wenn man auf eigene Faust loszog, wanderte man in der Hoffnung, eine Schawarma-Bude zu finden, oft eine Stunde lang durch dunkle, schmutzige Gassen mit kaputten Abwasserrohren, vorbei an Blechfabriken und Straßenhändlern, die chinesische Kleidungsstücke aus der Tonne verkauften. Oft bestanden die Mahlzeiten, die ich hier auftreiben konnte, aus einer Flasche Wasser, einer Handvoll Datteln und einer Tüte Chips.

Die Straßen östlich von Misrata waren noch stärker vom Krieg gezeichnet, der Asphalt war vernarbt vom Artilleriefeuer, von Patronen, Granaten und immer wieder auch von Bombenkratern. Überall sah man zerstörte Panzer, aber auch Mannschaftswagen und Trucks, auf denen Raketenwerfer montiert waren. Ich habe so viele zerstörte sowjetische Rüstungsfahrzeuge gesehen, dass ich, wenn ich mir einen Panzer hätte vorstellen sollen, an einen ausgebrannten Sowjet-Panzer mit weggesprengtem Panzerturm gedacht hätte.

Auf den Autobahnen westlich von Misrata gab es nicht so viele zerstörte Panzer, die Militärpräsenz war nicht ganz so drastisch und die Straßen waren nicht annähernd so vernarbt vom Artilleriefeuer. Stattdessen sah man von Kanonenfeuer lädierte Häuser und Geschäfte und mit Panzerfäusten ausgesprengte Gebäude.

Unterm Strich war die Zahl der Libyer, die bemüht waren, mir zu helfen, bedeutend höher als die Zahl derer, die versuchten, mich über den Tisch zu ziehen. Am meisten Spaß machte es, einfach per Anhalter durch die Gegend zu fahren, um sich ein wenig umzusehen und sich mit den Leuten zu unterhalten. Selbst die Sandstürme waren toll, solange ich rechtzeitig Schutz suchen konnte.

Von der Küste östlich von Bengasi nach Tripolis zurückzukehren war eine Herausforderung. Allein die Fahrt von al-Baida nach Tripolis dauerte 24 schlaflose Stunden, in denen wir durch einen tosenden Sandsturm fuhren, der die Sucht rund um die Große Syrte einschränkte. Eigentlich wäre es eine Fahrt von zehn Stunden gewesen, aber wir hatten an einer der Tankstellen verunreinigtes Benzin getankt. Der Motor fiel immer wieder aus und der Kraftstofffilter war verklebt; als wir den Tank leer gefahren und neu befüllt hatten, lief der Wagen wieder ohne Probleme. Auf der Küstenstraße gab es Unmengen von Polizisten, Militärs und Kontrollpunkten. An einem davon wurde man sehr zudringlich: Eine Horde waffenschwenkender Kämpfer hielt unseren Wagen und forderte, dass sich jeder ausländisch aussehende Passagier an Ort und Stelle einem Aidstest unterzog.

Das war mir ein Jahrzehnt zuvor auch im Irak passiert, aber den Irakern war der Test egal gewesen; sie wollten nur, dass jede Person einen Dinar Schmiergeld zahlt. Die Libyer nahmen den Leuten tatsächlich Blut ab und jeder musste warten, während sie es testeten. Ich fragte mich, was der Wissenschaftler, der den Schnelltest erfunden hatte, dazu sagen würde, dass seine Erfindung auf diese Weise eingesetzt wurde. Ich musste mich glücklicherweise den schmutzigen

Nadeln nicht aussetzen. Die Libyer waren begeistert, als ich ein offizielles Dokument hervorzauberte – verfasst auf Arabisch, gestempelt, unterzeichnet und mit meinem Foto versehen –, aus dem hervorging, dass ich weder Aids noch andere Krankheiten hatte. Wenn Libyen irgendwann wieder mehr Touristen anziehen möchte, sollten sie diese Unart der Blutuntersuchungen an Kontrollpunkten aufgeben.

Für die Strecke von Tripolis nach Tunis brauchte ich noch einmal 24 Stunden, was normal ist, hauptsächlich weil man lange warten muss, bis sich genügend Mitfahrer gefunden haben, und weil die Wartezeiten an der Grenze länger sind. Die Polizei durchsucht das Gepäck und befragt die Leute sechs Mal, aber ich bin nicht sicher, ob der Aufwand, den sie betreiben, im Verhältnis zu der Sicherheit steht, die sie damit erreichen: Sie stellen sechs Mal dieselben Fragen und gucken sechs Mal in den oberen Teil derselben Gepäckstücke. Ich schaffte es bis ins »Salammbo«, wo ich immer absteige, wenn ich in Tunis bin, und konnte nach der anstrengenden Reise endlich schlafen.

Algerien war wie eine Zeitreise in die Kolonialzeit. Die urbanen Cafés und die roten Mohnfelder sahen noch ziemlich genau so aus, wie Camus sie vor Generationen in seinen Romanen beschrieben hatte. Der Süden war wegen Kidnapping und Terroranschlägen Sperrgebiet, wie schon seit meinem letzten Versuch im Dezember 2011, aber ich schaffte es trotzdem dorthin, indem ich irreführende, aber objektiv korrekte Dokumente vorlegte. Ich wollte unbedingt die Felsgravierung der weinenden Kuh und die berühmten wellenförmigen Sanddünen sehen.

Mittlerweile war es Mitte Juni, die Grenze westlich der Stadt Oran war geschlossen, wie schon seit 20 Jahren, und es gab keine Flüge, die mich in die marokkanische Stadt Tanger gebracht hätten. Ich beschloss, nach Barcelona zu fliegen. In mir keimten noch ein Dutzend Ideen, wie es mir gelingen könnte, an ein Visum für Saudi-Arabien zu kommen, und jede davon musste gepflegt werden, wenn ich die Hoffnung nicht aufgeben wollte, dass sie bürokratische Früchte trug. Am ehesten konnte ich das erreichen, wenn ich mich nun in eine Warteschleife über dem Mittelmeer begab. Solange ich an Orten mit ausreichend Zugang zu funktionierenden Internet-Cafés blieb, konnte ich ziellos umherreisen. Von Barcelona aus flog ich auf die Balearischen Inseln, dann ging es weiter nach Palma de Mallorca, Cádiz und zum Felsen von Gibraltar, eine der beiden Säulen des Herakles.

Spanische Versuche, diesen strategisch wertvollen Felsen über Land einzunehmen, wurden von britischer Seite mit verheerendem Beschuss von Klippen beantwortet. Der Felsen ist durchsetzt von Tunneln und Kanonengallerien, darunter die beeindruckende *King-George-Battery*. Während des Zweiten Weltkriegs wurden längere Tunnel geschaffen, aber nur die Tunnelanlagen aus dem 19. Jahrhundert sind für Besucher sicher. Die modernen Anlagen aus der Kriegszeit, die eilig mit Dynamit ausgesprengt wurden, neigen dazu, zu kollabieren, während die Anlagen aus dem 19. Jahrhundert, die mit Sprengpulver geschaffen wurden, stabil und passierbar bleiben.

Nach einem Flug nach Sardinien setzte ich mit einem Boot nach Korsika und von dort nach Italien über, um mich auf den Weg nach Sizilien zu machen. Europäern mangelt es nicht an Reiseoptionen. Man kann an ein und demselben Tag mit Booten, Flugzeugen, Zügen und Bussen reisen. Ich überquerte den Kanal mit den legendären Felsen von Skylla und Charybdis gleichzeitig mit Zug und Boot: Der Zug wird in zwei Hälften geteilt, auf das Boot geladen und nach der Übersetzung wieder zusammengekoppelt.

Spätabends kam ich in Syrakus an und das einzige Essen, das sich noch auftreiben ließ, war die spezielle sizilianische Pizza – eine gefüllte Teigtasche, die in einer Pizza eingerollt und frittiert wird. Die alten Ruinen dieser einstigen griechischen Kolonie, die die Heimat des Archimedes war, eigneten sich bestens für Wanderungen und Tagträumereien. Ich sah den Ätna – den Vulkan, ohne den man kein Kreuzworträtsel der *New York Times* vollständig ausfüllen kann – und besichtigte am nächsten Tag überwucherte Ruinen in der Nähe von Naxos, einer Stadt, die vor mehr als zwei Jahrtausenden von einem Tyrannen aus Syrakus zerstört wurde; hier wuchsen wilde Früchte, Feigen, die reif genug waren, um sie zu essen, Zitronen und Maulbeeren. Als es Zeit war zu gehen, kaufte ich ein Ticket für ein Schiff nach Griechenland, um nach Athen zu gelangen; von dort wollte ich weiter nach Zypern und schließlich zurück in den Nahen Osten.

Als ich aufs Schiff ging, sagte der Mann, der mein Ticket kontrollierte: »Mal sehen, wo Sie untergebracht sind … an Deck?!« Ja, ich schlief an Deck, zusammen mit den bulgarischen Babuschkas und den verlotterten Gesellen. Es gab nur etwa ein Dutzend Deckpassagiere und die meisten von ihnen schliefen in Treppenräumen, da es draußen kalt und windig war. Selbst die amerikanischen Highschool-Kids auf Europareise hatten Kabinen, und wenn sie versehentlich in unsere »Zwischendeck-Klasse« kamen, hörte man sie kichern und sagen: »Wir sind wohl falsch abgebogen.«

In Athen lief ich zur Spitze des Musenbergs, um meine liebste Aussicht auf die Akropolis zu genießen. Nachdem ich nur anderthalb Stunden mit meinem Gepäck durch die Gegend gestapft war, fand ich eine Herberge, in der man beim Check-in ein kostenloses Schnapsglas Ouzo bekam. Ich beabsichtigte, gleich im Morgengrauen schnurstracks zum Archäologiemuseum zu gehen. Als meine Reisen mich das letzte Mal nach Athen geführt hatten, war es wegen der Vorbereitung der Olympischen Spiele 2014 geschlossen gewesen, also würde dies meine erste Gelegenheit sein, dort die Marmorstatuen zu bewundern.

Im Morgenlicht staunte ich über das Ausmaß der Zerstörungen und Graffitis, die das Zentrum von Athen verschandelten; zahllose Geschäfte waren geschlossen oder konnten sich kaum noch über Wasser halten. Die Jugendlichen hatten auf den Straßen revoltiert und die Alten senkten beschämt ihre Häupter. Jeder versucht ständig, die anderen auszunutzen. In diesem Falle hatte das zu einer obskuren Form des Sklavenhandels geführt, da noch ungeborenen zukünftigen Generationen die Last aufgebürdet wurde, buchstäblich jahrzehntelang de facto unbezahlte Arbeit zu leisten, um die Darlehen abzuarbeiten, mit denen ihre Vorfahren ihren Lebensstil finanziert haben. Im antiken Griechenland mögen einige ehrlose Väter ihre Kinder in die Sklaverei verkauft haben, um von dem Erlös zu Orgien zu gehen. Wenn sich zwischen der Antike und heute ein Portal öffnen würde und ein griechischer Babyboomer sich als Kritiker neben solch einem unehrenhaften Mann der Antike wiederfände, wie lange würde es dann dauern, bis man den modernen Griechen erkennen würde? Ein gleiches Maß an Schande gebührt den Westeuropäern, die den Griechen das Geld überhaupt erst geliehen haben.

Nach dem Museumsbesuch machte ich mich auf den Weg in die Republik Zypern, von wo aus ich nach Saudi-Arabien reisen wollte, sollte es mir jemals gelingen, ein Visum zu bekommen. Diesen südlichen Teil der Insel Zypern kannte ich noch nicht; den Norden hatte ich vor ewigen Zeiten gesehen, aber es war mir nicht möglich gewesen, in den Süden zu gehen. Ich checkte gerade in meinem Hotel ein, als die Lobby plötzlich von einer Horde muskulöser, oberkörperfreier Typen mit tätowierten Oberarmen überschwemmt wurde, die darum wetteiferten, wer am besten mit ausgestreckter Zunge »Wuaaah!« sagen konnte. Es war elf Uhr morgens und sie waren allesamt voll wie die Strandhaubitzen. Das würde also einer dieser Orte sein … Nun ja. Wenn ich all die unterschiedlichen Kulturen der Welt kennenlernen wollte, dann musste das auch für die moderne europäische Kultur gelten.

Kapitel 17
Heilige Länder und Visa-Teufeleien
Jordanien | Saudi-Arabien | Israel

Wummernder, piepender Europop-Techno brachte mich schnell an mein Limit und so plante ich an einem Freitag meine Flucht aus diesem Fegefeuer des Pauschaltourismus. Da keine Fähren mehr fuhren, war meine beste Option ein Flug von Larnaka in die jordanische Hauptstadt Amman am nächsten Montag. An einem Wochenende zu fliegen war sinnlos, da die Botschaften geschlossen wären, also beschloss ich, mich meinem Schicksal zu ergeben und zwei Tage lang an der palmenbestandenen Uferpromenade in Larnaka zu entspannen, der Stadt, in der der Philosoph Zenon von Kition geboren wurde – der Begründer der Stoa. Wie geplant kam ich am Montag in Amman an, aber der Ramadan hatte gerade begonnen, also waren die Botschaften wohl trotzdem geschlossen. Zu Beginn des Fastenmonats sind die Leute immer sehr schlecht gelaunt; sollte die Botschaft also doch geöffnet sein, konnte ich meine Chancen verbessern, indem ich dort so früh wie möglich auftauchte, bevor den Beamten dort der Blutzuckerspiegel absackte. (Ansonsten stellte der Ramadan für mich kein Problem dar, da ich für gewöhnlich frühmorgens aß, dann den ganzen Tag reiste oder wanderte, bevor ich dann bei Einbruch der Dunkelheit wieder etwas aß.)

Keine meiner Bemühungen hatte mich bisher näher an ein Visum für Saudi-Arabien herangebracht, daher wollte ich in Amman zum saudischen Konsulat in der Rainbow Street gehen und um Einlass bitten. Ich dachte mir, dass es den Versuch wert wäre, mit einem echten saudischen Menschen zu reden, vielleicht waren sie im direkten Kontakt nicht ganz so förmlich.

Zufällig oder von unterbewussten Erinnerungen geleitet nahm ich einen Bus, der mich in eines der ältesten Viertel Ammans brachte, in Laufweite der Zitadelle. Dort nahm ich mir ein Zimmer im »Cliff Hostel« und merkte erst dann, dass das derselbe Ort war, von dem aus ich ein Jahrzehnt zuvor zu meinem Irak-Abenteuer aufgebrochen war: Per Anhalter hatte ich während des Krieges das Land bereist und war mit dem Leben davongekommen. Diesmal kamen die Kriegsbilder auf dem Fernsehbildschirm im Gemeinschaftsraum nicht aus dem Irak, sondern zeigten sunnitische und schiitische Kämpfer. Die meisten anderen Backpacker kamen nicht aus dem Westen, sondern waren Chinesen. Israelis gab es in dieser Herberge überhaupt nicht. Aber für mich fühlte es sich vertraut an und auch die Herausforderung, vor der ich stand, war mir wohlbekannt, auch wenn der Wahn, auf den ich mich nun einlassen wollte, aus Visabürokratie und nicht aus Gewehrkugeln und Bomben bestand.

Ich war gesundheitlich angeschlagen und vermutete den heimtückischen Einfluss eines einzelligen Parasiten namens Giardia. Bei Menschen mit guten Abwehrkräften manifestiert er sich als leichte Depression und Energieentzug. Meine Intuition sagte mir, dass ich ihn mir in Papua-Neuguinea zugezogen hatte, aber mein Immunsystem hatte ihn in Schach gehalten. Einem Verdacht folgend hatte ich mich schon vor Monaten einer *Flagyl*-Kur unterzogen, als ich in Ottawa neue Visa gesammelt hatte. Wenn man Giardien nicht sofort ausrottet, am besten innerhalb der ersten drei Tage, kann es schwer sein, sie gänzlich loszuwerden, und rückblickend vermutete ich, dass sie vielleicht in Algerien wieder aufgetaucht waren und ich deshalb in manchen Situationen so unaufmerksam war, dass ich sogar etwas Geld an Straßendiebe verloren hatte.

Für Reisende sind zwar sowohl Visaanträge als auch Giardien ein Fluch, aber sie sind nicht gleichermaßen gemein. Visa sind definitiv das größere Übel. In meinem Kopf sind die beiden Dinge eng miteinander verknüpft, da ich jedes zweite Mal, als ich mir Giardien eingefangen habe, gerade in den stinkenden Slums einer Hauptstadt darauf wartete, dass man mir Visa ausstellte.

Das erste Mal machte ich 1992 Bekanntschaft mit dem Parasiten. Er schlug zu, als meine 86 Tage allein in der Valhalla-Wildnis gerade ihrem Ende entgegengingen. Ich konnte nur noch auf einer steilen Wiese liegen, die warmen Sonnenstrahlen aufsaugen, den gelben Schmetterlingen zusehen, wie sie über die Wildblumen tollten, und Hunter S. Thompsons *Angst und Schrecken im Wahlkampf* lesen. Ich verlor zehn Kilo von meinem ohnehin schon kümmerlichen »Was die Natur hergibt«-Gewicht und musste meine Hose mit einem Strick oben halten, da sie mir ansonsten in die Knie gerutscht wäre. Meine Notfallration war längst aufgebraucht und an den meisten Tagen hatte ich kaum noch die nötige Kraft, um Fische zu angeln oder Beeren zu pflücken. Marodierende Bären hatten mein Zelt zerstört und trieben sich bei Einbruch der Nacht in Sichtweite meines flackernden Lagerfeuers herum. Ich legte mir eine geladene Flinte auf den Brustkorb und beobachtete in dieser Position, wie die Sonne auf- und wieder unterging, wie der Mond auf- und wieder unterging, drei Tage und drei Nächte lang; ich sparte meine Kräfte auf, indem ich mich nicht bewegte, außer, um die Flinte auf Bären zu richten, die allmählich ungeduldig wurden.

Nachdem ich in die Zivilisation zurückgekehrt war, stand ich bald vor meinem ersten Visaärger. Und jetzt, als Begleitung zu meinem letzten Versuch, ein Visum zu beantragen, war mein alter Feind Giardia wieder da und sorgte dafür, dass ich mich träge und elend fühlte.

In Amman ein saudisches Visum zu beantragen, war allerdings eine leidvolle Erfahrung, die ich nur allzu gern gegen eine Wiederholung meiner ersten Giardien-Erfahrung in der Valhalla-Wildnis eingetauscht hätte. Gut zwei Jahrzehnte unnachgiebigen Reisens später war ich nun hier, ein Mann Mitte vierzig, auf einem Gitterbett in einer Herberge in Jordanien; ich hatte fast kein Geld mehr und all mein Hab und Gut konnte ich, wenn es in meinem treuen Rucksack verstaut war, mit einem Finger heben. Ich trug mein Visa-Antrags-Hemd, mein einziges richtiges Hemd, das ich von meinem Vater geerbt habe. Um mich herum lagen meine sämtlichen Besitztümer: Stiefel, alte Klamotten, ein Moskitonetz, etwas Campingzubehör und derselbe Rucksack, den ich schon an jenem Berghang in Kanada dabeihatte – jetzt waren die Farben verblasst, Kupferdrähte und Isolierband hielten ihn zusammen, viele Reißverschlüsse und Schnallen waren längst nicht mehr da. Diese Sachen ähnelten denen, die ich als junger Bursche gehabt hatte, auf frappierende Weise, nur dass allein der Rucksack mehr als zwei Jahrzehnte älter war; der Rucksack des Dorian Gray, wenn man so will, der mit den Jahren immer schäbiger wird, während meine anderen Besitztümer, die ich immer wieder ausgetauscht habe, alterslos schienen.

Was hatte sich geändert? Für das ungeübte Auge nicht viel. Aber zu meiner eigenen Befriedigung hatte ich die Welt gesehen.

Eine Begleiterscheinung dieser Tatsache war, dass ich beinahe jedes Land und Nicht-Land dieser Erde gesehen hatte. Nun hieß es: Saudi-Arabien. Wann, wenn nicht jetzt?

Während ich die Ergebnisse meiner ersten konzertierten Visabemühung in Amman abwartete, fuhr ich mit dem Bus ein paar Hundert Kilometer südwärts nach Petra, der Stadt, die die Nabatäer vor Jahrtausenden aus rosafarbenen Sandsteinschluchten regelrecht herausgemeißelt haben. Es war ohnehin Ramadan, daher konnte man nirgendwo ein Bier bekommen. Ich hatte *Flagyl*-Tabletten gekauft, um meine Stimmung zu heben und die dunklen Ringe unter meinen Augen loszuwerden.

An dem Tag, an dem ich in Petra ankam, gab Alicia Keys ein spontanes Konzert am Schatzhaus Khazne al-Firaun, genau da, wo sich der Siq öffnet – eine weltberühmte Aussicht. Das war ohne Frage besser als mein Erlebnis zehn Jahre zuvor, als der Prominente Tony Blair hieß und nicht sang (wofür ich außerordentlich dankbar war). Auch wenn ich mich wegen des *Flagyls*, der Giardien und der Wanderung zum Schatzhaus erschöpft fühlte, war Petra so spektakulär, wie ich es in Erinnerung hatte.

Da ich noch so viel Zeit zur Verfügung hatte, zog es mich anschließend noch weiter nach Siq el-Barid, auch Little Petra genannt. Der Ort macht seinem Namen alle Ehre: Er ist eine kleinere Version von Petra. Eine Sandsteinkammer hatte so wenig Vandalismus erlebt, dass Putz und Farbe an einigen Teilen der Wand noch erhalten waren. Der ganze Raum war mit bunten und aufwendigen Malereien verziert, die eine Hommage an Dionysos waren – verschlungene Weinranken mit purpurnen Trauben. Nackte Cherubim tollten zwischen den Reben, spielten Instrumente und dergleichen. Der Raum gab mir eine völlig neue Perspektive auf das ursprüngliche Erscheinungsbild der heute so schmucklos wirkenden Kammern in Petra. Der antike griechische Historiker Strabo hat gesagt, dass die Nabatäer es liebten zu trinken und zu feiern und dass sie dies in Gruppen machten, darunter auch einige Mädchen, die tanzten und sangen (das wäre auch für unsere heutige Zeit eine nette Idee, wenn ich es recht bedenke). Sie stellten Krüge nebeneinander, einen goldenen für den König, normale Krüge für die anderen. Oft befüllte der König die Krüge der anderen Personen, so demokratisch war das Ritual. Nachdem die Krüge geleert waren, gab es keinen weiteren Wein, damit sich niemand exzessiv betrinken konnte.

Die Nabatäer, die diese Stadt, die so wunderbar in die Felsspalten aus rosenfarbenem Sandstein gehauen wurde, erschaffen haben, waren eine der fortschrittlichsten arabischen Kulturen und taten sich mit Nacktheit und Alkohol weitaus weniger schwer als die meisten muslimischen Araber, die ihnen folgten. Beduinen des 19. Jahrhunderts haben eine Menge Patronen dafür verwendet, die Gesichter und Brüste der antiken dekorativen Figuren wegzuschießen.

In Wadi Musa, der Nachbarstadt von Petra, erregte ich große Aufmerksamkeit bei den vielen chinesischen Backpackern im »Valentine Inn«. Sie tauften mich »Gott des Reisens«, schossen dutzendweise Fotos mit mir und boten mir Äpfel, Nektarinen und Birnen an, damit ich auch genug zu essen hatte. Ein älterer Kerl, der zum Personal des Hotels gehörte, war berüchtigt dafür, dass er auf unverschämte und witzige Weise seine Späße mit den Gästen trieb, aber mich nannte er »Sir«. Und die Schuldmagd aus Bangladesch, die in der Küche arbeitete, brachte mir auf Anfrage heißes Wasser, damit ich Nudeln oder Kaffee kochen konnte. Ich schätze, das sind die Vorzüge, wenn man der Gott des Reisens ist.

Als ich in den Gemeinschaftsraum der Herberge ging, erwartete mich dort eine Überraschung. Seit meinem letzten Besuch vor zehn Jahren, Ende 2003, war ein 2 000 Jahre altes Verhaltensmuster ausgelöscht worden: Das Weintrinken, Plaudern, Kameradschaften schließen und Musikinstrumente spielen, das das Saufgelage gespiegelt hatte, das auf dem alten Wandfresko zu sehen war, gab es nicht mehr. Die Szenerie im Gemeinschaftsraum war eine, wie es sie in keiner anderen Ära der Menschheitsgeschichte gegeben hatte. Einer uralten Tradition folgend hatten unsere Familien Nachnamen angenommen, die ihren Tätigkeiten entsprachen: Müller, Förster, Fischer, Schmidt. Heute gibt es nur noch einen Nachnamen für uns: Späher. Jeder von uns blickt starr vor sich hin, als wolle er in eine Kristallkugel spähen; wir blicken den lieben langen Tag in Glas, um Informationen zu erhalten und zu versenden. So war es in der Herberge, und so war es, wenn ich darüber nachdachte, fast überall: Jeder starrt in einen Bildschirm, ominös vor sich hin tippend.

Eines der uralten Charakteristika des Reisens wird durch das Smartphone und andere Technologien zunichtegemacht. In einem Gedicht von T. S. Eliot heißt es, dass das Leben ein ewiges Entdecken ist und dass wir, wenn wir am Ende wieder dort angelangen, wo wir losgelaufen sind, den Ort zum ersten Mal sehen. Was bedeutet es denn aber noch, nach Hause zurückzukehren, um es zum ersten Mal zu sehen, wenn man immerzu mit seinem Zuhause verbunden ist? Sind wir jetzt alle Stubenhocker? Oder E-Schildkröten, die ihren Heim-Panzer aus unzerbrechlicher Kommunikation mit sich herumtragen und sich mühsam voranschleppen, um Gebiete abzudecken und Telemetrie zurückzusenden? Sind wir Eremiten, wenn wir uns bewusst abkoppeln und die, die wir zurücklassen, mit unserem Wi-Fi-Schweigen brüskieren?

Der Wechsel kam erst langsam und dann plötzlich. Man vergleiche den modernen Backpacker, der sich mit seinem Zuhause schlecht verbunden fühlt, wenn sein Skype zwar Ton, aber kein Video unterstützt, mit der Einsamkeit des alten Reisenden, der sich durch eine sonderbare und gefährliche Welt kämpfte. Bevor es Transatlantikkabel gab, bevor es Telegrafen gab, ja sogar bevor es den Ponyexpress gab, gab es den ultimativen Reisenden alter Schule, der über mein Abenteuer, im burmesischen Niemandsland ein Wählscheibentelefon zu finden, nur hätte lachen können. Man denke an die Nachricht dieses Reisenden aus den Tagen, als es weder E-Mail noch Facebook gab; er reiste zu Fuß und hatte erst die Hälfte des Weges zurückgelegt, bevor er starb, also ließ er sich die Nachricht als Epitaph auf seinen Grabstein meißeln, um sie an die nächste tapfere Seele weiterzugeben, die zufällig vorbeikommen würde: »Ich bin das Grab von Biton, Reisender: So du von Toroni nach Amphipolis gehst, gebe Nicaragoas diese Botschaft: Sein einziger Sohn starb in einem Sturm, im frühen Winter, vor Sonnenaufgang« (Nikainetos, 3. Jahrhundert vor Christus)

Jetzt war die Herberge still. Keine lebhaften Unterhaltungen mehr, nur noch hier und da ein Wort oder ein Geräusch, wie das Ächzen und Stöhnen eines Athleten, der sich auf seine Aufgabe konzentriert. Vielleicht verstehen moderne Reisende sich eher als Truppen, die Felsen bezwingen – sie erkunden eine Felswand, die das Unbekannte repräsentiert. Einer führt die Truppe an und sorgt dafür, dass die anderen ihm ohne Probleme und auf direktem Wege folgen können. Der italienische Abenteurer Reinhold Messner nannte das den »Mord am Unmöglichen«. Folgen können die anderen auch indirekt durch ständig aktualisiertes Filesharing. Smartphones sind das Seil, das sie verbindet. In diesem neuen Zeitgeist reist der Reisende nicht nur für sich selbst, sondern reist als »Führung« für seine Truppe und bohrt Sicherungshaken in die Oberfläche des Abenteuers.

Auch wenn solch ein Ethos auf Traditionalisten befremdlich wirkt, stellt er doch das neue Paradigma des Reisens dar. Vielleicht machen diese Schwarmhirn-Anstrengungen tiefschürfend interessante Erfahrungen möglich, oder vielleicht können Technologie-Zigeuner Heldentaten vollbringen, die die Träume von einem Individualreisenden, wie ich es bin, übertreffen.

Die Erde dreht sich weiter. Die modernen Reisenden unterscheiden sich qualitativ von den Reisenden, die vor ihnen kamen, und wo etwas gewonnen ist, geht auch etwas verloren.

* * *

Als ich aus Petra zurück war, ging ich zu dem neuen Gebäude, zu dem mich die Belegschaft des saudischen Konsulats geschickt hatte, um meinen Pass mit dem begehrten Visum abzuholen. Nicht so schnell. Der entscheidende Beamte sagte, dass der Pass nicht korrekt in das System der Botschaft eingegangen war. Offiziell hatte ich überhaupt nicht gewartet und mein Pass, der das Visum bereits enthielt, würde noch zehn Tage Staub ansetzen müssen.

Ich hatte getan, was ich konnte, also stieg ich in einen Bus, der mich zum Biosphärenreservat Dana brachte, ein Ort mit atemberaubend schönen Tälern und Hügeln. Dort gab es ein Hotel mit drei hoch qualifizierten philippinischen Köchen, wie mir ein spanischer Radfahrer versichert hatte, und ein Zimmer mit Vollverpflegung kostete nur 15 jordanische Dinare. Mitte August würde ich dann noch einmal schauen, wie es um mein saudisches Visum stand.

Nachmittags wanderte ich meist für ein bis zwei Stunden über die Hügel, die die Qadisiyah-Hochebene einsäumen, entlang sich windender Pfade, die von Hufen in den Kies geschabt wurden; ich kauerte im Schatten blasser Klippen oder erodierter Gipfel und Höhlen, durch die sich Schichten einer purpurnen Gesteinsart zogen. Die Landschaft war alt und still; nur dann und wann hörte man das »Salaam« eines vorbeiziehenden Hirtenjungen, der dem Glockengeläut seiner Herde hinterherhüpfte. Ich hatte jede Menge Zeit zu sitzen und nachzudenken und das tat ich mit Leidenschaft.

Zuerst grübelte ich über eine Emotion nach, die in letzter Zeit durch ihre Abwesenheit aufgefallen war. Als ich mich als junger Backpacker mit Denkweisen, die man mir eingetrichtert hatte, aufgemacht hatte, fand ich mich oft in einer Stimmung kognitiver Dissonanz. Das wird durch das Reisen ausgelöst, das einen dann dazu bringt, flexibler im Denken zu werden. Für mich hatte die erste Anpassung darin bestanden, eine Annahme zu überdenken, die in der formalen Ausbildung selbst begründet ist: dass es einem nur von Vorteil sein kann, wenn man klug wirkt. Nicht jeder will nur das Beste für dich und wenn man weiß, was vor sich geht, ist es oft die beste Strategie, dass man es für sich behält. Wer Intrigen erkennt, kann sie genau beobachten und ihnen entgegenwirken, auf diese Weise kann man Fallen und Betrügern ausweichen und es so aussehen lassen, als habe man schieres Glück gehabt. Das ist ein Verhalten, das grundlegend für eine gewisse Form der Gerissenheit ist, die die Amerikaner *»street smart«* nennen – ein steter Quell der Frustration für Lehrer, die Kinder aus Problembezirken unterrichten.

Die ultimative kognitive Dissonanz, die mich besorgte, betraf das Thema Religion. Ich hatte nie verstanden, was die Leute daraus zogen; Aberglaube und Zeremonie, Feiertage und sogar Geburtstage waren vielleicht für andere wichtig, für mich aber nicht. Seit einigen Jahren erst hatte ich nun einen Zustand erreicht, in dem ich mich beim Sprechen eines islamischen Gebetes, bevor ich einem Tier die Kehle aufschnitt, genauso behaglich fühlte, wie es auch der Fall war, wenn ich auf einem Berghang hockte und über Zen-Kōans nachdachte. Ein trockener Alkoholiker, der zu Gott gefunden hatte, konnte mir von seiner Wiedergeburt durch Jesus erzählen, ohne dass ich das Bedürfnis verspürte, ihn auf die unübersehbaren Inkonsistenzen seiner Doktrin aufmerksam zu machen; stattdessen konnte ich seine unausgesprochene Hoffnung wertschätzen, dass sein religiöses Gebaren ihn vorm Trinken bewahren würde. Ebenso würde ich einem Stammesangehörigen helfen, wenn er mich bitten würde, ihm bei einer Zeremonie zu helfen, für die er Blätter, Lehm und die Zunge irgendeiner Kreatur benötigt. Nichts davon fühlte sich für mich fremd an; ich konnte Lebensweisen erkunden, deren Grundlage ein Weltbild aus vorwissenschaftlichen Zeiten war, und dabei gleichzeitig komfortabel in meiner eigenen exzessiven Weltlichkeit verweilen – da gab es für mich keine kognitive Dissonanz.

▪ ▪ ▪

Anfang August verließ ich das Biosphärenreservat Dana und die Stadt Dana, die das Wadi Dana überblickte. Ich dachte darüber nach, wie sehr Dana diesen Ort gemocht hätte; sie war immer noch in Frankreich und nahm an Konferenzen teil. Meine Lösung bestand in meiner Rückkehr nach Amman.

Zwei Jungs aus der Herberge, Adam und Felipe, begleiteten mich auf einem Ausflug zu den Ruinen alter Städte und von Kreuzrittern erbauter Schlösser, darunter auch eines, das auf Befehl Saladins errichtet wurde. Adam wäre um ein Haar in den Tod gestürzt, als uns ein jäher Windstoß auf den brüchigen

Schlossmauern erfasste. Unser Gespräch drehte sich anschließend um Themen wie Leben, Tod und Zufall, und Adam, der in Großbritannien aufgewachsen war, teilte seine Superhelden-Entstehungsgeschichte mit Felipe und mir. Seine Mutter hatte am selben Tag herausgefunden, dass sie schwanger war und an einer tödlichen Krebserkrankung litt. Sie sagte es dem Vater des Kindes nicht, mit dem sie nur einen One-Night-Stand gehabt hatte, und lehnte alle Medikamente gegen den Krebs ab. Sie starb und ihr Sohn wurde geboren, wie ein *»Hail Mary Pass«* im American Football war hier ein kostbares Leben in die Zukunft geworfen worden. Adam wuchs bei verschiedenen Verwandten seiner verstorbenen Mutter auf und entwickelte sich zu einem freundlichen und introvertierten jungen Mann. Felipe war Südamerikaner mit libanesischen Wurzeln, durch und durch modern, und hatte ein ausgeprägtes soziales Bewusstsein für die Misere der Palästinenser (er half als Freiwilliger in Flüchtlingslagern aus). Sein Körper war mit Tätowierungen übersät, darunter ein Bild von Buddha. Beide waren hervorragende Gesellschaft. Auf dem Rückweg kauften wir eine riesige, 15 Kilo schwere Wassermelone und schleppten sie in den Gemeinschaftsraum der Herberge. Alle waren eingeschüchtert von diesem Trumm, aber es gelang mir, sie mit meinem Campingmesser zu schwächen, sodass wir sie weit genug aufreißen konnten, um sie in vier Stücke zu brechen. Das machte das Ding handhabbar und um drei Uhr morgens war es verputzt.

Am nächsten Morgen nahm ich ein Taxi, um zu schauen, wie es um meinen Visumsantrag stand, der eher ein Flehen war. Meine Hoffnungen waren so oft zerschlagen worden, dass ich mich dem Schalter ohne Emotionen näherte. Das ganze Spektakel währte nun schon seit genau 40 Tagen und 40 Nächten, inklusive zweier langer Phasen besonderer Strafe, die man mir vermutlich aufgebrummt hatte, weil ich Kanadier war (es hatte zu dieser Zeit gerade diplomatische Streitigkeiten gegeben). Aber nun, nach all den Mühen, die denen Noahs in nichts nachstanden, der auf seiner selbst gebauten Arche voller wilder Tiere über das Meer getrieben war: Erfolg! Die saudische Botschaft in der Rainbow Street hatte mir endlich das schlechteste und restriktivste Visum ausgestellt, das ich je für ein Land oder Quasi-Land dieser Erde erhalten hatte.

Es dauerte zwei Stunden, bis ich einen Bus gefunden hatte, dessen Fahrer einwilligte, mich in das Königreich mitzunehmen. Bevor ich mir ein Taxi nahm, um zum Bus zu kommen, zeigte ich mein letztes Visum den anderen Reisenden im Gemeinschaftsraum der Herberge. Mein neuer Freund mit den Tätowierungen, der hier war, um Arabisch zu studieren, setzte mich darüber in Kenntnis, dass auf meinem Visum gut sichtbar eine Religion angegeben war: Islam. Ich hatte zwar angegeben, zur United Church of Canada zu gehören, da ein Verwandter von mir der Moderator der Kirche war und jeder eine Religion brauchte, um in Saudi-Arabien einreisen zu dürfen, aber ich wusste genauso viel über den Islam wie über alle anderen Religionen – wenn nicht sogar mehr. Ich hoffte einfach, dass mich an der Grenze niemand auf die Probe stellen würde, indem man mich aufforderte, auf Arabisch Passagen aus dem Koran zu zitieren. Wie sich herausstellen sollte, war das nur die erste in einer Reihe von Behauptungen bezüglich meiner Person, mit denen ich an diesem Tag fertigwerden musste.

Eine dreistündige Busfahrt auf der Autobahn brachte mich zum Grenzübergang von al-Omari. Der Busfahrer hatte aus der Busladung ketterauchender Palästinenser einen ausgewählt, den er damit beauftragte, mich durch die Prozedur zu geleiten. Er fragte mich, ob ich Muslim sei. Meine Antwort lautete »Ja«, da man ihn auffordern würde, Fragen bezüglich des Visums für mich zu übersetzen, das klar und deutlich aussagte, dass ich Muslim sei. Ich sagte ihm aber, dass meine Kenntnisse nicht so tief gehend seien wie die vieler anderer, die einer Religion angehören. Das war eine Ausrede im Voraus, für den Fall, dass man mich nach auswendig gelernten Doktrinen fragen würde und ich ein paar Dinge vergessen sollte. Er nahm meine Antwort zum Anlass, mir während der Stunde, die wir in der Schlange standen, auf Arabisch Suren aus dem Koran vorzusingen. Dann, nachdem man mich für Fingerabdrücke und ein Foto herausgepickt hatte, musste ich mich in eine von drei Schlangen einreihen: Jordanier, Diplomaten oder Araber. Ich dachte mir, ich würde wohl am besten in der Schlange der Araber warten, da ich offensichtlich *kein* Diplomat oder Jordanier war.

Am Zoll zog man mich wieder heraus und der Mann sagte mir, dass ich eine Pistole in meinem Rucksack habe – er hatte es auf der Röntgenaufnahme gesehen. An dieser Stelle musste ich eine rote Linie ziehen: Es war eine Sache, dass sie mich zu einem muslimischen Araber machten, aber dann noch anzunehmen, dass mich das zu einem Waffenschmuggler mache? Das war ganz klar *racial profiling*. Wir muslimischen Araber mussten uns für unsere Rechte stark machen!

»Keine Schusswaffen in meiner Tasche, auch keine anderen Metallgegenstände. Nur Kleidung, ein Moskitonetz und Bücher«, beharrte ich.

Nachdem sie meinen ganzen Rucksack durchsucht hatten, mussten sie mir zustimmen, dass da nirgends eine Waffe war. Jetzt war ich im Königreich, auf der Zielgeraden eines langen, langen Lebensabschnitts, der nur dem Reisen gewidmet war.

...

Meine dreitägige Reise durch Saudi-Arabien wirkte winzig im Vergleich zu den vielen Wochen Arbeit, die ich im Verlauf vieler Monate, Jahre sogar, investiert hatte, um an das Visum zu kommen. Selbstverständlich machte ich das Beste aus der Situation und hockte mit den Männern in ihren weißen Thawbs zusammen, um zu plaudern, während wir weiße Datteln und Lamm mit Duftreis aßen. Aber thematisch war die wahre Geschichte, die das Land zu bieten hatte, eine Geschichte von verblüffender, halsstarriger Bürokratie. Eine große Ironie, die ich während meiner Reisen bemerkte, war der Umstand, dass es oft eine umgekehrt proportionale Beziehung gab zwischen der Zeit, die es brauchte, um ein Visum für ein Land zu erhalten, und der Wahrscheinlichkeit, dass es sich dabei um ein Land handelte, das ich wirklich besuchen wollte. Natürlich sind alle Länder und Kulturen auf ihre eigene Weise interessant, aber in gewissen Ländern beeinträchtigt die Struktur der Regierung wirklich die Möglichkeit, sich am Land und den Menschen, die darin leben, zu erfreuen.

Das Königreich Saudi-Arabien ist das jüngste in einer berühmten Reihe feudaler Ökonomien, die bis in die Zeit der Königin von Saba zurückreichen. Ein Hauch von Religiosität schwebt über diesem Land, das einst eine Klitsche für Aromatherapie in Tempeln war und Weihrauch verkaufte, damit »hungrige Götter den Duft riechen und sich wie die Fliegen auf die Opfergaben stürzen«, genau wie in Babylon. Maschinen haben die Tempel im Westen ersetzt, aber auch sie hungern nach verbrannten Opfergaben – nach Öl. Da daran kein Mangel herrscht, sehen sich die saudischen Herrscher nicht veranlasst, ein paar zusätzliche Dinare mit neugierigen Reisenden wie mir zu verdienen.

Und doch hatte ich in dem Königreich mehr Spaß, als ich erwartet hätte. Die Skyline von Riad erhob sich wie ein Leuchtfeuer aus wolkenkratzender Technologie, die der geriebenen Öllampe ausländischer Erfindungsgabe entsprungen war. (Ausländisch musste sie sein, damit die Araber Männer im Sinne des Korans bleiben konnten.) Diese Nation begann gerade erst zu realisieren, dass dies nicht die einzige moralische Entscheidung war; sowohl Mann als auch Dschinn können Allah dienen. An einem Tag, der normalerweise Familien vorbehalten war, ließen mich die Wachen das Nationalmuseum besuchen und ich erlebte ein paar Farben, die es nur hier gab, insbesondere nach Sonnenuntergang. Die Luft war unerträglich heiß und trocken, teilweise herrschten 46 Grad, und daher picknickten die Familien spätabends in den Parks unter Natriumdampflaternen – die Frauen huschten vorbei, schwarze Gespenster vor einem knallgrünen Rasen, und die Kinder waren vor lauter aufgestauter Energie ganz aufgedreht. Jenseits der westlichen Rave-Kultur sieht man selten Leute so aufgekratzt und großäugig durch die stockfinstere Nacht flitzen. Banden freundlicher Jungs führten mich durch die Straßen. Sie waren fröhlich; ihre einzige Klage galt dem zu schwachen Marihuana, das sich in Saudi-Arabien auftreiben ließ; nur an den Feiertagen konnten sie sich richtig berauschen. Wenn möglich, suchte ich mir Hotels in den Gastarbeiter-Gettos und starrte ansonsten durch staubige Busfenster auf ausgedörrte und überraschend reizlose Wüstenstreifen, die von Gräben und obskuren Erdwallen entstellt waren, von verrosteten Metallobjekten, Bauschutt und Müllbergen.

Einige Backpacker haben mich seitdem gefragt: »Warum hast du die Sache nicht mit einer Reise nach Mekka aufgepeppt? In deinem Visum stand doch, dass du Moslem bist, also hätte die Polizei dich nicht aufgehalten.«

Hätte ich mich unter die Frommen mischen sollen, um um die Kaaba herumzulaufen, diese riesige, mit schwarzem Stoff verhangene Kiste, in der sich ein Stein befindet, der vielleicht aus der äußersten Leere des Alls hinabgestürzt ist? Nein. Mekka ist ein ritueller Ort, und Umschreitungen und andere Rituale sind für mich eine Schranke auf dem Weg zur Spiritualität. Sie sind nicht meine mir heilige Wildnis. Aber Mekka ist, was es ist, und wenn ich hingereist wäre, dann wäre das nur für mein Ego gewesen. Ich hätte einen weiteren Ort abhaken können, den ich besucht habe, mehr nicht.

Kurz bevor mein Visum ablief, überquerte ich die Grenze nach Katar und fuhr per Bus zu einem von Philippinern geführten Hotel vor dem Stadtzentrum von Doha. An diesem Abend bereitete ich einen Plan für den nächsten Tag vor. Dank meiner drei vorigen Besuche wusste ich, wo es in dieser Stadt Klimaanlagen gab, und so konnte ich bequem die Klippen über dem Wasser des Golfs entlangwandern, indem ich mich von einem herrlich kühlen Punkt zum nächsten hangelte. Ein Spaziergang durch die drückende Hitze brachte mich zur ersten Anlaufstelle, dem Museum für islamische Kunst. Aber es war wegen seiner rissigen und schäbigen Bauweise mit Gefahrenwarnband versperrt. Ich flüchtete mich in den Schatten eines Baumes und schwitzte heftig, so sehr, dass jeder einzelne meiner Finger wie ein leckender Wasserhahn tropfte. Dann zog ich mich wieder in mein Hotel zurück. Und daraus bestand auch schon mein ganzes Tagesprogramm, bis ich mit einem Nachtflug nach Jordanien weiterreiste, wo ich mit einer überschwänglichen Horde Palästinenser die Grenze zum Westjordanland überquerte.

Erst nachdem ich in Saudi-Arabien gewesen war, konnte ich über Land nach Israel reisen, ohne Konsequenzen zu fürchten. Viele islamische Länder lassen keine Besucher hinein, wenn aus deren Pass hervorgeht, dass sie dieses winzige Buschland bereist haben.

Der erste Halt war nach einer einstündigen Fahrt Jerusalem, eine Stadt, in der die Spaltung Alltag ist. Zugegeben, die Altstadt in Jerusalem war eine kleine Touristenfalle; aber wer hierherkam, der erwartete, in Ehrfurcht versetzt zu werden – heutzutage gab man sich meist mit Begeisterung zufrieden –, und das galt schon so lange, dass hier selbst das Gastgewerbe uralt war. Jerusalem ist eine der wenigen Städte, die nur dann authentisch sind, wenn sie auch touristisch sind.

Ich hatte mich schon immer für Geschichte interessiert, für Geschichten und Mythen, und ich genoss es, dass ich mich hier unter Leuten bewegte, deren Leidenschaft für diese Themen meine eigene noch überstieg – auch wenn ihre Leidenschaft bisweilen engstirnig und von der Idee entfacht war, dass es den Gott Abrahams nur in einer Geschmacksrichtung geben konnte. Andere, die vorübergingen, folgten dem Beispiel des barmherzigen Samariters und wollten gerne helfen, wann immer sie sahen, dass Hilfe gebraucht wurde. Als Basis diente mir das »Citadel Youth Hostel«, das sich in einem verworrenen mittelalterlichen Gebäude der labyrinthischen Altstadt befand – ein Irrgarten in einem Irrgarten. Hier gab es jede Menge wohlmeinender Jungspunde, die von den bequemen roten Kissen, auf denen wir lagen, verkündeten: »Wenn die Juden, Christen und Muslime sich doch nur vertragen könnten, egal, zu welchem Gott sie beten. Wenn sie sich nur auf ihre Gemeinsamkeiten besinnen könnten.«

Aber Israel hat längst seine eigenen Samariter, die nicht nur auf der Durchreise sind, sondern schon im Heiligen Land lebten, als Salomon seinen Tempel errichtete. Einst dominierten sie das Westjordanland und sie haben ihr eigenes Gotteshaus, in dessen Richtung sie beten (den Berg Garizim). Auf die jüdischen Emporkömmlinge blicken sie in etwa so, wie manche Juden auf Muslime blicken. Der Lauf der Geschichte hat ihr Geschlecht dezimiert, sodass es heute keine Millionen, sondern nur noch ein paar Hundert von ihnen gibt, die von allen Seiten angegriffen werden. Was die Samariter mich gelehrt haben, würde ich gerne als Warnung an alle Durchreisenden weitergeben: Während Freundlichkeit natürlich immer gern gesehen ist, ist es doch am besten, sich nicht in die politischen Konflikte des Landes einzumischen. Stattdessen kann man den Ausblick über die Dächer der Stadt genießen und abends durch die schmalen Gassen spazieren; man kann sich über die orthodoxen Juden an der Klagemauer wundern, die in ihren altmodischen Getto-Klamotten auf noch altmodischere Weise zu ihrem Gott beten; man kann über die goldenen Sockel und die gravierten Bilder in der Grabeskirche staunen und die Wälle der nahe gelegenen Zitadelle entlangwandern, die Herodes erbauen ließ; und natürlich kann man sich über die Geschichte des Landes unterhalten, während man Granatapfelkerne lutscht – für mich zumindest war das mehr als ausreichend.

Ende August ging ich in die Palästinenserstadt Nablus im Westjordanland, um von dort aus die alten und neuen Ruinen und die verschiedenen Schlösser und Städte entlang der Küste zu sehen. Masada ist eine ehemalige Festung auf einem isolierten Tafelberg. Am Fuße des Berges finden sich Überreste von Lagern des römischen Militärs, das Masada einst belagerte, und die Ruinen vom Palast des Herodes liegen auf dem Bergtableau – Zeugnis einer jüdischen Niederlage, die 2 000 Jahre später symbolische Bedeutung erlangte. Wenn man hinabblickte, konnte man sich lebhaft vorstellen, wie es sich angefühlt haben musste, von römischen Legionen umzingelt zu sein.

Von Masada aus konnte man auch auf das Tote Meer blicken. Nachdem ich die Gewässer des Landes einem Test unterzogen hatte, befand ich, dass man dort wunderbar treiben konnte; nur mit dem noch salzhaltigeren Salzsee in Dschibuti, in dem man noch höher im Wasser trieb, konnte es nicht mithalten. Das Bedürfnis, in ein süßeres Meer zu springen, führte mich von Tel Aviv in die alte Stadt Jaffa (die nach Jafet, einem der Söhne Noahs, benannt ist). Dort badete ich im Mittelmeer. Ein anschließender Bummel, um mich von der Sonne trocknen zu lassen, entwickelte sich zu einer Jagd nach den Andromeda-Felsen. Ich fand sie schließlich nicht weit von der Küste entfernt. Sie sahen aus wie ein perfekter Ort, um eine liebliche Prinzessin dort anzuketten, wenn man sie denn opfern wollte, und auch wie der perfekte Ort, um eine Prinzessin aus den Fängen eines Meeresungeheuers zu retten, wenn man ein Held war, der auf seinem Pegasus durch den Himmel glitt. Allerdings war ich nicht sicher, ob ich die richtigen Felsen gefunden hatte, denn es gibt dort keine Informationstafel, keine Statue oder sonst was, sondern nur eine miefige Hafenanlage. Aber die Touristeninformation sagte, dass das der richtige Ort sei.

Vielleicht hat Israel so viele Sehenswürdigkeiten und historische Felsen, dass es sich nicht lohnt, ein Aufhebens um die Andromeda-Felsen zu machen? Oder vielleicht sind es nicht die echten Felsen. Ich machte die Probe aufs Exempel und sagte: »Lasst den Kraken frei!« Nichts. Gut, es war auch keine griechische Prinzessin in der Nähe. Aber mehrere jüdische Frauen sonnten sich am nahe gelegenen Strand in ihren Bikinis. Hätten die es notfalls nicht auch getan? Man möchte meinen, dass das Monster wenigstens einen Augenstiel aus dem Meer hätte stecken können, um zu sehen, ob sich irgendwo eine zum Opfer dargebotene, spärlich bekleidete Jungfrau windet.

* * *

Nach einer mehrtägigen Exkursion zu den nördlichen Kreuzfahrerburgen und den alten römischen Ruinen am Hafen von Akkon fuhr ich mit dem Bus zurück nach Tel Aviv, um mich mit einigen Israelis auf ein paar Drinks zu treffen. Das waren Leute, die mich von ihren Reisen kannten und über Facebook den Kontakt gehalten hatten. Ein Typ hatte lustiges grünes Haar, als wir uns in Addis Abeba das erste Mal getroffen hatten, wo wir beide auf der Suche nach einem Laden, der Hummus auf der Karte hatte, durch die Stadt stapften. Die Farbe war innerhalb der letzten zweieinhalb Jahre ausgewaschen oder ausgewachsen und er trug sein Haar jetzt wieder braun.

Ich erntete ein paar Lacher von ihm und einigen anderen, mit einem Witz, den ich lange vorbereitet hatte. Nachdem ich gesagt hatte, dass meine Reisen mich überall hingeführt hatten, nur in ein Land noch nicht, fingen sie an zu raten: War es Somalia, in das ich mich nicht getraut hatte? Der Kongo? Südsudan?

Ich antwortete: »Irland. Und dort gehe ich als Nächstes hin.«

Irland ist das Gegenteil der arabischen Welt: feucht, grün, mit einer Vorliebe für Guinness und einfach zu besuchen. Ein kurzer Blick in meinen Pass, mehr brauchte es nicht. Ich hatte bereits 42 europäische Nationen bereist, also sollte man meinen, ich hätte gewusst, was mich erwartet. Aber ich erlebte einen Reigen des Glücks, sodass die Grüne Insel immer einen besonderen Platz in meinem Herzen haben wird.

Kapitel 18

Die Grüne Insel: Neue Freunde finden und die alten behalten

Irland

Ein paar Tage bevor ich im September 2013 nach Irland aufbrach, kam ich von Tel Aviv aus in Luton, UK, an, kaufte eine Flasche Wein als Geschenk und fuhr mit öffentlichen Verkehrsmitteln zu einem Haus in South Chessington, wo ich einige Freunde anzutreffen hoffte, unter anderem Tim. Niemand war daheim. An einem Rankgitter in ihrem Garten hingen einige reife Trauben, also aß ich ein paar davon. Schließlich kamen die Hausbewohner heim, wo sie mich schlafend auf ihrer Türschwelle vorfanden, in der Hand die leere Flasche Wein. Ich legte mich auf die Rückbank des weißen Vans, den Tim für seine Sanitär- und Heiztechnikfirma nutzte, und schlief dort weiter.

Während ich darauf wartete, dass Anders – der Filmemacher, der mich fünf Jahre zuvor im Amazonas interviewt hatte – von der norwegischen Regierung Fördergeld erhalten würde, um mich zu filmen, gab es eine Rave-Party namens *Mischief*, dank der ich mich vorm Müßiggang retten konnte. Meine Freundin Molly konnte nicht mitkommen; sie arbeitete für das Magazin *Dazed and Confused* an einem Artikel über die Freetekno-Partyszene im Libanon. Anders kehrte aus Norwegen zurück, gerade rechtzeitig, um an einer anderen Party teilzunehmen. Anschließend kaufte er ein paar neue Videos und Speicherkarten und reiste gemeinsam mit mir mit dem Zug nach Holyhead und von dort mit der Fähre über die Irische See.

Während wir uns dem Hafen näherten, rief Anders Nachrichtenteams in Dublin an, um ihnen zu sagen, dass ich kurz davorstand, meine 23-jährige Reise um die ganze Welt abzuschließen, und dass ich noch an diesem Abend mit der

Fähre in Irland, dem letzten Land meiner Reise, anlegen würde. Die Reporter empfingen mich an der Promenade. Nach einem kurzen Plausch sagte der Interviewer: »Sie sind ein Naturtalent, was Interviews anbelangt. Ein Freund von mir arbeitet für die Talkshow von Ray D'Arcy. Würden Sie gerne dort auftreten?«

Er machte einen Anruf und schaffte es, mich gleich am nächsten Morgen in die Show zu kriegen. Anders nahm sich ein Hotelzimmer und ich suchte mir eine Herberge. Ich musste mir den Wecker stellen, da die Show am nächsten Morgen ein Taxi schicken wollte, um mich abzuholen.

Wer in einem Schlafsaal zu einem erholsamen Schlaf kommen will, braucht dafür ein gehöriges Maß an Gemütsruhe. 23 Jahre Erfahrung hatten mich gelehrt, die üblichen Geräusche und seltsamen Vorgänge aufzunehmen, ohne mich davon stören zu lassen. Zuerst hörte man ein Pärchen flüstern, also sprang ein Mann aus seinem Bett und wies sie zurecht. Bald darauf fing ein anderer Typ an zu schnarchen – nicht sonderlich laut, aber derselbe Mann stürzte wieder aus dem Bett, weckte ihn auf und sagte ihm, er solle leise sein. Noch zwei weitere Male setzten Schnarcher ein, aber der Mann sprang wieder auf, um den Schurken zu drohen. Seine Art und Weise, die Sache anzugehen, war fürwahr bedrohlich, denn seine Technik bestand darin, sich auf das Bett des Schnarchenden zu setzen und zu sagen: »Wir sollten uns unterhalten. Ich kann nicht einschlafen, weil du schnarchst, daher habe ich beschlossen, dich ebenfalls wachzuhalten. Wie war dein Tag?« Wenn in der Antwort des Schnarchenden auch nur das kleinste bisschen Ärger mitschwang, wurde er gefragt: »Du kommst dir wohl besonders schlau vor?« Dann musste er versprechen, niemals wieder zu schnarchen. Das Komischste an der Sache war, dass diese Herangehensweise funktionierte und schließlich auch der letzte Schnarcher eingeschüchtert verstummte.

Von da an hätte es eine ruhige Nacht sein können, hätte das Pärchen nicht beschlossen, zu kichern und herumzumachen, und wäre nicht ein Betrunkener in das Zimmer geplatzt, um das Licht anzumachen und in sein Bett zu taumeln, während er in sein Handy blökte, um irgendwem detailreich zu beschreiben, wie genau er sich darum bemühte, sturztrunken in sein Bett zu kommen. Anschließend rief er in den Raum: »Will hier jemand Drogen kaufen?« Ich hätte eigentlich erwartet, dass der Mann, der das Schnarchen beendet hatte, ihm die Leviten lesen würde, aber dazu kam es nicht. Vielleicht schlief unser Paladin der Lärmeindämmung mittlerweile selbst tief und fest.

...

Die *Ray D'Arcy Show* hatte einen »Green Room« genannten Raum, in dem die Gäste warteten, bevor sie auf Sendung gingen. Obwohl ich zum ersten Mal in solch einem »*Green Room*« war, schien mir, dass das Zimmer seinem Zweck, den Wartenden Entspannung zu ermöglichen, nicht gerecht wurde. Das lag an dem Fußboden aus Glas, unter dem die Toningenieure und Techniker in ihren Kabinen saßen. Jeder, der Höhenangst hatte, würde sich hier unwohl fühlen, und wenn eine Frau einen kurzen Rock trug, müsste sie hier die ganze Zeit die Beine zusammenhalten – wie sollte sie denn den Technikfreaks unter ihr trauen, dass sie sich wie perfekte Gentlemen verhalten würden? Mir fiel auf, dass die vielen hübschen jungen Damen, die hier arbeiteten, umsichtig an der Wand des Raumes entlanggingen, wenn sie hier durchkamen.

Allerdings war ich weder eine hübsche junge Frau noch hatte ich Angst vor Höhen, und ich hatte praktisch mein ganzes Erwachsenendasein lang Reisegeschichten ausgetauscht, in Tausenden Gemeinschaftsräumen von Herbergen überall auf der Welt, also machte ich mir keine Sorgen. Geschichten zu erzählen war mir in Fleisch und Blut übergegangen und ich war es gewohnt, überall für Aufregung zu sorgen und die Aufmerksamkeit auf mich zu ziehen, wenn auch nicht absichtlich. Für mich war es etwas ganz Normales, in einem Dorf anzukommen und von dem Häuptling oder dem Schamanen zu einer Unterhaltung am Lagerfeuer eingeladen zu werden. Es machte keinen Unterschied für mich, dass Häuptling und Schamane nun Moderator und Tontechniker hießen und das Lagerfeuer ein Mikrofon war. Hunderte Anrufer boten mir kostenlose Unterkunft und Führungen zu den Bergen, Seen und historischen Städten Irlands an; manche luden mich einfach nur ein, auf ein Bier vorbeizukommen. Ray sagte, dass ich der interessanteste Typ sei, dem er je begegnet ist, und er ist ein Talkshow-Moderator. Allerdings ist ein gewisses Talent für Schmeicheleien in seinem Beruf sicher von Vorteil.

Anschließend beschloss ich, dass ich in den nächsten Monaten jedes mögliche Angebot von Zeitungen, Zeitschriften, Schuldirektoren, internationaler Presse und was sonst noch annehmen würde. Es war daher ein Leichtes, die großzügigen Angebote von einigen der freundlichsten Menschen Irlands miteinander zu verbinden. Die Mund-zu-Mund-Propaganda funktioniert in den engmaschigen Gemeinschaften dieses kleinen Landes bestens und bald schon erkannten mich Fremde auf der Straße und kamen zu mir, um mir die Hand zu schütteln. Kellnerinnen stellten mich ihren Chefs vor und nie im Leben hätten sie mich mein Getränk zahlen lassen. Die Iren hießen mich an diesem Ende meiner Reisen herzlicher willkommen, als ich es je für möglich gehalten hätte. Hübsche Rezeptionistinnen schoben Zettel unter meiner Hotelzimmertür hindurch, auf denen »Ich finde dich faszinierend, bitte ruf mich an« und darunter ihre Telefonnummer stand, obwohl ich mich vielleicht nur ein paar Minuten lang mit ihnen unterhalten hatte. Ich ließ mir solche Sachen nicht zu Kopf steigen; stattdessen schob ich es auf die Medienaufmerksamkeit, während ich gleichzeitig begriff, warum es Prominenten so schwerfällt, ihre Ehen aufrechtzuerhalten. Am seltsamsten war es für mich, in noblen Hotelsuiten zu übernachten oder in schicken Restaurants zu essen, wo die Kellner mir geöffnete Austern mit Granatapfel-Vinaigrette servierten und sagten: »Mit besten Grüßen aus der Küche«, während ich versuchte herauszufinden, welcher Löffel wozu zu nutzen war.

Alldieweil kamen alle nur erdenklichen Medienanfragen rein: Für eine Dokumentation zu wohltätigen Zwecken sollte ich den Blarney Stone küssen oder man wollte mich auf einem der Glockentürme von Cork interviewen; man lud mich in Zeitungsredaktionen oder zu Q&As mit Online-Blogs ein und verschiedene Schulen fragten an, ob ich zu ihrer Schülerschaft sprechen würde. Meine Intuition, alle Anfragen anzunehmen, wirkte Wunder. Bald schon nahm der Medienansturm ein virales Ausmaß an, so, wie es damals nach meinem Besuch in Somalia gewesen war. Wenn ich mich ins Internet wagte, stand ich vor denselben Schwierigkeiten – ich musste Tausende neuer Freundschaftsanfragen auf Facebook beantworten, zu denen immer neue hinzukamen, wann immer ich irgendwo in den Medien erwähnt wurde (so zum Beispiel, als ich in der kanadischen Zeitschrift *Maclean's* als Promi der Woche vorgestellt wurde). Diesmal stemmten Facebook und mein E-Mail-Provider den Datenverkehr, ohne einzuknicken, vermutlich weil ich Zugang zu Technik hatte, die fortschrittlicher war als die, die ich in einer Hütte nahe einer Sanddüne gefunden hatte, vor der Esel parkten. Sicherlich waren auch die Internetseiten selbst belastbarer geworden. Eine lustige Superkraft, die ich beide Male bemerkt habe, als ich »viral ging«, war die Fähigkeit, die Server von anderen Leuten zum Absturz zu bringen, indem ich ihren Blog oder ihre Website verlinkte.

...

Während des ganzen Medienansturms vergaß ich nicht, dass meine Reisen mich nicht deshalb schon durch jedes Land der Welt geführt hatten, nur weil ich die Fähre verlassen hatte. Um mein Ziel zu erreichen, musste ich Irland auch wirklich erkunden. Glücklicherweise umfasste mein Vorsatz, alle Anfragen anzunehmen, auch die Angebote von freundlichen Fremden. Nur durch ihre Hilfe war es mir bei solch einer überwältigenden Nachfrage nach meiner Zeit und Aufmerksamkeit überhaupt noch möglich zu reisen.

Ein gutes Beispiel irischer Gastfreundschaft waren Travis und seine Familie aus Westport, County Mayo, die mir zeigten, wie echte Iren zusammenkommen und Miesmuscheln kochen. Travis, der einen Fahrradverleih an der Westküste hatte, lud mich auch zum Konzert einer Frau namens Gemma Hayes ein. Außerdem fragte er mich, ob ich einen Vortrag für die Kinder der städtischen Schule halten würde. Getreu meines Vorsatzes nahm ich beide Einladungen an. Nach dem Konzert tranken wir bis in die frühen Morgenstunden, bevor ich wieder in meine Suite im »Westport's Wyatt Hotel« stolperte. Ich fiel so wie ich war aufs Bett und schlief ein, aber irgendwie musste ich mich an mein Versprechen erinnert haben, in der Schule zu sprechen. Ohne Wecker wachte ich eine Stunde später wieder auf und schaffte es gerade rechtzeitig, um meinen Vortrag vor den Schülern zu halten, die sich in der Turnhalle versammelt hatten. Ich war vermutlich noch etwas beschwipst und hatte definitiv nicht geduscht, aber die Kinder liebten meine Geschichten über Banditen, untergegangene Städte, Salzwüsten, Lavaströme und abergläubische Stammesangehörige in den Tropen. An diesem Tag bestieg ich den Croagh Patrick – eine Pilgerstätte seit mehr als 5 000 Jahren, einst für Heiden, heute für Christen. Von diesem heiligen Gipfel aus genoss ich, immer wenn der Nebel sich lichtete, den Blick auf das Meer. In den 1980er-Jahren wurden hier Quarzgänge entdeckt, in denen sich Gold im Wert von einer halben Milliarde Dollar befindet, aber den Berg zu schänden, um das Quarz abzubauen, ist ein Tabu.

Ein Fährmann, der mich auf die pittoresken Aran-Inseln nahe den Cliffs of Moher an der Atlantikküste brachte, erkannte mich und sagte: »Ich fahre öfter mal Leute, die hier in den Nachrichten sind. Ich warte ein paar Minuten am Kai auf Sie. Ich schätze mal, Sie wollen nur kurz den Stiefel in den Sand setzen und dann wieder an Bord kommen?«

»Ich bin nicht diese Art Reisender«, sagte ich und erklärte ihm, dass ich über die Insel wandern wollte, um mir einen Eindruck von dem Ort zu verschaffen und jemanden zu finden, der Lust auf eine Unterhaltung hatte.

Er schien erfreut, das zu hören, und dem Klang seiner Stimme nach zu urteilen hatte ich bei ihm an Ansehen gewonnen. Ich nahm mir vor, einige meiner Medienauftritte zu nutzen, um der Öffentlichkeit den Unterschied zwischen Reisenden und länderzählenden Passagieren zu vermitteln.

In Europa lachen die meisten Reisenden und rollen mit den Augen, wenn sie Interrail-Touristen begegnen, die ihnen erzählen, dass sie jedes Land in Europa sehen wollen und dass sie als Nächstes nach Frankreich reisen werden, was übersetzt bedeutet, dass der Zug durch Paris fährt. Diese Leute sind für gewöhnlich jung und naiv und man kann nur hoffen, dass sie irgendwann einsehen, wie albern das ist, und sich stattdessen die Zeit nehmen, mit den Leuten vor Ort zu reden, die Küche des Landes zu genießen, in den Bergen zu wandern, oder sich sonst wie bemühen, die unterschiedlichen Kulturen und Nationen tatsächlich zu erleben. Was aber, wenn einer dieser Grünschnäbel so weitermacht und einhundert Länder oder sogar alle Länder der Welt »abhakt«? Das wäre eine tragische Verschwendung potenziell aufregender Reisen und eine schreckliche Schande. Ich jedenfalls werde mich immer dafür einsetzen, dass Länderzähler auf ihren Blogs und Websites auf das Wort »reisen« verzichten, wenn es ihnen offensichtlich nur um Beförderung, noch dazu um überflüssige Beförderung geht.

Während Länderzähler sich mit ihren Beförderungsmätzchen schlicht lächerlich machen, darf ich mir aber auch zugutehalten, dass ich quasi alle anderen Arten des Reisens respektiere. Wenn mir jemand erzählt, dass er mit einer Band tourt, mit seinem Imbisswagen von einem Sommerfestival zum nächsten fährt, über den Ozean segelt oder auch nur kurze Ausflüge macht, wie ein Astronaut im Weltall, dann hebe ich mein Glas auf sein Wohl: Das sind alles Beispiele der vielen interessanten Arten zu reisen. Abscheuliche Sextouristen, die Kindern hinterhersteigen, und die eher harmlose Dummheit von Länderzählern: Das sind so ziemlich die einzigen Arten, für die ich keinen Respekt aufbringen kann. Aber gerade diese beiden ganz unterschiedlichen Arten zu reisen scheinen die Medien zu faszinieren, die ganz recht darin tun, die erstgenannte auslöschen zu wollen, aber zu der zweiten fälschlicherweise ermuntern.

Während meiner Reisen durch Irland versuchte ich manchmal, inkognito zu bleiben, und wenn's nur war, um meiner Leber eine Pause zu gönnen. Das funktionierte während meines Aufenthalts im Hotel »Parkview Bed & Breakfast« einigermaßen, aber nur, weil ich statt des Aufzugs die Treppen nutzte. Ein paar Frauen hatten herausgefunden, wer ich war, und lauerten mir mit einer Flasche Wein auf, als ich hineinkam.

Als ich in Cork war, erhielt ich von der William Morris Agency in Beverly Hills ein Angebot zur Unterschrift. Ich fand ein Postamt, um den fertigen Vertrag zurückzusenden, musste aber feststellen, dass mir die Postleitzahl fehlte. Eine Sekunde später fiel mir ein, dass es die 90210 sein musste, wie bei der einst so beliebten TV-Show aus den USA.

Am nächsten Morgen antwortete ich auf ein anderes Angebot: Ein freundlicher Gentleman wollte eine Filmcrew auf den höchsten Glockenturm in Cork schicken, um mich für eine UN-Wohltätigkeitsaktion zu filmen. Ich sagte zu in der Erwartung, dass ich vor der Kamera über ein irgendein internationales Thema sprechen sollte. Mit ein bisschen Glück wären es Fragen, auf die ich eine Antwort parat hatte – insbesondere in Anwesenheit einer Filmcrew, die ich nicht enttäuschen wollte.

Am nächsten Nachmittag lief ich auf den höchsten Kirchturm in Cork zu. Es gibt dort oben vier Uhren, die alle ein bisschen falsch gehen, weshalb die Einwohner sie »die vier Lügner« nennen. Hatte der Sponsor darüber nachgedacht, was das implizierte? Während ich durch die Stadt lief, boten mir die Leute auf der Straße Drinks an und zerrten mich in Pubs, bis ich schließlich einen der Gastwirte bitten musste, auf mich zu warten, bis ich mit den Aufnahmen fertig wäre. Ansonsten wäre ich mehr als nur ein wenig angeheitert auf dem Kirchturm angekommen.

Ich traf die Crew und begrüßte alle mit Handschlag; man erklärte mir, dass man mich dabei filmen wollte, wie ich die Turmtreppen hinauf- und hinuntersteige und die Kirchverwalter begrüße. Ich hatte noch immer noch nicht herausgefunden, worüber wir sprechen würden.

Es herrschte stürmisches Wetter, aber die Crew fand einen geeigneten Platz im Windschatten des Turms und alles lief bestens. Wie sich herausstellte, sollte es darum gehen, wie der technologische Wandel die Welt veränderte. Ich galt offenbar als Experte, obwohl ich nicht mal einen Fernseher besitze und der Letzte bin, den man fragen sollte, wie man das Menü dieser oder jener App handhabt. Man war davon ausgegangen, dass ich die Welt unter Zuhilfenahme moderner Technologie bereiste und darüber bloggte, um mich zu finanzieren – wie es all die anderen berühmten Reisenden taten. Durchaus eine legitime Annahme, aber auch eine grundfalsche. Allerdings war der technische Wandel etwas, das ich überall auf der Welt aus erster Hand mitbekommen hatte, selbst in den am wenigsten entwickelten Ländern: von den Satellitenschüsseln in den Slums von Rajasthan bis zu den solaraufgeladenen Handys in den Lagern der Viehdiebe östlich des äthiopischen Omo Valley. Wir hatten das Interview beim ersten Anlauf im Kasten.

...

Dingle ließ sich von Cork aus mit dem Bus gut erreichen und war, wie sich herausstellte, eine reizende Halbinsel. Ich wollte mit dem Kajak fahren, aber dazu kam es nicht, weil eine Hochschulgruppe alle Kajaks für sich reserviert hatte. Stattdessen spazierte ich das sandige Ufer entlang und verbrachte meine Zeit mit Johnnie, einem irischen Gitarrenspieler, der eine Hopfenallergie hatte. Er versuchte, das Beste daraus zu machen, und trank Gin der Marke Dingle. Ich genoss *Fish and Chips* auf Kosten des Hauses, als ich zufällig an einem Imbiss vorbeilief, und ein Hippie aus der Stadt kam auf mich zugelaufen, um mir freundlicherweise Tee und Kuchen anzubieten und um ein Foto mit mir zu bitten.

Am Tag davor war ich im »West Cork Hotel« in Skibbereen, einem kleinen Bootshafen im Süden, und ein Einheimischer führte mich zu den Sehenswürdigkeiten: Höhlen, ein Schloss, das Jeremy Irons gehörte, der es pink hatte streichen lassen, und die Mizen-Halbinsel, wo es Felsen, wirbelnde Wellen und einen alten Leuchtturm gibt. Außerdem befindet sich dort der südwestlichste Punkt Irlands. Selbst den Seehunden war die See zu rau und sie versteckten sich in den Buchten unter den hoch aufragenden Meeresklippen.

Ende Oktober hatten sich so viele Medienanfragen angehäuft, dass ich das Erkunden Irlands für drei Tage hintanstellen musste, um mich ihnen ganz zu widmen. Ein Interview mit dem *Esquire* stand an, dann ein paar Interviews mit großen Tageszeitungen und eines mit *Yahoo News* sowie ein langes Telefongespräch mit einem Internetautor. Außerdem lagen noch Anfragen von englischen Radiostationen und dem kanadischen Fernsehen vor, zahlreiche Web-Artikel und noch mehr Radiostationen. Wann immer ich einer Zeitung ein Interview gab, schickten sie einen Fotografen, der mich an verschiedenen Orten positionierte und zahllose Aufnahmen mit einer großen Kamera machte. Allmählich gewöhnte ich mich daran. Leider sagte keiner von ihnen: »Und jetzt flirte ein bisschen mit der Kamera, Baby. Ja, das ist gut, gib mir mehr davon.«

Ich kehrte nach Cork zurück und hielt noch ein paar Vorträge in Schulen. In einer davon bestand mein Publikum aus kleinen Kindern in ihren Halloween-Kostümen, was mich dazu veranlasste, Geschichten über Spinnen, Schlangen und Eidechsen aus aller Welt zu erzählen. Eine andere Gruppe bestand aus etwas älteren Kindern, die es spannend fanden, etwas über ungewöhnliche Orte und Menschen erzählt zu bekommen. Sie hatten jede Menge Fragen. Nach einer Talkshow mit Zuschaueranrufen ging es weiter nach Blarney Castle, ein Schloss auf einem herrlichen, parkartigen Grundstück mit Schwarz-Eichen und mäandernden Bächen, flankiert von Druidenstätten mit Dolmen und Opferaltären.

Es war mir schon fast zur Gewohnheit geworden, dass ich auch hier von einer kleinen Filmcrew begleitet wurde, die Aufnahmen von mir machten. Als der Guide hörte, dass ich der meistgereiste Mann der Welt war, willigte er ein, mir eine besondere Führung zu geben. Anschließend sagte er mir, dass er wirklich zu schätzen wisse, dass ich so aufmerksam zugehört hatte, und wir unterhielten uns noch ein wenig. Die Reise-Blogger, die er hier sonst häufig durchführte, posteten währenddessen andauernd Fotos online und twitterten, ohne darauf zu achten, wo sie sich befanden. Erst einen Tag zuvor hatte er eine große Gruppe solcher Leute geführt, wie er mir erzählte, und sie konnten den Blick nicht von den Bildschirmen ihrer Smartphones reißen. Er fragte mich, was ich von den Kräften des Blarney-Steins hielt, der einem, so hieß es, die Gabe der Sprachgewandtheit verlieh, wenn man ihn küsste – was ich getan hatte.

»Der Trick ist es, den langen Weg zum Blarney-Stein zu wählen«, sagte ich. »Wenn man vorher in jedem Land der Welt Halt macht, dann ist man es so sehr gewohnt, sich in den Gemeinschaftsräumen von Herbergen zu unterhalten, dass der Stein funktioniert; man fühlt sich eloquent und kann sagen, er habe praktisch Wunder gewirkt.«

Nachdem wir den ganzen Tag mit Dreharbeiten verbracht hatten, reiste ich in Begleitung von Keith Daniels, dem Manager des Hotels »The Barley Field«, Richtung Nordosten bis nach Waterford. Das Wetter war stürmisch und kühl, aber das ging in Ordnung, da Waterford die älteste Stadt Irlands ist und es dort viele tolle Museen und Pubs gibt. Die Stadt war früher eine Wikingersiedlung, bevor die Normannen sie einnahmen (eine andere Art von Wikingern, mit größerer militärischer Begabung, wenn so etwas überhaupt möglich ist). Das Leben war damals eine sehr rudimentäre Angelegenheit: Die Leute hängten ihre Kleidung über Nacht in die Grubenlatrinen – die Ammoniakdämpfe schreckten Läuse ab – und alle Treppen waren schmale Wendeltreppen, sodass jeder Angreifer jemanden über ihm Stehenden mit dem linken Arm bekämpfen musste.

Nach Waterford ging es weit in den Norden, wo ich mir einige der Orte rund um Belfast anschaute. Es gibt dort eine berühmte Seilbrücke, die auf die Insel Carrick-a-Rede führt, die früher für den Lachsfang genutzt wurde. Ich hatte Leute über die Brücke sprechen hören, als sei ihre Überquerung eine ziemlich gefährliche Angelegenheit, und ich hatte fast schon erwartet, etwas vorzufinden, das aussah wie die Seilbrücken in Nepal (bevor die Gurkhas sie durch Stahlkonstruktionen ersetzten). In Wirklichkeit war es eine eher kleine Brücke, die in nur 30 Metern Höhe hing und nichts Heimtückisches an sich hatte, aber es machte Spaß zu sehen, wie sie den Kindern wohlige Angstschauer einjagte. Eine Legende der Einheimischen besagt, dass in der Nähe der Insel eine menschenfressende Seeschlange lebt, die nur von einem Mann namens McCurdy erlegt werden kann, der Kleidung aus Kalbsleder trägt und einen Knüppel mit drei Nägeln darin schwingt, die niemals benutzt wurden, um ein Pferd zu beschlagen.

Der *Giant's Causeway* (»Damm des Riesen«) in Nordirland war eine Besichtigung wert. Ich hatte in unterschiedlichen Ländern schon einige dieser schwarzen Basaltformationen gesehen, zum Beispiel an den Straßenrändern Äthiopiens und in Nan Madol, die auf einem Korallenriff gelegene Stadt, die ich in Mikronesien erkundet hatte. Aber der *Giant's Causeway* muss wohl die berühmteste von ihnen sein und er sah aus wie ein Strand, an dem sich Meerjungfrauen tummelten. Als ich da war, herrschte ein sturmartiger Wind; er schäumte die Gischt der Brandung auf und trieb sie in die Buchten und ans Ufer, an manchen Stellen bis zu einem Meter tief.

Regen und Graupel bestimmten nun das Wetter und ich hatte drängende Anfragen für Aufnahmen in London, also fuhr ich mit dem Zug nach Dublin, um dort die Fähre zurück nach Holyhead zu nehmen. Nach einem letzten Auftritt in der *Ray D'Arcy Show* strich ich ein paar Geschenke des Gastgebers ein, darunter ein Kapuzenpulli, und lief rüber zum Hafen – gerade rechtzeitig, um die Nachmittagsfähre zu erwischen. Die Irische See war rau und einigen Leuten wurde übel. Die Dekoration in der Lounge war da wenig hilfreich: Replikate von Andy Warhols Marilyn-Monroe-Porträts, auf denen ihr Gesicht in unterschiedlichen Farben leuchtet. In dem einen, das hinter der Bar hing, war sie ganz in Grün zu sehen und die Gesichter einiger Passagiere nahmen einen ähnlichen Farbton an, nachdem sie einen Blick darauf geworfen hatten.

Rückblickend betrachtet wären ein oder zwei weitere Wochen in Irland ideal gewesen, aber es war Ende Oktober und ich hatte Arbeit zu erledigen: Interviews in den Studios des hohen, blau erstrahlenden BBC Broadcasting House in London, in dessen Erdgeschoss neugierige Dalek-Roboter aus der TV-Serie *Doctor Who* ihr Unwesen treiben; Interviews mit NPR, die in den ganzen USA ausgestrahlt werden würden; und dann noch ganze sechs weitere Wochen Interviews mit anderen Radiosendern und Internetseiten. Im Laufe der folgenden sechs Monate erreichten mich jede Menge Medienanfragen und bis heute sind sie nicht gänzlich abgeflaut, auch wenn das alles nun schon ein paar Jahre zurückliegt. Nach einer lebenslangen Reise hatte ich den Eindruck, dass das etwas war, worauf ich stolz sein konnte.

Das Haar an meinen Schläfen wurde grau und ich war jetzt ein Mittvierziger ohne wirkliche Besitztümer: kein Auto, kein Haus, kein Anzug und kein Krempel, nur ein Reichtum an Erfahrungen, meine Familie und Freunde auf sechs Kontinenten. Es heißt, das Leben ist eine Reise – bei mir war das Reisen mein Leben gewesen. Wenn ich darüber nachdachte, was ich gewonnen und was ich geopfert hatte, dann stellte ich mir die Frage, ob es das alles wert gewesen war. Die Antwort lautete: Ja.

Termine für weitere Medienevents erwarteten mich in Kanada. Ich verabschiedete mich von meinen Freunden und machte mich um vier Uhr morgens auf den Weg nach Heathrow. Ich flog nach Paris, stieg dort um und flog weiter nach Montreal. Dort blieb ich ein bisschen, bevor es weiterging nach Ottawa für ein paar nationale Nachrichteninterviews. Montreal war einen Besuch wert, besonders, da ich seit ein paar Jahren nicht mehr dort gewesen war. Der erste Schnee des Jahres fiel, während ich einen Freund besuchte – Eiskristalle in der Luft, die nicht liegen blieben, aber auf eine Weise glitzerten, die besonders reizend anzusehen war, wenn man auf dem St.-Joseph-Oratorium stand.

Mitte November 2013 hatte ich einen Artikel auf der Titelseite des *National Post* und arbeitete an Artikeln für verschiedene internationale Publikationen, darunter welche aus China und Pakistan. Ich plante quer durch Kanada bis zur Pazifikküste zu reisen und unterwegs Interviews und Radioshows wahrzunehmen. Bevor ich Ottawa verließ, musste ich ein Interview für *Canada AM* bei CTV aufnehmen, aber es kamen ständig neue Berichte über Rob Ford, den Crack rauchenden Bürgermeister von Toronto, dazwischen. Seinetwegen musste ich in Ottawa eine ganze Woche warten, da die Medien sich auf seine ungewöhnlichen Kapriolen konzentrierten. Hätte er gewusst, dass ich im eisigen Ottawa festsaß, hätte er sicher wie ein Gentleman gehandelt und sich entschuldigt. Entschuldigungen schienen ohnehin seine präferierte Taktik zu sein.

In der Zwischenzeit gab es viele internationale und kleinere Interviews, die anstanden – nach wie vor hielt ich an meinem Entschluss fest, alle Anfragen anzunehmen. Manchmal war das schlicht unmöglich, zum Beispiel, wenn mich ein rasender Reporter aus Bangladesch anrief, um mir zu sagen, dass er nur eine Stunde Zeit habe, um einen Artikel über mich zu schreiben – ob ich ihm rasch möglichst viele Fotos von mir in Bangladesch schicken könne? Aber das Warten auf Rob Ford gab mir Zeit, Interviews und Aufnahmen in meinen Terminkalender zu schieben, die ich von Westkanada aus nicht hätte wahrnehmen können. Ende November zum Beispiel stand ich in aller Frühe auf und stapfte durch den Schnee, um mit Arda Ocal vom Wetterkanal und seinem ausgesprochen kälteresistenten Kameramann Filmaufnahmen am Rideau Canal zu machen, der im Winter als längste Schlittschuhbahn der Welt diente. Wir unterhielten uns über extreme oder außergewöhnliche Wetterphänomene rund um den Globus und übers Reisen im Allgemeinen. Ich machte ein paar Liveaufnahmen und erzählte unter anderem Geschichten über Taifune und Hurrikane. Anschließend schaffte ich es gerade noch rechtzeitig in ein warmes Haus, bevor mein Gesicht steiffrieren konnte.

Eines Morgens standen dann endlich die Aufnahmen für *Canada AM* an. Um zum Studio zu gelangen, musste ich grauenhaft früh aufstehen und durch die fast leeren Straßen Ottawas stapfen. Allmählich hielt der Winter Einzug – nachts herrschten gefühlte Temperaturen von minus 20 Grad. Der »*Green Room*« war voller Experten in Anzügen und Tweed-Sakkos und mittendrin ich in einem schlichten Shirt mit Kragen. Einer der Gäste war ein ehemaliger iranischer Botschafter; er war hier, um über die aktuellen Fortschritte in den internationalen

Atomverhandlungen zu sprechen. Die anderen beiden Gäste waren Impfexperten. Sie fragten mich, was mein Fachgebiet sei. »Reisen«, antwortete ich. Der ehemalige Botschafter fragte mich nach meinen Iran-Erfahrungen und wir unterhielten uns ein bisschen über die Untergrund-Partyszene und das Erdbeben von Bam.

Ein Teil des Interviews bestand darin, dass der Gast allein in einem kleinen Raum gefilmt wurde, während er Fragen beantwortete, die aus Toronto kamen und mittels einer Hörmuschel an den Gast übertragen wurden. Jetzt weiß ich auch, warum die Leute im Fernsehen manchmal so seltsam starr wirken: Ich saß allein in einer schlachtschiffgrauen Kabine, hörte Stimmen in meinem Kopf und starrte auf eine massige Kamera, die neben mir und meinem Stuhl das einzige Objekt im Raum war. Jeder Experte ging in den Raum, machte das Interview und kam dann wieder raus, um sich im »Green Room« die »Live«-Übertragung anzuschauen. Wir gaben einander wohlwollende Kritiken zu unseren Auftritten.

Im Dezember hatte ich genug von dem ganzen Medienkram. Es macht zwar Spaß, bringt aber abgesehen von einem Kaffee hier und einem Bierchen da nichts ein. Und es kostete mich eine ganze Stange Geld, mich an Orten aufzuhalten, von denen aus ich die Studios und Reporter gut erreichen konnte. Am 2. Dezember flog ich in den Westen und landete in Okotoks im Bundesstaat Alberta, wo mein jüngerer Bruder wohnt. Dort vertrat ich mir die Beine bei einem Bummel durch die Wälder des Sheep River Valleys. Ich hatte Glück, dass die Sonne schien und kaum ein Lüftchen wehte, denn am nächsten Tag schlug das Wetter um und ich schaute durch das Fenster auf einen wütenden Schneesturm. Ein Weißkopfadler wurde aus seiner Flugbahn geschleudert und ins Tal geweht. Er flatterte wie verrückt, um dorthin zu fliegen, wo er hinwollte, aber gegen diesen Wind hatte er keine Chance.

Bald darauf widmete ich mich wieder meiner Leidenschaft, die Welt zu bereisen, und heute, nachdem ich meine Erfahrungen hier zusammengetragen habe, ist die Veröffentlichung dieses Buches mein jüngster Plan, um meine Reisekasse aufzufüllen und mit dem Reisen weiterzumachen. Wenn sich genug Exemplare verkaufen, bringen mir die Tantiemen vielleicht genug Geld ein, um meine Zähne machen zu lassen, die von den Kieselsteinchen im Reis angeschlagen sind, den ich im Laufe der Jahrzehnte in ländlichen Dörfern gegessen habe. Wenn es sich wirklich gut verkaufen sollte, werde ich noch eine Zeit lang als Backpacker durch die Welt reisen können.

Obwohl ich monatelang die Fragen von Reportern beantwortet habe, musste ich lang und intensiv nachdenken, um eine Frage zu beantworten, die mir häufig gestellt wurde, der ich aber in den wenigen Sätzen, die mir zur Verfügung standen, nur schwer gerecht werden konnte. Das war die große Frage nach dem Warum. Ich hatte darüber nie wirklich nachgedacht, ich hatte es einfach getan.

Es gibt unzählige Gründe, das Reisen zu empfehlen. Eine der wunderbarsten Sachen daran ist, wie es als Filter funktioniert: Wenn man am Strand von Cancún ist und eine Unterhaltung mit einem Unbekannten beginnt, ist das erst mal nur ein Zeitvertreib. Vielleicht wird es eine interessante oder bereichernde Erfahrung sein, aber wahrscheinlich ist es eher oberflächlich oder langweilig. Aber wenn man sich zum Beispiel auf der Suche nach dem verlorenen Tempel des Jaguargottes mit einer Machete durch einen überwucherten Dschungelstrom schlägt und dabei auf eine andere Menschenseele mit derselben Motivation trifft, dann ist ein interessantes Gespräch am Lagerfeuer garantiert. Das Reisen siebt Menschen aus, die dir nicht guttun, und verbindet dich mit den Leuten, die begreifen, dass sie auf diesem erstaunlichen Planeten *leben,* und die bereit sind, jeden Tag aus dem Vollen zu schöpfen. Dieser Filter ist dir bei jedem herrlichen Abenteuer von Nutzen, aber wenn du auf den ausgetrampelten Touristenpfaden bleibst, wird er verstopfen.

Das ist auch der Grund, warum Reisende sich mit festgelegten Plänen keinen Gefallen tun. Ich habe mehr als einmal festgehalten, dass es überall auf der Welt viel mehr gute als böse Menschen gibt. Es gibt ein Netzwerk, das schon existierte, als an die sozialen Medien noch gar nicht zu denken war: das Netzwerk der Wohlgesonnenen, die dich mit anderen Menschen bekannt machen werden, die dir wohlgesonnen sind. Dieses Netzwerk hilft dir dabei, dich in Städten, Ländern oder eben der Welt umzusehen, ganz wie es dir gefällt. Unter bösen Menschen gibt es kein vergleichbares Netzwerk. Sie sind auf sich allein gestellt, und wenn du weißt, was gut für dich ist, dann wirst du ihnen aus dem Weg gehen.

▪ ▪ ▪

Meine Mutter fühlt sich so gesund wie seit zehn Jahren nicht mehr und sie macht wieder lange Spaziergänge in den Sumpfgebieten vor der Küste von Boundary Bay, umgeben von Schilfrohr und den Rufen rot geflügelter Amseln. Meine Nichten und Neffen sind jetzt fast im Teenageralter und werden bald alt genug sein, um selbst allein auf Reisen zu gehen. Eine meiner Nichten ist gerade zum ersten Mal alleine verreist; sie ist mit zwölf Jahren von Alberta für einen Strandurlaub nach Maui geflogen. Meine alten Freunde genießen das Leben, für das sie sich entschieden haben: Ken und Sally leben in Calgary und sie verbringen eine Menge Freizeit in den Rocky Mountains. Chad hat eine gute Balance zwischen seiner Arbeit und seinem Bedürfnis nach freien Wochen, in denen er Surfen oder Skifahren kann, gefunden. Molly lebt in Bristol am Meer, fotografiert und gibt Vorlesungen über Ethik in der Fotografie. Letztes Jahr haben viele meiner Freunde eine Reise durch Transsylvanien gemacht, die Tim organisiert hat. Ich habe die Gelegenheit genutzt, sie alle mal wiederzutreffen und mir ein paar Orte anzuschauen, die ich nicht gesehen hatte, als ich im Sommer 2004 zum ersten Mal in den Karpaten war. Brenda in Victoria und Joanna auf Bali haben mir dabei geholfen, mich an Details meiner Reisen während der Neunzigerjahre zu erinnern. Bruce lebt mittlerweile ebenfalls in Victoria und genießt das Lachsfischen auf seinem neuen Boot. Barbara ist wieder in Winterthur und Dana in Almaty. Mit seinen Freunden in Kontakt zu bleiben, ist heutzutage viel einfacher geworden – statt schwarzer Wählscheibentelefone im Nirgendwo hat man nun überall WLAN.

Zuletzt habe ich viel Zeit in Russland, der Türkei und der Ukraine verbracht; ich habe neue Freunde gefunden und höre regelmäßig von den alten. Ich reise nun langsamer, um mehr Zeit zum Schreiben und Nachdenken zu haben. Zum allergrößten Teil sehe ich Orte natürlich nicht mehr zum ersten Mal, sondern ich besuche sie erneut, und es hat seine eigenen Vorzüge, wenn man sieht, was sich verändert hat und was geblieben ist. Das Leben fasziniert einen immer und immer wieder aufs Neue.

Am Ende seiner Reise befindet sich der Reisende, der das Reisen um seiner selbst willen liebt, im Besitz eines Schatzes, der nicht zerstückelt oder besteuert werden kann und um den sich niemand streiten kann, wenn er eines Tages stirbt. Jemand, der die gleiche Energie in den Bau einer Villa gesteckt hätte, hätte die Steuerbehörde im Nacken und müsste Grundsteuer zahlen. Seine Nachbarn wären neidisch und seine Kinder müssten das Anwesen nach seinem Tod verkaufen, um die Erbschaftssteuer zu zahlen. Selbst wenn er die Villa mit seinen eigenen Händen gebaut hätte: Wenn die Regierung ihren Wert auf mehrere Millionen Dollar festlegen würde, dann würden die Leute ihn als ein

Mitglied der »oberen Zehntausend« verachten, der die Ressourcen hortet, die unter den Bedürftigen verteilt werden sollten. Aber ein Reisender wie ich hat Erfahrungen angesammelt, die Millionen wert sind; tatsächlich sind viele meiner Erfahrungen unbezahlbar oder werden es bald sein. Sie werden sich nicht mehr nachstellen lassen, da unsere Natur und die noch verbliebenen Überreste des Altertums zerfallen oder von einigen wenigen Glücklichen in Beschlag genommen werden. Und kein Steuereintreiber kann auch nur ein Fitzelchen von meinem Erfahrungsreichtum einfordern. Diese Tatsache allein macht Reiseerfahrungen zur ultimativen Wertanlage in einer Zeit, in der lautstark über Lohnungerechtigkeiten debattiert wird.

Aber ich kann meinen Reichtum teilen – nicht mit dem Steuereintreiber, aber mit jedem, der mich bittet, eine Geschichte zu erzählen. Und keine der Geschichten verliert an Wert, wenn ich sie teile. Der Reisende kann gewissermaßen alles für sich haben *und* es mit der Gesellschaft teilen, solange die Reisen Abenteuer waren, solange sie Spaß brachten und für die Zuhörer interessant sind …

Roald Amundsen, ein Polarforscher des frühen 20. Jahrhunderts, hat mal gewitzelt: »Wozu soll ich irgendwohin gehen, wo jemand anders schon gewesen ist?« Er hat das Konzept des unabhängigen Abenteuerreisens in seiner modernen Form erfunden. Er war seiner Zeit wahrlich in vielerlei Hinsicht voraus und mehr moderner Abenteurer, als ich es bin. Ein Blogger und Crowdfunder, der die Idee hatte, die Medien zu bedienen, um an Geld zu kommen, und ein bewunderndes Publikum aus Stubenhockern anzog, für die er stellvertretend auf Reisen ging. Er war seiner Zeit voraus. Aber heute leben wir in einer Post-Amundsen-Welt. Es gibt viel mehr Menschen als damals und es liegt in der Natur unserer Spezies, Abenteurer hervorzubringen. Deshalb ist es eine große Herausforderung, noch unvollbrachte Großtaten zu finden – und viele davon wirken gekünstelt. Man denke an den Mann, der als Erstes durch den Amazonas gelaufen ist. Er brauchte Jahre, um sich durch moskitoverseuchten Schlamm zu quälen – er konnte nicht einfach rasch eine zweiwöchige Bootstour machen. Was müsste er tun, um seine Leistung zu überbieten? In einem Kanu durch die Sahara fahren?

Manche Leute sagen, dass wir heute in einer kleinen Welt leben. Und manche Abenteurer haben das dringende Bedürfnis, sich in überlebensgroße Ereignisse zu stürzen – ein Bedürfnis, das in solch einer kleinen Welt nicht befriedigt werden kann und das sie offenbar auch nicht mit guten Taten stillen können, die sie um ihrer selbst willen ausüben. Wozu also soll man irgendwohin gehen, wo jemand anderes schon gewesen ist? Ich hoffe, ich konnte helfen, diese Frage zu beantworten. Weil uns ansonsten nur unbefriedigende gute Taten bleiben und die Drohung hinter dem anonymen Zitat: »In einer Gesellschaft, die alle Abenteuer zerstört hat, ist das einzige Abenteuer, das noch bleibt, die Zerstörung dieser Gesellschaft.«

Dorfbewohner und Stammesangehörige haben oft einen wunderbaren Sinn für die lustigen Dinge im Leben und können über das Absurde lachen – zum Beispiel über die unergründlichen Wege nomadischer Backpacker. Sie erzählten mir nur allzu gerne, warum sie sich dort niedergelassen hatten, wo sie lebten, warum sie sich verhielten, wie sie es eben taten, wie sie für ihren Lebensunterhalt sorgten, wie sie ihre Kinder großzogen und was sie sich vom Leben erhofften. Ihre Antworten gaben mir so viel, über das ich nachdenken konnte. Es ist wichtig zu verstehen, dass egal welcher Komfort nicht alle Erwartungen erfüllen wird und es geht auch ohne. Natürlich war ich manchmal einsam, gelangweilt oder frustriert. Aber ich schätze mich glücklich, sagen zu können, dass ich die meiste Zeit allen Hindernissen und jeder Pechsträhne mit so viel Anstand begegnet bin, wie es mir möglich war.

Mein Verständnis der Welt rührt nicht nur vom gesunden Menschenverstand her, sondern auch vom Erlangen des gesunden Menschen*un*verstands, der eine Begleiterscheinung ist von Unterhaltungen mit einer ganzen Verbrecherkartei von Banditen, mit Reiseleitern, Stammesangehörigen, Subsistenzfarmern, Studenten, Terroristen, Ministern, Geschäftsleuten, Polizisten und erschöpften NGO-Arbeitern am Tresen einer Bar. Solche Erfahrungen kann man an den entlegensten und unwahrscheinlichsten Orten sammeln. Die größte Erkenntnis aus zwei Jahrzehnten mehr oder weniger ununterbrochenen Reisens ist etwas, das wahrscheinlich offensichtlich hätte sein sollen, bevor ich überhaupt loszog: Die Welt ist nicht klein. Die Menschen, mit denen wir uns diesen Planeten teilen, sind so verschieden und es gibt keine einfache Antwort auf die Frage nach dem Sinn des Lebens.

Aber wenn man über einige sehr sonderbare Bräuche und kulturelle Differenzen hinwegsieht, erkennt man, dass die Menschen im Grunde gut sind und es sich lohnt, sie kennenzulernen, egal, welcher Rasse oder Kultur sie angehören – und darin sind wir uns alle bemerkenswert ähnlich. Wenn man ihre

Lebensumstände berücksichtigt und akzeptiert, anstatt ihnen vorverurteilend und verschlossen zu begegnen, dann wird es einem leichtfallen, mit Menschen überall auf der Welt gut auszukommen. Ich achte darauf, wenn ich Vergleiche zwischen unterschiedlichen Rassen und Kulturen ziehe, immer darauf, malaiische Hinterwäldler mit Hinterwäldlern in den Appalachen zu vergleichen; ich vergleiche Proleten mit Proleten und Gelehrte mit Gelehrten. Wenn ich das tue, dann springen mich die Gemeinsamkeiten der menschlichen Erfahrung förmlich an. Aber jeder, der einen mongolischen Proleten mit einem Geschäftsmann aus Melbourne vergleicht, jeder, der dickköpfig auf seinen Ansichten beharrt und arrogant und herablassend ist, wird sich daran gewöhnen müssen, an einem beschränkten Verstand zu leiden und mit einem abstoßenden, schlecht gelaunten Gesicht durch die Welt zu laufen. Die Welt ist kein simpler Ort fester Identitäten, mit denen sich irgendeine Ideologie errichten lässt. Wir haben natürlich alle unsere Meinungen und die meisten Leute können diplomatisch sein, wenn sie sich wirklich bemühen, aber ich glaube, dass man diese Energie besser in das Bemühen investiert, zu verstehen, was die Realität anderer Menschen ausmacht.

Als Lohn für mein ausgefallenes Vagabundieren habe ich eine Menge Wissen und eine Sammlung von Abenteuergeschichten angehäuft, die meine eigene Neugier stillen. Weil ich mein gesamtes Erwachsenendasein dafür investiert habe, haben Reporter mich den meistgereisten Mann der Welt genannt. Und mit Blick auf meine improvisierten Backpacker-Reisen glaube ich, dass sie recht haben. Ich bin meinem Traum gefolgt, unseren Planeten zu erkunden. Ohne Effekthascherei und nicht, um mir oder sonst wem etwas zu beweisen, sondern damit das Abenteuer mich lehrt, was es bedeutet, in einer chaotischen, verführerischen und unglaublich großen Welt zu *leben*.

208 Seiten
16,99 € (D) | 17,50 € (A)
ISBN 978-3-7423-0275-5

Sebastian Knurrhahn

Muss Mann gesehen haben

50 legendäre Orte – von der Mönchsrepublik Athos bis zum Atombunker in South Dakota

Lasst euch inspirieren, Männer, und brecht auf. Die Abenteuer warten! Von nebenan bis ans Ende der Welt vereint dieses Buch 50 Orte, von denen jeder Mann träumt. Geheimnisvolle Orte wie der Flughafen von Narsarsuaq oder unerforschte Gebiete wie die weißen Hügel von Alamogordo, die sich am Rande des Tourismus-Universums befinden und nur über Schlammpisten oder mit alten Propellerflugzeugen zu erreichen sind. Ob dunkle Höhlen, Bunker, abgelegene Berge, tiefe Krater oder Flüsse, die im Nirgendwo enden – hier findet jeder Inspiration für sein nächstes Abenteuer. Reich bebildert, mit zahlreichen Extrainformationen versehen und ausgestattet mit dem ultimativen Männerindikator stellt *Muss Mann gesehen haben* echte Alternativen zum 08/15-Urlaub vor und lässt jedes Männerherz höherschlagen.

riva